LE PAYS BASQUE

L'auteur se réserve le droit de traduction et de reproduction,
conformément aux traités en vigueur.

LE
PAYS BASQUE

SA POPULATION
SA LANGUE, SES MŒURS

SA LITTÉRATURE ET SA MUSIQUE

PAR

FRANCISQUE - MICHEL

CORRESPONDANT DE L'INSTITUT DE FRANCE, DE L'ACADÉMIE IMPÉRIALE DE VIENNE,
DE L'ACADÉMIE ROYALE DES SCIENCES DE TURIN, DES SOCIÉTÉS
DES ANTIQUAIRES DE LONDRES ET D'ÉCOSSE, ETC.

PARIS
LIBRAIRIE DE FIRMIN DIDOT FRÈRES, FILS ET Cie
RUE JACOB, 56

LONDRES ET EDIMBOURG
WILLIAMS & NORGATE

M DCCC LVII

LE PAYS BASQUE

SA POPULATION
SA LANGUE, SES MŒURS
SA LITTÉRATURE ET SA MUSIQUE

I

LE PAYS BASQUE

On sait généralement ce qu'il faut entendre par le Pays Basque, ou plutôt on ne le sait pas, la France, à ne parler que d'elle, étant une contrée peu ou mal connue, surtout dans ses parties reculées qu'une nature âpre et une langue particulière semblent fermer aux étrangers [1].

Le Pays Basque s'étend sur l'un et l'autre versant de l'extrémité occidentale des Pyrénées, en France et en Espagne : « Des crêtes occidentales des Pyrénées françaises, dit M. Fauriel, partent quatre grandes vallées, ayant chacune sa rivière, qui en sillonne le fond, dans une direction perpendiculaire à celle de la grande chaîne dont elles descendent. La plus occidentale et la moindre de ces rivières est le Nivelet, ou la petite Nive, qui a son embouchure à Saint-Jean-de-Luz, dans le golfe de Gascogne. La seconde et la troisième sont la Nive et la Bidoussa, qui se jettent

---

[1] La baie de Biscaye, le long de laquelle serpente la grande route de France en Espagne, a donné lieu à un beau travail de M. A. de Quatrefages, inséré, sous le titre de *Souvenirs d'un naturaliste*, qui n'annonce pas toute la variété des sujets traités, dans la *Revue des Deux-Mondes*, t. V, XXᵉ année. — Nouvelle période, 1850, p. 220-244 et 1060-1099.

toutes deux dans l'Adour, l'une à Bayonne, l'autre un peu au-dessous de Guiche. Enfin, la quatrième et la plus orientale de ces rivières est le Cesson, qui se perd, près de Sauveterre, dans le gave d'Oloron.

« Dans l'ancienne géographie de la France, ces quatre vallées étaient assez irrégulièrement partagées en trois cantons ou petites provinces, dont la plus occidentale se nommait *Labourd*, la plus orientale *Soule*, et celle du centre *basse Navarre*. Prises collectivement, ces trois provinces se nommaient le *Pays Basque*, étant habitées, comme elles sont encore en très-grande partie, par les Basques, population totalement distincte, par la langue et par les mœurs, des Gascons, ses voisins français, tandis qu'elle reconnaît pour frères ses voisins espagnols, les habitants de la Biscaye, du Guipuzcoa et de la haute Navarre [1]. »

Les Basques français, au nombre d'environ cent quarante mille, occupent donc un peu plus du tiers du département des Basses-Pyrénées. Leur pays est borné au nord par l'Adour, au sud par la chaîne des Pyrénées, à l'ouest par l'Océan, à l'est par une ligne courbe longeant les limites des cantons de Sauveterre, Navarrenx, Sainte-Marie-d'Oloron et Aramitz; il comprend l'arrondissement de Mauléon et la majeure partie de celui de Bayonne [2].

La Soule et le Labourd n'ont pas de communautés distinctes dans leur sein. Le Labourd compte environ soixante mille Basques

---

[1] *Histoire de la Gaule méridionale sous la domination des conquérants germains.* Paris, Paulin, 1836, in-8°, t. II, p. 539, 540.

[2] Pour plus de précision, prenez la carte du département des Basses-Pyrénées. En allant du sud au nord et de l'est à l'ouest, voici la liste des communes qui forment chez nous la lisière du Pays Basque, c'est-à-dire les derniers villages où l'on parle sa langue, ceux au delà desquels on se trouve en Béarn ou en Gascogne :

Sainte-Engrace, Montory,	Arrondissement de Mauléon.	Bergouey-Villenave, Ayherre,	
Esquiule,	Arrondiss. d'Oloron.	Bardos, Briscous, Lahonce, Bassussarry, Bidart,	Arrondissement de Bayonne.
L'Hôpital Saint-Blaise, Arrast, Charritte-de-Bas, Arout, Arbouet, Ilhare,	Arrondissement de Mauléon.		

Thore (*Promenade sur les côtes du golfe de Gascogne*, etc. A Bordeaux, de l'imprimerie de A. Brossier, août 1810, in-8°, chap. III, § I, p. 278) présente les Biarrots, ou

homogènes, la Soule environ trente mille, homogènes encore, et la basse Navarre quarante-cinq mille, partagés en trois communautés anciennement distinctes sous les noms de *Cize*, *Ostabaret* et *Mixe*, mais aujourd'hui formant, avec la Soule, l'arrondissement de Mauléon. La Soule atteignait, à l'ouest, le pays de Mixe, à trois kilomètres environ de Saint-Palais; la basse Navarre s'étendait également vers l'ouest jusqu'à treize kilomètres environ de Hasparren et douze de Bidache. Le pays de Cize formait la base sud-est de la basse Navarre, l'Ostabaret le centre, le pays de Mixe l'extrémité nord-est. Le Labourd à l'est, la Soule à l'ouest, encadraient la basse Navarre, en contact seulement au nord avec la Gascogne et le Béarn.

S'il faut en croire M. le vicomte de Belsunce, qui a omis de citer ses autorités, les Labourdins et les Souletins sont, de temps immémorial et seuls, premiers propriétaires du territoire qu'occupent les Basques français. Le sol actuel de la basse Navarre était leur domaine avant l'expulsion des bas Navarrais de l'Alava, vers le commencement du VIIe siècle. Ceux-ci, vaincus par les Visigoths, préférèrent renoncer à leurs possessions d'Espagne plutôt qu'à leur indépendance : leurs frères cis-pyrénéens, labourdins et souletins, leur offrirent une généreuse hospitalité ; et, après les avoir aidés, à quelque temps de là, dans une glorieuse mais infructueuse expédition pour les faire rentrer dans l'Alava, ils leur cédèrent libéralement tout le territoire compris entre les terrains déjà peuplés et cultivés par eux [1]. Ainsi, aux deux familles déjà existant en deçà des Pyrénées, s'adjoignit une troisième famille, dont le territoire reçut le nom de *basse Navarre*, ou *Navarre*

---

habitants de Biarritz, comme parlant basque; mais il est dans l'erreur. Cette langue ne commence qu'à Guétary, après Anglet, qu'il nous montre (p. 127) passant, en 1525, une transaction en gascon avec le corps de ville de Bayonne. Au reste, plus loin (p. 321), il dit que les Biarrots parlent presque tous ce patois.

[1] *Histoire des Basques depuis leur établissement dans les Pyrénées occidentales jusqu'à nos jours*. Bayonne, imprimerie et lithographie de P. Lespès, 1847, in-8°, t. II, p. 215, 216. Selon D. de Vic (*Hist. gén. de Languedoc*, liv. VI, chap. LXXXII, ann. 601, t. I, p. 321), les Gascons ou Wascons, qui habitaient la Biscaye et la Navarre, ayant passé les Pyrénées, s'approprièrent d'abord ce qu'on appelle la basse Navarre, puis « les pays de Labourd et des Basques. » M. Fauriel, t. II, p. 341, combat cette opinion. On trouvera tout ce qu'il faut croire sur ce point, dans le t. I des *Annales del reyno de Navarra*, du P. Joseph de Moret, liv. III, chap. I, § I, n° 3; édit. de MDCC. LXVI., p. 83, col. 1.

du Nord, pour le distinguer de la Navarre espagnole, dont il ouvrait la route par le col de Roncevaux, et aussi parce que, plus Espagnols que les Labourdins et les Souletins, depuis longtemps installés dans la Gaule, les bas Navarrais maintinrent avec la Navarre espagnole des liens plus étroits que la Soule et le Labourd, habitués déjà de longue date à vivre dans l'isolement et de leur vie propre. Les sentiments résultant d'une communauté d'origine et de langue, et non un penchant vers l'Espagne, faisaient cependant que le Labourd et la Soule s'intéressaient aux affaires d'au delà des Pyrénées et s'y associaient souvent, tantôt pour aider leurs frères, tantôt pour en obtenir un appui et des secours contre des voisins, trop nombreux, qui les pressaient en France; mais quand la lutte, prenant de plus grandes proportions, s'établit entre les deux couronnes, jamais nos Basques ne manifestèrent de penchant vers l'Espagne, ni n'encouragèrent ses rois à pénétrer chez nous par leur pays. Une partie de la population cependant était, je le répète, au moins aussi espagnole que française, à ce point que les bas Navarrais jouissaient, de l'autre côté des Pyrénées, des mêmes priviléges que les sujets de la couronne de Castille, et que nombre de personnes de la *merindad* de Saint-Jean-Pied-de-Port étaient encore en possession d'emplois, de bénéfices et de dignités, dans ce royaume et dans celui de Navarre, en 1621, époque de la publication d'un livre [1] qui me semble l'œuvre de la même politique dont la maison de Savoie s'est toujours montrée animée envers les habitants de la Bresse et du Bugey [2].

Un autre volume, publié plus tard chez nous dans un intérêt différent, nous apprend qu'à la fin du siècle dernier les Souletins jouissaient en Espagne des mêmes priviléges que les bas Navarrais. Quiconque voulait s'établir dans ce pays, n'avait qu'à prouver quatre générations d'origine basque pour être reconnu et reçu

---

[1] *Drecho de naturaleza que los naturales de la merindad de San Juan del Pie del Puerto tienen en los reynos de la corona de Castilla. Sacado de dos sentencias ganadas en juyzio contencioso, y de otras escrituras autenticas*, por Don Martin de Vizcay, presbytero. Con licencia. En Çaragoça : por Juan de Lanaja y Quartanet. Año 1621, in-4° esp.

[2] Le P. Joseph de Moret (*Investigaciones históricas de las antiguedades del reyno de Navarra*, liv. I, chap. III, § V, n° 16; édit. de MDCC. LXVI., p. 76) ne voit dans cette naturalisation des bas Navarrais qu'une récompense accordée par Charles-Quint à leur fidélité.

dans tous les tribunaux comme gentilhomme, et admis dans les ordres qui exigent des preuves de noblesse [1].

Les Basques espagnols sont au nombre d'environ sept cent mille. La Navarre, le Guipuzcoa, l'Alava, la Biscaye et une partie des Asturies, tel est le territoire qu'ils occupent. Plus encore que le nôtre, qui pourtant ne s'y épargne pas [2], le gouvernement espagnol travaille, et pour cause [3], à faire disparaître le plus promptement possible la langue basque des quatre provinces. Déjà, à ce qu'assurait un Navarrais d'Olite, cet idiome a, depuis vingt ou vingt-cinq ans, perdu environ huit lieues de territoire dans la Navarre espagnole. Il avait parlé le basque avec les enfants de son âge à Olite, il y a trente-cinq ou quarante ans, et aujourd'hui il faut remonter dans la Navarre sept ou huit lieues au nord de cette localité, une demi-lieue plus loin que Pampelune [4], pour entendre parler cette langue dans les villages, où son empire s'étend non sans quelques interruptions [5].

Les autres provinces la conservent mieux, quoiqu'il ne soit

---

[1] *Essai sur la noblesse des Basques, pour servir d'introduction à l'histoire générale de ces peuples.* Rédigé sur les mémoires d'un militaire basque (le chevalier de Béla), par un ami de la nation (D. Sanadon). A Pau, de l'imprimerie de J. Vignancour, M. DCC. LXXXV., in-8°, § V *(Priviléges des Basques)*, p. 244. — Cet ouvrage a été traduit en espagnol, sous ce titre : *Ensayo sobre la nobleza de los Bascongados*, etc., traducido por D. Diego de Lazcano, presbytero. Tolosa : M. DCC. LXXXVI., en la imprenta de D. Francisco de la Lama, in-8°. Abella, qui a consacré sept lignes à D. Diego de Lazcano, dans le t. II du *Diccionario geográfico-histórico de España*, sect. 1, t. II, p. 586, col. 1, art. *Tolosa*, n'avait sûrement pas lu le titre que nous venons de transcrire, autrement il n'aurait point commis la faute d'attribuer à son compatriote un ouvrage dont il n'était que le traducteur.

[2] Nodier, après avoir dit qu'il avait été sérieusement question de *détruire* le bas breton, et probablement toute autre langue suspecte de lèze-gallicisme, s'emporte en éloquentes invectives contre les auteurs de ce beau projet. Voyez ses *Notions élémentaires de linguistique*, etc. Paris, Eugène Renduel, 1834, in-8°, chap. XIII, p. 261, 262.

[3] On devine que nous voulons parler du caractère indomptable de ce peuple, qui faisait dire au célèbre Gonzalo Fernandez de Córdova, qu'il préférerait avoir des lions à garder que des Biscayens à gouverner. Voyez Zurita, *Anales de Aragon*, liv. IV, chap. XXXVII.

[4] S'il faut en croire Esteban de Garibay (*Compendio historial d'España*, liv. IV, chap. IV), de son temps on parlait basque dans cette cité, dans toute la *merindad*, et généralement dans une grande partie du royaume de Navarre, aussi bien que dans la ville et dans l'évêché de Bayonne ; mais je suis fondé à révoquer en doute la première partie de cette assertion, surtout depuis la publication de la chronique d'Anelier, qui fait à chaque instant parler des bourgeois de Pampelune et des gens du peuple, dans la guerre civile de 1276, et qui ne donne pas même à supposer qu'en fait de langue courante il soupçonnât l'existence d'une autre que la sienne. Il n'est pas inutile d'ajouter que les noms basques qu'il cite sont en minorité.

[5] Par exemple, dans la Romanzado, vallée de la *merindad* de Sangüesa, et dans l'*al*

pas sans exemple qu'elle ait disparu en certains endroits. C'est ainsi que dans les villes et dans le ressort de Portugalete, de Valmaseda et de Lanestrosa, qui font partie de la Biscaye, on ne parle plus que le castillan, bien que les noms de la plupart des villages soient basques et donnent à entendre qu'à une certaine époque on parlait, dans le pays, l'antique idiome d'où ils avaient été tirés [1].

La même observation s'applique à la province d'Alava, où le basque se montre à chaque pas dans le nom de localités dont les habitants ont cessé de le parler. Joaquin Josef de Landazuri, à qui cette remarque n'a point échappé, rapporte qu'au commencement du XVIII siècle, cette langue était encore celle de Nanclares, à deux lieues de Vitoria [2]. Le nom de *Zayas de Bascones*, que porte un petit village des environs d'Osma, dans la province de Burgos, permettrait d'insinuer que son usage s'étendait peut-être encore plus loin, si le nom des Basques, ou Vascons, ne se retrouvait dans nombre d'autres localités situées à une assez grande distance des quatre provinces [3]. Quoi qu'il en soit, nous acceptons le résultat donné par un écrivain de Vergara, qui assure qu'il n'y a qu'un demi-million d'habitants du Pays Basque qui parlent l'escuara [4].

Quelle est cette langue? Nous allons essayer de l'exposer dans le chapitre suivant.

---

miradia de Navascues, qui est voisine, on a toujours parlé castillan ou roman, tandis que les habitants de la vallée d'Urraul, qui touche le Romanzado, ne font usage que du basque. Cette circonstance, jointe à l'antipathie qui règne entre ces deux populations, et à la répugnance qu'elles éprouvent à s'unir par des mariages, donne à penser que les ancêtres des habitants du Romanzado étaient, sinon romains, du moins originaires du midi de la Navarre, et que leur vallée doit son nom à la langue que parlaient ces étrangers. Voyez *Diccionario de antiguedades del reino de Navarra*, por D. José Yanguas y Miranda, t. III. Pamplona, 1840, in-4° esp., p. 276, art. *Romanzado*.

[1] *Diccion. geogr.-hist. de España*, etc., sect. 1, t. II, p. 487, col. 2, art. *Vizcaya*.

[2] *Los Compendios históricos de la ciudad y villas de la M. N. y M. leal provincia de Alava*, etc. En Pamplona, en la imprenta de Miguel de Coscuella, año de 1798, in-4° esp., p. 146, 147. Voyez encore p. 193.

[3] *Investigaciones históricas del reyno de Navarra*, por el P. Joseph de Moret, liv. I, chap. III, § I, n° 1, et § V, n° 19; édit. de MDCC. LXVI, in-f°, p. 67 et 78. — *Averiguaciones de las antiguedades de Cantabria*, etc., autor el P. Gabriel de Henao. En Salamanca, por Eugenio Antonio Garcia, año de 1689, in-folio, liv. I, chap. LIII, not. 79, p. 305.

[4] *De l'Eusquère et de ses érdères, ou de la langue basque et de ses dérivés*, etc. Paris, librairie de Poussielgue-Rusand, 1841-1843, in-8°, t. I, p. 20. (*Du Pays eusqueldun.*)

II

L'ESCUARA, OU LA LANGUE BASQUE

La langue basque, dont se montrent si fiers aujourd'hui ceux qui la parlent, mais qu'un savant de nos jours présente comme réduite actuellement presque à la condition de patois [1], n'a jamais eu cours, dans le moyen âge, que parmi les montagnards du nord de l'Espagne et du sud-ouest de la France, et il n'est point exact de dire, comme l'a fait l'un des principaux historiens de la Navarre, que ce fût en 1167 la langue nationale de ce pays. En rapprochant le document qu'il cite, mais que certainement il a mal compris [2], d'un récit du couronnement du roi Charles III, en 1389, on est amené à croire qu'au moins à la fin du XIV° siècle, l'idiome national de la Navarre était la langue romane, puisque le serment prêté par ce roi, et indiqué comme étant *en idioma de Navarra*, est conçu en cette langue [3].

Celle des Basques ne paraît avoir jamais été écrite pendant

---

[1] Alfred Maury, *La Terre et l'Homme*, etc. Paris, L. Hachette et comp., 1857, in-12, p. 459.

[2] « Defensores supradictarum baccarum (ecclesiæ Sancti Michaelis de Excelsis) erunt rex et episcopus et ipse comes, vel successores ejus. Est autem talis differentia inter Ortiz Lehoarriz et Accari Umea, quod Ortiz Lehoarriz faciet, ut lingua Navarrorum dicitur, *una maizter*; et Accari Umea faciet *buruzagui* quem voluerit. » *Liber rotundus ecclesiæ Pompelonensis*, folio 181. (*Investigaciones históricas de las antiguedades del reyno de Navarra*, etc., liv. I, chap. V ; édit. de MDCC. LXVI., p. 97.) — Le P. de Moret, traduisant le passage qu'il rapporte en marge, rend *una maizter* par chef de bergers (*suena en Vascuence mayoral de pastores*), et *buruzagui* par chef de journaliers (*mayoral de peones*), sans paraître voir que si *maizter* est passé dans la langue basque, ce n'est qu'après avoir appartenu à la langue romane et peut-être plus tard que 1167, date du document cité. Sans doute son auteur entendait emprunter à cette langue un terme qui rendait mieux sa pensée.

[3] *Diccionario de antiguedades del reino de Navarra*, t. I, p. 264, art. *Coronaciones*, et t. II, p. 74, 75, art. *Idioma*.

toute la durée du moyen âge [1], ce qui n'est point étonnant quand on songe combien était rare, avant le XIIe siècle, l'emploi des langues vulgaires autrement que pour le commerce habituel de la vie ; mais on s'explique difficilement qu'aucun des nombreux écrivains qui ont parlé de la Navarre et des autres provinces basques, par exemple, le troubadour Guillaume Anelier, si prodigue de détails sur l'histoire de la première, à la fin du XIIIe siècle, n'aient rien dit d'une langue si différente des dérivés du latin, ne fût-ce que pour signaler son étrangeté.

Inaperçu avant le XVIe, le phénomène que présente la langue basque avait frappé le docte Scaliger, né, comme on sait, dans le voisinage des Pyrénées : « Ce langage, dit-il, tient sept journées. Il y en a *cis* et *ultra montes ;* à une demi-lieuë de Bayonne commence le langage. Il y a basque, en France, Navarre et Espagne. Il faut que les Basques parlent quatre langues : françois, parce qu'ils plaident en françois au présidial de Bayonne, et de là à la sénéchaussée d'Acqs; gascon pour le pays; basque et espagnol. C'est une langue estrange que le basque, c'est le vieil espagnol, comme le breton bretonnant est le vieux anglois. On dit qu'ils s'entendent, je n'en croy rien ; ils nomment pain et vin de mesme, mais le reste est bien différent. J'ay leur bible [2]. »

Ce passage, que j'ai rapporté eu égard à sa notoriété, surpasse sûrement en obscurité les textes que Scaliger savait si bien éclaircir. Il faut que les Basques parlent quatre langues! Ne croirait-on pas qu'autrefois le français, l'espagnol et le gascon fussent répandus dans leur pays à l'égal de l'escuara? Or, il est certain que les choses étaient loin de se passer ainsi. Au temps de la grande persécution des sorciers du Labourd, Pierre de l'Ancre et son compagnon se faisaient assister d'interprètes pour expliquer les dépositions des témoins et les auditions des accu-

---

[1] L'auteur d'un Voyage d'Espagne, fait en l'année 1655, et publié à Paris en 1666, in-4°, va plus loin quand, p. 5, 6, il dit fort inconsidérément de l'extrémité de la chaîne occidentale des Pyrénées : « On y parle une langue qui n'est entenduë que de ceux du pays : aussi est-elle si pauvre, qu'un mesme mot signifie plusieurs choses, et qu'elle ne peut pour cette raison estre receuë dans le commerce; on ne l'écrit point, et les petits enfants apprennent à l'escole le castillan ou le françois, » etc.

[2] *Scaligerana*, etc. A Cologne, chez .*** M. DC. XCV., in-8°, p. 48.

sés [1]. Nul doute que les procédures engagées pour ou contre des Basques, soit à Bayonne, soit à Dax, ne fussent en français; mais les greffiers chargés de mettre les affaires en état, étaient tenus d'employer des notaires versés dans la langue des intéressés : plusieurs règlements des États de Navarre leur en faisaient un devoir [2].

« C'est une langue étrange que le basque, c'est le vieil espagnol. » Comment l'entend Scaliger? Veut-il dire qu'il n'y avait autrefois qu'une seule langue dans la Péninsule ibérique, et que cette langue était le basque? Lui prêter une pareille opinion serait supposer qu'il ne connaissait ni Strabon ni Pline, qui tous deux ont parlé, d'une façon plus ou moins explicite, de la pluralité des langues dans cette partie de l'Europe [3]. Selon toute apparence, l'escuara n'était parlé que dans les lieux où il a cours aujourd'hui, tout au plus dans le voisinage, par un ou plusieurs peuples dont le nom n'est pas encore fixé, et ne le sera peut-être jamais [4]. Si

---

[1] Voyez *Tableau de l'inconstance des mauvais anges et demons*, etc. A Paris, chez Nicolas Buon, M. DCXIII., in-4°, liv. VI (*Si un prestre commet ou tombe en irregularité pour estre interprete ou truchement contre des sorciers*), disc. I, p. 407, 408. L'interprète dont avait fait choix de l'Ancre, était fidèle, prompt, clair, bien entendu dans sa langue. « On me dira, ajoute le terrible conseiller, qu'il est plus sçavant en son langage naturel qu'il n'entend nostre langue françoise, et qu'il les peut mieux interroger que nous rendre leurs responses en françois.... On sçait bien que l'idiome basque est dissemblable au françois, que parfois à certaines rencontres il est plus efficace que le nostre, et parfois moins, » etc. (P. 415.) — Auparavant il avait dit du même interprète basque « qu'encore qu'il entendist merveilleusement bien cette langue, neantmoins il ne pouvoit nous la rapporter avec la mesme intelligence et fidelité, et la nous rendre en françois, veu que la langue basque a son idiome si pressant et significatif, qu'un fort suffisant et bien versé en la langue françoise seroit bien empesché à la tourner en mesme sens que la basque, » etc. (P. 410.)

[2] « Les greffiers doivent tenir un ou deux notaires enquesteurs basques quy sçachent la langue ; et, faute de ce, les enquestes, informations et autres actes seront faits par les notaires royaux de Navarre, suivant les commissions quy leur seront descernées.... par reglement dudit jour 7° juillet 1672. Accordé par monseigneur le duc de Gramond. » (*Réglements et déterminations des États de Navarre*, de 1666 à 1699, reg. n° 17, p. 15, n° 54. Archives du département des Basses-Pyrénées.) — « Par reglement du mesme jour (26 juin 1679) celluy de l'année 1650 a été confirmé, par laquelle *(sic)* il est porté que les informations, enquestes et toutes autres procedures seront faites par des officiers du pays entendant la langue basque. » (*Ibid.*, p. 54, n° 104.)

[3] Voyez *la Cantabria, disertacion sobre el sitio, y extension que tuvo en tiempo de los Romanos la region de los Cantabros*, etc., por el muy R. P. Mro. Fr. Henrique Florez. En Madrid. Por Antonio Marin. Año MDCCLXVIII, in-4° esp., § XVII, n° 215, p. 138.

[4] Voyez ce que dit Oihenart à ce sujet, au chap. XII de son *Notitia utriusque Vasconiæ*, p. 37-43 (*De veteri Lingua Hispanorum. An eadem esset cum hodierna Vasconica, seu Vasca*, etc.). Le chap. XIII, p. 44-56, est intitulé : *Auctoris Sententia de veteri Hispano-*

des écrivains français et espagnols ont appliqué aux Basques le nom de *Cantabres*, c'est, en parlant de la haute antiquité, une méprise; car, bien que les Cantabres se soient étendus plus tard dans la Biscaye, ces faits sont étrangers aux temps auxquels nous nous reportons. Non-seulement la contrée qu'occupaient les Cantabres était séparée de celle des *Vascones* par les Caristes, les Vardules et les Autrigons, mais encore c'est chez les Cantabres et chez leurs voisins, à l'est, que commence à se faire remarquer le mélange des nominations géographiques que M. de Humboldt ne saurait reconnaître pour basques [1].

La dernière phrase de Scaliger est peut-être encore plus singulière que les autres : « On dit qu'ils s'entendent, je n'en croy rien, » etc. Est-ce que par hasard il y aurait là une intention d'esprit? A ceux qui seraient tentés de le penser, je répéterais la phrase, en l'appliquant à l'écrivain et à ses lecteurs. Scaliger venant de dire : « C'est une langue étrange que le basque, c'est le vieil espagnol, comme le breton bretonnant est le vieux anglois, » ajoute que, suivant le bruit public, les Basques et les Bretons s'entendent [2], ce qu'il ne croit pas [3]. Il n'y a là, comme on voit, nullement le mot pour rire.

rum lingua. — On peut encore recourir aux *Investigaciones históricas del reyno de Navarra*, du P. Joseph de Moret, liv. I, chap. V; édit. de MDCC.LXVI., p. 96-417 *(De la Antiguedad de la lengua de los Vascones, y si fue en España la primitiva, y comun á ella)*.

[1] *La Cantabria*, § II, n° 15 et suiv., p. 57 et suiv. Cf. Silvestre de Sacy, *Journal des Savants*, novembre 1821, p. 644.

[2] Antoine Gosselin ayant prétendu, sur l'autorité de Bodin, que les Bretons avaient fait usage de la langue basque, le célèbre Samuel Bochart, auquel elle était étrangère et qui avait résolu de ne pas l'apprendre, s'attacha à réfuter cette assertion. (*Samuelis Bocharti Geographia sacra*, etc., edit. IV. Lugduni Batavorum, anno M. DCC. VII., in-folio, col. 1197, lig. 21, et col. 1220, lig. 41.)

[3] De la Martinière prétend avoir constaté le contraire, un jour qu'il avait chez lui un gentilhomme bas breton, un voyageur du pays de Galles et un Biscayen: « Chacun d'eux, dit-il, croyoit sa langue inintelligible à tout autre qu'à ses compatriotes; ils en firent l'essai, et furent surpris de pouvoir s'entendre et se parler les uns aux autres. » (*Le grand Dictionnaire géographique*, art. *Celtes*.) Pareil conte se trouve dans *Some Enquiries concerning the first Inhabitants, Language... of Europe*, etc. Oxford, M DCC LVIII, in-4°, p. 30, 51, en note, et dans le *Gentleman's Magazine* pour 1758, vol. XXVIII, p. 436, avec sa réfutation, p. 482, 483, et vol. XXIX, p. 378, 379. (Cf. *The Cambro-Briton*, vol. III. London : printed by Plummer and Brewis, 1822, in-8°, p. 27-33.) — Bullet, qui répète la première de ces anecdotes, s'en autorise pour affirmer que le basque est, de même que le breton et le gallois, un dialecte de la langue celtique. (*Mémoires sur la langue celtique*, t. I, p. 19, 27.) L'auteur de la *Bibliotheca Scoto-Celtica*, etc. (MDCCCXXXII. Glasgow : John

L'opinion qui rattache l'escuara aux langues de l'ancienne Ibérie a généralement prévalu; mais d'autres systèmes se sont aussi fait jour. L'un d'eux, que l'on a cherché à ressusciter il y a quelques années, consiste à présenter le basque comme un dialecte tartare [1]; mais, à ce qu'il paraît, rien n'est moins fondé. Quinze ans avant Borrow, l'un des grands savants de ce temps-ci, autrement compétent que le missionnaire anglais, s'étant livré à une comparaison du basque avec les idiomes asiatiques, principalement avec ceux que l'on appelle *sémitiques*, n'avait point hésité à déclarer qu'il n'avait pas aperçu ces liens de parenté que l'on prétendait reconnaître entre le dialecte en question et la langue des Escualdunac [2]. Il faut donc aussi ranger parmi les rêveries tout ce que la Bastide [3] et l'abbé d'Iharce de Bidassouet [4] ont écrit sur l'affinité de cet

---

Reid & Co, etc., in-8°, p. xv), s'appuyant sur Lhuyd (*Archæologia Britannica*, etc. Oxford, MDCCVII, in-folio, préf. *At y Kymry*. Cf. p. 269) et sur le D. Murray (*History of the European Languages*, etc. Edinburgh, 1823, in-8°, vol. I, p. 158), et M. J. B. Wright, que M. et Mrs. Hall (*Ireland*, etc. London: MDCCCXLI-III, gr. in-8°, vol. II, p. 448, not.*. Cf. p. 449) appellent « an accomplished Irish scholar, » rangent aussi le basque dans la même famille que le breton, le gallique et l'irlandais, en dépit de ce qu'a écrit Vallancey (*An Essay on the Antiquity of the Irish Language*, etc. Dublin: printed by and for S. Powel, M, DCC, LXXII, in-8°, p. 64-65).

[1] *The Zincali*, etc. London: John Murray, 1841, petit in-8°, t. I, p. 500, en note.

[2] *Mémoires relatifs à l'Asie*, etc., par M. J. Klaproth, t. I (Paris, MDCCCXXVI, in-8°), p. 214-234. Cf. *Journal Asiatique*, 1824, et *le Temps*, n° du 11 juin 1831, article répété dans le *Bulletin des sciences historiques*, etc., de M. le baron de Férussac, t. XVIII, p. 338-343. — L'un des compatriotes et des contemporains de Klaproth, Chr. Gottl. Arndt, dans son ouvrage intitulé: *Ueber den Ursprung und die verschiedenartige Werwandtschaft der Europäischen Sprachen*, etc. (Frankfurt am Main, 1818, in-8°, p. 20), voulait prouver que le basque appartenait à la même famille que le finnois et le samoïède, et que le celtique s'y rattachait par quelques-unes de ses racines. Rask (*Ueber das Alter und die Echtheit der Zend-Sprache*, etc. Berlin, bei Duncker und Humblot, 1826, petit in-8°, p. 69) a cherché également à rattacher les Basques aux Finnois. De nos jours, M. Maury est revenu sur ces parentés, auxquelles il croit, du moins à la première. Après avoir fait remarquer qu'en basque la déclinaison s'effectue à l'aide de postpositions, comme dans les langues ougro-tartares, que la conjugaison rappelle également celle de ces langues, et que le verbe basque présente en même temps une extrême analogie avec celui des langues américaines, il conclut ainsi: « La langue euskarienne apparaît donc comme un chaînon qui lie la langue américaine à la famille ougro-tartare, et ce qui le confirme, c'est que des particularités toutes spéciales sont communes au basque et à quelques-uns des idiomes qui se parlent depuis le nord de la Suède jusqu'à l'extrémité du Kamtchatka, depuis la Hongrie jusqu'au Japon. » (*La Terre et l'Homme*, etc., p. 460.)

[3] *Dissertation sur les Basques*. (A Paris, de l'imprimerie de Valleyre l'aîné, 1786, in-8°), art. VI, p. 387-450.

[4] *Histoire des Cantabres, ou des premiers colons de toute l'Europe*, etc., t. I (le seul paru). Paris, chez Jules Didot aîné, 1825, in-8°. De la page 242 à la page 409, l'auteur cherche à démontrer la supériorité de l'idiome *asiatique basque* sur toutes les langues

idiome avec l'hébreu et le phénicien, et renoncer à l'espoir qu'avait Leibnitz de retrouver le berceau de la langue basque en Afrique [1], par où M. Eichhoff fait venir de l'ouest de l'Asie, de la région des langues chaldéennes, les ancêtres des Cantabres [2]; espoir aussi peu fondé, ce me semble, que l'affinité signalée entre l'escuara et le grec, par Guillaume de Humboldt [3].

Nonobstant ce qui précède, je veux, avec l'abbé Darrigol [4], faire remarquer ce fait, très-facile à prouver, qu'il est bien peu de langues, s'il en existe toutefois, dont le vocabulaire se ressente au même point des traditions bibliques. Il n'est, en effet, nullement nécessaire de torturer les radicaux basques pour y découvrir les traces de la création, du déluge, du Messie promis, etc. Voyons plutôt. En escuara, *aste*, la semaine, signifie, dans son sens propre, *commencement*, et chacun des jours ramène à ce

---

anciennes et modernes; peu s'en faut qu'il n'affirme que Dieu parlait basque dans le paradis terrestre : « Je ne sais pas, dit-il, p. 214, si la langue du Père éternel... était *escuara*, basque; je ne serai pas assez hardi pour soutenir que le Père éternel parlât basque; mais ce qu'il y a de certain, c'est que le nom de l'arche, en basque *arkh*, *arkha*, arche, et celui de l'espèce de bois dont l'arche ou *arkha* devait être construite, sont des mots basques, *escuarac*. » Le digne abbé termine de cette manière : « Que l'on convienne donc enfin qu'il n'y a aucune langue dans tout l'univers qui approche plus de la langue que le Père éternel a inspirée à Adam, » etc.

[1] « S'il y avoit beaucoup de mots basques dans le cophte, cela confirmeroit... que l'ancien espagnol et aquitanique pouvoit être venu d'Afrique, » etc. Lettre XXI à M. Mathurin Veyssière la Croze. (*Gothofredi Guillelmi Leibnitii... Opera omnia*, etc., stud. Ludovici Dutens. Geneve, apud Fratres de Tournes, MDCCLXVIII, in-4°, t. V, p. 503.) Cf. *Collect. etym.*, n° XI. (*Ibid.*, tomi VI pars II, p. 219.) — La langue berbère offrant, comme le basque, le phénomène d'un isolement complet, ces traits de ressemblance auraient pu faire supposer quelque parenté entre les Berbers et les Basques; mais la comparaison des langues de ces deux peuples a démontré justement le contraire, puisqu'on ne trouve aucune analogie entre elles, ni sous le rapport des mots, ni sous celui des formes grammaticales, qui, pour la conjugaison, rappelle d'une manière frappante les langues de l'Amérique septentrionale. Voyez l'article de Klaproth sur la dissertation de l'abbé Darrigol, dans le *Bullet. des sc. hist.* de Férussac, t. XVII, p. 340, 341.

[2] *Parallèle des langues de l'Europe et de l'Inde*, etc. Paris, Imprimerie royale, M DCCC XXXVI, in-4°, introd., p. 13, 14.

[3] Dans une lettre en date du 12 décembre 1801, ce savant écrivait à Wolf : « Je découvre sans cesse de plus en plus du grec dans le basque. » (*Wilhelm von Humboldt's gesammelte Werke*. Berlin, gedruckt und verlegt bei G. Reimer, 1841-46, in-8°, t. V, p. 240, lett. LXII.) — Plusieurs auteurs ont prétendu que les côtes du golfe de Biscaye avaient été peuplées par les Grecs; mais les faits manquent à l'appui de cette opinion, et, comme dit le proverbe basque, *ustea, ez yakitea*, opinion n'est pas science. Voyez, sur ce point, la discussion du P. Gabriel de Henao, liv. Ier, chap. LVII et LVIII de ses *Averiguaciones de las antiguedades de Cantabria*, p. 336-346.

[4] *Dissertation critique et apologétique sur la langue basque*, par un ecclésiastique du diocèse de Bayonne. Bayonne, de l'imprimerie de Duhart-Fauvet, sans date, in-8°, p. 53, 56.

sens : lundi, *aste-lehene* (premier du commencement); mardi, *aste-artia* (milieu du commencement); mercredi, *aste-azkena* (dernier du commencement); jeudi, *orz'eguna* (*orzu*, voilà; *eguna*, le jour, mot qui lui-même peut se décomposer en *egi*, *eki*, soleil, et *duna*, désinence indiquant possession); enfin, samedi, en souletin, *nazken* ou *azken-eguna* (dernier jour). L'année, en basque, se dit *urthe*, qui signifie *inondation*, époque périodique correspondant à une inondation, au déluge, point de départ de l'ère post-diluvienne.

Le fils aîné de Noé s'appelait *Sem* : en basque, *semé* veut dire *fils*. Sœur, se dit *ereba* : décomposez, vous aurez *ar-eba*, l'Ève du mâle, *eba* étant le radical de *couper*, *ôter*, *enlever*. *Jaincoa*, ordinairement interprété *le Seigneur d'en haut*, *le bon maître d'en haut*, présente, aussi bien que *jainco*, *jinco*, *jingo*, vrai futur indéterminé du verbe *venir*, que l'on pourrait rendre par *celui qui doit venir*, *l'attendu*. Et ainsi de plusieurs mots.

De pareils résultats sont sans doute bien singuliers; mais faut-il pour cela les repousser? Non, car ils sont autorisés par la langue basque, et la critique moderne n'a point aboli le droit d'interprétation des langues par racines. Alors d'où vient cette signification de ces vocables euscariens? Qui pourrait l'expliquer? Beaucoup l'ont tenté [1]. Dernièrement l'un de nos collègues, renouvelant, après bien d'autres, le système d'Esteban de Garibay, plaçait l'origine des Basques au berceau même des peuples, en Asie [2], où pullulent, dit-il, les appellations anciennes parfaitement en har-

---

[1] Je ne citerai ici que la publication de D. Thomas de Sorreguieta, dont la première partie est intitulée : *Semana hispano-bascongada, la unica de la Europa, y la mas antigua del orbe*, etc. En Pamplona : por la viuda é hijo de Longas, año de MDCCCIV, in-4° esp. La seconde partie, au-dessus de la même date, porte ce titre : *Monumentos del bascuence, ó prosecucion de los precedentes del asteá, eguná, illá, urteá y demas*.

[2] Par exemple, ces écrivains voient dans le nom d'*Aralar*, qui est celui d'une montagne élevée située entre la Navarre et le Guipuzcoa, un souvenir des montagnes de l'Arménie, comme dans le nom de l'*Araxes*, rivière voisine qui coule dans la vallée de Larraun, une réminiscence d'un fleuve bien connu; ils cherchent encore à identifier le nom de *Gorbea* ou *Gorbeya*, par lequel on désigne une autre montagne qui sépare la province d'Alava de la Biscaye, avec celui d'une chaîne de la même contrée d'Asie; mais d'abord, ainsi que le P. Gabriel de Henao prend soin de le faire observer (*Averiguaciones de las antiguedades de Cantabria*, liv. Ier, chap. I, p. 11, not. 20), le nom de la chaîne est différent; d'ailleurs, comme le remarque avec raison l'académicien Traggia (*Diccionario geográfico-histórico*

monic avec l'escuara [1]; mais M. Adolphe Pictet [2], qui, à la suite de Süsmilch [3] et de James Cowles Prichard [4], a établi les premiers Celtes dans cette partie du monde, ne veut point y souffrir les premiers Basques, que l'on a essayé de faire figurer à côté d'eux [5]. Il a rudement entrepris le professeur de Bordeaux, qui, dans cette circonstance, a perdu plus de terrain que de partisans au sein des Basses-Pyrénées. Là ont été admises les mêmes preuves et les mêmes données, appuyées des données négatives fournies par les vaines combinaisons qui ont été hasardées pour faire voir dans le basque un dérivé de l'hébreu et de la langue punique, et l'on ne croit point commettre une énormité en se déclarant convaincu que l'escuara est une de ces langues primitives tombées du ciel au pied de la fameuse tour de Babel pour disperser le genre humain par la confusion du langage, et pour le grouper par familles ou tribus destinées à occuper et à peupler telle ou telle partie du monde. Les Basques, comme on voit, ont abandonné le système de l'abbé d'Iharce de Bidassouet, qui insinue, avec timidité toutefois, que Dieu et nos premiers parents auraient bien pu parler leur langue dans le paradis terrestre ; mais plus que jamais ils la représentent comme une langue primitive. A leur sens, l'escuara, qui n'a guère eu de littérature ni reçu de perfectionnements, serait une vieille relique, un antique spécimen de ces

---

de España, section I, t. I, p. 419, col. 2), les prétentions fondées sur de pareils rapprochements sont plus ingénieuses que solides.

[1] *Histoire des Basques ou Escualdunais primitifs, restaurée d'après la langue, les caractères ethnologiques et les mœurs des Basques actuels,* par A. Baudrimont (Paris, chez Benjamin Duprat, 1854, in-8°), ouvrage publié d'abord dans le Recueil des Actes de l'Académie des Sciences, Belles-Lettres et Arts de Bordeaux (quinzième année, 1853, 2⁰ et 3ᵉ trimestres, p. 251-429 et 575-676). — L'article de M. Pictet, auquel nous faisons allusion, a paru dans la *Bibliothèque universelle de Genève,* août 1854, t. XXVI de la 4ᵉ série, n° 104, p. 478-499.

[2] *De l'Affinité des langues celtiques avec le sanscrit.* Paris, Benjamin Duprat, M DCCC XXXVII, gr. in-8°.

[3] *Histoire de l'Académie... de Berlin,* année MDCCXLV, p. 188-203.

[4] *The Eastern Origin of the Celtic Nations proved by a Comparison of their Dialects with the Sanskrit, Greek, Latin, and Teutonic Languages.* Oxford : printed by S. Collingwood, MDCCCXXXI, in-8°. — Cf. Bopp, *Ueber die Celtischen Sprachen vom Gesichtspunkte der vergleichenden Sprachforschung,* etc. (*Abhandlungen der Berliner Akademie aus dem Jahre* 1838. Berlin, 1839, in-4°, philologisch-historische Abtheilung, p. 187-272.)

[5] *Lettre à M. Xavier Raymond sur les analogies qui existent entre la langue basque et le sanscrit,* par J. Augustin Chaho. Paris, Arthus Bertrand, 1836, in-8° de 39 pages.

premières langues venues d'en haut. Dans ce même sens encore, il est préférable qu'aucun génie, qu'aucune science humaine n'ait réagi sur le basque, qui, ainsi, n'a dû éprouver que les ravages du temps, c'est-à-dire des pertes de mots, bien vite réparées par des emprunts faits aux langues voisines. Par exemple, on ne saurait douter qu'il n'ait adopté bon nombre de mots latins, pendant le temps que les Basques étaient en relation avec les Romains ; mais ces mots sont pour la plupart modifiés d'après le génie de la langue. La même observation a lieu pour les termes espagnols et français que l'on y rencontre. On y trouve également plusieurs mots qui, sans doute, sont d'origine germanique : ceux-ci ont probablement été introduits dans le basque à l'époque de la domination des Visigoths ; mais tous ces éléments étrangers ne sont qu'importés dans la langue, qui, pour le fond et pour la substance, diffère de tous les idiomes connus, bien qu'elle présente quelques radicaux qui lui sont communs avec eux, entre autres avec les langues finnoises et celles de l'Asie septentrionale et moyenne, nommément avec le turc, communauté qui provient plutôt du rapport primitif qui existe entre les radicaux de toutes les langues du monde que d'une parenté de famille spéciale.

Entrons maintenant plus avant dans l'examen du basque, et voyons si réellement cet idiome ne mériterait pas une attention plus marquée de la part des savants, qui trop souvent épuisent leurs facultés et leur temps à méditer sur la structure de langues dont les lettres de noblesse sont bien moins authentiques, et les beautés intrinsèques plus rares, moins remarquables [1].

En basque, les noms de la semaine et des jours qui la composent ne sont pas les seuls dont la signification apparaisse à première vue. Ceux des montagnes, des rivières, des fontaines, des pro-

---

[1] Parmi les travaux de linguistique auxquels l'escuara a donné lieu, il convient de citer le second volume du *linguistische Utersuchungen*, intitulé *Die Sprache Europas in systematischer Uebersicht*. Von A. Schleicher. Bonn, H. B. König, 1850, in-8°, ouvrage fort mal traduit en français par M. Hermann Ewerbeck, ainsi que s'en plaint l'auteur lui-même, l'un des premiers linguistes de l'Allemagne (*Formenlehre der Kirchenslawischen Sprache*. Prag, 1850, in-8°, p. xiv), et publié à Paris en 1852, in-8°, sous ce titre : *les Langues de l'Europe moderne*, etc. Les pages 135-147, correspondant aux pages 104-112 de l'original, sont consacrées au basque, que l'auteur place dans la classe des langues agglutinatives ou incorporantes, et auquel il dénie toute espèce d'affinité avec le finnois.

vinces, des villages, offrent aussi le même avantage. Par exemple, le premier village sur la route de Bayonne à Hasparren, s'appelle *Hiriburu* (tête de ville). Celui qui vient immédiatement après, se trouvant sur un terrain sec et aride, a reçu le nom de *Mugerre* ou *Muga-erre* (pays brûlé), que l'on peut encore expliquer par *Muga-eder* (beau site), parce qu'en effet la position de ce village est très-élevée. De Mouguerre, on descend à Eliçaberri (église neuve), et l'on arrive à Hazbarne ou Haiz-barne, en traversant des terrains incultes, couverts autrefois de beaux chênes, dont le souvenir subsiste dans le nom que nous venons d'écrire.

Citons-en quelques autres encore qui se rencontrent ailleurs que dans le Labourd. *Etcheberri*, que les Basques de la province d'Alava prononcent *Echavarri*, signifie maison neuve [1]; *Etcheçahar*, maison vieille; *Etchegorri*, maison rouge; *Etchechuri*, maison blanche; *Etchegoien, Goihenetche, Etchegarai*, maison sur le haut; *Etchemendi*, maison sur la montagne, ou comme une montagne; *Baztaretche*, maison à l'écart; *Artetche*, maison au défilé; *Barnetche*, maison enfoncée; ou bien, en sous-entendant *etche* (maison), *Bidegain*, sur le chemin; *Bidart*, entre les chemins, nom que portent un village entre Bayonne et Saint-Jean-de-Luz et une famille de Saint-Palais; *Baratçart*, entre les jardins; *Oihanart*, au milieu des bois, nom du savant historien du pays basque et d'une maison du pays d'Arberoue ennoblie en 1435 [2]; *Landart*, au milieu des champs; *Larrart*, dans les terres incultes [3]; *Basart*, dans les lieux sauvages; *Uhart, Urart*, entre les eaux; *Uhalde, Uralde*, près de l'eau; *Eliçalde*, près de l'église; *Eliçabide*, chemin de l'église; *Ithuralde*, près de la fontaine; *Eiharalde*, près du moulin; *Landaburu, Larreburu, Mendiburu, Oihanburu*, à l'extrémité du champ, de la lande, de la montagne, du bois; *Harizpe*, sous le chêne; *Intchauzpe*, sous le noyer; *Aranpe*, sous le prunier, etc.

[1] Il est à remarquer qu'en copte, comme en basque, *berri* signifie *nouveau*.
[2] *Adiciones al Diccionario de antiguedades del reino de Navarra*, p. 238.
[3] Nous avions autrefois *larris* dans le même sens :
Et li garçon corrent par les *larris*,
Chantent les sons noviax qu'il ont apris.
(*La Mort de Garin le Loherain*, publ. par M. Edélestand du Méril, v. 3287, p. 108.)

« Ces noms, ajoute Darrigol, qui paraît avoir évité d'en citer de trop étranges [1], ces noms et une infinité d'autres, destinés dans l'origine à désigner les habitations, se sont étendus insensiblement à désigner les familles et les individus, en sorte qu'il n'est aucune classe de noms où l'on ne puisse en signaler un nombre considérable ayant une étymologie également nette et expressive [2]. » Deux siècles auparavant, de l'Ancre avait déjà fait la même remarque concernant la substitution de ces appellations de terres et de maisons aux noms patronymiques; et comme son observation est un trait de plus au tableau des mœurs basques, nous croyons qu'il nous sera permis de la consigner ici : « Je ne veux oublier, dit-il, qu'en Labourt les villageois et villageoises les plus gueux se font appeler sieurs et dames d'une telle maison, qui sont les maisons que chacun d'eux a en son village, quand ce ne seroit qu'un parc à pourceaux. Or, aucunes de ces maisons sont rangées dans la rue du village, d'autres estant un peu escartées et hors de ranc et ordre ont quelques petites terres et labourage à l'entour : si bien qu'ils laissent ordinairement leur cognom, et le nom de leurs familles, et mesmes les femmes les noms de leurs maris, pour prendre celuy de leurs maisons... et peut-on dire, si la mutation et changement de nom est en certain cas une espece de crime, que pour le moins c'est icy une espece d'inconstance et legereté, et qu'en cela ils s'accommodent aucunement à l'humeur du diable, veu qu'ils veulent varier en toutes choses comme luy, et se deguiser pour se faire mescognoistre [3]. »

---

[1] En voici que rapporte D. José Yanguas (*Adiciones al Diccionario de antiguedades de Navarra*, p. 371, 372), qui les donne, d'après des documents des Archives du royaume de Navarre, comme appartenant aux monts d'Alduide et aux environs : *Adarrecolepoa* (coteau de corne), *Ardanzesaroyarenburua* (sommet de la montagne de la vigne), *Ardanzesaroyarenilurricoburua* (sommet de la fontaine de la montagne de la vigne), *Arizmeacaburua* (partie supérieure de la colline du chêne), *Azpilcuetaberecolarrea* (champ bas d'Azpilcueta), *Azpilcuetagaraycosaroyarenberecolarrea* (champ bas du coteau élevé d'Azpilcueta), *Elormeacareneguiarenburua* (partie supérieure du coteau de la colline de l'épine), *Izarysaroyarenlarrearenbarena* (centre du champ de la montagne de l'étoile), *Legartartecogaraycolepoa* (partie supérieure de la colline du terrain sablonneux), *Mizpiracolarrearenburua* (sommet du champ du néflier), *Osoguicoguruzearencguia* (colline de la croix des loups), etc.

[2] *Dissertation critique et apologétique sur la langue basque*, p. 37, 38.

[3] *Tableau de l'inconstance des mauvais anges*, etc., liv. I, disc. II, p. 44. — Sanadon attribue des motifs tout à fait différents à cette habitude des Basques de vivre dans des maisons isolées. (*Essai sur la noblesse des Basques*, § III, p. 48.)

De l'Ancre aurait voulu se déguiser lui-même, qu'à cette phrase on eût reconnu le persécuteur des sorciers du Labourd. Mais je me hâte de revenir à la langue de ses victimes, et j'analyse la dissertation de Darrigol, ne connaissant rien de plus solide ni de plus consciencieux [1].

« La langue basque n'eût-elle conservé de son antique splendeur que son système de conjugaison, c'en serait assez, a dit M. Fleury Lécluse [2], pour que cette belle langue méritât d'être étudiée. » Et Darrigol ajoute : « Mais il s'en faut bien que son système de conjugaison soit le seul beau côté d'elle-même que cette langue ait garanti des ravages du temps, elle conserve bien d'autres vestiges de son antique splendeur [3], » etc. Elle n'a point, comme les autres, multiplié les nuances des sons naturels et primitifs ; elle a, au contraire, conservé des articulations naturelles et antiques, perdues communément ailleurs, comme elle a repoussé certaines consonnances difficiles et compliquées des idiomes modernes. L'escuara peut se féliciter de posséder un très-grand nombre de radicaux, souvent d'une seule syllabe, qui sont la base de son système. Ces radicaux, remarquables par leur simplicité, ne le sont pas moins par l'ingénuité logique avec laquelle ils se modifient selon les sens divers, sans rien perdre de leur valeur primitive. Souvent la présence du même radical dans des mots différents y rappelle une parenté d'idées reléguée ailleurs parmi les observations philosophiques.

La grammaire euscarienne ne connaît que deux espèces de mots, le nom et le verbe; sa syntaxe d'accord est nulle, ou se réduit à la connaissance parfaite de son système de déclinaisons et de conjugaisons. Point non plus de construction particulière commandée à ses phrases, qui se prêtent, par le privilége des

---

[1] Ce travail, qu'avant moi M. Mazure a largement mis à contribution pour son aperçu grammatical de la langue basque (*Hist. du Béarn*, etc., p. 488-502), a donné lieu à un examen inséré dans la *Gaceta de Bayona*, 1829, n° 30, p. 3, article répété dans le *Bulletin des sciences historiques*, etc., publ. par M. le baron de Férussac, t. XI, p. 189-195. A la suite, on lit une annonce d'un Dictionnaire basque, espagnol et français, par M. F. Lécluse, de Paris, etc. 2 vol. in-8°, de 1000 pages à 2 col., prix 20 fr., ou un seul vol. in-4°, à 3 col., etc., prix 25 fr. Ni l'une ni l'autre de ces éditions n'a paru.

[2] *Manuel de la langue basque*, p. 86.

[3] *Dissertation critique et apologétique sur la langue basque*, p. 158.

inversions, à toutes les combinaisons de la pensée, au caprice ou à l'impétuosité de l'imagination, à tous les élans du cœur. Elle jouit de tous les avantages de l'article, sans en subir les entraves ; elle n'admet pas de distinctions de genre, sauf à la deuxième personne singulier des verbes, et néanmoins point d'obscurité ni d'équivoque dans les phrases [1].

Or, toutes ces particularités sont autant de priviléges que réunit le basque. Plusieurs langues en possèdent de semblables, et on le leur impute à antiquité et à noblesse ; mais aucune ne les réunit toutes comme l'escuara. Reste à y montrer la réalisation de toutes ces particularités, qui lui font honneur.

1° L'alphabet basque peut se représenter ainsi qu'il suit :

Voyelles : *a, e* (toujours le même, demi-ouvert), *i, o, u* (généralement prononcé *ou*) ; consonnes : *b, d, f, g* (toujours dur comme le γ grec), *j* (prononcé comme *i* ou *y*, en appuyant), *h, k, l, m, n, r, s* (qu'il faut faire entendre avec le son plein et nourri du ssodé chaldéen), *t, x* (prononcé *ts*, et non *cs*), *z* (son doux du *c* devant *e* et *i*, et du *ç* devant *o, u*). — Consonnes aspirées antiques : *ph*, prononcé *pph* ; *th*, prononcé *tth* ; *kh*, prononcé comme le χ grec, et *she*, prononcé *che*.

Le basque rejette comme inutiles l'*y*, les *e* accentués, les sons français ou modernes des consonnes *j, v, x, z*, et remplace le *q* par le *k*. L'orthographe s'y réduit donc à écrire les mots comme on les prononce : par exemple, *gizon* (homme), *haxa* (respiration), comme s'il y avait *guiçon, hatsa*, etc.

2° On reproche au basque d'avoir tous ses mots terminés en *a* : c'est une erreur. Cette voyelle à la fin d'un mot n'est autre chose qu'une désinence déterminative du singulier, ayant la même valeur que l'article français, mais l'emportant sur ce dernier en ce que l'article basque s'incorpore avec le mot, qu'il modifie. Ces articles sont les désinences *a, ac (gizon, gizona, gizonac)* au singulier, et pour le pluriel *ek (gizonek).*

3° Nous avons parlé des radicaux euscariens ; en voici des exemples : *az* (nourrir), *as* (commencer) ; *ar* (prendre), *el*

---

[1] Voyez, sur l'inconvénient des genres, les remarques de Duclos sur la Grammaire générale et raisonnée de Port-Royal, part. II, chap. V.

(arriver), *ets* (fermer), *ez* (dompter), *hil* (mourir), *jo* (frapper), *jan* (manger), *jos* (lier), *sal* (vendre), *sar* (entrer), *sor* (naître), etc. Il y en a aussi de deux syllabes, comme *handi* (grand), *gizon* (homme).

Chacun des radicaux possède en soi un sens achevé, mais générique et abstrait au delà de toute expression. C'est le véritable sens prochain, auquel une simple désinence donnera un sens particulier avec la différence propre. Dans les verbes surtout, l'infinitif est je ne sais quoi d'aérien, véritable substance logique, matière docile qui reçoit mille formes sans changer de nature.

4° Les adjectifs sont de vrais noms de modes exprimant qualités, positions, comparaisons; rien, dans le basque, ne les distingue des autres noms : ainsi, *Jinco ona* signifie à la fois *Dieu le bon* et *Dieu bonté*. Il en est de même des pronoms adjectifs et personnels : *ni* (je ou moi), *hi* (toi), *zu* (vous respectueux), *hori*, *hura* (celui-ci, ceux-ci), *zoin* (qui, lequel), *nor* (qui interrogatif), *enia*, *neuria* (mien, mienne), *hiria*, *zuria* (tien, tienne), *harena*, *horrena* (sien, sienne), etc. Règle générale et universelle : tous les déterminatifs et qualificatifs se placent après les mots qu'ils modifient, et les possessifs avant : *gizon gaïxa* (homme méchant), *zure ama* (votre mère), etc. Tous ces mots sont appelés *noms*, parce qu'en basque ils ont, pour la plupart, un sens complet, ou facilement complété par la pensée pour quelques-uns d'entre eux.

Les prépositions sont des désinences de déclinaison. Les adverbes ne sont que les mots à certains cas de déclin.

Restent donc les noms et les verbes, les deux seules parties du discours reconnues par les anciens dialecticiens [1]. Un nom est tout ce qui désigne une substance simple ou modifiée et les modes qui sont la substance apparente. Non-seulement le basque simplifie le nombre d'espèces de mots, mais encore la déclinaison, qui est une, ou peu s'en faut. Les cas des déclinaisons grecque et latine, on le sait, ne répondent pas à tous les besoins d'une langue, comme le prouvent les prépositions unies aux divers cas

---

[1] Voyez le Sophiste, liv. II. (*Œuvres de Platon*, trad. par Victor Cousin, t. X. Paris, Rey et Gravier, M DCC XXXVII, in-8°, p. 502.)

en grec ou en latin, au moyen desquelles on exprime les divers rapports; le basque rend ces rapports par des désinences propres, qui élèvent jusqu'à quinze et au delà le nombre de ses cas. Et que l'on ne songe pas à lui en faire un reproche: la variété des cas, comme l'a dit Court de Gebelin, qui n'en donne que onze à l'escuara [1], rend une langue capable d'imiter la nature de la manière la plus parfaite. Le nominatif sert aussi de vocatif dans le basque, et rien n'empêcherait qu'aux noms des cinq cas latins on n'ajoutât, dans les dictionnaires et les grammaires de cette langue, les noms de *négatif*, de *positif*, d'*unitif*, de *destinatif*, d'*approbatif*, etc.

Darrigol, choisissant un nom adjectif pour paradigme de la déclinaison basque, en établit ainsi le tableau:

DÉCLINAISON D'UN NOM INDÉFINI.	DÉCLINAISON DÉTERMINÉE DU SINGULIER.
1. *Handi*, grand, grande.	*Handia*, le grand, la grande.
2. *Handic*, — — Sujet actif.	*Handiak*, — — Actif.
3. *Handiz*, de grand, de grande. Médiatif.	*Handiaz*, du — de la —
4. *Handitan*, dans, en — Locatif.	*Handian*, dans le — dans la —
5. *Handiri*, à — — Datif.	*Handiari*, au — à la —
6. *Handiren*, de — (venant, issu, appartenant).	*Handiaren*, du — de la —
7. *Handirentzat*, pour, destiné à —	*Handiarentzat*, pour le — pour la —
8. *Handiren-gatik*, malgré, à cause de —	*Handiaren-gatik*, malgré le — à cause du —
9. *Handiren-ganik*, du côté, de la part de —	*Handiaren-ganik*, du côté du — de la part du —
10. *Handiren-ganat*, vers — (avec être animé).	*Handiaren-ganat*, vers le — vers la —
11. *Handirekin*, avec — avec — Unitif.	*Handiarekin*, avec le — la —
12. *Handitako*, pour, dans le but de —	*Handiarentako*, pour le — pour la —
13. *Handitarik*, de, à partir de —	*Handitik* pour *handiatarik*, inusité, du — de la —
14. *Handitara*, à — (comparaison).	*Handira* pour *handiatara*, inusité, au — à la — vers le — vers la —
15. *Handitara-dino*, jusqu'à —	*Handira-dino* pour *handiatara-dino*, jusqu'au — jusqu'à la —

Donc les désinences sont: 1° radical simple; 2° *k*; 3° *z*; 4° *tan*; 5° *ri*; 6° *ren*; 7° *rentzat*; 8° *renganik*; 9° *renganat*; 10° *gatik*;

---

[1] *Grammaire universelle*, etc., liv. III, art. II; liv. IV, art. II, chap. VII, § 2. (*Monde primitif*, etc., t. II, p. 379, 529.)

11° *rekin;* 12° *tako;* 13° *tarik;* 14° *tara;* 15° *taradino*. Intercalez entre le radical et ces désinences la lettre *a*, et vous aurez le singulier décliné : *handi-handia*, handi*k*, handi*ak*, etc. Remplacez *a* par *e*, et vous aurez le pluriel : *handiak*, le grand; *handiek*, les grands; *handiaren*, du grand; *handieren*, ou, par syncope, *handien*, des grands, d'où *handien-gatik*, *ganik*, *ganat*, etc.

Déclinez ainsi *mendi*, montagne :

Nominatif :	*Mendi*, montagne.	*Mendia*, la montagne.
Actif :	*Mendik*, —	*Mendiak*, —
Médiatif :	*Mendiz*, de, par montagne.	*Mendiaz*, de, par la montagne.
Positif :	*Menditan*, dans —	*Mendian*, dans la —
Datif :	*Mendiri*, à —	*Mendiari*, à la —
Génitif :	*Mendiren*, de —	*Mendiaren*, de la —
Unitif :	*Mendirekin*, avec —	*Mendiarekin*, avec la —
Destinatif :	*Menditako*, pour —	*Mendiko*, pour la —
Ablatif :	*Menditarik*, de —	*Menditik*, de la —
Approximatif :	*Menditarat*, à, vers —	*Mendirat*, à, vers la —

Quel système plus simple à imaginer? Or, il faut noter que les noms de choses ne prennent pas les désinences 7, 8, 9, 10, 11, qui ne conviennent qu'aux êtres animés; que ces numéros ne sont que le n° 6 submodifié par de nouvelles désinences; enfin, que les noms propres se déclinent sans articles et sur l'indéfini.

Comme le fait remarquer Darrigol, il paraît difficile de citer une langue qui ne présente beaucoup d'irrégularités dans la déclinaison de ses pronoms; pour peu que l'on veuille bien jeter les yeux sur le tableau qui suit, on verra que dans le basque il en est tout autrement :

Nominatif :	*Ni*, je ou moi.	*Gu*, nous.
Actif :	*Nik*, —	*Guk*, —
Médiatif :	*Nitaz*, de, par moi.	*Gutaz*, de, par nous.
Positif :	*Nitan* ou *ni-baithan*, dans moi.	*Gutan* ou *gu-baithan*, dans nous.
Datif :	*Neri*, à —	*Guri*, à —
Génitif :	*Nere*, de —	*Gure*, de —
Unitif :	*Nerekin*, avec —	*Gurekin*, avec —
Destinatif :	*Neretzat*, pour —	*Guretzat*, —
Ablatif :	*Nere-ganik* ou *nitarik*, de —	*Gure-ganik*, de —
Approximatif :	*Nere-ganat* ou *nitarat*, vers —	*Gure-ganat*, vers —

De même *hi* (toi) se transforme en *hic, hitaz, hitan, hiri, hire, hirekin, hiretzat, hire-ganik,* etc.; *zu* (vous respectueux) devient *zuk, zutaz,* etc., et *zuek* (vous pluriel), *zuek, zuetaz, zuctan, zueri,* et, par contraction, *zuei,* etc.

A ces mots se rattachent *enia, nizia* (mien, mienne), *guria* (notre), *hiria* (tien), *zuria* (votre respectueux), *zuena* (votre au pluriel), qui suivent la même règle.

On voit par ce qui précède que les dernières déclinaisons rentrent dans la première, sauf de très-légères modifications. Voici maintenant les désinences des derniers degrés de signification : *Handi* (grand), *handia* (le grand), *handiago, handigo* (plus grand), *handiena* (le plus grand), *handishago* (un peu plus grand), *handishena* (d'un peu le plus grand), *handishko* (assez grand), *handiegi* (trop grand), *handisheri* (d'un peu trop grand). Le *que* du comparatif se rend par *baino* placé avant ce comparatif.

La déclinaison euscarienne ne s'étend pas seulement aux noms, substantifs, adjectifs, possessifs ou déterminatifs; elle étend son domaine jusqu'aux verbes, dont toutes les personnes, tous les temps, tous les nombres, prennent ses inflexions. Exemple : *niz* (je suis), *nizena* (celui qui suis); *hiz* (tu es), *hizena* (celui qui es), etc. Chaque cas même des déclinaisons basques peut devenir un nominatif et se prêter aux désinences de tous les autres cas dans les limites de l'euphonie et de la clarté. Ainsi, *naüsiaren* (du maître), *naüsiarena* (la chose du maître), *naüsiarenaz,* etc. Il en résulte que les conjugaisons, les déclinaisons basques ne présentent aucune entrave, et peuvent indéfiniment se prêter à toutes les combinaisons, sans autres règles que celles du bon goût et de la clarté.

Quelle est la nature du verbe? *Grammatici certant et adhuc sub judice lis est.* Quant à son usage, on convient assez généralement que sa fonction essentielle est de lier l'attribut au sujet. De là son nom, *propositionis copula.*

La plupart des langues ont confondu cette copule en comprenant dans le même mot l'attribut et la force conjonctive de l'attribut à son sujet. C'est là une abréviation avantageuse à la rapidité du discours. Je lis, *lego*, remplace et rend *je suis lisant ;* mais est-il naturel de confondre ainsi l'attribut et le nœud de la proposition? Une telle combinaison n'amène-t-elle pas une longue et pénible étude avant de se familiariser avec une foule de verbes? Au lieu de multiplier ainsi indifféremment les verbes autant de fois que le sujet et l'attribut qu'il s'agit d'unir seront différents, n'est-il pas plus simple que le même nœud puisse lier successivement à un même sujet ou à des sujets différents tous les attributs imaginables? Or, c'est là un des mérites de la conjugaison basque.

Les verbes basques se réduisent à deux fondamentaux : l'un avec la caractéristique *n*, *naiz*, affirmant la substance même du sujet; l'autre ayant pour caractéristique *d*, *dut*, affirmant l'action du sujet sur un autre objet.

Mais le sujet, même quant à sa substance, peut être en repos ou en mouvement, et ce mouvement peut encore être progressif ou rétrograde. De là *naiz*, affirmation de substance, *nago* (composé de *naiz*, je suis, et d'*egon*), être en repos; *nabil (naiz-ibil)*, être marchant en avant; *nator (naiz-etor)*, être en mouvement rétrograde; *noa*, être en mouvement quelconque.

Il n'y a qu'une manière d'être en repos; les mouvements sont divers : la conjugaison basque s'en ressent, les analyse suffisamment, mais sans complication.

De même, l'action du sujet sur un objet autre ou extérieur peut avoir deux manières d'être diverses : *dut* (affirmation d'action avec objet exprimé), *dabilat* (action sans objet immédiat, mais médiat ou éloigné), *deramat* (action d'objet enlevé), et quelques autres du même genre reposant sur un travail analytique remarquable.

Chacun de ces mots copulatifs ou verbaux prend la double désinence du présent et du passé, qui se conjuguent aux trois personnes du singulier et du pluriel. De même l'attribut prend la désinence correspondante au temps ou au lieu comparé au temps et au lieu où l'on parle : de là véritable combinaison de binômes d'où s'engendre toute la conjugaison euscarienne. Exemple :

Ethortzen	*niz,*	je viens.
—	*hiz,*	tu viens.
—	*cire,*	vous venez.

Ethortzen	da,	il vient.
—	gire,	nous venons.
—	cirete,	vous venez.
—	dire,	ils viennent.
Ethorri	niz,	je suis venu, etc.
Ethorrico	niz,	je viendrai, etc.

PASSÉ.

Ethortzen	nintzen,	je venais.
—	hintzen,	tu venais.
—	zinen,	vous veniez.
—	zen,	il venait.
—	ginen,	nous venions.
—	zineten,	vous veniez.
—	ziren,	ils venaient.
Ethorri	nintzen,	j'étais venu.
Ethorrico[1]	nintzen,	je serais venu, etc.

Mais quelle anomalie à l'escuara de n'admettre copule du verbe qu'au présent et au passé! A mon sens, il faudrait plutôt féliciter cette langue de constater ainsi clairement que le présent et le passé seuls appartiennent à l'homme par la réalité ou par le souvenir. L'avenir est à Dieu seul; l'homme ne peut affirmer pour l'avenir que projet, inclination, probabilité, tendance à : telle est en effet l'unique certitude possible du futur par rapport à celui qui parle. Le verbe n'affirme donc que du présent et du passé; la désinence de l'attribut localise le temps de l'existence ou de l'action dans ce présent ou dans ce passé du sujet, par rapport au passé, au présent et à l'avenir de l'objet.

Il en est de même pour *dut* : *maïte, maïtatu, maïtatuco dut, duc, du*, etc. (j'aime, j'ai aimé, j'aimerai, etc.).

Mais nous n'avons encore qu'effleuré le mécanisme de l'escuara et les ressources qu'il offre dans sa simplicité. Affirmer une influence, une action la plus générale possible d'un sujet sur un autre : telle est la valeur première, la fonction du verbe actif basque. Renfermer en soi les pronoms tant singuliers que pluriels des trois personnes, épuiser avec tout le laconisme imaginable

---

[1] *Ethortzen* est le positif *ethortzean* (dans le retour), *ethorri* signifie au ou après le retour, *ethorrico* pour, vers, disposé pour le retour.

les combinaisons mathématiquement possibles des six pronoms personnels, en les présentant deux à deux, trois à trois, etc., exprimer avec une facilité qui étonne, une variété qui enchante, une rapidité que rien n'égale, toutes les attitudes ou situations respectives de ces pronoms employés comme compléments, directs ou indirects : tels sont le mécanisme intéressant et la richesse de ce verbe incomparable. En voici quelques exemples :

Nitzaük,	je te suis	(*te* masc.).
Nitzaün,	—	(*te* fémin.).
Nitzauzu,	je vous suis	(*vous* sing.).
Nitzauzue,	—	(*vous* plur.).
Nitzaco,	je lui suis.	
Nitzacote,	je leur suis.	
Gitzaük,	nous te sommes	(*te* masc.).
Gitzaün,	—	(*te* fémin.).
Gitzauzu,	nous vous sommes	(*vous* sing.).
Gitzauzue,	—	(*vous* plur.).
Gitzaio,	nous lui sommes.	
Gitzaiote,	nous leur sommes.	
Zitzaut,	vous m'êtes	(*vous* respectueux singulier).
Zitzauzu,	vous nous êtes.	
Zitzaco,	vous lui êtes.	
Zitzacote,	vous leur êtes.	
Zitzautet,	vous m'êtes	(*vous* plur.).
Zitzautegu,	vous nous êtes.	
Zitzaicote,	vous lui êtes.	
Zitzaizcote,	vous leur êtes.	
Zaüt,	il m'est.	
Zaucu,	il nous est.	
Zauc,	il t'est	(*te* masc.).
Zaun,	—	(*te* fémin.).
Zautzu,	il vous est	(*vous* sing.).
Zautzue,	—	(*vous* plur.).
Zaco,	il lui est.	
Zacote,	il leur est.	
Zait,	ils me sont.	
Zaicu,	ils nous sont.	
Zaic,	ils te sont	(*te* masc.).
Zain,	—	(*te* fémin.).

Zaitzu,	ils vous sont	(*vous* sing.).
Zaitzuc,	—	(*vous* plur.).
Zaizco,	ils lui sont.	
Zaizcote,	ils leur sont.	

Othoiztu hut (je t'ai prié), *o. dugu* (nous l'avons prié), *o. ditugu* (nous les avons priés), *o. dituzte* (ils les ont priés), *o. nuk* (tu m'as prié), etc., *othoitz ezak* (prie-le, toi), *eman daiat* (je te l'ai donné), *eman dacot* (je le lui ai donné), *dacoat* (je le lui ai donné). De même, plus de trois cent soixante autres combinaisons régulières semblables, sans même compter les quelques verbes irréguliers, qui sont cependant en petit nombre, et irréguliers seulement par quelques nuances.

Syntaxe d'accord et de dépendance. — L'adjectif et le substantif ne peuvent s'accorder en genre, le basque n'en ayant pas; quant au nombre et au cas, un seul de ces mots les marque pour tous les deux. Exemple: *Emazteak izikor dire*, les femmes sont pusillanimes *(izikor* pour *izikorrak); badire gizon prestuak*, il y a des hommes sages *(gizon* au lieu de *gizonak prestuak).* Il n'en est pas autrement pour les cas; exemple: *bortz chun gizoneki*, avec cinq cents hommes (au lieu de *chuneki gizoneki*).

1º Dans le basque, la seconde personne singulière des verbes prend le genre de la personne à qui l'on parle; ainsi: *nahi duc,* tu veux (*tu* masc.); *nahi dun (tu* fémin.).

2º Le verbe de la première classe prend un nominatif pour sujet; exemple: *Jaincoa alde eta gaüza guzietan da* (Dieu est partout et en toutes choses). Autrement on dit: *Jainkoak egin zuen gizona* (Dieu fit l'homme), en employant *Jainkoak* ou l'accusatif.

3º Le verbe s'accorde en nombre avec l'attribut: *Jainkoak egin zituen zerua eta lurra* (Dieu fit le ciel et la terre). Or, *zituen* est à la fois singulier, comme se rapportant au sujet singulier *Dieu*, et pluriel, en tant que suivi de deux attributs singuliers qui valent un pluriel. La phrase signifie donc mot à mot: Dieu *il les* fit le ciel et la terre; le *z* suffit pour rappeler un sujet singulier, *tu* pour marquer l'attribut pluriel *zuen, zutuen, zituen, tu* intercalé, comme on le voit.

Il est inutile de dire que le verbe qui ainsi unit en soi intrinsèquement sujet et attribut est le véritable nœud, le véritable conjonctif. Dans les autres langues, le sujet seul est rappelé par le nombre du verbe.

La syntaxe de dépendance se réduit à dire que les mots basques ne sont soumis à aucune dépendance grammaticale et arbitraire par rapport aux autres mots, noms ou verbes. Dans l'escuara, chaque mot ne dépend absolument que de la seule pensée de celui qui parle. Il en résulte que le moindre enfant en état de comprendre ses propres pensées, les rendra facilement en basque sans commettre de solécisme. En effet, toute cette partie de syntaxe se réduit à l'usage bien entendu de la déclinaison, assez riche en cas pour qu'aucun ne soit sujet à double emploi et puisse par conséquent donner lieu à l'équivoque ou à l'erreur. Le tout consiste donc à bien apprendre le sens des mots et les nuances distinctes que leur donnent les cas. Quand on y sera arrivé, on ne sera pas loin de savoir le basque, c'est-à-dire l'une des langues les plus curieuses et les moins connues qui soient au monde. Charles-Quint, qui en connaissait tant [1], était parvenu à l'apprendre, s'il faut en croire le Dr Isasti [2], qui attribue aux rapports de l'empereur avec son confesseur Fr. Diego de S. Pedro é Ibarra, avec son médecin de chambre D. Esteban Zavala, avec le secrétaire d'État D. Alonso Idiaquez, et d'autres Basques [3], ce résultat si glorieux pour leur langue.

---

[1] « Entre toutes les autres langues, il entendoit la françoise tenir plus de majesté que tout autre... Et se plaisoit de la parler, bien qu'il en eust plusieurs autres familieres, » etc. Brantôme, *Vies des grands capitaines estrangers et françois*, parmi ses Œuvres complètes, édit. du *Panthéon littéraire*, t. I, p. 12, col. 2.

[2] Voyez le *Dicc. geogr.-hist. de España*, sect. I, t. II, p. 451, col. 2, art. *Villabona*.

[3] On raconte qu'un jour, ayant rencontré un muletier navarrais, Charles-Quint lui demanda d'où il venait : « *Mandazaia, nondic zatoz?* » Celui-ci lui répondit : « De la Navarre. (*Nafarroatic.*) » — « *Nafarroan gari asco?* (Y a-t-il beaucoup de froment en Navarre?) » — « *Bai, yauna, asco.* (Oui, sire, beaucoup.) » L'empereur termina la conversation par ces mots : « *Nafarroan gari asco; batere, batere ez neretaco.* (En Navarre, beaucoup de froment ; mais point, point pour moi.) » — Ces deux vers, dans lesquels il est question de la danse des épées en usage dans le Guipuzcoa, semblent être une satire de ce grand nombre de Basques qui entouraient Charles-Quint :

Carlos quintoren baratzan
Aquerrac espata dantzan.

(*Dicc. geogr.-hist. de España*, sect. I, t. I, p. 527, col. 1.)

III

LES PROVERBES BASQUES.

Il serait fort superflu, j'imagine, d'entrer ici dans de longs détails sur l'importance des proverbes au point de vue de la civilisation, des usages, du génie d'un peuple; à cet égard, nous ne pourrions exprimer une pensée plus juste que celle qu'a tracée la plume d'un académicien qu'un Basque déclare le plus instruit, le plus élégant, le plus riche de notre siècle [1] : « C'est dans les idiotismes populaires, expression intime de l'esprit d'une nation, dit Ch. Nodier, qu'il faut chercher les tours propres de son langage. Originalité d'images, hardiesse de figures, étrangeté d'inversions, exemples singuliers d'ellipse et de néologisme, recherche piquante d'euphonie, tout y frappe l'attention du grammairien philosophe. »

Les qualités que l'ingénieux auteur des *Notions de linguistique* reconnaissait aux idiotismes populaires et qui leur sont communes avec les proverbes, ces autres créations du peuple, ne se présentent nulle part aussi nettement que dans l'idiome basque. Les adages des Escualdunac sont d'un laconisme frappant et presque toujours d'une sagesse profonde; point de mots oiseux, point de vague dans la pensée; l'image se détache avec une netteté parfaite, et la leçon se grave dans la mémoire en traits ineffaçables.

Il est heureux qu'il se soit trouvé un écrivain qui ait pris la peine de les recueillir. Le savant historien Oihenart publia à Paris, en 1657, un volume où il rassembla 537 proverbes basques,

---

[1] *Voyage en Navarre*, etc., chap. X, p. 585, 586.

en y joignant une traduction française. Ce livre est devenu si rare qu'on n'en connaît, à ce qu'il paraît, que deux exemplaires, l'un à la Bibliothèque impériale à Paris, l'autre dans les mains d'un bibliophile de Bayonne. Une réimpression de ce recueil précieux a été mise au jour par nos soins en 1847.

Oihenart forma aussi un supplément renfermant 706 proverbes nouveaux. Il paraît qu'il n'existe qu'un seul exemplaire de cet appendice; on le conserve à la Bibliothèque impériale.

Une trentaine d'années avant Oihenart, un personnage, fort peu connu d'ailleurs, et qui paraît avoir successivement habité Toulouse, Bayonne et Bordeaux, un maître de langues nommé *Voltoire*, compila un guide de la conversation en trois langues, et il y intercala quelques proverbes qu'il convient d'ajouter à la collection bien plus importante que nous devons à l'auteur du *Notitia utriusque Vasconiæ*. Les adages que renferme le travail de Voltoire ont été retirés de toutes les phrases inutiles au milieu desquelles ils étaient enfouis, et remis au jour dans un opuscule de 14 pages tiré à un petit nombre d'exemplaires, et publié par M. G. B. (Gustave Brunet) [1].

Nous citerons encore, sans pouvoir faire autre chose, les sentences et maximes basques, par M. Ernest de Garay, volume publié en 1852 en Belgique, après avoir paru par fragments, à Paris, dans le *Journal des Artistes*, et, en Hollande, dans le journal de Maestricht.

De l'autre côté des Pyrénées, Esteban de Garibay s'était occupé de former une collection pareille à celle d'Oihenart. Dans un endroit de ses Mémoires, il rapporte avoir envoyé deux cahiers de proverbes basques à D. Juan de Idiaquez, du conseil d'État de S. M. Catholique. Le dernier, arrivé à Valladolid en l'année 1592, contenait une traduction interlinéaire mot pour mot, et une explication au-dessous [2]. Comme le conjecture D. Pascual de Gayangos [3], ce recueil doit être le même que celui qui est conservé

---

[1] *Anciens Proverbes basques et gascons recueillis par Voltoire*. Paris, Techener, 1845, in-8°. Les proverbes basques, au nombre de cent, ont été réimprimés à la suite de notre édition d'Oihenart, p. 266-274.

[2] *Memorial histórico*, etc., t. VII, liv. VI, tit. XI, p. 546.

[3] *Ibid.*, p. 629.

dans un manuscrit de la Bibliothèque nationale de Madrid [1], manuscrit que nous avons vainement cherché pour le comparer à une collection semblable qui figure à la suite de notre édition des *Proverbes basques recueillis par Arnauld Oihenart* [2].

Dans l'impossibilité de citer toutes les sentences où se révèle, sous une forme presque toujours piquante et heureuse, la sagesse de la race escualduna, nous prendrons, comme au hasard, quelques-uns de ses dictons.

Au temps où ses enfants faisaient cuire leur pain sous la cendre, l'un d'eux avait signalé ainsi, bien avant la Rochefoucauld, la prépondérance de l'intérêt personnel dans toutes les affaires de ce monde :

Norc vere opilari ycaça.
(Chacun approche le charbon de son pain [3].)

Les Basques avaient déjà pu reconnaître que le faible n'a guère de chance à lutter contre le fort, et que les grandes fortunes absorbent de modestes ressources isolées. C'est ce qu'ils exprimaient en disant :

Arrain handiac iatentu xipiac.
(Le gros poisson mange le petit.)

Hélas! il en a toujours été de même en tout temps et en tout lieu, et bien loin des Pyrénées, le Grec dit :

Τοῦ κλέφτου καὶ τοῦ δυνάστου καθένας τοὺς χρωστάει.
(Au voleur, comme au puissant, il faut tribut [4].)

Paie, paie, manant; il ne t'est pas défendu d'espérer plus tard quelque aumône :

Ancho limosnari,
Urde ebatsiaren oinac demaza beharrari.

(Ancho est un grand faiseur d'aumônes; il donne au pauvre les pieds du pourceau qu'il a dérobé.)

---

[1] D. Pascual l'a publié, avec un travail de D. José de Aizquivel, dans le volume ci-dessus, p. 651-660.
[2] Voyez p. 255-266.
[3] Ou, comme dit le Castillan, « Cada cual arrima el ascua á su sardina. » (Chacun approche la braise de sa sardine.)
[4] Proverbe cité par M. de Marcellus, *Chants du peuple en Grèce*, t. II, p. 255.

Qui sait? peut-être se bornera-t-on à lui donner cette consolation économique :

Asco vadoc, asco beareodoc.
(Si tu as beaucoup, tu auras d'autant plus de besoins.)

Une fois le voleur en possession de ce qu'il convoitait, il fait de l'ordre pour jouir paisiblement du fruit de ses rapines :

Xasco epaslea, aurtengoen urcasalea.
(Le larron de l'année passée est celui qui fait pendre ceux de la présente année.)

Ohoin handiac urka erasten ditu xipiac.
(Le grand larron fait pendre les petits.)

Encore ici nous avons un de ces proverbes qui ont cours partout. Écoutons Guillaume de Lorris :

> Tex juge fait le larron pendre,
> Qui miex déust estre pendus,
> Se jugemens li fust rendus
> Des rapines et des tors fais
> Qu'il a par son pooir forfais.
>
> (*Le Roman de la Rose*, édit. de Méon, t. II, p. 74, v. 5608.)

Je lis dans l'un de nos anciens mystères :

> Les grans larrons font aux petitz
> La peine qu'ils doivent avoir [1].

Le Basque dit aussi :

> Ikus nesan orraz-ohoina asotaturic,
> Urre molsoarena alcateturic.

(Je vis celui qui avait dérobé les épingles fustigé, et celui qui avait volé le trésor, devenu alcade.)

Aux larrons se rapporte encore ce proverbe, qui n'est pas moins fondé que les autres :

> Pascos urcaguei duenac,
> Garisumaren laburres ditu penac.

(Celui qui doit être pendu à Pâques, trouve le carême bien court.)

---

[1] *La Vie de sainct Christofle elegamment composée en rime françoise et par personnages par maistre Chevalet... nouvellement imprimée* (à Grenoble... l'an 1530), in-4°, sign. OO iiii recto, col. 2.

Au reste, le carême et la potence sont faits pour les misérables :

Garisuma eta urkabea, asturugaizenzat.

Voici quelques autres proverbes que ne désavouerait certes pas l'homme du monde qui, en ce genre, savait le plus et le mieux de choses, l'immortel Sancho Pança :

Gueroa alderdi.
(L'avenir est perclus de la moitié de ses membres [1].)

Hobe da sahi hutsa,
Esi es aho hutsa.
(Il vaut mieux manger du pain de son, que de n'en pas manger du tout.)

Insaur duenac iateco,
Aurkit diro harri hausteco.
(Celui qui a des noix à manger, trouvera assez de pierres pour les casser.)

Nesca harzen ari dena saldu doa,
Galdazen ari dena da galdua.
(J'ai commandé au chien de faire cela, et le chien l'a commandé à sa queue.)

Ogui pulua, bekanqui, da iracas xahua.
(Rarement un monceau de froment est exempt d'ivraie.)

Otsoa lagun duanean,
Albaihu hora saihetsean.
(Quand tu auras le loup en ta compagnie, aie le chien à ton côté.)

Ehun saldic ehun saltoqui behar.
(A cent chevaux il faut cent selles.)

Il faut aussi, pour achever une entreprise, une somme de temps proportionnée à son importance :

Erroma ecen horen batez acabatu.
(Rome ne fut pas faite en une heure.)

On peut appliquer le proverbe lui-même au trésor de la sagesse euscarienne et remonter jusqu'au vers de Virgile : *Tantæ molis erat Romanam condere gentem;* mais si l'on doute de la parenté et que l'on s'effraie de l'âge, on peut s'en tenir à un vers de la

---

[1] Les Basques disent encore :

Guiça ustea guztia ustel.
(Les espérances des hommes sont toutes pourries.)

Chronique de Navarre, de Guillaume Anelier, de Toulouse, qui prouve la popularité de notre adage dans les Pyrénées à la fin du XIIIe siècle. Eustache de Beaumarchais rendant réponse à des bourgeois de Pampelune, le cite à leur envoyé :

> Digas les qu'en .i. jorn Paris non fo obrat [1].
> (Dites-leur qu'en un jour Paris ne fut pas fait.)

Les Basques savent qu'une bonne occasion perdue ne se retrouve pas :

> Arstoa emoïc arbuia sesanac, guero erossi behar uken suen.
> (Celui qui refusa l'âne en don, fut obligé après de l'acheter.)

Attachés à leurs montagnes chéries, ce qu'ils expriment en disant que la vache de Gorbeya désire toujours Gorbeya [2], ils ont consigné dans plusieurs de leurs proverbes la répugnance que leur inspire l'étranger :

> Azerri, otserri.
> (Pays d'étranger, pays de loup.)
> Azeac escua laz.
> (L'étranger a la main rude.)

Ils savent, cependant, que le séjour des champs n'est bon que pour les gens en santé, témoin le proverbe

> Urtun hiriti,
> Urrun offagarriti,

qu'Oihenart rend par *Loin de la ville, loin de la santé*, mais qui n'eût rien perdu à être représenté par notre vieux dicton : *Loing de cité, loing de santé* [3].

Mais à quoi bon les secours de la médecine ? L'homme des champs n'aura jamais besoin d'y recourir, tant qu'il se conformera à cette maxime :

> Has nesac egunco araguias, azoco oguias, eta xasco arnoas, eta axeterrac bihoas.
> (Nourris-toi de la viande d'aujourd'hui, du pain d'hier et du vin de l'année passée, et je dirai adieu aux médecins.)

---

[1] *Histoire de la guerre de Navarre*, etc., p. 124, v. 1892.
[2] Ancien proverbe cité par Esteban de Garibay.
[3] Gabriel Meurier, *Thresor de sentences dorees*, etc. A Rouen, chez Nicolas Lescuyer, M. D. LXXVIII., petit in-12, p. 106.

Au flux du ventre surtout l'eau est malsaine :

> Sabeldurac gaiz ditu urac.

Veux-tu avoir les yeux sains? lie tes doigts :

> Sendonahi dituca beguiac ?
> Iot izac eure erhiac.

On retrouve chez les Basques d'autres adages pour ainsi dire cosmopolites, mais s'exprimant avec une remarquable concision :

> Harri erabilic
> Estu bilzen oroldiric.

(Une pierre souvent remuée n'engendre point de mousse.)

> Halaco tupati, halaco arnoric.

(De tel tonneau tel vin.)

> Itsutu behar duenac beguiti.

(Il vaut mieux être borgne qu'aveugle.)

> Ogui gogorrari haguin sorroza.

(A pain dur des dents aiguës.)

> Belheguis sorroa
> Lehertu doa.

(Par trop remplir le sac vient à crever.)

> Mendiac mendiac vear ez ; baya guiçonac guiçona bay.

(La montagne n'est pas nécessaire à la montagne; mais l'homme l'est à l'homme [1].)

Il était entendu en affaires celui d'entre les vieux Escualdunac qui imagina ce dicton, dont l'expérience ne manquera pas de consacrer la sagesse :

> Begui-bates aski du saltunac,
> Ehun estitu sobera erostunac.

(Un œil suffit au vendeur ; mais l'acheteur n'en a pas trop de cent.)

Une autre maxime recommande de ne pas se laisser tenter par le bon marché :

> Erroango oiala, merquedala, gora da.

(Le drap de Rouen, étant bon marché, est cher.)

---

[1] Déjà au XVIe siècle, nous avions un proverbe ainsi conçu :
> Deux hommes se rencontrent bien,
> Mais jamais deux montagnes point.

Voyez le *Livre des Proverbes français*, par le Roux de Lincy, série n° 2 ; t. 1, p. 53.

Un malheur en amène d'ordinaire plusieurs autres à sa suite ; aussi les Escualdunac disent-ils volontiers :

Gaïza hunqui ator,
Bacar bahator.
(Malheur, sois le bien venu, pourvu que tu sois seul.)

Suivant un autre de leurs proverbes, il faudrait redouter davantage la bonne fortune :

Dixa onac hari, nola baita bera itsu,
Hari darraisconac itsuzen ditu.
(La bonne fortune, comme elle est aveugle elle-même, rend aveugles tous ceux qui la suivent.)

La fortune rend, de plus, ingrats ses favoris :

Salduna, eguic semea duke ;
Es aguke.
(Chevalier, fais ton fils duc, il ne te connaîtra plus.)

Il n'y a qu'une observation sagace qui ait pu donner naissance à ces autres proverbes :

Naguia bethi lansu.
(Le paresseux fait toujours l'occupé.)

Ahalgue-gabeac bitu eper erreac ;
Ser ahalgorrac? ogui mocorrac.
(L'effronté se fait traiter avec des perdrix rôties, au lieu que le honteux, ou le discret, n'a que les restes du pain.)

Aita bilsaleari,
Seme barreiari.
(A un père qui amasse du bien [succède] un fils qui le dissipe.)

Arraina eta arroza,
Heren egunac carazes, campora deragoza.
(Le poisson et l'hôte deviennent puants passé trois jours, et il faut les jeter hors de la maison.)

Malheureusement on n'en peut faire autant des parents que donne le mariage, cette affaire dans laquelle l'un ou l'autre des conjoints est toujours trompé :

Baigorrin baxera lurres,
Nic haraguei nuenean urres.
(A Baigorry la vaisselle est de terre ; lorsqu'on parlait de m'y marier, elle était toute d'or.)

Est-ce à dire qu'il faille, dans le choix d'une femme, se laisser guider par l'intérêt? Bien au contraire :

> Emastea harzen duenac escontsari hutsagati,
> Biharamuna da dolu-eguna, gaiz darraiconagati.

(Celui qui choisit sa femme par la seule considération de sa dot, s'en repent dès le lendemain, à cause du mal qui lui en revient.)

C'est, en effet, une bien laide chose que l'avarice; le Basque raconte ainsi un épisode de son histoire :

> On-gosseac guiçon bat hilic ihes seguin Eliça-barnera,
> Eta esta gueros hantic atera.

(L'avarice ayant tué un homme, se réfugia dans l'Église, et elle n'en est pas sortie depuis.)

Il caractérise ainsi une espèce d'avares, chiches pour le liard, larges pour le ducat :

> Suhur arditaren, erho dugataren.

La philosophie du peuple basque n'est pas toujours chagrine; elle montre quelquefois une insouciante gaieté, comme dans cette devise que le chevalier de Béla avait inscrite au-dessus de la porte de son château [1] et que M. Lherminier assure avoir lue sur une maison de la vallée de Baztan [2] :

> Lehen hala,
> Oraï hola;
> Guero, etchakin nola.

(Jadis comme ça, aujourd'hui comme ci, après je ne sais comme.)

Sceptique ou non, il faut féliciter la sagesse des Basques d'avoir consacré la maxime suivante :

> Beti serbizari leiala eta prestua,
> Harzedun da, bad'ere pagatua.

(Toujours un serviteur fidèle et diligent est créancier, bien que payé de son salaire.)

Elle s'émancipe quelquefois au point de présenter des images érotiques, comme dans ce dicton :

---

[1] *Voyage en Navarre*, etc., chap. VIII, p. 316.
[2] *Courrier de Bordeaux*, n° du 26 octobre 1839. (Extrait d'un rapport sur les provinces basques, emprunté au *Phare de Bayonne*.)

Domingo, eguic emazte, azi lo, berac irazar iro.

(Dominique, prends une femme, et après dors tant que tu voudras, car elle aura assez le soin de t'éveiller.)

On a bien raison de dire :

> Escont'eguna,
> Aise isanaren biharamuna.

(Le jour où l'on se marie est le lendemain du bon temps.)

> Oilarbat aski da oilo hamarbaten,
> Hamar guiçon es emaste baten.

(Un coq suffit à dix poules, mais dix hommes ne suffisent pas à une femme.)

Chez les Basques, comme chez tous les autres peuples, on rencontre des proverbes météorologiques basés sur une longue observation. C'est elle qui leur a appris qu'en mars le temps n'est jamais constant :

> Eguzquia eta euria
> Uri eguraldia.

(Soleil et eau, temps de mars.)

Ils ont caractérisé ainsi la rigueur de l'atmosphère qui marque ordinairement la fin de ce mois et le commencement d'avril, jours que les Écossais appellent *borrowing days*, comme si mars les prêtait à son successeur [1] :

> Urriac bustanaz,
> Geceilac bularaz.

(Mars avec la queue, avril avec la poitrine.)

Ils ont remarqué, avec les Anglais, les Écossais et les Allemands [2], qu'avec le mois de mai pluvieux ou froid l'année était heureuse :

> Otorde dabila maiaza su eske.

(Le mois de mai est en quête de feu, en troc de pain.)

> Maiaz eurite,
> Urte eguite.

(Eau de mai, pain pour toute l'année.)

> Maiaza hoz,
> Urtea boz.

(Mai froid, l'année gaie.)

---

[1] *Popular Rhymes of Scotland*, etc. By Robert Chambers. Edinburgh : 1847, post 8°, p. 143, 144.

[2] *Ibid.*, p. 145, 146.

A l'état du ciel ils devinent sûrement le temps qu'il doit faire pendant la journée :

> Gois gorriac dakarke uri,
> Arrats gorriac egur aldi.

(La matinée rouge est présage de pluie, la soirée rouge *promet* beau temps [1].)

> Goiserria denean gorriago esenes hori,
> Eure euritacoa estemala nehori.

(Quand l'orient est plus rouge que jaune, ne prête ton manteau de pluie ou ton capuchon à personne.)

> Gois orsadar, arrats iturri.

(L'arc-en-ciel du matin, présage de pluie pour le soir.)

Au contraire, comme dit Voltoire, qui reproduit sans doute un ancien quatrain,

> L'arq au ciel le soir
> Faict beau temps apparoir [2] ;
> Mais ne croyez jamais en temps estoilé,
> Ny en brodier mal accoustré.

C'est ce que les Basques disent en ces termes : « Holça darraq ceruan arratcian dembora ouna iracustendu ; baignan estecaçula seculan signez dembora issaratoary, ezeta brodat salié gaisquy bestituary. »

Sur l'autre versant des Pyrénées, des nuages rouges apparaissent-ils le matin du côté de la Navarre, les Guipuzcoans, qui y voient un signe de pluie, disent en basque et en castillan :

> Gox gorri de Navarra,
> Remojar te ha la çamarra.

(Matinée rouge de Navarre remouillera ta pelisse.)

Au contraire, les nuages rouges sur le soir du côté de la Castille signifiant soleil, ils disent de même :

> Arras gorri de Castilla
> Calentar te ha la costilla.

(Soirée rouge de Castille t'échauffera les côtes.)

---

[1] La plus ancienne trace de ce proverbe, qui a son correspondant en français, en anglais, en écossais et en allemand, se trouve dans l'évangile de S. Matthieu, chap. XVI, vers. 2.

[2] De même, les Écossais disent :
> A rainbow in the morning is the shepherd's warning ;
> A rainbow at night is the shepherd's delight.
> (*Popular Rhymes of Scotland*, p. 155.)

Sir Humphry Davy explique très-bien le fait sur lequel ce proverbe est fondé. (*Salmonia, or Days of Fly-fishing*, etc. London : Smith, Elder and Co., 1840, in-8°, sixth day, p. 124.)

En général, le jour de Saint-Laurent, ou il fait très-chaud, ou il tombe beaucoup de pluie; aussi les Guipuzcoans disent-ils :

Jaune done Laurenti,
Escu batean euria, bestean ilinti.

(Seigneur saint Laurent, une main en pluie, l'autre en tison.)

A la fête de saint Simon et de saint Jude l'hiver approche, ce qui a donné lieu à ce dicton :

Sanct Simon eta Juda,
Negua eldu da.

(Saint Simon et saint Jude, l'hiver est en vue.)

Autrefois, à partir de cette époque, la navigation était interdite [1], d'où le proverbe :

Sanct Simon eta Judaetan,
Onciac ancoractan.

(Par saint Simon et saint Jude, les navires à l'ancre.)

La mer a inspiré aux Basques un bien bel adage, cité par M. Ferdinand Denis, dans son intéressant article sur les proverbes [2] :

Othoizen estaquiena Jaincoari,
Berraio itsasoari [3].

(Celui qui ne sait pas prier Dieu, qu'il s'adonne à la mer, *pour l'apprendre.*)

Oihenart a encore recueilli deux autres dictons relatifs à la mer et à l'idée que s'en font ses compatriotes :

Itsassoac adarric es.

(La mer n'a point de branches, *auxquelles on puisse se prendre quand on se noie.*)

Itsasturnaren emastea, goisean senhardun,
Arratsean elhargun.

(La femme du marin est bien souvent mariée le matin, et veuve le soir.)

---

[1] La même défense existait en Écosse par acte du 2ᵉ parlement de Jacques III, chap. XV.

[2] Ce morceau, publié d'abord dans la *Revue de Paris*, t. XLIII, 4ᵉ livraison, a reparu en tête du *Livre des Proverbes français*, par M. le Roux de Lincy. A Paris, chez Paulin, 1842, in-12. Voyez p. xij.

[3] Les Espagnols ont chez eux l'équivalent de ce proverbe :

Quien no sabe á Dios rogar,
Que se ponga en alta mar.

(*Les Us et coutumes de la mer*, etc., par Cleirac. A Rouen, chez Jean Viret, M. DC. LXXI., in-4°, p. 23.)

Mundu hunec diduri itsassoa,
Iguerica estaquiena ondarrera doa.

(Le monde ressemble à la mer : on y voit s'y noyer ceux qui ne savent pas nager.)

Dans un aussi grand nombre de proverbes, on s'attend indubitablement à en rencontrer de relatifs aux mœurs et coutumes du pays ; mais ceux-là sont en petit nombre, et l'on peut les rapporter tous. Chez les Basques, comme chez les Écossais et les Irlandais, le jour d'un enterrement on sert un festin aux parents et aux amis du défunt [1]. De là le dicton :

Hila lupera,
Visiac assera.
(Le mort à la fosse, les vivants à la saoulée.)

Ordinairement les maîtres et maîtresses de maison occupent la meilleure place du foyer, qui est celle de devant le feu ; les enfants et les serviteurs se tiennent au coin, et ceux-ci ont coutume de répéter les choses qu'ils entendent dire aux premiers. De là le dicton qui suit :

Ser dio sut ondocoac?
Ser baitio sut-aizinecoac.
(Que dit celui qui se tient au coin du foyer ? Ce que dit celui qui est assis au devant du feu.)

Le saut, comme on le verra plus loin, était un exercice fort en honneur chez les Basques. Pour dire que sous un habit modeste on peut rencontrer un noble cœur, ils ont cet adage :

Iauscari ona
Capaxar-duna.
(Sous une méchante cape se trouve souvent le bon sauteur [2].)

---

[1] « Quand quelqu'un meurt, dit Oihenart de ses compatriotes, ils manifestent leur douleur par des lamentations ; ce qui ne les empêche pas de joindre à la cérémonie des funérailles, des repas, où, en de certains endroits, on est d'opinion qu'il ne faut point servir de viande rôtie. » (*Notitia utriusque Vasconiæ*, lib. III, cap. IV, p. 408.) Dans plusieurs cantons des montagnes du Roussillon, les parents et les amis du défunt se réunissent, après l'enterrement, à un repas, qui se fait ordinairement en maigre ; s'il est en gras, on n'y doit servir ni volaille ni gibier. (Henry, *Histoire de Roussillon*, etc. Paris, Imprimerie royale, M. DCCC. XXXV., in-8°, Ire partie, p. xcii.) Dès la fin du XIVe siècle, les rois de Navarre essayèrent, mais inutilement, d'abolir ou au moins de réprimer chez eux un usage moins honorable pour les morts que ruineux pour les vivants. (*Dicc. de antig. del reino de Navarra*, t. I, p. 582, art. *Entierros*.)

[2] Voyez une variante de ce proverbe dans le *Notitia utriusque Vasconiæ*, p. 55.

« Parmi les laboureurs du Pays de Basques, dit Oihenart, on paye en grain ceux qui travaillent à battre les blés. » Cet usage, qui existe en bien d'autres endroits, a donné naissance au proverbe :

> Sariac sathitu-ondoan,
> Aguerico da serden hireric urpoan.
>
> (Après que les salaires auront été partagés, il paraîtra ce qu'il y aura du tien dans le tas de blé.)

Dans les recueils d'Oihenart et de Voltoire on ne rencontre aucun proverbe historique, aucun dicton relatif à des localités ; il faut recourir à la collection de Garibay pour trouver quelque chose de ce genre. Des cinq articles qui rentrent dans cette catégorie, je ne citerai que le premier, qui concerne un fameux chef de bande du XIVe siècle, ce qui permet de faire remonter jusque là le dicton qui lui est consacré :

> Edrigu de Villandran,
> Egun even, eta viar an.
>
> (Rodrigo de Villandrando, aujourd'hui ici, demain là.)

Le capitaine dont l'activité a mérité un pareil éloge, n'était que digne d'être Basque ; il avait reçu le jour en Castille, guerroya une bonne partie de sa vie en France, où sa renommée donna lieu à un proverbe moins honorable que celui qui vient d'être rapporté [1] ; il épousa, en 1433, Marguerite, bâtarde de Bourbon, et mourut septuagénaire dans les premières années du règne de Henri IV de Castille. En consacrant et en retenant un proverbe de deux lignes en l'honneur d'un des personnages les plus remarquables du XVe siècle, le paysan basque a plus fait pour la gloire de ce héros que les littérateurs ses contemporains, dont les éloges n'ont point empêché sa mémoire de périr.

---

[1] Le P. Bonaventure de Saint-Amable, après avoir parlé du passage de Rodrigo de Villandrando à Limoges, en 1436, ajoute en propres termes : « Cet homme estoit si méchant et cruel que son nom est tourné en proverbe dans la Gascogne ; et, pour signifier un homme brutal et cruel, on l'appelle méchant Rodrigue. » Voyez, sur ce personnage, le précieux mémoire de M. J. Quicherat, dans la *Bibliothèque de l'École des Chartes*, t. I, 2e série, Paris, M DCCC XLIV, p. 119-168, 197-258.

IV

REPRÉSENTATIONS DRAMATIQUES CHEZ LES BASQUES

Pastorales, ou tragédies.

Le théâtre, compagnon obligé de la civilisation la plus avancée, n'existe pas seulement parmi les populations qui présentent ce caractère ; on le retrouve dans les pays qui ont le mieux résisté à l'invasion des idées nouvelles, et gardé plus fidèlement le dépôt des vives croyances et d'une ardente religion, source des premiers mystères.

Parcourez la Bretagne et l'Artois, la partie allemande du Tyrol et les Pyrénées, vous verrez encore représenter de ces drames pieux, dont le peuple seul fait les frais, et qui exercent une très-grande influence sur son esprit et sur son langage. De la Bretagne je n'ai rien à dire, si ce n'est que j'ai vu et possédé un volume imprimé à Morlaix, dans lequel le roman des quatre fils d'Aimon était dialogué en breton d'une façon tout à fait naïve [1] ; pour l'Artois, je renverrai à l'ouvrage d'un enfant du pays, qui signale l'usage d'y représenter des pièces sur des sujets saints [2] ; la comédie chez les paysans tyroliens a inspiré à M. Louis Énault un récit des plus intéressants, que tout le monde a pu lire dans le *Moniteur universel* [3] ; M. Henry a consacré deux pages de son *Histoire de Roussillon* [4] aux mystères que l'on joue encore dans

---

[1] *Buez ar pévar mab Emon, duc d'Ordon, laqel e form un dragedi, ha reizet en urz gant a. l. m. l.* E Montroulez, e ty Lédan, impr.-libr, e traon ru ar Vur, 1833, in-12, de 408 pages.
[2] *Études sur les Mystères*, par M. Onésime le Roy. Paris, 1837, in-8°, p. 145 et *passim*.
[3] N° du mercredi 29 octobre 1856.
[4] IIe part., p. cii-civ. Voyez encore *Statistique générale des départemens pyrénéens*, etc., par M. Alexandre du Mège. Paris, M. D. CCC. XXIX., in-8°, t. II, p. 587, 588.

ce pays; enfin, MM. J. Duvoisin et J. Badé ont parlé du théâtre basque dans des périodiques de province [1] peu connus hors du lieu de leur naissance. D'un autre côté, un savant académicien, M. Jomard, a porté l'attention des érudits sur l'existence d'un théâtre populaire dans les Pyrénées, en rendant compte d'une représentation où M. Amaury Duval, ou plutôt M. Victor le Clerc, avait reconnu notre ancien roman de Fierabras mis en dialogue béarnais [2]. Je vais, à mon tour, rapporter ce que j'ai appris relativement aux *pastorales* basques, nom bien propre à conserver le souvenir de la condition des auteurs primitifs de ces compositions rustiques.

Les pièces que j'ai recueillies, au nombre de trente-quatre, sont empruntées, soit à la Bible, comme la pastorale de Moïse, celles d'Abraham et de Nabuchodonosor, soit à la légende, comme les pièces de saint Louis, de saint Pierre, de saint Jacques, de saint Roch, de saint Alexis, des trois Martyrs, de sainte Agnès, de sainte Catherine, de sainte Hélène, de sainte Engrace, de sainte Marguerite et de sainte Geneviève. La mythologie figure dans le répertoire du théâtre basque par la pièce de Bacchus, et l'histoire ancienne par celles d'Astiage et du grand Alexandre. Les anciennes chansons de geste ont fourni, non le sujet de la pièce de Clovis, où, comme on le verra plus loin, la tradition historique est assez fidèlement observée [3], mais les pastorales des douze pairs de France,

---

[1] *Album pyrénéen*, 2me année. Pau, E. Vignancour, 1841, grand in-8°, p. 90-102 (*Poésie dramatique des Basques*), et p. 207-215 (*Comédie des Basques*). — *L'Observateur des Pyrénées*, n° 746, 1843, mercredi 11 octobre; n° 747, vendredi 13 octobre; n° 748, dimanche 15 octobre; n° 751, dimanche 22 octobre; n° 753, vendredi 27 octobre; n° 754, dimanche 29 octobre. — Citons encore M. Chaho, qui a consacré deux pages et demie aux pastorales souletines, dans son *Voyage en Navarre*, chap. IX, p. 337-359.

[2] Voyez *Histoire littéraire de la France*, t. XVIII, p. 720. — La pièce représentée à Castets en présence de M. Jomard ne paraît pas avoir été jamais imprimée; mais il en est d'autres qui ont eu cet honneur. On peut citer, par exemple, une *Pastourelle en quatre actes deu paysan qui cerque mestié à son hils*, par Fondeville de Lescar (Pau, 1767, in-12; réimprimée en 1827), et une *noubelle Pastourale bearneze*, sur Joseph et ses frères, imprimée à Toulouse par Augustin Henault en 28 pages in-12.

[3] On ne saurait mettre en doute l'existence d'anciennes traditions poétiques relatives à Clovis, après avoir lu les passages suivants :

> Veritez est provée, l'on truis en la leçon,
> Que cil qui tint de France premiers la region,
> Ot à non *Clodois*, que de fi le set on;

REPRÉSENTATIONS DRAMATIQUES. 45

de Charlemagne, des quatre fils d'Aymon, de Godefroi, de Thibaut, de Richard duc de Normandie, et les annales ottomanes ont donné au théâtre basque *Mustapha grand sultan*. Il est plus difficile d'indiquer la source de *Jean Caillabit* et de la *Princesse de Gamatie*. Pour ce qui est de *Jean de Paris* et de *Jean de*

> Peres fu Floovant, qui fist la mesprison
> De sa fille la bele, qui Aaliz ot non.
>> (*La Chanson des Saxons*, coupl. III, v. 3; t. I, p. 4. Un manuscrit porte *Cloevis* au lieu de *Clodoïs*.)
>
> Je sai de geste les chansons commencier...
> Je sai assez dou bon roi Cloevier,
> De Floevant et dou vassal Richier.
>> (*Roman d'Auberi le Bourguignon*, Ms. de la Bibl. imp. n° 7227-5, fol. 74 recto, col. 1, v. 29.)
>
> De Clodoveu et de Pipi
> Comtava l'us tota l'estoria.
>> (*Flamenca*, manuscrit de la Bibliothèque de Carcassonne, folio XII verso.)
>
> Da Costante discese Constantino,
> Poi Fiovo e il re Fiorello, el campione;
> E Fioravante, e giù sino a Pipino,
> Regal stirpe di Francia, e il re Carlone.
>> (Boiardo, *Orlando innamorato*.)

On n'a point encore retrouvé la vieille chanson de geste que font supposer les plus anciens de ces passages. Quant au dernier, il faut en chercher la source dans les *Reali di Francia*, dont le livre I et une partie du liv. II sont consacrés aux faits et gestes de Costantino, de Costanzo Fiovo, son fils, et de Fioravante, fils de Fiorello, roi de France. Qui sait si nous n'aurions pas une autre traduction de l'épopée française dans une saga intitulée : *Flóvents Saga Frakka Konüngs*, qui existe dans un manuscrit islandais de la Bibliothèque royale de Stockholm (n° 6, in-4°, sur parchemin, fin du XIVe siècle), où elle occupe les feuillets 70-85? La même saga, en vingt-sept chapitres, existe également dans le manuscrit islandais de la même bibliothèque, in-folio, sur papier, n° 47, manuscrit exécuté en 1691. — La ressemblance du nom de *Floovant* ou *Floevent* avec le nom de famille de Constantin, héros d'une légende perdue et citée, entre autres témoignages, dans *Auberi le Bourgoing* (Voy. *Hist. litt. de la France*, t. XVII, p. 325), me porte à rattacher la saga de Flovent à celle dont je retrouve quatre exemplaires dans la même bibliothèque. Le premier, intitulé *Adonius Saga ok Constantinus*, est un fragment acéphale de sept feuillets trois-quarts, conservé dans le manuscrit islandais in-folio n° 7, qui est sur parchemin et probablement du XVe siècle. Le second, en quatre-vingt-six chapitres, existe dans le manuscrit islandais in-folio n° 48, qui est sur papier et de 1690. Le troisième, simplement intitulé *Adonius Saga*, fait partie du manuscrit n° 6 (in-4°, papier, XVIIe siècle); le quatrième enfin est conservé dans le manuscrit n° 19, de 1667, in-4°, sur papier.

Un troubadour, Giraud de Calanson, se vante de savoir chanter

> Del rey Flavis,
> Sel de Paris,
> Cum lo sau pro 'ls vaquiers noirir.
>> (*Fadet joglar*, cité par Diez, *Die Poesie der troubadours*. Zwickau, 1826, in-8°, p. 200.)

Calais, on peut croire qu'ils viennent de la *Bibliothèque bleue.* Les trois pièces de Napoléon 1er, qui couronnent le théâtre des *Escualdunac,* sont le fruit des souvenirs du peuple. La première embrasse le Consulat; la deuxième, qui est la plus longue et incontestablement la plus belle, se rapporte à l'Empire; et dans la troisième est retracée la vie de l'illustre exilé de Sainte-Hélène.

Voyons maintenant de quelle façon ces pièces sont représentées :

A-t-on décidé que l'on en jouerait une, la jeunesse de l'endroit va trouver l'homme de lettres du voisinage, le plus souvent l'instituteur de la commune, et lui fait part du dessein qu'elle a formé. On s'entend sur le choix de la pastorale, et l'on convient des honoraires à payer au directeur de la troupe, qui remplira en même temps les fonctions de copiste, de répétiteur, de régisseur et de souffleur. Ces honoraires sont de quarante francs, la nourriture en sus. Avant de se produire en public, les acteurs répètent cinq ou six fois dans une maison particulière, jusqu'à ce qu'ils soient en état de paraître convenablement sur la scène.

La construction du théâtre où se jouent ces pastorales, se réduit au *modicis instravit pulpita tignis.* Quelques planches solidement clouées sur une douzaine de solives en font les frais; une triple rangée de barriques supporte le tout et donne à la scène une élévation d'environ 1m50 sur 4 ou 5 mètres de côté. Le haut du théâtre est partagé en deux compartiments égaux, dont l'un forme la scène et l'autre le foyer des acteurs. Une corde tendue à la hauteur d'environ 3 mètres, et d'où descendent des draperies plus ou moins riches, plus ou moins ornées, forme la ligne de démarcation entre les deux compartiments, qui communiquent entre eux par deux ouvertures pratiquées aux deux extrémités. Sur la gauche s'élève ordinairement une espèce de pantin monstrueux, que l'on met en mouvement au moyen de cordes; il représente Allah, le dieu des mahométans; son rôle est d'applaudir aux crimes des méchants et de se livrer à de nombreuses contorsions en présence des personnages vertueux qui paraissent sur la scène. On s'en sert encore dans les entr'actes pour amuser le public, si toutefois on peut appeler *entr'actes* des interruptions accidentelles.

Les acteurs qui vont paraître sur le théâtre ne sont pas les seuls qui aient le droit d'y siéger : les personnes marquantes de l'endroit y occupent une place d'honneur. On y voit aussi les couturières qui ont préparé les costumes et qui veillent sur les décorations ; le répétiteur qui remplit publiquement les fonctions de souffleur ; enfin, deux ménétriers, l'un jouant du violon, l'autre de la flûte, avec accompagnement de tambourin ; ils ne jouent pendant la pièce que pour accompagner les chants, qui sont ordinairement des prières adressées à Dieu par les acteurs, ou des chœurs d'enfants, dans des moments critiques.

Voici un chant tiré de la pastorale de sainte Geneviève, qui donne une idée assez avantageuse de la partie lyrique de ces sortes de drames :

GENEVIÈVE DANS L'ORATOIRE.

Je ne puis dire, — je ne puis penser — ce que j'ai au cœur. — Ah! le souffle de ma vie — à peine s'élève — dans l'air — vers les cieux ; — moi-même je m'en vais — avec lui — dans l'air. — Un feu dévorant — me consume ; — il est bien des nuits — où m'étouffent les sanglots, — les larmes. — Oh! Seigneur, grand Dieu et très-haut, — je crie vers vous, — étendez sur moi — votre douce main, — je vous en supplie. — Comme moi, — qui souffre, — y a-t-il (quelqu'un)? — Des plus bas lieux — aux plus hauts — je cours — vous chercher ; — aux cieux — j'élève — les yeux ; — je répands — des torrents de larmes, — désirant vous voir, — par le moyen (de ces larmes) — je vous conjure, — venez à mon aide. — Je sais, — sans vous — il n'y a pas, — oh, mon maître, — parmi les grands — qui êtes le plus grand! — de bonheur sur la terre. — Ah! vers vous — emportez-moi ; — je ne puis sur la terre — trouver — de consolation. — Si j'avais deux ailes — pour m'envoler, — de ce lieu — pour m'élever, — je m'en irais — au bonheur, ô Dieu tout-puissant, — maître du ciel! — Ayez pitié — de ma faiblesse, — venez en aide — à votre enfant.

UN CHŒUR D'ANGES.

Consolez-vous, — pauvre chère sœur. — Votre amour — nous est venu, — de la plus douce fleur — pareil au parfum. — Consolez-vous. — Pour vous chercher — nous arrivons ; — tant que le tonnerre gronde — jusqu'à ce que le souffle du Seigneur l'éteigne, — consolez-vous, — nous vous en prions. — Vous n'avez pas — que nous — plus — de nous embrasser — de désir. — Nous vous emporterons — avec nous — aux cieux, — quand nous descendrons — par votre ordre, —

pauvre chère sœur. — Alors sera — grande — la gloire du ciel; — semblable à la brillante étoile, — (elle) éclatera, — quand vous arriverez — au milieu de nous, — au paradis, — auprès de Dieu [1].

Remarquable à bien des égards, cette tirade emprunte encore un nouvel intérêt aux circonstances qui s'y rattachent. Elle a été recueillie, il y a vingt-cinq ans, de la bouche d'une vieille fille, qui avait, dans sa jeunesse, joué le rôle de Geneviève, avec un tel feu que sa raison fut ébranlée par les applaudissements de la foule et par le bruit qui s'ensuivit dans tout le pays; ce qui contribuait encore à l'accroître était l'incognito de l'actrice, qui avait paru fardée et teinte jusqu'aux cheveux. « Je l'ai connue, m'écrit M. Duvoisin, grande, maigre et noire; elle avait des yeux vifs et d'une sévérité extraordinaire, quand elle ne murmurait pas ses chants devant les rochers autour desquels, la quenouille au côté, elle faisait paître quelques misérables brebis. Il me fallut plusieurs mois de patience et de cour pour me faire agréer de la pauvre monomane; encore, n'ai-je pu obtenir d'elle que la plus faible partie de ce qu'elle savait. Mais j'ai vu cette femme ridée, un genou sur un escabeau, la figure à moitié tournée vers le public devant lequel elle se supposait, les yeux fixés au mur sur une image du Juif errant qui remplaçait le crucifix de l'oratoire; sa poitrine se gonflait comme aux beaux jours de sa jeunesse; j'ai entendu sa voix chevrotante, vibrante, pénétrante, et jamais je n'oublierai cette scène. »

Il me semble que, dans les pastorales, il n'y a guère d'entr'actes. La pièce se joue ordinairement sans interruption, et les mouvements grotesques d'Allah, dont j'ai parlé plus haut, viennent

---

[1] Voici le début du texte basque :

> Nic ez diot errau,
> Nic ez diot pentza
> Bihotzean cer dudan.
> Oi ! neure hatsa
> Doidoia badoha
>   Aircra
> Ceruetara ;
> Neroni banoha
> Harekin batean
>   Aircan, etc.

distraire le public pendant les interruptions accidentelles survenues par la faute des acteurs qui tardent trop à paraître. Dans les pièces qui admettent des entr'actes, la scène est occupée, après la retraite des acteurs, par des jeunes gens agiles, au nombre de cinq ou six, qui représentent, dans une danse particulière, les combats entre les bons et les malins esprits en lutte pour la possession de l'homme.

Comme la pièce tyrolienne dont a rendu compte M. Louis Énault, les pastorales que je possède commencent toutes par un prologue à la façon d'Euripide, qui résume le sujet. Dans quelques pièces, le même personnage annonce la conclusion de la pastorale, en déclamant la moralité du drame et divers conseils aux pères, mères, jeunes gens, etc. Quant au ton de la déclamation, on peut le résumer en quelques mots : mesure iambique, parfaitement conforme aux règles de l'Art poétique d'Horace.

Les costumes se composent de tout ce que l'on peut obtenir d'ancien et de beau dans les châteaux et dans les maisons bourgeoises, en vertu d'un droit acquis de temps immémorial à la jeunesse, droit que l'on ne saurait lui dénier sans s'exposer à quelque représaille. Les coiffures surtout sont l'objet de soins particuliers, et l'on y prodigue les rubans et les bijoux. Chacun essaie de se rapprocher autant que possible du costume qu'il attribue à son personnage ; mais, il faut le dire, acteurs et spectateurs sont assez peu difficiles sur ce point. Voyez plutôt : l'habillement d'un roi chrétien consiste communément en un pantalon blanc galonné, un beau gilet, un habit bourgeois et de petites bottes ; une couronne ornée d'une riche chaîne d'or, une autre chaîne de même métal descendant sur le dos et sur l'estomac, une épée, une canne, des gants, deux montres et la croix d'honneur complètent ce costume, bien fait pour éblouir des paysans. Les courtisans qui accompagnent le roi sont vêtus de même, avec cette différence qu'ils sont coiffés de chapeaux pareils à ceux de nos gendarmes et garnis de plumets et de rubans. Les princes musulmans portent de grandes bottes, un pantalon blanc galonné, un habit rouge, un chapeau cylindrique décoré de panaches et de petits miroirs ; leur suite offre des costumes pareils, si ce n'est qu'au lieu d'habits, ceux qui la composent ont des vestes courtes en écarlate; les uns et les autres portent de grands sabres. Quant aux danseurs qui paraissent sur la scène pendant les entr'actes, et que l'on nomme *Satans*, ils ont des escarpins rouges garnis de petites sonnettes, un pantalon blanc galonné, une ceinture en soie, un riche gilet, une veste écarlate, un chapeau triangulaire en carton orné de rubans et de plumets, et une petite canne pareillement décorée de rubans rouges de 40 centimètres. Rien de particulier dans le costume des quatre hommes qui veillent chacun à l'un des coins du théâtre pour qu'il ne soit pas encombré par le public. Si j'en fais ici mention, c'est pour n'oublier personne. J'ajouterai que, dans certaines localités, la scène est complétement libre, et que les personnes qui ont droit à des places réservées les occupent sur une estrade construite à côté du théâtre.

Ces pastorales sont toujours représentées par des acteurs du même sexe. Quelquefois, quoique assez rarement, les jeunes filles se donnent en spectacle sur les tréteaux; mais on n'y voit guère d'*etcheco-alhaba,* c'est-à-dire de fille de bonne maison, tandis que les jeunes gens acceptent généralement des rôles sans distinction de position. En Tyrol, on fait le contraire, et tous les rôles sont tenus par des jeunes filles.

Le jour de la représentation, tous les acteurs font une promenade dans les rues de la localité; ils vont ensuite défiler sous les fenêtres du maire et autres personnages notables; enfin, ils se rendent sur la place où s'élève le théâtre, qu'entoure déjà une foule nombreuse, qui se compose de tous les habitants valides des villages situés dans un rayon assez étendu. Arrivés au pied du théâtre, les acteurs, après maintes évolutions, descendent de cheval; l'archange du mal monte le premier les degrés; après lui viennent ses serviteurs, suivis des autres personnages dans l'ordre de l'importance de leur rôle. Tout ce monde se retire dans la partie du théâtre qui lui est affectée, et bientôt on en voit sortir avec gravité l'acteur chargé du prologue. Après avoir salué l'assistance, il déclame son rôle avec force gestes en arpentant la scène. Quand il a fini, il salue encore le public, et la pièce commence.

Il est vraiment impossible de dire combien l'attention et le silence règnent, malgré le concours si nombreux de spectateurs de tout âge, de tout sexe, de toute condition. Ils restent ainsi entassés, suffoqués, dans une posture gênante, pendant les quatre ou cinq heures que dure la représentation ; sur ces figures avidement tendues vers la scène, on n'aperçoit pas le moindre signe d'impatience ; de ces poitrines qui souvent respirent avec peine, on n'entend sortir aucune plainte, si ce n'est lorsque l'innocence ou la vertu sont persécutées : alors l'attendrissement va jusqu'aux larmes. On recueille avec avidité tous les dialogues, toutes les maximes, dont on tirera parti plus tard dans la conversation et pour l'éducation des enfants. Un acteur, s'il a une belle voix et s'il gesticule avec aisance, entendra longtemps son nom répété avec éloge ; s'il rend mal son rôle, il s'expose à recevoir, pour longtemps aussi, un surnom destiné à perpétuer le souvenir de son échec.

Le spectateur n'est tenu à aucune contribution ; néanmoins, les acteurs rentrent, et bien au delà, dans tous les frais de la représentation. Deux sources de revenus leur sont en effet assurées : la première consiste dans les rafraîchissements distribués en leur nom à tous les assistants, qui répondent à cette libéralité par des dons volontaires d'une valeur supérieure. Ces rafraîchissements sont tout simplement des verres de vin ou d'eau rougie, que des trios de jeunes gens et de jeunes filles offrent aux spectateurs ; les jeunes gens font la collecte et les jeunes filles versent à boire ; ceux-ci sont ordinairement de bonne maison ou marguilliers de la paroisse. La deuxième source de revenu prend naissance dans un autre divertissement, également en usage dans le Tyrol en pareille circonstance. A la fin de la représentation d'une pastorale, on exécute sur le théâtre des danses diverses. Le public y est admis ; mais l'honneur de danser les trois premiers *moutchiko*, ou sauts basques, est mis à l'encan par les agents des acteurs, et la jeunesse des diverses communes se le dispute. Celle dont les jeunes gens ont le plus offert, passe pour la plus importante ; il en est de même pour les deux autres qui viennent après. Le premier saut basque coûte quelquefois de 150 à 200 francs, le deuxième de 20 à 50, le troisième de 15 à 30. Après ces trois danses vient un bal ordinaire.

Une fois les frais acquittés, les acteurs consacrent le bénéfice, s'il y en a, à payer le vin bu pendant les répétitions et à donner un banquet suivi d'un bal, huit jours après la représentation de la pastorale. Le soir même du jour où elle a eu lieu, les assistants rentrent chacun chez eux avec une abondante provision de souvenirs et de conversations; mais les amours et les combats dont ils viennent d'être les témoins, se retracent quelquefois à leurs regards dans toute leur vérité. Que deux communes rivales viennent à marcher dans la même direction, les jeunes gens se rencontrant se mettent à jouer du bâton, et le drame, que l'on croyait terminé, se dénoue quelquefois en cour d'assises.

A quelle époque peuvent remonter ces sortes de représentations? C'est ce qu'il est impossible de déterminer. Les sujets que l'on y traite, presque tous tirés de la vie des saints, de la Bible et des chansons de geste, la fixeraient au XIIIe ou au XIVe siècle, temps où la représentation des mystères et la lecture des romans de chevalerie furent le plus en vogue. Cependant les nombreuses pastorales sur la lutte des chrétiens contre les musulmans, celle qui roule sur la mort de Roland, et d'autres circonstances, feraient supposer que ces pièces sont moins des imitations des mystères qu'une création indigène. Quoi qu'il en soit, leur institution paraît avoir eu un but utile, moral et patriotique. Malheureusement de nos jours, où les anciennes traditions sont déjà si profondément altérées, bien des représentations de pastorales ont lieu dans un but d'intérêt pécuniaire et à l'instigation des aubergistes, qui s'arrangent de façon à n'y rien perdre. Parfois aussi on voudra faire pièce au curé de la paroisse, homme rigide qui aura tonné contre les désordres amenés par ces réunions. D'autres fois on cède aux souvenirs et aux usages du passé, qui se réveillent dans toute leur force à l'occasion de cinq ou six jeunes gens, heureusement doués de la nature, dont une commune voudra se faire honneur, etc.

Tous les Basques sont très-friands de ces représentations dramatiques; néanmoins, il ne paraît pas qu'il ait été composé beaucoup de pastorales en escuara ailleurs que dans la Soule, pays dont Mauléon est le chef-lieu. C'est dans ce coin de terre, qui a vu naître les Oihenart, les Archu, en un mot les meilleurs poëtes basques, que l'on conserve les recueils dramatiques les plus renommés, et que se donnent les représentations les plus soignées, comme les plus fréquentes. La basse Navarre n'a guère, je crois, de pastorales propres, non plus que le Labourd. Les Labourdins ne connaissent même pas chez eux ces spectacles, ou, à parler plus exactement, ils paraissent avoir abandonné la tragédie; car il y a encore à Saint-Jean-de-Luz des femmes qui l'ont jouée. Quant à la comédie, ils n'y ont point renoncé. Cette différence dans les coutumes d'un peuple du même sang, aggloméré sur un seul point, se retrouve encore dans d'autres amusements, comme les drames satiriques, les mascarades et les divertissements du carnaval, que l'on ne voit pas ailleurs que dans la Soule, avec le sens caché qui les distingue. Cette partie du Pays Basque, dont le nom *Suberoa* présente à des Basques le *su* ou *vous* respectueux [1], n'aurait-elle point eu autrefois quelques prérogatives ? Son dialecte, du moins, peut être comparé à l'ionien pour la douceur relative des mots et l'harmonie de la prononciation ; c'est sans contredit la plus poétique des variétés de l'idiome euscarien. Le

---

[1] Ainsi écrit, ce nom signifierait *vous seule*; mais cette étymologie trouvera des contradicteurs. D'abord les Labourdins et les bas Navarrais disent *Suberoa*, ou plutôt *Zuberoa*, et les Souletins eux-mêmes, pour la plupart, *Ciberoa*. *Berou* signifie *chaud*. En second lieu, jamais, dans le basque, pronom n'entra dans la formation d'un nom propre. Tous les noms de lieu dont la signification est incontestable, sont formés d'un substantif ou de deux, avec ou sans désinence finale, ou avec un nom de nombre ; d'un substantif et d'un adjectif ou participe-adjectif. C'est là une règle sûre qui contrarie fort les chercheurs d'étymologies du pays, et contre laquelle la plupart vont échouer. — Oihenart regarde le nom de la Soule comme une contraction de l'ancien terme *Subola*, qui signifie, en basque, un pays de forêt. (*Notitia utriusque Vasconiæ*, liv. III, chap. IV, p. 402. Cf. *Hadriani Valesii Notitia Galliarum*, p. 555, col. 2.) Il convient d'ajouter que nos ancêtres disaient *Soble*, comme on le voit par un article des instructions données, en 1378, à un agent secret de Charles-le-Mauvais. (*Mémoires pour servir à l'histoire de Charles II*, etc., par Secousse. A Paris, chez Durand, M.DCC.LVIII., in-4°, t. II, p. 375, 576.) Pierre Olhagaray, parlant de la Soule, qui est, dit-il, « le païs anciennement appelé *Cuberoa*, » ajoute : « mot basque composé qui signifie *vous estes chaud*, pource que le peuple y est de joviale humeur. » Quant au nom français, il lui donne pour origine « que ce petit recoin environné du Béarn, Aragon, et basse Navarre, s'est tousjours maintenu seul en l'obeissance des roys de France, contenant les villes et chasteaux de Mauleon, le Bourg, et l'abbaye de Saïnt-Engrace, Villeneufve, Montori, et Barreus, avec environ 60. parroisses ou villages, » etc. (*Histoire des comptes de Foix, Bearn et Navarre*, etc. A Paris, M.DC.XXIX, in-4°, liv. III, chap. 11, p. 489.)

dialecte labourdin répondrait à l'attique, le bas navarrais participe des deux précédents, comme le pays où on le parle tient de la Soule et du Labourd; en d'autres termes, le dialecte souletin a des inflexions musicales, auxquelles le bas navarrais participe plus ou moins, et que le caractère biblique du labourdin ne saurait admettre. Cette comparaison des dialectes basques aux dialectes grecs n'est point, du reste, une simple réminiscence de grammaire, et il ne serait pas impossible de la justifier en établissant la conformité des règles dans les rapports des dialectes de l'une et de l'autre langue. Mais j'ai encore un mot à dire des pastorales, et je m'empresse d'y revenir.

Leurs auteurs sont tout à fait inconnus. On n'a conservé le souvenir que des instituteurs qui depuis un siècle se sont attachés à recueillir les productions des muses euscariennes, et employés à les faire représenter. Ce sont Agie, de Tardets, Laxague, de Lichans, et Goyheneix, d'Alçay. Depuis 1826, M. Saffores aîné, facteur de la poste dans la première de ces localités, y a fait jouer, ainsi que dans le reste de l'arrondissement de Mauléon, de cinquante à soixante pièces. C'est à cet homme modeste, grand collecteur de pastorales basques, que je dois quelques-uns des détails qui précèdent; les autres, en plus grand nombre, m'ont été fournis par M. l'abbé Bordachar, de Mauléon, ancien économe de l'Institution de Saint-Palais, qui rappelle mon digne ami, feu l'abbé Ségalas, fondateur de cette maison, mais qui ne saurait le faire oublier.

Si ce qui précède a pu intéresser, je n'ai plus qu'un seul vœu à former : c'est que le théâtre basque, déjà amoindri par des pertes inévitables, soit bientôt publié, avec une traduction et des notes, par un homme familiarisé avec les ouvrages analogues que nous a légués le moyen âge. Nous aurons ainsi une nouvelle expression du génie populaire dans notre pays, nous donnerons un nouveau sujet d'envie à l'Europe savante, et l'on ajoutera à l'histoire littéraire de la France; car, même en supposant que la plus grande partie de ces pastorales soient traduites ou imitées de nos anciens mystères, ou tirées de nos vieilles chansons de geste, il faut reconnaître que nombre des originaux français n'existent plus.

Ne compte-t-on pour rien aussi l'avantage qu'il y aurait à posséder un corps étendu de poésies basques? Depuis le XVIe siècle, l'attention des savants de l'Europe et même de l'Amérique est fixée sur l'idiome dans lequel elles ont été composées, et personne ne songe à faciliter cette étude en lui fournissant des éléments, c'est-à-dire en publiant des textes purs et déjà consacrés. Un jour viendra, gardons-nous d'en douter, où l'on trouvera que c'est trop attendre et où l'on voudra recueillir les effusions de la muse pyrénéenne; mais, comme toujours, ce sera trop tard, et il faudra beaucoup de temps et beaucoup de peine pour rassembler des feuilles qu'il n'y aurait aujourd'hui qu'à ramasser par terre, où elles gisent sans honneur, en attendant que le vent qui vient de France ou d'Espagne les emporte dans l'abîme.

Tobera-munstrac, ou comédies.

Il ne faut pas s'attendre à trouver de Molière chez les Escualdunac : le Basque n'est guère ami des abstractions, et rien ne saurait être plus éloigné de sa pensée que de faire la critique des mœurs en général. Les mœurs privées, les faits qui blessent ses regards et deviennent des scandales publics, c'est là tout ce qui le touche, voilà ce qu'il flétrit, ou du moins ce qu'il flétrissait jadis. Aujourd'hui, en effet, les *cinsarrot* et les *asto lastercac* seraient une école de mœurs fort peu à conseiller. Un mari se laisse-t-il maltraiter par sa femme, en dépit de la loi salique qui veut en France que femme file et ne commande pas, avant peu un drame satirique montrera au public malin le sceptre de la famille tombé en quenouille. Ces sortes de pastorales, autrefois, dit-on, assez fréquentes, sont presque délaissées; c'étaient des pièces de circonstance dont la coutume interdisait de garder copie, sous peine de s'exposer à des vengeances terribles et sanglantes.

La course sur l'âne *(asto lasterca)* était la flétrissure infligée à l'infidélité conjugale; je dis encore *était*, parce que depuis quelque quinze ou vingt ans la police empêche ces jeux traditionnels, devenus trop licencieux. En effet, ce n'est pas seulement dans le cas d'attentat contre l'autocratie de l'époux que le public était appelé comme juge : la conduite scandaleuse du mari ou de la femme lui était aussi dénoncée et transportée sur la scène, pour mettre en quelque sorte les coupables dans l'impossibilité de poursuivre leurs criminelles intrigues, et pour donner à l'époux ou à l'épouse offensée une réparation solennelle. Malheur alors aux auteurs du scandale! Les jeunes gens se sont réunis, les parents eux-mêmes accourent; un poëte a été appelé, on l'a mis au courant de tous les détails; il va, pour un prix déterminé, composer un drame, d'autant plus applaudi que le rimeur saura mieux enchâsser dans l'exposé fidèle des faits incriminés tout ce que l'ironie, le sarcasme et le ridicule ont de plus subtil, de plus amer. Qu'a fait le coupable? Comment l'a-t-il fait? De quels moyens s'est-il servi? Quelles personnes l'ont aidé? Quelles sont les qualités de l'époux ou de l'épouse offensée? Respect, égards dus à la religion, à la famille, à la parenté, au public, etc., tels sont les éléments, le thème de ces drames, dont le mérite consiste dans la vigueur des maximes, la finesse des allusions, la souplesse et le naturel des transitions, et se mesure à la quantité des larmes répandues en faveur de la victime. Les *asto lastercac* sont, du reste, divisés en actes et en scènes, etc., et se jouent de la même façon. Le costume des acteurs ne diffère en rien de celui des personnages qu'ils représentent et dont ils essaient d'imiter la voix, la pose, en un mot tous les caractères distinctifs. Le nom d'*asto lasterca* (course sur l'âne) vient de ce qu'autrefois la femme coupable était conduite de force sur la scène et promenée ensuite dans le village, à cheval sur un âne dont la queue lui tenait lieu de bride. Les progrès de notre civilisation ne permettent plus que l'on traque le vice avec cette sévérité spartiate, et néanmoins il y a près d'un demi-siècle que cet usage subsistait encore : M. Bordachar se souvient de l'avoir vu deux ou trois fois mis en pratique.

Les charivaris [1], autrefois usités partout, en dépit des défenses

---

[1] *Cintzarrosac*, de *cintzarri*, clochettes.

de l'Église et de l'État[1], le sont dans la Soule autrement que dans les autres contrées, même les plus voisines. Un veuf ou une veuve songent-ils à convoler à de nouvelles noces, fête pour le village. Dès que les projets de mariage ont pris de la consistance, tout le menu bétail est dépouillé de ses colliers à sonnettes, les cornes de bœuf sont préparées, le *thupina-utsu* [2] fait entendre ses sourds mugissements, un poëte gagé vient chaque soir, avec son formidable porte-voix, débiter de poétiques conseils aux époux devant leur propre demeure. Chaque quatrain est accueilli par les hourrahs de la multitude et le vacarme horrible des clochettes, cornes de bœuf et *thupina-utsu*, qui confondent leurs affreux concerts. Même sérénade, toujours assaisonnée de couplets improvisés, aura lieu jusqu'à la nuit des épousailles; car jamais veuf, dans la Soule, ne se maria de jour. Un cortége d'honneur, musique et poëte en tête, accompagne les nouveaux époux à l'église; de gros enfants de chœur leur font humer le parfum de piments rouges, qu'ils brûlent dans des pots de terre, dont ils les encensent. Enfin, au moins dans la basse Navarre, on porte au bout d'une perche un chat entouré de paille à laquelle on a mis le feu [3]. Au retour de la cérémonie, le même cortége reconduit les mariés jusqu'à leur demeure, et là se termine leur supplice.

Les choses, au reste, ne se passent point toujours de la même façon. Par exemple, un jeune homme sans fortune vient-il de se marier avec une veuve riche et vieille? on leur fait publiquement leur procès. Deux avocats, l'un demandeur au nom de la jeunesse, l'autre défenseur pour la vieillesse amoureuse, se livrent assaut.

---

[1] *Traité des jeux et des divertissemens*, etc., par Jean-Baptiste Thiers. A Paris, chez Antoine Dezallier, M.DC.LXXXVI., in-12, chap. XXIV, art. VI, p. 288-292.

[2] Tirelire. Le mot *tupina* n'est pas basque, mais roman, et comme tel il a été recueilli par M. Raynouard, dans son *Lexique roman*, t. V, p. 373, col. 2. On le retrouve dans un acte passé à Estella, en 1313. (*Diccionario de antiguedades del reino de Navarra*, t. I, p. 423.) — Les Provençaux avaient également *topi* pour désigner un pot, que les paysans du Périgord appellent *toupi* et ceux du Beaujolais *tupin*.

[3] C'était dire au mari qu'il était un jeannot, ou tout au moins de la Saint-Jean, fête où il était d'usage de brûler des chats. Voyez sur les auto-da-fé de ces malheureuses bêtes, que l'on faisait à Paris, à cette époque, sur la place de Grève, une longue note de M. Édouard Fournier, dans son édition des *Caquets de l'accouchée*, et le *Miroir de contentement*, p. 14 et 15 du t. II des *Variétés historiques et littéraires*, etc., revues et annotées par le même auteur. A Paris, chez P. Jannet, MDCCCLV, in-12.

Tous deux se renferment dans la discussion du fait moral, en prenant les passions humaines du côté qui prête à rire, en évitant surtout les personnalités qui pourraient donner lieu à des représailles. Le but de ces diverses représentations, qui rappellent les moralités du moyen âge, était sans doute de détourner des secondes noces; mais ce moyen, aujourd'hui sans effet, n'est plus pour les jeunes gens qu'une occasion d'extorquer, de guerre lasse, à leurs victimes, une contribution plus ou moins forte pour prix de leur silence. Par le sacrifice d'une barrique de vin, le veuf le plus renforcé peut compter sur l'impunité de quelques fiançailles qu'il médite; mais aucun ne réussira à se remarier sans avoir payé son amende *auro aut auribus* [1].

La facilité avec laquelle la langue basque se prête à la versification, à cause des inversions qu'elle permet et des règles de sa syntaxe, qui toutes aboutissent à des variantes de désinences, fait que tout Basque peut composer des vers; s'il a de l'imagination, il deviendra une espèce de barde, et sera invité à chanter tout ce qui dans les nouvelles du jour frappera tant soit peu ses compatriotes. Une autre observation importante à faire sur l'escuara, c'est que, comme toutes les langues anciennes, elle exprime décemment, par leurs mots propres, nombre de pensées et de choses que les convenances actuelles obligent de rendre par des équivalents ou par des périphrases, dans les langues modernes. Ainsi il existe une foule d'expressions basques qui ne choqueront pas les oreilles les plus délicates, les plus chastes, et qui cependant, traduites littéralement en français, seraient insupportables. Il résulte de là que l'introduction du français dans la Soule, le Labourd et la basse Navarre, peut bien, dans les commencements, être nuisible, en éveillant par sa délicatesse même l'attention sur les mots de la langue euscarienne employés jusque-là avec la naïve simplicité des temps antiques. C'est ce qui explique la

---

[1] Ce tribut levé sur les mariés semble un reste de ce droit de *pelote*, que tout veuf ou veuve se remariant, ou toute mariée étrangère au pays de son époux, devait payer autrefois; les premiers pour se racheter du charivari, les autres pour indemnité à l'abbé de la bazoche ou de maugouvern. Ce droit, supprimé en Roussillon par édit de Jayme Ier, du mois de mai 1300, subsista en Provence jusqu'en 1789. (*Histoire de Roussillon*, Ire part., p. LXXXVI.)

resistance que le clergé basque semble opposer aux efforts de l'administration pour répandre dans les Pyrénées l'usage exclusif du français, si favorable à l'exercice de l'autorité gouvernementale.

Je ne sais guère jusqu'à quel point ces considérations et les détails qui précèdent parviendront à intéresser le lecteur; mais je n'en ai pas fini avec ces derniers, et je reprends mon récit où je l'ai laissé.

Les seconds mariages ne sont pas les seuls sujets des causes grasses que nous venons de signaler chez les Basques. En général, lorsqu'un événement singulier, en désaccord avec le caractère et les usages des habitants, vient porter l'émoi parmi eux, les jeunes gens se réunissent pour décider si l'on en fera le sujet d'un *tobera-munstra*, c'est-à-dire d'un charivari représenté. La majorité se prononce-t-elle pour l'affirmative? on passe à la cérémonie du bâton. Tous ceux qui veulent prendre part au drame comme acteurs, ou simplement se cotiser pour subvenir aux frais de la représentation, se réunissent d'un côté. Deux d'entre eux tiennent un bâton chacun par un bout, et tous les associés passent dessous : ce qui constitue un engagement sacré. On procède ensuite à la nomination de commissaires chargés de veiller aux préparatifs. Comme ils ne sont pas secrets, le bruit du divertissement qui s'apprête ne tarde point à se répandre dans les cantons voisins, et, au jour indiqué, l'affluence est considérable. La partie scénique de ces fêtes, que M. Duvoisin a pris le soin de décrire [1], consiste en plaidoyers, dont on ne peut reproduire les paroles, toujours improvisées. Cet écrivain s'étend longuement sur la tactique suivie par les deux orateurs, de façon à nous donner la plus haute idée de leur talent et des ressources qu'ils mettent en jeu; je me bornerai à dire qu'ils les emploient toutes, jusqu'à l'allégorie, figure pour laquelle les Basques ont une grande prédilection, et qu'ils visent bien plus haut qu'à convaincre leur auditoire : enlever les suffrages dans des positions difficiles en faisant rire le public de ses travers, voilà leur triomphe, le seul qu'ils ambitionnent. Il existe dans le pays un certain nombre de ces sortes

---

[1] *Comédie des Basques*, dans l'*Album pyrénéen*. 2ᵐᵉ ann. Pau, 1841, in-8°, p. 210, 211.

d'avocats; leur réputation, une fois bien établie, leur vaut la considération que donne ailleurs la richesse, et leur société est fort recherchée.

Les crimes ne sont jamais traduits à cette barre populaire. A part quelques traits lancés contre les notaires, les gens de lois, de chicane et d'argent, on ne s'attache qu'à tourner les vices en dérision et à égayer le public aux dépens des gens têtus, des gourmands, des avares, sans oublier les autres péchés capitaux. Sans doute, il n'est point aisé de démêler une méthode dans ces plaidoiries, et l'on peut les trouver trop longues, trop burlesques; mais, après tout, ce sont des représentations curieuses, et le Basque en fait ses délices.

M. Duvoisin en trace ainsi le tableau : « Une garde à cheval ouvre la marche; elle a pour uniforme le pantalon blanc, la ceinture en soie ponceau, la casaque blanche, et un énorme colback orné de brillants, de panaches et de rubans de diverses couleurs flottants sur les épaules. Vient ensuite la musique, composée de flûtes, de tambourins, de violons et de tambours. Elle précède une quarantaine de danseurs. Ceux-ci s'avancent sur deux files en marche cadencée; c'est la célèbre danse connue sous le nom de *moresque,* et qui est réservée aux fêtes nationales [1]. Cette troupe a le même costume que la garde à cheval; chaque danseur tient à sa main droite une baguette garnie de rubans et surmontée d'un bouquet de fleurs artificielles. Ensuite viennent le poëte et un huissier, puis un juge et deux avocats en costume de palais. La garde à pied, armée de carabines, les escorte et ferme la marche. Le juge et les avocats montent sur le théâtre; ils s'asseoient devant trois tables. Le poëte se place sur

---

[1] On appelait aussi *moresques* les airs de cette danse. Abel Jouan, dans son *Recueil et discours du voyage du roy Charles IX... en ses païs et provinces de Champaigne... Gascoigne, Bayonne,* etc. (A Paris, pour Jean Bonfons, M.D.LXVI., in-8°, fol. 17 verso), raconte que pendant le séjour du roi à Lyon, en 1564, ce prince prenait plaisir à s'éprouver sur la rivière après souper, « et à faire sonner les Moresques, qu'il faisoit bon voir. » — Plus loin (fol. 50 verso), on lit que pendant les huit jours qu'il passa à Saint-Jean-de-Luz, Charles IX prit plaisir à voir danser les filles à la mode du Pays Basque, « qui sont toutes tondues, celles qui ne sont point mariées, et ont toutes chacun un tabourin, faict en manière de crible, auquel y a force sonnettes, et dansent une dance qu'ilz appellent les *canadelles* et l'autre le *bendel.* »

l'avant de la scène, à gauche des magistrats; l'huissier est devant le théâtre. Pendant ce temps arrive un deuxième cortége. Des jeunes gens habillés à la façon des personnes qui occupent la chronique, sont lentement traînés sur une voiture; un huissier, monté sur un âne et tourné vers la queue, les suit; une foule d'arlequins, de polichinelles et de farceurs aux figures grotesques les entoure de toutes parts. De ce nombre sont des maréchaux qui ferrent, déferrent, froissent et traitent si bien la pauvre bourrique, que, plus d'une fois, impatientée de tant de soins, elle se sauve, jetant à la renverse huissier et maréchaux. Lorsque tout ce monde a pris place immédiatement au-dessous du théâtre, les huissiers ordonnent le silence. Chacun se tait. La musique joue un air, et aussitôt le poëte, improvisant sur les mêmes tons, annonce au public le sujet de la représentation. C'est un chant moitié bouffon, moitié sérieux... Dans le dernier couplet, le poëte indique l'avocat qui prendra la parole le premier, soutiendra la cause des mœurs violées et demandera réparation du scandale commis. L'avocat désigné se lève. Il commence un plaidoyer bien assaisonné d'épigrammes mordantes qu'il lance sur son adversaire. Celui-ci... riposte sur-le-champ par des traits non moins acérés; il ne se borne plus à la défense, il poursuit l'aggresseur sur son propre terrain. Il s'établit entre eux un dialogue en prose rimée, et, quoique l'actualité doive dominer dans la discussion, les débats deviennent nécessairement une satire générale des vices et des ridicules de tout genre. Les deux champions luttent d'esprit à se déchirer les membranes du cerveau; leur verve, animée encore davantage par la causticité du style, fournit tant de traits malicieux et de saillies spontanées, que le public ravi les interrompt souvent de ses applaudissements. » Ces représentations, comme les autres, ont leurs entr'actes occupés par des danses du pays et des intermèdes, ou plutôt des bouffonneries dues aux polichinelles et aux arlequins. Puis la lutte recommence entre les avocats. Il survient parfois des incidents, des contestations sur certains usages ou sur des faits qui se rattachent à l'action principale. Le juge est appelé à se prononcer, et, quoique le livre de la loi soit ouvert devant lui, il adresse souvent, par la garde à cheval, des messages au sénat, aux ministres et au roi lui-même, pour connaître leur avis. D'autres fois, un huissier sera accusé de faux ou de tout autre crime par l'un des avocats. Le juge le condamne à mort; il fuit; les gardes le poursuivent à coups de fusil. Il finit par être décapité sur la place, mais il ressuscite. Il fuit de nouveau, et de nouveau il est poursuivi. En attendant, la plaidoirie suit son cours. Enfin, le grand juge se lève; d'une voix solennelle, il blâme le scandale et condamne les auteurs à la peine de mort. On se prépare à exécuter la sentence, le glaive est levé, quand arrive à bride abattue un courrier qui annonce grâce de par le roi. Ici finit la pièce : juge et avocats se retirent pour faire place aux musiciens, et les contredanses, puis les sauts basques, commencent pour ne cesser qu'à la nuit.

Après ces spectacles, qui tombent en désuétude, nous parlerons des mascarades muettes toujours en usage dans le Pays Basque, et qui, suivant mon cicérone, datent au moins du XVIe siècle et figurent les diverses classes de la société féodale. Que l'on se représente une petite bourgade du XIIIe ou du XIVe siècle, dont tous les habitants réunis un jour de fête dans la cour du manoir seigneurial s'alignent sur deux rangs. Le châtelain et la châtelaine se joignent à leurs vassaux. Le tout défile en silence par les rues principales de la bourgade, et se rend sur une place publique pour consacrer la soirée à des danses particulières et variées suivant la condition de ceux qui les exécutent : on aura là une idée des mascarades souletines. En tête marchent gravement un violon, un tambour et deux tambourins, qui jouent l'air traditionnel du défilé, air à la fois de marche et de danse, auquel le jarret basque peut seul obéir. Arrive immédiatement après le *cherrero*, espèce de courrier ou d'estafette, tout paré de clochettes et armé d'une longue perche surmontée d'un panache en crin, avec lequel il balaie, en dansant, les lieux à parcourir; il veille encore à dissiper les attroupements de curieux et à ménager un passage libre au défilé. A vingt pas de distance et en tête du cortége se montre l'écuyer ou chevalier; son corps est encadré à la ceinture dans une construction destinée à figurer un cheval. On n'a rien épargné pour sa parure : sa toque, son cheval de bois, son corset et jusqu'à ses souliers sont richement ornés. C'est d'ailleurs le jeune homme le plus agile de la localité. Six jeunes gens en veste rouge et pantalon blanc voltigent autour de lui et sont suivis d'une trentaine de *cuculleros* costumés d'une manière uniforme et élégante ; ils ont à la main une badine ornée de rubans, qu'ils croisent deux à deux à chaque évolution ou mesure de danse, correspondant à quatre pas de marche ordinaire. Ces acteurs représentent probablement les gentilshommes. Puis viennent le châtelain et la châtelaine en costume de ville, après eux le paysan et la paysanne coiffés du gros béret du pays. La châtelaine et la paysanne sont deux enfants de quinze à seize ans, encore imberbes, et vêtus suivant leur rôle. A côté du paysan se trouve le berger, conduisant deux petits enfants représentant des agneaux. Voilà la partie libre de la société, comme la fleur de la jeunesse du village ; elle forme la première partie de la procession, que je serais assez tenté de comparer à la femme d'Horace, *mulier formosa superne*. Sur un second plan, et comme une queue hideuse, apparaissent les serfs, *eskelleria*. Outre une caricature de tout ce qui précède, figurée par un chevalet et des *cuculleros* en haillons et grotesquement accoutrés, on voit une suite de gagne-petit, de chaudronniers, de bohémiens et de bohémiennes, de mendiants, de conducteurs d'ours, d'apothicaires, de charlatans, etc., tous censés étrangers au pays, et qui cherchent à vider la bourse des spectateurs. Après le défilé et les stations ordinaires devant la porte des principaux habitants, arrivés sur la place, les acteurs de la mascarade exécutent des danses de caractère. La première est celle du chevalet, qui, dans un cercle d'environ quarante pas de diamètre, doit, sans perdre la mesure, échapper autant que possible à la poursuite de ses six satellites. C'est là surtout que l'on peut remarquer la souplesse et l'agilité de la jeunesse basque ; cette danse est un véritable exercice gymnastique [1]. D'autres se succèdent tour à tour, différentes entre elles comme les airs qui les accompagnent, et qui leur sont propres et traditionnels. Enfin, le

---

[1] Elle est aussi en usage dans le département de l'Hérault. (Du Mège, *Stat. gén. des départ. pyrén.*, t. II, p. 393-395) et dans celui de la Loire-Inférieure. (*Mém. de l'Acad. Celtique*, etc., t. II, p. 375-383.)

châtelain tend la main à la paysanne, le paysan à la châtelaine ; ils dansent tous quatre une contredanse, qui termine la fête. Le défilé recommence, et, revenu au point de départ, chacun se retire chez soi ou plutôt dans les cabarets. Les membres de l'*eskelleria* déposent entre les mains de l'aubergiste les bénéfices de la journée, le chaudronnier a remis ses comptes et donné quittance de sommes fabuleuses pour 5 centimes, le gagne-petit a aiguisé maint bâton, l'apothicaire a vidé ses boîtes de pilules, les bohémiennes ont brossé tous les chapeaux et prédit à chacun un avenir filé d'or et de soie, etc. Tous les métiers ont été lucratifs, et les spectateurs, qui plus, qui moins, assez généreux pour qu'un plantureux souper soit assuré aux acteurs de la fête [1].

Il serait difficile, pour ne pas dire impossible, de déterminer l'époque exacte d'où datent ces mascarades. M. Bordachar, au risque de blesser la susceptibilité nationale, manifeste l'opinion qu'elles ont bien pu, de même que les pastorales, être inspirées ou importées par les comtes de Tresville et leurs mousquetaires. « Rien de plus naturel, ajoute le savant abbé, que les Tresville étant Souletins et en même temps haut placés à la cour, aient voulu, pendant leur séjour dans le pays, organiser des fêtes à l'instar de la capitale, vers la fin du XVIe siècle, et que ces fêtes se soient ainsi conservées jusqu'à nos jours. » Il trouve, il est vrai, une objection à son système dans les airs de danse et de défilé qui paraissent très-anciens et de création basque [2] ; mais il ne s'y arrête pas.

[1] Voyez une autre description de pareille fête dans le *Voyage en Navarre*, de M. Chaho, chap. IX, p. 335-337.

[2] Il existe, sur les danses basques de Guipuzcoa, un curieux volume intitulé : *Guipuzcoaco dantza gogoangarrien Condaira edo historia beren soñu zar, eta itz neurtu edo versoaquin. Baita berac onqui dantzazeco iracaste edo instruccioac ere. Obra balio andicoa eta chit premiazcoa, Guipuzcoatarren jostaldia gaitzie gabecoaquin, lendabicico etorqui Españar arqui eta garbi aien oitura maitagarrien gordacaiatceco. Berraren eguillea* D. Juan Ignacio de Iztueta, *Guipuzcoaco erri leial Zaldivian jaioa*, etc. Donostian, Ignacio Ramon Baroja-ren moldizteguian 1824 garren urtean eguiña. (*Notice ou histoire des danses les plus mémorables du Guipuzcoa, avec les airs anciens et les paroles en vers qui les concernent, et aussi avec des instructions pour les bien danser. Ouvrage utile et très-nécessaire pour conserver les amusements sans malice des Guipuzcoans, et les usages si dignes d'être chéris de ces aborigènes espagnols, distingués par leur illustration et par la pureté de leurs mœurs, dont l'auteur est don Juan Ignacio de Iztueta, né à Zaldivia, loyal bourg du Guipuzcoa*, etc. A Saint-Sébastien, publié à l'imprimerie d'Ignacio Ramon Baroja, l'an 1824.) In-8°. — Cette publication, en basque du Guipuzcoa, ne contient pas les paroles des airs

Cet obstacle, qui n'en est pas un pour lui, me paraît d'autant plus considérable que j'en vois une multitude d'autres à sa suite. L'usage des mascarades, et en particulier la coutume de promener sur un âne des individus qui s'étaient rendus coupables de quelque action déshonorante, de quelque grave atteinte aux bonnes mœurs, remonte à une assez haute antiquité, et l'on trouve de nombreux exemples de ce genre de punition chez les peuples anciens. Plutarque nous apprend qu'à Cumes, la femme adultère, après avoir été exposée quelque temps sur la place publique, était promenée sur un âne dans toute la ville, et conservait dans la suite le surnom d'*onobatis*, qui consacrait cette flétrissure. Chez les Pisidiens, au rapport de Stobée, l'homme surpris en flagrant délit d'infidélité conjugale était condamné à la même peine avec sa complice. A partir de ces époques reculées jusqu'à nos jours, une semblable promenade fut toujours considérée comme infamante, et c'est parce que l'on regardait comme un lâche celui qui s'était laissé battre par sa femme, que la société, suppléant au silence de la loi, crut devoir le punir en le livrant ainsi à la risée publique.

Cet usage devint à peu près général en France; seulement il variait suivant les provinces. Ici, c'était le mari battu et sans doute peu content, pour ne rien dire de plus, que l'on promenait sur l'âne; là, c'était son plus proche voisin, qui, dans des temps d'arrêt, lisait à haute voix un placard sur lequel on avait couché, en style burlesque, l'aventure tragi-comique; ailleurs, c'était la femme rebelle que l'on condamnait à la chevauchée de l'âne.

Deux relations connues sous ce nom [1], et réimprimées de nos

---

de danse promis par le titre; la censure s'opposa à leur impression, qui n'en eut pas moins lieu plus tard, avec musique gravée et le titre suivant : *Euscaldun anciña anciñaco ta are lendabicico elorquien Dantza on iritci pozcarri gaitzic gabecoen soñu goyoangarriac beren itz neurtu edo versoaquin*, Donostian, Ignacio Ramon Barojaren Moldizteguian, 1826 garren urtean eguiña. (*Les Danses, les amusements innocents des anciens Basques et de ceux d'aujourd'hui, avec la musique et les paroles mesurées ou vers*. A Saint-Sébastien, publié à l'imprimerie d'Ignacio Ramon Baroja, l'an 1826.) In-folio de trente-cinq pages, plus trois feuillets de titres et de préliminaires.

[1] *Recueil faict au vray, de la chevauchée de l'asne, faicte en la ville de Lyon : Et commencée le premier jour du moys de Septembre, mil cinq cens soixante six*, etc. A Lyon, par Guillaume Testefort, sans date, petit in-8° de quarante pages. — *Recueil de la chevauchée, faicte en la ville de Lyon : Le dixseptiesme de Novembre 1578*, etc. A Lyon, Par les Trois Suppôts. Avec privilège. Petit in-8° de vingt-deux pages, plus un feuillet.

jours, nous montrent les cérémonies observées en pareille circonstance dans la ville de Lyon ; je me bornerai à renvoyer à ces opuscules, aussi bien qu'aux savantes notes dont les ont enrichis les derniers éditeurs, MM. Breghot du Lut et Péricaud, qui ont trouvé à faire une nouvelle récolte dans un champ moissonné par Claude Noirot [1] et par M. Leber [2]. On verra dans l'édition de 1829 que loin d'être, dans ces derniers temps, particulière à notre pays, la chevauchée de l'âne était encore répandue en Angleterre. Toutefois, elle y présentait cette différence que, chez nos voisins, le mari outragé et la femme haute à la main envers lui étaient placés ensemble et dos à dos sur la même monture, la mégère par devant, sa victime par derrière, une quenouille à la main et la face tournée du côté de la queue de l'animal. Un détail à remarquer, c'est que, dans ces sortes de cérémonies, quelques-uns des suivants du cortége, armés de balais, s'arrêtaient de temps en temps pour balayer le devant de quelques maisons dans lesquelles la femme était réputée exercer une autorité despotique, comme pour avertir les habitants du lieu qu'ils pourraient bien figurer quelque jour comme acteurs dans une pareille fête [3]. On expliquerait peut-être ainsi un détail du cérémonial usité dans les mascarades basques.

Clovis, tragédie.

Entre les nombreuses productions du génie dramatique des *coblacari* basques, celle qui roule sur la vie et la mort de Clovis nous a paru la plus propre à donner une idée bien complète de cette sorte d'ouvrages. Aussi en présenterons-nous une analyse assez développée.

---

[1] *L'Origine des masques, mommerie, bernez, et revennez ès jours gras de caresme-prenant, menez sur l'asne à rebours et charivary*, etc.; *le tout extraict du livre de la mommerie de Cl. Noirot*. Lengres, Johan Chauvetet, 1609. Petit in-8°.

[2] *Collection des meilleurs Dissertations, Notices et Traités relatifs à l'Histoire de France*, par MM. C. Leber, J.-B. Salgues et J. Cohen. Paris, 1826, t. IX, p. 54.

[3] Dans les Landes de Gascogne, une nouvelle mariée va-t-elle habiter la maison de son époux? elle trouve à la porte un balai, signe de ses fonctions domestiques. (*La Ruche d'Aquitaine*, t. I, p. 28; *Stat. gén. des départ. pyrén.*, t. II, p. 353.)

Cette pièce commence par ce prologue, en vers comme le reste :

Soyez les bienvenus, messieurs et dames. Votre serviteur vous souhaite le bonjour.

Me voilà aujourd'hui en votre présence, confiant, bien qu'incapable, dans votre bonté.

Vous m'entendrez parler avec courtoisie et vous expliquer maintenant quel est ce sujet.

Lorsque Clovis, prince plein de bonnes qualités et de perfection, était roi de France,

Comme il était barbare et païen et qu'il ne connaissait pas notre religion, il adorait les idoles.

Il y avait en ce temps-là une princesse, une créature magnifique qui s'appelait *Clotilde*, et qui était nièce du roi de Bourgogne.

Cette princesse était fille d'un roi appelé *Chilpéric*, et le roi Gondebaud était son oncle.

Lorsque Gondebaud fit périr son père, sa mère et ses frères, il conserva Sedelinda et Clotilde.

Clotilde demeurait à la cour de son oncle, parce que celui-ci l'avait aimée aveuglément.

Cette princesse était douée de vertu et de perfection ; pour la beauté, elle n'avait pas d'égale sur la terre.

Ses exercices étaient la prière, la méditation, la fréquentation des sacrements et l'aumône.

Lorsque Clovis eut appris de ses nouvelles, il en devint en même temps follement amoureux.

Il envoya Aurélien pour savoir ce qu'il en était et pour la demander en mariage.

Ayant laissé sa suite dans le bois de Bourgogne, Aurélien part déguisé en mendiant.

Il se mit au rang des autres pauvres, à côté du mur de l'église, et baisa le revers de la main (de Clotilde) en acceptant l'aumône.

Clotilde comprit qu'il y avait là quelque mystère, et elle appela le mendiant à son appartement.

Alors Aurélien la salue au nom du roi de France, lui propose le mariage et lui offre les présents de Clovis.

Clotilde lui répond que ce n'est pas le devoir d'une âme chrétienne de contracter mariage avec un païen.

Aurélien lui répond qu'il croyait que Clovis ferait tout pour l'amour d'elle.

Cette princesse accepta la parole que Clovis se ferait chrétien, et reçut aussi ses dons.

Aurélien s'en retourna et apporta cette nouvelle en France. Le roi la communiqua à son conseil.

Il envoya de nouveau Aurélien pour demander Clotilde à Gondebaud, et pour lui déclarer la guerre s'il la refusait.

Ne voulant pas avoir de guerre, Gondebaud l'accorda, et auparavant prit l'avis de son conseil.

Pendant ce temps-là, un ange fit connaître à Clotilde en un instant la volonté de Dieu,

(Lui disant) qu'elle pouvait se marier avec le roi de France, bien qu'il suivît les lois du paganisme.

Alors Clotilde vint en France avec cet ambassadeur, et épousa aussitôt Clovis,

A condition qu'il se ferait chrétien et qu'il reconnaîtrait Jésus-Christ, moyennant quoi il serait victorieux en toutes choses.

Quelque temps après, Clotilde eut un fils; mais cet enfant mourut dès qu'on le baptisa.

Alors Clovis reprocha à sa femme que son cher fils était mort parce qu'on l'avait baptisé.

Peu de temps après, Clotilde mit au monde un autre fils, et celui-là fut aussi baptisé comme l'aîné.

Cet enfant tomba de même malade, et de telle manière qu'il paraissait ne pas avoir une heure de vie.

Alors le roi Clovis crut que Clotilde se trouvait dans la fausse religion.

Mais cet enfant guérit; Clotilde ayant prié Dieu, il ne paraissait nullement qu'il eût eu une maladie.

Comme depuis lors Clovis aimait mieux sa femme, Clotilde eut aussi quelques autres enfants.

Le roi Clovis dut marcher à la guerre. Clotilde en partant l'exhorta,

En lui disant que s'il adorait Jésus-Christ, il serait vainqueur de ses ennemis.

Les ennemis de Clovis étaient des Allemands; ils avaient fait essuyer de grandes pertes aux troupes françaises.

Déjà Clovis, ayant perdu beaucoup de monde, allait se rendre, lorsque la prière de Clotilde lui vint à l'esprit.

Il fit vœu et promit à Jésus de se faire chrétien, s'il lui donnait la victoire.

Alors toutes les troupes de Clovis étaient accablées; en ce moment toutes leurs forces furent doublées.

Quoique ses ennemis fussent dix fois plus nombreux, Clovis gagna la bataille et les tua presque tous.

Leur général et leur roi périrent, et Clovis demeura chef de tous, parce que Dieu l'avait secouru.

Dès que Clotilde apprit qu'il avait été vainqueur, elle alla à sa rencontre avec l'archevêque saint Remy.

Ils allèrent à l'église de Reims pour baptiser Clovis, rendre grâces à Dieu et lui faire des vœux.

Un pigeon lui apporta du ciel la fiole sainte et l'huile pour baptiser Clovis. Cela n'est-il pas un miracle?

Cette fiole est encore là et y sera toujours; elle sert pour baptiser tout le monde.

Peu après un ange apporta du ciel à un saint ermite une belle fleur pour la porter à Clotilde.

Depuis lors les armes de Clovis et des autres rois de France portent toujours une fleur de lis.

Par cette fleur Clovis connut qu'il devait déclarer la guerre au roi Alaric.

Cet Alaric était roi des Goths et des Wisigoths; cette nation était hérétique et pleine de cruauté.

Elle suivait les lois d'Arius et infectait tout le pays de son poison.

Clovis part avec son monde, une fois la guerre engagée, sans faire aucun arrangement,

Quoique Théodoric, gendre d'Alaric, l'eût supplié et qu'il eût tenté d'amener Alaric à un arrangement.

En marche, Clovis eut une marque très-certaine que son entreprise serait bénie de Dieu.

Comme l'église de Saint-Hilaire se trouve dans la ville de Poitiers, ce saint lui apparut au haut du clocher.

Une lumière éclatante éclaira tous les environs, et ce grand saint parla de cet endroit à Clovis.

Le lendemain, le roi alla à son église prier Dieu, et puis attaquer ses ennemis en bataille.

Le combat dura longtemps et fut rude; mais à la fin, Clovis remporta la victoire.

Les pays qui se trouvent entre les Pyrénées et Poitiers, et qui étaient infectés par cette funeste hérésie,

Furent alors entièrement purifiés; les Goths furent arrêtés et se rendirent, craignant les catholiques.

Mais comme nous ne sommes pas pour toujours sur la terre, Clovis et saint Séverin moururent peu de temps après.

Sainte Clotilde fut on ne peut plus affligée, et porta le deuil avec regret.

Lorsqu'elle était mariée, elle était comme une étoile brillante; veuve, elle devint semblable au soleil.

A son tour, elle meurt. Suit un détail des vertus et des miracles de la sainte reine, exposé dans sept couplets. L'auteur reprend ensuite en ces termes :

J'ai omis de vous raconter beaucoup de faits de cette histoire, qui mériteraient une grande attention,
Particulièrement du commencement des règnes des fils de Clovis; mais il serait impossible de les représenter.
Cependant les actions de Clovis sont retracées aussi fidèlement que possible, et de même comment Clotilde quitta la terre.

Le prologue finit par l'analyse de cette dernière partie du drame, en cinq couplets.

La scène s'ouvre par un dialogue entre Clovis et Aurélien. Le roi confie à son général son amour pour Clotilde, et le charge d'aller la demander en mariage à l'insu de Gondebaud; il lui donne à cet effet des présents pour elle, et tout ce qu'il lui faut pour accomplir ce voyage. Aurélien reçoit ces ordres; il tâchera de les exécuter.

Après chaque scène, les acteurs rentrent en ordre et marquent le pas pendant que la musique joue. Un moment la scène reste vide; mais bientôt d'autres acteurs s'avancent, toujours dans le même ordre.

Aurélien communique ses projets à ses deux serviteurs Mamel et Nestorin, et leur ordonne de préparer ce qu'il faut pour le voyage. Ils partent, et leur maître, resté seul, parle au public des difficultés que lui offre son entreprise, Gondebaud ne voulant pas entendre parler du mariage de Clotilde. Pour arriver à ses fins, l'envoyé de Clovis imagine un artifice. En ce moment, Mamel et Nestorin arrivent avec des chevaux. Aurélien part avec eux pour la Bourgogne; il est remplacé sur la scène par un pauvre nommé *Polis*, qui demande la charité au public. Bientôt après, Aurélien reparaît avec son monde, qu'il fait cacher dans une forêt, avec ordre de l'attendre trois jours. Nous sommes en Bourgogne. Le confident de Clovis monte sur le théâtre, salue Polis et lui demande comment il vit. Polis lui explique amicalement son genre d'existence, et le secours qu'il trouve dans Clotilde, qui lui donne *un franc* tous les jours. Il voudrait lui *payer bouteille;* mais le temps les presse. On voit, en effet, venir Florinde et Clotilde; celle-ci distribue quelques pièces de monnaie, et Aurélien lui baise la main. Clotilde le regarde et rentre.

Polis veut toujours *payer bouteille*, maintenant surtout qu'il a reçu de l'argent; il connaît une bonne auberge où ils pourraient bien déjeûner. Aurélien s'excuse, sous prétexte qu'il jeûne. Ils rentrent, et Clotilde et Florinde paraissent, toujours au son de la musique. La princesse expose à sa suivante les soupçons qu'elle a conçus au sujet du mendiant, et la charge de le lui amener. Florinde s'acquitte de la commission, et Aurélien fait part à Clotilde de la sienne. Après quelque hésitation, la princesse accepte l'offre et les dons de Clovis. Aurélien descend du théâtre, change d'habits, monte à cheval et part avec ses compagnons. Clotilde, restée seule, s'agenouille et adresse cette prière à Dieu et à la Vierge :

Adoratcen çutut, Jauna, Celuco erreguia, Celiaren, lurraren eta Gaïça ororen creaçalia.	Je vous adore, Seigneur, roi du ciel, créateur du ciel, de la terre et de toutes choses.
Guk cer behar dugun, Jauna, çuk badakiçu. Çoure gracia handiaz, Othoï, guida guitçaçu.	Vous connaissez, Seigneur, ce qui nous manque. Conduisez-nous, je vous prie, par vos grandes grâces.
Jauna, othoï, erakax daçu Cereguin behar dudan, Clovis sinhexi ala Refusatu behardudan.	Seigneur, apprenez-moi, je vous prie, ce que je dois faire, si je dois croire Clovis ou le refuser.
Çu adoratzen çutielarik Hitza dit avanzatu; Bena, Jauna, bestela, Othoï, çuk libra nezaçu.	J'ai donné ma parole comme s'il vous refusait; mais, Seigneur, s'il en est autrement, délivrez-moi, je vous prie.
O Virgina Maria santia! Balia çakitzat arestuosa Jesus seme Jaunaren Cretcian, othoï, onxa.	O Vierge sainte Marie! intercédez bien pour moi, je vous prie, auprès de Jésus fils de Dieu.
Guidatia izan nadin Hutzic batere eguin gabe, Ene salbazale justua Jesus offensatu gabe!	Puissé-je me conduire sans commettre aucune faute, sans offenser mon juste sauveur Jésus!

Après cette invocation, un jeune enfant habillé en ange Gabriel sort, sans plus de cérémonie, par la même porte que les autres acteurs, et fait connaître à Clotilde la volonté de Dieu. La scène, un moment restée vide, est bientôt occupée par Aurélien et ses deux serviteurs de retour de Bourgogne; ils se promènent un instant, puis rentrent pour faire place à Clovis et à Aurélien.

Il est à remarquer que Clovis et Clotilde sont toujours assis sur la scène pendant qu'ils parlent à leurs serviteurs, tandis que ceux-ci, debouts et découverts, sont dans une attitude de respect.

Sur la demande du roi, Aurélien raconte le stratagème dont il a usé pour s'introduire auprès de Clotilde; il vante encore les qualités de cette princesse, et Clovis le remercie de ce service; il veut faire part de ses projets à son conseil, qui doit décider le mariage, et il commence par solliciter les voix d'Aurélien et de ses amis. Le conseil assemblé, le seul Nestorin s'oppose à l'union projetée : il ne fera point partie de l'ambassade envoyée à Gondebaud pour lui demander sa nièce. Clodéric, Austrasse et Gondebaud font leur entrée sur la scène ; en même temps arrivent à cheval Mamel et Aurélien, envoyés de Clovis. Aurélien s'acquitte de sa commission avec beaucoup d'orgueil et d'arrogance. Gondebaud ne peut accepter la proposition sur le moment ; il y réfléchira avec son conseil, et le lendemain il pourra donner réponse. L'auteur retrace toutes les agitations du roi bourguignon, qui voit un danger dans un refus aussi bien que dans un consentement. Rassuré par Clotilde, il le donne, et la princesse part pour ses nouveaux États. On voit alors deux personnages habillés de rouge : ce sont Bulgifer et Satan, deux esprits tentateurs qui vont tâcher de tout déranger. Dans une autre scène, ce dernier reproche au roi de Bourgogne la facilité avec laquelle il s'est dessaisi de sa nièce ; il essaie aussi de détourner Clovis de ce mariage. Clovis ne lui répond pas, parce qu'en ce moment arrivent de Bourgogne la princesse et sa suite. Il commence par embrasser sa fiancée. Après s'être entretenu avec elle et avoir essuyé les reproches des deux anges de ténèbres, qui vomissent des imprécations contre Clotilde, on sert le repas de noces. Clodéric et

Austrasie font ensuite leurs adieux et repartent pour leur pays. Clotilde, restée seule, implore le ciel; elle demande à Dieu la conservation du fruit qu'elle porte. Bientôt la naissance d'un enfant magnifique est annoncée; mais peu de temps après cet ange meurt, et le roi accuse le dieu de Clotilde. Néanmoins, il a la force de repousser les tentations de Satan, qui lui conseille d'abandonner cette odieuse femme. Un autre enfant vient au monde, si chétif qu'on désespère de le conserver. Cependant, après une invocation de Clotilde, Dieu rend la santé à cet enfant. Ravi, Clovis donne dix mille livres de rente à Florinde, qui lui a annoncé la nouvelle.

On voit alors arriver au bas du théâtre une cavalcade d'Allemands qui viennent insolemment déclarer la guerre à Sigebert, roi de Cologne. Celui-ci implore le secours de Clovis, qui arrive au palais de son allié. En ce moment, les Allemands montent sur la scène et une bataille s'engage : Clovis ayant invoqué le dieu de Clotilde, a le dessus. L'un des chefs ennemis, Jules, qui doit se battre avec lui, invoque à son tour son dieu Barlaman; mais c'est en vain, le vigoureux Franc le perce d'un coup mortel.

Après la bataille, sortent Satan et Bulgifer; ils contemplent leur proie, et tâchent de soulever le corps de Jules. Pour y parvenir, ils mettent le feu à un fagot de paille et s'approchent du mécréant, qui, sentant la flamme, se lève et rentre avec ses compagnons pour se précipiter dans l'enfer. Clotilde ayant appris la victoire de Clovis et ses bonnes dispositions en faveur du christianisme, va à sa rencontre jusqu'à Orléans, accompagnée de saint Remy, qui administre le baptême au roi et à ses généraux, en se servant de l'huile apportée du ciel par un pigeon. La cérémonie terminée, on chante un *Te Deum,* puis on rentre.

Alors, un ermite sort et adresse des actions de grâces à la Sainte-Trinité, à la Vierge Marie et à tous les bienheureux. L'ange Gabriel lui apparaît et lui remet trois fleurs de lis de la part du Tout-Puissant. L'ermite les donne à Clotilde, qui, à son tour, fait part à Clovis de ce présent mystérieux, symbole de la sainte Trinité. Le roi y voit encore un ordre d'exterminer tous les ennemis de Dieu, principalement les Goths et les Wisigoths, et il se met en mesure de leur faire la guerre; en même temps Satan et Bulgifer se promettent de bien s'amuser. Après le départ de Clovis, le prince des démons recommande à son acolyte de se tenir prêt pour emporter tous les cadavres en enfer. Bulgifer n'a jamais manqué à son devoir : Satan ne pourrait-il pas lui donner à boire? On satisfait à ce désir. Arrivent au bas de la scène Clovis et ses officiers. Ils se trouvent à Tours. Le roi ordonne à Nestorin et à Mamel d'aller invoquer saint Martin dans son église. Ces deux officiers reviennent annoncer à leur maître qu'ils ont vu l'ange Gabriel qui chantait un psaume. Clovis, après avoir traversé une rivière, campe sur le théâtre et y passe la nuit. Satan et Bulgifer sortent et trouvent tout ce monde endormi; le seul tour qu'ils puissent lui jouer, c'est de noircir toutes les figures. Après la vision de Tours vient l'apparition de saint Hilaire, dans laquelle les Francs voient une approbation de leurs projets. Des propositions de paix n'ayant été suivies d'aucun résultat, un combat s'engage, et les soldats d'Alaric tombent un à un; mais auparavant tous ces champions échangent les injures les plus grossières.

Comme toujours, ces batailles se composent de combats singuliers; on se bat au son de la musique; les deux antagonistes sautant au pas d'un bout de la scène à l'autre, portent et parent réciproquement les coups jusqu'à ce qu'enfin l'air finissant, celui qui doit être tué tombe.

Vainqueur de ses ennemis, Clovis veut aller remercier saint Hilaire. Unissant sa voix à celles de Clotilde et de saint Remy, il entonne un cantique d'actions de grâces; le chant est alterné par l'orchestre. Bientôt après, Satan et Bulgifer poussent devant eux, le fouet à la main, tous ceux qui étaient restés étendus sur la scène. Les Goths encore en vie n'échappent à la mort qu'en se faisant chrétiens.

Clovis reparaît, soutenu par Aurélien; consumé par la fièvre, il touche à sa dernière heure. On envoie Nestorin chercher un ami de Dieu, nommé *Séverin;* il arrive auprès de Clovis, et par ses prières lui rend la santé, ou plutôt il paie de sa vie celle du roi, car on le voit tomber mort sur la scène. Vient enfin le tour de Clovis; ayant réuni tous ses courtisans, il meurt de la façon la plus édifiante. Avant de l'enterrer, son corps est placé sur une table, et les siens, l'archevêque en tête, récitent un *De Profondis*, tandis que la musique fait entendre des sons funèbres.

On ne déploie pas moins de pompe pour les obsèques de Clotilde, qui ne tarde point à suivre son mari dans la tombe. Avant de s'y coucher pour toujours, elle fait venir ses deux fils, Clotaire et Childebert, et leur donne sa bénédiction. Ses reliques opèrent des miracles.

Satan et Bulgifer sortent; le premier déplore leur triste situation. Malgré des efforts inouïs, ils ne peuvent faire aucun profit. Il invite le public à venir avec eux, en lui promettant qu'il n'aura pas à craindre le froid. Bulgifer lui répond que les spectateurs aiment mieux danser un instant, et que pour eux, ils iront boire quelques verres de vin, s'il en reste encore. Pour terminer la tragédie, tous les acteurs qui ont joué dans le cours de la pièce paraissent sur la scène, et le plus habile à manier la parole récite la conclusion, qui consiste en un appel à la bienveillance des spectateurs et en une récapitulation de quelques-uns des principaux faits de la pièce. Le tout est couronné par une invitation au bal qui doit avoir lieu.

Marie de Navarre, tragédie.

« Les Basques, dit M. Duvoisin, qui vient de nommer nos grands tragiques, n'ont jamais lu ces beaux modèles; ils ne se sont formés à aucune école; ils n'ont suivi que leurs propres inspirations; ils n'ont même pas encore de règles fixes : aussi voit-on dans leurs pièces, étincelantes de beautés de tout genre, des défauts que l'étude seule aurait pu corriger. » Chaque pièce a son genre; il en est cependant qui, par la manière dont elles sont conduites, se rapprochent beaucoup des tragédies françaises. Nous allons donner, d'après le même écrivain [1], l'analyse de la tragédie anonyme de *Marie de Navarre*, non qu'elle renferme des traits plus piquants ou des beautés plus saillantes que bien d'au-

[1] *Album pyrénéen*, mars 1841, p. 90-102.

tres, mais pour faire voir à quel degré les Basques ont porté l'art du théâtre sous le rapport indiqué. Nous avons cherché dans l'histoire quelle est cette princesse Marie; nous croyons pouvoir assurer qu'elle n'est autre que Sancha, fille de Sancho Abarca, neuvième roi de Navarre. L'événement doit être rapporté à l'année 935. Vers ce temps, les Navarrais et les Castillans remportèrent une célèbre victoire, à Simancas, sur Abd-el-Rahman, calife de Cordoue. L'histoire a conservé les noms de la plupart des acteurs.

« Le manuscrit que j'ai sous les yeux, ajoute M. Duvoisin, n'indique pas la division des actes et des scènes; je ne pense même pas que les Basques aient jamais fait de ces sortes de distinctions; mais cette division se forme naturellement dans le cours du récit, et ici elle se trouve d'une régularité remarquable. Pour plus de clarté, je vais présenter la pièce avec des divisions que j'établis de mon chef. La scène a lieu dans le palais de Medina-Azarah, à quelques lieues de Cordoue; c'est là que le calife surnommé par les chrétiens *le Magnanime*, vivait au milieu des délices d'une cour brillante, dans la compagnie des savants et des poëtes de son empire. »

PERSONNAGES.

SANCHO ABARCA, roi de Navarre.
MARIE, fille du roi.
FERNAN GONZALÈS DE CASTILLE, fiancé de Marie.
CENTULLE, guerrier chrétien.
STEPHANA, confidente de la princesse.
RAMIRE, écuyer du roi.
ABD-EL-RAHMAN, calife de Cordoue.
AMBROU, prince de Fez, son allié.
OSMAN, favori du calife.
SANTARIN, guerrier maure.
HASSAN, officier du palais.

ACTE PREMIER.

SCÈNE I.

ABD-EL-RAHMAN à *Ambrou*.

Nous avons à jamais abattu la puissance des chiens de chrétiens; nous avons montré au monde de quoi sont capables les enfants du saint prophète. Pour ma part, Ambrou, je vous rends les grâces que vous avez méritées pour avoir, en ce jour, délivré du joug tous les musulmans.

AMBROU.

Non, seigneur, je ne suis pas digne de tant de louanges pour avoir fait fuir les méchants; c'est au grand Mahomet que vous devez rendre grâces; c'est lui qui toujours ranime le cœur de vos soldats [1].

Osman vient annoncer au calife que Santarin est arrivé avec quatre prisonniers de condition. Il raconte comment ils ont été atteints dans une gorge de montagne, et que Santarin a tué un cinquième prisonnier, qui était une femme. C'était la reine de Navarre.

..... Deux sont hommes; il y avait trois femmes. L'une, bien âgée, tenait en main une croix. Santarin, furieux, l'a pourfendue avec son cimeterre. Elle est tombée dans les bras d'une jeune fille qui, poussant des cris déchirants, la pressait tout ensanglantée contre son sein [2].

Le calife donne à Hassan l'ordre d'introduire les prisonniers, et, s'adressant au plus ancien, il lui dit d'un ton irrité :

Quel nom as-tu, malheureux chrétien?

ABARCA, *avec dignité*.

Soldat du Christ, roi de Navarre [3].

---

[1]
ADERRAM.
Ehortci ditugu-bai, Ambru, Cristau zaeurrac,
Cer diren eracuxi profetearen haurrac.
Bihurtcen deraizkitzut merecitu eskerrac;
Zuc libratu ditutzu, egun, Mahometarrac.

AMBRU.
Hointberce laudorio, jauna, ez dut mereci
Ceren igorri-tudan gaichtaginac ihesi.
Esker hori zor duzu Mahomet handiari
Indar bethi eman du hare zure armadari.

[2] . . . .
Bia dire gizonac, hirun ciren emazte.
Andre zahar bat zagon gurutce bat escuan;
Marauzaz urratu du Santarinec, coleran.
Nescatcha gazte batec, tincatuz besoetan,
Dena odol sarraski, marrascaz, han ceraucan.

[3]
ADERRAM.
Cristau dohacabea, nolatan deitcen haute?

ABARCA.
Cristoren soldadoa, Nafarroaco errege.

Le calife, interdit, garde un instant le silence. Puis il adresse la parole à chaque prisonnier. Tous, Ramire lui-même, sont impassibles; tous répondent avec sang-froid. Frappé de la beauté de Marie, le calife s'arrête plus longtemps devant elle; il semble comprendre sa douloureuse situation et être touché de son malheur; il lui adresse de douces paroles, et promet à tous la vie et une existence honorable, à condition qu'ils abandonneront leur religion :

Embrassez tous maintenant notre loi, renoncez au Christ, foulez sa croix sous vos pieds. Je ferai le bonheur de tous; chacun aura dans Cordoue les honneurs dus à son rang. Et vous, jeune princesse digne d'un autre sort, il ne vous reste plus qu'une ressource : embrassez la loi de Mahomet.

MARIE.

Je ne sais qui est Mahomet, ni ne le veux savoir. O mère de Dieu, ma sainte patronne, soyez toujours avec moi!

ABD-EL-RAHMAN.

Mieux vaut que vous l'oubliiez. Le roi de Cordoue créera pour vous un bonheur que toutes les reines du monde accepteraient d'un cœur jaloux. Courez, courez au plus vite embrasser notre sainte loi.

MARIE.

O roi! une loi seule est sainte : Jésus-Christ a été crucifié; il a versé son sacré sang pour sauver le monde. Non, je ne renierai pas la foi que j'ai reçue dans le baptême.

ABD-EL-RAHMAN.

Fuyez donc, chrétiens, de ma présence, puisque vous ne reconnaissez point la pitié dont mon cœur est touché pour vous. Peut-être que bientôt vous saurez l'apprécier ; mais, pour votre bien, hâtez-vous de changer, car demain il ne sera plus temps [1].

[1]
ADERRAM.
Harzazuc orai lauce gure legca,
Arnegaturic Cristo, ostica gurutcea.
Eginen derautzuet ororen zoriona;
Cordoban izanen du bacotchac dohacona.
Oi, printceza gaztea, zure edertasunac
Mercci citukeien huntaz bertce fortunac :
Orai duzu bid bat eta hura bacarra;
Bihurtu behar zare Mahometen legera.

MARIA.
Ez dakit Mahomet, nor den etez nahi jakin.
Ene patroin saindua! zaude bethi nerekin.

Cette scène se termine par l'ordre qu'Abd-el-Rahman donne à Hassan de mettre les chrétiens en lieu sûr et de ne pas les maltraiter. Il leur conseille de nouveau d'embrasser le mahométisme.

SCÈNE II.

Le calife resté seul avec Osman, son favori, lui fait connaître la passion que lui a inspiré Marie. Osman, qui n'est qu'un courtisan habile, flatte la passion du prince. Abd-el-Rahman craint de ne pouvoir vaincre la résistance de Marie, qui n'ignore pas que Fernan Gonzalez de Castille et l'infant don Sanche s'avancent avec une armée pour réparer une première défaite. Osman répond que les chrétiens fuiront devant les soldats du calife comme la poussière que chasse le vent. Au reste, il se charge de gagner Marie. Abd-el-Rahman sort pour passer ses troupes en revue.

SCÈNE III.

Osman fait amener devant lui Stephana, dame d'honneur de la princesse. Il lui fait les promesses les plus brillantes, et parvient à savoir d'elle que Marie est promise à Fernan Gonzalez. Elle ne voit d'autre moyen de faire soumettre l'infante aux désirs du calife que de lui promettre la libre pratique de sa religion et le retour de son père en Navarre, tout en lui persuadant que Fernan, qu'elle aime, a été tué dans un combat. En ce moment des Sarrasins amènent un nouveau prisonnier : c'est Centulle, général d'Abarca,

ADERRAM.
Hobe duzu ahantciz. Cordobaco erregec
Eginen du zuretzat munduco erreginee,
Becaiztiz, har lezaketen dohaxutasun bat
Laster egizu, laster gure lege saindurat.

MARIA.
Oi errege! lege bat da bacarric saindua :
Jesu-Cristo izan da gurutceficatua,
Odol sacratu hartaz gizonen salbatceco.
Bathaioco jedea ez dut ez ucatuco.

ADERRAM.
Zoazte beraz, cristauac, ene begietaric,
Ez duzuenaz geroz orai ezagutzaric
Zuen aldera dudan bihotz urricalmenduaz.
Prezaturan duzue sarrichago menturaz ;
Bainan, zuen onetan, laster gambia zaizte,
Ceren, gaurtic, aintcina, demboraric ez daite.

qui vient d'être saisi dans la montagne. Osman jette les yeux sur lui pour faire croire à Marie que Fernan est mort. Il n'épargne rien pour le gagner. Enfin, il lui promet de le faire comte de Zamora et de lui donner toute une souveraineté. Centulle cède.

INTERMÈDE.

On voit les chrétiens enfermés dans une prison. Ils chantent les louanges de Dieu; la princesse commence le chant :

O Jésus! que votre amour est pur! que votre amour est doux! Répandez-le sur moi pour que mon cœur soit dans l'allégresse quand je marcherai à la mort. Le désir que j'ai d'aller à vous est comme une fontaine qui se projette en flots. Anges du ciel, venez cueillir mon âme. Emportez-la sur vos aîles dans les airs, vers la céleste gloire, pour y voir Jésus. (Le chœur répète cette dernière phrase, comme tout ce que va chanter Marie.)

MARIE seule.

Oh! que le ciel est beau, tout abîmé dans l'amour! Que le céleste autel nous voie au plus tôt, brûlant d'amour, vous louer éternellement, ô Jésus[1]!

ACTE DEUXIÈME.

SCÈNE I.

Ambrou se promène tout pensif sur la scène. Hassan paraît. Ambrou lui déclare que Marie a touché son cœur; mais il a aussi

[1]
Oi Jesus dibinoa!
Zure amodioa
Hain da garbia!
Hain da eztia!
Ichurazu enegainera,
Ene bihotza izan dadin goihera
Heriora goateco.
Zureganaco
Nic dudan lehia,
Iduri ithurria,
Zurrutaca badoha.
Ene arimaren bilha
Zatozte, aingueruac,
Hunat guciac,
Eramateco airean,
Zuen hegalen gaïnean,

Ceruco loriara,
Jesusen icustera.
Khoroac.
Eramateco airean, etc.
Berac.
Oi zoin den eder cerua,
Amodioz funditua!
Khoroac.
Oi zoin, etc.
Berac.
Icus gaitzan lehen-bai-lehen,
Oi Jesus! zu bethi laudatcen,
Amodioz erreac,
Ceruco aldareac!
Khoroac.
Icus gaitzan, etc.

L'harmonieuse douceur de ce chant n'a pu être bien conservée dans la traduction.

remarqué que le calife en est épris. Hassan est un homme qui a toujours vécu au milieu des intrigues de la cour. Il pousse Ambrou. Scrupules de ce dernier. Hassan lui persuade que, puisque lui, prince de Fez, commandait l'armée en personne, les prisonniers lui appartiennent de plein droit, qu'il peut en disposer. Ambrou représente que le calife ne le souffrira pas. Hassan lui propose d'enlever Marie et de fuir avec elle. Cela lui paraît d'autant plus facile, qu'elle y donnera son consentement, si on lui fait accroire qu'on veut la conduire en Navarre. On s'arrête à ce projet.

SCÈNE II.

Stephana retourne tout effrayée auprès des autres captifs. On ne parle, dit-elle, que de tortures pour ceux qui ne voudront pas renier leur foi. Osman arrive sur ces entrefaites. Il témoigne à ces malheureux le plus vif intérêt; il les supplie tour à tour de n'être pas rebelles à la volonté de son puissant maître. Il emploie tous les moyens de séduction, et laisse entrevoir que les tourments et la mort attendent ceux qui ne voudront pas céder. La fin de la scène est vraiment sublime :

OSMAN *à Marie*.

Quelle réponse dois-je porter au grand Abd-el-Rahman? Quoi! que vous dédaignez son cœur bienveillant?... Je ne puis qu'obéir à ses ordres : que lui rapporterai-je?... que lui dirai-je de votre part?

MARIE.

Que je veux mourir... Oui, mille fois mourir!

OSMAN.

Jamais je n'oserai lui rapporter une pareille réponse : vous ne savez pas combien sa colère est terrible.

MARIE.

Un homme qui n'est que de boue vous fait trembler : combien plus ne dois-je pas craindre le Roi des anges!..... Non, seigneur, je ne crains point les hommes; mais vous, allez à eux, prosternez-vous devant eux [1].

---

[1]
OZMAN.
Cer ihardexiren dut Aderram handiari?

SCÈNE III.

Centulle est introduit dans la prison. Il est abattu, une douleur profonde semble peinte sur ses traits. Les prisonniers se pressent autour de lui ; on le questionne de toutes parts. Il répond avec effort qu'il n'y a plus de ressource, que Fernan a été tué, son armée détruite, et la cause des chrétiens perdue à jamais.

Cette scène, qui devient déchirante, ne peut être rapportée que dans son entier ; nous regrettons que l'espace ne nous permette pas de le faire.

Centulle, avec hypocrisie, attend qu'on lui fasse connaître les démarches que vient de faire Osman ; et quand Abarca l'en instruit, pourquoi, répond-il, ne pas les accepter? On n'a plus rien à espérer de la Castille. Puisque le noble calife veut laisser à la princesse le culte du vrai Dieu et que le roi Abarca sera rétabli sur son trône ; puisque c'est une dernière voie que Dieu présente lui-même pour sauver la famille royale et les chrétiens de Navarre, il faut se hâter d'accepter les offres généreuses d'Abd-el-Rahman. Marie, pénétrée de douleur, s'écrie : « Quoi donc! je dois vivre au milieu des mécréants, avec les assassins de ma pauvre mère [1]?... » Centulle représente la nécessité avec plus de force que jamais. Stephana se joint à lui. Abarca paraît consterné ; Marie se renferme dans un douloureux silence.

Errefus diozula haren bihotz onari!...
Haren manuen contra ni ez naiteke ibil :
Cer erran behar diot? Cer nahi duzula?

MARIA.

Hil!

Bai, ehun miletan hil!

OZMAN.

Ni ez naite mentura
Erregeri holaco solasen erraitera.
Ez duzu ezagutcen cer den haren colera.

MARIA.

Zu ikharatcen zaitu lurrezco gizon batec,
Eta ni legez beraz aingeruen Erregec!...
Ez, jauna, zoaci ; ez naiz gizonen beldur ;
Zu, zoaci heictara ; egiozute agur.

Ai! cer, bici behar dut lege-gabecockin,
Ene ama maitearen sasinatzailekin!...

INTERMÈDE.

Un ange descend dans la prison sur un nuage, au milieu d'une musique céleste; il module un chant d'espérance et d'amour. Une douce consolation pénètre dans les cœurs d'Abarca et de Marie. Centulle et Stephana, au contraire, paraissent confondus.

ACTE TROISIÈME.

SCÈNE I.

Hassan, cet infâme intrigant qui a poussé Ambrou à enlever Marie, mais qui craint de se trouver lui-même compromis, vient dénoncer à Abd-el-Rahman les projets du prince de Fez. Le calife ne peut le croire; il ordonne à Santarin de lui amener Ambrou. Le jeune prince, à la vue d'Abd-el-Rahman, sent son cœur défaillir; son crime est écrit sur son front. Le calife s'adresse à lui en ces termes :

Non, tu n'es point le fils du généreux Abdallah, mais plutôt un serpent que le désert de Sahara a vomi. Non, jamais Abdallah n'eut un pareil fils [1].

Dans une tirade magnifique, Abd-el-Rahman remue toutes les passions; il fait passer le bouleversement de son âme dans celle de l'auditoire. On voit un jeune et brave prince, un instant égaré par l'amour, sur le point de devenir la victime de la fureur jalouse d'Abd-el-Rahman. La colère de ce calife, la cruauté qui lui vient de ses mœurs, heurtent en lui sa générosité naturelle, le souvenir d'une vieille amitié, celui de services récents; c'est un combat qui fait craindre, qui touche, qui effraie, qui ravit. Abd-el-Rahman termine ainsi :

Fuis loin de moi, pour que l'on ne puisse dire que je me suis baigné dans le sang d'un ami. Sans doute que ton père ne se réjouira pas de ce que j'épargne aujourd'hui la vie à un traître [2].

Ehaiz, hi, Abdala bizarroaren seme,
Bainan-bai Zahara-mortuco zombait suge.
Ez dic Abdalac izan horrelaco semeric.
. . . .
Habil niganic urrun, ez dezan nihorc erran

SCÈNE II.

Osman rend compte à Abd-el-Rahman de sa conduite envers les chrétiens. Après leur avoir fait connaître tout ce qu'ils avaient à craindre s'ils résistaient, et le bonheur qu'ils devaient attendre par suite de leur soumission, il leur a, dit-il, envoyé Centulle pour leur enlever tout espoir de secours du côté de la Navarre et de la Castille. C'est au calife lui-même qu'il a réservé la gloire d'obtenir le premier aveu de Marie, car il ne doute pas de la réussite de son stratagème.

SCÈNE III.

Abd-el-Rahman reçoit les chrétiens au milieu de tout ce que sa cour a de plus brillant. Il prend la parole avec solennité et s'exprime en ces termes :

Chrétiens, vos infortunes ont cessé. Voici le jour où la renommée publiera votre bonheur dans tous les lieux que le soleil éclaire[1]....

Soudain, un bruit épouvantable retentit aux portes du palais. C'est l'armée catholique qui a surpris les infidèles. Centulle et Stephana, voyant leur trahison découverte, fuient avec les Maures ; Fernan et Marie se retrouvent avec bonheur. Voilà le dénouement de la pièce, qui se termine par ces paroles d'Abarca :

Enfin, le Maure affreux est donc vaincu! Grâces en soient rendues au souverain Maître du ciel, et grâces à vous, ô cher Fernan ! Prends ma fille, ô main valeureuse! Le don de ma couronne ne serait pas une récompense suffisante pour tout ce que je te dois; mais les biens de ce monde n'ont pas de durée, des biens plus précieux te sont réservés dans le ciel[2].

[1] Mainhatu naicela adiskiden odolean.
Ez dic naski izanen hire aitac placeric,
Traidore bati bicia orai nic utciric.
Cristauac, akhaboda zuen dohacabetasuna.
Egun da egun hura non zuen zoriona
Iguzkiac argitcen duen toki orotan
Nedaturen baita famaz........

[2] Bentzutu dire behin Mairu icigarriac!

Exposition, intrigue, dénouement, tout se lie sans que l'intérêt se refroidisse un seul instant. Le début est noble, les caractères se soutiennent, le naturel n'est jamais altéré. Si les règles de la tragédie française sont quelquefois blessées, on n'en sera pas surpris : un génie sans guide ne peut atteindre la perfection. L'auteur révèle partout beaucoup d'art dans la conduite de l'intrigue. Dès le début, l'héroïne de la pièce devient intéressante ; le roi de Navarre est ce qu'il doit être, grand dans les fers. Sa réponse à Abd-el-Rahman est du sublime du premier ordre. La deuxième scène du second acte se détache de tout le reste par l'éclat de ses beautés, et ce

         Hil!
  Bai, ehun miletan hil!

qui ne peut être rendu en français que si imparfaitement, suffit pour nous remplir d'admiration.

M. Duvoisin termine ainsi l'analyse que nous venons de reproduire : « En distribuant quelques palmes aux poëtes tragiques des Pyrénées, nous n'avons pas eu la pensée de leur donner au delà de ce qu'ils ont mérité. On concevra que les hommes qui ont mis au jour des compositions pareilles à celle que j'ai analysée, ne sont pas dépourvus de ce feu sacré qui fait le poëte ; et si, après quelques siècles, quand ce petit peuple aura perdu, avec sa nationalité phénoménale, la langue qu'il parle aujourd'hui, si, dis-je, on retrouve encore ses pièces dramatiques, on sera tenté de croire qu'elles ne sont pas l'œuvre de pauvres gens qui n'ont eu aucune teinture des lettres : alors encore un rayon de gloire brillera sur eux. »

   Eskerrac diluela Jaungoico cerucoac,
   Eta eskerrac zuri, oi Fernando maitea !
   Ez nuke aski khoroa zuri ematea ;
   Ez dut hartan compliteen obligacionea.
   Munduco ontasunac ez dire bethicotzat ;
   Hobeagoric bada ceruetan zuretzat !

Napoléon empereur, — *Les quatre fils d'Aimon*, tragédies.

Nous donnerons encore l'analyse de deux pièces du théâtre basque, en commençant par celle qui offre incontestablement le plus d'intérêt, non par sa date (elle est d'hier), mais par la grandeur du sujet et par l'influence qu'elle a dû exercer sur l'esprit du pays.

Comme toutes les pastorales basques, la pièce de *Napoléon empereur* commence par un prologue où sont résumés les faits qui se passent sur la scène.

Au début de l'ouvrage, Ducos, Barras, Sieyès et Cambacérès, en présence du premier Consul et de sa femme, déclarent que la France ne saurait être mieux gouvernée que par un empereur; Napoléon seul, par les services qu'il a rendus, est digne d'un honneur semblable. Sur cette proposition, accueillie avec faveur, Bonaparte envoie Barras à Rome prier le pape de venir le sacrer à Paris. En même temps une conspiration se trame à Nantes entre Finot, George, Pichegru et Morot. Dénoncé à Napoléon par un décrotteur qui a tout entendu, ce complot est déjoué, et ses auteurs paient leur crime de la liberté et de la vie. Bonaparte se fait alors sacrer empereur par le pape Pie VII, venu à Paris accompagné par le cardinal Caprara.

A cette nouvelle, presque tous les souverains de l'Europe se coalisent : François, empereur d'Autriche, Alexandre, empereur de Russie, George, roi d'Angleterre, le prince Charles, Balenton et Soliman. Irrités des nouvelles grandeurs de Napoléon, ils déclarent la guerre à la France. Sans attendre plus longtemps, l'empereur dirige une armée contre Vienne et s'en rend maître. Les alliés ne se découragent pas; ils concentrent leurs forces dans les plaines d'Austerlitz, et attendent de pied ferme l'arrivée des troupes françaises; mais Napoléon culbute leurs bataillons et en fait un horrible carnage. A ce nouvel échec, l'ennemi se décide à demander la paix, et c'est le prince Charles qui est chargé de cette mission. Arrivé devant l'empereur, il s'agenouille et implore sa clémence. Napoléon pose des conditions qui sont acceptées, et

REPRÉSENTATIONS DRAMATIQUES. 87

signe un traité de paix. Il dirige ensuite ses armes contre la Hollande, qui se soumet sans combat. Il n'en est pas de même de Naples; son roi, Ferdinand, ne se rend qu'après plusieurs batailles, qui sont, suivant l'usage, rendues sur la scène. Toutes ces victoires amènent la paix, des fêtes et une distribution de récompenses et de couronnes. Par une faveur accordée à Joséphine, sa fille Stéphanie épouse Piembino de Saxe.

Jaloux de ces accroissements, Guillaume, roi de Prusse, après avoir pris avis de son conseil, envoie Bucher, son ambassadeur, déclarer la guerre à la France. Napoléon harangue ses maréchaux et se dirige avec eux sur Berlin. De son côté, Guillaume cherche à enflammer son monde; mais il est battu à Iéna. L'empereur Alexandre se joint à lui; leur alliance n'a d'autres résultats qu'une nouvelle défaite et la perte de la moitié de la Prusse et de toute la Pologne. Forcés de demander la paix, ils acceptent les dures conditions imposées à Tilsitt par Napoléon. Celui-ci, après avoir visité le tombeau de Frédéric et s'être emparé de sa couronne et de son épée, s'en retourne à Paris. Immédiatement après, Jérôme est couronné roi de Westphalie. Une nouvelle conspiration se trame : Batas et Carnot veulent faire périr toute la cour au moyen d'un baril de poudre; ils sont découverts et exécutés.

La scène se transporte en Espagne. Ferdinand, prince des Asturies, complote, avec son secrétaire, de faire mourir Godoy et de forcer son père à lui abandonner la couronne. Charles IV ne s'y refuse pas d'abord; mais, humilié de sa déchéance, il dépêche un courrier à Napoléon pour lui demander du secours. L'empereur fait venir le père et le fils à Bayonne. Là il les détrône tous les deux, envoie l'un à Fontainebleau, l'autre à Gremane[1], et proclame roi d'Espagne son frère Joseph. Celui-ci part pour Madrid. Il y rencontre beaucoup d'obstacles ; mais avec l'aide du maréchal Lannes, il parvient à les surmonter, et il s'assoit tranquillement sur le trône.

[1]
NAPOLEON.

Charles çu aldiz	Prince Asturia aldiz,
Franciarat cina ginen,	Gremanaco hirian egonen,
Fontaineblocohirian	Sei ehun mila franco
Beitcirade egonen.	Arranda diçu ughenen.

Cette dernière conquête met le comble à l'irritation des alliés. Ils tentent un dernier effort pour apporter un terme à l'ambition de Bonaparte, et ils lui envoient un message pour lui faire part de leurs intentions. Napoléon paraît bientôt avec son état-major. On livre bataille à deux différentes reprises, et, malgré la mort du maréchal Lannes, les Français ont le dessus. Ce dernier coup oblige François à implorer la paix. Pour unique condition, Napoléon lui demande la main de sa fille Marie-Louise, en lui annonçant l'intention où il est de divorcer avec Joséphine. L'empereur d'Autriche résiste d'abord; mais il finit par céder. Bonaparte envoie Jourdan prier le pape de casser son premier mariage et de venir à Paris célébrer le second; Jourdan ne tarde point à revenir avec une réponse négative. Malgré ce refus, Napoléon assemble sa cour et les rois ses alliés; de leur consentement, il déclare son divorce avec Joséphine, qui est envoyée à Fontainebleau, et il épouse Marie-Louise, qui ne tarde point à être couronnée impératrice des Français. Après le couronnement, a lieu le repas des noces.

Napoléon ne pouvait laisser Pie VII impuni; il envoie Jourdan avec cent mille hommes s'emparer de Rome. Le pape est pris, amené en France et interné à Fontainebleau. A l'instigation de Bernadotte, le tailleur et le chapelier de l'empereur conspirent contre sa vie; mais leur complot est découvert, et ils sont punis de mort.

George, roi d'Angleterre, et Alexandre, empereur de Russie, toujours poussés par la même idée, veulent encore déclarer la guerre à la France, et faire entrer dans leur alliance le roi de Prusse. Il s'y refuse. Les troupes rassemblées contre Napoléon vont attaquer Frédéric; mais, secouru par l'empereur, il leur fait éprouver une défaite.

Encouragé par ce succès et voulant mettre un terme aux entreprises de George et de Frédéric, Bonaparte lève une immense armée et se dirige sur Moscou. Il bat en plusieurs rencontres l'armée des alliés, et arrive ainsi de victoire en victoire devant la capitale de la Moscovie; mais cette ville, brûlée par les ordres de son gouverneur, Rostopchin, ne leur offre qu'un amas de ruines.

Forcé de battre en retraite, il rentre en France, toujours poursuivi par l'ennemi. Frédéric, Murat et plusieurs de ses maréchaux lui conseillent de rendre ses conquêtes; Napoléon préfère mourir plutôt que de céder. Bien que trahi par son beau-père, il se défend courageusement, jusqu'à ce que le sénat, par l'organe de Chabrot, lui annonce sa déposition. Il abdique en faveur de son fils et se résigne à partir pour l'île d'Elbe, qui lui est assignée pour demeure. Avant de partir, il fait ses adieux en termes touchants à sa couronne et à la France. Marie-Louise se présente à lui; mais il la repousse avec dédain, et se contente d'embrasser son fils, son unique espoir.

Ainsi se termine la tragédie, si l'on ne compte pas un discours final prononcé par l'auteur le plus habile à manier la parole, discours qui est encore une récapitulation de la pièce, couronnée par une salutation amicale au public. On voit que cette longue composition n'est qu'une espèce de chronique dialoguée, puisée directement dans les *Victoires et conquêtes* ou dans une Histoire de Napoléon, par un savant de village qui n'avait que du dédain pour les contes populaires dont le petit caporal est le héros. Sans doute on aura remarqué dans les noms, dans les faits et dans leur succession, nombre d'erreurs trop grosses pour entrer dans un livre imprimé, et qui sont certainement du fait du rimeur basque. Ces erreurs sont peu de chose quand on pense aux étranges déguisements sous lesquels nos anciens trouvères nous présentent Charlemagne et les autres héros dont les actions avaient frappé l'imagination des masses; mais ces personnages épiques étaient morts depuis longtemps, et à partir du moment où ils avaient disparu de la scène du monde, la pensée populaire, sans cesse fixée sur eux, n'avait réussi qu'à opérer la décomposition de ces grandes figures, tandis que celles de Napoléon, de ses lieutenants et de ses contemporains étaient encore présentes à l'esprit de plus d'un des spectateurs du drame où elles sont évoquées.

Si partout le peuple se montre plein d'admiration pour la puissance triomphante, même quand elle pèse sur lui, la faiblesse courageuse qui entre en lutte avec elle lui inspire un tendre intérêt, et il n'a pas assez d'applaudissements pour les victoires de la prestesse sur la force. Chez nos voisins, Robin Hood et Foulques Fitz-Warin ont été longtemps les favoris de la foule; chez nous, Eustache le Moine a trouvé un trouvère pour chanter ses exploits contre Renaud de Dampmartin, comte de Boulogne; mais le renom de ces héros n'a pas dépassé un certain rayon, un certain espace de temps, pendant que la popularité des quatre fils d'Aimon est devenue pour ainsi dire universelle et n'a que très-peu pâli au flambeau d'une civilisation plus avancée. Tout le monde a lu ou peut lire le livret de la *Bibliothèque bleue*[1]. Voyons ce que la légende des valeureux frères est devenue dans le Pays Basque entre les mains d'un auteur de pastorales.

Après le prologue obligé qui résume toute la pièce, celle des quatre fils d'Aimon s'ouvre par une scène entre Charlemagne accompagné de Turpin et de quelques-uns des douze pairs, et Aimon suivi de ses quatre fils. Charlemagne vient de faire exécuter le frère de ce baron; repentant ou plutôt voulant montrer qu'il tient à la famille, et que le châtiment infligé à l'un de ses membres n'était qu'un acte de justice, il va nommer sénéchal Renaud, fils d'Aimon; mais loin d'être apaisés par ce choix, les quatre héros de la pièce n'en conçoivent que plus d'acharnement contre le traître qui a fait périr leur oncle. Leur devoir est de le venger. Après cette exposition, la scène, restée un moment vide, est occupée par Bertelot, neveu de Charlemagne, et Renaud. Tous deux commencent à jouer aux cartes. Une querelle s'engage, et Renaud tue Bertelot. Furieux, Charlemagne ordonne à ses douze pairs de s'emparer des quatre frères et de les pendre; mais ceux-ci se défendent courageusement et mettent en fuite les soldats venus pour les arrêter. A la suite de cette action, la mère d'Aimon conseille à ses fils de s'en aller en Allemagne pour échapper à la colère de l'empereur. Pour toute réparation, il ne demande, d'après

---

[1] Il en existe une analyse dans la *Bibliothèque universelle des romans*, juillet, 1778, premier volume, p. 60-113; et dans l'*Histoire des livres populaires ou de la littérature du colportage*, etc., par M. Charles Nisard. Paris, librairie d'Amyot, MDCCCLIV, in-8°, chap. XIV, t. II, p. 501-525.

l'avis de Naimes, que le petit Richard. Renaud repousse cette offre avec indignation. Charlemagne alors fait jurer à Aimon de ne point aider ses fils, qui savent cependant l'y contraindre à force de menaces et de prières, et la guerre est renvoyée au printemps. Dans l'intervalle, les quatre preux reçoivent un message du roi de Gascogne, Yon Golart, qui les prie de venir à son aide pour combattre les Sarrasins. Cette offre est acceptée, et les mécréants sont vaincus dans la personne de leur chef, Burgon, qui se convertit au christianisme. En même temps, l'archevêque Turpin bénit l'union de Renaud et de Claire, sœur de Golart. Cependant Charlemagne envoie un message au roi de Gascogne pour l'engager à lui livrer les quatre fils d'Aimon. Golart s'y refuse d'abord résolument; mais un second messager, porteur d'une lettre de Charlemagne, change sa résolution; il persuade à Renaud et à ses frères que l'empereur veut faire la paix avec eux et qu'il les invite à sa cour. Pleins de confiance dans les paroles de Golart, les quatre fils d'Aimon enjambent leurs mulets et partent pour la cour; mais ils n'y trouvent que des ennemis. Forcés de se battre, ils en sont quittes pour quelques blessures. Un nouveau personnage qui n'a fait que se montrer au commencement de la pièce, paraît alors : c'est Maugis, le cousin des quatre héros, qui a des remèdes pour toutes les maladies et le pouvoir d'enchanter les personnes. Averti par Golart, hors d'état de cacher plus longtemps son crime, du triste sort qui attendait Renaud et ses frères, il accourait en toute hâte à leur secours. Heureusement ses talents ne servent qu'à panser les blessures du jeune Richard, qui venait d'être délivré de prison. Cependant Yon est tourmenté par les cris de sa conscience, qui lui reproche son crime. Après avoir été la risée de Roland et d'autres, il entre en religion, et devient encore par là l'objet de nouvelles moqueries. Il repousse toutes ces insultes et se résigne à paraître devant ceux qu'il a si lâchement trahis. Touchés de son repentir, Renaud et ses frères lui pardonnent. Bientôt après a lieu entre les quatre fils d'Aimon, Charlemagne et ses pairs, un combat dans lequel le petit Richard est de nouveau fait prisonnier. Il est condamné à mort. Ripus allait l'exécuter, lorsque le patient est délivré par ses frères, qui font subir son sort au bourreau. Richard endosse les habits de celui-ci, et, se présentant devant Charlemagne, il lui cause une affreuse surprise en lui apprenant ce qui s'est passé. Nouveau combat; l'empereur et ses pairs sont mis en fuite. Cependant Maugis, dans une entrevue particulière, se laisse prendre par Olivarès. Chargé de chaînes, il est conduit devant Charlemagne. Mais il a pour lui l'art de la magie; au moyen de quelques herbes, il endort l'empereur et ses pairs, leur enlève couronne et épées, et se dégage ensuite de ses chaînes pour aller rejoindre ses cousins. Ceux-ci, enchantés de ce magnifique butin, consentent néanmoins à le rendre, pourvu que Charlemagne veuille bien leur accorder la paix. L'empereur s'y engage, mais à la condition que Maugis lui sera livré. Les fils d'Aimon ne peuvent s'y résoudre, ce qui occasionne un nouveau combat dans lequel Richard est encore pris. Après la bataille, Renaud dépêche un envoyé à Charlemagne pour le menacer, s'il ne veut pas accorder la paix, de faire pendre le prisonnier. L'empereur persévère dans son obstination. Irrités d'un tel entêtement, les douze pairs et l'archevêque Turpin l'abandonnent, et c'est seulement alors que Charlemagne consent à oublier l'injure qu'il avait reçue des quatre fils d'Aimon, et à leur rendre ses bonnes grâces. De son côté, Renaud fait sa soumission; et tout en se promettant bien de déboucher ensemble quelques bouteilles de bon vin vieux, ces ennemis d'autrefois s'agenouillent pour invoquer Dieu par un cantique d'adoration qui finit la pièce.

V

LES AMUSEMENTS DU PEUPLE BASQUE [1]

Les amusements d'un peuple étant presque toujours le reflet ou plutôt la libre expansion de ses qualités physiques et morales, on admettra facilement avec moi que les Basques, vifs, ouverts, courageux et constants au moral, comme souples et nerveux au physique [2], aient dû préférer, pour leurs délassements, les jeux le plus en rapport avec ces différents caractères et le moins faits pour mériter ce nom. La riche organisation de ces montagnards, comprimée plutôt qu'épuisée par les travaux réguliers les plus fatigants, ne connaît guère la réparation des forces par le repos ; elle a besoin de mouvement, elle se retrempe

---

[1] Dans le prospectus de son ouvrage intitulé : *Les premiers Colons de toute l'Europe*, etc., l'abbé d'Iharce-Bidassouet d'Aroztegui avait annoncé qu'il terminerait par les exercices des Escualdunac et leurs amusements ; mais, comme on sait, des deux volumes promis il n'a jamais paru que le premier. Le prospectus, longuement analysé dans le *Bulletin des sciences historiques*, etc., de M. le baron de Férussac, t. II, p. 159-165, montre ce que devait être le second. — Dans son livre, devenu bien rare aujourd'hui (*Historia de las naciones bascas de una y otra parte del Pirineo septentrional y costas del mar cantábrico*, etc. En Auch, en la imprenta de la viuda de Duprat, 1818, trois volumes in-8°), D. J. A. de Zamacola consacre, t. III, p. 86-97, une subdivision de son chapitre intitulé : *Costumbres de los Bizcaynos*, aux jeux et divertissements publics de ses compatriotes.

[2] Un seul trait suffit pour montrer ce que sont les Basques, jeunes et vieux ; je l'emprunte au récit du combat d'Iramenaca, qui eut lieu le 26 avril 1794 : « Huit tirailleurs basques osèrent affronter, sur une hauteur, une colonne ennemie de six à sept cents hommes, sans examiner s'ils étaient eux-mêmes soutenus, et l'empêchèrent de déboucher sur le point qu'elle voulait attaquer. Un vieillard basque, qui avait perdu ses armes dans le combat, aperçoit un Espagnol qui allait s'élancer sur lui ; il le terrasse d'un coup de pierre, s'empare de son fusil et de son sabre, et le tue. Le même soldat avait fait, dans une action précédente, deux prisonniers de sa main. » (*Victoires et Conquêtes*, etc. Paris, librairie de Firmin Didot frères, t. I, 1854, in-8°, p. 429.) — On trouve des détails pleins d'intérêt sur l'adresse et l'agilité des Basques du Labourd, dans le *Tableau de l'inconstance des mauvais anges*, etc., liv. I, disc. II, p. 43, 44.

dans le mouvement libre. Aussi voyez les Escualdunac se retirant de leurs champs après la journée la plus laborieuse : leur allure est aussi fière, aussi dégagée que le matin. Ils viennent de donner abondamment à la terre la sueur qui doit la féconder ; mais ce tribut de l'homme déchu, ils l'ont payé en vassaux soumis et non en esclaves. Leur devoir rempli, ils appellent le plaisir, et ils le trouvent dans deux espèces d'amusements également attrayants pour eux : la danse et le jeu de paume.

De tout temps les Basques se sont montrés passionnés pour le premier de ces exercices ; c'est d'eux que le Pays, auquel Boileau a infligé une célébrité si peu désirable, écrivait en 1659 : « Un enfant y sçait danser avant que de sçavoir appeler son papa ny sa nourrice. La joye y commence avec la vie, et n'y finit qu'avec la mort. Elle paroist en toutes leurs actions. Les prestres en ont leur part aussi bien que les autres. J'ay remarqué qu'aux nopces c'est toûjours le curé qui mene le branle [1]. » A cette époque, à laquelle se rapporte également l'histoire de l'aumônier Poussatin, si spirituellement racontée par Hamilton [2], les progrès de la civi-

---

[1] *Amitiez, amours, et amourettes*, par Mr. le Pays. Amsterdam, Abraham Wolfgang, 1693, petit in-12, lettre II, p. 5. — Un écrivain d'une date antérieure, le conseiller Pierre de l'Ancre, ayant raconté que les Basques du Labourd portent dans les cérémonies de l'Église des croix fort grandes et pesantes ayant sept ou huit sonnettes dorées, ajoute « qu'en tout le pays de Labourt, leurs croix sonnent et leurs prestres dancent, et sont les premiers au bal qui se faict au village. » (*Tableau de l'inconstance des mauvais anges et demons*, etc., liv. I, disc. II, p. 43. Voyez encore liv. VI, disc. II, p. 425.) Ailleurs il rapporte que procédant, à Saint-Jean-de-Luz, à l'audition d'une prétendue sorcière, et lui demandant pourquoi elle avait été si folle que d'aller une certaine nuit au sabbat, cette malheureuse lui confessa ingénuement le fait, ajoutant que c'était seulement pour danser, « n'ayant peu eviter les choses qui sont communement plaisantes à tout le monde comme la danse, disoit-elle en son basque, » etc. (*L'Incredulité et mescreance du sortilege plainement convaincuë*, etc. Paris, 1622, in-4°, traité X, p. 649, 650.)

[2] *Mémoires de la vie du comte de Grammont*, chap. VIII. Après avoir rapporté le récit que son héros fit au roi Charles II des circonstances dans lesquelles il rencontre ce digne Béarnais, « le premier prêtre du monde pour la danse basque, » l'auteur ajoute : « J'ai su depuis que Poussatin prêchoit avec la même légèreté dans son village, qu'il dansoit aux noces de ses paroissiennes. » Hamilton assure que, de son temps, il n'était pas rare en Espagne de voir danser les ecclésiastiques, en dépit des défenses réitérées de l'Église. (*Traité des jeux*, etc., par Jean-Baptiste Thiers, chap. XXV, art. XII, p. 332, 341-345.) Pour m'en tenir au Pays Basque, en 1715, l'évêque de Pampelune, D. Pedro Aguado, rendit une ordonnance pour interdire aux ecclésiastiques de Guipuzcoa toutes danses de jour ou de nuit, publiques ou particulières. Plus tard, en 1749, on voit l'un de ses successeurs, D. Gaspar de Miranda, donner une déclaration pour permettre aux danses d'hommes et aux tambourins d'entrer dans les églises le jour de Noël, permission que la junte de Guipuzcoa

lisation n'avaient point encore introduit jusqu'aux ravins les plus reculés des Pyrénées les danses étrangères, misérables pantomimes dont le sens est perdu ou ne se révèle que trop. Pour l'honneur des vieux Basques, pas une de ces danses n'a un nom en escuara; la plupart même n'ont paru dans le pays pour la première fois qu'au commencement du siècle; et la valse, la moins décente de toutes, n'a pu y prendre racine. Les danses populaires indigènes ont un caractère tout autre; on n'y voit point le mélange des sexes [1], ni chez l'homme ces poses si contraires à sa dignité. La danse basque ne nous le montre pas amoindri; c'est un véritable exercice gymnastique habilement combiné et qui comprend le jeu proportionné des principales articulations, pour les rendre toutes plus élastiques, et, par suite, plus propres aux usages pratiques de la vie. Or, ce n'est pas seulement dans les bals et sur les places publiques que les Basques se donnent le plaisir de ces danses; ils en font leur récréation favorite pendant les longues veillées d'hiver. Dans les trois ou quatre maisons notables que compte chaque village, la cuisine forme la pièce principale : là, tous les soirs, se réunissent de nombreux voisins. Témoin invisible, observez avec moi ce spectacle des mœurs antiques, ou plutôt faisons mieux :

---

demanda et obtint d'étendre jusqu'aux fêtes patronales (*Suplemento de los fueros, privilegios y ordenanzas de esta mui noble y mui leal provincia de Guipuzcoa*. En S. Sebastian, etc., s. d., in-folio, cap. único, tit. XXVII et XXVIII, p. 80, col. 1 ; et *el Guipuzcoano instruido*, etc., p. 145, col. 1, et p. 146, col. 1); mais on sait, comme le fait remarquer Thiers, chap. XXXIII, art. II, p. 438, qu'en quelques endroits les ecclésiastiques se faisaient autrefois un mérite devant Dieu et devant les hommes de danser dans les églises le jour de Noël, les fêtes de Saint-Étienne et de Saint-Jean l'Évangéliste, et le jour de la Circoncision ou de l'Épiphanie, ou de l'octave de l'Épiphanie. — On trouve dans le *Mercure* de septembre 1742, une Lettre sur une danse ecclésiastique qui se faisait à Besançon le jour de Pâques, lettre reproduite dans le t. IX de la *Collection des meilleurs dissertations*, etc., de M. Leber, p. 420-437, avec un supplément extrait du *Traité des jeux*, etc., chap. XXXIII, qui occupe les pages 437-440. — Un passage des *Aventures du baron de Fœneste*, liv. IV, chap. XIII, donne à penser que la danse n'a point toujours été inconnue aux ecclésiastiques de notre pays. L'auteur de la vie du cardinal d'Amboise rapporte que Louis XII, étant à Milan, les cardinaux de Narbonne et de Saint-Severin y dansèrent devant lui. Au XIIIe siècle, s'il faut en croire Guillaume Durand, qui écrivait à cette époque (*Rat. divin. offic.*, lib. VI, cap. 86), certains prélats, les uns à Pâques, les autres à Noël, jouaient avec leurs clercs, soit dans des cloîtres, soit dans les résidences épiscopales, et se laissaient aller au jeu de paume, comme encore aux danses et aux chants.

[1] Il est vrai qu'il n'est point rare de voir des femmes et des jeunes filles danser le *mutchico* avec des hommes; mais cette danse est sans partner, chacun opérant isolément pour son propre compte.

puisqu'il fait froid, demandons franchement l'hospitalité à l'*etcheco-jauna* assis dans le large fauteuil de bois *(çuçullia)* que le respect accumulé de plusieurs générations a consacré comme immeuble. On vous voit pour la première fois, et néanmoins votre franchise et votre confiance vous font accueillir comme un ami de longue date; chacun s'empresse à vous servir; mais vous ne voulez que tromper l'ennui d'une veillée solitaire. Chacun reprend sa place; vous avez la vôtre à côté du foyer, où s'embrase un véritable bûcher. Il ne faut pas vous attendre, je dois vous en avertir, à voir les paysans se tenir à la distance respectueuse que commande à leur bure votre habit de drap de Sédan : fussiez-vous duc, comte, marquis ou banquier, cardinal, archevêque ou vicaire, n'importe, de grand cœur on a ouvert pour vous, dans ce cercle d'amis, une brèche où vous puissiez vous chauffer à l'aise et mieux que tout autre; mais n'attendez rien de plus, et ne vous scandalisez pas de voir un sabot boueux se carrer à un millimètre de vos bottes vernies, ou le coude d'une blouse grossière effleurer vos manchettes de batiste.

Chacun étant de nouveau bien installé au foyer, la veillée commence. A gauche, femmes et filles, présidées par l'*etcheco-anderea,* filent le beau lin du pays ou la laine; à droite, les plus âgés se rangent auprès de l'*etcheco-jauna;* les jeunes gens se placent où ils peuvent, mais non dans le voisinage du groupe féminin. L'*etcheco-jauna* vous demande des nouvelles des pays d'*en bas* : quelles sont les mœurs, le genre de vie, la religion, la langue des divers peuples? Quelle idée faut-il avoir de Paris, de Bordeaux, etc.? On écoute vos réponses avec réserve et peut-être avec une nuance d'incrédulité; mille questions, mille petites objections vous sont adressées de toute part, pour essayer de vous prendre en contradiction avec vous-même; mais vous n'avez pas voulu en imposer à ces braves gens : aussi répondez-vous sérieusement, surtout avec clarté, avec cette ferme assurance d'un historien à cheval sur la vérité. Alors, pour la première fois, les femmes jeunes et vieilles vous questionnent à leur tour; vous êtes un hôte précieux, respecté, choyé par tous; les vieillards politiquent, philosophent avec vous, les heures s'écoulent rapidement; les jeunes gens seuls paraissent inquiets et témoignent de l'impatience en remuant fréquemment les pieds : c'est que la veillée est déjà avancée, et que l'exercice du *mutchico* risque de passer, on peut bien le dire, en conversation; mais un des vieillards, à la figure joviale, et qui, sous ses cheveux blancs comme la neige des montagnes, conserve encore l'humeur juvénile, se détourne soudain, fait claquer ses mains, pousse un *houp* vigoureux et entonne l'air national : aussitôt une demi-douzaine de jeunes gars sont en file, et décrivent l'arc suivant lequel s'exécute en va-et-vient la danse du saut basque, dite *mutchico*, sans aucun doute de *muthico*, garçons. Partout en même temps s'établit le silence; l'assistance entière change le centre de sa position en tournant le dos au foyer; les femmes seules paraissent devoir rester étrangères au divertissement. Néanmoins, et comme par distraction, leur chaise insensiblement s'agite et prend une certaine inclinaison, donnant la résultante des deux forces contraires qui les sollicitent, la modestie et la curiosité. Les jeunes gens ont saisi le petit manége des filles d'Ève; ils se savent surveillés du coin de l'œil : leur ardeur augmente, encouragée ou irritée par le sourire malin ou approbateur qui censure ou loue leur agilité. Mais les hommes, les plus anciens surtout, sont les juges officiels, inexorables. Ils veillent à la fidèle reproduction des pas traditionnels, condamnent irrévocablement toute innovation, apprécient la régularité, la souplesse des mouvements, la pose du corps, la grâce et la facilité de ses évolutions ou des vibrations du pied. Un pas *arrondi*, quand il devrait être *piqué*, c'est-à-dire exécuté la pointe du pied tendue en avant, n'est jamais pardonné. Le jeune homme qui danse le *mutchico* d'une manière irréprochable, doit laisser pendre mollement ses bras, sans les balancer d'une manière trop prononcée; il doit avoir les épaules effacées, le corps droit, la tête légèrement inclinée vers la poitrine, le regard grave et fixé sur le demi-cercle qu'il s'applique toujours à décrire et qu'il lui est défendu d'étendre ou de rompre. Il doit encore soutenir sa danse vive, rapide, tant que dure le chant; après quoi, deux bâtons sont posés en croix à angle droit : c'est la dernière épreuve. Le jeune danseur exécute, d'un angle à l'autre, une série de prouesses, luttant de rapidité avec la musique; et si le musicien se tait de fatigue, le danseur saisit d'un bond les deux bâtons, et son triomphe est complet.

Du reste, rien de grossier, mais rien non plus de raffiné dans cette espèce de danse, qui offre un coup d'œil très-agréable quand ceux qui l'exécutent sont nombreux et bien choisis. L'air en est également gracieux, vif et entraînant. Aujourd'hui, dans les bals publics, on danse le *mutchico*, ou l'une de ses dix ou douze variétés, après chaque trois ou quatre quadrilles.

Il ne faut plus s'attendre à y voir ces curés dont parle le Pays; bien loin de mener le branle, comme dit ce *bouffon plaisant*, ils tonnent contre ces réunions et encore plus contre les danses étrangères que l'on cherche à y introduire. Ils ont surtout la plus mince opinion des filles qui montrent du goût et du talent pour la danse; je l'ai du moins entendu chanter en ces termes :

DANTZA YAUCIAC.

Andre on gutti guertatzenda,
Goiz etzaten direnetan,
Ohetic ezin yaikerazis.
Zortzi bederatziac artean,
Halacoaren senhar izanen denac
Pondua frango galzetan,
Eta don faridon,
Andre on gutti dantzari on;
Dantzari ona irule gaichto
Irule gaichto,
Edale on,
Eta don faridon
Halzco andreac
Gatzoteaz die on.

LES SAUTS BASQUES.

Il se trouve peu de filles bonnes
Parmi celles qui se couchent tôt
Et qu'on ne peut tirer du lit
Avant huit ou neuf heures.
Le mari d'une semblable
Aura nombre de trous à ses culottes,
Et don faridon.

Peu de femmes bonnes sont bonnes danseuses.
Bonne danseuse, mauvaise fileuse;
Mauvaise fileuse, bonne buveuse,
Et don faridon.
Des femmes semblables
Sont bonnes à traiter à coups de bâton.

La passion de la danse, chez les femmes, est donc, comme on le voit, mise au rang des trois péchés capitaux du Pays Basque.

Mais passons la frontière; peut-être trouverons-nous de l'autre côté moins de rigueur. Il est du moins certain que dans la province de Guipuzcoa la danse occupe une place considérable dans la vie privée et publique des habitants, et qu'ils s'y livrent souvent en cérémonie sous les yeux de l'autorité locale. Je ne ferai point ici le catalogue raisonné de toutes les danses guipuzcoanes; au lieu d'un chapitre, il me faudrait écrire un livre, et ce livre a été fait par don Juan Ignacio de Iztueta, né dans le noble bourg de Zaldivia. Pour en donner une idée, je vais traduire le chapitre intitulé *Edate, edo carrica dantza*, le Boire ou la danse des rues.

« Cette danse s'exécute aux jours de fêtes patronales des villes, et aussi à l'occasion d'autres solennités, lorsque les personnages les plus distingués paraissent dans la danse avec des dames de leur choix; jamais hors de ces circonstances. L'alcade a seul le droit de donner l'ordre d'exécuter cette danse mémorable et celui de jouer l'air qui lui est propre, parce qu'en faisant entendre cet air on honore grandement le directeur de la danse. Cela signifie qu'on offre, au nom de la ville, à ce personnage de distinction, ainsi qu'à tous ses compagnons de danse, un goûter ou des rafraîchissements. Conséquemment l'ordre de jouer cet air est donné par l'alcade, et non par le directeur de la danse [1]. »

---

[1] *Guipuzcoaco dantza gogoangarrien Condaira eta historia*, etc., p. 87. Un de mes amis a tenté de donner, à l'aide d'une traduction littérale, une idée du livre d'Iztueta; mais il n'est arrivé que rarement à la donner juste. Par exemple, veut-il parler de l'*edate dantza*, il dit que c'est une danse où l'acteur simule un homme ivre. Il est certain, cependant, que les danseurs basques offrent quelquefois ce divertissement. Voyez *The Basque Provinces: their political State, Scenery, and Inhabitants*, etc. By Edward Bell Stephens. London: Whittaker & Co., 1837, petit in-8°, chap. IX, vol. I, p. 172.

Je me hâte de revenir en France, où me rappelle mon sujet, et d'en finir avec lui.

On compte encore parmi les petites récréations de veillées, la lutte corps à corps, la main chaude, les jeux de force, le colin-maillard, le jeu de berger, espèce de jeu de dames réduit à sa plus simple expression; le fétu allumé, que l'on se passe de main en main, etc. La réunion n'est-elle composée que de femmes et de vieillards, ce sont les chroniques du temps passé, les questions religieuses, des histoires de loup-garou et de sorcellerie, qui seraient vraiment lamentables si les souvenirs du paysan basque pouvaient remonter jusqu'au temps de Louis XIII. Des chandelles de résine éclairent l'âtre, ou bien de petites branches de sapin y flambent en guise de luminaire. L'un des membres de la famille en tient un faisceau de la main gauche, tandis que de sa droite, armée d'une espèce de sabre de bois, il émonde les mèches carbonisées. Souvent la maladresse de l'*arghi-jauna* suffit pour égayer la soirée.

Les récréations en plein air sont : la course, pour laquelle les montagnards des Pyrénées ont été de tout temps renommés [1], autant au moins que les Bretons [2]; le saut simple à pieds joints, avec ou sans l'aide du bâton; le blé ou petit jeu de balle; le

---

[1] On voit par un passage de Rabelais, liv. I, chap. XXVIII, où Grandgousier envoie « le Basque son lacquays quérir à toute diligence Gargantua, » que déjà sous François 1er les Escualdunac étaient employés par les classes élevées pour les services qui exigeaient de l'agilité. — Henri Estienne, se moquant de la forfanterie des gens de cour, donne ironiquement ce conseil : « Et quand vous escrivez en quelque lieu, encore qu'il n'y ait qu'un petit mot, et que vous n'ayez aucun porteur exprès, mais mettiez la lettre en la misericorde du premier que vous rencontrerez, si faut-il dire que vous avez deposché vostre Basque, qui va comme le vent. » (*Deux Dialogues du nouveau langage François, italianizé*, etc., sans lieu ni date, in-8°, p. 517.) — Maurice de la Porte, ayant donné pour épithète à *laquay* les mots *Biarnois* et *Basque*, ajoute : « Du pays de Biarn viennent des laquais des plus propres à courir qu'on sçauroit demander. »(*Les Epithetes de M. de la Porte, Parisien.* A Lyon, par Benoist Rigaud, M.D.XCII., petit in-12, folio 236 verso.) — Plus tard, le Pays, chargé de chercher un laquais basque pour une dame de ses amies, annonçait en ces termes l'avoir arrêté : « Comme je finissois cette lettre, il m'a été amené par un de mes amis; je le trouve fort à mon gré, et je croy qu'il sera aussi fort au sien : car il saute et danse à merveilles, » etc. (*Amitiez, amours, et amourettes*, lettre II, p. 8.) — Cette agilité a donné naissance au proverbe *courir comme un Basque*, que l'on lit dans une mazarinade réimprimée par M. Edouard Fournier, au t. III de ses *Variétés historiques et littéraires*, p. 337.

[2] Voyez *la Chasse au vieil grognard de l'antiquité*, 1622, dans les *Variétés historiques et littéraires*, t. III, p. 56.

chevillon, les quilles ; les paris à qui lancera le plus loin une énorme barre de charrette, de lourdes pierres ou une barre de fer. Il n'y a pas encore longtemps que dans la haute Soule on pratiquait les jeux de la hache et du javelot, arme que le Navarrais au moyen âge, et le Cantabre dans l'antiquité, lançaient avec tant d'adresse [1]. Celui-là était réputé vainqueur qui de plus loin plantait une petite hache ou un javelot dans un point donné. Reste le jeu de balle en grand, qui mérite un article à part et que je tâcherai d'expliquer de mon mieux.

Le Jeu de paume.

Les amusements publics des Basques sont très-restreints pour le nombre : aussi explique-t-on facilement l'espèce de culte qu'ils rendent à ceux qu'une longue tradition a identifiés avec leurs mœurs. De ces amusements le jeu de paume, autrefois si répandu chez nous [2] sous cette dénomination et d'autres, est celui qu'ils préfèrent, et les grandes parties, qui se renouvellent fréquemment, ont surtout le privilége de mettre tout le pays en émoi ; je n'en veux pour exemple que celle qui eut lieu à Biarritz en septembre 1854 : pas une des communes des deux arrondissements de Mauléon et de Bayonne qui n'y fût amplement représentée. Un beau joueur de paume acquiert vite une renommée populaire, et son nom vole de bouche en bouche des bords de l'Océan jusqu'aux hameaux les plus hauts perchés sur les montagnes. Ainsi vit le

---

[1] Voyez Silius Italicus, *Punic.*, liv. X, v. 15, et *Proverbes et Dictons populaires... aux XIII⁰ et XIV⁰ siècles*, etc., par G.-A. Crapelet. A Paris, M DCCC XXXI, in-8⁰, p. 81.

[2] Voyez *Notice sur les divertissemens et les jeux d'exercice des Français*, dans la *Collection des meilleurs dissertations*, etc., par C. Leber, t. X, p. 195-197. — Dans le tome précédent, p. 391-401, l'éditeur a reproduit une *Lettre curieuse sur le jeu de la pelote et la danse des chanoines du chapitre d'Auxerre*, publiée pour la première fois dans le *Mercure* de mai 1726. Ce jeu de la pelote, nommé dans le Roman de la Rose (v. 658 ; édit. de Méon, t. II, p. 115) et ailleurs (*Gloss. med. et inf. Latin.*, au mot *Pelota* n⁰ 3 ; t. V, p. 182, col. 3), n'était autre que le jeu de paume, appelé chez les Basques *pilota*, et en Espagne *pelota*. — Dans ce pays, les prêtres qui veulent y jouer, peuvent le faire avec ou sans gilet et en corps de chemise ; chez nous, l'évêque de Bayonne a exigé des membres de son clergé qui voudraient pousser l'esteuf, soit en place publique, soit au trinquet, qu'ils fussent vêtus d'une soutanelle ou redingote noire, courte et boutonnée droit sur la poitrine,

souvenir des Perkaïn, des Curutchet et des Azanza, qui furent les plus grandes célébrités du siècle dernier, et dont la gloire se perpétue aujourd'hui en France dans les Harriague, les Gascoña, les Andreau, les Mercapide. Perkaïn, qui était réfugié en Espagne pendant la révolution, apprend que Curutchet annonce une partie aux Aldudes. Il accourt, malgré les dangers de sa présence de ce côté de la frontière, combat, remporte la victoire, et rentre en Espagne, applaudi et protégé par six mille spectateurs [1].

De l'autre côté des Pyrénées sont aussi des joueurs non moins fameux et en plus grand nombre encore, pour qui l'exercice de la paume est comme un métier auquel ils s'exercent tous les jours [2]. Athlètes puissants et sages, longtemps ils essaient leurs forces, étudient leurs aptitudes diverses, les développent avec art, puis se groupent par compagnie, et viennent de temps en temps prouver aux Basques français que l'Espagne, leur mère-patrie, conserve toujours sa prééminence dans les jeux de leurs ancêtres.

Moins avisés, les joueurs de ce côté-ci des Pyrénées se contentent de pratiquer l'exercice de la paume en amateurs; quand ils se réunissent pour tenir tête aux Navarrais espagnols, ils n'ont ni la discipline, ni l'organisation bien combinée de ces derniers : aussi rarement obtiennent-ils le triomphe. Cependant des enjeux

---

[1] Germond de Lavigne, *Autour de Biarritz*, etc. Paris, L. Maison, 1855, in-12, chap. VII, p. 127. — A la suite de cette anecdote, l'auteur en rapporte une autre encore plus extraordinaire, surtout plus propre à donner une idée de la passion des Basques pour le jeu de paume. Sous l'Empire, quatorze soldats du même régiment ayant appris qu'il s'organisait une partie à Saint-Etienne-de-Baïgorry, partirent des bords du Rhin sans permission, remportèrent la victoire, et revinrent au corps tout juste pour la bataille d'Austerlitz. — M. Ader, aujourd'hui maire de Bassussarry, aux portes de Bayonne, ville de l'ancienne Gascogne, comme on sait, attribue des courses plus merveilleuses encore à ses compatriotes : « Les Basques, dit-il, feraient vingt lieues pour voir une procession ou une partie de paume. Lorsqu'ils ont un long intervalle à franchir, ils marchent la nuit, passent tout le jour dans l'agitation du plaisir, et s'en retournent la nuit suivante avec la même légèreté. Il est rare que, durant la fête locale, on ne voie pas arriver des convives inattendus; soldats, ils désertent pour s'y rendre : il en est survenu même des bords du Danube. » (*Résumé de l'Histoire du Béarn, de la Gascogne supérieure et des Basques*. Paris, Lecointe et Durey, 1826, in-18, p. 259.)

[2] Au moyen âge, ils allaient jusqu'en Angleterre faire montre de leurs talents. Dans une circonstance, Henry VII donna à l'un d'eux, qui sans doute était Biscayen, quatre livres sterling : « To a Spaniard the tenes-pleyer, £ 4. » *Privy Purse Expenses of Henry the Seventh*, 1494. (*Excerpta historica, or, Illustrations of English History*. London : printed by and for Samuel Bentley, M.DCC.XXXI., grand in-8°, p. 98.)

énormes sont exposés plusieurs fois chaque année aux chances de ces parties. Entre joûteurs français de différents dialectes, quelques centaines de francs forment l'enjeu nominal, qui se grossit bientôt du montant des paris multipliés de la foule des spectateurs. Ceux-ci ne peuvent guère parier avec honneur que pour les joueurs de leurs dialectes; le spéculateur qui agit autrement est honni par la clameur publique. Avant chaque partie, on forme dans les diverses localités ce que l'on appelle des bourses, espèce de souscription dont un habitant considérable est le gérant; il risque les fonds de la communauté envers et contre tous les tenants opposés, selon les chances diverses qui se manifestent pendant la durée du jeu. A points égaux, à espérances égales, les enjeux vont de pair à pair, autrement ils suivent la proportion des probabilités, cent francs contre cinquante et même quarante. On ne condamne pas généralement les joueurs, qui, confiants en eux-mêmes, laissent prendre l'avantage à leurs adversaires pour stimuler les spectateurs et les porter à risquer leur argent. C'est qu'en effet l'adresse des joueurs étant déjà à peu près connue par le public, il y a de leur part, en agissant ainsi, moins de fraude que d'audace; ils risquent le tout pour le tout, et parfois sont victimes de leur propre témérité. Quelquefois aussi l'on a accusé, à tort ou à raison, certains joueurs qui, au jour d'une épreuve solennelle, se montraient inférieurs à eux-mêmes. Ainsi, dit-on, deux joueurs français avaient étalé sur la place d'une localité d'Espagne, l'un sa force et son adresse, l'autre un sac de louis. Quelques mots suspects dits par un parieur espagnol au premier avaient ralenti son ardeur, du moins ses *pasos* devenaient à chaque instant plus rares, à la grande surprise et au grand chagrin du financier, son second. Tout à coup celui-ci le prend au collet, l'attire à l'écart, et lui montrant une valise abandonnée dans un coin : « Tu vois cette valise, lui dit-il; elle contenait la meilleure partie de mon avoir; j'avais confiance en toi, et j'ai exposé tout cet argent, penses-y bien. Tiens-tu à revoir tes foyers? Eh bien! regarde là au fond, tu y verras un pistolet : si ta négligence ou ta trahison me ruinent aujourd'hui, voilà qui m'en vengera. Et maintenant, à ton jeu! aie courage et confiance. » Cette exhortation paternelle eut plein succès; le joueur français retrouva dès-lors toute son agilité, son adresse, ses beaux coups, et la partie fut gagnée d'une haleine. Quoi qu'il en soit de cette anecdote, nos joueurs méritent meilleur renom, et il n'en est point qui soit capable d'exposer sa vie et son honneur dans un trafic de ce genre. Du reste, les sommes les plus fortes sont lancées le plus simplement du monde parmi les spectateurs : « Cent francs, deux cents francs, trois cents francs pour tels. » On répond de même : « Accepté. » L'argent en espèces sonnantes est jeté sur la place, un tiers ramasse le dépôt, et malgré que ce tiers soit le premier venu, connu ou inconnu, il n'y a pas d'exemple qu'il y ait eu infidélité dans la remise du dépôt au gagnant. Entre Français et Espagnols, les paris sont immenses.

Ce qui frappe l'étranger spectateur d'une partie de paume dans le Pays Basque, c'est l'affluence incalculable qui se presse avec ordre de toutes parts. On ne voit autour de la place que têtes d'hommes alignées au-dessus d'une masse compacte formant un seul corps composé de plusieurs milliers. Les moins passionnés et les plus délicats sont entassés sur de longs amphithéâtres, les enthousiastes et les plus économes font la haie sur le sol pour suivre de plus près, pendant de longues heures, la marche du jeu. Au milieu de la place, graves et recueillis, figurent les héros de la journée; ils fraternisent entre eux en souriant d'un air distrait, ou ils parcourent lentement la lice, observant d'un œil attentif les distances, les accidents du sol, et répondant à peine quelques mots aux paroles d'encouragement de leurs amis. Mais l'heure sonne à l'horloge de la paroisse; au murmure bruyant de la foule succède le silence le plus solennel. Les joueurs, en légers pantalons retenus par une ceinture rouge, le col déboutonné, le bras armé d'un gantelet en cuir, se rendent au poste qu'ils doivent défendre. D'un côté, au pied du mur appelé *rebot* se tient un des joueurs, ayant à droite et à gauche, quelques pas devant lui, mais séparés, deux compagnons des meilleurs après lui; plus loin, et sur la ligne du *paso*, sont deux autres compagnons. Ainsi, la première moitié de la place est défendue par l'un des partis ayant pour ordre de bataille la figure représentée à peu près par un V dont les branches s'écartent ou se rapprochent au besoin et suivant la direction de la paume poussée par le parti opposé, qui représente l'attaque, et par suite dispose ses joueurs en forme de coin ou angle saillant. Quel que soit le nombre des joueurs, le plan d'attaque et de défense reste toujours le même. Le sommet de l'angle d'attaque est formé par le buteur, dont l'adresse consiste à lancer la paume contre le *rebot*, de manière à rendre le *repous* aussi difficile que possible au joueur placé au pied du mur, et faisant le sommet de l'angle rentrant de la défense. Lui seul répond à l'attaque du buteur ; malgré les ruses et les calculs de celui-ci, quel que soit l'angle que fait la balle en bondissant, il a déjà saisi au vol et lancé le lourd projectile en parabole majestueuse à l'autre extrémité de la place : la ligne du *paso* est dépassée de quelques cinquante ou soixante mètres ; c'en est fait du point que l'on appelle un *quinze*, pour le parti de l'attaque, si l'un des joueurs placés à l'extrémité de ces lignes n'a pas l'œil assez sûr pour deviner où va aboutir la paume, et le bras assez robuste pour la renvoyer à la volée ou du premier bond à l'ennemi. Ainsi coup pour coup ; on n'entend que le sifflement de la balle glissant légèrement le long des gantelets ou fendant l'air avec une force et une rapidité capables de renverser l'homme le plus vigoureux. La tactique des bons joueurs consiste à varier la portée et la direction de leurs coups, de manière à fatiguer l'œil et le bras de leurs adversaires, et à profiter de la faiblesse ou de la négligence des joueurs secondaires appelés *rechasseurs*. Si le parti de la défense dépasse la ligne du *paso*, ordinairement à quarante mètres du *rebot*, sans que le parti opposé fasse rebrousser chemin à la paume de la volée ou au premier bond, le quinze lui appartient ; il appartiendra au parti de l'attaque si celui-ci fait passer au contraire la balle au-delà d'une ligne tracée à deux mètres du *rebot*. Toute balle arrêtée en dehors de ces conditions donne lieu à une *chasse* que l'on trace à l'endroit même où le projectile a été retenu. Deux chasses donnent droit à changer l'ordre de la lutte ; les attaquants prennent la place des défendants, et réciproquement, avec cette différence que le tracé de la chasse remplace la ligne du *paso*. Il ne peut pas y avoir plus de deux chasses ; un quinze gagné sur la raie d'une *chasse,* la détruit; toutes *chasses* disparaissant, la ligne du *paso* reprend ses droits.

Le jeu compte quatre points énoncés : quinze, trente, quarante, et jeu. Lorsque les deux camps arrivent à quarante, on proclame le jeu à deux. Celui qui fait ensuite le premier quinze, compte de nouveau quarante; la partie adverse est redescendue à trente. On conçoit ce qu'une partie a de piquant et d'intérêt lorsque les derniers jeux s'égalisent ainsi plusieurs fois de suite. Entre joueurs bien choisis et de force égale, cela se voit souvent et provoque des applaudissements et des acclamations dans la foule. Disons encore qu'une chasse avec le point quarante a le même privilége que les deux chasses, et fait transporter les places occupées par les deux camps [1].

Une partie se compose de douze ou treize jeux et dure cinq à six heures, pour peu que les joueurs soient bons et de force à peu près égale. Des rafraîchissements, qui consistent en un verre d'eau et de vin, ou simplement d'eau sucrée, sont servis aux joueurs par leurs amis. Chaque parti a ses flacons à part, crainte de fraude; en outre, les adversaires cessent de s'adresser la parole jusqu'à la fin de la partie. Un jury composé de deux ou trois juges au plus, pour chacun des *camps,* surveille le jeu, prononce en dernier ressort sur tous les points douteux, veille à ce que toutes choses se passent dans les règles. Une de celles qui président à leur élection, est qu'ils s'agréent réciproquement. Dans les cas douteux, ils se réunissent tous, débattent les raisons pour et contre, et, s'il y a désaccord et parité de voix dans les deux sens, un de chaque camp est désigné pour recueillir tout bas l'opinion des spectateurs, dont ils proclament ensuite à haute voix la décision, qui est toujours acceptée de tous en silence. Les joueurs n'ont jamais de discussion sur les coups; au moindre doute, ils crient *plaza,* ce qui signifie qu'ils demandent l'avis, soit des juges, soit des spectateurs. Une fois l'arrêt rendu, malheur à qui

---

[1]. Il n'est pas sans intérêt de comparer cette exposition avec celle qui se trouve dans une brochure peu commune, intitulée : *Le Jeu royal de la paume,* etc. A Paris, chez Charles Hulpeau, M.DC.XXXII., in-12, de 39 pages, plus deux titres, dont l'un gravé, et 2 feuillets préliminaires.

refuse de s'y soumettre! En Espagne, on le mettrait en prison ; en France, il serait hué.

Tant que la paume est en l'air et que le point se dispute, le silence le plus absolu règne de toutes parts, il est de rigueur, on ne vit que par les yeux; mais à chaque point décidé, des cris, des coups de sifflet, des applaudissements frénétiques et des huées ébranlent les airs. Le parti vaincu et ses partisans se taisent, prêts à prendre leur revanche au point suivant. Toutes ces démonstrations augmentent de verve, d'entrain et de fracas à mesure que la fin de la partie approche; après le point qui l'a décidée, le tumulte ne peut se comparer à rien de connu.

Que dire du trinquet? Rien que ce qui se trouve dans le *Voyage en Navarre* de M. Chaho [1], dont je copie l'explication. La règle de ce jeu consiste à faire passer chaque fois la paume par dessus une corde tendue à la hauteur de quatre pieds, au milieu d'un carré étroit, dont les angles rendent la direction de la balle fort irrégulière, et obligent les joueurs à lutter contre ces difficultés réunies, par la précision du coup d'œil, par la souplesse des mouvements et la promptitude des coups, en évitant de se heurter et de s'embarrasser les uns les autres.

Que dire encore du but-long et du blé, si ce n'est que le premier rentre à peu près dans le jeu de rebot, et que le second est un petit jeu d'enfants qui ne se joue jamais en grand et n'offre guère aucun détail intéressant?

L'exercice que nous venons de décrire l'est au contraire à un haut degré. C'est un jeu grand, noble, majestueux, par l'agilité, la force, le coup d'œil, et même par l'habileté et la prudence que doivent y déployer les joueurs. En lui accordant quelques-uns des encouragements qu'il prodigue aux courses de chevaux, le gouvernement améliorerait l'espèce humaine, donnerait aux hommes ce qu'il prise dans des animaux, et retrouverait avec usure à la guerre le peu qu'il aurait dépensé pendant la paix.

---

[1] Chap. VI, p. 167.

Courses de taureaux.

On serait en droit de nous adresser un grave reproche si nous omettions de parler ici des courses de taureaux, qui constituent l'un des plus grands plaisirs des Basques espagnols, aussi bien que du reste de la nation. Déjà au XIIIe siècle, si ce n'est plus tôt, elles étaient en usage en Navarre, comme on le voit par un article du fuero de Sobrarve, qui contient une disposition relative aux vaches, bœufs, taureaux ou toute autre bête, amenés à la corde à l'occasion d'un mariage ou de l'ordination d'un prêtre. L'auteur du Dictionnaire des antiquités du royaume de Navarre [1] se croit autorisé par les termes de cet article à croire qu'il s'agit de taureaux retenus par une corde pendant la course : il est permis d'en douter.

La première course de taureaux libres dont il soit fait mention en Navarre, date de l'an 1385, époque où le roi Charles II ordonnançait la somme de 50 livres à deux Aragonais, l'un chrétien, l'autre Maure, qu'il avait fait venir de Saragosse pour tuer deux taureaux en sa présence, à Pampelune. En 1387, le roi Charles III donnait pour le même objet 30 livres à trois tueurs de taureaux, venus, par son ordre, de la capitale de l'Aragon à Olite. L'année suivante, le même roi faisait venir un taureau pour les noces de la fille de Remiro de Arellano, sans doute un de ses courtisans, et, la même année, la duchesse de Lancastre ayant passé par Pampelune pour se rendre en Castille, il lui donnait le spectacle de deux taureaux qu'il avait reçus, à cette occasion, de l'alcade et des jurats de Tudela, et qui furent tués à coup d'épieu. Pareille fête fut donnée, environ à la même époque, au duc de Bourbon, et l'on manda pour la circonstance deux *toreros* de Saragosse. En 1393, Charles III fit encore tuer un taureau à Estella, pour la fête de saint Jean Baptiste ; enfin, en 1401, il en fit courir un autre pour les noces de son chambellan, Jean d'Echauz, et deux pour celles du sire d'Eraso.

[1] T. III, p. 375, art. *Toros*.

AMUSEMENTS.

Aujourd'hui, dans tout le Pays Basque espagnol, il n'est pas de petite ville, de bourg, ni même de village, qui n'ait son combat à certains jours de l'année, à moins d'impossibilité absolue. Le plus souvent, le dimanche par exemple, ils attachent un jeune taureau, un bœuf ou même une vache au bout d'une corde, et le lâchent dans la place après ceux qui sont curieux de tenter l'aventure. J'ai plus d'une fois assisté à ce spectacle à Saint-Sébastien; mais je préfère céder la parole à un écrivain qui en fut témoin à Irun, le jour de la Saint-Jean. « L'animal était, ainsi que je l'ai dit tout à l'heure, retenu par une corde qu'on lâchait plus ou moins pour le laisser aller sur les amateurs de ce genre d'exercice, qui venaient bravement le provoquer de loin avec des bâtons ou des mouchoirs, et n'avaient pas ensuite assez de jambes pour se sauver lorsqu'il se mettait à leur poursuite. On poussait quelquefois la complaisance, pour la plus grande réjouissance du public, jusqu'à permettre à l'animal de faire une incursion sur les spectateurs bénévoles, qui n'avaient alors d'autre ressource, pour éviter l'abordage, que de se réfugier dans les allées et les escaliers des maisons. Ce jeu durait déjà depuis une grande heure, et je ne sais trop comment, sans qu'il en fût encore résulté d'accident, lorsque le fils du commandant militaire d'Irun, dadais de dix-sept ans, s'avisa de se mettre de la partie et d'aller provoquer le taureau, qui prit si bien son temps, que le jeune homme, n'ayant pas le temps de se sauver, fut renversé et foulé aux pieds. Le taureau, à la suite de cet exploit, fit un tel effort, qu'il rompit sa corde et s'en fut droit devant lui. Il est inutile de demander si on se rangea pour le laisser passer. Les bouviers, voyant leur animal parti, se mettent à sa poursuite. Le commandant, qui était à son balcon, furieux de voir son fils par terre, descend l'épée à la main et court après eux pour venger son injure. L'alcade, qui prévoit du tapage, prend sa baguette et dégringole l'escalier de l'hôtel de ville pour aller après le commandant. Le public, qui, dans tous les pays du monde, ne demande jamais que plaie et bosse, se met en mouvement et court après l'alcade pour voir ce qui arriverait de tout cela; je me mets aussi de la partie, et je vois s'établir par la ville une espèce de procession au galop; le taureau à la tête, qui dura jusqu'à ce que les bouviers eussent rattrappé leur bête, que le commandant leur eût dit force injures, l'alcade mis le holà, et le public glosé sur le tout [1]. »

Le même écrivain rapporte ainsi une autre variété de courses de taureaux qu'il vit à Hernani, un peu plus loin qu'Irun, sur la route de Madrid : « En y arrivant, dit-il, je trouvai la place disposée comme pour un tournoi ; toutes les issues étaient fermées avec des barrières, et les curieux qui commençaient à s'attrouper, témoignaient par leur impatience l'intérêt qu'ils prenaient à ce qui allait se passer. A dix heures, les croisées et les balcons se remplirent de monde, la foule se jucha sur les balustrades et dans tous les endroits où elle put trouver place. L'alcade parut sur le balcon de l'hôtel de ville, accompagné du corps municipal et d'une musique qui consistait en deux *chirola* [2], et jeta au milieu de la place un faisceau de bâtons ferrés destinés à irriter l'animal, et dont s'emparèrent une foule de pauvres diables qui se promettaient un grand plaisir de cette journée. Le taureau fut lâché quelques minutes après. Ceux qui étaient dans l'arène commencèrent par jouer des jambes pour éviter son premier choc. L'animal fit une fois ou deux le tour de l'enceinte au galop ; après quoi il se retira vers le centre de la place, attendant ses ennemis de pied ferme et sans paraître étonné de leur nombre. Ceux-ci se rapprochèrent bientôt et commencèrent à le provoquer de différentes manières, en agitant leurs mouchoirs, en poussant des cris ou faisant toutes sortes de gestes et de contorsions. Le taureau, impatienté de ces provocations, finissait par se jeter sur l'un d'eux, qui, en fuyant, saisissait le moment où l'animal baissait la tête, pour éviter lestement le coup et lui planter son aiguillon dans les épaules. Le taureau furieux s'en prenait à un autre, qui le recevait de la même façon. Au milieu de la place était une grande jarre enterrée jusqu'à fleur de terre, dont l'entrée était beaucoup plus étroite que l'intérieur ; un enfant s'était mis dedans, et chaque fois que

---

[1] *Souvenirs du Pays Basque et des Pyrénées en 1819 et 1820*, par M. E. B... (Boucher de Perthes). Paris, imprimerie de Goetschy, 1823, in-8°, p. 101, 102.

[2] Flûte à trois trous dont le musicien joue d'une main, tandis que de l'autre il s'accompagne sur un tambourin ou une espèce de tympanon, qu'il frappe avec une baguette pour marquer la mesure.

le taureau s'approchait de lui, il lui donnait de grands coups de son aiguillon. La bête irritée se précipitait sur lui ; mais il disparaissait dans la cruche, au grand étonnement de l'animal, qui passait par-dessus, ne concevant rien à cette disparition. Deux tauréadors en veste brodée allaient faire des salamalecs aux balcons, tenant à chaque main un *banderillo* (espèce de petit dard dont le bois est enjolivé de rubans et de papier découpé), qu'ils allaient planter au taureau en l'honneur de chaque personne un peu marquante du pays, qui témoignait sa reconnaissance en leur jetant quelque argent. M. Z....., chez qui j'étais, eut aussi son tour ; mais l'expédition faite en son honneur manqua d'être funeste au tauréador. Le taureau, après avoir reçu les deux *banderillos*, le poursuivit de si près, qu'il lui emporta d'un coup de corne la moitié de sa culotte, ce qui excita de grands cris de joie et *bravo toro* parmi la canaille, qui s'impatientait qu'il ne fût pas encore arrivé d'accident. Un moment après, le même individu fut jeté contre la muraille avec tant de force, qu'il en eut la figure toute meurtrie. A mesure que le taureau se fatiguait, on le remplaçait par un autre, après l'avoir fait sortir de l'arène au moyen d'une vache qu'on lui présentait, et qu'il finissait par suivre, malgré tout ce que pouvaient faire ses antagonistes pour l'en empêcher et le faire rester dans la lice. J'en vis un pousser la hardiesse jusqu'à saisir l'animal par la queue, et le suivre sans lâcher prise pendant un demi-tour de place. Il parut successivement six taureaux, qui figurèrent de la même manière, et qui distribuèrent par ci par là quelques coups de corne, dont heureusement aucun ne fut bien dangereux [1]. »

Ces courses de taureaux, il est à peine utile de le faire remarquer, ne sont pas ces grandes courses dont tous les Espagnols, sans exception, se montrent si friands, et pour lesquelles il existe à Séville une espèce d'école normale, où d'habiles professeurs enseignent tous les secrets de la tauromachie : celles-là n'ont lieu que dans des villes d'une certaine importance, et seulement dans les grandes occasions. En pareille circonstance, Bayonne a plus d'une

---

[1] *Souvenirs du Pays Basque*, etc., p. 103-105.

fois copié l'exemple de ses voisines, moins par goût, j'imagine, pour ces brillantes boucheries, que par attention pour des hôtes illustres destinés à les voir ou élevés à les goûter. C'est ainsi que Philippe V, roi d'Espagne, étant arrivé le 13 janvier 1701, la ville lui donna, entre autres divertissements, une course de taureaux dont la relation nous a été conservée dans les registres municipaux. Comme elle a été publiée par Beylac [1], et qu'il ne s'y voit rien qui ne se trouve partout, nous n'en dirons mot, si ce n'est que les dix hommes qui y figurèrent vêtus de buffle, avec une veste de soie par-dessus et des bas rouges, étaient venus d'Espagne, d'où un pareil divertissement, tel qu'il s'y pratique, n'aurait jamais dû, ce nous semble, être importé en France.

[1] *Nouvelle Chronique de la ville de Bayonne*, p. 193-195.

VI

LES CONTREBANDIERS BASQUES

Jaloux de leur antique liberté, les Basques de ce côté-ci des Pyrénées ont plus d'une fois secoué le joug de la France, et cependant nos rois, autant pour les retenir dans le devoir que pour récompenser une longue fidélité, leur avaient accordé des exemptions d'impôts et conservé leurs anciens et beaux priviléges que leur enviaient les autres provinces [1]. Louis XI, sentant combien il pouvait être important d'attacher à la France, par des nœuds indissolubles, la ville de Bayonne, reconquise par les Anglais sous Charles VII, l'avait confirmée par lettres patentes du mois d'octobre 1461, ainsi que les habitants de la sénéchaussée des Lannes, dans l'exemption de toute imposition foraine sur les denrées et marchandises qu'ils tireraient du royaume pour leur consommation; mais Henri II avait donné bien plus d'extension aux priviléges des Bayonnais, en leur permettant, par ses lettres du 24 juillet 1557, de faire entrer et circuler en franchise dans le royaume, pendant dix ans, les divers objets de leur commerce. Ils jouissaient paisiblement de cette grâce, confirmée à perpétuité

---

[1] *Notitia utriusque Vasconiæ*, lib. III, cap. IV, p. 408, 409. — On peut se faire une idée des droits et de l'état des personnes chez les Basques français, en lisant parmi les coutumes du ressort du parlement de Bordeaux, souvent imprimées dans cette ville, nommément en 1603, en 1700 et en 1760, in-8°, le titre I des « Coustumes generalles du pays et viconté de Solle, publiées et accordées par devant monsieur maistre Jean Dibarrola... conseiller du roy nostre sire en sa court de parlement à Bourdeaus et commissaire par ledict seigneur deputé en ceste partie, par les gens d'Eglise, nobles, practiciens et autres du tiers estat desdicts pays et viconté, pour ce faire assemblez le septiesme jour d'octobre mil cinq cens et vingt et autres jours ensuivans en la maison de la court de Lixarre, près la ville de Mauléon de Solle, en ensuivant les lettres patentes du roy nostredict seigneur à luy envoyées à ceste fin, datées du cinquiesme jour de mars audict an. »

par Louis XIII en 1617, lorsqu'en 1664 le tarif uniforme, que son successeur se décida à établir dans le royaume, ne laissa à Bayonne et au pays de Labourd que la ressource d'être compris dans le nombre des provinces réputées étrangères. L'une et l'autre perdirent de ce moment le droit de pouvoir introduire dans l'intérieur aucune marchandise sans acquitter les droits de traite, etc.

En 1665, il éclata une sédition dans le pays de Chalosse à propos de gabelles ; mais bien que les magistrats de Bayonne se soient montrés très-faibles dans cette affaire, et que l'on ait mis en avant la nécessité de punir cette ville et tout le Béarn [1], il ne paraît point que le Pays Basque ait été compromis à cette occasion. Son tour vint plus tard, au commencement de l'année 1671, où tout le Labourd se souleva au sujet de l'enrôlement général des matelots ordonné par Colbert. Il faut lire le rapport adressé de Saint-Jean-de-Luz par le comte de Guiche à ce grand ministre, le 12 février de cette année, pour connaître tous les détails de ces troubles et saisir quelques nouveaux traits de mœurs, tels que celui-ci. Je laisse parler le narrateur : « Il est impossible, dit-il, de faire en Basque, durant le carnaval, autre chose que dancer. J'ay esté receu avec des témoignages d'une joye indicible [2], qui n'a esté troublée que par une jalousie de ceux de Saint-Jean-de-Luz pour les habitans de Siboure, parce que ceux-cy estant venus au-devant de moy avec force sonnettes, nous avions dancé ensemble, et que ceux de Saint-Jean-de-Luz n'avoient pas fait comme les autres le devoir de porter beaucoup de sonnettes [3]. » Sans entrer dans l'exposé des faits, qui nous mènerait trop loin, nous relèverons les observations du comte de Guiche sur le caractère de ses compatriotes [4] : « Ils sont naturellement soupçonneux et desfians, dit-il.

---

[1] *Correspondance administrative sous le règne de Louis XIV*, etc., publ. par G. B. Depping, t. II, Paris, Imprimerie nationale, MDCCCLI, in-4°, p. 148-153. Voyez le récit de toute cette affaire dans le t. III, p. 68-123.

[2] Il était porteur de l'amnistie accordée par le roi aux révoltés.

[3] *Corresp. adm.*, etc., t. I, MDCCCL, p. 820.

[4] Ce caractère a été bien tracé par le général Serviez (*Statistique du département des Basses-Pyrénées*. A Paris, de l'imprimerie des sourds-muets, an X, in-8°, 4e part., art. I, p. 116-120), et par Wilh. von Luedemann (*Zuege durch die Hochgebirge und Thæler der Pyrenæen, im Jahre* 1822. Berlin, verlegt bei Duncker und Humblot, 1825, in-12, p. 300-305), dont le récit a été reproduit dans les *Nouvelles Annales des voyages*, Paris, 1831,

Nous ne connaissons icy pour règle que l'honneur, la passion ou la fantaisie, sans que la raison y aye jamais de part. Ces mesmes Basques, qui ont hazardé dans leur navigation des choses plus surprenantes que n'ont fait les sujetz des Provinces-Unies qui possèdent sy bien cet art, croiroient estre perdus si on les menoit dans un lieu d'où ils n'eussent pas trouvé eux-mesmes la route. C'est de là que vient le refus obstiné de servir les compagnies d'Est et d'Ouest [1], bien qu'ils facent chaque année des voyages plus longs, plus difficiles et de moins de proffit [2]. » Plus loin, le comte appelle les Labourdins « des gens toujours fols et souvent ivres [3], » et « des hommes plus légers de la teste que des pieds [4]. » L'affaire qui valait à ceux qui y figurèrent de pareils témoignages et de plus sévères encore [5], faillit s'aggraver par la crainte que l'on établit dans le pays l'impôt sur le sel.

Celui dont plus tard le tabac y fut frappé, occasionna de nouveaux troubles en 1750, et les habitants, surtout les femmes de Hendaye, Ciboure, Saint-Jean-de-Luz, Urrugne, etc., se livrèrent aux plus graves excès [6].

Au lieu de chercher à en éviter le retour par des mesures à la fois paternelles et intelligentes, le ministère médita de restreindre encore la franchise dont jouissait le Labourd. Un habile administrateur eut beau présenter des observations qu'il rendit publiques,

---

et dans l'*Histoire naturelle de l'homme*, etc., par J. C. Prichard, traduite de l'anglais par le Dr F. Roulin. Paris, chez J. B. Baillière, 1843, in-8°, t. 1, p. 349-352. — On trouvera des appréciations du caractère des Alavais et des Biscayens dans le Dictionnaire géographique-historique d'Espagne, sect. I, t. I, p. 52, col. 1, et t. II, p. 487, col. 2; mais il ne faut pas espérer de rien rencontrer dans un petit livre intitulé *Voyage dans le Pays Basque et aux bains de Biaritz, contenant des observations sur la langue des Basques, leurs mœurs, leur caractère*, etc., par Prosper de Lagarde. Paris, Audin, 1835, in-18. J'ai bien peur qu'il n'en faille dire autant de *Clémence de Sorlieu, ou l'homme sans caractère, avec des notes sur le peuple basque*, par Mme Chemin. Paris, 1809, trois volumes in-12.

[1] C'est-à-dire des Indes orientales et occidentales.
[2] *Corresp. administ.*, t. I, p. 821, 822.
[3] *Correspond. adm.*, t. I, p. 822. Parlant ensuite, p. 826, d'une résolution prise par la paroisse d'Urrugne, il dit : « C'estoit... à 3 heures après midy, circonstance notable, parce que beaucoup de gens estoient yvres. »
[4] *Correspond. adm.*, t. I, p. 855.
[5] « J'ay affaire à des gens privés de tout bon sens et non pas de lumières naturelles. » (P. 836.) — « Ces bestes féroces qui servent mieux que des hommes raisonnables à enrichir le royaume et à appauvrir l'Espagne, » etc. (P. 837.)
Sanadon, *Essai sur la noblesse des Basques*, § V, p. 246.

avec les représentations du syndic du pays [1], où se trouvaient peinte la désolation dans laquelle ce nouveau traitement devait infailliblement le jeter, et indiqués des moyens différents de contenter le fisc, les fermiers généraux persistèrent à penser qu'ils avaient choisi le meilleur pour prévenir la contrebande, et la mesure proposée eut lieu. Il éclata alors dans le Labourd une nouvelle révolte, que Bachaumont raconte en ces termes, sous la date du 22 novembre 1784 : « Les Basques sont toujours en fermentation au sujet des limites assignées pour la franchise de leur pays. Des hommes habillés en femmes se mêlent à ces dernières, et ils n'entendent pas raison. Habitués à commercer d'une rive à l'autre de la Nive, ils soutiennent que les employés des fermes répandus sur les bords de cette rivière leur seront très-funestes : la ferme générale s'obstine dans son projet de circonscrire le territoire de la franchise, et l'on emploie contre ces pauvres gens des moyens de rigueur qui les désolent. Quand leurs femmes viennent au marché à Bayonne, on leur demande si elles sont de tel ou tel village, non compris dans les limites de la franchise, et sur leur réponse affirmative, on les mène sur le champ en prison. Dernièrement la femme qui faisoit les fonctions de major, lors de l'arrivée des troupes à Aspar [2], a été arrêtée de la sorte. On l'a interrogée, et elle a répondu bonnement qu'il étoit possible que les gens de son pays tuassent le commandant ou l'intendant. Cet avis déplaisant a fait augmenter la rigueur, et les Basques ne voyant plus revenir leurs femmes et leurs filles sont plus que jamais animés contre des gens qu'ils regardent comme leurs oppresseurs. Déjà plusieurs d'entre eux sont passés en

---

[1] *Mémoire sur la décadence du commerce de Bayonne et Saint-Jean-de-Luz, et sur les moyens de le rétablir*; lu par M. Dupré de Saint-Maur, intendant de Guienne, et directeur de l'Académie des Sciences de Bordeaux, à la séance publique du 25 août 1782. A Bordeaux, chez Michel Racle, M. DCC. LXXXIII., in-4° de 64 pages.

[2] Hasparren. Cette paroisse, ainsi que Mouguerre, le bas Cambo, Urcaray et Mendionde, toutes situées sur la rive droite de la Nive, étaient des plus intéressées à jouir du bénéfice de la franchise; car leurs habitants, exerçant la plupart les métiers de pelletiers, de chamoiseurs, de tanneurs, et occupés à la fabrication du fer, ne pouvaient tirer que d'Amérique ou d'Espagne les matières premières sur lesquelles s'exerçait leur industrie, et, après les avoir mises en œuvre, s'en procurer un débit suffisant dans les provinces françaises qui les avoisinaient. Voyez *Mém. sur la décad. du commerce de Bayonne*, etc., p. 60.

Espagne, sur le bruit qu'on alloit faire venir des troupes dans leur pays. Le gouvernement desire vivement d'apprendre la fin de tous ces troubles [1]. »

Son attente ne fut pas longue, et quelques jours après Bachaumont écrivait : « Les troubles des Basques sont enfin appaisés [2]. On a puni leur désobéissance d'une maniere assez singuliere, en leur ôtant à la fois les signaux dont ils se servoient pour se rassembler. On a dépouillé leurs clochers de toutes les cloches qui s'y trouvoient [3], ce qui leur a été, dit-on, fort sensible. Ils n'auront le plaisir d'entendre les sonneries auxquelles ils paroissent fort attachés, que quand on sera certain qu'elles ne leur inspireront aucune idée contraire à leur devoir [4]. »

Bachaumont ne dit pas que Louis XVI, éclairé sur les droits au privilége d'une population qui s'était annexée sous cette expresse condition, et comprenant les avantages de la franchise appliquée à des centres maritimes que leur position topographique allait rendre l'entrepôt de tout le commerce espagnol, accueillit les doléances de Saint-Jean-de-Luz et de Bayonne, et donna les célèbres lettres patentes de 1784, qui, en restituant aux deux villes la complète jouissance de leurs libertés commerciales, rouvraient les voies de leur activité et de leur fortune [5].

De l'autre côté des Pyrénées, les Basques n'éprouvaient pas moins d'aversion pour les douanes. En 1718, le ministre Patinho voulant les forcer à les recevoir, pensa y causer une insurrection. Lorsqu'en 1778, le commerce de l'Amérique espagnole fut étendu à plusieurs ports de la métropole, ils auraient pu y faire participer

---

[1] *Correspondance secrete*, etc., t. XVII. Londres, 1789, in-8º, p. 137, 138.

[2] D. Sanadon, qui écrivait à l'époque, attribue ce résultat à un magistrat qu'il ne nomme pas : « Dans ce moment même, dit-il, la crainte d'une lésion, peut-être imaginaire, aurait infailliblement produit des effets beaucoup plus fâcheux (qu'en 1750) pour les habitans de Hasparen et des environs, si les insinuations bienfaisantes d'un magistrat ami de l'humanité n'avaient, en éclairant leurs esprits, et gagnant leurs cœurs, déterminé leur soumission. » (*Essai sur la noblesse des Basques*, § V, p. 247.)

[3] On en agissait ainsi quand on voulait punir des populations révoltées. Rabelais, faisant allusion à la révolte de Bordeaux et de la Guienne en 1549, dit dans son nouveau prologue du liv. IV : « Icy sont les Guascons renians, et demandans restablissement de leurs cloches. »

[4] *Correspondance secrete*, etc., t. XVII, p. 147 ; 17 novembre 1784.

[5] *Saint-Jean-de-Luz*, etc., p. 171-175. Voyez encore *Nouvelle Chronique de la ville de Bayonne*, p. 455-489.

les leurs, s'ils avaient voulu admettre les douanes; mais ils ont vu dans les employés du fisc les satellites du despotisme, et leur généreuse méfiance a repoussé les bienfaits du souverain. Ils ne pouvaient faire d'expéditions pour l'Amérique qu'en les préparant dans les ports voisins de leurs côtes; « en sorte, dit J. F. Bourgoing, que le peuple d'Espagne, le plus versé dans la navigation, le plus à portée de commercer avec les colonies espagnoles, immole une partie de ses avantages à celui de conserver au moins un reste de liberté [1]. »

Forcés de plier sous le joug commun, nos Basques n'en restèrent pas moins en lutte avec la loi en cherchant à l'éluder par la contrebande. Voulant présenter un tableau de ce qu'elle est, je ne crus pouvoir mieux faire que de m'adresser à un capitaine des douanes dont j'avais déjà éprouvé la complaisance; mais sa réponse fut loin d'être ce que j'en attendais : « La contrebande, me dit-il, elle n'existe plus, nous l'avons tuée.

Nous vivons sous un prince ennemi de la fraude,

et en abaissant les tarifs, il lui a donné le dernier coup. » Nonobstant les affirmations du bon capitaine, la contrebande vit encore. Il ne me serait pas difficile de donner à ce sujet des détails précis, que je dois à une personne du pays bien placée pour connaître les hommes et les choses; mais *omne quod licet non expedit*. Des généralités suffisent pour mon plan, je m'en tiendrai à des généralités.

Il y a deux espèces de contrebande, l'une en grand et qui opère sur toutes marchandises de commerce par des associations bien organisées; l'autre, de détail, se fait par des individus isolés et sur des articles de consommation journalière, tels que sucre, café, chocolat, sel, tabac et autres denrées en petites quantités. Hommes, femmes, enfants, tous pauvres, et n'ayant pas d'autres moyens d'existence au milieu des montagnes, voilà les petits contrebandiers. Quoi qu'on en dise, ces gens-là, sans la contre-

---

[1] *Tableau de l'Espagne moderne*. Paris, an V — 1797, ou à Paris, chez Levrault frères, an XI — 1803, in-8°, t. I, chap. 1, p. 25, 26.

bande, seraient obligés pour vivre de quitter leur demeure, de chercher gîte ailleurs, ou de se faire mendiants et voleurs en restant dans leur pays. Arrêtés par les préposés de la douane, ils font cinq, six mois ou plus de prison; puis, à peine libérés, ils recommencent leur même genre de vie; ils ne sauraient subsister autrement. C'est ce que disait, il n'y a pas longtemps, un maire cité devant l'un de ses supérieurs : « Je suis maire, et cependant contrebandier; tous mes administrés font aussi la contrebande. Comment nous en empêcher? Nos terres, quelque abondantes que soient nos moissons, ne produisent pas de quoi nous alimenter six mois : irons-nous augmenter le nombre des mendiants de la plaine? et ne vaut-il pas mieux nous industrier un peu et utiliser notre voisinage avec l'Espagne, unique bien qui soit à notre portée? »

La contrebande en grand est une véritable profession qui occupe partout beaucoup de bras. Des hommes très-probes et vraiment honnêtes en font partie; leurs chefs sont connus, et l'on est sûr de rencontrer parmi eux une fidélité, une droiture, un dévouement tout chevaleresque : ce qui se comprend de reste, leur profession reposant surtout sur la confiance qu'inspire leur caractère, et sans laquelle les négociants n'oseraient pas recourir à leur concours. Quant à ceux dont la réputation de probité n'est pas suffisamment établie, on exige d'eux un cautionnement. Qu'on les appelle, les uns ou les autres, *fraudeurs*, ils s'indigneront : « Nous ne faisons pas un métier de fraude, diront-ils. A quatre pas de nous sont des marchandises à bas prix, la douane nous défend d'y toucher. Pour favoriser le commerce de quelques riches maisons, de quelques grandes villes industrielles, on nous veut dans la misère. Le gouvernement nous menace d'amende, nous la payons, trop souvent, hélas! mais sans regimber, et l'État, en somme, n'y perd rien. Ceux qui y perdent un peu sont quelques commerçants, qui, sans nous, gagneraient davantage; mais quelle injustice y a-t-il à partager quelques bénéfices? Ne sommes-nous pas hommes et Français comme eux? Ils ont des fabriques, des produits; nous, nous avons la frontière : chacun tire parti de ce qu'il a. »

Quelquefois, il est vrai, la frontière est inclémente, et les contrebandiers tombent dans des embuscades disposées pour les recevoir. Ils veulent résister, et laissent des morts, des blessés ou au moins des prisonniers; mais de pareilles luttes sont de plus en plus rares. Le contrebandier reconnaît que les douaniers sont payés pour faire leur devoir, et il sait qu'en abandonnant à propos sa charge à leur convoitise, il échappera au danger qui le menace. C'est dans ce cas, pour ainsi dire, une convention tacite et mutuelle, et voici pourquoi l'*habit-vert* s'y prête : par la mort ou la capture du contrebandier, il y a pour le douanier chances à peu près inévitables de cruelles représailles; par la saisie pure et simple de la contrebande, allocation lui est attribuée comme part de prise. Partant d'une logique aussi serrée, la préférence est bien vite donnée au ballot, et la fuite assurée au porteur [1].

Telle est la manière dont se passent le plus habituellement les choses quand il s'agit de marchandises; mais si le contrebandier a charge d'âme, comme dans le passage de la princesse de Beira de France en Espagne, il est obligé de changer tout à fait de tactique, surtout de déployer un esprit de ressources, un sang-froid, un courage, qui feraient la fortune d'un général.

C'était en novembre 1835. La princesse de Beira, fiancée à D. Carlos, son beau-frère, était partie subitement de Naples avec le comte de Custine et une Portugaise, sa dame d'honneur. En traversant Toulouse, elle prit le prince des Asturies, fils de son futur époux, aujourd'hui le comte de Montemolin, et continua rapidement son voyage vers Bayonne. Elle n'y fit pas long séjour, et se cacha d'abord à Biarrotte chez le baron d'Olce, puis chez M. de Roll, au château de Montpellier, sur les bords de l'Adour.

Sa retraite fut bientôt découverte et dénoncée à M. Hénaut, alors sous-préfet de Bayonne, qui avisa immédiatement aux moyens de faire surprendre et arrêter la royale fugitive; mais avertie à temps par de fidèles émissaires, elle quitta un dimanche matin le toit hospitalier de la famille de Roll, traversa l'Adour en face d'Urt, et trouva là des chevaux pour elle et son cortége, des

---

[1] Victor Gaillard, *le Contrebandier*, dans l'*Album pyrénéen*; 2me année. Pau, 1841, in-8°, p. 452.

contrebandiers pour la piloter, et un négociant de Bayonne, M. Darrotchès, agent carliste, pour chef de la caravane.

Après avoir marché presque toute la journée dans le vaste bois de Mixe, que probablement ses guides connaissaient mal, elle arriva dans l'après-midi sur les hauteurs limitrophes des pays de Mixe et d'Arberoue, d'où l'on découvre le joli vallon de Méharin. Le dîner de la petite troupe y avait été commandé dans la maison Sallaberia, chez un laboureur cabaretier; mais le comte de Custine, trouvant le lieu mal choisi, décida la princesse à préférer à cet asile l'antique et noir château qui dressait ses quatre poivrières au milieu de la vallée, donnant pour raison qu'il avait connu son propriétaire; le vicomte de Belsunce, dans la garde royale, d'où il sortait lui-même. Le plan de marche ainsi modifié, fut exécuté; le chef de la petite troupe, détaché en avant, alla demander l'hospitalité au châtelain, qui s'empressa de l'accorder sans savoir encore à qui il la donnait. Les chevaux furent renvoyés; un des contrebandiers d'escorte, Batista Etchegoyen, fut dépêché, muni d'instructions, à Macaye, vers le chef célèbre de la contrebande labourdine, le brave et loyal Ganis [1].

Celui-ci arriva vers le milieu de la nuit, suivi de plus ou moins près d'hommes à lui amenant deux chevaux et portant des paquets qui contenaient des travestissements. Pour gagner plus promptement et plus facilement la frontière, il fallait nécessairement traverser Hélette, gros bourg servant de résidence à un poste nombreux de douaniers, et se soustraire à leurs regards inquisiteurs. Afin d'y parvenir, l'adroit Ganis profita d'un enterrement qui devait avoir lieu à dix heures et demie; il partit de Méharin à neuf heures du matin, accompagnant à pied ces dames vêtues de l'habit de deuil des paysannes aisées de la basse Navarre. A une courte distance du bourg, elles durent mettre pied à terre et se rendre directement à l'église, où elles trouvèrent, à une place déterminée, une femme costumée comme elles, reconnaissable à sa haute taille et à quelques signes convenus. C'était la sœur de Ganis, derrière laquelle devaient se placer et que devaient imiter

---

[1] *Ganis*, en basque, veut dire *Jean*.

et suivre dans tous ses mouvements la princesse et sa camériste. Le capuchon de leur grand mantelet rabattu sur les yeux, selon l'usage du pays, elles assistèrent à l'office, suivirent le corps au cimetière, et, après l'inhumation, le cortége des parents du défunt, ce qui leur permit de passer sans éveiller de soupçons devant la caserne et le poste des douaniers. Bientôt après, elles arrivèrent dans un bas-fond, où les attendaient leurs chevaux, Ganis et Batista. On reprit vivement le chemin de Macaye, et le soir on s'abritait sous le toit hospitalier de Ganis.

Fatiguée par la route et par ses mille émotions, la princesse comptait se reposer chez son brave guide, lorsque, au commencement de la nuit, l'alerte fut donnée. Environ quinze ou dix-huit cents hommes, douaniers, soldats, gendarmes, réunis dans le voisinage et stimulés par la somme de deux mille francs promise à celui qui parviendrait à s'emparer de la princesse de Beira, commençaient de loin à cerner la maison. Sans s'émouvoir, Ganis prévient ses hôtes, les entraîne à pied, et arrive bientôt sur le bord de la rivière. Gonflée par une pluie d'orage qui durait encore, elle eût opposé un obstacle sérieux à des voyageurs vulgaires; mais Ganis est très-grand, très-fort, surtout déterminé; il a promis de sauver la princesse, de la rendre à son royal fiancé. On entend déjà les cris et le bruit des pas de ceux qui la poursuivent : l'audacieux contrebandier l'étreint, l'enlève, la charge sur ses épaules, et, après avoir fait un fervent signe de croix, il entre résolument dans l'eau. Il en a bientôt jusqu'au dessous des aisselles; la violence du courant le fait un moment chanceler; il entend derrière lui un bruit de voix, tourne la tête et voit la rive qu'il vient de quitter, garnie d'uniformes. Ce fut pour lui un puissant stimulant : il fit un suprême effort, et peu d'instants après, suivi de son frère qui portait la dame d'honneur, il toucha heureusement la terre d'Espagne. La princesse, saine et sauve, était chez elle. Vaincus, mais non convaincus de l'insuccès de leurs efforts, les gendarmes ramenèrent à Bayonne, de brigade en brigade, un savant géologue, M. de Collegno, qui explorait les environs et que son accent italien fit prendre pour l'infante portugaise.

Le lendemain matin, le vent du sud apportait jusqu'à Bayonne les sons joyeux des cloches d'Urdache et de tous les villages de la frontière, qui annonçaient et célébraient le mariage de la princesse de Beira avec son royal fiancé, le prétendant D. Carlos de Bourbon. Le comte de Custine et le prince des Asturies étaient restés chez le vicomte de Belsunce, où Batista alla les prendre dans l'après-midi. Travestis en paysans basques, ils montèrent à cheval et partirent sous la conduite de l'infatigable piéton Etchegoyen, qui les fit heureusement arriver, par un chemin différent, sur un autre point où les attendait Ganis.

Le même chef de contrebandiers, homme fort honnête, très-estimé, s'est signalé par sa grandeur d'âme dans une scène des plus dramatiques. Un bateau chargé de contrebande voguait vers Bidache. La régie, informée à temps, se présente pour saisir la proie; le contrebandier surpris s'avance vers le principal employé, qui, se méprenant sans doute sur les intentions du délinquant, lui tire à bout portant un pistolet chargé à balle. Sur un signe du chef, tous les préposés sont saisis, garrottés, embarqués avec la contrebande et conduits vers une rive isolée, dans le bois de Mixe. Là, on les attache à autant d'arbres, on les couche en joue. Le chef calme la fureur de ses compagnons, et leur défend de faire feu avant son ordre. Il se retire à l'écart, fouille avec un couteau sa blessure, reconnaît qu'elle n'est pas mortelle, et, en ayant extrait la balle, il va la présenter à celui qui l'a blessé : « Apprends d'un contrebandier, lui dit-il, à respecter la vie de tes semblables. Je te pardonne; mais n'y reviens pas. » On les laissa sans leur faire aucun mal.

A la suite de cette rencontre, et sur la plainte du préposé Saint-Blancard, qui avait fait feu sur Ganis, un mandat d'amener fut lancé contre lui; mais il disposait en souverain de cinq cents hommes dévoués, mais il était fiancé avec une jeune héritière : il ne pouvait se laisser arrêter. De Bidarray à la frontière il n'y a pas loin : Ganis passa sur le sol espagnol. Là, sa fiancée se rendait tous les soirs au pied de la montagne, d'où, nouveau Léandre, il descendait léger et amoureux, mais non sans craindre les piéges d'ennemis bien autrement perfides que l'onde.

Un soir, Ganis rappelle à sa jolie fiancée que le mardi suivant était le jour précédemment choisi pour leur union, et lui déclare qu'il n'entend pas la différer. L'entreprise était périlleuse, téméraire : il pouvait être enlevé à la couche nuptiale et livré à la justice. N'importe : une moitié de ses hommes fera le guet jour et nuit, pendant que les autres siégeront au festin des noces; au bout de vingt-quatre heures on se relèvera. Les choses se passèrent ainsi, et pendant trois jours, durée ordinaire d'une fête pareille, Ganis fut tout à sa femme et à ses amis, aussi complétement et avec autant de calme que s'il n'eût point été menacé. Puis, congédiant son monde, il regagna sa retraite.

Cependant les négociations marchaient activement ; tout le commerce de Bayonne s'employait pour le chef aimé et estimé de la contrebande. Enfin, il fut convenu avec le jury de Pau que Ganis irait, un jour désigné, se constituer prisonnier et demander son jugement immédiat. La partie adverse, les témoins, tous étaient présents, lorsque l'accusé vint seul et fier demander qu'on lui ouvrit les portes de la prison.

Le plaignant Saint-Blancard était assisté du préposé Lagarde, qui déposa contre le contrebandier. Ganis indigné, mais calme, se lève ; sa taille élancée, élégante et vigoureuse, sa belle et mâle figure, le port si noble et si fier de sa tête, sa voix harmonieuse et forte qu'accompagne un regard écrasant, tout en lui impressionne vivement l'auditoire. Apostrophant le témoin, il rétablit les faits dans leur intégrité, et lui reproche de les avoir altérés et tronqués ; il se rassied ensuite après cette tirade, qui, fidèlement traduite par l'interprète, fut couverte d'applaudissements. Interrogé de nouveau, le préposé Lagarde confirma le récit de Ganis ; l'avocat fit ressortir dans tout son éclat la magnanimité de son client, et celui-ci fut acquitté d'enthousiasme et à l'unanimité.

Voilà le vrai type du contrebandier noble, tel que peut le désirer un romancier. Grand, robuste, humain, d'une probité exquise, la parole de Ganis vaut contrat dans le pays; comme son courage, les mille ressources de son esprit sont sans limites. Il eût fait un beau et brave chef de parti. Pris quelquefois, il paie largement son amende, et reprend ensuite de plus belle avec succès. Les services qu'il a rendus à la famille déchue d'Espagne lui ont valu une rente viagère de dix-huit cents francs. Il y a d'autres chefs et d'autres compagnies; mais Ganis est le plus connu, le plus recommandable sans contredit, celui dont la biographie serait la plus intéressante et la mieux remplie.

Le Béarn a aussi ses bandes, qui sont nombreuses.

Quant à la vie et aux mœurs des contrebandiers basques, elles ne diffèrent guère de celles des autres habitants. Voici le portrait que trace des premiers un écrivain que nous avons déjà eu l'occasion de citer : « Un berret en drap bleu pour coiffure, une veste à la carmagnole, une cravate à la batelière, une ceinture de soie rouge, un pantalon brun et des sandales en ficelles tressées et assujetties au-dessous des chevilles, voilà le costume du contrebandier basque. Quelquefois, pour se garantir du froid des montagnes, il prend une casaque faite en peau de mouton noir, ou bien il endosse une tunique brune, taillée et découpée à la façon de la dalmatique d'un sous-diacre. Rien de plus bruyant dans sa gaieté, de plus poétique dans son langage, de plus terrible dans sa colère, que le contrebandier basque. Des cris aigus, les danses les plus pittoresques, des allégories mythiques, des coups de bâton, traduisent et rendent ces divers sentiments, qui peuvent d'ailleurs se succéder et varier chez lui avec la rapidité de l'éclair. Ardent, leste, infatigable, il peut faire ses dix lieues par nuit, avec une charge de soixante livres sur le dos, et recommencer le lendemain sans qu'il y paraisse. Jamais il ne quitte son couteau à longue lame pointue, ni son bâton de néflier ferré, et lorsqu'il est en course, ses cheveux, qu'il porte toujours longs, sont retroussés par derrière et sous son berret. Vers trente-six ans, il quitte la profession ; alors ses dents perdent de leur fraîcheur, et des douleurs rhumatismales commencent à l'atteindre. Comme tous les montagnards, il est superstitieux et croit aux revenants, aux apparitions. Il se montre surtout aussi fataliste qu'un vieux Turc : « Cela devait être, » dit-il en se signant gravement à tout événement malheureux.

« Ainsi constitués, les contrebandiers basques ont su déjouer tous les moyens de surveillance et de répression que le gouvernement avait accumulés sur la frontière des Basses-Pyrénées, depuis Hendaye jusqu'à Bedous, pour maintenir les prohibitions d'exportation auxquelles le traité de la quadruple alliance l'assujettissait. Bien de gens s'en étonnent encore; mais s'ils connaissaient les pays du Labourd, de la Soule, leurs montagnes irrégulières et la multitude des sentiers qui les traversent, le problème alors ne leur paraîtrait pas aussi insoluble. Ajoutez à ces données topographiques si favorables, un espionnage actif auquel toute la population participait depuis Bayonne jusqu'à l'extrême frontière, quelques connivences coupables d'agents subalternes, des assistances mercantiles : tout concourait, comme on le voit, à faire prendre à cette contrebande politique de grandes et inévitables proportions. A cette exportation d'argent, d'hommes, d'armes, de munitions et d'effets d'équipement, gérée par entreprises, durant cinq ans, quelques spéculateurs indigènes ont fait des fortunes, et des banquistes, venus d'ailleurs, se sont enrichis, exploitant indifféremment toutes les circonstances, à mesure qu'elles se présentaient. Quant aux assureurs, répartis dans les bourgs de la frontière, la plupart sont aujourd'hui [1] électeurs, membres du jury, et, par conséquent, appelés à juger leurs pairs, les contrebandiers. Pendant ce temps, le haut commerce de Bayonne, repoussant ces moyens illicites, s'éteignait faute de débouchés autres que l'Espagne [2]. »

Les contrebandiers basques de ce pays n'ont rien, à ce qu'il paraît, qui les distingue de ceux du nôtre. Un officier anglais, qui leur a consacré deux pages dans le récit d'une campagne faite avec Zumalacarregui en Navarre et dans les provinces basques, ajoute ces détails à quelques autres qui feraient ici double emploi : « Le plus grand péril qu'ils courent, dit-il, vient de leur répugnance à se dessaisir de la marchandise qu'ils essaient de passer. Le nombre des douaniers et des soldats qui périssent dans leurs rencontres journalières avec eux, n'est jamais connu, le gouvernement et les habitants du pays s'accordant à le tenir secret. En général, les contrebandiers font choix, pour leurs

[1] 1841.
[2] *Album pyrénéen*, 2ᵐᵉ année, p. 454, 455.

expéditions, d'une nuit noire et pluvieuse ou orageuse. Cinquante ou soixante hommes passeront parfois par la route même où stationne un poste de douaniers ou de soldats; chacun porte sur la tête une balle d'un poids considérable, et, marchant sur la pointe du pied, en une longue file, ils imitent avec leurs pas le bruit des gouttes de pluie qui tombent. Sont-ils découverts, ils laissent rouler leurs charges le long du précipice, et, bondissant après elle avec la légèreté de l'izard, ils disparaissent en un clin-d'œil. Quelquefois, cependant, leurs longs couteaux font taire toute espèce d'opposition [1]. » L'auteur termine en signalant la probité chez des hommes où l'on ne s'attendrait guère à la rencontrer, et le sentiment de confraternité qui unit tous les contrebandiers de la frontière, ou plutôt les Basques des deux versants, qui, dit-il, le sont presque tous, et il attribue à ce sentiment la sympathie manifestée de notre côté en faveur de D. Carlos.

[1] *The most striking Events of a twelvemonth's Campaign with Zumalacarregui, in Navarre and the Basque Provinces.* By C. F. Henningsen. London : John Murray, MDCCCXXXVI, petit in-8°, vol. I, p. 128.

VII

LES BOHÉMIENS DU PAYS BASQUE

Il y a deux manières de présenter la vie des Bohémiens du Pays Basque. La première, fondée sur la tradition et des conjectures léguées d'une génération à l'autre, offre des données obscures, parfois contradictoires et absurdes, dont l'ensemble ne formerait qu'un tout vague et incohérent, bon tout au plus pour un romancier. La deuxième manière consiste à représenter ces parias tels qu'on les voit tous les jours dans les bourgades de la Soule et de la basse Navarre, où il est bien peu de communes qui n'en comptent quelques familles; sur les chemins et dans les forêts, où ils n'éprouvent pas moins de crainte qu'ils n'en inspirent [1]. Ainsi envisagés, les Bohémiens perdent le merveilleux qui s'attache à leur nom, l'observateur sérieux est surtout frappé de leur avilissement, et le philosophe chrétien, à leur occasion, touche au doigt cette vérité, que l'homme privé de la loi morale et divine est la plus ignoble, la pire créature de l'univers.

D'où viennent les Bohémiens du Pays Basque? Selon toute apparence d'Espagne, dont ils furent chassés en 1492, suivant Bodin [2], qui ajoute que « ceste vermine se multiplie aux monts Pyrenees, aux Alpes, aux monts d'Arabie, et autres lieux montueux et infertiles : et puis apres descendent comme mousches

---

[1] Par exemple, aux Aldudes et à Baïgorry, où il n'y a pas de Bohémiens, dès qu'il en paraît un, il est traqué comme une bête fauve; on le chasse même des montagnes de ces périmètres à coups de fusil : aussi est-il bien rare qu'ils s'y hasardent.

[2] *Le cinquiesme livre de la Republique de J. Bodin*, chap. II, à la fin. Voyez sur les lois espagnoles relatives à l'expulsion des Bohémiens, le chap. V du discours du Dr Sancho de Moncada, publié à la suite des *Romances de germania*, de Juan Hidalgo. Madrid : por don Antonio de Sancha, año de M.DCC.LXXIX., in-8°, p. 215-217.

guespes, pour manger le miel des abeilles. » Il est vrai qu'à ce noyau de Bohémiens dut venir se joindre un certain nombre de Bohémiens français contre lesquels avait été portée l'ordonnance rendue à la requête des États d'Orléans en 1560; mais peut-être ceux-ci étaient-ils les petits-fils des Gitanos chassés à la fin du XVᵉ siècle. On est porté à le croire à la lecture d'un curieux passage du P. Garasse, qui assure que tout, dans les Bohémiens de son temps, annonçait une origine pyrénéenne [1]. Du Pays Basque français, il ne nomme que le Labourd comme hanté par ces vagabonds, à l'exemple de Pierre de Lancre, qui, dix ans auparavant, assurait qu'ils y étaient fréquents, « pour l'aisance du passage de Navarre et de l'Espagne. » Ce dernier les représente à demi-diables, à longs poils, naissant sur les chemins ou en plein champ, et se livrant à des danses et à des batelages presque comme au sabbat des sorciers [2]. Un autre eût dit comme en Espagne [3].

Jadis les Bohémiens étaient en assez grand nombre et se comptaient par tribus; ils reconnaissaient un chef suprême, qu'ils appelaient *natria* [4], le pur, l'homme accompli. Aujourd'hui, c'est

---

[1] « Quant aus Boësmiens, ce sont de fort honnestes gens.... A force d'espier leurs actions, leurs voyages, leurs vestemens, leurs peuplades et colonies, on a remarqué que ce sont des canailles ramassées des confins de Bearn, de Biscaye et de la terre de Labour, et en effect leur langage le monstre, et la coustume de quelques provinces de la France, où ces faineans sont appellés *les Biscayens*. Ces gens-là ont des maximes secrettes, des caballes mysterieuses, et des termes qui ne sont intelligibles qu'à ceux de la manicle, » etc. (*La Doctrine curieuse des beaux esprits de ce temps*, etc., combattue et renversée par le P. François Garassus. A Paris, chez Sebastien Chappelet, M.DC XXIII., in-4°, liv. I, sect. XII, chap. II, p. 75. Voyez encore *le grand Dictionnaire historique* de Moréri, édit. de M.D.CC.LIX., t. II, part. II, p. 18, col. 2.) — Ce nom de *Biscain* était en usage bien longtemps auparavant, comme on le voit par le titre d'un almanach facétieux cité, sous un titre latin, par Rabelais, dans sa bibliothèque de Saint-Victor, et par Henri Estienne, au chap. XXXIX de son *Apologie pour Hérodote*. Je veux parler de la *Pronostication de maistre Albert songecreux bisscain* (1527?), in-4° gothique, que la Monnoye (*Bibl. hist.* de du Verdier, t. II, p. 339) attribue à Préel.

[2] *Tableau de l'inconstance des mauvais anges*, etc., liv. III, disc. IIII, p. 210.

[3]
   Trepan los gitaños
   Y bailan ellas :
   Otro nudo á la bolsa
   Mientras que trepan.
   (*Cancionero y romancero de coplas y canciones de arte menor*, etc. Madrid, 1829, in-8°, p. 174.)

[4] A quelle langue rattacher ce mot? Certainement il n'est pas bohémien; encore moins est-il basque. Je le soupçonne roman, et dérivé du latin *naturalis*. On lit *fol natire* dans

à peine s'ils ont conservé ce nom. On les retrouve à chaque pas dans les règlements et délibérations des États de Navarre, à partir de 1609, époque à laquelle le marquis de la Force, lieutenant général du roi en ce royaume et pays souverain de Béarn, rendit une ordonnance pour rappeler l'observation des anciennes dispositions prises à leur égard [1]. En 1677, il est défendu aux communautés et particuliers de donner retraite aux Bohêmes, à peine de mille livres [2]. En 1682, proposition de règlement qui fixe quarante-cinq livres pour chaque capture de Bohême [3], et en 1699, décision par laquelle il est accordé trente livres pour la prise d'un individu de cette caste [4], règlement qui enjoint aux magistrats d'arrêter les Bohêmes, et défenses aux habitants de leur donner retraite [5]. « Les Bohêmes, y est-il dit, faisans des maux infinis partout où on les souffre, il a esté prins divers reglementz ez années 1538, 1575, 1591, 1592, 1613, 1625, 1628, 1662 et 1665, pour les chasser, sans qu'on en ait jamais pu venir à bout, à cause du peu d'application de la noblesse, des magistraz et du peuple mesmes.... Il ne reste plus que prendre des moyens pour la [6] faire executer, ce qui est d'autant plus necessaire qu'il y en a plus de soixante qui vaquent par le pays de Cize armés de toutes armes, qui font des ravages infinis, » etc.

---

la Vengeance nostre seigneur Jesucrist par personnages, cité dans nos Recherches... sur l'argot, p. 259, col. 2, et villains naîtres aux chap. XVIII-XXXVI des Coutumes et constitutions de Bretaigne. Voy. Histoire des races maudites de la France et de l'Espagne, t. I, p. 188. — Mon savant ami, M. Alfred Maury, me fait observer que le mot natria rappelle encore l'égyptien nouter, dieu; il ajoute que s'il était permis d'aller chercher dans ce mot l'explication d'un substantif de la langue des Gitanos, il faudrait en conclure que ceux-ci l'empruntèrent à l'Égypte, à une époque où la forme copte noute, qui a remplacé le vieux thème nouter, n'avait point encore prévalu. — On lit dans les Saturnales de Macrobe, liv. I, chap. XIX : « Accitani etiam, Hispana gens, simulacrum Martis radiis ornatum maxima religione celebrant, Neton vocantes; » et, plus loin, au chap. XXI : « .... apud Heliopolim taurum soli consecratum, quem Neton cognominant, colunt. »

[1] Nous avons rapporté l'article relatif aux Bohémis et autres bagamonds, dans notre Histoire des races maudites, etc., t. II, p. 212, note 1.
(Archiv. des Basses-Pyrénées, série C, n° 459.)

[2] Règlements et délibérations des États de Navarre, de 1666 à 1710, folio 113 recto.

[3] Ibid., fol. 156 recto, 157 recto. — La prime réglée pour la capture des voleurs était de soixante livres. Voyez folio 26 rec° 78 verso, 148 verso, etc.

[4] Ibid., fol. 275 recto. — Les Etats avaient ainsi réduit cette somme en 1696.

[5] Ibid., fol. 281 recto.

[6] La déclaration du roi du 11 juillet 1682.

Au XVIIIe siècle, les tristes annales que nous retraçons s'ouvrent par un règlement de 1708, portant obligation pour le vice-sénéchal de Béarn de se transporter en Navarre avec ses archers pour arrêter les Bohêmes [1]. Après avoir cité la déclaration de 1682 et les règlements de 1677 et 1699, le rédacteur continue ainsi : « ... Tout cela n'empêche pas qu'il n'y ayt une multitude de Bohemes, et des Bohemiennes qui se sont emparés des bois et des chemins, et qui penetrent memes dans les villages, où ils sont soufferts par la terreur qu'ils impriment, ou par l'indolence des communautés, et peut-estre mesme par des protections particulieres, » etc. Deux ans plus tard, autre délibération portant que les règlements pris contre les Bohêmes seraient exécutés, et autres dispositions [2]. Il y est dit que « le royaume estant inondé des Bohemes qui ne laissent rien, et comancent même à voller sur le grand chemin, et estant necessaire de restablir la sureté publique... les pays et communautés seront tenus de s'assambler au son du toccint pour saisir et arreter les hommes et les conduire dans les prisons les plus prochenes.... A l'egard des femmes et filles bohemiennes et leurs enfens, les pays et communautés leur donneront si bien la chasse qu'elles ne reviennent point dans le royaume. »

A partir de 1708, les articles relatifs aux Bohémiens se succèdent, dans les registres des États de Navarre, à de courts intervalles. En 1713, après un rapport du cahier portant que si les Bohêmes font résistance à l'exécution des arrêts et règlements, il leur sera tiré dessus [3], on en lit un de la même année portant que les arrêts et règlements pris contre eux seront exécutés, et que les fainéants et débauchés qui se joignent à eux ou auront rendu enceintes les Bohémiennes seront sujets aux mêmes peines [4]. Deux ans après, c'est un règlement contre les Bohêmes et Bohémiennes et ceux qui leur donnent retraite, avec les moyens de les chasser [5]. En 1718, on trouve une délibération qui accorde pour chaque capture de Bohême 45 liv., en rapportant l'écrou de

---

[1] Règlements et délibérations des États de Navarre, de 1710 à 1750, reg. n° 459, fol. 411 verso. — [2] Reg. n° 461, p. 21. — [3] Ibid., p. 120. — [4] Ibid., p. 141. — [5] Ibid., p. 199.

la conciergerie de Pau, et autres dispositions [1]; en 1719, un nouveau règlement contre les Bohêmes [2]; en 1720, une délibération contre les mêmes [3]; en 1722, une autre délibération pour faire déclarer, par le roi, les Bohêmes dans le cas prévôtal, avec attribution de 60 liv. pour chaque exécuté [4]; en 1726, une nouvelle délibération relative à ces individus [5]; enfin, une demande faite pour la capture de deux Bohêmes [6].

De l'autre côté des Pyrénées, ces parias n'étaient pas mieux traités. Aussi loin que nous pouvons remonter dans les archives du Guipuzcoa, nous les trouvons dans cette province, recherchés, poursuivis avec la même obstination, la même ardeur. En 1696, la junte enjoint aux juges de faire observer la pragmatique royale relative aux Gitanos. L'année suivante, elle les comprend, avec les Agots, dans un décret d'expulsion adressé à ces magistrats. En 1698, nouveau décret d'expulsion. Quatre ans plus tard, c'est un ordre pour celle d'un Gitano résidant à Ormaiztegui et des autres qui peuvent se trouver en Guipuzcoa. En 1703, la pragmatique royale est enregistrée; en 1704, commission est donnée pour incarcérer deux Gitanos résidant à Beyzama et à Ormaiztegui. L'année d'après, la junte renouvelle aux juges la même injonction qu'en 1696, et il arrive, concernant les peines à infliger aux Bohémiens, une *provision* royale, dont copie est adressée aux communes avec ordre de s'y conformer. Enfin, en 1749, une circulaire ayant été adressée à tous les commandants généraux, les gouverneurs, les corrégidors et les juges du royaume, pour l'exécution rigoureuse de l'ordonnance royale concernant l'arrestation des individus désignés sous le nom de *Bohémiens*, cette instruction, en date du 28 octobre, fut communiquée le 9 novembre suivant à toutes les communes du Guipuzcoa par l'autorité provinciale [7]. De nos jours encore, il est interdit à tout Gitano, sous

---

[1] Règlements et délibérations des États de Navarre, p. 283. — [2] *Ibid.*, p. 316. — [3] *Ibid.*, p. 333. — [4] *Ibid.*, p. 383. — [5] *Ibid.*, p. 507. — [6] *Ibid.*, p. 509.

[7] *El Guipuzcoano instruido*, etc. En San Sebastian, año 1780, in-folio, p. 237, 238, art. *Gitanos*. — A l'autre extrémité de la chaîne des Pyrénées, l'histoire des parias de ce nom a fourni à un savant, M. Jaubert de Passa, le sujet d'un essai intéressant, inséré dans les *Nouvelles Annales des voyages*, etc., mars 1827, p. 289-362, et analysé par A. Métral, dans le *Bulletin des Sciences historiques*, etc., de M. de Férussac, t. IX, p. 466, 467.

peine d'arrestation et d'emprisonnement, de passer la nuit dans la ville de Tolosa; ils doivent en sortir au coucher du soleil.

Chez nous, après bien des poursuites semblables, M. de Castellane, préfet des Basses-Pyrénées, reçut l'ordre de purger le pays des Bohémiens dispersés en vingt endroits différents. En conséquence, il rendit l'arrêté suivant le 22 novembre 1802 :

Bayonne, le 1er frimaire an XI.

Vu les diverses plaintes déposées dans les bureaux de la Préfecture, qui ont été adressées aux administrations centrales et au Préfet, relativement aux assassinats, vols et désordres de toute espèce dont se rendent coupables les vagabonds connus sous le nom de *Bohémiens*, qui désolent une partie des arrondissements de Bayonne et de Mauléon;

Vu les lettres écrites sur le même objet par les commissaires du Gouvernement près les Tribunaux, les sous-préfets, les maires et autres fonctionnaires publics;

Vu les diverses lettres des Ministres de l'intérieur, de la police générale et de la justice, toutes tendantes à provoquer l'expulsion des susdits brigands hors du territoire de la France;

Vu la correspondance avec le vice-roi de Sa Majesté Catholique, résidant à Pampelune, et ses offres de concourir à une mesure également réclamée par l'intérêt de deux nations amies;

Le Préfet des Basses-Pyrénées,

Considérant que les Bohémiens répandus dans les arrondissements des Sous-Préfectures de Bayonne et de Mauléon, n'ayant ni domicile ni état autre que le brigandage, ne peuvent être considérés comme citoyens, ni jouir des droits attachés à ce titre;

Considérant que la plupart des criminels condamnés à mort ou aux fers dans l'étendue du département, appartiennent à cette horde dangereuse, ou ont été entraînés, par leurs liaisons avec elle, à contracter l'habitude des crimes qui ont attiré sur eux la rigueur des lois;

Considérant que l'établissement d'un Tribunal spécial à Pau, n'est devenu nécessaire qu'en raison des assassinats et crimes de toute espèce que commettent, journellement, dans le ci-devant pays de Labour, la Navarre et autres pays des Basques, les Bohémiens ou les individus qui se sont familiarisés avec les forfaits en les fréquentant;

Considérant que l'utile établissement du Tribunal spécial étant passager par sa nature, et ne suffisant pas d'ailleurs pour détruire la source du mal, qui reparaîtrait dans toute sa force si une mesure depuis longtemps réclamée par la justice, et seule capable d'assurer la tranquillité des bons citoyens, ne débarrassait enfin ce département de ces hordes malfaisantes ;

Considérant que toute mesure ne tendant qu'à repousser les Bohémiens au delà des frontières, ne servirait qu'à les renvoyer momentanément dans les États du roi d'Espagne, ce qui serait en contradiction avec les sentiments du premier consul pour Sa Majesté catholique, et avec les liens d'amitié qui unissent les nations française et espagnole, sans être d'un avantage durable pour ce département, sur le territoire duquel les Bohémiens viendraient bientôt reprendre leurs anciennes habitudes ;

Considérant, en conséquence, qu'il est nécessaire, pour arriver au but que l'on doit se proposer, que l'arrestation provisoire de ces individus, de leurs femmes et de leurs enfants, les plaçant sous la main du Gouvernement, il puisse, dans sa sagesse, en disposer de manière à les mettre hors d'état de troubler la sûreté publique ;

Considérant que pour l'exécution d'un pareil projet, il est indispensable de centraliser momentanément l'autorité dans chaque arrondissement de justice de paix, et d'y nommer commissaires des citoyens connus par leur patriotisme et leur attachement au Gouvernement, lesquels ayant le droit de requérir l'assistance des autorités locales et celle de la force armée, puissent agir simultanément et avec efficacité ;

Considérant qu'il est nécessaire d'indiquer le jour où commenceront les arrestations, et les maisons de dépôt où les familles bohémiennes devront être provisoirement gardées, et de pourvoir à leurs besoins ;

Considérant que l'intervention de la force armée est d'une nécessité indispensable au succès de l'entreprise, auquel doivent puissamment contribuer les connaissances, l'expérience et le dévouement à la chose publique et au Gouvernement du général divisionnaire Mauco, commandant la subdivision des Basses-Pyrénées ;

ARRÊTE :

ARTICLE PREMIER. — Les individus connus sous le nom de *Bohémiens*, leurs femmes et enfants, qui seront trouvés dans les arrondissements de Mauléon et de Bayonne, seront arrêtés le 15 de ce mois et jours subséquents. Ceux qui seront arrêtés dans le premier de ces arrondissements seront traduits, sur-le-champ, à Saint-Jean-Pied-de-Port ; et ceux arrêtés dans l'arrondissement de Bayonne seront conduits à Bayonne. Tous ces individus resteront provisoirement retenus jusqu'à ce qu'il en ait été autrement ordonné par le Gouvernement.

ART. 2. — Le général divisionnaire Mauco, commandant les troupes dans le département, et le commandant de la gendarmerie, sont invités, et au besoin requis, de donner les ordres nécessaires, chacun en ce qui le concerne, afin qu'une force armée suffisante soit mise à la disposition des Sous-Préfets de Mauléon et de Bayonne, et des commissaires chargés de l'exécution de cette mesure.

Art. 3. — Sont nommés commissaires à l'effet de procéder auxdites arrestations et traductions, savoir :

Arrondissement de Bayonne.

Le sous-préfet..................	
D'Harrast, substitut..............	Bayonne.
Mendiri.......................	
Leremboure....................	St-Jean-de-Luz.
Balanqué, ex-commissaire.........	Urrugne.
Dirassen.......................	Saint-Pé.
Castetpert, général...............	Espelette.
Oxandabarast, adjoint municipal...	Jaxou.
Fagal de Saint-Bois, médecin......	Hasparren.
Villemayou, ex-commissaire.......	Came.
Lapebie, juge de paix.............	Guiche.

Arrondissement de Mauléon.

Le sous-préfet.	
Larre, médecin.................	Ossez.
Pellegrin-Socobie................	Isturits.
Harismendy, notaire de Baïgorry...	Baïgorry et
Etcheverry fils, id.	Aldudes.
Bayen, juge de paix.............	Saint-Jean.
Lurrubure, ex-commissaire........	
Saint-Jaime, maire..............	Saint-Just.
Buthie, ex-administrateur.........	Aussurucq.
Darthez-Lassalle, juge de paix.....	Tardets.
Etchast, commissaire du Gouvernement..	Saint-Palais.
Perry, juge de paix..............	
Landeuix......................	Aroue.

Art. 4. — Pour l'exécution de leur mission, lesdits commissaires sont autorisés à requérir la force armée qui sera envoyée sur les lieux, ainsi que l'assistance et le concours des maires dans toutes les communes où cela sera nécessaire.

Art. 5. — Les maires seront tenus, sous leur responsabilité personnelle, de déférer sur-le-champ aux réquisitions qui leur seront faites par lesdits commissaires, et même de leur fournir la main-forte dont ils pourraient avoir besoin. Et si quelqu'un desdits maires y apportait aucune négligence ou retard, lesdits commissaires en dresseront procès-verbal, qu'ils feront passer à l'instant au Préfet, pour être pris contre eux telles mesures qu'il appartiendra.

Art. 6. — Une expédition du présent arrêté sera adressée au ministre de l'intérieur, au grand juge et ministre de la justice, au général Mauco, au commandant de la gendarmerie, aux sous-préfets de Mauléon et de Bayonne, et aux autres commissaires nommés. Les sous-préfets prendront, de leur côté, toutes les mesures qui seront en leur pouvoir pour en assurer l'exécution, et en rendront compte au Préfet.

Signé : DE CASTELLANE [1].

Dans la nuit du 6 décembre, époque fixée par l'arrêté du préfet, tous les Bohémiens du Pays Basque furent enveloppés comme dans un filet, et conduits dans quelque dépôt ou à bord de vaisseaux qui les débarquèrent sur la côte d'Afrique. « Cette mesure vigoureuse, qui reçut dans son exécution tous les adoucissements que la justice et l'humanité réclament, dit un écrivain de l'époque, fut un véritable bienfait pour le département [2]. »

---

[1] Archives du départ. des Basses-Pyrénées, reg. n° 13 N, fol. 2, n° 1. — Voyez encore le fol. 33 verso, n° 57, et le fol. 49 recto, n° 79. La suite des registres renferme d'autres arrêtés préfectoraux relatifs aux Bohémiens : le registre n° 14, fol. 40 verso, n° 65; fol. 60 verso, n° 94; fol. 62 verso, n° 99; fol. 88 recto, n° 146 ; le registre n° 15, fol. 110 recto, n° 182; fol. 162 recto, n° 254; et le registre n° 17, fol. 101 recto, n° 143. Outre ces arrêtés, les archives de la préfecture renferment une douzaine de liasses relatives aux Bohémiens du Pays Basque au commencement de ce siècle.

[2] *L'Hermite en province*, etc., par M. Jouy; 4me édition. A Paris, chez Pillet aîné, 1818, in-12, n° VIII, 5 avril 1817 *(les Basques)*, p. 106, 107. — Des recherches entreprises par M. Harambourc, juge de paix du canton de Saint-Jean-de-Luz, dans la mairie de cette ville, comme à Ciboure et à Urrugne, sont restées sans résultat. Dans les archives de la première de ces localités, il n'a été trouvé que deux lettres relatives au retour du dépôt de mendicité de Caen de seize Bohémiens, sans doute précédemment enlevés de Saint-Jean-de-Luz, bien qu'il ne soit pas fait mention de cette particularité. Se tournant d'un autre côté, M. Harambourc a interrogé quelques vieux débris de l'émigration forcée, entre autres Marie Ithurbide, femme François Chamelier, âgée de 88 ans, qui habite Ciboure. Cette vieille femme se souvient que la veille de la fête de Guétary (la Saint-Nicolas), une patrouille entra la nuit dans une maison qu'elle habitait avec son mari et son enfant, âgé de 18 mois. L'un des hommes de cette patrouille lui dit que l'on venait les chercher par ordre du gouvernement, qui voulait les envoyer dans un pays étranger, où des terres, avec les outils nécessaires à leur exploitation, leur seraient donnés, etc. Ils furent immédiatement conduits, tous les trois, à l'ancien couvent des Récollets, entre Ciboure et Saint-Jean-de-Luz. Déjà plusieurs Bohémiens y étaient enfermés; d'autres y furent amenés plus tard. Deux jours après, ils furent tous conduits à Bayonne, et placés, les hommes à Mignon, qui était une prison à la porte d'Espagne, les femmes à l'ancien couvent des Capucins. Après

Depuis ce moment, les Bohémiens du Pays Basque n'ont plus de classification sociale, ni même d'association réelle. Dispersés çà et là, le besoin seul les groupe au hasard par petites troupes, sans qu'aucun lien les unisse. Dans certaines circonstances exceptionnelles, quand il s'agit de quelque danger commun ou de quelque expédition importante pour exploiter, en temps de disette, certaines localités, ils s'organisent par bandes; et, dans un double but facile à saisir, ils placent au premier rang les mauvais sujets, les voleurs, les repris de justice étrangers à leur caste, toujours ouverte à ceux qui ont des raisons pour ne pas se montrer; le plus audacieux, le plus rusé des Bohémiens est proclamé chef ou roi, et sa compagne reçoit le titre de reine[1]. Puis, la nécessité cessant, ils se dispersent de nouveau et continuent leur vie errante et vagabonde, qui n'est qu'un tissu de vols, d'oisiveté et de honteux désordres. Chien qui court trouve un os [2] : voilà leur maxime.

Il ne leur reste plus aucun souvenir du passé : chez eux point de tradition historique, aucune autre idée que celles qui sont nécessaires à leur existence dégradée. Ils vivent au jour le jour, sans penser à Dieu ni à leur âme; ils se rient, du moins dans la pratique, de la distinction qui existe entre le vice et la vertu; l'honneur, le respect humain sont sans pouvoir sur eux; en un mot, le Bohémien basque est l'être le plus fourbe et le plus soupçonneux, le plus rampant et le plus éhonté de la création.

Avez-vous vu dans les rues et sur les chemins des femmes au teint noir, affublées de haillons, entourées d'enfants à demi nus

---

un séjour d'environ six mois et demi à ce couvent, Marie Ithurbide fut dirigée, ainsi que d'autres Bohémiennes, sur La Rochelle. Elle y était depuis près de deux ans, lorsque deux mois après une visite du préfet de la Charente-Inférieure au dépôt, elle fut mise en liberté. Quant à son mari, il fut envoyé au service.

[1] Il n'en est pas toujours ainsi, et il faut quelques qualités spéciales pour mériter ce titre; car le roi et la reine de cette caste en sont les protecteurs obligés, les défenseurs, les receleurs et les trésoriers. Ils ont aussi une plus forte part dans le partage du butin. L'une des conditions pour la royauté est d'avoir des aboutissants, de l'influence auprès des hommes de robe. En 1848 encore, la reine des Bohémiens était la vieille Catina Béhasque, du village de Méharin, dans la basse Navarre, et le roi habitait le Guipuzcoa. Cette femme, rusée et douée d'une assurance unique, avait usurpé le nom honorable de *Béhasque*, avec la prétention d'être fille naturelle d'un membre du tribunal de Saint-Palais.

[2] *Chukel sos piréla, cocal teréla.*

qui se précipitent sur les passants en leur tendant la main? Ce sont des Bohémiennes. Rarement des hommes les accompagnent, et ceux-ci sont assez bien vêtus. Pour peu que vous poursuiviez votre promenade vers les sentiers détournés, à la nuit tombante, vous rencontrerez aussi dans les endroits isolés un groupe d'êtres à forme humaine, hommes, femmes, enfants, les uns étendus dans la boue, les autres accroupis sur leurs talons dans l'occupation du mendiant de Murillo; quelques femmes préparent, dans un vieux chaudron volé, l'horrible mélange de légumes et de viandes fraîches et corrompues de toute espèce qui doit servir de pâture à la horde, bien digne d'un pareil festin. Souvent, en effet, ils empoisonnent le bétail et se font ainsi un ample butin; d'autres fois ils ramassent [1] les animaux morts de maladie, n'importe laquelle, les désinfectent au moyen d'herbes à eux seuls connues, et s'en repaissent impunément. Tout leur est bon, rien ne leur répugne, rien ne leur nuit.

Essentiellement ennemi de tout travail, du bon ordre et des lois qui mettent un frein à son indépendance bestiale, le Bohémien oppose une résistance insurmontable aux efforts qui tendraient à lui faire embrasser une existence sédentaire. Au cynisme de Diogène, il joint une opiniâtreté invincible. Les Bohémiens de Saint-Jean-de-Luz, connus dans le pays sous le nom de *Cascarots* [2], forment cependant une exception, peut-être unique, à cette

---

[1] Dans les villages basques, les animaux morts sont rarement, ou plutôt ne sont presque jamais enterrés. On les porte sur la montagne ou ils sont précipités dans un ravin, selon les localités, et les oiseaux de proie, avec les Bohémiens, se disputent les chairs. Ces derniers semblent être doués du flair si subtil des animaux carnassiers. « Je les ai vus, me disait M. de Belsunce, arriver aussitôt que les chiens les plus rapprochés du cadavre, lever les filets et les quatre membres, et les emporter. Cependant, il s'agissait de cochons morts de la rage, de bœufs ou de vaches tués par le charbon et d'autres maladies contagieuses. »

[2] En basque, le mot *cascarotac* désigne, à proprement parler, une sorte de bateleurs, ou bien des jeunes gens qui, dans des fêtes, des marches joyeuses, des escortes d'honneur, sont choisis pour marcher en tête, en dansant constamment. Leur costume est un pantalon blanc, habituellement pasquillé de faveurs roses et garni sur les coutures de petits grelots en cuivre, mode fort répandue au moyen âge (*Dicc. de ant. del reino de Nav.*, t. III, p. 531); il y en a aussi sur leurs espadrilles. Le torse n'est couvert que d'une fine et blanche chemise, serrée aux poignets et au-dessus des coudes par des rubans de même couleur que ceux des pantalons, et ornés aussi de grelots. Le berret en est également entouré, ainsi que de rubans. Lorsque les princes d'Orléans revinrent d'Espagne, leur voiture était précédée de cascarots, qui firent, en dansant et en sautant, le trajet de Saint-Jean-de-Luz à Bayonne. — En 1660, quand Louis XIV vint, pour se marier, dans

règle. Ils ont commencé par se faire pêcheurs, profession de toute la population de la côte; et, après avoir partagé ses travaux et son commerce, ils ont fini, de part et d'autre, par des mariages, en sorte qu'aujourd'hui les Bohémiens sont incrustés dans la population de Saint-Jean-de-Luz, qui n'y a point gagné en moralité.

Adulateur et rampant auprès de ceux qui peuvent le servir ou lui nuire, le Bohémien est implacable dans ses vengeances. Modéré et doux en apparence et par nécessité, il ne se fera pas le moindre scrupule de verser le sang au gré de quiconque, lui garantissant l'évasion, pourra lui payer le crime. Il court tous les marchés, toutes les foires du pays, et tandis que les femmes exploitent les poches et les boutiques, les hommes guettent, sur la place aux bestiaux, les affaires qui s'y concluent. Le vendeur n'est plus perdu de vue; malheur à lui s'il s'attarde ou se retire seul ou avec un unique compagnon! Il est assailli, assommé et dépouillé dans l'un des mille sentiers déserts de la montagne.

L'argent sert aux Bohémiens à satisfaire leur goût prononcé pour l'ivrognerie : hommes, femmes, enfants s'y livrent publiquement en toute occasion; ils en trouvent les moyens dans le gain qu'ils font à tondre les mulets, industrie à laquelle ils joignent la fabrication des chapeaux de paille et des paniers. Plus communément ils pourvoient à leur subsistance par la mendicité et le vol, et s'habillent des guenilles de toute couleur et de toute forme qu'ils peuvent obtenir. Leurs demeures sont, pendant les plus rigoureuses saisons, les troncs d'arbres creusés, les cabanes de pasteurs abandonnées, les granges isolées; et durant les saisons plus tempérées, le sol nu et le grand air.

C'est là que le médecin philanthrope vient les trouver lorsqu'ils

la première de ces villes, une bande de danseurs *crascabilaires* s'étant placée en tête des chevaux du roi, bondit au son des grelots et des tambours, et exécuta le pas national. Un état de frais, cité par M. Goyetche (*Saint-Jean-de-Luz*, etc., p. 111, en note), leur donne pour costume « bonnets d'escarlatte fin, ornés de ribans blancs et bleus, hauts-de-chausses en toile boucassine bleue; bas d'estame fin blanc d'Angleterre, » etc. Enfin, en 1701, pendant les fêtes auxquelles donna lieu le séjour de Philippe V à Bayonne, on avait, au dire des registres municipaux cités par Beylac (*Nouvelle Chronique de Bayonne*, p. 193), loué une troupe de danseurs basques, qui, chargés de sonnettes et accompagnés du tambourin, firent des merveilles, dansant et sautant d'une manière extraordinaire.

sont malades. Autrefois ils avaient plus d'une belle recette pour se guérir, eux et les autres [1], et ils ne s'adressaient presque jamais à la médecine, s'abandonnant à la nature et à leur bonne constitution [2] ; aujourd'hui ils ont recours à la science et à l'humanité de leurs semblables, et ceux-ci sont rarement sourds à leur appel. Pour n'en citer qu'un seul, M. le docteur Bidegarray, de Garris, près de Saint-Palais, est en quelque sorte la providence des Bohémiens.

Parlerai-je de leurs unions? En réalité, ils ne connaissent aucun lien de mariage. Un homme et une femme se conviennent-ils, les voilà réunis. Ils se doivent fidélité tant qu'il n'a point été fait notification de divorce par l'un des conjoints à l'autre ; mais à la moindre dispute ils se séparent : « Je ne veux plus de toi, dira l'un, je vais chercher une autre compagne. » — « Je vais en faire autant, » répondra l'autre, et bientôt de nouvelles unions ont lieu sans autre formalité et sans rancune. Lorsqu'un Bohémien est en prison, qu'il ait des enfants ou non, sa femme prend un autre mâle pendant le temps de la détention. Lorsque le prisonnier est rendu à la liberté, il reprend ses premières habitudes, ou il en contracte de nouvelles. Au surplus, leur fidélité consiste à vivre sous le même toit, sans nulle autre exigence. Ainsi, une Bohémienne bien connue dans le canton de Saint-Palais a eu sept maris ; ainsi, la mère s'associe au mari de sa fille, et *vice versa*. Il n'y a de dispute, en pareille occasion, qu'entre les femmes, et seulement encore quand l'une d'elles peut soupçonner que son mari l'a laissée par suite des artifices d'une rivale ; car lorsque la séparation a eu lieu pour incompatibilité de caractère, chacune

---

[1] *Arrest et procédure faicte par le prevost... de Corbeil... contre Simon Trouvé*, etc., du 17 novembre 1609. (*L'Incredulité et mescreance du sortilege*, etc., p. 795.) — L'auteur de l'*Introduction à l'étude de Guy de Chauliac* (Montpellier, Jean Martel aîné, 1856, in-8°), M. P.-M.-E. Cellarier, parlant du sixième traité de cet auteur, dit (p. 201) qu'il y sacrifie la science des rhabilleurs, des rebouteurs et des bohémiens. Comment l'entend l'écrivain? Guy florissait au milieu du XIV° siècle, et les Bohémiens ne firent leur première apparition chez nous que dans le premier quart du XV°. Je vois que M. Cellarier aura pris le mot *bohémiens* dans un autre sens, et voulu parler de « ces *périodeutes, tailleurs, inciseurs*, qui, courant de ville en ville, échappaient à la rancune des parents de leurs victimes. » (P. 37.)

[2] Voyez l'*Histoire des Bohémiens*, etc., par H. M. G. Grellmann. Paris, 1810, in-8°, chap. IX, p. 135.

des parties se détache de l'autre sans animosité, sans humeur ; ils se deviennent étrangers absolument comme avant leur union, et pourront plus tard se réunir encore si les circonstances les y amènent. Après cela il est difficile de supposer que l'amour conjugal puisse exister chez eux ; nul doute que l'instinct et les passions ne les guident plus que le cœur. Quand le Bohémien, couché sur la terre, arrive au moment où il doit y rentrer, sa femme pleurera sans doute, mais c'est de se voir privée d'un appui, absolument comme dans ce fragment de myriologue grec : « Le Bohémien est à l'agonie ; la Bohémienne pleure et dit : « Tu meurs, mon mari. Et notre enfant, où vivra-t-il [1] ? »

Ces vers se rapportent d'autant mieux aux Bohémiens du Pays Basque, qu'ils tiennent beaucoup aux enfants, soit aux leurs, soit à tous ceux de la tribu indifféremment. C'est, en effet, là l'espoir de la perpétuité de leur caste.

Pour ce qui est de la religion, les Bohémiens n'en ont généralement aucune ; vivant d'une vie toute matérielle et brutale, leurs pensées ne s'élèvent pas au-dessus des besoins et des sensations naturelles. Cependant ils sont tous baptisés, et même plus d'une fois ; mais c'est calcul de leur part et un nouveau moyen de vivre aux dépens d'autrui. Ils savent que dans le pays on regarderait comme un acte condamnable le refus de servir de parrain et de marraine ; ils n'ignorent pas non plus que cette qualité est prise au sérieux par les paysans : aussi une Bohémienne, au moment de ses couches, s'installe dans le village et jette son dévolu sur les plus riches propriétaires de l'endroit. Ceux-ci dès lors, suivant l'usage, pourvoient à la nourriture de la mère et fournissent le linge pour le nouveau-né. Ainsi, chaque enfant, à sa naissance, procure à sa mère de meilleurs vêtements, des secours indispensables, et plus tard il aura lui-même, auprès de ceux qui l'auront présenté sur les fonts baptismaux, abri et nourriture de temps en temps et dans ses nécessités les plus pressantes.

[1] Κατσίβελος ψυχομαχάει, καὶ κατσιβέλα κλαίει.
Ἰσοῦ παιθαίνεις, ἄνδρα μου · τὸ παιδὶ ποῦ θὰ ζήσει ;
(*Chants du peuple en Grèce*, par M. de Marcellus. Paris, Jacques Lecoffre et Cⁱᵉ, 1851, in-8°, t. II, p. 456, 457, n° 71.)

Il est bon d'ajouter cependant que les Basques éprouvent une répugnance infinie à tenir sur les fonts un de ces enfants. « Pendant tout le temps que j'ai habité la basse Navarre, me dit M. le vicomte de Belsunce, je n'ai vu que Mme G., de Garris, marraine d'une petite Bohémienne, dont la mère était accouchée à sa porte. Encore cette dame, dont le mari est Basque, était-elle Béarnaise. »

Les Bohémiens domiciliés dans les communes, et il y en a beaucoup, envoient leurs enfants à l'école communale; considérés comme indigents, ils ne paient aucune rétribution. Là, ils apprennent studieusement à lire et à écrire, sans rien négliger de ce que l'on enseigne dans les écoles primaires. Les parents comprennent de quel avantage ces connaissances acquises leur seront plus tard. Garçons et filles suivent l'école et le catéchisme jusqu'à l'âge de la première communion, qu'ils font comme les autres enfants de l'endroit. Une fois la cérémonie terminée, ils sortent de l'église pour n'y plus rentrer. Les garçons attendent l'âge de dix-huit ans pour se marier à leur guise; les filles, plus précoces, commencent immédiatement leur vie de dévergondage. Que si l'enfant de Bohémiens nomades est élevé de même, il prendra infailliblement son vol vers la forêt dès que les ailes lui seront venues : *Aitzean yaiac, aitzerat nahi;* qui est né dans le bois, aime à y revenir.

On s'est demandé longtemps, on se demande encore ce que les Bohémiens du Pays Basque font de leurs morts. En les voyant muets à toutes les questions qu'on leur fait à cet égard, et si peu dégoûtés de la viande corrompue, on est allé jusqu'à supposer qu'ils mangeaient les restes de ceux d'entre eux qui avaient succombé; mais, en vérité, c'en est trop, et il ne paraît pas que les descendants des parias de l'Inde se soient jamais rendus coupables d'une telle énormité [1]. Il est bien vrai de dire qu'on les voit rarement réclamer l'assistance du fossoyeur et une place dans le champ du repos; mais la raison en est bien simple. Ils ne hantent jamais les endroits habités qu'en bonne santé et dans le but de s'y livrer aux diverses industries qui leur sont familières. Là, si

---

[1] Cependant, s'il faut en croire Grellmann, qui cite ses autorités, le crime d'anthropophagie n'est pas rare chez les Bohémiens. Voyez chap. IV *(de leur nourriture et de leur boisson),* p. 56-73.

la mort vient les surprendre, ils suivent la loi commune, et, toutes les formalités remplies, ils prennent le chemin du cimetière. Que si, au contraire, ils meurent dans un champ, dans un bois, leurs compagnons, peu curieux de se présenter aux autorités locales, et de subir un interrogatoire qui pourrait, dans certaines circonstances, se terminer par une arrestation, se hâtent de livrer à la terre les restes qu'elle réclame, et sont ensuite muets comme la tombe qu'ils ont fermée. N'ont-ils point à craindre que la justice, apprenant ce qui s'est passé, ne leur en demande un compte rigoureux?

Faisons observer, cependant, que bien qu'ils habitent ostensiblement et légalement des villages depuis nombre d'années, bien que leurs enfants soient, en partie du moins, enregistrés, et qu'ils satisfassent aux exigences de la loi, il faut que la maladie les prenne dans l'âge où l'on compte ordinairement sur la nature pour la guérison, ou que la mort les surprenne inopinément, pour qu'on les voie aller au cimetière. J'ai vu dans plusieurs localités, me disait M. le vicomte de Belsunce, longtemps maire de l'une d'elles, j'ai vu des hommes et des femmes d'un grand âge, que la génération présente avait toujours connus vieux, disparaître tout à coup et sans retour. C'est chose commune, et pourtant jamais laboureur dans son champ, jamais voyageur sur les chemins, jamais pâtre ou chasseur dans la montagne, n'ont vu la trace d'une fosse. C'est ce qui a donné naissance à cette opinion, accréditée chez les gens de la campagne, que le Bohémien disparaît, on ne sait ni comment ni pour où, mais qu'il ne meurt jamais. Grellmann aurait-il raison? ou serait-il vrai, comme le prétendent certains, que ces gens-là détournent le cours de quelque ruisseau pour le temps de creuser une fosse, par-dessus laquelle ils le font repasser ensuite? Une pareille inhumation ne laisse aucun vestige, et c'est ainsi que fut enterré Attila, qui avait suivi, pour venir en Europe, le même chemin que les Bohémiens.

Tels sont les détails que nous avons pu recueillir sur les Bohémiens du Pays Basque. Quant à la langue qu'ils parlent entre eux, la liste suivante suffira pour en donner une idée; nous l'empruntons, ou plutôt nous la reprenons à un recueil où elle a paru d'abord [1], en l'améliorant et en l'augmentant à l'aide du fragment de vocabulaire gitano publié par M. Cénac Moncaut [2] :

Abeille,	*bedeyo.*	Clef,	*glicini.*
Agneau,	*barkicho.*	Cochon,	*baticho, balicho.*
Amoureux,	*pirari.*	Coq,	*rasho.*
Ane,	*kera.*	Couteau,	*chouri* [3].
Auberge,	*kuertchinia.*	— de table,	*andre catande.*
Avare,	*camouchali.*	Couverture,	*plast, yaprast.*
Balayer,	*bourrincatcia.*	Deux,	*doui, douïl.*
Bas,	*garameylac.*	Diable,	*guebarobenq.*
Bâton ou bois,	*casta.*	Dieu,	*Amadoubelle.*
Bohémien,	*Erroumancel.*	Donner,	*deantcia.*
Boire,	*piar.*	Drap de lit,	*cerka.*
Bon,	*lacho.*	Eau, mer,	*pani.*
Bonnet,	*feralia.*	La mer est belle,	*pani barro.*
Brebis,	*barki.*	Eau-de-vie,	*koutalo, foutralo.*
Canard,	*tigora, papin tino.*	Enfant,	*gacina, tino.* V. Petit.
	V. Oie.	Faim (j'ai),	*bocali acha.*
Cape,	*uraka.*	Femme,	*egachi.*
Chapeau,	*yata.*	Fève,	*bobi.*
Chat,	*sitçaya.*	Fille,	*oladi.*
Châtaigne,	*simbli.*	— mauvaise,	*lunyia.*
Château,	*filatcia.*	Fou,	*dihilo.*
Chaudron,	*kakabi.*	Frapper,	*courrantcia.*
Chemise,	*gate.*	Fusil,	*puska.*
Cheval,	*grami, marchea.*	Fromage,	*kiala, jidal.*
Cheveux,	*balla.*	Garçon,	*olacho, ladyia.*
Chien,	*chukel.*	Gardien,	*perdino.*
Chou,	*chaka ou haka.*	Gendarme,	*brastano.*
Cidre,	*pimbida.*	Gilet,	*karamia tino* (petite veste).
Cinq,	*pains, olepanchi.*		

[1] *Le Moyen Age et la Renaissance*, sect. des Mœurs et usages de la vie civile, chap. Bohémiens, mendiants, gueux, cours des miracles, fol. x.

[2] *Histoire des Pyrénées*, etc. Paris, Amyot, 1853-1855, in-8°, t. V, XIVe partie, chap. VIII, p. 343-345. L'auteur annonce (p. 343) devoir ces mots et les chansons qui suivent « aux patientes recherches de M. Sansberro, qui les a surpris aux *Cascarrotac* de Cibourre, anciens gitanos confondus aujourd'hui avec le reste de la population basque. »

[3] Dans une liste de mots bohémiens ayant de l'analogie avec l'indien, liste donnée dans les Archives du Nord *(Sieverni-Arkhif)*, 21 mars 1826, n° 6, p. 189, et reproduite dans le *Bulletin des sciences historiques* de M. de Férussac, t. XIV, p. 173, 174, je trouve dans la colonne indienne *tchouri* avec le sens d'*oiseau*, que le même mot a en basque. Les Bohémiens disent *chirielo*, que Borrow dérive de l'indoustani *chiriya*. Voyez *the Zincali*, vol. II, p. 34.

LES BOHÉMIENS.

Grand,	baro.	Père.	bato.
Haricot,	kirikila.	Petit,	tino.
Homme, maître,	ogacho, egacho.	Pied,	pindro.
Le maître est à la maison,	egacho querienda.	Pierre,	bar.
		Pipe,	sindisia.
Jambe,	pindo.	Pistolet,	tino puska (petit fusil).
Jeune,	chaïba.		
Jolie,	foucarra.	Pluie,	birzindo.
Jour,	cigo.	Poche,	potosi.
Jupe,	soka.	Poisson,	macho.
Lard,	ralcaça, balebas, balabara.	Pomme,	pabaya.
		— de terre,	pabayobar.
Lit,	chariben.	Porte,	bondar.
Main,	basta.	Poule,	kani.
Maïs,	millota.	Prendre,	letcia.
Maison,	ker, boucoumia[1].	Prison,	ostariben.
Manteau.	V. Cape.	Prune,	killaba.
Mauvais,	chorro.	Quatre,	estard, panchi.
Méchant,	manoucaro.	Raisin,	draka, grata.
Mer.	V. Eau.	Sabre,	basteco.
Mère,	raja (j aspiré).	Saoul,	mato.
Miel,	angui.	Sel,	loua.
Mien (le),	minrio.	Serpent,	gueka.
Mort,	marantu.	Soleil,	debla.
Mouton,	ratko, barko.	Soulier,	tiak.
Navire,	sino.	Soupe,	soumin.
Noix,	lacorra, glanera.	Tabac,	sunglo.
Nuit,	lazi.	Tête,	kero.
OEil,	gouro.	Tien (le),	camani.
Oie,	papin.	Trois,	trin, tril.
Oignon,	poulouma.	Un,	yet, yec.
Paille,	pus.	Vache,	gourro.
Pain,	mandro.	Ventre,	porra.
Panier,	conitça.	Veste,	karamia.
Pantalon,	louitmenac, hobeliac.	Vêtements,	boutçac.
		Viande,	massa.
Peau,	mortcia.	Vierge (la sainte)	Amadoubellen[2].

[1] On désigne par ce dernier mot une maison isolée, vulgairement appelée borde.

[2] Je donne la liste telle que je l'ai reçue, en ramenant autant que possible les mots à l'orthographe de Borrow; mais je soupçonne une faute dans le mot Amadoubelle, que nous avons vu plus haut. En bohémien, Dieu se dit Debel, et la Vierge est désignée par le féminin Debla (Borrow, the Zincali, vol. II, p. *38); il y a donc toute apparence qu'Amadoubelle et Amadoubellen sont des mots hibrides, c'est-à-dire composés de basque et de rommany, et qu'il faut lire aita Doubel (le père Dieu), et ama doubela (la mère déesse).

Vieux,	*puro.*	Visage,	*busta, moga, mouil.*
Vigne,	*dracaï.*	Voler,	*choracia.*
Vilain,	*zungali.*	Voleur,	*chora.*
Vin,	*mol.*		

En faisant le signe de la croix, les Bohémiens basques disent :

Leba Tusquet	Au nom du Père
Echa Bisquet [1]	Et du Fils
Le Apelinguet,	Et du Saint-Esprit,
Taberamente.	Ainsi soit-il !

Voici un couplet chanté par une Bohémienne :

Ustil', ustil', chaborri,	Prends, fille,
Minré jucar monro,	Ma jolie amie,
Sar mende caraiolengue.	Avec moi des escargots.

M. Cénac Moncaut met les suivants, sans en donner la traduction, dans la bouche d'un homme :

Migna, migna chumé notré,
Prima de mariri,
Garde la midel,
Vandiya triya, carracherida.

Abacali sazala marroumi,
Çazail, çazail contra tu mi lazail
Ou que zu cazail
Malere que de caï.

Sans aucun doute, il serait intéressant de comparer ces mots, ces fragments, avec ceux, en bien plus grand nombre, que donnent Adelung, Stapples Harriott, Borrow, Pott et autres savants qui ont fait des recherches sur les Bohémiens; mais n'ayant en vue que ceux du Pays Basque, nous devons nous en tenir à ce qui peut faire connaître les derniers vestiges d'une population dont il ne restera bientôt plus que le souvenir.

---

[1] Vraisemblablement *Eta Tebléque* (Et de Jésus). Le mot *eta* est basque.

VIII

SUPERSTITIONS DU PAYS BASQUE

État présent et passé de la sorcellerie dans cette contrée.

Dans l'antiquité et pendant le moyen âge, les Vascons étaient renommés pour leur habileté dans la pratique des augures [1]; aujourd'hui, on peut affirmer, au risque de se faire un mauvais parti [2], que personne en France n'est plus superstitieux que le Basque, si ce n'est peut-être le bas Breton. Au fonds qui lui est commun avec tous les Français, peuple d'esprits forts, comme on sait, le montagnard de la Soule et de la basse Navarre joint nombre de croyances également réprouvées par le bon sens, mais conservées par le temps et fortement enracinées dans son esprit. Par exemple, treize personnes sont-elles réunies à table, grave imprudence! l'une d'elles mourra inévitablement dans l'année. Un éternuement est un mauvais présage, qu'il faut s'empresser de détourner par un souhait de bonheur [3]. Une salière renversée, des couteaux en croix ou le tranchant relevé, voilà tout autant de présages de dispute. Le cri d'une chouette sur le toit d'une maison habitée est un chant de mort pour les voisins, comme le hurlement d'un chien autour de la demeure d'un malade le signe de sa fin prochaine. Heureux au jeu, l'on ne peut être que malheureux en

---

[1] Æl. Lamprid., *Alexand. Sever.* — Milo in Vita S. Amandi, ap. Surium, *De probatis sanctorum Vitis*, feb. VI; ed. Colon. Agripp. cIɔ Iɔc XVIII, in-fol., p. 73, l. 13. — Cf. Strab., Geograph., lib. III, *de Lusitanis*.

[2] M. Ader, dans son *Résumé de l'histoire... des Basques*, p. 252, ayant dit, après M. Boucher de Perthes cependant (*Souven. du Pays Basque*, p. 134), que ce peuple était soumis aux superstitions les plus grossières, l'abbé Darrigol (*Dissert. sur la langue basque*, p. 31, 32, en note) tomba sur l'auteur de cette assertion, sans oser néanmoins la démentir.

[3] *Anhitz urthez*, beaucoup d'années!

ménage. Il ne faut jamais entreprendre un voyage ni commencer un travail quelconque le vendredi. Vieille femme à dos voûté, à menton barbu, aux yeux injectés de sang, c'est là une sorcière, à n'en pas douter. Il faut également éviter les gens à barbe rousse, suivant le proverbe :

> Bizar gorri,
> Bide horri.

Pour trouver des traces de ces opinions superstitieuses, dont certaines avaient déjà cours parmi les anciens [1], il n'est nullement nécessaire d'aller dans les Pyrénées [2]; mais le Basque ne se contente pas de si peu, et sa foi, difficile à surprendre par des nouveautés, est invariablement acquise aux traditions qui lui

---

[1] Par exemple, les anciens regardaient l'éternuement comme un augure. Nous en avons pour garants, chez les Grecs, Homère et Aristote; chez les Latins, Properce, Catulle, Pétrone, etc. L'auteur du *Satyricon* nous montre Eumolpe donnant l'ordre de saluer Giton, qui vient d'éternuer trois fois : c'était, comme on voit, tout comme chez nous. — « Pourquoi, dit Pline l'ancien, saluer ceux qui éternuent? » Le grand naturaliste répond lui-même, un peu plus loin : « L'éternuement d'un convive qui oblige de rapporter un plat, ou même une table, est regardé comme de mauvais augure, » etc. (*Hist. nat.*, liv. XXVIII, chap. V.) C'est à cause de cette opinion, qui s'était, à ce qu'il paraît, conservée, dans les Pyrénées nommément, pendant le moyen âge, que Roger, comte de Comminges, ne voulut plus faire hommage au comte de Montfort, après l'avoir entendu éternuer une fois; « car, dit Pierre de Vaux-Sernai, les gens de ce pays, qui sont les plus fous des hommes, observent les augures. » (*Rec. des Hist. des Gaules*, etc., t. XIX, p. 47, A.) — Selon Dobrizhoffer, les sauvages du Brésil avaient la même crainte de l'éternuement. (*Nouvelles Annales des voyages*, février 1827, p. 273.)

[2] Par exemple, le hurlement des chiens, ainsi que les cris plaintifs du chat-huant, sont considérés par le peuple roumain comme un présage de mort. (*Ballades et chants populaires de la Roumanie*, etc., par M. Alexandri, p. 198.) Jean de Meung appelle le chat-huant

> Prophetes de male aventure,
> Hideus messagier de dolor.

Le Roman de la Rose, édit. de Méon, t. II, p. 91, v. 6000. Enfin, Rabelais fait dire à l'un de ses personnages : « Regardez ceste chevèche; nous sommes, par Dieu! assassinez. » (Liv. V, chap. VIII.) — Cette triste réputation du chat-huant, à peu près générale dans nos provinces, remonte jusqu'à l'antiquité, où elle régnait, au moins chez les Latins. Voyez les passages d'anciens auteurs recueillis par Crusius, dans son traité intitulé *De Nocte et nocturnis officiis apud veteres Commentatio*, chap. XX, n° 2 *(De bubone nonnulla memorabilia traduntur)* et n° 3 *(Observatum apud magnates moribundos, quòd bubo eorundem insederit cubilibus)*, t. II, col. 898, B-F, du *Novus Thesaurus antiquitatum Romanarum* de Sallengre. — En ce qui touche les préjugés dont les vieilles femmes et les rousseaux étaient victimes dans le nord aussi bien que dans le midi de la France, nous en trouvons un témoignage formel dans un adage rapporté par Gabriel Meurier. Voyez nos *Études de philologie comparée sur l'argot*, etc., au mot *Rousse*, p. 368, 369, et le *Livre des proverbes français*, par le Roux de Lincy. A Paris, chez Paulin, 1842, in-12, t. 1, p. 145.

viennent de ses pères. Ce sont eux qui, entre autres choses, lui ont appris celles-ci :

1° L'homme qui le lundi voit à son lever une femme sous sa fenêtre, doit s'attendre dans la semaine à sept jours néfastes tissus de ronces et d'orties [1].

2° Qui a bourse bien garnie dans sa poche, lorsque, pour la première fois, au printemps, il entend le chant du coucou, peut compter, dans le cours de l'année, sur toutes les faveurs de la fortune [2].

3° Sur une famille de sept frères, il y en a un qui doit être marqué de la croix, c'est-à-dire avoir dans l'intérieur du palais ou sur la langue l'empreinte d'une croix qui lui communique la vertu de guérir, par la succion, les morsures des chiens enragés. C'est principalement dans le Guipuzcoa qu'il existe de ces guérisseurs ; et dans les familles où il se trouve sept garçons, on ne manque pas de donner à l'un d'eux cet état, qui, grâce à l'entière confiance du peuple dans les remèdes du croisé, qu'il regarde d'ailleurs comme une espèce de saint, ne laisse pas d'être assez lucratif [3].

4° Le jour de son mariage, et pendant la cérémonie, un fiancé prudent aura sur ses genoux un pan de la robe ou du tablier de sa fiancée. Cette précaution, disent les matrones, mettra les jeunes époux à l'abri du redoutable maléfice appelé *esteca*, par antiphrase, et qui consiste dans une inévitable et invincible antipathie qui les désunirait à jamais.

5° Si le célébrant oubliait de fermer le Missel après les oraisons de la post-communion, toutes les sorcières assistant à l'office

---

[1] « Il nous arrivera du malheur, si le matin nous rencontrons dans nôtre chemin un prêtre, un moine, une fille, » etc. (J.-B. Thiers, *Traité des superstitions*, etc., liv. III, chap. III, 2ᵉ édit. Paris, M.DC.XCVII.-DCC.IV., in-8°, t. I, p. 209.) — Quelques lignes auparavant et après, on voit que les mœurs de la fille déridaient le front sévère du destin, puisqu'il devait arriver du bonheur si celle que l'on rencontrait était une fille débauchée. Il suffisait même de penser à des femmes de cette classe pour obtenir un résultat heureux. On ne dit pas si c'était pour la morale.

[2] Dans les Highlands d'Ecosse, c'est un heureux présage que d'être en marche quand on entend pour la première fois le chant du coucou. (*Popular Rhymes of Scotland*, p. 121.)

[3] *Souvenirs du Pays Basque et des Pyrénées*, etc., p. 68, 69. — Avant de finir ce chapitre, nous reviendrons sur cette classe d'individus, à propos d'autres charlatans de même espèce connus sous le nom de *saludadores*, d'*ensalmadores*.

demeureraient clouées dans l'église tant que le livre y resterait ouvert.

6° On est sorcier et sorcière, ou par un pacte volontaire avec le démon, ou par suite de la négligence du parrain et de la marraine pendant l'administration du baptême.

Les Basques croient, en effet, à l'existence des sorciers. Chaque village en renferme trois ou quatre, pauvres vieilles femmes qui ne vivent que d'aumônes. Elles ont le pouvoir de donner un sort, des maladies aux bêtes et aux gens, de maudire une maison, etc. Aussi, quand elles vont frapper à certaines portes, s'empresse-t-on de leur faire la charité. Un enfant qui en rencontrerait une sur un chemin écarté, se garderait bien de lui adresser la parole. Docile aux recommandations de sa mère, il s'éloignerait au plus vite en fermant la main droite, le pouce passé entre l'index et le doigt du milieu; et tant qu'il aurait la sorcière en vue, il ne cesserait de répéter : *Sorguina, pues, pues, pues* (sorcière, loin de moi)! Comment pourrait-il oublier ces recommandations, après les histoires de sorciers qu'il a entendu raconter l'hiver, au coin du feu, par des témoins authentiques?

Telle personne qui se pique de n'être pas superstitieuse, qui ne croit point aux revenants, reconnaît l'existence des sorciers. Combien de mères n'accusent-elles pas de l'infirmité de leurs enfants une vieille voisine qu'elles auront offensée, une mendiante inconnue qu'elles auront renvoyée sans aumône? Combien d'autres aussi, et du rang le plus élevé, de l'éducation la plus distinguée, emploieront comme un remède puissant l'eau dont s'est servie une vieille sorcière pour filer? Toutes les sorcières du pays se réunissent le samedi soir dans un lieu isolé, et là, suivant certains, elles se livrent à des infamies et à des danses infernales avec les démons. D'autres assurent qu'elles tiennent conseil sous la présidence d'un roi, auquel elles exposent, chacune à leur tour, ce qu'elles ont fait pendant la semaine qui vient de s'écouler, ce qu'elles feront dans la suivante, etc. Après les avoir entendues, le roi leur donne des avis ou leur adresse des réprimandes, selon ce qu'elles ont bien ou mal mérité; puis l'assemblée, que l'on nomme *akhe larria*, se sépare. Les sorcières, auxquelles on reconnaît la faculté de prendre telle forme qu'il leur plaît, traversent les espaces avec la rapidité du vent, avantage qu'elles doivent à un onguent dont elles se frottent. Ce sont nécessairement des êtres malfaisants, au rebours des *azti*, qui ont naturellement le don de guérir, espèce d'empiriques bien autrement en crédit que les docteurs patentés.

Le roi des sorciers du Pays Basque, ou du moins l'individu qui passe pour tel, appartient à cette catégorie ; c'est un vieillard de quatre-vingts ans, qui habite Saint-Jean-le-Vieux, près de Saint-Jean-Pied-de-Port. Il est fils et frère d'officiers de santé, et lui-même, sans avoir jamais étudié la médecine, la pratique avec succès, surtout avec profit. Plus d'une fois il a guéri des malades abandonnés par les médecins, qui, comme on sait, ne sont pas toujours sorciers ; de telle sorte que, déjà heureux comme un roi, il l'est plus qu'un prophète, en ce sens que sa réputation, fort grande à Saint-Jean-le-Vieux, s'étend jusqu'aux limites du pays. On vient de loin le consulter ; il sait répondre sur toute espèce de choses. L'opinion commune est qu'il entretient des relations avec le diable, qu'il a toujours dans sa chambre sous la forme d'un bouc ; personne n'est admis à y entrer. Il tire aussi les cartes. Quand on perd un animal, qu'on a des bestiaux malades, on va le trouver. Il indique très-bien la direction du fugitif, la cause de la maladie et le remède à y porter. Comme on peut le croire, ce suppôt de l'enfer n'a garde de travailler pour l'amour de Dieu ; aussi est-il fort à son aise : peu de personnes dans le pays reçoivent autant de cadeaux que lui en volailles, gibier, agneaux et autres denrées. Si, comme on l'a dit :

> Dieu prodigue ses biens
> A ceux qui font vœu d'être siens,

il est à croire aussi que le diable agit de même et vaut beaucoup mieux que sa réputation.

Le démon n'est cependant pas toujours bon maître : souvent il accorde à ses esclaves richesses, plaisirs, priviléges ; mais parfois aussi il se montre tyran, et tyran des plus cruels. Il tourmente les mortels et leur impose les exigences les plus dures, témoins les loups-garous, malheureux vagabonds qui, à la chute du jour, échappant à la vie commune, errent des nuits entières comme de vils animaux dont ils partagent les goûts et les instincts [1]; témoin encore ce jeune fanfaron qui, allant pour cinquante centimes chercher dans un champ une pioche qu'une femme y avait oubliée, fut enlevé dans les airs et porté jusqu'au-dessus de Saint-Antoine, où il eut le bon esprit d'invoquer le saint, ce qui lui valut sa délivrance.

Dans le Pays Basque, nommément dans la basse Navarre, on vous dira encore que les âmes des morts reviennent, soit pour se venger de leurs familles, soit pour les obliger à restituer le bien mal acquis, quel que soit le coupable. Un trépassé qui va en purgatoire, revient ordinairement dans sa famille pour réclamer des prières, des messes, des pèlerinages, etc. On ne le voit jamais, on l'entend seulement. Il fait du bruit, tantôt dans un appartement, tantôt dans un autre; le plus souvent, c'est à la cuisine. Il y remue la vaisselle; quelquefois aussi il met toutes les assiettes en rang sur le plancher. Si quelqu'un vient, le bruit cesse pour recommencer ailleurs, et ainsi de suite, sans que l'on sache comment y mettre fin. Il faut trouver le moyen de parler au revenant *(arima herratia)* pour apprendre ce qu'il veut. En général, ce moyen est indiqué par certaines personnes du village au fait de ces sortes de choses. On va les consulter dans le plus grand secret, et l'on ne divulgue les faits qu'après y avoir porté remède. Tantôt il faut laisser revenir l'âme en peine tant qu'elle voudra, et commencer par faire dire des messes : cela seul suffit souvent pour l'arrêter. Tantôt il faut absolument savoir ce qu'elle désire *(errequeritcia)* : on lui met alors sur une table du papier, une plume et de l'encre, avec deux cierges bénits, et c'est là qu'elle fait connaître par écrit la cause pour laquelle elle est venue. C'est une messe par semaine ou par mois, pendant une année, qu'elle demande; ce sont deux ou trois pèlerinages à Jaca, à Roncevaux, à Saint-Antoine, autrefois même à Saint-Jacques de Compostelle; après cela tout est fini, on n'entend plus rien dans

---

[1] Voyez, sur ces victimes des sorciers, ou plutôt de la crédulité des paysans, les Recherches de M. F. Bourquelot sur la lycanthropie, insérées dans les *Mémoires des antiquaires de France,* t. XIX (Paris, M DCCC XLIX), p. 193-262.

la maison. Cette croyance est générale dans le Pays Basque, et il y a peu de familles qui n'aient eu des revenants.

Dans la même contrée, quand une âme passe du purgatoire au ciel, elle se manifeste sous la forme d'étoile filante, tandis qu'ailleurs un pareil météore n'annonce que la mort d'une personne [1].

Les saints ne dédaignent pas de descendre sur la terre basque, saint Jean du moins, dont le nom, conservé dans celui de nombre de localités, indique combien son culte est répandu. La veille de sa fête, on met une pierre au milieu des feux que l'on a allumés; elle sert de prie-Dieu au bienheureux, qui passe dans tous les lieux où l'on en a fait en son honneur. Le lendemain matin, on y trouve ordinairement des cheveux qu'il y a laissés et que l'on conserve comme des reliques [2]. Ce soir-là, ceux qui ont des plaies vont les laver à la rivière, à minuit sonnant.

A cette heure, si le coq chante, c'est qu'il y a un sorcier dans la maison.

Il existe encore des êtres fantastiques nommés *lamiñac*, qui sont doués de facultés surnaturelles. On naît *lamiña*, on ne le devient pas. Pour ce qui est de leur intervention ici-bas, il est difficile d'en dire quelque chose, ce nom ne représentant rien de vivant, rien de réel à l'esprit des paysans basques, qui mentionnent les *lamiñac* comme nous mentionnons Jupiter, Minerve, etc. C'est une simple réminiscence du paganisme, et le mot euscarien doit être une dernière trace des *lamiæ* des Latins, dont le souvenir vivait encore chez nous au XIII° siècle [3]. M. du Mège, qui écrit *labina*, voit dans les êtres ainsi nommés des personnages identiques aux *hados*, ou fées, des paysans béarnais [4].

Un autre savant, ou plutôt un poëte du pays, qui veut que les ancêtres de ses compatriotes soient venus d'Afrique, voit dans

---

[1] *Essai historique sur la ville de Bayeux*, etc., par Frédéric Pluquet. Caen, chez T. Chalopin, 1829, in-8°, chap. XLIX, p. 354.

[2] La même tradition se retrouve dans l'ouest de notre pays. Voyez *Note sur les usages et les traditions du Poitou*, par M. Guerry, parmi les *Mémoires de la Société des antiquaires de France*, t. VIII (Paris, 1829), p. 452.

[3] Guilielmi Par. secund. part. de Universo pars III, cap. XII. (*Guilielmi Alverni, episcopi Parisiensis... Opera omnia*, etc. Aureliæ, M.DC.LXXIV., in-folio, t. I, p. 1036, col. 2, F.)

[4] *Stat. gén. des départ. pyrén.*, t. II, p. 560.

une autre de leurs croyances une trace d'un passé encore plus reculé : « L'imagination des Basques, aidée par la réminiscence confuse des pays que les premiers Euskariens ont habités, dit-il, n'a point manqué de peupler les Pyrénées d'êtres mystérieux et bizarres, qui servent de lien superstitieux entre la création matérielle et visible, et le monde fantastique des larves et des esprits. Le plus populaire de ces mythes pyrénéens est le Seigneur-Sauvage (*Bassa-Jaon*), sorte de monstre à face humaine, que le Basque place au fond des noirs abîmes ou dans la profondeur des forêts. La taille de Bassa-Jaon est haute, sa force prodigieuse; tout son corps est couvert d'un long poil lisse qui ressemble à une chevelure; il marche debout comme l'homme, un bâton à la main, et surpasse les cerfs en agilité. Le voyageur qui précipite sa marche dans le vallon, ou le berger qui ramène son troupeau à l'approche de l'orage, s'entend-il appeler par son nom répété de colline en colline? c'est Bassa-Jaon. Des hurlements étranges viennent-ils se mêler au murmure des vents, aux gémissements sourds des bois, aux premiers éclats de la foudre? c'est encore Bassa-Jaon. Un noir fantôme, illuminé par l'éclair rapide, se dresse-t-il au milieu des sapins, ou bien s'accroupit-il sur quelque tronc d'arbre vermoulu, en écartant les longs crins à travers lesquels brillent ses yeux étincelants? Bassa-Jaon. La marche d'un être invisible se fait-elle entendre derrière vous, son pas cadencé accompagne-t-il le bruit de vos pas? toujours Bassa-Jaon [1]. »

Comme on doit s'y attendre, la chiromancie, la nécromancie, ne sont point pour nos montagnards des sciences vaines. A la faveur de cette opinion, tireuses de cartes, diseurs de bonne aventure, devins, subsistent encore, et font tout ce qui concerne leur état. A vrai dire, on s'adresse à ces gens-là plutôt par curiosité que par foi dans leurs oracles; cependant, il se trouve encore bien des sots qui se laissent duper. Un journal de Bayonne signalait, il y a quelques années, deux victimes d'une pythonisse de cette ville, dans ce récit très-authentique d'une anecdote dont les personnages sont connus.

[1] *Voyage en Navarre*, etc., p. 260, 261, chap. VII. L'auteur l'a répété dans son *Histoire primitive des Euskariens-Basques*, etc., Bayonne, M.DCCC.XLVII., in-8°, p. xl, xli.

A son retour des désastreuses campagnes de la Péninsule, un soldat de l'Empire prit femme dans la basse Navarre et s'y établit. C'était un brave homme s'il en fut jamais, excellent ouvrier gagnant avec l'alène et le tire-pied de quoi suffire à une modeste existence ; mais l'âge, les infirmités, les besoins et les incapacités de la vieillesse, laissèrent à la misère une entrée libre dans le sein du pauvre ménage. Peu capable de travailler, le vieux brave se prit à réfléchir sur son passé. O bonheur ! un souvenir qui, quoique bien souvent rappelé, n'avait été pour lui que le sujet de ses récits les plus répétés, lui apparaît pour la première fois comme la source des plus heureuses espérances. Jadis, en Andalousie, un coffret précieux était tombé entre les mains de notre héros ; mais pressé par le clairon de la retraite, il n'avait pu qu'enfouir le cher trésor : quelques camarades l'avaient assisté dans cette opération. Ah ! si le coffret pouvait se retrouver ! que de jours heureux encore sur la terre ! La province, le village, le lieu précis se redressent limpides et animés dans l'esprit du vétéran de l'Empire. Il traversera les monts et reviendra riche. Cependant si quelqu'un de ses camarades, mieux avisé que lui, l'avait prévenu ? Si le hasard, cette divinité capricieuse, tour à tour amie et ennemie de chacun de nous, avait découvert à quelque heureux Andalou le dépôt sacré ? Pauvre Basque ! s'il allait faire un voyage long, dispendieux, semé de dangers, sans résultat utile ? « Consultons la pythonisse, ou plutôt la sorcière, lui dit sa femme. Bayonne n'est pas loin ; on s'y rend à peu de frais. Là, nous connaîtrons le passé, le présent, l'avenir, et si l'oracle rend une réponse favorable, je te verrai partir sans crainte. » La tireuse de cartes la plus renommée de Bayonne est consultée : « Vos questions sont bien graves, dit gravement la Lenormand du Labourd ; cependant vous serez satisfaits. Achetez la plus belle dinde en vente sur le marché, enterrez-la vivante à minuit précis sur tel point du glacis, puis faites-en trois fois le tour ensemble sans regarder en arrière ; au troisième tour, le volatile répondra lui-même, au nom de la vérité, à toutes vos questions. » Toutes ces prescriptions furent exécutées de point en point. Au troisième tour, la pauvre dinde est interpellée. Point de réponse. Les deux époux stupéfaits fouillent le lieu de la sépulture : l'animal avait disparu, ou plutôt au lieu d'un dindon il y en avait deux. Les crédules campagnards crurent-ils pouvoir conclure de là que le coffret tant convoité devait être hors de leur atteinte? ou bien comprirent-ils que la devineresse les mystifiait? C'est ce que l'on ignore; mais l'aventure se répandit dans le pays, et fit beaucoup rire aux dépens de ses victimes.

Faut-il prendre là-dessus la mesure de la crédulité des paysans basques?

Les doctes physiciens et chimistes des siècles passés, assez curieux pour étudier et admirer les observations faites par les alchimistes, mais pas assez avisés pour faire la synthèse des innombrables expérimentations des chercheurs de la pierre philosophale, se récriaient à chaque phénomène inexplicable pour leur ignorance. Cependant une pétition de principes, un sophisme quelconque, un jeu de mots, suffisaient souvent pour satisfaire leur curiosité inquiète : « Pourquoi l'opium fait-il dormir? — « Parce qu'il a une vertu dormitive. » Ordinairement le peuple ne se laisse guère prendre à cette sophistique. Il y a sous le bonnet, sous le berret du paysan, un bon sens qui défie la fausse science, une logique qui repousse toutes les arguties, une ténacité que l'on cherche en vain à ébranler depuis un siècle. Les villageois du Pays Basque sont plus rationalistes que les rationalistes. On attribue leurs superstitions à leur crédulité excessive; on se trompe. Le fameux critérium de toute vérité, *magister dixit*, n'est nulle part moins en usage que parmi eux pour les vérités pratiques. Racontez-leur même quelque fait vrai, mais qui à leurs yeux n'est pas vraisemblable, ils vous écouteront par complaisance, vous approuveront même par politesse; mais qu'ils ajoutent foi à vos récits, ne vous y attendez pas. C'est à ce point, que l'on s'engagerait à trouver des centaines de montagnards hochant la tête avec incrédulité à la mention des chemins de fer et du télégraphe électrique, dont tout le pays retentit cependant, depuis trois ans surtout. Chacun voudrait, pour y croire, voir de ses yeux, toucher de ses mains. J'insiste sur ce point, que je regarde comme fondamental et nécessaire, quand on veut sérieusement se rendre compte des superstitions de nos campagnes. Il y a des gens qui, n'ayant jamais vu de près ces rudes et intéressants habitants des hameaux, se figurent avoir répondu à tout, lorsqu'à cette question : « Pourquoi les paysans sont-ils si superstitieux? » ils répliquent : « C'est parce qu'ils sont trop crédules et disposés à tout admettre sans examen. » Encore une fois, rien n'est moins fondé que cette interprétation, et il n'y a rien de moins vrai pour ce qui concerne les paysans basques. Ces derniers, en effet, et il serait bien facile de vérifier sur les lieux l'exactitude de mon assertion, n'admettent guère que deux autorités capables de motiver leurs croyances : 1° la loi de Dieu, ou la révélation, *Jaincoaren leghia;* 2° les maximes de leurs ancêtres, *erran zaharrac,* dont ils disent : *zahar hitzac, zuhur hitzac* (dictons vieux, dictons sages), et pour lesquelles ils professent un respect absolu. Tout ce qui ne leur est pas démontré découlant évidemment de ces deux sources, rentre pour eux totalement dans le domaine du libre examen; ils tâchent de se raisonner les faits quelconques qui ont fixé leur attention, et tout ce dont leur logique naturelle ne peut découvrir la cause est attribué à Dieu ou au démon, comme cause directement agissante, suivant que ces faits leur paraissent convenir au principe de tout bien ou à la source de tout mal. Ajoutez à cela certains faits du passé, qui, dénaturés par le cours des temps, ont cependant été transmis de génération en génération sans les circonstances accidentelles qui en expliquaient naturellement le merveilleux apparent, et l'on aura l'explication complète des superstitions des Basques. Il y a des esprits superficiels qui sourient de pitié au seul mot de *superstition.* Loin de moi la pensée de faire l'apologie de ce que la raison et la religion réprouvent; mais je crois fermement qu'au fond et à la source de ces superstitions, il y a des vérités utiles à constater. Quelques exemples ne peuvent que mieux faire comprendre ma pensée; je les prendrai dans le Pays Basque et en dehors.

Au mois de juillet 1854, un procès fut intenté devant le Tribunal correctionnel de Romorantin à un paysan qui avait violé une sépulture dans le but de dérober le crâne d'un mort pour le faire servir à une infusion destinée à un épileptique. Le ministère public s'arma de ses foudres les plus terribles pour pulvériser une aussi détestable superstition, et le coupable reçut un châtiment exemplaire [1], sans que personne songeât à faire remarquer que la râpure de crâne humain figurait encore, il y a quelques années, dans le Codex, parmi les remèdes contre l'épilepsie [2], et que cette prescription date de l'époque où cette maladie, considérée comme possession du démon, était surtout traitée par une infusion de reliques râpées, ou au moins par la boisson de l'eau ou du vin qui avait servi à laver ces vénérables restes.

Riches en sources d'eaux minérales, les paysans basques, à l'exemple de leurs voisins [3], les entourent d'un culte superstitieux. A Cambo, par exemple, la veille de la Saint-Jean, ils arrivent à minuit de tous les points de la contrée. Ils commencent par danser; après les danses, ils courent aux deux fontaines, en interdisent l'accès aux paisibles buveurs, et, malades ou non, tous tant qu'ils sont, ils boivent à l'une ou à l'autre, à toutes deux même [4]. Cela fait, et s'il a pu se baigner dans la mer, à Biarritz, le dimanche qui suit l'Assomption, le Basque repose avec confiance tout le reste de l'année; il est à l'épreuve de toutes les maladies [5].

---

[1] Trois jours d'emprisonnement. (*Gazette des Tribunaux*, n° du lundi 31 juillet et 1er août 1854, p. 743, col. 1.)

[2] L'ancienne médecine faisait encore usage d'un certain lichen qui croît sur le crâne des morts. Voici la composition de l'un des principaux remèdes contre l'épilepsie employés à la fin du XVIIe siècle : « Prenez polipode de chêne bien séchée et réduite en poudre subtile, de la mousse du crâne humain d'une personne qui a souffert une mort violente, râclures d'ongles humains des pieds et des mains, de chacun deux dragmes; racine de péone séchée, une demi-once; du vrai gui de chêne, demi-once. Il faut le recueillir au déclin de la lune, » etc. (*Remèdes souverains et experimentez de Monsieur le chevalier Digby*, etc. A Paris, chez Guillaume Cavelier, M. DC. LXXXIV., in-8°, p. 69.) Pline, qui rapporte certains de ces remèdes comme déjà prescrits par les médecins grecs, en flétrit énergiquement l'usage (*Hist. nat.*, liv. XXVIII, chap. II), et Pierre de Lancre range l'usage de la raclure d'ongles et de la poudre tirée du crâne d'un larron fraîchement pendu, parmi les superstitions dangereuses. (*Tableau de l'inconstance des mauvais anges*, etc., liv. V, disc. I, p. 348, 349.)
— Voyez, pour l'indication des opinions diverses sur l'emploi du crâne humain dans le traitement de l'épilepsie, *Friderici Henning, medicinæ doctoris et practici Bardensis, Analecta litteraria epilepsiam spectantia*. Lipsiæ, apud Henricum Graeff, MDCCXCVIII, in-4°, pars III, medicamentaria, etc., art. *Homo*, p. 171, 172.

[3] Voy. *Stat. gén. des départ. pyr.*, t. II, p. 367, 378, 408.

[4] Le pèlerinage de Notre-Dame-du-Roncier, à Josselin, se termine de même. Au sortir de l'église, on conduit l'aboyeuse à la fontaine de la Sainte-Vierge, elle se lave les mains et la figure dans cette eau fraîche, et boit une ou deux gorgées. (*Les Aboyeuses de Josselin*, etc., par C. Jeannel. Rennes, imprimerie de Ch. Catel et Comp., 1855, in-12, p. 12. Voyez aussi p. 46, 47.)

[5] A. Germond de Lavigne, *Autour de Biarritz*, chap. VI, p. 106. Dans le périmètre décri

Si nous cherchons un fondement à ces pratiques, nous trouverons qu'elles datent de loin et reposent sur une base assez raisonnable pour l'époque où elles ont pris naissance. Ainsi, au rapport d'un écrivain navarrais qui florissait il y a plus de trois cents ans, il était d'usage de se baigner le matin de la Saint-Jean et de sauter la nuit par-dessus le feu d'herbes traditionnel, pour se préserver de la gale [1]. Des pratiques analogues existaient déjà en 452, et un canon du concile d'Arles déclarait coupable de sacrilége l'évêque qui ne ferait pas tous ses efforts pour les faire cesser dans son diocèse [2]. On lit dans les Capitulaires de Charlemagne : « A l'égard des arbres, des pierres et des fontaines, où quelques insensés vont allumer des chandelles et pratiquer d'autres superstitions, nous ordonnons que cet usage fort mauvais et réprouvé de Dieu soit aboli; que celui qui, suffisamment averti, ne ferait pas disparaître de son champ les simulacres qui y sont dressés, ou qui s'opposerait aux gens chargés de les détruire, soit traité comme sacrilége [3]. » Témoins des bons effets des eaux minérales, et ne pouvant pas plus qu'on ne le peut de nos jours pénétrer les causes de cette action thérapeutique, nos ancêtres croyaient à une puissance mystérieuse à laquelle il fallait rendre un culte, et depuis les premiers temps du moyen âge jusqu'à présent, ce culte n'a point cessé, soit dans les contrées pyrénéennes, soit en Auvergne [4], autre pays de montagnes qui présente

par l'auteur, proche de la Nive, est une fontaine, que saint Léon, à ce qu'on dit, fit jaillir. Longtemps ses eaux ont passé pour posséder de grandes vertus, entre autres celle de guérir les maladies des femmes grosses et les maux d'yeux. « Un nommé Pédebaigt, dit Beylac, en fit, il y a environ quatre-vingt-dix ans, un objet de commerce dans les îles d'Amérique, et gagna des sommes considérables. » (*Nouvelle Chronique de la ville de Bayonne,* par un Bayonnais. Bayonne, de l'imprimerie de Duhart-Fauvet, 1827, in-8°, p. 16, en note.) — Nous avons rejeté à la suite de ce chapitre, comme trop longue, une note sur les eaux minérales du Pays Basque.

[1] *Tractatus de superstitionibus, contra maleficia seu sortilegia quæ hodie vigent in orbe terrarum....* Auctore D. Martino de Arles. Romæ, apud Vincentium Luchinum, 1559, petit in-8°, folio 8 recto. L'auteur cessa de vivre le 25 avril 1521, comme on le voit par son épitaphe, rapportée à la p. 33 des *Adiciones al Diccionario de antiguedades de Navarra.*

[2] Conc. Arel. II, can. XXIII. (*Sacrosancta Concilia,* etc., stud. Philip. Labbei, et Gabr. Cossartii, t. IV, col. 1013, E.)

[3] Capitulare Aquisgranense, sive capit. I anni DCCLXXXIX, art. LXIII. (*Capitularia regum Francorum,* ed. Pedro de Chiniac, t. I, col. 235. Cf. col. 713 et 1094.)

[4] Voyez *Description historique et scientifique de la haute Auvergne,* etc., par J.-B. Bouillet. Paris, J.-B. Baillière, 1834, in-8°, p. 322, en note.

plus d'un trait de ressemblance avec celui que nous avons entrepris de faire connaître.

Parmi les singulières pratiques que l'on y trouve, il en est une autre qu'il me semble encore possible d'expliquer. Dans les Basses-Pyrénées, l'opinion commune s'obstine à attribuer au bourreau la faculté de guérir le goître en le pressant avec les mains, à ce point que dernièrement une personne distinguée s'est rendue à Pau uniquement pour demander à l'exécuteur des hautes-œuvres du département de pratiquer cette opération sur sa fille, qui la subit deux fois par jour. D'où peut venir une pareille opinion? Sans aucun doute d'une locution du langage facétieux, où l'on appelait *herbe à tous maux* la corde que le bourreau plaçait autrefois autour du cou des malfaiteurs [1]. Depuis que la cravate de chanvre n'est plus en usage, au moins dans les exécutions, on a reporté ses vertus sur les mains qui la nouaient, sans perdre la superstition dont est l'objet la corde de pendu, superstition qui n'a d'autre source qu'une plaisanterie prise au sérieux, et qui a cours chez nous comme dans le Pays Basque.

Là, toutes les maladies présentant extérieurement des crises et des contorsions difficiles à expliquer, comme les cas extraordinaires et compliqués de maladies nerveuses, seront attribuées à la possession du démon, et les paysans n'auront garde de recourir au curé. Le moyen efficace de guérison est connu de chacun : c'est un pèlerinage à Saint-Jacques de Compostelle, recommandé même par Satan, au moins dans une circonstance [2], ou un pieux voyage à d'autres endroits réputés comme possédant la même vertu. Autrefois il suffisait, pour être toute l'année à l'abri du mal de tête, d'aller enfoncer des aiguilles ou des épingles dans un certain arbre près de Pampelune, et les jeunes filles, jalouses de conserver ou d'embellir leur chevelure, suspendaient, dans ce but, de leurs cheveux devant l'image de saint Urbain, dans le cloître de la cathédrale de cette ville [3].

[1] *Curiositez françoises, pour supplément aux Dictionnaires*, etc., par Antoine Oudin. Rouen et Paris, M.DC. LVI., in-8°, p. 210.
[2] *La Demonomanie des sorciers*, par J. Bodin, Angevin, liv. III, chap. VI; édit. de 1598, p. 405.
[3] *Tractatus de superstitionibus*, etc., fol. 25 recto.

Tout ce qui rentre dans les maladies épileptiques et toutes les infirmités subites et persistant avec intermittence, dont quelques données antérieures ou le médecin ne justifieraient point la cause naturelle, seront attribuées bien vite à une influence surnaturelle et maligne, *gaïtz emana*[1]. On cherche autour de soi la personne qui aurait pu donner le mal, et malheur à celle que l'on soupçonnerait : on la sommera de faire disparaître l'effet de ses maléfices, sous peine de perdre la vie sous le bâton, ou même dans un four chaud. Des faits assez rapprochés de nous, et qui se sont déroulés devant les tribunaux, ont souvent démontré que ces menaces n'étaient pas toujours vaines[2].

---

[1] « Je recognois pourtant parmy les maladies populaires, dit de l'Ancre, une certaine maladie qu'on appelle en France *chauchepoulet*, et en Espagne *la pezadilla*, de laquelle le commun peuple estant par fois tourmenté, il croit ordinairement que c'est l'attouchement de quelque sorciere, » etc. (*L'Incredulité et mescreance du sortilege*, etc., traicté III, p. 175.) — Si j'ai bien compris le passage qui précède, du temps de Louis XIII, la superstition qu'il signale régnait de ce côté-ci des Pyrénées comme de l'autre ; mais M. de Maistre ne veut pas qu'il y ait en Espagne trace de la moindre de ces faiblesses de l'esprit humain : « Vous connaissez, j'espère, dit-il, de fort honnêtes gens et fort au-dessus du peuple, qui croient de la meilleure foi aux amulettes, aux apparitions, aux remèdes sympathiques, aux devins et devineresses, aux songes, à la théurgie, à la communication des esprits, etc., etc., etc., et qui sortiront brusquement de table si, par le comble du malheur, ils s'y trouvent assis avec douze convives ; qui changeront de couleur si un laquais sacrilège s'avise de renverser une salière ; qui perdroient plutôt un héritage que de se mettre en route tel ou tel jour de la semaine, etc., etc., etc. Eh bien !... allez en Espagne, vous serez étonné de n'y rencontrer aucune de ces humiliantes superstitions. » (*Lettres à un gentilhomme russe sur l'Inquisition espagnole.* A Paris, chez Méquignon fils aîné, M.DCCC.XXII, in-8°, p. 100.) — Si ce que dit M. de Maistre est fondé, ce qui offre matière à discussion, il n'en est pas moins vrai de dire que les Espagnols n'ont point toujours été à l'abri de la superstition. Un mot de Guillaume d'Auvergne sur les cavaliers fantastiques désignés chez nous sous le nom de *mesnie Hellequin*, et en Espagne sous celui d'*armée antique* (*Guilielmi Alverni... Opera omnia*, etc., ed. M.DC.LXXIV., in-fol., t. I, p. 1037, col. 1, B), le traité qu'en 1559, Martin de Arles, archidiacre de la vallée d'Aybar en l'église de Pampelune, publia contre les pratiques superstitieuses de son temps, traité où il en signale plusieurs usitées dans le royaume de Navarre, atteste ce que nous venons de dire. Folio 18 recto, il parle des innombrables superstitions qui avaient cours en Andalousie, dont les habitants, dit-il, l'emportaient sous ce rapport sur tous les autres Espagnols. — Dans la première des romances du Cid, où l'on voit comment Diego Laynez éprouva le courage de son fils Rodrigue, il fait appeler ses enfants, et, sans leur dire un seul mot, il leur serre l'un après l'autre les mains, « non pas, dit le poëte, pour y considérer les lignes de la chiromancie, car cette mauvaise coutume des devins n'était pas née en Espagne, » etc. (*Romancero del Cid*, publicado por A. Keller. Paris, por Blanc-Montanier y comp., 1840, en 12, p. 3, rom. 2.)

[2] Le 29 avril 1850, les époux Suberbie, cultivateurs de l'arrondissement de Lourdes (Hautes-Pyrénées), attirèrent chez eux une vieille femme nommée Jeanne Bedouret. Vers neuf heures du soir, après le coucher des enfants, Marie Suberbie dit à son mari : « Cette femme m'a donné du mal, il faut chauffer le four et l'y faire griller. » Les cris, les protestations

Là encore je reconnais l'héritage du passé, et je puis remonter au moins jusqu'à de l'Ancre, qui, dans son épître dédicatoire au chancelier de Sillery, représente « qu'il s'est trouvé en une seule petite paroisse, près la ville d'Acqs [1], plus de quarante personnes affligées de l'epilepsie par le moyen des sorciers, et une infinité d'autres attains d'un certain mal qui les faict abbayer comme chiens [2]. » Que faire dans un cas pareil? Remy et les autres, qui ont traité cette question, allèguent plusieurs cas dans lesquels il est loisible, sans offenser Dieu, de recourir au sorcier qui a donné le maléfice, et de le contraindre par menaces, par force et par coups, de guérir ou d'ôter le mal qu'il a donné [3]; mais del Rio, qui creuse cette question plus que tout autre, dit que l'avis de Remy n'est pas assez motivé, et qu'à le prendre au pied de la lettre, il pourrait être très-dangereux [4].

Les Basques, qui ne connaissent même de nom ni l'un ni l'autre de ces auteurs, ont toujours, en pareil cas, penché vers la vio-

---

de la malheureuse Jeanne ne purent fléchir les époux Suberbic. Le four fut chauffé. La victime fut saisie par le milieu du corps et mise un instant au four depuis les pieds jusqu'aux genoux ; ensuite, retournée et présentée par la tête. Ses cheveux furent entièrement brûlés, son corps atteint par d'horribles blessures. Elle parvint cependant à s'échapper, mais mourut peu de jours après. Les coupables furent traduits aux assises et condamnés à une peine légère : le jury avait admis des circonstances atténuantes.

[1] « C'est en la paroisse d'Amou. »

[2] « On appelle vulgairement ce mal *le mal de baire.* » (*Tableau de l'inconstance des mauvais anges et demons*, etc., p. 2 de l'epistre. Cf. p. 357, 358.) — Le docteur Calmeil a consacré à l'épidémie d'Amou, en 1613, le § VI du chap. II du liv. IV de son traité *de la Folie*, dont le titre reparaîtra plus loin. Voyez t. I, p. 503-511. — La maladie convulsive dont il est ici question n'a point disparu avec l'époque qui l'a vue naître et avec les malheureuses qui en étaient atteintes. Aujourd'hui même elle existe sur un autre point de la France, dans la basse Bretagne, où l'on trouve nombre de familles dont quelque membre, livré, suivant la croyance générale, à l'empire de Satan, est affligé de la honteuse infirmité d'aboyer comme une bête au lieu de parler comme un chrétien. L'unique remède est, à ce qu'il paraît, de venir humblement baiser un jour de grande fête, à l'heure de l'office, la statue miraculeuse de Notre-Dame-du-Roncier. Voyez *les Aboyeuses de Josselin, excursion en Bretagne au mois de mai* 1855, par C. Jeannel. Rennes, imprimerie de Ch. Catel et comp., 1855, in-12. D'un autre côté, le Dr Champouillon vient d'adresser à la *Gazette des hôpitaux* (n° du 17 janvier 1857), des renseignements curieux sur une maladie appelée *le délire des aboyeurs*, que plusieurs journaux ont reproduits par analyse, entre autres, la *Gazette du Midi*, n° du jeudi 29 janvier de la même année. Outre cette communication, on en trouvera d'autres faites à l'Académie des Sciences sur le même sujet, par MM. Bosredon et L. Pize, dans la première de ces feuilles, n°^{s} des 2 et 16 décembre 1856.

[3] Nicolai Remigii... *Dæmonolatriciæ Libri tres*, etc., lib. III, cap. III; edit. Lugdun. in officina Vincentii, M.D.XCV., in-4°, p. 310-330.

[4] *Disquisit. magic.*, lib. VI, cap. II, sect. I, quæst. 2. Cf. *Tabl. de l'inconst. des mauv. anges*, etc., p. 565.

lence ; ils l'employaient encore dans une circonstance que je veux rapporter, comme exemple de l'une des plus étranges superstitions pyrénéennes. A Lumbier, petite ville de la Navarre espagnole, il était d'usage, en temps de sécheresse, d'aller en procession à San Pedro de Usun, au chant des hymnes et des cantiques. Là, on célébrait la messe, puis on descendait de l'autel la statue du bienheureux, que l'on portait sur le dos ou à bras, toujours en chantant, au bord de la rivière. On s'adressait alors, à plusieurs reprises, au saint pour avoir de la pluie, et comme il ne pouvait moins faire que de garder un silence discret, la population, à laquelle le clergé s'associait dans cette étrange cérémonie, demandait à grands cris que la statue fût plongée dans l'eau, si saint Pierre ne s'empressait pas d'intercéder auprès de Dieu pour obtenir la grâce demandée. Quelques-uns des principaux habitants de Lumbier, élevant la voix en faveur de son pauvre patron, se portaient garants pour lui, et les paysans assurent que jamais leur confiance ne fut trompée, la pluie ne se faisant pas attendre plus de vingt-quatre heures [1].

Je ne sais si une pareille pratique, autrefois usitée encore ailleurs que dans les Pyrénées espagnoles [2], existe toujours [3] ; mais il est

[1] *Tractatus de superstitionibus*, etc., fol. 1 recto. — *Résumé de l'histoire de Béarn*, etc., p. 215. — Dans un autre endroit, fol. 6 verso, Martin de Arles rapporte que les habitants de Labiano, localité de la vallée d'Aranguren, traitaient de même le corps de sainte Félicie.

[2] « Ceste coustume de trainer les crucifix et images en la riviere pour avoir la pluye, dit Bodin, qui écrivait dans la seconde moitié du XVIe siècle, se pratique encores en Gascogne, et l'ay veu faire à Tholoze en plein jour, par les petits enfans, devant tout le peuple, qui appellent cela *la tiremasse*; et se trouva quelcun qui jetta toutes les images dedans le puis du Salin, l'an 1557. Lors la pluye tomba en abondance... qui est une doctrine de quelques sorciers de ce pays là, qui ont enseigné ceste impieté au pauvre peuple, en chantant quelques chansons, » etc. (*La Demonomanie des sorciers*, etc., édit. de 1598, p. 292.) Voyez encore *Stat. gén. des départ. pyrén.*, t. II, p. 374.

[3] Un témoin digne de foi nous a rapporté qu'à Perpignan, pendant l'été de l'année 1818, une première procession, pour obtenir de la pluie, étant restée sans effet, il en fut fait une seconde, dans laquelle une longue file de pénitents noirs, armés chacun d'un cierge et coiffés d'un bonnet pointu, s'avançait précédée d'une statue en bois doré, presque de grandeur naturelle, et représentant saint Agricole. Arrivés au bord de la Tet, petite rivière qui coule auprès de Perpignan, les quatre pénitents qui portaient le saint sur une espèce de palanquin, s'approchèrent de l'eau et y lancèrent la statue. Alors s'éleva un chœur de reproches et d'injures de toute sorte vociféré en catalan par les pénitents, qui couraient le long du bord pour suivre la statue jusqu'à un point désigné, où elle fut repêchée. Dans ce concert peu révérencieux, les pénitents n'oubliaient pas de menacer le saint du feu, s'il ne leur envoyait de l'eau. Une fois la statue retirée de ce singulier bain, chacun reprit son rôle primitif, et la procession rentra avec recueillement.

à ma connaissance que, dans ces derniers temps, les habitants d'une commune des environs de Saint-Palais avaient recours, pour obtenir de la pluie, à l'immersion d'un signe révéré. La sécheresse se prolongeait-elle d'une façon alarmante pour les fruits de la terre? on décidait des prières publiques et une procession solennelle vers une chapelle située à plusieurs kilomètres du village. La procession, partie curé et bedeau en tête, se fait avec les cérémonies d'usage et selon le rituel. Le saint sacrifice est célébré à la chapelle, but et terme du pèlerinage ; mais on profite du temps pendant lequel l'officiant change ses ornements, pour envoyer une députation qui escorte le porte-croix vers un bassin voisin de la chapelle. A diverses reprises, le bedeau plonge la croix dans l'eau, et ce supplément aux rubriques est envisagé comme une condition sans laquelle on n'aurait rien à espérer. Chacun des délégués surveille, du reste, très-scrupuleusement, et le sens dans lequel la croix doit être présentée à l'eau, et la profondeur de la submersion. A ce propos, les souvenirs du passé sont invoqués et font loi. Malheur au porte-croix trop peu complaisant qui se refuserait aux moindres observances de la cérémonie ; il serait maudit et réputé responsable de toute prolongation de sécheresse dans l'avenir, c'est-à-dire presque mis au rang des sorciers.

Ceux-ci, à ce qu'il paraît, bien longtemps avant le XVIe siècle, au lieu d'être maltraités suivant le conseil de Remy, étaient appelés comme les seuls médecins de la situation. Un docteur de la fin du XIIIe, Arnaud de Villeneuve, nous l'apprend, quand, après avoir parlé des choses dont l'usage est permis dans le traitement de l'épilepsie, il ajoute : « Voilà (des remèdes tirés) des espèces animales terrestres, des minéraux et des pierres (dont on peut user), pourvu qu'on les emploie sans aucuns caractères ni signes superstitieux, de manière à ce que nul d'entre eux ne soit associé au divin Symbole (des Apôtres), ni à l'Oraison Dominicale, ni à rien de pareil. Encore faut-il éviter de donner ces objets et autres semblables à toucher, de les suspendre au cou ou à tout autre membre du malade, de les faire porter de quelque autre manière que ce soit; car toutes les choses tirées de ces espèces, qui conviennent au traitement de la maladie, agissent par voie de fomentations, ou par des causes conservatrices du corps humain, qui opèrent en elles intrinsèquement en vertu de leur substance matérielle, de leur quantité et de leur espèce elle-même. Que l'on repousse donc tous ces honteux enchanteurs, conjureurs et invocateurs d'esprits, devins et sorciers, qui ne sont, dans le service médical du corps humain, que des serviteurs et des instruments dévoués du diable, des mécréants [1], » etc.

Ce que j'ai dit des maladies épileptiques s'applique également à la mortalité du bétail, toutes les fois que la maladie ne s'explique pas naturellement. On a beau reprocher aux paysans l'exagération et l'injustice de leurs soupçons : tout est inutile. Un ecclésiastique de nos amis s'étant exprimé dans ce sens en plusieurs circonstances, il lui a été répondu en face par deux hommes très-religieux, fort sensés, du moins pour tout le reste de leur conduite : « Vous autres, prêtres, vous essayez de nous détourner de ces idées, de peur de nous voir devenir la proie de la superstition ; mais vous penseriez autrement si, comme moi, vous aviez vu la femme X***, malgré sa débilité et son grand âge, à cheval sur un bœuf et l'étouffant de ses mains, lorsque moi, avec toute ma force, je n'aurais pu y parvenir. Nous avions déjà perdu plusieurs bêtes à cornes lorsque, après une correction consciencieusement administrée à la sorcière, les bœufs cessèrent de mugir dans nos étables, et la mortalité s'arrêta. » — « Expliquez-moi, disait l'autre, comment telle personne de ma famille est restée alitée sans que le médecin pût rien nous expliquer de son mal ; comment ensuite, ayant ouvert le coussin de la malade, nous y trouvâmes une figure de plumes que l'on nous y avait fait soupçonner ; comment enfin, cet objet magique une fois brûlé, une prompte guérison s'ensuivit [2] ? »

---

[1] Arnaldi Villanovani de Epilepsia, cap. XXV (*De Rebus quarum usus licitus est in curatione epilepsiæ, vel privatur ilico*), inter opera ejus, ed. Basileæ, cIɔ Iɔ xxv, in-folio, col. 1629, D.

[2] J'ai en ce moment sous les yeux un *canard* intitulé : *Fidelle Relation faite avec serment au parlement de Pau, par Monsieur Descout Prestre et Curé d'Erelte en Bearn. Contenant toutes les maximes Diaboliques qui se pratiquent parmy les Sorciers et Sorcieres*. Cette Relation a esté envoyée au Roy par le Parlement de Pau. A Bourdeaux, chez Charles Darbis, et Pierre Abegon, M.DC.LXXI., in-8° de 9 pages, plus le titre. J'y lis, p. 8 : « Ils (les sorciers) donnent des maladies de langueur en fourrant dans les matelats,

Le même ecclésiastique nous racontait une anecdote bien étrange, dont il avait été le témoin auriculaire. Une dame qu'il connaissait particulièrement, venait de perdre son sixième ou septième enfant. Il s'entretenait de la douleur de cette autre Rachel ainsi privée de tous les siens aussitôt après leur naissance, et de la circonstance singulière de certain défaut de conformation d'organes intérieurs, qu'un médecin, frère de la malheureuse mère, avait, disait-on, constaté dans l'auptopsie de ses neveux. La conversation continuait sur ce sujet, quand une femme, arrêtée devant la fenêtre du salon où elle avait lieu, prit la parole, et s'adressant aux interlocuteurs : « Vous vous étonnez, dit-elle, d'une chose fort simple et que je vais vous expliquer. La dame X*** est malheureuse dans ses enfants, elle le sera toujours. Pas un de ses nouveaux nés ne se trouvera viable. Son mari m'avait promis le mariage; il m'a dédaignée ensuite, parce que j'étais pauvre : eh bien! moi, j'ai maudit son union; j'ai désiré et obtenu qu'il ne connût de postérité que pour en être privé aussitôt. Ce qui est obtenu, ajouta-t-elle d'un air inspiré, est et restera obtenu. » A ces mots, la paysanne s'éloigna, et les acteurs de cette scène demeurèrent muets d'étonnement et sous une impression pénible. D'autres enfants naquirent encore dans cette famille, moururent aussitôt et sans que l'autopsie révélât autre chose que ce qui avait déjà été vainement constaté. On ignore si la paysanne vivait encore, et l'on n'a point pris garde si elle avait jamais été présente aux couches de la malheureuse mère, qui, après tout, aurait pu être traitée comme la damoiselle de bonne part dont parle de l'Ancre, « luy ayant esté mis quelqu'ordure dans la matrice par trois sorcieres comme elle s'accouchoit [1]. »

Tous les paysans basques possèdent au complet l'art de la sorcellerie, la plupart sous prétexte d'être en état de déjouer les maléfices, puisque, disent-ils, les prêtres n'en veulent rien faire;

oreillés, ou lict de plumes, des figures de serpents, crapauds, couronne-cœurs, bras, jambes, etc. faites de plumes entrelassées et collées, ou fichées dans de la cire ou argile, mais avec tant d'art qu'il seroit presque impossible de les deffaire; et le seul moyen de guerir est de faire brûler les figures. »

[1] *Tableau de l'inconstance des mauvais anges*, etc., liv. V, disc. I, p. 388.

quelques-uns, j'en suis convaincu, pour employer les recettes magiques au profit de leurs haines et de leurs passions. Baguettes fourchues, herbes mystérieuses, formules consacrées, etc., tout ce que l'on rencontre dans les vieux livres de magie est généralement familier aux paysans jusque dans les moindres détails. Je suis loin de connaître le quart de ce qu'ils savent en ce genre; et ce qui m'a toujours frappé, c'est que j'ai eu l'occasion de retrouver les mêmes choses exactement reproduites dans les livres qui me tombaient sous la main, et dont parfois j'ai lu quelques pages pour le besoin de mes études. D'ailleurs, cette érudition dans les sciences occultes n'est pas particulière aux paysans basques : ceux du Béarn et d'une partie de la Gascogne y sont également experts, non pas que jamais ils aient étudié la chose *ex professo;* mais par tradition, et sans qu'ils s'en doutent souvent eux-mêmes, ils ont un ensemble complet de connaissances en ce genre, dont les citadins ont à peine l'idée.

Il est facile cependant de s'en faire une pour le XVIIe siècle en lisant les traités de Pierre de l'Ancre, qui éclairent d'une lueur sinistre les plus mauvais jours de la sorcellerie dans le Pays Basque. Déjà la démonolatrie, signalée par Martin de Arles comme existant surtout dans le Pays Basque de la partie nord des Pyrénées [1], s'était manifestée au moins une fois dans le Labourd, de façon à provoquer les rigueurs de la justice. En 1576, dix ans après l'instruction relative à Estebenne de Cambrue, de la paroisse d'Amou (Landes) [2], Boniface de Lasse, lieutenant de cette portion

---

[1] *Tractatus de superstitionibus*, etc., folio 8 verso. — P. de Marca, parlant des sorciers du Béarn et de la Gascogne (*Hist. de Bearn*, liv. III, chap. XIII, § IV, p. 239), dit que ce sont des restes des manichéens du commencement du XIe siècle, dont parle Adémar de Chabannais. Si ces hérétiques ont fait des élèves, il est plus sûr, je crois, de les chercher dans le Languedoc, où l'inquisition poursuivait les sorciers au XVe siècle. Voyez l'énoncé des poursuites dirigées contre un notaire de Boucoiran et un chanoine de Montréal, en 1410 et 1435, dans l'inventaire publié par M. A. Germain. (*Mémoires de la Société archéologique de Montpellier*, t. IV, p. 305, 306.) Deux ans plus tard, en 1437, Thomas Policout était condamné par le bailli de Mâcon à être brûlé comme *enferturier, devinateur*, invocateur des diables. (*Notice chronologique sur les mœurs, coutumes et usages anciens dans la Bourgogne*, par M. Amanton, citée d'après l'*Annuaire du départ. de la Côte-d'Or pour l'an 1827*, dans le *Bulletin des sciences historiques*, etc., de M. de Férussac, t. XI, p. 278.)

[2] *Tableau de l'inconstance des mauvais anges*, etc., liv. II, disc. IIII, p. 125.

du Pays Basque, avait fait exécuter, sans appel et sans égard à la jurisprudence des parlements, Marie de Chorropique, fille de la maison de Janetabarta, et quarante sorcières environ [1]; mais cet auto-da-fé ne devait être que bien peu de chose au prix de ceux qui étaient réservés à la sorcellerie dans le siècle suivant : « Eut-elle jamais tant de vogue qu'en ce malheureux siecle icy ? s'écrie un magistrat de Bordeaux. Les sellettes de nostre parlement en sont toutes noircies. Il n'y en a pas assez pour les ouyr. Nos conciergeries en regorgent, et ne se passe jour que nos jugemens n'en soient ensanglantez, et que nous ne revenions tristes en noz maisons, espouvantez des choses hideuses et effroyables qu'elles confessent. Et le diable est si bon maistre, que nous n'en pouvons envoyer si grand nombre au feu, que de leurs cendres il n'en renaisse de nouveau d'autres [2]. »

L'un des traités de Pierre de l'Ancre dont nous parlions tout à l'heure, commence par des avertissements dont voici les premiers paragraphes : « Le roy ayant eu advis que son pays de Labourt estoit grandement infecté de sorciers, decerna commission à un president et un conseiller de la cour de parlement de Bordeaux, pour la recherche du crime de sorcelerie audict pays de Labourt et autres circonvoisins, environ le mois de may de l'an mil six cens neuf [3], et ce pour leur faire et parfaire le procez souverainement, nonobstant oppositions ou appellations quelconques. Cette commission fut adressee au sieur president d'Espaignet, conseiller du roy en son Conseil d'Estat, et à moy.

» La commission verifiee en la cour, nous y avons vaqué seulement quatre mois, parce qu'il faloit de toute necessité que ledict sieur president allast servir le roy en la chambre de Guyenne, establie à Nerac. Et d'autant qu'il s'est passé une infinité de choses incognuës, estranges et hors de toute creance, dont les

---

[1] *Tableau de l'inconstance des mauvais anges*, etc., liv. II, disc. II, p. 101-103.

[2] *L'Anti-Christ, et l'anti-papesse* : par Florimond de Ræmond. A Paris, chez Abel l'Angelier, M.D.XCIX., in-4°, chap. VII, sect. V, folio 40 recto.

[3] Cette recherche des sorciers s'étendait dans bien d'autres contrées de la France ; j'ai sous les yeux un petit livre de quinze pages intitulé : *Discours veritable d'un sorcier nommé Gimel Truc, natif de Leon en Bretaigne, surprins en ses charmes et sorcelleries au pays de Vivarois*, etc. A Paris, jouxte la coppie imprimée à Lyon par H. Botet, 1609, in-12.

livres qui ont traicté ce subject n'ont jamais parlé : voire mesme que le diable est venu tenir ses assises aux portes de Bordeaux et au carrefour du Palais Gallienne... il me semble qu'il est et sera grandement utile, voire necessaire et à la France et à toute la chrestienté, de les voir redigees par escrit [1]. »

De l'Ancre ne consacre pas moins de six cents pages à répondre à ce besoin. Aujourd'hui que l'intérêt est pour les sorciers qui opèrent en plein soleil et aux applaudissements de la foule, et que l'on ne peut guère espérer d'en distraire quelque chose pour de pauvres paysans à la tête fêlée cantonnés à l'une des extrémités de la France, et opérant dans l'ombre, nous ne ferons pas une aussi large part aux rigueurs exercées contre leurs ancêtres, rigueurs dont leurs descendants ont perdu le souvenir [2] ; nous nous bornerons à donner une idée du livre où le terrible conseiller a consigné le récit de ses sanglants exploits, livre qui s'annonce d'une façon sinistre par cette épigraphe empruntée à l'Exode : *Maleficos non patieris vivere.*

Je passe le premier discours, dans lequel il ne se trouve rien de relatif au Pays Basque, et j'arrive tout de suite au second, où

[1] *Tableau de l'inconstance des mauvais anges*, etc. Ce livre a eu deux éditions ; la première est de 1610. — Le second traité de Pierre de l'Ancre, que nous avons eu également l'occasion de citer, est intitulé : *L'Incredulité et mescreance du sortilege plainement convaincuë, où il est amplement et curieusement traicté de la verité ou illusion du Sortilege, de la Fascination, de l'Attouchement*, etc. A Paris, chez Nicolas Buon, M.DC.XXII., in-4°. — Le même auteur a encore publié *Du Sortilege, où il est traicté, s'il est plus expedient de supprimer et tenir soubs silence les abominations et malefices des Sorciers, que les publier et manifester*, etc. (sans nom de lieu), M.DC.XXVII., in-4°, de 330 pages, omis par M. Weiss, dans son art. *Lancre* (Pierre de), de la *Biographie universelle*, 1re édit., t. XXIII, p. 328. — Puisque j'ai cité la Gascogne comme adonnée à la sorcellerie presque autant que le Pays Basque, je mentionnerai encore un petit livre intitulé : *Véritable Relation de l'effroyable mort de trois Sorciers & Magiciens, executez dans la ville de Bazas, pres Bourdeaux, le 11. Fevrier 1627. et des horribles et espouventables Actions des diables et demons, tant en l'air, que sur terre, durant icelle Exécution, aux grand Estonnement du Peuple.* A Paris, par Pierre Mettayer, M.DCXXXVII., in-12 de treize pages, dont M. Gustave Brunet a rendu compte dans le *Courrier de Bordeaux*, n° du 10 février 1840.

[2] On en peut juger par ces lignes, où Beylac expose tout ce qu'il sait au sujet des poursuites que je vais raconter : « Dans l'année 1609, de grands troubles agitaient le pays de Labourd, dont les habitans s'imputaient mutuellement le crime imaginaire de sorcellerie. Beaucoup de sang fut répandu à cette occasion dans des querelles particulières. » (*Nouvelle Chronique de Bayonne*, etc., p. 155.) — Quant à Mascin, auteur de l'*Essai historique sur la ville de Bayonne*, imprimé en 1792, il ne dit pas un mot des procédures de la commission dont Pierre de l'Ancre faisait partie.

j'entre avec l'auteur dans le vif du sujet annoncé par ses avertissements : « C'est merveille, dit-il, qu'il y ait tant de demons et de sorciers au pays de Labourt. » En voulez-vous savoir la raison? Les malins esprits ayant été chassés des Indes et du Japon par les missionnaires, se sont jetés dans ces montagnes du Labourd : « Et de faict, ajoute le crédule écrivain, plusieurs Anglois, Escossois et autres voyageurs venant querir des vins en cette ville de Bordeaulx, nous ont asseuré avoir veu en leur voyage de grandes troupes de demons, en forme d'hommes espouventables, passer en France. Qui fait que le nombre des sorciers est si grand en ce pays de Labourt, et s'y trouve tant d'ames devoyees, que de penser les ramener ou deterrer par la voye de la justice, il est du tout impossible. La devotion et bonne instruction y feroient beaucoup plus d'effort. » (Pag. 37, 38.)

Auparavant, l'auteur cherche à donner les raisons pour lesquelles les Basquaises de son temps se montraient si enclines à devenir sorcières, et, à ce propos, il entre dans de curieux détails sur le Labourd; mais, toujours bizarre, il prête un caractère satanique à des habitudes jugées aujourd'hui les plus innocentes du monde. Les Basques, à ce qu'il paraît, avaient rapporté de leurs voyages d'Amérique celle de fumer, et s'y livraient trois ou quatre fois par jour : de l'Ancre n'a point assez d'indignation contre cette nouveauté; mais l'ivresse qu'il s'attache à combattre semble le gagner lui-même, au point qu'il ne sait plus ce qu'il dit. Du moins il est assez malaisé de se rendre un compte exact de l'accusation qu'il a entendu lancer, et si les inculpés sont les sorcières ou leurs maris. Il faut croire que sur le siége, le conseiller voyait plus clairement les choses, les exposait surtout d'une façon plus lucide.

« Enfin, dit-il en parlant du Labourd et de ses femmes, c'est un pays de pommes; elles ne mangent que pommes, ne boyvent que jus de pommes, qui est occasion qu'elles mordent si volontiers à cette pomme de transgression, qui fit outrepasser le commandement de Dieu, et franchir la prohibition à nostre premier pere. » A-t-on idée d'un pareil abus de langage chez un magistrat armé de la torche et du glaive?

Il continue ainsi : « Ce sont des Eves qui seduisent volontiers les enfans d'Adam, et nuës par la teste, vivant parmy les montagnes en toute liberté et naïveté comme faisoit Eve dans le paradis terrestre. Elles escoutent et hommes et demons, et prestent l'oreille à tous serpens qui les veulent seduire ; et bien qu'elles frequentent jour et nuict les cemetieres, qu'elles couvrent et entournent leurs tombeaux de croix et d'herbes de senteur, ne voulant pas mesme que l'odeur du corps de leurs maris leur saute au nez, c'est une piperie ; car telle pleure ou fait semblant de pleurer son mary à chaudes larmes mort puis vingt ans, qui ne jetta pas une larme le premier jour des funerailles. Elles sont là assises ou croupies à troupes et non à genoux, caquettant et devisant le plus souvent de ce qu'elles ont veu la nuict precedente, et du plaisir qu'elles ont prins au sabbat, l'aspreté et hauteur de ces montagnes, l'obscurité des antres qui s'y rencontrent, les cavernes, grottes et chambres d'amour qui s'y trouvent le long de cette coste de mer, mer laquelle de son escume jadis engendra Venus, Venus qui renaist si souvent parmy ces gens maritimes, par la seule veüe du sperme de la baleine qu'ils prennent chaque annee, d'où on dict aussi que Venus a prins sa naissance. Ce meslange de grandes filles et jeunes pescheurs qu'on voit à la coste d'Anglet en mandille, et tout nuds au dessoubs, se pesle-meslant dans les ondes, fait que l'amour les tient à l'attache, les prend par le filet, les convie de pescher en cette eau trouble, et leur donne autant de desir qu'elles ont de liberté et de commodité, s'estant moüillees partout, de s'aller seicher dans la chambre d'amour voisine, que Venus semble avoir planté pour cette seule occasion tout exprés sur le bord de la mer. »

Déjà, de l'Ancre avait signalé l'habit et même la coiffure des Basquaises du commun comme engendrant la luxure : « Aucunes sont tondues, dit-il, sauf les extremitez qui sont à long poil, d'autres un peu plus relevees, sont à tout leur poil couvrant à demy les joües, leurs cheveux voletant sur les espaules, et accompagnant les yeux de quelque façon, qu'elles semblent beaucoup plus belles en cette naïveté, et ont plus d'attraict que si on les voyoit à champ ouvert. Elles sont dans cette belle chevelure tellement à leur avantage, et si fortement armées, que le soleil jettant ses rayons sur cette touffe de cheveux comme dans une nuée, l'esclat en est aussi violent et forme d'aussi brillans esclairs qu'il fait dans le ciel, lorsqu'on voit naistre Iris, d'où vient leur fascination des yeux, aussi dangereuse en amour qu'en sortilege, bien que parmy elles porter la perruque entiere soit la marque de virginité [1]. Et pour le commun des femmes en quelques lieux voulant faire les martiales, elles portent certains tourions ou morrions indecens, et d'une forme si peu seante, qu'on diroit que c'est plustost l'armet de Priape que celuy du dieu Mars. Leur coeffure semble tesmoigner leur desir, car les veufves portent le morrion sans creste pour marquer que le masle leur deffault. Et en Labourt les femmes monstrent leur derriere tellement que tout l'ornement de leurs cotillons plissez est derriere; et afin qu'il soit veu, elles retroussent leur robbe et la mettent sur la teste et se couvrent jusqu'aux yeux. »

Si ces manières et ce costume étaient réellement aussi indécents que de l'Ancre veut bien le dire, on comprend qu'ils aient fait les affaires du diable; mais il parait que les Basquaises portaient encore quelque chose de plus impudique qui le mettait en fuite : « Ils usent aussi, dit notre auteur, pour empescher les malefices, et

---

[1] « Les femmes qui ne sont pas mariées, dit Oihenart, portent leurs cheveux épars; les avoir ramassés, c'est signe que l'on a perdu sa virginité. » (*Notitia utriusque Vasconiæ*, lib. III, cap. IV, p. 408.) L'auteur d'un Voyage d'Espagne fait en 1655, et publié à Paris en 1666, in-4°, fait, à la p. 4, la même remarque : « Les femmes, dit-il en parlant du Labourd, y marchent couvertes de leurs cotillons, qu'elles se jettent sur la teste, et découvrent leurs fesses pour cacher leurs joues. » — L'historien de Thou, dans un voyage qu'il fit à Bayonne en 1562, avait été frappé du costume des Basquaises : « Le langage de ces peuples, dit-il, est fort singulier, et les habits de leurs femmes ne le sont pas moins. Elles en ont pour chaque âge et pour chaque état. Les filles, les femmes mariées, les veuves, les jeunes et les vieilles, portent des habits différens, soit dans les cérémonies funèbres, soit dans celles des noces, soit aux processions. Leurs tailleurs ne sont que pour leur usage et pour celui du pays de Labourd. Si l'on voyait ailleurs des gens vêtus à leur manière, on croirait qu'ils se seraient ainsi déguisés exprès pour faire rire sur un théâtre, ou pour aller en masque. » (*Jac. Aug. Thuani de Vita sua*, lib. II, ad calcem Historiarum sui temporis, edit. Lond. Sam. Buckley, MDCCXXXIII, in-folio, t. VII, p. 44.) — Garat, au contraire, n'a que des éloges pour le costume des femmes du Labourd, son pays : « Leur manière de s'habiller, dit-il, est probablement la même depuis beaucoup de siècles; mais elles semblent n'avoir renoncé à la variété des modes qu'après avoir trouvé celle qui leur sied le mieux et qui peut le plus ajouter à leurs agrémens. Leur costume, qui n'appartient qu'à elles, plein de pudeur, mais aussi de goût et d'adresse, embellit aux regards tout ce qu'il leur dérobe. » (*Mercure de France*, février 1783, p. 65, art. sur Bayonne et sur les Basques.)

sur tout pour se garder d'ensorcellement et fascination, d'une sorte d'amulete fort vergogneux, duquel usent communement les sorcieres remedicees, et les enfans et filles qu'on a accoustumé de mener au sabbat. Ils appellent *remediees* celles qui sont tout à fait desensorcelees et hors des pates du diable, et qui ne vont plus au sabbat. C'est, ajoute le narrateur, une main d'or, d'argent, de plomb, de jayet ou de cuir, car j'en ay veu de toutes ces matieres, laquelle a le pouce passé entre les deux premiers doigts. Les Espagnols l'appellent *higo*. Les Basques le tiennent aussi du voisinage de l'Espagne : veu que je sçache nul lieu en France, où faire la figue, que nous appellons en Gascogne *la higue*, ne soit une action vergongneuse, et sur tout indigne de la pudeur d'une honneste femme, et encore plus d'une vierge d'en faire le geste et d'en porter au col. Et de vray en France, celuy qui fait la figue à un autre, c'est une action de courroux, desdain et mespris [1]. »

Ces observations du conseiller de l'Ancre ne sont pas les seules que son livre contienne sur les mœurs des Basques. Il remarque, par exemple, qu'en toutes leurs paroisses ils prennent des noms ecclésiastiques, et que les petits magistrats populaires s'appellent *abbés*, qu'en tous leurs festins ils ne manquent jamais de faire un évêque, et en tous leurs jeux un abbé de maugouver. « Or tout cela, dit-il, n'est que prendre le nom et rendre le mystere ridicule. » C'était, comme on voit, un parti pris de trouver partout une tendance au mépris de la religion et à la pratique de la sorcellerie.

A l'en croire, cette pratique était générale : « Anciennement, écrit-il au chancelier de Sillery, on ne cognoissoit pour sorciers que des hommes vulgaires et idiots, nourris dans les bruyeres et la fougiere des Landes ; mais maintenant les sorciers qui confessent, deposent qu'on y void une infinité de gens de qualité que

---

[1] *Tableau de l'inconst. des mauvais anges*, etc., liv. V, disc. I, p. 363. Cf. p. 364, et liv. II, disc. IIII, p. 130. — On peut en dire autant de celui qui fait les cornes, geste employé dans une superstition pratiquée en Italie. Dans la plupart des maisons, vous voyez se dresser d'énormes cornes de bœuf placées comme ornement sur la cheminée ou sur quelque console de l'antichambre. C'est un paratonnerre contre la *jetatura*. Un *jetator* n'est autre chose qu'un magicien qui peut à volonté, et quelquefois même sans le savoir, vous jeter un mauvais sort. M. Mercey, auquel j'emprunte ces détails, ajoute que cette croyance vient de l'Orient. (*Revue des Deux Mondes*, n° du 1er juin 1840, p. 829.)

Satan tient voilez et à couvert pour n'estre cognus, rejettant les povres aux recoings et extremitez de l'assemblée. » Pour s'établir dans le camp ennemi et transformer en partisans ses adversaires, il a trouvé moyen d'introduire certaines femmes pour demander les offrandes et autres petites choses que l'on a coutume de donner aux églises : « Je vis en un certain village des plus fameux, dit notre auteur, dix femmes à suitte l'une de l'autre, portant les bassins avec lesquels on va quester dans l'eglise cette aumosne des ames devotes et charitables. Puis je vy une certaine femme qu'ils appellent *la benedicte,* faisant la marguilliere, s'approcher des autels, y porter des aubes, du luminaire et autres choses semblables [1]. » De l'Ancre voit dans l'exercice de pareilles fonctions et dans le contact avec les prêtres qui en est la suite, une occasion perpétuelle de mal faire, comme une excitation à la sorcellerie : « Et de faict, dit-il, il ne faut pas douter que plusieurs de ces femmes ne soyent sorcieres, ou pour le moins qu'aucuns de leur famille ne le soyent. Quant aux marguillieres ou benedictes, nous en trouvasmes deux sorcieres, comme elles furent deferees en justice par devant nous, ce qu'il ne faut trouver estrange, puis que la plus grande partie des prestres sont sorciers, et que nous avons trouvé deux eglises ou chappelles où le diable tient le sabbat [2]. »

Avec de semblables déclarations, nous savons déjà avec quelle rigueur fut traité le Pays Basque. Les premières informations eurent lieu, à ce qu'il paraît, dans la paroisse d'Ascain. La torture fut employée contre de pauvres folles ; mais l'esprit malin voulant les empêcher de répondre, « s'advisa de les endormir, et leur donner quelque conseil ou rafraischissement pendant ce petit sommeil. Si bien, ajoute le juge, qu'une nous dict qu'elle venoit de paradis, tant elle avoit prins plaisir pendant cet endormissement de conferer avec son maistre [3]. » Un autre miracle qui

---

[1] *Tableau de l'inconstance des mauvais anges,* etc., liv. I, disc. III, p. 55, 56.

[2] *Ibid.* Cf. p. 60. Ces églises ou chapelles étaient, de l'Ancre nous l'apprend, p. 37 et 65, la chapelle du Saint-Esprit sur la montagne de la Rhune, et l'église de Dourdax, c'est-à-dire d'Urdax. P. 66, il y ajoute la chapelle des Portugais, dite de Sainte-Barbe, à Saint-Jean-de-Luz, et le Puy-de-Dôme en Pengort (Périgord, c'est-à-dire Auvergne).

[3] *Tabl. de l'inconst. des mauv. anges,* etc., advertissemens, feuillet signé î iij verso.

se manifesta pendant l'exécution d'une nommée Saubadine de Soubiete, c'est une éruption de crapauds qui sortit de dessus sa tête au moment où le bourreau la détacha du gibet pour la jeter au feu. Le peuple se rua si fort contre cette fourmillière, que la suppliciée fut plutôt lapidée que brûlée. Toutefois il ne put venir à bout d'un crapaud noir, qui parut par dessus les autres, et qui, vainqueur de toutes les attaques dirigées contre lui, disparut comme par enchantement [1].

Je ne chercherai pas à dresser l'itinéraire du conseiller de l'Ancre et de son acolyte, le président d'Espaignet, après lesquels il y a justice à nommer les sieurs d'Amou et d'Urtubie, qui avaient été promoteurs de leur commission [2]. Ils marchaient accompagnés d'un chirurgien de Bayonne, et d'une jeune fille de dix-huit ans nommée *Morguy*, merveilleusement habiles l'un et l'autre dans la visite des sorciers et des enfants qui avaient assisté au sabbat, comme dans la découverte des marques que le diable passait pour imprimer sur eux tous. Morguy, prenant les enfants, leur enfonçait une longue aiguille dans la marque sans leur causer la moindre douleur, ni leur arracher une seule plainte, tandis que le chirurgien bandait les yeux aux sorcières, qui s'efforçaient de cacher leurs marques ou de les effacer avec leurs ongles [3]. Quelquefois aussi le praticien, pour faire honneur et plaisir à des curieux de qualité, leur passait l'aiguille, comme dans une circonstance où le sieur de Grammont, gouverneur de Bayonne et pays de Labourd, se livra à une expérience sur une malheureuse, en présence du sieur de Vausselas, ambassadeur de France en Espagne, et de sa femme, qui se rendaient dans ce pays [4].

Le tribunal qui fournissait de tels passe-temps à un grand seigneur, se transporta dans les vingt-sept paroisses du gouvernement [5], et la terreur y régna pendant tout le temps qu'il fonctionna. Écoutons là-dessus le narrateur que nous suivons : « On fait estat, dit-il, qu'il y a trente mille ames en ce pays de

---

[1] *Tableau de l'inconst. des mauv. anges*, etc., feuillet signé ô, verso. Dans une note marginale on lit : « Elle fut executee un peu avant nostre commission. » Ce qui donne à penser que de l'Ancre n'était pas témoin oculaire de cette scène. — [2] *Tableau*, etc., advertissemens, feuillet signé ô, recto. — [3] *Ibid.*, liv. III, disc. II, p. 188, 189. — [4] *Ibid.*, p. 189, 190. — [5] *Ibid.*, liv. II, disc. I, p. 62. Cf. liv. I, disc. II, p. 28, 29.

Labourt, contant ceux qui sont en voyage sur mer, et que parmy tout ce peuple, il y a bien peu de familles qui ne touchent au sortilege par quelque bout. Si le nombre des sorciers qu'on condamne au feu est si grand (nous dit un jour quelqu'un parmy eux), il sera malaisé que je n'aye part aux cendres. Qui est cause que le plus souvent on voit que le fils accuse le pere et la mere, le frere la sœur, le mary la femme, et parfois tout au rebours. Laquelle proximité fait que plusieurs chefs de famille, officiers et autres gens de qualité s'y trouvant embarrassez, ayment mieux souffrir l'incommodité qui peut estre en cette abomination que les sorciers tiennent toujours en quelque doute parmy les leurs, que de voir tant de bourrelage, de gibets, de flammes et de feux de gens qui leur sont si proches. Nous n'avons esté en nul doute de la preuve; la multiplicité et le nombre infini nous faisoit horreur. Ils s'enfuyoient à nostre arrivée par caravannes et par mer et par terre; la basse et haute Navarre et la frontiere d'Espagne s'en remplissoient d'heure à heure. Ils feignoient des pelerinages à Monsarrat et Sainct-Jaques, d'autres des voyages en Terre neuve et ailleurs, et mit-on tellement l'alarme en Navarre et en Espagne, que les inquisiteurs estant venus sur la frontiere, nous escrivirent qu'il nous pleust leur envoyer le nom, l'aage et autres marques des sorciers fugitifs, affin qu'ils les nous peussent renvoyer, ce qu'ils feroyent (disoient-ils) de tres-bon cœur. Et nous leur rescrivimes encor de meilleur, qu'ils les gardassent soigneusement, et les empeschassent de revenir, estant plus en peine de nous en deffaire que de les recouvrer. C'est un meschant meuble dont il ne faut faire inventaire [1]. »

A notre tour, nous pourrions bien appliquer cette parole au livre d'où nous l'avons extraite, et nous en autoriser pour le fermer et le rejeter dans l'oubli, où sont, Dieu merci! les sanglantes procédures qui s'y trouvent consignées. On y verra que les juges,

---

[1] *Tabl. de l'inconst. des mauv. anges*, etc., liv. I, disc. II, p. 38. Llorente (*Hist. crit. de l'inquisit. d'Espagne*, trad. fr., 2ᵐᵉ édit., t. III, p. 402-460), et d'après lui, Calmeil (*De la Folie*, etc., liv. IV, chap. II, § IV, t. I, p. 470-488) ont raconté la persécution des sorciers du Baztan, en 1610. L'inquisition fit exhumer et livrer aux flammes cinq cadavres; tout autant de malheureux furent brûlés vifs; une sorcière fut étranglée et son corps réduit en cendres; enfin, il y eut dix-huit malades admis à faire pénitence à Logroño.

dans leur ardeur à découvrir, je ne dirai pas la vérité, mais des coupables ou plutôt des victimes, allaient jusqu'à faire monter des enfants sur la sellette. Ici, c'est Catherine de Naguille, de la paroisse d'Ustaritz, âgée de onze ans, qui déclare être allée au sabbat en plein midi [1], et Marie d'Aguerre, âgée de treize ans, qui raconte que le diable y paraissait en forme de bouc [2]; là, c'est Corneille Brolic, âgé de douze ans, qui en donne une autre description [3], et Bertrand de Handuch, de Sare, âgé de dix ans, qui dépose d'une turpitude de Satan à son égard [4]. Il n'y a pas jusqu'à une petite fille de sept à huit ans qui ne fût entendue en justice [5]. Ces pauvres enfants n'étaient pas sorciers (on ne commençait à l'être qu'à vingt ou vingt-deux ans). Fils de sorciers ou dérobés à leurs parents, ils avaient été initiés, à leur insu, au sabbat et à ses horribles mystères [6].

On les célébrait dans le pays même, d'où les sorcières étaient souvent transportées à Terre-Neuve. Là, perchées sur le haut du mât du navire (car elles n'osaient entrer dedans, attendu qu'il était béni), elles jetaient des poudres et empoisonnaient tout ce que les pauvres marins avaient mis sécher au bord de la mer [7]. Tel est du moins le récit de Marie de Larralde, qui confesse avoir fréquenté les sabbats depuis l'âge de dix ans [8]. Confirmant le fait de ce voyage outre-mer, Jeannette d'Abadie, de Ciboure, rapportait qu'elle l'avait fait fort souvent en compagnie de plusieurs autres sorcières, et qu'elle était revenue aussitôt au point de départ; que le diable les transportait toutes à la fois; qu'elle voyait à Terre-Neuve de ses pareilles arrivées de presque toutes les paroisses du Labourd, et qu'elles allaient exciter des orages et des tempêtes pour perdre des navires [9]. De l'Ancre va jusqu'à dire qu'ordinairement il y avait dans ce dernier pays plus de deux mille sorcières qui se rendaient chaque nuit au sabbat [10], et que l'on y voyait jusqu'à des aveugles [11].

Que se passait-il dans ces assemblées? Notre auteur consacre

---

[1] *Tabl. de l'inconst. des mauvais anges*, liv. II, disc. 1, p. 62. — [2] *Ibid.*, p. 67. — [3] *Ibid.*, p. 68. — [4] *Ibid.*, p. 73. Cf. p. 347-349. — [5] *Ibid.*, liv. V, disc. 1, p. 564. Voyez encore p. 547, 548. — [6] *Ibid.*, p. 70. — [7] *Ibid.*, p. 90. — [8] *Ibid.*, p. 89. — [9] *Ibid.*, p. 91. — [10] *Ibid.*, liv. II, disc. III, p. 114. — [11] *Ibid.*, liv. II, disc. II, p. 90.

le discours IV de son livre II [1] à nous l'apprendre. Les curieux qui prennent intérêt à l'histoire de la sorcellerie feront bien d'y recourir, aussi bien que les médecins qui font leur étude des égarements de l'esprit [2]. Pour nous qui n'avons en vue que la connaissance des mœurs du Pays Basque, nous nous en tiendrons à ce qui s'y rapporte, comme aux détails que de l'Ancre donne çà et là sur la manière dont il s'acquittait de ses terribles fonctions.

L'arrêt était-il prononcé, on l'exécutait au lieu même, mais avec un désordre indigne de la majesté de la justice. La victime marchait au supplice entourée de parents, d'amis, de voisins, qui l'importunaient par gestes, signes et prières, pour qu'elle revînt sur ses aveux et déchargeât ceux qu'elle avait compromis. Parfois aussi on employait la menace, comme dans une circonstance où notre écrivain se montre peintre. On allait exécuter Marie Bonne, de Saint-Jean-de-Luz, sorcière insigne, qui avait librement confessé et témoigné contre plusieurs autres. A la faveur du désordre et de la foule, le poignard fut à plus d'une reprise porté à la gorge de la condamnée pour la faire se dédire et disculper plusieurs personnes qu'elle avait accusées, sans que les baillis, abbés et jurats, ni les officiers les plus relevés de la justice, y pussent mettre ordre, de manière que l'exécuteur, le trompette, le sergent, les interprètes et greffiers eurent tellement peur, qu'à peine put-on ensuite les faire aller, autrement que par force, à l'exécution de quelque autre [3]. Chose vraiment étrange qu'une malheureuse sur le point de perdre la vie, appréhendât de mourir autrement qu'elle ne s'attendait, et qu'à ce changement de perspective l'instinct de la conservation personnelle se réveillât plus vif que jamais!

La commission du conseiller de l'Ancre et du président d'Espaignet ayant pris fin dès le 1er novembre 1609, les persécutions

---

[1] P. 118-154.

[2] A défaut de l'ouvrage de P. de l'Ancre, devenu rare, on peut consulter celui de L.-F. Calmeil, intitulé *De la Folie considérée sous le point de vue pathologique, philosophique, historique et judiciaire*, etc. A Paris, chez J.-B. Baillière, 1845, deux volumes in-8°. Le § II du liv. IV (t. I, p. 416-470) est consacré à l'histoire de la démonolatrie épidémique dans le Labourd, en 1609.

[3] *Tabl. de l'inconst. des mauvais anges*, etc., liv. II, disc. III, p. 111.

contre les sorciers du Pays Basque n'en continuèrent pas moins. En 1610, à la Bastide, dans la basse Navarre, un homme réputé tel a, sur la place publique, une contestation avec un autre, au sujet d'une dette; il demandait huit sous à son débiteur, qui en offrait cinq, n'en ayant pas davantage. La foule s'amasse; elle veut savoir le motif de la dispute. L'homme aux cinq sous raconte qu'ayant manqué d'aller au sabbat, l'autre avait pris défaut contre lui en vertu de sa charge, si bien que, voulant le forcer à payer huit sous qui était le prix habituel, il le rudoyait ainsi parce qu'il ne voulait lui en donner que cinq. A ces mots, on prend le malheureux, on lui fait avouer d'autres maléfices, soit volontairement, soit au moyen de la torture, et l'on finit par le punir de mort et par le livrer au feu [1].

A leur départ du Labourd, les deux magistrats qui venaient de le décimer, y laissèrent, là et dans le voisinage, un monde de prévenus sans pouvoir les juger : « Le palais et cour de parlement de Bourdeaux en a esté remplie, dit de l'Ancre, si bien que ne pouvant trouver prisons capables pour les enfermer dans la conciergerie de la cour, on fut contraint de les mettre dans un des chasteaux de la ville nommé *le chasteau du Ha* : or, j'alloys espiant et escoutant ce qu'elles confessoyent de nouveau et de rare [2]. » Au nombre de ces prévenus étaient cinq prêtres, qui restèrent longtemps prisonniers, sauf deux qui parvinrent à s'évader [3]. Ce fait, à lui seul, suffirait pour montrer qu'aucune classe de la société ne fut épargnée, et que le clergé est innocent des atrocités qui furent commises à l'époque contre les prétendus sorciers. Nous avons déjà cité une phrase où de l'Ancre dit que la plupart des prêtres l'étaient; nous signalerons encore le discours II du livre VI de son Tableau, qui est intitulé : *Des Prestres sorciers, et combien de choses singulieres, et belles circonstances*

---

[1] *Tabl. de l'inconst. des mauv. anges*, liv. II, disc. II, p. 89. « Et en cette année 1613, ajoute de l'Ancre, je suis raporteur de quelques sorcieres de la paroisse d'Amou, qui disent et ont maintenu à Jehan de la Lalanne, prisonnier detenu pour la sorcellerie en la conciergerie de la cour, que c'est lui qui a accoustumé les lever (les défauts) en cette paroisse. »

[2] *Tabl. de l'inconst. des mauv. anges*, etc., liv. II, disc. IV, p. 144. Cf. liv. VI, disc. V, p. 560, et *de l'Incredulité et mescreance du sortilege*, etc., p. 816.

[3] *Tabl.*, etc., liv. VI, disc. II, p. 456.

se sont passées en leurs procédures, soit pour la sorcellerie, soit pour le jugement du crime de sortilège [1].

Sous l'empire des idées dominantes, ou dans la crainte de tomber sous le coup d'une accusation qui n'épargnait personne, les curés et prêtres du Pays Basque avaient recours à toute espèce de moyens pour la détourner ou pour arracher leurs ouailles au funeste penchant qui les entraînait vers la sorcellerie. Vers le commencement de septembre 1610, il vint d'Espagne un charlatan avec les Morisques chassés par Philippe III. Il s'établit d'abord à Itsatsou, où il dit qu'il était *saludador* [2], doué d'une grâce du Saint-Esprit, par laquelle il savait désensorceler et guérir de tous maléfices donnés par sortilége, et connaître ceux qui étaient sorciers ou non, jusqu'à un certain âge. Le curé ou vicaire d'Itsatsou, pensant bien faire, mit, à ce qu'on dit, dans la tête de ses paroissiens d'appeler cet homme et de se servir de lui, tant pour guérir ceux que le bruit public désignait comme sorciers, que pour découvrir ceux qui étaient inconnus. Le charlatan se mit à l'œuvre; mais la justice, avertie de ses impostures, ayant envoyé le prévôt pour le mener à Bayonne, notre homme se hâta de partir, et tout *saludador* qu'il était, il s'en alla, comme on dit, *insalutato hospite* [3].

Ce jeu de mots, qui est, non pas de moi, mais de mon auteur, friand de cette sorte de divertissement [4], me confirme dans l'idée que c'était un fort brave homme, à qui sa conscience ne rendait

---

[1] *Tabl. de l'inconst. des mauv. anges*, etc., p. 417-457.

[2] Voyez sur ceux que l'on appelait ainsi en Espagne, liv. V, disc. I, p. 341-347, et Thiers, *Traité des superstitions*, etc., 1re part., liv. VI, chap. IV, n° 1, 4me édit., t. I, p. 437-438. — Au siècle dernier, il y avait encore, de l'autre côté des Pyrénées, des individus ainsi nommés qui couraient le pays. En 1743, la junte de Guipuzcoa enjoignait aux juges de ne point permettre aux *saludadores* d'exercer leur métier ni de demander l'aumône, à moins qu'ils ne produisissent des titres en règle. En 1757, ordre de présenter à la députation des *saludadores*, et nouvelle interdiction de leur industrie. Voyez *El Guipuzcoano instruido*, etc., p. 410, art. *Saludadores*, et comparez les détails qui précèdent avec ceux que nous avons donnés sur d'autres empiriques de même espèce, ci-dessus, p. 149, et dans l'*Histoire de la guerre de Navarre*, de Guillaume Anclier, p. 609, 610. On en trouvera encore d'autres dans le Traité de Thiers, t. I, p. 442.

[3] *Tabl. de l'inconst. des mauv. anges*, etc., liv. V, disc. I, p. 345-347.

[4] Parlant des repas du sabbat, il écrit en marge, p. 200 : « Celuy ne rencontra pas trop mal qui dit qu'il sembloit que Satan tirast tous les vivres qu'il estale au sabbat, de Salemanque, parce qu'en tous le sel y manque. »

d'autre témoignage que celui de devoirs fidèlement remplis; mais si, dans sa riante retraite de Sainte-Croix-du-Mont, dont il nous a laissé une attrayante description [1], son sommeil ne fut jamais interrompu par l'apparition des nombreuses victimes qu'il avait livrées aux flammes, celui que la lecture de son livre ne peut faillir de donner, ouvrira la porte à de funèbres visions, semblables à celles qui remplirent la vie et causèrent la mort des prétendus sorciers du Labourd au commencement du XVIIᵉ siècle.

Note sur les eaux minérales du Pays Basque.

Le Labourd, trop rapproché de la mer et trop éloigné des montagnes, réservoirs de toutes les eaux salutaires, n'a, je crois, que les eaux minérales de Villefranque, de Sare et de Cambo, ces dernières à température ambiante, ou à peu près, autorisées par les analyses chimiques, fréquentées par l'élite des Bayonnais, par la grandesse d'Espagne, et assez connues pour qu'il ne soit nécessaire de s'étendre ni sur leurs vertus, ni sur le site charmant du bourg qu'elles ont enrichi [2].

La basse Navarre et la Soule, c'est-à-dire l'arrondissement de Mauléon, possèdent de nombreuses sources d'eaux minérales, très-multipliées, surtout dans la Soule. Ainsi, on compte un petit établissement à Labetz, un autre de moindre importance à Garris, un troisième enfin à Lacarre, où se trouve le château naguère occupé par le maréchal Harispe, la gloire et l'orgueil des Basques. Les deux premières localités appartiennent au canton de Saint-Palais, la troisième à celui de Saint-Jean-Pied-de-Port. La fontaine d'eau purgative de Lacarre était déjà, au XVIIᵉ siècle, assez fréquentée pour attirer l'attention des États de Navarre [3].

---

[1] *De l'Incredulité et mescreance du sortilege*, etc., advertissemens, p. 17-20.

[2] Voyez, sur les eaux minérales du Labourd, *Lettres contenant des essais sur l'histoire des eaux minérales du Bearn*, etc. Par Mr. Theophile de Bordeu le Fils. A Amsterdam, chez les frères Poppé, M.DCC.XLVI., in-12, p. 146-150, lettre XXI. Les eaux de Cambo ont donné lieu à un travail spécial mentionné par Beylac. (*Nouv. Chron. de la ville de Bayonne*, p. 442, en note.)

[3] Voyez leurs règlements et délibérations, de 1666 à 1679, rég. nº 17, p. 45, nº 84. (Archives du département des Basses-Pyrénées.)

Dans le canton de Mauléon et à Mauléon même, à cinq minutes de la ville et au fond d'un petit ravin, se trouve une source minérale dont la réputation, pour ses vertus curatives, date de plusieurs siècles. Là, sans aucun doute, il a existé autrefois quelque établissement renommé ; car on ne saurait expliquer autrement l'espèce de pèlerinage dont cette fontaine est l'objet la nuit qui précède la fête de saint Jean-Baptiste, non plus que l'affluence d'Espagnols et d'ouvriers de marine, qui, avant que d'autres grandes eaux fussent à la mode, accouraient laver leurs blessures dans le courant du ruisseau formé par cette source. Aujourd'hui encore, je ne sais quelles idées religieuses y conservent les derniers vestiges de la tradition : rarement un paysan passera à côté de ces eaux sans réciter une prière et sans se rafraîchir. Leur nymphe resta longtemps sans temple, jusqu'à ce qu'un sire de Béloscar, guéri d'une blessure déclarée incurable, fit élever une maisonnette où les infirmes pussent prendre leurs douches à l'abri du grand air. Il y a vingt ans, un spéculateur offrit à la ville, propriétaire de la source, d'y faire des constructions pour une valeur de quatre ou cinq mille francs, moyennant un bail de quinze ans. Aujourd'hui l'établissement, ainsi modestement restauré, donne à Mauléon une ferme annuelle d'environ cinq cents francs ; cependant jamais la ville n'a cherché à avoir l'analyse de ces eaux, ni à découvrir si elles ne renferment pas des vertus, qui, signalées au dehors, les feraient prospérer. En dépit de cette négligence, des cures merveilleuses continuent à s'y opérer sur des individus atteints de blessures, d'ulcères, d'hémorrhoïdes, de tumeurs blanches, etc.

Dans la commune d'Aussurucq, qui fait partie du même canton, se trouve, au sein des montagnes et sur leurs premières hauteurs, la fontaine d'Ahusky, autre source depuis longtemps célèbre dans le pays, et dont les suffrages du maréchal Harispe ont accru la vogue. Les maladies de la vessie, les fièvres intermittentes, les gastralgies, y trouvent, m'a-t-on dit, une guérison assurée. Ahusky n'a pas de bains, c'est une simple buvette[1] dont

---

[1] Le rapport fait au conseil général par le préfet des Basses-Pyrénées, dans la session de 1855, annonce, p. 49, qu'un projet de restauration de la fontaine d'Ahusky a été ap-

on peut user et abuser impunément, à ce point qu'il y a des amateurs qui vont jusqu'à boire avec goût et bien-être jusqu'à cent verres d'eau par matinée, quoique la dose commune soit de vingt à trente verres. La chimie n'y a guère trouvé que les qualités d'une eau éminemment pure, légère, aérienne; les habitués la prétendent plutôt gazeuse que minérale; d'autres attribuent ses prodiges à la bonté particulière de l'air que l'on respire en ces lieux. Grâce à M. Darroquain, de Gareindein, et de quelques autres associés, qui y ont construit trois ou quatre maisons, on y est assez bien.

Après les eaux dont nous venons de parler, et peut-être aussi fréquentées qu'elles par les gens du pays, sont les sources ferrugineuses et sulfureuses de Garraybie, au village d'Ordiarp, au pied de la montagne d'Ahusky. On peut encore en citer nombre d'autres non exploitées, comme la source sulfureuse qui existe à Chéraute, dans une propriété de M. Carricabure; comme une autre à Viodos, au bord de la rivière; comme la source ferrugineuse de Mendi, etc. Enfin, la commune de Barcus possède des bains assez estimés, aussi bien que celles de Licq et de Lacarry, dans le canton de Tardets.

Outre les sources que nous venons d'énumérer, le Pays Basque français en possède nombre d'eau salée. Entre Aussurucq et Camou s'en révèlent plusieurs de cette espèce; à Camou même, cette eau est assez abondante, mais avec quelque mélange de substances chimiques qui la dénaturent, ou du moins la rendent impropre aux usages ordinaires.

Dans cette vallée si riche en eaux de toute espèce, n'y aurait-il pas d'eaux thermales? S'il n'y en a pas, il y en a eu. On lit, en effet, dans un document du XVIIe siècle, conservé au presbytère de Chéraute, qu'outre la fontaine Saint-Jean, Mauléon possédait dans son voisinage des eaux chaudes comme celles d'*Aigues caudes* [1]. Que sont-elles devenues? Un tremblement de terre les aura sans doute anéanties.

---

prouvé, et que les ouvrages, évalués 10,000 francs par l'architecte, ont été mis en adjudication. Les entrepreneurs ayant fait défaut, il faut croire que les prix du devis leur auront paru insuffisants.

[1] Notes sans nom d'auteur écrites en décembre 1604, « à l'instance de M. Beloy, conseiller

De l'autre côté des Pyrénées, où les eaux minérales sont peut-être encore plus nombreuses, nous retrouvons des traces du culte que nous signalions il y a quelques instants. Ainsi, en Alava, sur la montagne d'Aloña, qui fait partie des monts d'Artia (juridiction d'Oñate), il y a, sur le chemin que suivent les Guipuzcoans pour aller de Segura au sanctuaire d'Aranzazu, une fontaine appelée *de Nuestra Señora*, dont ils regardent les eaux comme sacrées et miraculeuses, et ils ne manquent jamais d'en emporter chez eux en guise de relique. Je ne serais point étonné non plus que la fontaine *del Pesebre* ou *de la Crèche*, qui attire au village d'Arechavaleta, dans la même province, tant d'Espagnols affligés d'obstructions, ne dût son nom à une consécration semblable.

Il existe encore au village d'Ataun, dans la province de Guipuzcoa, une fontaine autrefois appelée *Santa*, et aujourd'hui *de los Remedios*, du nom de la chapelle qui la touche, fontaine réputée, dans le pays surtout, pour la guérison de la gale. Peut-être attribuait-on la même vertu à la source dite *de Chistones*, qui, à Caseda, où j'en pourrais signaler une autre, était

et advocat général du roy en la cour de parlement de Tholose, pour s'en servir en l'histoire qu'il compose du Béarn. » Ces notes rapides s'arrêtent en 1587. On y lit : « L'un des quatre pays limitrophes, dits Béarn, Arragon, haute et basse Navarre, est entre la Soule en la terre de France, à l'occasion de quoy la terre de Soule, pour se voir au milieu et nonobstant les divisions d'iceux quatre pays circonvoisins, seule maintenue en la fidélité et union de France, est en gascon nommée *Soule*, qu'aucuns ont sans apparence tournée en latin *Scula* ou *Scola*, au lieu de dire *Sola*, car autrement en sa propre langue basque le pays se nomme *Zubera*, mot composé qui signifie *vous seule*.... Il s'y fait ordinairement de bonnes piques, javelines, lances, bourdons et dards, et de fort bons jambons salés.... Il est pourveü de tout plain de belles, vives et copieuses fontaines perennelles, une desquelles, dite *S.-Jean de Licharre*, est très-bonne, salubre, fréquentée des malades et pélerins; un autre guessale de Camou est d'eau salée propre à en faire du sel blanc ; et trois autres des lieux d'Alos, Itorots, Chéraute, sont des eaux chaudes minérales et médicinales, comme celles de Cambo en Labourd et d'Aigues Caudes en Béarn. » — L'écrivain que nous venons de citer vante les jambons de la Soule ; dans l'antiquité, au rapport de Strabon (*Géogr.*, liv. III, chap. IV; édit. de 1620, p. 162; trad. fr., t. I, p. 473), ceux des Cantabres, qu'il proclame excellents et place sur la même ligne que les jambons de la Cerdagne, procuraient à ces peuples un commerce très-avantageux. La reine de Navarre, dans ses *Contes*, parle avec éloge de ceux de Bayonne, qu'elle appelle *jambons de Basque* ; ce qui n'empêcha pas que dans une collation donnée, à Hendaye, par Charles IX à la reine d'Espagne, on ne servit des jambons de Mayence. (*Recueil et discours du voyage du roy Charles IX*, ms., fol. 46 recto. Voyez encore fol. 47 recto.) — Plus tard, en 1701, quand Philippe V, roi d'Espagne, passa par Bayonne pour se rendre dans ses nouveaux états, la ville lui fit présent, entre autres choses, de jambons de Lahontan (*Nouv. Chron. de Bayonne*, p. 175), localité du Béarn qui fait aujourd'hui partie du canton de Salies, arrondissement d'Orthez.

exclusivement réservée à des espèces de cagots atteints, mais non convaincus d'être en proie à des maladies de la peau; mais il est plus probable qu'on la croyait seulement propre à les donner : ce qui me rappelle qu'à Cascante, également en Navarre, une fontaine réputée merveilleuse contre les obstructions porte le nom *del Matador* (du Tueur).

C'est dans la province de Guipuzcoa que se trouvent les eaux thermales de Cestona, semblables à celles de Carranza en Biscaye, et pareillement recommandées pour les obstructions et toute espèce de douleurs. Sur le territoire d'Azpeitia et la route royale qui mène à Cestona, il y a encore une source d'eau minérale, deux à Gaviria, plusieurs à Ichaso (*concejo* d'Areria) et à Mondragon, et une vitriolée sur les bords de la rivière Ego, à Eybar. On trouve une grotte d'eaux chaudes au sommet de la fameuse montagne d'Arno, dans la juridiction de Motrico, sur la limite de la Biscaye; sur le mont Hernio, une fontaine froide, en basque *Iturriotz*, nom sous lequel elle est aussi connue que sous celui de *Saint-Jean*; à Usun, une source dont les eaux sont des plus salutaires contre l'hypocondrie, les dartres et les maladies du foie; à Isasondo (union d'Oria), des eaux minérales, puissantes contre les affections néphrétiques; sans compter, dans la vallée de Laniz et ailleurs, une multitude d'autres sources dont le détail nous entraînerait beaucoup trop loin.

La Navarre espagnole n'est pas moins dotée sous ce rapport. En première ligne, je citerai les eaux thermales de Fitero, déjà connues en 1146; celles de Berrueta et de Betelu, dont certaines sont purgatives, comme les eaux de Gaztelu, qui se trouvent également dans la *merindad* de Pampelune, et celles de Carcar dans le comté de Lerin, dont le chef-lieu possède un puits sulfureux précieux contre les obstructions. Je mentionnerai encore les eaux vitriolées et sulfureuses de Gorriz, celles d'Ibero dans la *cendea* ou canton d'Olza, celles de la vallée d'Imoz, surtout une, la source de Latasa, qui paraît être de même nature que la source de Zarauz; celle d'Isaba, dont parle le Dr Limon Montero, dans son *Espejo de las aguas medicinales de España*, fol. 137; les eaux de Larraga, souveraines contre les maladies du foie; de Leoz, contre les fièvres tierces; d'Oroz ou Orozbetelu (vallée d'Arce); enfin, de Lodosa, très-fréquentées par les sujets malades d'obstructions et de coliques néphrétiques.

J'ai déjà cité un certain nombre de sources minérales de la province d'Alava; je ne veux plus nommer que celles d'Oquendo, village et seigneurie de la *hermandad* d'Ayala; la fontaine de Salinillas de Buradon, qui possède une vertu spéciale pour la guérison des maladies du foie, et la source sulfureuse qui sort à Villareal de Alava, à côté de l'ermitage de Santa Marina; celle d'Elosu, localité de la *hermandad* de Villareal; enfin, les eaux minérales laxatives d'Artomana, dans la vallée et *hermandad* d'Arrastaria, et les deux fontaines ferrugineuses d'Echaguen dans celle de Cigoitia.

Reste la Biscaye. Les localités qui méritent d'être signalées pour leurs eaux minérales sont : Ceanuri, pour la fontaine d'Ascarraga; Verriz, Garai, qui possèdent une source sulfureuse, celle-ci dans la paroisse de Saint-Jean; Jemein ou Semein (*merindad* de Marquina), où il s'en trouve aussi, avec une fontaine d'eau thermale; Larrabezua, où, sur le penchant de la montagne de Lexarza, on en voit une égale à celle d'Auleztia; Mañaria (*merindad* de Durango), Miravalles, notées pour leurs fontaines ferrugineuses et autres.

Pour ce qui est des sources salées dans les quatre provinces basques, le nombre de localités appelées *Salinas* annonce déjà qu'elles ne sont point rares. Outre le premier village du Guipuzcoa sur la route royale de Madrid en France, Salinas de Añana, village de la *hermandad* du même nom, province d'Alava; outre Salinas de Oro, Salinas Cabe Pamplona en Navarre, et Salinillas de Buradon en Alava, on y trouve, à Caicedo de Yuso, une fontaine salée dont les habitants ne tirent aucun parti. Mieux avisés, ceux d'Arteta, dans la vallée d'Ollo en Navarre, gagnent leur vie à extraire le sel qu'ils ont ainsi chez eux, tandis que ceux de Lerin semblent avoir renoncé à cette industrie.

IX

PÊCHES ET DÉCOUVERTES DES BASQUES

DANS LES MERS DU NORD

ÉMIGRATIONS DE CE PEUPLE

DANS L'AMÉRIQUE DU SUD

En parcourant les côtes du golfe de Gascogne, on remarque des restes de tours et de fours. Les traditions locales sont muettes à leur sujet; mais il est facile d'indiquer leur usage : ces tours servaient à découvrir au loin les baleines, ces fours à faire fondre leur graisse.

Parmi les choses qui ont disparu chez nous, il faut compter ces géants des mers, autrefois assez fréquents sur les côtes de Guienne, surtout aux environs de Biarritz, cité dès le XIII° siècle pour cette sorte de pêche [1]. Les Basques, auxquels elle offrait un bénéfice considérable, la faisaient l'hiver de la manière suivante : certains d'entre eux se tenaient en sentinelles sur des tours, d'où ils pouvaient voir venir l'énorme bête. Était-elle signalée? on battait le tambour ou le tambourin, et tous accouraient, comme au pillage d'une ville, munis de dards et de tout ce qui était nécessaire [2]. « Chaque nacelle, ajoute Rondelet, porte dix hommes pour ramer, et quelques autres armés de longs harpons pour frapper l'animal ; ils les lancent et lâchent les cordes qui y sont attachées, jusqu'à ce qu'il perde la vie avec le sang. Alors ils le tirent à terre à l'aide de la marée, et parta-

---

[1] Th. Carte, *Catalogue des rolles gascons*, etc., p. 13, n° 30, ann. 1280, 1281. — Abel Jouan, *Rec. et disc. du voy. du roy Charles IX*, etc., folio 51 recto.

[2] Les Basques terreneuviers donnaient le nom de *petricherie* à l'ensemble des ustensiles nécessaires à la pêche de la morue; en castillan, on appelle *pertrechos* les équipages de guerre et de chasse. (*Us et coustumes de la mer*, etc., édit. de 1661, p. 105, n° 2.) — Je renverrai, pour plus de renseignements sur la pêche de la baleine, non-seulement sur les côtes du Pays Basque, mais sur celles du Médoc, à la *Notice d'un manuscrit de la bibliothèque de Wolfenbüttel*, etc., par MM. Martial et Jules Delpit (*Notices et extraits des manuscrits*, etc., t. XIV, 1re part., p. 419-424), et aux *Variétés Bordeloises*, etc., de l'abbé Beaurein, t. I, p. 340-342.

gent la proie dans la proportion des dards lancés, chacun d'eux étant reconnaissable à des marques particulières qui y sont gravées [1]. »

L'auteur que nous venons de citer ne parle que des baleines qui venaient s'offrir comme d'elles-mêmes aux coups des habitants de Capbreton, de Biarritz et de Saint-Jean-de-Luz; mais il est certain que d'autres Basques encore se livraient à cette pêche, et ne s'en tenaient pas aux côtes. Cleirac, qui fixe après l'équinoxe de septembre le passage du cétacée sur celles de Guienne et de Biarritz, nomme, avec les pêcheurs de Capbreton et du vieux Boucau, « les Basques de Biarri, Gattari, Sainct Jean de Luz et Ciboure, et autres pescheurs de Guyenne, lesquels vont hardiment, et par grand adresse, harponner et blesser à mort les balenes en plaine mer [2]. » Il ajoute : « Les grands profits, et la facilité que les habitans de Capberton prez Bayonne, et les Basques de Guyenne ont trouvé à la pescherie des balenes, ont servi de leurre et d'amorce à les rendre hazardeux à ce point, que d'en faire la queste sur l'Ocean, par les longitudes et les latitudes du monde. A cest effet ils ont cy-devant équippé des navires, pour chercher le repaire ordinaire de ces monstres. De sorte que suivant cette route, ils ont descouvert cent ans avant les navigations de Christophle Colomb, le grand et petit banc des morues, les terres de Terre-neufve, de Capberton et Baccaleos (qui est à dire *morue* en leur langage), le Canada ou nouvelle France [3], où c'est que les mers sont abondantes et foisonnent en balenes. Et si les

---

[1] *Gulielmi Rondeletii... Libri de piscibus marinis*, etc. Lugduni, apud Matthiam Bonhomme, M.D.LIIII., in-folio, lib. XVI, cap. XI, p. 480, 481.

[2] *Us et coustumes de la mer*, etc., édit. de 1661, p. 140, 141, 147. Cleirac remarque que ces pêcheurs ne payaient aucun droit pour amener et dépecer leurs prises à terre; ils se bornaient à donner à l'église les langues des baleines et baleinons, mets fort estimé autrefois. — Plus loin, p. 447, traitant de la distribution des profits aux voyages des Basques dans le Nord pour la pêche de ce poisson et celle des morues, il fait observer que l'amiral ne reçoit aucune part de la prise.

[3] Pierre de l'Ancre déclare avoir entendu dire que de tout temps les Basques trafiquaient dans ce pays, « si bien que les Canadois ne traictoient parmy les François en autre langue qu'en celle des Basques. » (*Tabl. de l'inconst. des mauv. anges*, etc., liv. I, p. 30, 31.) — Dans un curieux document des archives de la mairie de Saint-Jean-de-Luz et de la préfecture des Basses-Pyrénées, cité par MM. E.-M. François Saint-Maur (*Coup d'œil sur Saint-Jean-de-Luz et ses archives, en* 1850. Pau, imprimerie de E. Vignancour, 1854, in-18, p. 55, n° 31) et par M. Léonce Goyetche (*Saint-Jean-de-Luz historique et pittoresque*, etc. Bayonne, 1856, in-12, p. 143, en note), on lit : « Dès le premier tems auquel les Basques faisoient la pêcherie des baleines et des morues dans le golphe Saint-Laurent, ils firent

Castillans n'avoient pris à tâche de dérober la gloire aux François de la premiere atteinte de l'isle athlantique qu'on nomme *Indes occidentales,* ils advoueroient, comme ont faict Corneille Wytfler et Anthoine Magin, cosmographes flamans, ensemble F. Antonio S. Roman... *Historia general de la India,* lib. I, cap. II, pag. 8. que le pilote lequel porte la premiere nouvelle à Christophle Colomb, et luy donna la connoissance et l'adresse de ce monde nouveau, fut un de nos Basques Terre-neufiers [1]. »

Ce qui suit s'étant passé du temps de Cleirac, on peut y avoir bien plus de confiance : « En l'an 1617, dit-il, quelques Basques, à l'ayde de certains marchands de Bourdeaux, équiperent quelque navire pour la pescherie vers la mer Glaciale de Groetland au nord de l'Irlande et de l'Escosse, et à Spisberg, où c'est qu'enfin ils ont trouvé la station ordinaire des balenes, pendant le jour qu'il y fait de six mois de durée. Les Anglois qui n'avoient pas l'adresse ou l'industrie de cette pescherie, en ayant eu l'advis, furent jaloux. Ils y accoururent, et leur firent de grands molestes pour les empescher de travailler et de descendre à terre, lesquels ils continuerent et redoublerent tous les ans [2]. Enfin, ils leur prohi-

---

amitié avec tous les sauvages de cette contrée, et lièrent commerce avec eux, particulièrement avec une nation appelée *Esquimaux,* qui a toujours été et qui est encore intraitable pour toutes les autres nations ; et comme leur langage étoit absolument différent, ils formèrent une espèce de langue franque, composée de basque et deux autres différentes langues de ces sauvages, par le moyen de laquelle ils s'entendoient fort bien tous. Les personnes qui ont fait des établissemens aux colonies françoises du Canada et en la partie septentrionale de l'Acadie, y trouvèrent ce langage étably depuis longtems, la première fois qu'ils y arrivèrent.... Voyez entr'autres les mémoires de M. Lasalle et ceux de son frère Cavalier. » *(Mémoire touchant la découverte, les établissemens et la possession de l'isle de Terre-Neuve, et l'origine des pêcheries des baleines et des morues, la première ayant occasionné cette découverte : ces établissemens, la découverte des morues et l'invention de leur pêcherie, par les sujets de Sa Majesté Très-Chrétienne, habitant dans le pays de Labourt, fourni par les négocians de Saint-Jean-de-Luz et de Siboure, à M*^{r}*. de Planthion, sindic général du pays, le mois de mars, mil sept cens dix.)*

[1] *Us et coustumes de la mer,* etc., p. 151, n°^{s} 39-41. — « Les uns ont opinion qu'il estoit d'Andalousie, les autres le font Biscain. » *(Histoire universelle des Indes occidentales et orientales,* etc., par Corneille Wytfliet, &c. A Douay, chez François Fabri, l'an 1611, in-folio, 1re part., liv. X, chap. I, p. 2.) André Favyn attribue la découverte de l'Amérique à un marchand de Biscaye, sujet de la couronne de Navarre. *(Histoire de Navarre,* liv. X, ann. M.CCCCXLIIII., p. 564.) — Le P. G. de Henao a discuté tous ces points en détail dans ses *Averiguaciones de las antiguedades de Cantabria,* liv. I, chap. IV, p. 25-30.

[2] C'est peut-être en représailles de l'un de ces *molestes* que Martin de Lasson, armateur de Saint-Jean-de-Luz, fit, en 1649, saisir et arrêter à son profit un navire anglais dans la rade de cette ville. *(Saint-Jean-de-Luz historique et pittoresque,* etc., chap. III, p. 88, 89.)

berent absolument la descente en Island et Groetland pour y travailler à fondre les lards. Les Basques en ont porté leurs plaintes au roy Louys XIII. et à feu monsieur le cardinal duc de Richelieu; mais il est survenu du depuis tant d'autres affaires estimez plus importans, entre l'une et l'autre couronne de France et d'Angleterre, qu'ils n'ont peu tirer aucune condition de paix ou de treves pescheresses. C'est pourquoy ils furent reduits à faire leur chasse en pleine mer sans atterrir, et porter les lards entiers de deça pour les bonifier au retour : ce qu'ils practiquoient encore avec grande incommodité, en l'an 1636. que le Soccoa, Ciboure et Sainct-Jean-de-Luz furent envahis par les Espagnols, lesquels firent butin, entre autres, de quatorze grands navires revenans de Groetland, chargez de lards crus et de fanons ou barbes de balene [1]. »

Ainsi, les Basques avaient deux manières d'extraire l'huile des baleines : ou ils les conduisaient à terre, les dépeçaient, et en faisaient fondre la graisse; ou ils emportaient le lard chez eux en tonneaux pour le manipuler dans leurs ateliers. Ils employaient encore un autre procédé, dont l'honneur revient à un bourgeois de Ciboure nommé *François Soupite* [2] : ils faisaient la fonte sur le vaisseau même et en pleine mer.

---

[1] *Us et coustumes de la mer*, etc., p. 152, n°s 42, 44, 45. — Ce nombre de navires ne doit point étonner, quand on saura qu'il en partait tous les ans de Saint-Jean-de-Luz pour les pêches du Nord vingt-cinq à trente, du port de deux cent cinquante à trois cents tonneaux, équipés de cinquante à soixante hommes. (*Traité général des pesches*, etc., par Duhamel du Monceau. A Paris, M.DCC.LXXVII., in-folio, suite de la seconde partie, t. IV, dixième section, chap. I, p. 10, col. 1. Voyez encore p. 2, et II° part., sect. III, art. X, p. 381, col. 1.) Le Grand d'Aussy réduit ce chiffre à cinquante vaisseaux pour les villes de Saint-Jean-de-Luz, de Bayonne et de Ciboure, vers le milieu du XVII° siècle. (*Histoire de la vie privée des François*, etc. Paris, Simonet, 1815, in-8°, t. II, p. 91.) — Ce qui doit étonner, c'est qu'à cette époque, les pirates barbaresques osassent venir donner la chasse à nos vaisseaux jusque dans le golfe de Gascogne. Cleirac, auquel nous empruntons ce hors-d'œuvre, rapporte, p. 31, n° 4, qu'en 1631, Gilles Steben, bourgeois et marchand de Bordeaux, ayant chargé une barque de vin pour Calais, elle fut rencontrée, à sa sortie de la Gironde, par un navire forban turc, qui la captura. — Dans la crainte d'être entraînés trop loin, nous n'avons rien dit de la part que les Basques espagnols prenaient aux grandes pêches; on trouvera tous les renseignements désirables à cet égard dans le *Compendio historial de la M. N. y M. L. provincia de Guipuzcoa*, du docteur Lope Martinez de Isasti (San Sebastian, imprenta de Ignacio Ramon Baroja, 1850, in-4°), liv. I, chap. XII, n°s 20-26, p. 153-157.

[2] Ce nom nous est donné par Cleirac et par M. François Saint-Maur. M. Goyetche l'appelle « le capitaine Martin Sopite, » et cite plus d'une fois la maison et la rue Sopite, à aint-Jean-de-Luz. Voyez p. 128, 142, 202.

Telle était la supériorité des Basques dans cette sorte de pêche, et le bénéfice qu'ils en retiraient, que les spéculateurs s'en émurent. Il se forma en Hollande, sous le nom de *Compagnie du Nord*, une association dont le premier soin fut de chercher à se procurer la connaissance des procédés employés par nos compatriotes. Ceux-ci ne surent pas garder leurs secrets, en sorte que bientôt les étrangers n'eurent plus rien à apprendre de leurs maîtres [1]. Pour les récompenser, ou plutôt pour exciter leur émulation par un appât offert à la vanité qu'ils avaient reconnue en eux, les Hollandais élevèrent en public des statues aux plus habiles de ces capitaines et harponneurs basques [2], puis ils chassèrent violemment leurs concurrents des parages où ils allaient pêcher les baleines; et, à l'exemple des Anglais, ils leur interdirent l'abord des terres du Nord, pour y fondre et bonifier les huiles [3]. En même temps, ils embauchaient le plus qu'ils pouvaient de matelots basques, autant pour employer leurs services [4] que pour en priver

---

[1] Il est juste de faire remarquer que si les Basques étaient plus instruits que les Hollandais pour tout ce qui touchait à la pêche, ceux-ci auraient pu leur en remontrer en fait de connaissances nautiques. Cleirac, qu'un commissaire général de la marine de l'époque nous montre comme fort expert en ces matières (*Correspondance de Henri d'Escoubleau de Sourdis*, etc., t. III, p. 221), signale les premiers, en compagnie des Suédois, Danois, Allemands, Irlandais, Écossais, Anglais, Bretons, Normands et Picards, comme plus disposés à « vuider la bouteille, humer l'eau de vie et fumer le tabac, qu'à manier adroitement l'astrolabe, le grand anneau, le quadran ou quart de rond, le triangle ou l'arbalestille. » (*Us et coustumes de la mer*, etc., p. 486, n° 14.)

[2] L'auteur du Mémoire touchant la découverte de l'isle de Terre-Neuve, etc., 1710, ajoute : « On voit encore à présent de ces statues à Amsterdam, habillées à la mode ancienne de nos Basques. » Un peu plus haut, il nous apprend que « déjà vers 1660, Michelans, de Cubiburc, voguait sur les navires de Hollande pour instruire cette nation. »

[3] *Us et coustumes de la mer*, etc., p. 155, n°s 54, 55. — Cleirac écrivait avant 1661, et nous savons que, trente ans après, les Basques continuaient encore leurs expéditions à la recherche des baleines. Dans un Mémoire envoyé à S. A. sérénissime le comte de Toulouse, amiral de France, par MM. les magistrats et syndics des négociants de Saint-Jean-de-Luz, le 17 octobre 1694, il est dit que cette communauté a continué cette navigation pendant plus d'un siècle, et que « les paroisses maritimes du pays de Labourt tirent leur subsistance de la pêche des morues et des ballaines à Terre neufve et à Groenland, que les Basques ont découvert depuis l'an 1535, » etc. (Archives de la mairie de Saint-Jean-de-Luz.)

[4] « Ces matelots, dit Lespès de Hureaux, dans ses Mémoires sur Bayonne, le Labourd, etc. (1718), sont estimés des meilleurs de l'Europe, tous braves jusqu'à la témérité. Il y a parmi eux, tout le long du quai de Ciboure, un grand nombre de familles nommées *Achotars* (Agotac?), qui de père en fils font profession de donner secours aux vaisseaux battus par la tempête qui se trouvent à la rade de Saint-Jean-de-Luz. Ils s'exposent familièrement aux plus grands dangers, et font des espèces de miracles pour sauver des vaisseaux prêts à faire naufrage. » (*Saint-Jean-de-Luz*, etc., p. 308, en note.)

leurs concurrents. L'auteur d'un Voyage d'Espagne fait en l'année 1655, parlant de Saint-Jean-de-Luz et de la réputation des matelots qu'on en tirait pour la pêche des morues et des baleines, raconte qu'il rencontra dans cette ville des Flamands qui avaient loué une cinquantaine d'hommes pour les employer à Terre-Neuve [1], occupation qui retenait sans doute à Saint-Jean les deux Flamands dont Pierre de Lancre fait mention comme y étant logés au commencement du siècle [2]. Nous verrons plus loin, quand nous serons arrivés au chapitre des poésies populaires des Basques, l'un d'eux signaler la rive hollandaise, vers laquelle il venait sans doute de son pays, ou revenait des mers du pôle. Aujourd'hui, nos montagnards en ont oublié le chemin : ils ne demandent plus qu'au Sud la richesse qu'auparavant ils allaient chercher, au prix de mille périls, parmi les glaces du Nord.

Autrefois aussi, les Basques venaient, même de la Navarre espagnole, jusqu'aux portes de Bordeaux pour faire paître dans les landes leurs nombreux troupeaux [3]. Maintenant ils prennent

---

[1] *Voy. d'Esp.*, etc. A Paris, chez Robert de Ninville, M. DC. LXVI., in-4°, p. 4. — Les relations entre Bayonne, Saint-Jean-de-Luz et la Hollande, étaient encore fréquentes au siècle dernier. Dans un *Factum pour Jacob Pereira Brandon, négociant (alias banquier) au bourg St. Esprit près Bayonne*, etc. (Bibl. publ. de Bordeaux, jurisp., n° 5076 ; t. II, pièce n° 53. Cf. n°s 70 et 102), on voit qu'il y avait à Amsterdam un assureur nommé *David Ferreira Brandon*, parent et correspondant de Jacob. — En continuant à parcourir la même collection, on rencontre un *Sommaire pour François Laralde, bourgeois et marchand de Cibourre*, etc. (t. IV, pièce n° 11), et l'on y lit qu'en l'année 1717, l'exposant avait fait sortir du port d'Amsterdam un navire chargé pour quelques ports du détroit, sans doute de Gibraltar.

[2] *Tableau de l'inconstance des mauvais anges*, etc., liv. V, disc. 1, p. 348.

[3] Une pièce de l'an 1358, dont extrait a été donné par D. José Yanguas, dans son Dictionnaire des antiquités du royaume de Navarre, sous le mot *Landas*, t. II, p. 172, nous montre des bergers de Roncal et de Salazar menant paître dans les landes de Bordeaux trente-sept *cabañas* de vaches ; nombre presque incroyable, si l'on considère que chaque *cabaña* se composait de cent cinquante têtes de bétail, ce qui forme, pour une seule année, un total de cinq mille cinq cent cinquante vaches, pour lesquelles les deux vallées n'avaient plus de nourriture. — Plus d'un siècle auparavant, le prieur et les moines de l'hospice de Roncevaux avaient déjà droit de pâture *(herbagium)* au-delà de l'Adour (Carte, *Catal. des rolles gascons*, etc., ann. 1241, t. 1, p. 5, n° 5) ; peut-être est-ce en vertu de ce droit que les Basques de la vallée de Roncal venaient faire leurs descentes annuelles chez nous. — Cette espèce de tribut qu'ils levaient ainsi sur les Français, n'était pas le seul, à ce qu'il paraît ; ils exigeaient des habitants de la vallée de Baretons, en Béarn, une redevance de trois vaches, qui était annuellement payée avec des formes rapportées par Esteban de Garibay, liv. XXI, chap. XI, et, d'après lui, par Pierre de Marca (*Histoire de Béarn*, etc., chap. XXVI, § VI, p. 554, 555). Voyez encore l'*España sagrada*, t. XXXII, p. 260, et les *Adiciones al Diccionario de antiguedades de Navarra*, p. 525-530.

encore presque périodiquement la même route, mais c'est après les avoir vendus, pour en apporter le prix à un armateur et aller, à la garde de Dieu et sous la conduite d'un capitaine, chercher fortune au delà des mers.

L'émigration des Basques vers les bords du Rio de la Plata, après s'être portée d'abord, à ce qu'on dit, sur un autre point de l'Amérique du Sud [1], a pris dans ces derniers temps une extension alarmante pour le département des Basses-Pyrénées, dont la population s'affaiblit de plus en plus. En 1848, le nombre des émigrants montait à 672; l'année suivante, à 1,012, et à 1,807 en 1850. Nous n'avons pas de renseignements pour 1851-1852; mais nous savons qu'en 1853, 977 hommes et 229 femmes, en tout 1,206 individus, quittèrent la France, et que ce chiffre s'éleva en 1854 à 2,838, dont 2,133 hommes et 705 femmes, donnant ainsi sur l'année précédente l'énorme augmentation de 1,632 émigrants, dont 1,156 du sexe masculin et 476 du sexe féminin. En 1855, leur nombre monta à 1,949, total dans lequel les hommes entraient pour 1,476 et les femmes pour 473.

Ces chiffres se rapportent à l'ensemble du département des Basses-Pyrénées. Si nous cherchons la part qui, pour 1856, revient au Pays Basque français, nous trouverons que l'arrondissement de Mauléon est celui dont la population compte le plus de vides. « Elle était, dit un journaliste de Pau, restée à peu près stationnaire de 1836 à 1841; en 1846, elle a déjà diminué de plus de 500 âmes; en 1851, de plus de 1,500; en 1856, on la trouve inférieure de 6,633 âmes à ce qu'elle était en 1836. Tous les cantons ont fourni leur part dans ce contingent de l'émigration; mais ceux de Mauléon, de Saint-Palais et de Saint-Étienne de Baïgorry sont ceux qui ont éprouvé le plus de pertes.

« L'arrondissement de Bayonne, ajoute M. P. O'Quin, a gagné, il est vrai, 2,477 âmes depuis 1836; mais l'augmentation de la première période décennale avait été bien autrement considérable, et dans la seconde, c'est-à-dire depuis 1846, il y a eu

---

[1] *Mémoire sur l'origine japonaise, arabe et basque de la civilisation des peuples du plateau de Bogota, d'après les travaux récents de MM. de Humboldt et Siébold,* par M. de Paravey. Paris, 1835, in-8°.

une diminution de 2,916. Le chiffre total est aujourd'hui de 86,996. La diminution porte sur les cantons de Saint-Jean-de-Luz, Bidache, Hasparren et Espelette, ravagés par le choléra de 1855 [1]. »

Justement émus du mouvement de l'émigration, les préfets en ont à plusieurs reprises entretenu le conseil général du département. « J'ai, disait l'un d'eux dans son rapport, signalé cet état de choses à l'administration centrale; mais comme c'est un fait heureusement tout local, elle ne s'est préoccupée jusqu'à ce jour de l'émigration qu'au point de vue de procurer aux émigrants toutes les sûretés et garanties possibles pour leur transport. C'est ce qui a motivé le décret impérial en date du 15 janvier 1855, qui institue des commissaires spéciaux, chargés de surveiller l'émigration et les agences de recrutement [2]. »

Dans le rapport qui a précédé le décret cité, on lit avec surprise que l'administration « ne possédait aucun renseignement sur l'émigration basque qui s'opère par les ports de Bayonne et de Bordeaux à la destination des rives de la Plata [3]. » Sans parler des moyens d'investigation qu'offre la police, les chambres de commerce de ces deux villes pouvaient donner les renseignements désirés. On les trouve aujourd'hui dans un rapport intéressant, quoique fort incomplet, présenté au conseil général du département des Basses-Pyrénées, dans le sein duquel il a donné lieu à un débat instructif [4].

A quoi attribuer cette émigration si considérable pour les Basques, et presque nulle chez les Béarnais leurs voisins? En premier lieu, c'est que les premiers sont pauvres, surtout depuis la fermeture des frontières, et encore par le morcellement des propriétés, par les procès ruineux des partages, qui ont perdu des villages entiers, enfin par l'introduction du luxe et de besoins nouveaux avec lesquels n'ont pas grandi, comme ailleurs, l'indus-

---

[1] *Mémorial des Pyrénées*, n° du jeudi 30 octobre 1856, p. 1, col. 3.
[2] *Conseil général des Basses-Pyrénées. — Rapport du préfet et procès-verbaux des séances*. Session de 1855. Pau, É. Vignancour, 1855, in-4°, 1re part., p. 58.
[3] *Voyez le Moniteur universel*, n° du 17 janvier 1855.
[4] *Conseil général des Basses-Pyrénées*, etc., 2me part., p. 41-48.

trie et le commerce. Or, le Basque est trop fier pour supporter la misère dans son pays; il préfère être malheureux parmi les étrangers. Dans cette catégorie d'émigrants rentrent plusieurs milliers de propriétaires ruinés ou près de l'être, comme d'autres qui ne peuvent se résoudre à vendre tout ou partie de leur domaine pour doter leurs frères et sœurs. Tous les émigrants de cette classe partent avec espoir de retour et désir de recouvrer ou de conserver leur patrimoine par des bénéfices faits outre-mer.

Une deuxième catégorie se compose de milliers d'hommes sans feu ni lieu, comptant pêcher ailleurs en eau trouble et jouir d'une plus grande indépendance dans un pays mal administré.

Viennent ensuite les jeunes déserteurs qui ne peuvent se faire à l'idée de sept ans de discipline militaire, et qui émigrent chaque année en grand nombre, prêts à prendre les armes, à se bien battre, aimant même les hasards, les dangers des combats, mais tremblant à la seule idée d'obéissance, d'assujettissement, de code militaire.

A leur suite, je placerai une catégorie de gens très-nombreux parmi les Basques, les ambitieux, les esprits aventureux, pleins de témérité et d'audace, aimant à jouer leur tout, confiants en eux-mêmes et dans l'avenir. Ces individus, qui sont pour la plupart des jeunes gens un peu instruits, disent tout haut qu'il faut former un nouveau peuple basque, une colonie française à Montevideo, et qu'à l'occasion la France pourrait compter sur eux, et par eux sur tous les autres.

Les dupes et crédules forment au moins une grosse moitié de l'émigration entière. Le rapporteur que je citais tout à l'heure, ne voyant que cette catégorie, en parle en ces termes : « Des agents fort habiles, qui ont tout intérêt à ce que l'émigration continue, font croire à nos pauvres Basques que le moindre ouvrier gagne en Amérique 5 et 8 francs par jour, et que les gages d'un domestique ordinaire sont de 60 à 80 francs par mois. On fait croire à nos jeunes filles que les bonnes, femmes de chambre, couturières, sont assurées de trouver d'excellentes conditions dès leur arrivée, soit à Buenos-Ayres, soit à Montevideo et dans les environs, et qu'elles gagneront jusqu'à 50 francs par mois. Quant aux hommes qui peuvent prétendre à devenir cochers ou valets de chambre, on ne leur fait pas espérer moins de 3 à 400 francs de gages par mois [1], » etc. Des familles déjà établies dans ces contrées lointaines font assez souvent quelques envois d'argent à leurs parents restés au pays, ce qui est un puissant stimulant pour ceux qui n'osent pas se décider à s'expatrier. »

Le rapporteur que nous citons demande si l'on ne peut pas supposer que les agents qui courent le pays pour engager les habitants à le quitter, ne soient chargés de temps en temps de distribuer quelques milliers de francs pour faire gagner des sommes énormes à ceux qui les emploient. « On pourrait vous citer, Messieurs, ajoute-t-il, plusieurs de nos compatriotes qui ont gagné 50 et 60,000 francs par an dans ce nouveau genre de commerce. Un autre moyen fort ingénieux est souvent mis en pratique. Des individus, toujours fort habiles et maniant bien la parole, nous arrivent d'Amérique et nous affirment qu'ils sont bien décidés à s'établir dans nos contrées pour s'y livrer à l'agriculture, au commerce, etc. Mais ils ne tardent pas à dire à qui veut l'entendre, dans les marchés surtout, qu'ils sont bien trompés dans leur attente, que les temps sont changés, qu'il n'y a plus rien à faire dans ce département, d'après eux sans ressources, qu'ils seraient bientôt ruinés s'ils ne retournaient à Montevideo ou à Buenos-Ayres, qu'ils n'auraient jamais dû quitter. Par des conversations de ce genre, ils montent la tête à leurs connaissances et les emmènent avec eux. Les demandes de passeports ont été si nombreuses cette année, que des hommes sérieux affirment que, dans certaines communes, la majeure partie des terres va être abandonnée faute de bras [2]. » Après un mot sur la partie du rapport du préfet relative à l'émigration, le membre du conseil général continue ainsi : « M. le Préfet a reconnu que l'agriculture souffre déjà de cet état de dépopulation. Le gouvernement s'en est ému sous le point de vue du recrutement, et, d'après un ordre du Ministre de la guerre, les passeports sont

---

[1] *Conseil général des Basses-Pyrénées. — Procès-verbaux des séances*, session de 1855, p. 41.
[2] *Ibid.*, p. 41.

refusés aux jeunes gens entrés dans leur dix-neuvième année. Cette mesure a été sans effet : tous ces jeunes gens franchissent la frontière et vont s'embarquer en Espagne ; il est certain que le conseil de révision trouvera des salles à peu près désertes dans la plupart de nos cantons [1]. »

Il résulte, en effet, de chiffres recueillis au Ministère de la guerre, que le nombre des insoumis du département des Basses-Pyrénées est égal aux deux cinquièmes, au tiers et quelquefois à la moitié des insoumis de toute la France. Pour ne s'occuper que des trois dernières classes dans les Basses-Pyrénées, le chiffre des insoumis y a été, pour la classe de 1852, de 123 ; pour celle de 1853, de 311 ; pour celle de 1854, de 402 [2]. Il est notoire et certain que la plupart de ces insoumis sont des émigrants, et il est à craindre que les forces vives des classes suivantes soient encore plus profondément atteintes : « Il paraît certain, ajoute le conseiller général qui nous fournit ces renseignements, non-seulement que l'embauchage continue à s'exercer sans limites et sans frein, mais encore que les navires soumis à Bayonne au contrôle de la police du port vont compléter leur chargement dans les ports voisins de l'Espagne, et ne se font aucun scrupule d'y violer les lois et les règlements français, soit en embarquant des hommes atteints par le recrutement, soit en exagérant sans mesure l'encombrement des passagers [3]. »

Dans le cours de la discussion, le président demanda aux magistrats qui siégeaient dans le conseil s'il ne serait pas possible d'atteindre quelques-unes au moins des manœuvres que signalait la commission, par les lois qui répriment l'escroquerie. Il fut répondu que la législation en vigueur ne donnait pas à la justice des armes suffisantes. Tout ce qu'elle a pu faire jusqu'à présent a été de déplorer le mal et d'en flétrir les instigateurs. C'est ce qu'a fait, en fort bon langage, M. Charles Petit, substitut du

---

[1] *Conseil général des Basses-Pyrénées.* — *Procès-verbaux*, p. 42.
[2] L'année dernière, le département n'a pu compléter son contingent de 1,893 hommes ; on a dû réduire à 1,780 le nombre des jeunes soldats réellement appelés, et, sur le nombre, 475, c'est-à-dire plus du quart, ont manqué à l'appel.
[3] *Conseil général des Basses-Pyrénées.* — *Procès-verbaux*, p. 43.

procureur général près la cour impériale de Pau, dans son discours prononcé à l'audience solennelle de rentrée, le 4 novembre 1856, et qui traite des tendances matérialistes de notre époque [1]. »

Rien de plus méritoire assurément qu'une pareille mercuriale; mais il faudrait bien autre chose pour arrêter le courant de l'émigration, qui n'est pas uniquement le fruit de manœuvres frauduleuses, puisque la justice ne voit point de coupables à poursuivre. Que dit M. le conseiller général? Que l'on fait croire aux Basques que le moindre ouvrier gagne en Amérique 5 et 8 francs par jour, et que les gages d'un domestique ordinaire sont de 60 à 80 francs par mois. Mais tout cela est parfaitement exact, autant que le chiffre de 50 francs annoncé comme étant le salaire mensuel des bonnes, femmes de chambre et couturières [2]. On ne paie pas moins dans l'Algérie, qui est aux portes de la France. M. le rapporteur semble aussi se refuser à croire que les émigrants envoient jamais de l'argent à leur famille : le voilà tombé dans un excès contraire, car il est certain que le fait se reproduit fréquemment.

Comme dit Figaro, qui trompe-t-on donc ici? Sûrement, ce n'est pas la justice, qui ne demanderait pas mieux que de faire un procès, si elle y voyait jour ou bénéfice pour la société. Un procès pareil, je ne crains pas de le dire, serait certainement à désirer; car il aurait pour résultat nécessaire de signaler la véritable source du mal et d'amener l'étude des moyens propres à le guérir.

---

[1] Ce morceau a été imprimé à Pau, par É. Vignancour, en 1856, in-8°. Voyez p. 15-17.
[2] Voyez *Extinction du paupérisme agricole par la colonisation dans les provinces de la Plata*, etc., par M. A. Brougnes. Bagnères-de-Bigorre, J.-M. Dossun, février 1855, in-8°, p. 64, 128. — Il ne faut pas oublier que l'auteur est un colonisateur.

X

MŒURS, USAGES, COSTUMES DES BASQUES

C'est en vain qu'on chercherait dans les autres épisodes de la vie basque quelque chose de particulier, de vraiment remarquable : les progrès de la civilisation ont depuis longtemps enlevé tout caractère d'originalité à ces circonstances diverses, et même le souvenir de celui qu'elles ont pu présenter autrefois est entièrement effacé. On se réunit tout comme ailleurs, dans les foires ou marchés, pour acheter, pour vendre, pour voir, pour être vu ; les paysans parfois, trop souvent hélas ! laissent leurs économies et leur raison dans les cabarets du chef-lieu, d'où bien tard, dans la nuit, retentissent sur les chemins, tantôt les roulades interminables des buveurs optimistes que Bacchus agite des transports les plus heureux, les plus plaisants, tantôt les *achuts* menaçants de l'ivrogne belliqueux, qui défie, en brandissant son *makila*, les braves des communes voisines. Il n'est pas rare de voir répondre à ces appels par des *achuts* opposés, et dès lors une bataille, souvent compliquée par l'arrivée de nouveaux tenants, parfois aussi sanglante, est presque inévitable.

Les mariages n'offrent guère de particularités. Autrefois on n'aimait pas à s'allier aux étrangers, objets d'une telle aversion, que si l'un d'eux, sous l'empire du retrait lignager, acquérait des immeubles dans le pays, toutes les bourses s'ouvraient pour laver, par l'exercice du retrait, ce que l'on regardait comme un opprobre [1] ; on s'unissait de Basque à Basque, par conséquent de

---

[1] *Statistique du département des Basses-Pyrénées*, par le général Serviez, préfet. A Paris, de l'imprimerie des sourds-muets, an X, in-8°, quatrième partie, art. I *(Origine, Mœurs, Usages et Caractère)*, p. 118.

catholique à catholique : c'était presque une loi du pays [1]. Il y avait même des localités dans lesquelles on se serait gardé d'aller chercher au dehors un époux ou une épouse : de là encore des paroisses dont toutes les familles sont unies par la parenté. Aujourd'hui, cependant, on se marie partout où l'on trouve son avantage ; il n'y a guère plus de distinction en ce sens entre Basques, Gascons, Béarnais, etc. Malgré cela, très-difficilement, très-rarement, une jeune fille et ses parents consentiront à une alliance avec un protestant ; on ne citerait probablement pas dix exemples du contraire dans tout le Pays Basque. La propagande tentée au XVIe siècle par la reine Jeanne pour y répandre la réforme, n'a porté aucun fruit.

Il ne faut point oublier de signaler un vieil usage pratiqué encore de nos jours chez nos Basques. Le soir même des noces, et aussitôt que les deux époux se sont retirés, on se met à leur poursuite, on envahit leur chambre, et, bon gré mal gré, il faut qu'ils plongent leurs lèvres dans une coupe où se trouve préparé le breuvage le plus amer, le plus fort, le plus nauséabond que l'on puisse imaginer : c'est une espèce d'initiation à laquelle ils ne parviennent guère à se soustraire. Que figure ce calice d'amertume ? Veut-on leur rappeler ainsi que désormais leurs beaux jours sont passés, qu'avec le mariage commencent leurs peines, leurs soucis les plus graves ? Je ne saurais le dire. De ce côté-ci des Pyrénées, de nos jours encore, les meubles de l'épousée sont transportés avec beaucoup d'appareil, le tout surmonté d'une quenouille chargée de lin et d'un riche fuseau où brille un fil des plus fins, symbole de l'activité et de l'adresse dont est douée la jeune *etcheco-anderea*. De l'autre côté, dans la province d'Alava, on célèbre les mariages par force coups de feu, et il n'est point

---

[1] Malgré les efforts de la reine Jeanne, contre laquelle il se souleva (Olhagaray, *Hist. de Foix*, etc., p. 570, 573, 621, 625), le Pays Basque est resté catholique. Dans sa *gomendiozco carta* à Bertrand d'Echaux, archevêque de Tours, Axular exalte le trait de l'ancêtre du prélat, dégaînant son sabre dans le parlement de Navarre, et jurant de tuer de sa main quiconque oserait élever la voix en faveur de la religion réformée. (*Gueroco guero*, etc., p. 6.) M. Chaho, qui cite ce trait (*Voyage en Navarre*, etc., chap. VIII, p. 314), en rapporte deux autres non moins caractéristiques, dont l'un, emprunté à Sponde, est fort exalté par cet écrivain. (*Annalium Emin. cardinalis Baronii Continuatio*, etc., t. III. Lutetiæ Parisiorum, M.DC.XLI., in-folio, A.D. 1549, cap. VII, p. 266.)

rare que l'épouse ne se voie forcée d'en tirer un à son entrée dans l'église ou à sa sortie [1].

Jadis, nos Basques redoutaient beaucoup le maléfice dit *esteca* pour le moment de leurs fiançailles [2]; on appréhendait vivement aussi, au moment d'un baptême, les malédictions et imprécations diverses que les ennemis de la famille pouvaient lancer contre le nouveau-né, avant ou pendant la cérémonie. En Biscaye, dans des vallées dont la population rappelle, par ses usages, l'enfance de la société, les femmes se lèvent immédiatement après leurs couches, et vaquent aux soins du ménage pendant que leur mari se met au lit, prend la tendre créature avec lui, et reçoit ainsi les compliments des voisins [3]. D'où peut venir cette étrange coutume? Remarquons tout d'abord que les Basques ne sont point les seuls à présenter un trait de mœurs aussi caractéristique : les Béarnais faisaient autrefois de la même façon, ce qu'ils appelaient *la couvade* [4], et cette coutume existe encore dans quelques peuplades de l'Afrique et chez quelques sauvages de l'Amérique. Marco Polo, dont le voyage eut lieu de 1271 à 1295, la signale chez les Tartares [5], et il semble qu'elle ait aussi existé chez les *Tibari*, peu-

---

[1] *Dicc. geogr.-hist. de España*, sect. I, t. I, p. 52, col. 1. — Cet usage, autrefois répandu dans une partie de notre pays longtemps occupée par les Espagnols, a été condamné, comme superstition de la vaine observance, dans deux synodes tenus à Besançon. (Thiers, *Traité des superstitions*, etc., liv. X, chap. IV, sect. XVI; édit. de M.DCC.LXXVII., t. I, p. 465.)

[2] Voyez ci-dessus, chap. I, p. 149.

[3] *Voyage en Navarre*, chap. X, p. 390. — *Souvenirs d'un naturaliste*, dans la Rev. des Deux Mondes, vol. de 1850, p. 1084. — Dans son *Itinéraire descriptif de l'Espagne*, etc. (A Paris, M.DCCC.IX., in-8°, t. II, p. 150), M. de Laborde étend cet usage jusqu'aux habitants de la Navarre, et déclare qu'il est impossible d'en rendre raison.

[4] Le Grand d'Aussy, *Fabliaux ou contes*, etc. Paris, Jules Renouard, M DCCC XXIX, in-8°, t. III, p. 572, note au fabliau d'Aucassin et Nicolette. Il y renvoie au t. VII de l'*Hist. gén. des Voyages*, collection in-4° exécutée par Prévost d'Exiles. Voyez p. 333. — Ne serait-ce point à cette coutume qu'il faudrait rapporter la superstition de ceux qui s'imaginent qu'une femme en travail d'enfant sera plus tôt délivrée de son fruit, si elle met le haut-de-chausse ou les bas et les souliers de son mari? (Thiers, *Traité des superstitions*, etc., Ire part., liv. IV, chap. I, et liv. V, chap. IV; édit. de M.DCC.LXXVII., t. I, p. 259, 333.) Nous avons aussi une expression proverbiale qui paraît dérivée du même usage, et que l'on emploie en parlant d'un homme mou : « Il se met au lit quand sa femme est en couches. »

[5] *Peregrinatio*, liv. II, chap. XXXII; édit. de la Société de Géographie, p. 404. — M. Edélestand du Méril, qui cite ce passage dans son introduction à *Floire et Blanceflor* (A Paris, chez P. Jannet, MDCCCLVI, in-12, p. cxciv), y voit une preuve de l'origine orientale de l'épisode de notre vieux fabliau.

ples scythiques qui habitaient les bords du Pont-Euxin. On la retrouvait encore, au rapport de Diodore de Sicile, dans l'île de Corse [1], et Strabon nous la montre comme régnant chez les Ibères [2]. Y a-t-il là l'indice d'une origine commune perdue dans la nuit des temps? Pas plus que M. de Quatrefages, qui la pose, nous n'osons répondre à cette question. Boulanger, qui a voulu expliquer d'une manière systématique l'origine des usages des nations, n'a pas réussi pour celui-ci plus que pour beaucoup d'autres : « Il semble, dit-il, que l'on doit regarder cette conduite du mari comme une sorte de pénitence, fondée sur la honte et le repentir d'avoir donné le jour à un être de son espèce [3]. » Une pareille opinion, qui impute à un peuple d'avoir regardé la paternité comme un opprobre, ne pouvait naître qu'à une époque de dissolution morale telle que la fin du XVIIIe siècle.

De nos jours, M. Chaho a expliqué la coutume biscayenne par la légende d'Aïtor [4]. Pendant son exil sur la montagne, ce père des Escualdunac eut un fils, et la mère, craignant pour les jours de cet enfant si elle restait seule auprès de lui, le laissa sous la garde de son mari pendant qu'elle allait elle-même chercher la nourriture nécessaire à toute la famille. Depuis lors, les Basques ont conservé cette espèce de cérémonie en souvenir de la rude existence de leurs premiers parents. On comprend que nous ne saurions admettre cette explication d'un usage si contraire aux mœurs modernes, et nous aimons mieux, avec le savant naturaliste que nous citions il n'y a qu'un instant, y voir un reste de cette barbarie qu'on trouve chez tant de peuples sauvages, où l'homme, le guerrier, est tout, et la femme rien.

Il est cependant loin d'en être ainsi dans le Pays Basque : « La femme cantabre, dit M. Chaho, après avoir cité un trait de mœurs

---

[1] Diod. Sic., *Bibl. hist.*, lib. V, cap. XIV. (Trad. du comte Miot, t. II, p. 341, 342.) L'auteur dit que les barbares qui habitent l'île avaient une langue étrange et fort difficile à comprendre.

[2] Strab., *Geogr.*, lib. III, cap. IV (édit. de 1620, p. 165; traduction de MM. de la Porte du Theil et Coray, t. I, p. 484).

[3] *L'Antiquité dévoilée par ses usages*, etc., liv. II, chap. III. A Amsterdam, chez Marc Michel Rey, MDCCLXVI, in-4°, p. 127.

[4] *Philosophie des religions comparées*. Paris, 1848, in-8°, Ire part., chap. IV, t. I, p. 234.

sauvages que l'on dirait emprunté à Strabon [1], la femme cantabre jouit d'une parfaite égalité dans l'ordre social ; elle reçoit le titre d'*etchekanderé,* et peut hériter du manoir patriarcal, à défaut de rejetons mâles, et même à leur préjudice, si telle est la volonté du père ; le Biskaïen qui se marie à une héritière lui apporte une dot [2]. Renteria possède sa *république de filles,* et nos montagnards ont pour le beau sexe des égards infinis, » etc. Avec tout cela, il y a lieu de s'étonner de voir les femmes, en Biscaye, livrées aux travaux les plus rudes. A Bilbao, par exemple, nul autre qu'elles ne charge ni ne décharge les navires. Non-seulement le service intérieur de la maison, mais les courses, les commissions se font presque entièrement par des servantes, et l'on voit jusqu'aux dames élevées avec le plus de délicatesse, sauter, dans leurs promenades, parmi les rochers, sans autre protection qu'un parasol contre les intempéries de l'air. L'académicien Gonzalez Arnao, qui a consigné ces observations dans un article sur la Biscaye, en tire cette unique conclusion, que les femmes de cette province sont extrêmement robustes [3] ; mais si l'on prend garde, comme l'a fait M. de Quatrefages [4], qu'on ne voit jamais, au moins dans le Labourd, les deux sexes réunis pour se livrer aux jeux du dimanche, par exemple, que les hommes jouent à la paume ou aux quilles et les femmes dansent entre elles, on reconnaîtra encore qu'il y a là une note d'infériorité pour celles-ci et un contraste frappant avec ce qui a lieu chez les populations celtiques et germaniques.

Les fêtes patronales, les solennités de la Noël et de la Tous-

---

[1] « Il est fort ordinaire de voir une Biskaïenne se livrer au travail des champs jusqu'aux derniers jours de sa grossesse ; plus d'un enfant, baigné dans le ruisseau au bord duquel il vint au monde, passe son premier jour à l'ombre de quelque haie ou d'un arbre, tandis que sa mère retourne à son travail. » (*Voyage en Navarre,* etc., chap. X, p. 390.)

[2] Strabon, qui constate la même chose chez les Cantabres, termine son récit par ces réflexions : « De pareils usages annoncent le pouvoir dont le sexe y jouit, ce qui n'est guère un signe de civilisation. » — « Excepté cependant la dot apportée aux femmes par les maris, fait observer le commentateur ; usage commun à plusieurs peuples barbares, et qui annonce plutôt le despotisme des hommes sur le sexe ; car cette manière de traiter les mariages était, pour la plupart, une espèce d'achat par lequel le mari, qui payoit la dot au père de sa future, acquéroit sur elle le même droit qu'il avoit sur un esclave, » etc. (*Géographie de Strabon traduite du grec en françois,* t. I, p. 486, not. 2.)

[3] *Dicc. geogr.-hist. de España,* sect. I, t. II, p. 487, col. 2. — Voyez encore *Itin. descr. de l'Esp.,* t. II, p. 150, 151.

[4] *Souvenirs d'un naturaliste,* dans la *Revue des Deux Mondes,* vol. de 1850, p. 1084.

saint, si pieusement chômées par elles, étaient autrefois, dans notre Pays Basque, autant d'époques de réunions pour les familles ; maintenant, on n'a guère de dévotion que pour les premières, appelées dans le pays *fêtes d'Église*, et l'on célèbre plus le dieu de la bonne chère que le saint patron. Aux bonnes fêtes les bons coups, dit le paysan basque, qui détourne le proverbe de son véritable sens. Primitivement, ces jours étaient autant de plaids de famille, à l'occasion desquels se réunissaient dans la maison-mère, et comme ramenés à leur souche, les membres dispersés par les alliances. Les fils suivaient leur père, les filles leur mère : l'ascendant le plus âgé se voyait ainsi à la tête de toute sa descendance ; les affections de famille se ravivaient ; on discutait les intérêts communs, on coupait court aux différends par un arbitrage paternel ; on s'entretenait des traditions du passé, on cherchait à percer l'avenir. Assistance en corps aux offices, visites faites et reçues aussi en corps, puis banquet cordial et joyeux : tel était le programme de ces fêtes ; mais aujourd'hui tout cela est bien changé.

Je ne veux pas médire du code, ni des procureurs, ni des tabellions ; mais aujourd'hui les maisons changent bien souvent et bien vite de mains, même dans les Pyrénées basques. Leurs us et coutumes n'étaient pas parfaits sans doute, les montagnards étaient moins civilisés ; mais ils restaient propriétaires, et les familles plus unies. Les maisons-souches se fondent dans les partages : de là, plus de centres de famille, de foyer vénéré, plus de traditions, tout se nivelle.

Jusqu'à ces derniers temps, d'ailleurs, ce n'était pas la maison qui prenait le nom du propriétaire, c'est ce dernier qui prenait le nom de la maison. Abus ! Abus peut-être, mais abus qui encourageait à défricher, à bâtir, par la satisfaction de transmettre son nom avec les champs arrosés de ses sueurs ; abus qui rappelait sans cesse aux descendants de ne pas laisser échapper, par leur négligence et leur paresse, une propriété dont le nom toujours conservé élèverait perpétuellement la voix contre eux ; abus qui portait tous les membres d'une même famille à se prêter secours et appui, à se liguer pour garder l'héritage respecté dont toute la parenté se faisait gloire, et où chacun pouvait espérer de trouver un abri hospitalier, un refuge en cas d'adversité. Mais les acquéreurs perdaient leur nom? Pas en entier. On signait *X*** maître de Z****, ou *X*** dit Z****, et l'on était appelé *Z***uco etcheco-jauna*.

Les choses se passent autrement aujourd'hui. Le nouveau régime, avec la prétention de guérir tous les maux de l'ancien, n'aurait-il réussi qu'à réaliser celle de Sganarelle, qu'à déplacer le cœur chez nos Basques?

L'esquisse que nous venons de donner de la physionomie du peuple basque laisserait, ce nous semble, à désirer, si nous omettions d'y joindre quelques détails sur le costume des Escualdunac français et espagnols. Comme tout le reste, il a beaucoup varié depuis l'antiquité. Nous ne remonterons pas si loin dans cette recherche; nous nous en tiendrons aux temps modernes, au seuil desquels nous trouvons Louis-le-Débonnaire revêtu, dans une circonstance, du costume des Vascons : manteau rond, chemise à manches ouvertes, braies bouffantes, bottines armées d'éperons, tels sont les détails du portrait de ce prince allant à la rencontre de son père. N'oublions pas qu'il portait un dard à la main [1], trait essentiel que nous retrouvons dans le portrait des curés basques du XVIIe siècle, tracé par Pierre de l'Ancre [2], et qui s'explique par la réputation qu'ont eue de tout temps les Basques, et en général les Espagnols, pour leur habileté à lancer le javelot [3].

---

[1] *Vita Illudovici Pii imp.*, ap. Andr. du Chesne, *Hist. Franc. Script.*, t. II, p. 288, B, A.D. 786.

[2] *Tableau de l'inconstance des mauvais anges*, etc., liv. VI, disc. II, p. 425.

[3] Voyez ci-dessus, p. 101, et surtout notre édition de la Chronique d'Anelier, p. 365-368. Sur plusieurs médailles anciennes de la Navarre, on voit un cavalier dans l'attitude d'un homme combattant avec une lance ou un dard. (*Investigaciones históricas del reyno de Navarra*, lib. I, cap. II, § III, n° 28, p. 28.) — Le mot *lance* lui-même, donné comme gaulois par Diodore de Sicile, liv. V, était espagnol, s'il faut en croire Varron, cité par Aulu-Gelle, liv. XV, chap. 20. On peut encore plus sûrement faire honneur à la langue basque d'un autre terme attribué à la gauloise par Servius et saint Augustin, de *gessum, gæsum, gesum*, qui a son équivalent dans le guipuzcoan *guecia*, que le docteur de Isasti rend par *dard, javelot*. Voyez le *Compendio historial de Guipuzcoa*, liv. II, chap. V *(De las*

Andrés de Poça, qui écrivait à la fin du siècle précédent, nous donne en ces termes une idée du Biscayen de la montagne : « Une jaquette ouverte des deux côtés, et laissant à découvert le cou et une partie de sa poitrine musculeuse; un bonnet qui ne garantit ni du soleil ni de la pluie; des bottines ou *abarcas* qui ne recouvrent que le bas des jambes; un coutelas court et large, sans poignée; enfin, une petite lance et un ou deux dards, voilà tout son costume; c'est ainsi qu'il grimpe sur les rochers, qu'il va aux festins, à l'église, au marché dans les villes. Il semble que Virgile, en décrivant au septième livre de l'Énéide le costume des Pélasges, ait désigné celui de nos montagnards. La petite lance et le coutelas sont des instruments sans lesquels le Biscayen de la campagne ne sort jamais. En entrant dans l'église, il laisse sa lance à la porte, de manière que les jours de fête le porche du temple ressemble, par le grand nombre de lances, à un corps de garde plutôt qu'à un édifice religieux [1]. »

Le costume des femmes de la Biscaye, également décrit par Andrés de Poça, n'est pas moins singulier; il y en avait de deux espèces : celui des femmes mariées et celui des jeunes filles. « Les premières, dit l'écrivain, ont toutes les cheveux coupés; un turban semblable à celui des Moscovites, des Tartares, des Caspiens, des Arméniens et des Assyriens, leur serre tellement la tête qu'on ne voit jamais un seul cheveu. Quand elles sont rassemblées le dimanche dans une église, à une procession ou à une autre solennité, on les prendrait de loin pour un escadron de Turcs ou de Persans. Elles portent avec cela des jupes à très-larges plis; il y entre, pour une femme de taille ordinaire, sept aunes de drap de sept quarts de large. Une camisolle serrée immédiatement au-dessous du sein soutient constamment la poitrine, et cette coutume fait que leurs couches sont moins dangereuses et leurs enfants plus forts, parce que leur ventre n'est jamais affaissé, comme

---

armas que se hacen en Guipuscoa para toda España), sect. 4, p. 276; et le Glossaire de du Cange, aux mots *Gessum* et *Lancea* (édit. in-4°, t. III, p. 514, col. 2 et 3, et t. IV, p. 20, col. 3).

[1] *De la antigua Lengua, poblaciones y comarcas de las Españas, en que de paso se tocan algunas cosas de la Cantabria*, etc. Impresso en Bilbao por Mathias Mares, año de 1587, in-4° esp., cap. XI.

chez d'autres femmes, par la partie supérieure du corps.... Un simple fichu leur couvre tout le cou et ne laisse à découvert que leur visage; en général, tout leur costume a un air antique, et rappelle le vêtement sévère et modeste de l'âge patriarchal. » La conclusion qu'Andres de Poça tire de la ressemblance frappante de ce costume avec celui des Orientaux, c'est que les Cantabres descendent, par Tubal, des Asiatiques, éternel refrain de nos voisins du sud-ouest, que l'on retrouve jusque vers le milieu de notre siècle dans un espèce de catéchisme politique à l'usage de la Biscaye [1].

Selon Andres de Poça, le costume des jeunes filles, quoique différent du précédent, n'en est pas moins singulier. Elles ont également les cheveux coupés et la tête presque rasée, à l'exception de la partie antérieure, où on laisse quelques cheveux. Malgré cela, elle reste toujours découverte. Une petite camisole leur couvre le corps; une très-courte jupe descend jusqu'au-dessous du genou et laisse voir leurs jambes, sans que personne s'en scandalise; car la vie frugale et sobre que mènent les Biscayens va jusqu'à l'austérité, et empêche leurs mœurs indépendantes de dégénérer comme ailleurs en libertinage.

Passez aujourd'hui la frontière, à Irun, vous n'y verrez que des femmes dont les cheveux, loin d'être coupés, tombent en longues tresses derrière leur dos. Rien non plus, dans leur costume, qui rappelle celui qui vient d'être décrit.

M. Chaho ayant donné, dans son *Voyage en Navarre*, la représentation d'un Navarrais et d'une Basquaise de nos jours, nous dispense de nous étendre sur la mise de leurs pareils, et nous avons déjà parlé de celle des femmes du Labourd des temps passés, chapitre VIII, pages 171, 172. Nous nous bornerons également à renvoyer, pour le costume des habitants de Vergara, au Dictionnaire géographique-historique de l'Espagne, publié par l'Académie de l'Histoire [2]; mais nous pouvons nous laisser aller jusqu'à rapporter la description que donne le général Serviez du Basque du com-

---

[1] *Compendio de los fueros, usos, costumbres y leyes de Vizcaya*; puestos en diálogo por un Vascongado amante de su pais. Madrid, imprenta de Pita, 1839, in-18, p. 4.
[2] Sect. I, t. II, p. 487, col. 2.

mencement du siècle : « Un berret bleu, dit-il, une veste courte et rouge, un gilet blanc, des culottes blanches ou de velours noir, forment son habillement. Il porte la jarretière lâche, des bas blancs, de fil ou de laine, des souliers ou des spartilles de chanvre, un mouchoir de soie au cou, négligemment pendant sur l'épaule, le tout proprement ajusté. Tel est le costume de la jeunesse basque dans les fêtes les plus brillantes; les hommes mariés mettent les jours de fête un habit de drap [1]. »

Tel est, en effet, le costume des jeunes Basques que je vis formant une escorte d'honneur à LL. AA. RR. le duc et la duchesse de Montpensier, à leur retour de Madrid, après leur mariage. Seulement, le pantalon avait remplacé la culotte, comme si ce vêtement eût rappelé des temps dont le souvenir ne pouvait que venir troubler la fête ; car si quelqu'un peut montrer sa jambe sans peur et sans reproche, c'est à coup sûr le Basque [2].

[1] *Statistique du département des Basses-Pyrénées,* IVe part., art. I, p. 120.
[2] Voyez ci-dessus, p. 100, not. 1.

XI

POÉSIES POPULAIRES DES BASQUES

Introduction.

« La poësie populere et purement naturelle, dit Montaigne, a des naïfvetez et graces par où elle se compare à la principale beauté de la poësie parfaicte selon l'art : comme il se voit ès villanelles de Gascouigne, et aus chançons qu'on nous raporte des nations qui n'ont conoissance d'aucune sciance ny mesmes d'escriture. La poësie mediocre qui s'arrete entre deus est desdeignée, sans honur et sans pris [1]. »

Tel était, à ce qu'il paraît, le sentiment de Malherbe. Un jour, Chapelain le trouva sur un lit de repos qui chantait :

> D'où venez-vous, Jeanne ?
> Jeanne, d'où venez-vous ?

Et il ne se leva point qu'il n'eût achevé : « J'aimerais mieux, lui dit-il, avoir fait cela que toutes les œuvres de Ronsard. » Racan rapporte qu'il lui a ouï dire la même chose d'une chanson où il y a, à la fin :

> Que me donnerez-vous ?
> Je ferai l'endormie [2].

Tout le monde connaît la naïve, la gracieuse chanson citée par le Misanthrope [3], et les judicieuses réflexions dont il la fait suivre :

> Si le roi m'avoit donné
> Paris sa grand'ville,

---

[1] *Essais*, liv. I, chap. LIV, tout à fait à la fin.
[2] *Les Historiettes de Tallemant des Réaux*, édit. in-12, p. 256. *(Histor. de Malherbe.)*
[3] Act. I, sc. II.

Et qu'il me fallût quitter
L'amour de m'amie,
Je dirais au roi Henri :
Reprenez votre Paris,
J'aime mieux m'amie, oh gay!
J'aime mieux m'amie.

La rime n'est pas riche, et le style en est vieux ;
Mais ne voyez-vous pas que cela vaut bien mieux
Que ces colifichets dont le bon sens murmure,
Et que la passion parle là toute pure ?

Si le roi m'avoit donné, etc., etc.

Voilà ce que peut dire un cœur vraiment épris...
J'estime plus cela que la pompe fleurie
De tous ces faux brillants où chacun se récrie.

Enfin, il n'y a pas jusqu'à Boileau qui n'ait aussi payé son tribut d'éloges à la poésie populaire. Grand admirateur d'Homère, qui semble l'avoir personnifiée dans le chanteur Phémius[1], ce que le critique estimait le plus dans le vieux poëte, c'était le talent qu'il a d'exprimer noblement les petites choses. « C'est là, disait-il, où consiste l'art; car les grandes choses se soutiennent assez d'elles-mêmes. » Il citait à ce propos une chanson ancienne dont l'auteur lui était inconnu, mais dont il admirait le naturel :

La charmante bergère,
Écoutant ces discours,
D'une main ménagère,
Alloit filant toujours ;
Et doucement atteinte
D'une si douce plainte,
Fit tomber par trois fois
Le fuseau de ses doigts [2].

---

[1] Quand le poëte d'Ithaque, déposant sa lyre, se jette aux genoux d'Ulysse pour lui demander la vie, il lui dit :

Αὐτοδίδακτος δ'εἰμί· θεὸς δέ μοι ἐν φρεσὶν οἴμας
παντοίας ἐνέφυσεν·
(*Odyss.*, ch. XXII, v. 348.)

« Je suis mon maître à moi-même, et un Dieu a mis dans mon cœur inspiré des chants de toutes sortes. »

[2] Losme de Monchesnay, *Bolœana*, etc. A Amsterdam, chez Lhonoré, M DCC XLII, in-12, p. 91, 92.

Dans ces vers, comme dans ceux que citent Molière et Tallemant des Réaux, il y a un mérite littéraire qui les recommande suffisamment à l'attention d'un écrivain; mais ce mérite, que Montaigne s'attache uniquement à faire ressortir, n'est pas le seul que présente la poésie populaire; elle en possède un autre peut-être encore plus grand. A la différence de la poésie qui naît de la littérature, elle s'inspire par la réalité. Ses productions ont un intérêt historique et pour ainsi dire psycologique; elles révèlent les aventures privées d'un peuple, les allures de son caractère, les attitudes de son esprit : ce sont des mémoires, ou plutôt des confessions, dans lesquelles il s'épanche sans réserve.

C'est en effet, comme on l'a fait remarquer avant nous, sous l'inspiration des objets qui frappent ordinairement ses yeux, des sentiments qui agitent son cœur, que chaque peuple compose ces hymnes adoptées par tous, parce qu'elles répondent aux passions de tous. Aussi, de même que l'on trouve dans le timbre de voix d'un homme, dans ses habitudes de langage, dans les pensées qui lui sont familières, une indication de sa nature, on pourrait trouver dans les chants populaires une partie de l'histoire et du caractère des peuples [1].

Après cela, il n'y a pas à douter que la poésie populaire ne devînt une source féconde et réparatrice pour la poésie d'art, si à notre époque, que l'on dirait prédite par Isaïe [2], elle pouvait être sauvée. On rapporte que le chantre Ennomos jouant un jour de la lyre [3] en public, l'une des sept cordes vint à se rompre, mais qu'une cigale se posant aussitôt sur sa main, suppléa par son chant le son de la corde rompue. Il semble que nous soyons cette lyre sans cordes et sans harmonie, et qu'il faille en ce malheur que la muse champêtre chante pour nous et nous prête charitablement ses accords.

---

[1] On comprend que nous ne veuillons pas nous avancer plus loin, au sujet de la chanson, sur le terrain des généralités; nous ne renverrons même pas aux ouvrages, assez nombreux, où il est parlé de ce genre; nous nous bornerons à indiquer la définition remarquable de M. Ch. de Rémusat, qui fait partie de son livre intitulé : *Passé et présent*, etc. Paris, librairie de Ladrange, 1847, in-12, t. I, p. 241-245.

[2] Is., cap. III, v. 12.

[3] Photius, *Biblioth.*, Conon. narrat. V.

Maintenant je n'étonnerai personne si je dis que la poésie populaire a toujours eu beaucoup d'attraits pour moi : aussi n'ai-je pas obéi à une inspiration étrangère [1], ni attendu les instructions de l'autorité supérieure, pour rechercher les chansons auxquelles le peuple de nos campagnes confie le dépôt de ses désirs, de ses espérances, de ses joies et de ses peines. Déjà, en 1847, j'ai donné ce que j'avais recueilli en ce genre dans les Pyrénées et en Bretagne, relativement aux Cagots, qui s'y trouvaient autrefois en si grand nombre [2], et dix ans auparavant, j'avais reproduit le chant d'Altabiscar, publié pour la première fois dans le *Journal de l'Institut historique* [3]; aujourd'hui, le moment me semble venu de faire connaître d'une façon plus complète la littérature d'une population à laquelle on en a longtemps refusé une.

« Les *Escualdunac*, dit M. Garay de Monglave, ont peu écrit; ils ne se nourrissent presque que de traditions verbales. Parmi les poésies qui se sont ainsi conservées de génération en génération, on cite un poëme assez étendu sur la religion des Cantabres, des chants guerriers et allégoriques, quelques chansonnettes, supérieures peut-être en naïveté à celles de Métastase, et des romances populaires qui datent, d'après M. de Humboldt, de l'invasion des Romains, et qui ne sont pas inférieures aux plus beaux chants des Grecs modernes. Viendra peut-être un Macpherson qui les recueillera [4]. »

---

[1] Un anonyme rendant compte, dans la *Revue encyclopédique*, cahier de janvier 1830, p. 102 (article répété dans le *Bulletin des sciences historiques*, de M. de Férussac, t. XV, p. 122), du livre de D. J. B. de Erro, sur l'alphabet primitif de l'Espagne, à propos de la traduction anglaise publiée à Boston en 1829, in-8°, termine ainsi son appréciation : « M. de Erro et son traducteur se sont donc bien trompés s'ils ont cru que des idées si stériles puissent intéresser le monde savant à une langue sans littérature. Il faudrait chercher à expliquer d'une manière simple et rapide... la contexture de cette langue tout à fait remarquable, et sa gigantesque conjugaison; enfin il faudrait... recueillir tous les monuments que le temps a laissés dans la mémoire des hommes, soit en chansons populaires, soit en traditions historiques, » etc. Il me semble qu'à peu de chose près, c'est là le programme que j'ai suivi.

[2] *Histoire des races maudites de la France et de l'Espagne*, chap. X, t. II, p. 117-181.

[3] *La Chanson de Roland ou de Roncevaux*, etc. Paris, chez Silvestre, 1837, in-8°, p. 225-227.

[4] *Journal de l'Institut historique*, t. I, Paris, 1835, in-8°, p. 176. — Personne n'ignore aujourd'hui, si ce n'est l'écrivain de cet article, que les poésies d'Ossian sont à placer à côté de celles de Clotilde de Surville, c'est-à-dire fabriquées par un faussaire plus ou moins

Les lauriers de l'éditeur d'Ossian ne m'ont jamais empêché de dormir, témoignage que je voudrais pouvoir rendre aux poésies connues sous son nom ; mais me trouvant dans les mains tout ce qu'il faut pour donner la mesure du talent poétique des Basques, je veux mettre le public en état de juger ce qu'il peut y avoir de vrai dans l'éloge qu'en fait un des leurs, comme ce qu'il faut croire du jugement sévère porté sur la poésie de ce peuple par un Anglais qui a longtemps vécu en Espagne.

« On demandera peut-être si les Basques ne possèdent pas des poésies populaires, comme la plupart des autres nations, quelque petites et peu considérables qu'elles soient. Certainement ils ne sont point dépourvus de chansons, de ballades ni de couplets ; mais ces pièces ne présentent aucun caractère qui mérite le nom de poésie. Je me suis fait réciter et j'ai transcrit une portion considérable de ce qu'ils appellent ainsi ; mais les seuls vers supportables que j'aie jamais découverts parmi eux sont les suivants, qui, après tout, n'ont pas droit à de très-grands éloges :

> Ichasoa urac handi,
> Eztu ondoric agueri;
> Pasaco ninsaqueni andic
> Maitea icustea gatic.

(Les eaux de la mer sont vastes, on n'en peut voir le fond ; mais je la passerai pour voir ma bien-aimée.)

» Les Basques sont un peuple de chanteurs plutôt que de poëtes. Malgré la facilité avec laquelle leur langue se prête à la composition des vers, ils n'ont jamais produit un poëte de quelque réputation ; mais leurs voix sont remarquablement douces, et ils sont renommés pour leur talent dans la composition musicale. Un certain auteur, l'abbé d'Iharce, qui a écrit sur eux, est d'opinion que le nom de *Cantabres*, sous lequel ils étaient connus des

---

habile, qui, cependant, il faut le dire, a opéré sur des données empruntées à la tradition. On remplirait plusieurs pages avec le titre et l'indication des factums, des mémoires et même des volumes que le débat soulevé à propos de l'authenticité des chants ossianiques a fait naître chez nos voisins ; ce qui m'a paru le plus concluant est un mémoire lu par Lord Neaves, le 22 juillet 1856, devant la section d'histoire de l'Institut archéologique de la Grande-Bretagne et de l'Irlande, alors réuni à Edinburgh. On le trouvera dans deux journaux de cette ville, *the Courant*, n° du 24 juillet, et *the Scotsman*, n° du 26.

Romains, vient de *khantor ber*, qui signifie *doux chanteurs*. Ils ont à eux beaucoup de musique, dont une partie passe pour excessivement ancienne; des échantillons en ont été publiés à Donostian (Saint-Sébastien), en l'année 1826, par un certain Juan Ignacio Iztueta. Ces airs, au son desquels on croit que les anciens Basques avaient l'habitude de descendre de leurs montagnes pour combattre les Romains et plus tard les Maures, consistent en marches d'une harmonie sauvage et pénétrante, qui vous transporte dans le voisinage très-rapproché de quelque combat acharné. Il semble que l'on entende la charge de la cavalerie sur la plaine qui résonne, le cliquetis des épées et la course impétueuse d'hommes sortant de gorges de montagnes. Cette musique est accompagnée de paroles; mais quelles paroles! On ne saurait imaginer rien de plus stupide, de plus commun, de plus dénué d'intérêt. Loin d'être martiales, elles se rapportent aux incidents de la vie journalière et paraissent entièrement étrangères à la musique. Évidemment elles sont de date moderne [1]. »

Borrow, en écrivant ces lignes, avait en vue les Basques espagnols, et jusqu'à un certain point il peut avoir raison ; mais son jugement appliqué aux nôtres serait trop sévère, et je n'hésite point à caractériser ainsi la sentence portée par Fauriel contre leurs productions littéraires. Après avoir parlé du chant des Cantabres contre Auguste et du fragment guipuzcoan sur la bataille de Beotibar, « pour ce qui est des chants modernes des Basques, dit-il, je n'en connais pas qui méritent d'être cités, et j'ai entendu dire la même chose par des Basques lettrés. Ce peuple est cependant doué d'une imagination très-vive, et il aime beaucoup la poésie. On y rencontre partout des hommes qui, à leur profession ordinaire de pâtres, de bergers, d'artisans, joignent celle de poètes improvisateurs, que l'on invite régulièrement aux réjouissances publiques, aux fêtes domestiques, aux mariages, aux baptêmes, pour y improviser des chants relatifs à la circonstance. Des personnes qui ont entendu fréquemment ces sortes d'improvisations, m'ont assuré qu'elles ne méritaient pas d'être écrites

[1] *The Bible in Spain*, etc. By George Borrow. London : John Murray, MDCCCXLIII, in-12, chap. XXXVII, p. 219, 220.

ni lues. Cela se peut; mais j'ai mes raisons pour croire que les mêmes personnes, qui pouvaient avoir raison en parlant ainsi de quelques-unes de ces improvisations, auraient parlé à peu près de même d'improvisations originales, inspirées et véritablement poétiques [1]. »

C'est encore de nos montagnards qu'il est question dans ce passage, où M. Mazure me semble apprécier plus sainement leurs poésies populaires : « La plupart des chansons basques, dit-il, sont des histoires, des complaintes, des événements tragiques, sujets lamentables dans lesquels se réfléchit l'imagination vive, mobile et pourtant positive de ce peuple. C'est surtout dans les vallées de Soule et de Baïgorry que ce tour d'imagination mélancolique et narratif du peuple basque est remarquable; on le trouve plus particulièrement empreint dans les chants répandus parmi ces vallées. Cependant, il y a aussi des chansons d'un tout autre genre : ce sont des romances toutes pastorales, douces et gracieuses, affranchies des ardentes reproductions de la guerre, du crime et du sang versé, pour laisser l'âme aux simples émotions, aux images de l'amour, aux sentiments naturels qui se retrouvent chez tous les peuples, à travers toutes les diversités de mœurs et de civilisation [2]. »

Les chants qui, avec les pastorales, constituent la littérature basque, sont dus, en général, à des *coblacari*, espèces de bardes de profession, qui n'ont pas seuls le privilége de versifier dans leur langue, car il existe mainte chanson, et des meilleures, dont les auteurs n'ont point ce titre. Ainsi, l'on peut citer tel médecin et jusqu'à des ecclésiastiques, qui, dans des moments de gaie et joyeuse humeur, improvisent volontiers de jolies chansonnettes sur les douceurs de l'amitié, sur la fragilité des plaisirs de la vie, etc. Ces improvisations sont même, par un usage conservé dans de certaines localités [3], le dessert presque obligé des festins;

---

[1] *Histoire de la Gaule méridionale*, etc., in-8°, t. II, p. 525.
[2] *Histoire du Béarn et du Pays Basque*, etc. Pau, 1839, in-8°, p. 517, 518.
[3] Cet usage paraît avoir été général chez nous comme chez nos voisins. On lit dans un ancien roman composé par un trouvère du nord de la France :

    Tuit li autre baron s'asistrent,
    Par les sieges lor leus porpristrent;

car le vin, comme dit Homère, fait naître la folie; il excite le sage lui-même à chanter [1]. La nuit venue, le vent emporte les inspirations de l'Orphée montagnard, et il n'en reste ordinairement que le souvenir d'une demi-heure agréablement passée dans la compagnie d'un aimable et complaisant convive. Quant au barde proprement dit, si son astre en naissant l'a formé poëte, il a soin que ses chants se conservent au moins dans la mémoire de ses contemporains. Il confie au papier ses inspirations, il en livre des copies à ses amis, ses amis les répètent dans les champs ou sur les montagnes en gardant les troupeaux, les jours de fête dans les cabarets, et au retour des foires et des marchés. Ainsi se propagent, sans aucuns frais, mais aussi sans profit pour l'auteur, les idylles des Théocrites basques, bluettes qui ne passeront d'une génération à la suivante qu'en raison du mérite connu de l'œuvre.

Voyez-vous ce Basque à la tête haute, à la démarche fière et mesurée? Son collet est droit et soigneusement empesé; sur sa blouse bleue brillent plusieurs boutons de nacre : à coup sûr, l'ouvrière a dû apporter une attention particulière à la coupe et à la confection de ses habits. Enfin, s'il est parvenu à l'âge mûr, de majestueuses bésicles ombragent souvent son front. Approchez cet homme de plus près. Si son regard est froid et sa mine sévère, vous pouvez vous dire que c'est un maître d'école. Si, au

> Mais qui béust ne ne menjast
> Ne qui risist ne qui chantast,
> Claris ne boit ne ne menjue.
> (*Le Roumanz de Claris et de Laris*, Ms. de la Bibl. imp. n° 7534-5, folio 170 recto, col. 1, v. 6.)
>
> Là sont venues les delices
> Et li froit vin et les espices;
> A chanter ont mis lor deduit,
> Tant qu'il fu près de mienuit.
> (*Ibid.*, col. 2, v. 15.)

C'était même, en Normandie, une obligation imposée par l'usage aux hôtes que l'on avait reçus :

> Usages est en Normendie
> Que qui herbergiez est qu'il die,
> Fable ou chançon die à l'oste.
> (*Li Diz dou Soucretain*, v. 1. — *Nouveau Recueil de fabliaux et contes*, t. I, p. 318.)

Voyez encore l'Histoire ecclésiastique de Bède, liv. IV, chap. XXIV.

[1] *Odyss.*, ch. XIV, v. 463.

contraire, son œil est vif et observateur, si un sourire malicieux court sur ses traits comme un rayon de soleil sur la montagne, c'est, à coup sûr, un barde. La couturière, qui redoute son humeur caustique ou qui ambitionne quelques couplets flatteurs, lui a fait la surprise de ces boutons, pareils à ceux que le fils de M. le maire porte sur sa blouse. Ce que la vaniteuse surveillance du pédagogue a pu à peine obtenir des ciseaux et de l'aiguille de l'artiste, le poëte du canton l'a sans le demander : je veux parler de l'élégance dans la façon de ses habits.

Considérez encore le *makila* du barde : il est droit et de vrai néflier ; mais il n'est point redoutable ; c'est plutôt un ornement dans ses mains qu'une arme. Le barde est, en effet, bien accueilli partout ; il a peu d'ennemis, on ne l'attaquera que dans son talent ; il n'a pas besoin d'arme pour se défendre.

Le mécanisme de la langue basque, ses inversions, ses désinences grammaticales, facilitent singulièrement la versification. Un jeune homme a-t-il une imagination vive, un père barde ou une mère habituée à répéter les chansons du temps passé, il commencera par chanter à son tour. Bientôt, il composera lui-même des chants sans autre étude, pareil à l'oiseau qui redit d'instinct les concerts de son père veillant sur la couvée.

La poésie souletine est vive, variée, gracieuse, enjouée, et fleurie comme les jolies vallées qui l'inspirent. La verve labourdine a quelque chose de plus mâle, de plus majestueux ; mais elle me paraît aussi plus sombre et plus monotone : on dirait un écho du mugissement toujours grave et quelquefois lugubre de l'Océan, auquel elle doit se mêler quelquefois [1]. Quant à la muse de la

---

[1] Nul doute que les Basques du Labourd et de la Biscaye n'aient eu, n'aient même encore des chansons de matelot ; mais je n'en connais aucune, si ce n'est peut-être ce couplet recueilli par M. Chaho, qui ne paraît pas avoir vu dans la trompette d'argent un sifflet de maître d'équipage, et dans le dernier vers une rive étrangère :

Jeïki, jeïki etchenkoak ;
Arghia da zabala :
Itchassotti mintzatzen da
Zilharrezko trumpeta ;
Bai eta're ikharatzen
Olandesen ibarra.

(Debout, gens de la maison, debout ;
Il fait grand jour :

basse Navarre, il semble qu'épuisée par le chant véritablement épique d'Altabiscar, elle ait perdu depuis cette voix puissante qui faisait descendre de leur base les rochers sur la tête des soldats de Charlemagne. Assise à l'ombre d'un hêtre, elle module quelques accords doux et monotones qui endorment les échos, au lieu de les réveiller comme autrefois.

Je ne veux point parler des dialectes espagnols, que je ne connais guère; qu'il me soit permis seulement d'affirmer (réserve faite de certaines substitutions, assez régulières, de voyelles dans le sens des dialectes grecs) que tout basque français ou espagnol doit se rattacher au labourdin ou au souletin, seuls dialectes vraiment distincts. Selon un excellent juge, que je suis impatient de citer, le labourdin conserverait mieux la forme et le génie antique de la langue, et le souletin la représenterait adoucie dans ses sons et plus subtile dans ses tournures, suivant la tendance des esprits et des mœurs publiques à l'époque moderne. D'ailleurs, tout Basque tant soit peu attentif qui saura faire abstraction de la *jota* espagnole, du *j* ou *i* français, de l'*u* employé pour *ou*, et de quelques légères variantes de consonnes, comprendra et fera comprendre n'importe quel dialecte, sauf les expressions assez rares conservées dans certaines localités, tombées en désuétude dans d'autres, ou remplacées par des mots espagnols, gascons, béarnais ou français, suivant le voisinage. Ce qu'il y a de bien certain, c'est que dans les sons de l'idiome maternel, peut-être durs et barbares pour des étrangers qui les connaîtraient seulement par l'écriture [1], le Basque trouve un attrait, un charme, que son

>   Déjà résonne sur les mers
>   La trompette d'argent,
>   Et tremble au loin
>   La rive hollandaise.)
>
> (*Voyage en Navarre*, etc., chap. III, p. 82. — Voyez ci-dessus, chap. IX, p. 192.)

Sans avoir les vertus attribuées par l'auteur de la romance des aventures du comte Arnaldos à la chanson maritime qu'il cite, les effusions lyriques des marins basques sont, dit-on, remarquables sous plus d'un rapport; mais il paraît qu'ils ne les communiquent pas aux profanes, ou qu'une fois à terre ils perdent la voix. Le comte Arnaldos, charmé de la chanson qu'il venait d'entendre, voulait la savoir; le marinier lui répondit : « Je n'apprends cette chanson qu'à ceux qui viennent avec moi. » (*Romancero castellano*, etc. Leipsique : F. A. Brockhaus, 1844, in-12, t. II, p. 199, n° 79.)

[1] Scaliger, qui peut-être l'avait entendu parler, lui rend témoignage en ces termes :

oreille cherche en vain, au même degré, dans les autres langues. Illusion, préjugé, habitude, donnez à cette prédilection le nom que vous voudrez, il n'en est pas moins vrai que les accents de l'*escuara* [1] apporteront toujours au cœur d'un Basque une émotion dont l'*erdara* [2] ignore le secret.

Il est de fait que, loin d'être dure et barbare, la langue euskarienne est douce, même à l'oreille qui n'entend que des sons. Elle est pleine de nombre, d'harmonie, de sonorité. La première prosodie consiste à prononcer les mots tels qu'ils sont écrits, avec toutes leurs lettres, le plus naturellement possible, et sans affecter ni adopter aucun accent particulier.

On distingue dans les vers basques la rime, l'élision et la quantité syllabique.

On n'y connaît point les rimes alternes masculines et féminines, la langue n'ayant de genre que dans les verbes, et seulement par rapport à la personne à qui l'on parle : d'où il résulte que les rimes ne sont que des désinences semblables finissant le vers, désinences ordinairement les mêmes dans chaque stance ou couplet. La rime croisée est excessivement rare ; mais il n'est pas fort commun non plus de rencontrer des stances ou couplets entiers sur la même rime, la même désinence. Elles marchent deux par deux, et le mécanisme de ce mode de rimer consiste, non pas dans les mots choisis, mais dans le cas de la déclinaison, tout entière exprimée par les terminatives.

Toute voyelle finissant un mot, peut s'élider devant la voyelle commençant le mot suivant. La règle, je le sais, prescrit l'élision ; mais les poëtes ne sont pas impérieusement tenus de s'y conformer, et ils usent parfois de la faculté qui leur est laissée.

Ce serait une grande erreur de croire que toutes les syllabes

---

« Nihil barbari, aut stridoris, aut anhelitus habet : lenissima est, et suavissima, » etc. (*Josephi Justi Scaligeri Jul. Cæs. fil. Diatriba de Europæorum Linguis*, inter ejus opuscula varia antehac non edita. Parisiis, apud Hadrianum Beys, M.DC.X., in-4°, p. 126.) Ce que Paul Merula (*Cosm. gener.*, part. II, lib. III ; ed. MD.CV., p. 430, 431) et un anonyme (*Hispaniæ et Lusitaniæ Itinerarium*, Amsterdam, 1656, petit in-12, chap. II, n° 1, p. 121) disent de la douceur de la langue basque, est emprunté à Scaliger, cité par le premier, qui l'est lui-même par le second.

[1] La langue basque.
[2] Le français ou l'espagnol.

basques ont la même quantité ; il y a même tels mots qui changent de signification avec la quantité de leurs syllabes. De là, certains vers qui, sans avoir le même nombre de syllabes, ont cependant la même mesure, et peuvent être légitimement réunis. Néanmoins, cette différence de quantités et le privilége qu'elles ont, tendent à disparaître ; il en reste à peine quelques traces dans la Soule. Très-rares sont aussi les exemples des vers imparisyllabiques d'égale mesure.

Il est bien encore quelques points, quelques règles principales de la versification basque, que je n'aborde pas, dans la crainte d'en trop dire ; cependant, je dois ajouter que la liberté absolue de construction dans la langue facilite beaucoup le poëte, et il en a besoin pour le nombre très-restreint de ses licences.

Il y a, parmi les chansons basques, des romances composées en l'honneur d'un événement ou d'un homme. De ce nombre sont le chant d'Altabiscar dont j'ai déjà parlé, celui des Cantabres qui le précède dans l'ordre des temps [1], celui qui est destiné à célébrer la valeur d'un vaillant compatriote, le vicomte de Belsunce, les chansons que les luttes des deux branches de la maison d'Espagne actuelle ont fait naître dans les Pyrénées, et les complaintes qui retracent les détails des crimes éclatants. Quant aux autres effusions lyriques des Escualdunac, ce sont, en général, des pièces légères où se révèle la passion, qui célèbrent l'objet aimé, ou se plaignent de ses dédains. Quelquefois, on y trouve la satire railleuse, qui flétrit une conduite criminelle. Ailleurs, c'est une voix indiscrète ou jalouse qui dévoile des relations suspectes, et qui crie sur les toits ce que l'on aurait voulu ensevelir cent pieds sous terre, etc. Ces sortes de *coblac* s'adressent surtout à la jeunesse, pour qui rien n'est trop vif ; les personnes plus sensées trouvent dans les proverbes et dans les cantiques de quoi satisfaire leur goût.

---

[1] Le journal *Ariel*, n° 1 (5 janvier 1845), a produit une strophe sur laquelle est brodée toute une histoire de la campagne que les Cantabres firent en Italie, à la suite d'Annibal ; c'est une pure fiction, à laquelle l'auteur de l'article a voulu donner les couleurs de la vérité, en supposant l'existence d'un chant populaire basque sur les conquêtes du général carthaginois. Deux ans plus tard, le même écrivain publiait dans son *Histoire primitive des Euskariens-Basques*, p. 18-20, un récit présenté comme la traduction de ce chant d'un barde inconnu de la Cantabrie, et deux couplets basques, les seuls, dit-il, qu'il connût en texte. Nous les reproduirons plus loin.

Les cantiques basques sont, à peu d'exceptions près, des reproductions de cantiques français et de proses latines ; les prêtres seuls en sont les auteurs.

Il est à remarquer qu'ordinairement les *coblacari* improvisent les airs de leurs chansons en même temps que les paroles, airs toujours bien simples sans doute, mais qui rappellent au moins l'union intime que la nature a établie entre la musique et la poésie.

Maintenant, quels avantages peut présenter la publication de ces chansons basques? Loin de moi l'idée de vouloir les mettre en parallèle avec les *piesme* serbes, si pleins de sève et d'originalité [1]. J'avouerai qu'en général elles me paraissent inférieures à celles de la Bretagne, que nous a fait connaître M. de la Villemarqué, et je crains que le siècle actuel, habitué aux artifices de notre poésie et aux éclats de la musique moderne, ne trouve fades les naïfs accents de la muse des montagnes et les accords sans art de son pipeau rustique. Toutefois, au milieu de pensées communes, je dirai même triviales, il n'est pas rare de rencontrer des inspirations heureuses; des élans vraiment poétiques, qui, pour la hardiesse, la vigueur, la richesse ou la grâce, peuvent soutenir la comparaison avec ce que les littératures grecque et latine nous ont laissé de plus parfait en ce genre. Aussi n'est-il pas juste de dire, comme l'a fait Nodier : « Le basque et le bas breton n'attendent que des poëtes, car tous les instruments de la poésie sont prêts chez eux, comme ils l'étoient en Angleterre à l'avènement de Chaucer, en France à celui de Villon [2]. »

---

[1] Ces remarquables poésies, recueillies par Vuk Stefanovitch, ont été publiées en trois volumes petit in-8°, sous ce titre : *Srpske narodne piesme, skupio hi i na sviiet izdao Vuk Stef. Karadjitj. U Becu, u slamparigi jermenskoga manastira* 1841-46. Traduites en allemand par Talvi (Mrs. Robinson), elles l'ont été en français par Mme Elise Voïart, sous le titre de *Chants populaires des Serviens*, et imprimées à Paris, en 1834, en deux volumes in-8°. Sans recourir à cet ouvrage, qui, après avoir passé de chez l'éditeur Albert Mercklein sur les quais, est devenu peu commun, on aura une idée complète des *piesme* serbes en lisant un morceau intitulé : *le Gouslo et la poésie populaire des Slaves*, par M. Cyprien Robert. (*Revue des Deux-Mondes*, 15 juin 1853, 2e série, t. II, p. 1159-1200.) — Voyez encore *Historical View of the Languages and Literatures of the Slavic Nations, with a Sketch of their popular Poetry.* By Talvi, etc. New-York : George P. Putnam, M.DCCC.L., in-8°.

[2] *Notions élémentaires de linguistique*, etc., chap. XIII, p. 259, 260.

Malheureusement un vide immense existera toujours dans la collection de ces chants, plus propres à donner le tableau des mœurs basques et des diverses tournures de la langue, que les traditions du passé. C'est en vain que l'on chercherait la trace des chants inspirés jadis aux bardes cantabres, soit pendant les luttes si longues et si opiniâtres de leurs compatriotes contre le fer envahisseur des Romains [1], soit durant les temps plus obscurs et non moins émouvants où la vieille Ibérie, foulée par l'avalanche de tant de peuples, eut à défendre son indépendance contre les barbares de tous les pays. Cette négligence pour les épisodes les plus marquants de son passé, paraît inexplicable dans un peuple si obstinément ami de la tradition et si jaloux de la pureté de son sang et de la noblesse de son origine [2]; car encore aujourd'hui le Basque est fier d'être basque [3]; le moindre d'entre eux n'accepte

[1] Strabon, parlant des Cantabres (*Géogr.*, liv. III, chap. IV. — Ed. de 1620, p. 165; trad. fr., t. I, p. 486), dit que quelques-uns d'eux, ayant été faits prisonniers et mis en croix, ne laissaient pas d'entonner des chansons guerrières au milieu de ce supplice. — Silius Italicus parle de vers chantés par les jeunes Galiciens dans leurs langues maternelles :

Misit dives Gallæcia pubem
Barbara nunc patriis ululantem carmina linguis.
(Lib. III, v. 345.)

Mais, comme le fait observer le P. Florez, rien n'autorise à dire que ces langues fussent le basque, ni même un idiome cantabre. Voyez *la Cantabria*, etc., § XVII, p. 135.

[2] « Vizcaino por tierra, hidalgo por mar, hidalgo por el diablo ! » s'écrie l'écuyer biscayen avec lequel D. Quichotte se prend de dispute après son combat contre les moulins à vent. (*D. Quijote*, part. I, cap. VIII), et auquel il conteste sa qualité de *caballero*. — Dans un ouvrage publié la même année que la première partie du chef-d'œuvre de Cervantes, un autre écrivain raille les prétentions des Biscayens à la noblesse, en disant d'une espèce de gueux : « ... Su pobreza era bastante à enterrar en la huessa de el olvido mas hidalguias que ay en Vizcaya. » (*Libro de entretinimiento de la pícara Justina*, etc. Impreso en Medina del Campo, por Christoval Laso Vaca. Año M.DC.V., in-4°, t. I, lib. IV, cap. IV.)

[3] De Lancre semble dire le contraire, liv. I, disc. II, où il assure que les Basques n'aiment pas leur patrie. « Ils sont, ajoute-t-il, comme ces velours à deux poils, marquez de deux marques en leur lisiere : la nature les ayant logez sur la frontiere de France et d'Espagne, partie en montagne, partie sur la coste de la mer, la langue my-partie de Basque et de François, et aucuns de Basque et d'Espagnol. Le commerce qu'ils ont presque plus en Navarre et Espagne qu'en France, les tient en quelque indifference de mœurs, d'habits et d'affection, pour le moins le menu peuple ; car les gentils-hommes frequentant la cour, ne sont de cette humeur, ayant esté eslevez à la Françoise, bien que plusieurs ayent du bien et maisons nobles en France et en Espagne, ou Navarre. » (*Tableau de l'inconstance des mauvais anges*, etc., liv. I, disc. II, p. 35.) — « Le commerce qu'ils ont presque plus en Navarre et Espagne qu'en France, » donna encore lieu à un fait qui mérite d'être signalé, à l'emploi de la langue espagnole dans la basse Navarre, pour les actes publics, jusqu'à une époque assez rapprochée de nous. On n'en saurait douter après avoir lu la pièce suivante, qui sert encore à prouver ce que nous avons dit plus haut, p. 4 :

le nom de *Français* que comme une épithète purement accessoire. Comment le Basque a-t-il donc ainsi oublié son histoire pour n'en conserver qu'un souvenir d'instinct? Pourquoi a-t-il cessé de chanter les exploits de son Lara et de tant d'autres héros dont les Carthaginois, les Romains, les Suèves, les Goths, les Vandales, les Maures, etc., avaient éprouvé la valeur? Maintenant, le souvenir de tous ces guerriers a disparu, comme celui des héros dont parle Horace [1]; le Basque ne sait que le nom des peuples, ses ennemis d'autrefois, et rien que le sens attaché à ces noms rappelle en quelle estime les tenaient ses aïeux. Le nom de *Romain* comprend l'idée d'un peuple grand, redoutable et redouté, mais non maître absolu; celui de *Goth* inspire le dégoût [2], celui de *Maure* la haine. Voilà, je crois, tout autant d'éclairs historiques. Quant aux chants guerriers et autres de ces temps reculés,

Probanza de la casa de Armendariz.
En la villa de San Juan del Pie del Puerto y dentro su casa vecinal, lugar usado y acostumbrado para tener las audiencias ordinarias y extraordinarias de los señores jurados y jueces de la villa, á dos dias del mes de noviembre del año de mil seiscientos cuarenta y cinco, estando asentados en tribunal en audiencia extraordinaria los señores licenciado Juan de Logras, abogado en el concejo real de este presente reino de Navarra la Baja, Bernardo de Barberteguy y Hernando de Bururiz, jurados y jueces ordinarios de la dicha villa de San Juan y de toda su castellanía, pareció en persona el sobredicho don Bernardo de Armendariz, el cual por si y en nombre del dicho Domingo de Armendariz, su hermano, presentó la presente peticion, pidiendo los fines que en ella. Los dichos señores jurados y jueces mandaron hacer auto de la presentacion, y que lectura será hecha por mí el notario infrascripto. Y desque hecha la dicha lectura ordenaron que por el dicho señor licenciado Logras será procedido al exámen y audicion de los testigos que el dicho don Bernardo de Armendariz entiende dar y presentar para en prueba de los articulos contenidos en la dicha peticion. Y para los fines se cometer auto, de todo lo cual mandado por los dichos jurados y jueces reporté y firmé Juan de San Estevan, notario real. — Suit l'acte, qu'il est inutile de donner, ce qui précède étant plus que suffisant pour notre dessein.

[1] Lib. IV, od. 8, v. 25.

[2] Selon M. Chaho, celui de *Tartare* produirait le même effet sur ses compatriotes : « C'est du Nord, dit-il, c'est de la région du froid et des ténèbres que vient la race infecte des géants. Nos petits enfants les appellent *Tartaro*, lorsque, dans les veillées d'hiver, écoutant le récit de l'âge écoulé, nous les voyons se presser avec terreur contre le sein maternel, » etc. (*Philosophie des religions comparées*, 1re part., chap. IV; t. I, p. 222.) — Dans les Pyrénées, si ce n'est encore ailleurs, on donnait aux hérétiques albigeois le nom de *Tartarins*, sans doute synonyme de *mécréants*. Voyez *Histoire littéraire des troubadours*, t. II, p. 472. — Le nom des Goths avait également la même signification jusque dans le Poitou, au commencement du XVIIe siècle. Favyn, qui écrivait à cette époque, rapporte que de son temps on appelait *Dagots* les protestants cantonnés dans cette province, nommément à Niort, Parthenay et ailleurs; mais il fait fausse route quant il dit que c'est « un tiltre d'honneur qui leur estoit donné particulierement et sans envie, à sçavoir de Dagon, idole des Philistins, » etc. (*Histoire de Navarre*, etc., liv. XIV, p. 832, ann. M.DLIX.)

on peut, ce me semble, donner une explication assez rationnelle de leur disparition, explication puisée dans l'histoire même des Basques, en tenant compte de la loi suprême de toute poésie qui ne vit que dans la mémoire du peuple.

Je laisse de côté l'époque où les premiers habitants de l'Espagne, généralement considérés comme les ancêtres des Basques, conservaient encore et chantaient les souvenirs des anciens âges et les récits de leurs *aïtouac* ou *aïtor* (premiers chefs de famille, patriarches). Dans le calme heureux de leur isolement, les réalités célébrées dans les chants antiques durent s'effacer peu à peu et laisser la place aux fictions d'un symbolisme plus ou moins propre à la poésie. J'arrive tout de suite aux temps éclairés par le flambeau de l'histoire.

D'abord ennemis, puis alliés des Carthaginois, qui, à l'exemple des Phéniciens leurs ancêtres, avaient jeté sur la Péninsule ibérique un regard de convoitise, les Basques, longtemps vainqueurs des Romains, et enfin vaincus, mais, quoi qu'en dise Horace [1], jamais domptés, obligés de se replier, de se concentrer devant des flots successifs d'envahisseurs; combattant toujours et toujours unis, indépendants, inexpugnables, même après leurs défaites, dans les retraites inaccessibles de leurs montagnes, les Basques virent se former en Espagne de nouveaux peuples, mélanges et débris des divers corps de barbares qui avaient traversé en dévastateurs ou occupé leur patrimoine. Cependant, le christianisme était venu dans l'intervalle leur faire oublier leur vieille mythologie, comme les chants inspirés par elle, et consoler leur fierté d'*etcheco-jaunac*, de premiers maîtres de l'Espagne, irritée par les usurpations incessantes de tous ces peuples étrangers, dont la succession continue et les multitudes avaient usé les forces et la valeur des Escualdunac. Réduits par la guerre de plusieurs siècles à ne plus représenter par le nombre, pour ainsi dire, qu'une tribu, et dans l'impossibilité de prendre rang parmi les grands peuples dans

---

[1] Cantabrum indoctum juga ferre nostra, etc. (Lib. II, od. 4, v. 2.)
Cantaber sera domitus catena. (Lib. III, od. 8, v. 22.)
Te Cantaber non ante domabilis
.... Miratur. (Lib. IV, od. 14, v. 41.)

l'organisation de nouvelles nationalités, soit au milieu, soit à la fin du moyen âge, ils se résignèrent à la condition où nous les voyons aujourd'hui, et qui nous reporte aux premiers temps de leur histoire.

Avant de cesser d'avoir une poésie qui leur fût propre, les Basques durent posséder un bien grand nombre de chants guerriers et épiques, pendant quinze siècles de combats continuels qui les ont presque anéantis; mais il est à croire que ces chants n'étaient guère que des inspirations de circonstance peu faites pour produire une impression profonde sur les esprits, et comme les chants les plus nouveaux sont les plus agréables [1], les derniers venus firent oublier les anciens.

La position que les événements et le respect des peuples voisins ont faite aux Basques dans les temps modernes, en Espagne, par la reconnaissance du petit royaume de Navarre, et plus tard par la conservation de leurs fueros, en France également par d'insignes priviléges d'exemptions et de noblesse, cette position a définitivement amené ce petit peuple épuisé, rassasié de tant de généreux combats, incapable de relever désormais son antique drapeau, à vivre silencieux sur ses montagnes et dans ses vallées, préférant avouer sa lassitude et goûter le repos acheté par des efforts sans exemple, au moins pour la durée, que se confondre avec les autres peuples et jouir d'une gloire qui ne lui appartiendrait pas en propre. De là des chansons ne traitant que des sujets paisibles et champêtres, ou conservant le souvenir d'aventures quelquefois tragiques [2].

Encore une fois, l'épuisement, la lassitude de tant de guerres, le dépit de tant de sang inutilement versé, qui n'avait abouti qu'à

---

[1] Homère, *Odyss.*, ch. 1, v. 252. — Un de nos trouvères, parlant d'une réunion élégante, nous représente
Dames et puceles
Qui chantoient chançons noveles.
(*La Chastelaine de Saint-Gille*, v. 273. — *Fabliaux et contes*, etc., édit. de Méon, t. III, p. 379.)

[2] Les plus anciennes de ces petites compositions, dont certaines paraissent avoir eu pour auteurs des femmes, ne nous sont connues que par Esteban de Garibay et par le Dr Puerto, de Hernani, qui rapportent plusieurs fragments de chants guipuzcoans du XVe siècle; on les retrouvera plus loin.

user, anéantir à la longue sa nationalité, firent envisager au Basque la guerre comme un fléau, la valeur et les hauts faits comme l'expression naturelle du courage provoqué par des agressions injustes; il lui fut dès lors difficile de poétiser et d'écouter avec charme des récits et des descriptions, agréables seulement pour ceux qui n'en ont pas subi les affreuses réalités, ou, tout au plus, pour ceux qui, un moment éprouvés par les dangers, peuvent attribuer à ces dangers mêmes quelques résultats avantageux dans le présent ou pour l'avenir. Alors, en effet, les souffrances et les périls, présentant un côté favorable quelconque, peuvent parvenir à plaire; mais rien de tout cela n'enflammait l'imagination des Basques : souffrances sans nombre, dévastations, horreurs de toute sorte, voilà ce qu'ils n'avaient cessé de trouver dans les batailles, dans les rencontres. Ils s'y étaient conduits en héros, esclaves du devoir de tout homme libre attaqué dans ses foyers. Ce devoir noblement accompli écartait d'eux les regrets sur le passé; dans le présent, ils se sentaient humiliés de ne plus se voir qu'une tribu, libre sans doute, mais dans un héritage envahi; dans l'avenir, plus d'espérances : où trouver matière à inspiration, autrement que pour peindre une situation par un seul trait énergique et brillant [1]?

Les Basques cessèrent donc de bonne heure de composer des chants épiques destinés à célébrer les aventures et la gloire des braves, et ceux qui avaient été composés à d'autres époques se perdirent sans retour. Il faut sans doute regretter une pareille perte; mais on ne saurait en faire un crime à des montagnards illettrés, quand on voit la même chose se reproduire dans des pays mieux partagés sous le rapport de la culture intellectuelle. Que les Goths aient oublié leurs chants nationaux pareils à ceux

---

[1] Boucher, dans ses *Souvenirs du Pays Basque*, p. 63, et Lüdemann, dans son Voyage aux Pyrénées, p. 326, rapportent une anecdote qui donne bien l'idée du caractère basque sous ce rapport. Un étranger demandait, à l'aspect des ruines de Hendaye, ce qu'étaient devenus cette ville si riche, ses habitants renommés, ses hardis marins : « Allez à Ametzpil, répondit un paysan, là sont les premiers; les autres sont dans le grand champ derrière l'église. » L'étranger y fut : vis-à-vis Ametzpil il vit le cimetière; derrière l'église il trouva la mer. — Un jour, à Pampelune, je demandais à une femme du peuple des nouvelles de son mari : « Il est, dit-elle en me montrant le ciel, puis en portant la main sur son cœur; il est dans l'éternité et ici. » Il était mort.

qui se firent entendre aux funérailles de Théodoric II, tombé à la bataille de Châlons [1], personne ne songe à s'en étonner, ces chants n'ayant pas dû survivre à la langue et à la religion primitive des barbares dont ils constituaient les annales; que la chanson de guerre teutonique mentionnée par Othon Morena comme en usage au XIIe siècle [2], ait eu le sort des chants satiriques qu'au siége du Château-Gaillard les soldats français et le peuple s'amusaient à composer sur la garnison prisonnière [3], je le comprends encore; mais je suis fondé à faire un grief aux écrivains des XIVe, XVe et XVIe siècles, qui font mention de chansons populaires, de s'en être tenus là, au lieu de prendre la peine de nous les faire connaître plus amplement [4]. Je soupçonne, d'après un vers de l'un de nos anciens poëmes [5], que, voyant certains couplets si bien et si universellement établis dans la mémoire de leurs contemporains, les écrivains de ces époques considéraient l'immortalité comme

---

[1] Jornand., *de Getarum, sive Gothorum Origine, et rebus gestis*, cap. XLI. Cf. *Histoire de la Gaule méridionale sous les conquérants germains*, par M. Fauriel, t. I, p. 537. — Procope (*De Bello Vandal.*, lib. II, cap. VI), et, d'après lui, Cedrenus, racontent qu'un roi vandale, Gélimer, assiégé dans une ville d'Afrique, pria le général ennemi de lui envoyer une cithare pour exécuter un chant qu'il avait composé sur ses misères.

[2] *Rer. Ital. Script.*, t. VI, col. 1147, A.

[3] Guill. Armor. Brit., *Philippid.* lib. VII, v. 452. Le mot *proverbia*, qu'emploie le poëte avec *cantica*, semble se rapporter à des dictons du genre de celui que l'on peut lire dans le t. IV des *Manuscrits françois de la Bibliothèque du Roi*, p. 60, avec cette différence que les brocards de 1204 étaient, non plus en langue latine, comme les chants populaires répandus parmi les basses classes de la population gallo-romaine au Ve siècle (*Hist. de la Gaule mérid.*, etc., t. I, p. 439. Cf. Edél. du Méril, *Poés. pop. lat. ant. au XIIe siècle*), mais en langue vulgaire, comme les cantilènes rustiques interdites par Gauthier, évêque d'Orléans, vers 858. (*Sacro-sancta Concilia*, ed. Labbe et Cossart, t. VIII, col. 640. B, E.)

[4] *Chronique du Religieux de Saint-Denys*, liv. II, chap. II, ann. 1381; t. I, p. 91. — *Les Chroniques de sire Jean Froissart*, t. I, p. 698, 699, ann. 1375. — *Journal d'un bourgeois de Paris*, éd. du *Panthéon littéraire*, p. 618, col. 1. — *Le Divorce satyrique*, à la suite du *Journal de Henri III*, édit. de la Haye, M.DCC.XLIV., in-8°, t. IV, p. 511, etc.

[5]   Faussement a ouvré pour nous, en ceste anée :
      A tous jours en sera malle canchon cantée.
            (*Le Chevalier au Cygne*, édit. de M. le baron de Reiffenberg,
                  t. II, p. 182, v. 8073.)

D'autres passages montrent quelle appréhension nos ancêtres avaient de ces mauvaises chansons, et combien elles influaient sur leur conduite, surtout à la guerre :

   Or guart chascuns que granz colps 'l empleit,
   Que malvaise cançun de nus chantet ne seit.
         (*La Chanson de Roland*, coupl. LXXVIII; édit. de 1837, p. 40.)
   Pur Deu vus pri que ne sciez fuiant,
   Que nulz prozdom malvaisement en chant.
         (*Ibid.*, coupl. CXIV, p. 59. Cf. p. 57.)

acquise à ces vers bien plus qu'aux circonstances qui les avaient fait naître.

Nous ignorons si les Basques ont jamais rêvé une aussi belle destinée pour leurs chants nationaux; mais il est sûr qu'ils ont encore moins fait pour en conserver même le souvenir, peut-être à cause de l'insuffisance de leurs moyens. Ces chants, si, comme je le suppose, ils ont jamais existé, depuis longtemps ont disparu : il faut y renoncer; mais là où, en certains endroits, le laboureur, pareil à celui de Virgile, a dû fréquemment pâlir à la vue des javelots et des ossements gigantesques de guerriers antiques déterrés par sa charrue, des pasteurs paisibles, sinon heureux, modulent des chants, qui, pour être moins fiers, moins anciens et ne porter l'empreinte d'aucune époque, ne sont pas pour cela dénués de charme et d'intérêt. Hâtons-nous de les soustraire à l'oubli qui les menace [1], ne fût-ce que pour empêcher le retour des regrets et des plaintes auxquels ont donné lieu nos pertes en ce genre, surtout pour montrer qu'en fait de poésie populaire, comme dans tout le reste, la France n'a que peu de chose à envier aux autres nations.

LE CHANT DES CANTABRES.

Argument.

Les Escualdunac se vantent d'avoir conservé un monument de leur lutte contre les Romains. A les en croire, Auguste ayant fait la guerre aux Cantabres et les ayant vaincus, ceux-ci, sous le commandement d'Uchin, leur chef, se retirèrent sur une haute

---

[1] L'auteur d'une vieille comédie fait dire à l'un de ses personnages, qui vient d'essuyer une conversation en labourdin :
Comment ! ils parlent vasque ? Ah ! le plaisant autheur !
S'ils ne parlent françois, je suis leur serviteur.
(Poisson, le Poëte basque, sc. IV.)
Craignant que le lecteur ne m'en dît autant, j'ai ajouté au texte une traduction littérale. Dans une comédie d'une date postérieure, l'un des personnages, avant de chanter deux couplets en gascon, fait observer qu'ayant dessein de courir toute la France, il a cru devoir faire quelques scènes dans le langage particulier de chaque province; « et il y aura, ajoute-t-il, dans mes opéras, du gascon, du normand, du bas breton et du basque. » (Le Ballet extravagant, sc. XV. Paris, Guillain, M.DC. XCIV., in-12, p. 47.)

montagne, où leurs adversaires les tinrent bloqués pendant plusieurs années. La paix étant venue les délivrer, Uchin partit pour l'Italie, où il fonda, dit-on, la ville d'Urbin. Pas plus que M. Fauriel [1], je n'ajoute foi à ces traditions; mais il est pourtant singulier, comme l'observe M. de Humboldt, que le nom d'*Urbino* (*Urbinum*) soit un mot basque, qui signifie (*ville*) *entre deux eaux*, et qu'il y ait en Alava un village appelé *Urbina* [2]. Après le départ d'Uchin, les Cantabres se donnèrent un autre chef nommé *Lecobidi*.

Tels sont les événements, vrais ou faux, auxquels il est fait allusion dans cette pièce, qui ne brille pas, il faut le dire, par la clarté.

Le premier couplet semble étranger au reste. « Il se rapporte, dit M. Fauriel, à une vieille histoire basque, d'une étrange ressemblance avec celle d'Agamemnon. Il y eut, selon cette tradition, un chef très-brave et fort aimé, nommé *Lélo*. Ce chef ayant été obligé de faire une expédition de guerre en pays étranger, un certain Zara profita de son absence pour séduire sa femme Tota. Lélo, son expédition terminée, étant revenu chez lui, les deux amants se concertèrent pour le tuer, et le tuèrent. Le crime fut découvert et fit du bruit. Il fut décidé dans l'assemblée du peuple que les deux coupables seraient à jamais bannis du pays. Quant à Lélo, il fut ordonné que, pour honorer sa mémoire et perpétuer les regrets de sa mort, tous les chants nationaux commenceraient par un couplet de lamentation sur lui. Si singulière que puisse paraître cette histoire, ajoute M. Fauriel, il y a un proverbe basque qui s'y rapporte et semble en attester sinon la vérité, du moins la popularité. *Belhico Leloa*, (c'est) l'éternel Lélo, ou éternel comme Lélo, dit-on de toute chose trop répétée. M. de Humboldt cite en outre le refrain d'une vieille chanson en l'honneur de Lélo [3]. »

---

[1] *Histoire de la Gaule méridionale sous la domination des conquérants germains*, t. II, appendice n° III, p. 523.

[2] Je connais, dans cette province, trois localités de ce nom. Voyez *Diccionario geográfico-histórico de España por la real Academia de la historia*, secc. I, t. II, p. 409, 410.

[3] A mon tour, je citerai deux pièces du recueil de Bernard d'Etchepare où se retrouve *lelo*. On lit dans la première, intitulée *potaren Galdacia* (la Demande du baiser):

Cette anecdote de l'histoire basque peut être vraie; mais j'ai de la peine à croire que le premier couplet du chant qui suit ait trait à cette particularité, et je doute que le proverbe, s'il existe réellement, en soit venu. A mon sens, *lelo il lelo*, etc., n'est qu'un refrain, une espèce de flonflon, de *tra la la*, dérivé de l'espagnol *helo* (voici), par lequel commence une ancienne romance :

> ¡ Helo, helo, por do viene
> El Infante vengador
> Caballero á la gineta
> En un caballo corredor !
>
> (*Romancéro castellano*, etc. Leipsique : F.-A. Brockhaus, 1844, in-12, t. II, n° 84, p. 205.)

Au reste, le refrain de *Lelo*, entendu comme l'explique M. Fauriel, rappelle le *hélas Linus* (αἴλινε) des chansons funèbres de la Grèce. Le αἴλινε était aussi un refrain, et, quelle qu'en fût l'origine, un refrain lugubre. L'hymne de deuil lui-même s'appelait *linus, œlinus* ou *elinus. Dis l'elinus* est l'exhortation que s'adressent les vieillards d'Argos dans la belle lamentation du premier chœur de l'*Agamemnon* d'Eschyle. Une tradition racontait que Linus était un beau jeune homme de naissance divine, qui avait vécu parmi les bergers de l'Argolide et que des chiens sauvages avaient mis en pièces; une autre en faisait un fils d'Apollon, un aède qui avait vaincu Hercule sur la cithare, et que ce dieu avait tué d'un coup de son instrument. « Tous les aèdes, dit Hésiode, et tous les citharistes gémissent dans les festins et dans les chœurs de danse, et appellent Linus au commencement et à la fin de leurs chants [1]. »

> Eta lelori bay, lelo, pota franco, vereia vego...

vers que M. Archu traduit ainsi : « Oui, je donnerai à Lelo, à mon Lelo, des baisers à profusion, mais qu'il ne touche pas au reste.... »

La seconde, qui est une sauterelle ou un pas de danse, se termine ainsi :

> Etoy lelori bai lelo, leloa çaray leloa,
> Heuscarada campora eta goaçen oro dançara;

c'est-à-dire, toujours selon M. Archu : « J'envoie ceci à Lelo, qui Lelo, vous êtes Lelo, oui Lelo, l'Euscara a vu le jour, allons tous à la danse. » Voyez *Actes de l'Académie royale des sciences, belles-lettres et arts de Bordeaux*, 1847, p. 132, 142, 148, 157.

[1] Voyez l'*Histoire de la littérature grecque*, par Alexis Pierron. Paris, librairie de L. Hachette et Ce, 1850, in-12, chap. II, p. 14.

Pour en revenir au chant des Cantabres, il est difficile de croire qu'une pièce de cette antiquité, en la supposant du même temps que le fait auquel elle se rapporte, ait pu se conserver aussi longuement dans le souvenir du peuple, qui oublie si vite : aussi ne la donne-t-on pas comme ayant été puisée à cette source. Selon M. de Humboldt, ce chant fut trouvé vers 1590, par Juan Ibañez de Ibarguen, chargé de faire des recherches dans les archives de Simancas et de la Biscaye. Il était écrit (ce qui, après tout, n'est pas impossible) sur une feuille de très-vieux parchemin, tout rongé de vers, et consistait en un grand nombre de couplets, dont le savant Biscayen transcrivit seulement quatorze. Cette copie, oubliée comme l'avait été si longtemps l'original[1], resta inédite jusqu'en 1817, où Guillaume de Humboldt la publia dans son supplément à l'article de la langue basque du *Mithridates* de Vater[2]. Le langage de ce fragment est, comme on doit s'y attendre, fruste et abondant en archaïsmes, en termes perdus et inconnus, dont on ne peut risquer l'explication que sous toutes réserves; en un mot, il présente des signes d'antiquité tels, que s'ils ne prouvent pas celle du morceau, leur accumulation pourrait bien avoir pour résultat d'inspirer de la défiance sur son authenticité. C'est dire que nous n'y croyons pas aussi complétement que les savants d'après lesquels nous reproduisons ces couplets.

Lelo! il Lelo;	(O) Lelo! mort (est) Lelo;
Lelo! il Lelo;	(O) Lelo! mort (est) Lelo;
Leloa! Zarac	(O) Lelo! Zara
Il Leloa.	A tué Lelo.
Eromaco arotzac	Les étrangers de Rome
Aloguin, eta	Veulent forcer la Biscaye, et
Vizcaiac daroa	La Biscaye élève
Cansoa.	Le chant de guerre.

[1] Iturriza la cite dans son Histoire générale de Biscaye, écrite en espagnol à Biarritz en 1785, et D. Juan Antonio de Moguel s'étend assez longuement sur cette pièce, qu'il regardait comme authentique, dans une lettre adressée à D. José de Vargas Ponce, le 30 mars 1802. Voyez *Memorial histórico español*, etc., t. VII, p. 720-722.

[2] *Berichtigungen und Zusätze zum ersten Abschnitte des zweyten Bandes des Mithridates über die Cantabrische oder Baskische Sprache*, von Wilhem von Humboldt. Berlin, 1817, in-8°, p. 84-89.

Octabiano	Octavien (est)
Munduco jauna,	Le seigneur du monde,
Lecobidi	Lecobidi
Vizcaioa.	Celui de la Biscaye.
Itchassotatic	Du côté de la mer
Eta leorrez,	Et du côté de la terre,
Imini deuscu	(Octavien) nous met
Molsoa.	Le siége (à l'entour).
Leor celaiac	Les plaines du rivage
Bereac dira,	Sont à eux,
Mendi tansaiac,	Les bois de la montagne,
Leusoac.	Les cavernes[1].
Lecu ironean	En lieu favorable
Gago-zanean,	Nous étant postés,
Norberac sendo	Chacun (de nous) ferme
(Dau) gogoa.	A le courage.
Bildurric gutchi,	Petite (est notre) frayeur,
Arma bardinaz;	A armes égales;
Oramaia, zu	(Mais) ô notre huche au pain, vous
Guexoa!	(Êtes) mal (pourvue)!
Soyac gogorrac	Si dures cuirasses
Badirituiz,	Ils portent (eux),
Narru billosta	Les corps sans défense
Surboa.	(Sont) agiles.
Bost urteco,	Cinq ans durant,
Egun, gabean,	De jour, de nuit,
Gheldi bagaric,	Sans aucun repos,
Bochoa.	Le siége (dure).
Gureco bata	Quand un de nous
Il badaguian,	Eux tuent,
Bost amarren	Cinq dizaines d'eux
Galdua.	(Sont) détruites.

[1] Il semble qu'il faille, à l'exemple de M. Fauriel, sous-entendre *à nous*; car si le récit que nous avons fait en commençant est exact, les Cantabres se trouvaient dans une position analogue à celle des Klephtes, dont l'un dit que les braves ont pour villes les solitudes et les gorges des montagnes :

Χώραις λαγκάδια κ' ἐρημιαῖς ἔχουν τὰ παλληκάρια.

(*Chants populaires de la Grèce moderne*, t. I, n° XXIV, p. 128.)

Aec aniz, ta	(Mais) eux (sont) nombreux, et
Gu-gutchi-taia,	Nous (sommes une) petite troupe,
Azquen indugu	A la fin nous avons fait
Lalboa.	Amitié.
Gheure lurrean	Dans notre terre
Ta aen errian	Et dans leur pays
Biroch ain baten	(Il y a) une manière de lier
Zamoa.	Les fardeaux.
Ecin gheyago.	Davantage (était) impossible.
. . . .	. . . .
Tiber lecua	La ville du Tibre
Gueldico zabal.	Reste étendue.
Uchin tamaïo	Uchin...
Grandojo.	(Est) grand.
(Illisible.)	(. . . . .)
Handi arichac	Des grands chênes
Ghesto sindoaz	La force s'use
Bethigo naiaz	Au grimper perpétuel
Nardoa.	Du pic.

LE CHANT D'ALTABISCAR.

Argument.

La défaite de l'arrière-garde de Charlemagne à Roncevaux, et la mort de Roland, d'Olivier et des autres pairs de France, furent pour le moyen âge ce que le siége de Troie avait été pour l'antiquité, une source féconde de chants épiques [1]. Le plus remarquable

---

[1] Le passage suivant, choisi entre mille, suffit pour donner une idée de la popularité dont jouissaient chez nous les chants dont Roland et son compagnon Olivier étaient les héros. Les jongleurs, dit un trouvère,

Par ces quareles vont chantant
Et d'Olivier et de Rolant
Et des deduis et des amors
Et des proesces de plusors.

(*Histoire sainte en vers*, Ms. de la Bibl. imp. n° 7181-5, fol. 210 recto.)

A Milan, on chantait de même les hauts faits de nos deux paladins : « Histriones cantabant, sicut modo cantatur de Rolando et Oliverio. » (*Antiquitates Italicæ medii ævi*, t. II,

est, sans contredit, celui de Turold, qui a trouvé un admirateur jusque dans M. Génin; mais ce n'est pas, à proprement parler, un chant, comme celui qu'a recueilli M. Landstad [1]. D'ailleurs, tel que nous l'a conservée le manuscrit d'Oxford, le plus ancien de ceux qui nous restent, la *geste* du trouvère ou du jongleur normand ne saurait remonter à l'époque carolingienne.

Les Basques n'hésitent pas à présenter comme contemporain de la déroute de Roncevaux le chant d'Altabiscar, destiné à célébrer la victoire de leurs ancêtres. A ce sujet, je ne sais trop ce qu'il faut croire des assertions de M. Garay, qui parle d'un ancien manuscrit où le fameux la Tour d'Auvergne aurait rencontré ce morceau à Saint-Sébastien, en 1794; mais je sais bien qu'avant le XIIIe siècle, on confiait rarement à l'écriture les poésies composées en langue vulgaire, et ce n'est sûrement pas dans les Pyrénées que l'on aurait dérogé à l'usage, surtout en faveur du

---

col. 844, C.) — Ils n'étaient pas moins populaires en Espagne. D. Gonzalo de Berceo, voulant exalter le roi de Léon, Ramire II, déclare

Que nol venzrien de esfuerzo Roldan ni Olivero.

(*Vida de San Millan*, copl. 412. — *Coleccion de poesias castellanas anteriores al siglo XV*, publ. por D. Thomas Sanchez. En Madrid, M.DCC.LXXX., in-8°, t. II, p. 266.)

Avec une pareille popularité, on s'explique aisément le grand nombre de localités qui portent le nom de Roland, même en dehors des Pyrénées, et l'existence de proverbes qui font allusion à l'expédition où il perdit la vie. Au XVe siècle, voulait-on exprimer que l'on était peu avancé dans une entreprise, on disait que l'on y était avant, autant que Charlemagne dans les Espagnes. (*Les Arrêts d'Amours*, etc. A Amsterdam, chez François Changuion, MDCCXXXI, in-8°, seconde part., p. 531, arr. XXXIII.) Peut-être aussi disait-on déjà *mourir de la mort Roland*, pour *mourir de soif*, et *faire le Roland*, pour *menacer, faire le mauvais, le vaillant*, deux expressions recueillies par Oudin dans ses *Curiositez françoises*, édit. de M.DC. LVI., p. 275, 571. — Tout le monde connaît, dans les Pyrénées, la brèche, le pas de Roland. Bien loin de là, on peut signaler, dans la commune de Joursac, canton de Massiac (Cantal), un ravin appelé *ravin de Roland*. Voyez *Description historique et scientifique de la haute Auvergne*, etc., par J.-B. Bouillet, p. 24.

[1] *Norske Folke-Viser*. Christiania, 1852-53, in-8°, chap. XIV. Ce chant populaire, en vieux norvégien, est intitulé : *Roland og Magnus Kongin*. Conservé par la tradition seulement, il ne nous est pas arrivé en entier, et il est difficile d'en fixer la date. Il existe aussi un chant des Fœroer sur le même sujet; mais ce n'est qu'une imitation du chant norvégien. — Dans ce dernier, on lit, p. 171 :

Dei slógest út pá Rúsarvollen,

et l'éditeur écrit en note : *Rúsarvollen, Ronsvaldvollen, Ronsvallvollen, Ronsarvolden, Rusarvollann, Ronsevolden*, se rencontrent souvent dans les chants populaires norvégiens pour désigner un lieu de combat ou de jeu. — Auparavant, dans le chant XIII du même recueil, Ivar Erlingen, Iving ou Iven Eringen, y est comparé, pour la valeur, à Roland. Les chants norvégiens le nomment même quelquefois compagnon de Roland.

basque, qui n'a jamais été considéré que comme une langue courante, sans emploi pour les choses dont on voulait conserver un souvenir durable.

Je crois pourtant à l'antiquité du chant d'Altabiscar, mais en me fondant sur le sentiment général de la pièce, que distingue entre toutes sa double énumération de guerriers, si originale et d'un si puissant effet. Il est encore un point sur lequel s'appuie ma croyance : c'est le nom de *Carlomano* donné au roi franc. Tout porte à croire que tel était, ou peu s'en faut, celui par lequel on désignait de son vivant Charlemagne, qui n'a été appelé tout d'abord *Carolus Magnus* que par une traduction matérielle du nom de *Carloman*. Ce point a été, il est vrai, suffisamment démontré par J. Grimm [1] et par M. Michelet [2] avant la publication du chant d'Altabiscar; mais il est peu probable que l'éditeur, ou tout autre, ait puisé dans leurs ouvrages l'idée d'ajouter à l'air d'antiquité de cette pièce en donnant au grand empereur un autre nom que celui sous lequel il est généralement connu.

Il est encore moins vraisemblable que l'auteur du chant d'Altabiscar ait lu un petit poëme bohémien de la fin du XVe siècle, qui offre plus d'un trait de ressemblance avec le chant basque : je veux parler de la *Défaite des Saxons*, publiée par Wenceslas Hanka dans son recueil intitulé *Rukopis Kralodvorsky* (Manuscrit de Kralodvorsky). Cette pièce, que nous aurions voulu citer en entier, se termine ainsi :

Wenesh escalada la montagne, — il leva son épée vers la droite : — c'est là que se lance l'armée; — il leva l'épée vers la gauche : — c'est là que fond l'armée, — et de là sur le rocher; — et du haut du rocher — on jetait des pierres sur les Germains. — L'armée se précipite du haut du rocher dans la plaine, — et les Germains gémissaient, — et les Germains fuyaient, — et ils succombèrent [3].

---

[1] *Deutsche Grammatik*, vol. III (Göttingen, bei Dieterich, 1831, in-8°, p. 319, 320).

[2] *Histoire de France*, t. I (Paris, 1833, in-8°), p. 307, en note. Voyez encore notre publication intitulée : *Charlemagne, an Anglo-Norman Poem of the twelfth Century*, p. 54-56. Aux passages qui s'y trouvent cités, ajoutez le suivant, qui est de l'historien Tudebode : « Isti prudentissimi milites... venerunt per viam quam jam dudum *Carlomannus, mirificus rex Franciæ*, aptare fecit, usque Constantinopolim. » (Ms. Bibl. imp. n° 5135. A, fol. 1 recto, ult. lin.)

[3] *Die Königinhofer Handschrift*, etc. Prag, 1829, in-8°, p. 72. — Voyez sur ce recueil le *Bullet. des sciences histor.*, etc., publié par le baron de Férussac, t. XIII, p. 300-303.

Comme dans le poëme bohémien, on voit dans le chant basque l'ennemi écrasé sous des rochers lancés du haut des montagnes; mais l'auteur nous montre encore ses compatriotes armés d'arcs et de flèches; or, nous savons que les montagnards de la Navarre étaient autrefois de grands chasseurs. Depuis l'époque à laquelle appartient la rédaction du Fuero général [1] jusqu'à l'année 1576, nous voyons une classe de vilains appelés *cazadores*, qui payaient une certaine redevance au roi et formaient une espèce de communauté, au moins au commencement du XIVᵉ siècle [2]. A la fin, le roi Charles III achetait deux cent sept peaux de martres à Per de Echain et à d'autres hommes des montagnes, c'est-à-dire de la *merindad* de Pampelune, au prix d'un demi florin la pièce [3].

Le chant d'Altabiscar a été traduit en vers par M. Barandeguy-Dupont, sous le titre de *Chant des Escualdunac* [4].

ALTABISCARRACO CANTUA.

(Basa nafartarra.)

Oyhu bat aditua izan da
Escualdunen mendien artetic,
Eta etcheco jaunac, bere athearen aintcincan chutic,
Ideki tu beharriac, eta erran du : « Nor da hor? Cer nahi dautet? »
Eta chacurra, bere nausiaren oinetan lo zaguena,
Alchatu da, eta karrasiz Altabiscarren inguruac bethe ditu.

LE CHANT D'ALTABISCAR.

(Dialecte de la basse Navarre.)

Un cri s'est élevé
Du milieu des montagnes des Basques,
Et l'*etcheco-jauna* [5], debout devant sa porte
A ouvert l'oreille, et il a dit : « Qui est là? Que me veut-on? »
Et le chien, qui dormait aux pieds de son maître,
S'est levé, et il a rempli les environs d'Altabiscar de ses aboiements.

[1] Liv. III, tit. VII, chap. VI (*Fueros del reyno de Navarra*, etc. En Pamplona, por Longas, año de 1815, in-folio, p. 75, col. 2), il est question des vilains chasseurs de Gurbindo, Leranoz et autres villages.
[2] *Diccionario de antiguedades del reino de Navarra*, t. II, p. 621, 622.
[3] *Ibid.*, p. 309, au mot *Martra*. Ce qu'on lit t. III, p. 141, fait croire que c'était pour spéculer.
[4] *Une voix des Pyrénées*. Paris, chez Ledoyen, 1854, in-12, p. 28-30.
[5] Mot à mot, *maître de la maison*, titre que l'on donne aux laboureurs propriétaires.

Ibañetaren lepoan harabotz bat aghertcen da,
Urbiltcen da, arrokac esker eta escuin jotcen dituelaric;
Hori da urruntic heldu den armadabaten burruma.
Mendien capetetaric guricc erepuesta eman diote;
Berec tuten seinua adiarazi dute,
Eta etcheco jaunac bere dardac zorrozten tu.

Heldu dira! heldu dira! cer lanzazco sasia!
Nola cer nahi colorezco banderac heien erdian aghertcen diren!
Cer simiztac atheratcen diren hein armetaric!
Cembat dira? Haurra, condatzac onghi.
Bat, biga, hirur, laur, bortz, sei, zazpi, zortzi, bederatzi, hamar, hameca, hamabi,
Hamahirur, hamalaur, hamabortz, hamascin, hamazazpi, hemezortzi, hemeretzi,
    hogoi.

Hogoi eta millaca oraino.
Hein condateca demboraren galtcea liteke.
Urbilt ditzagun gure beso zailac, errotic athera ditzagun arroca horiee,
Botha ditzagun mendiaren patarra behera
Hein buruen gaineraino;
Leher ditzagun, herioaz jo ditzagun.

Cer nahi zuten gure mendietaric Norteco ghizon horiee?
Certaco jin dira gure bakearen nahastera?
Jaungoicoac mendiac in dituenean nahi izan du hec ghizonec ez pasatcea.
Bainan arrokac biribilcolica erorteen dira, tropac lehertcen dituzte.
Odola churrutan badoa, haraghi puscac dardaran daude.
Oh! cembat hezurr carrascatuac! cer odolezco itsasoa!

Au col d'Ibañeta un bruit retentit;
Il approche en frappant à droite, à gauche les rochers :
C'est le murmure sourd d'une armée qui vient.
Les nôtres y ont répondu du sommet des montagnes;
Ils ont fait entendre le signal de leurs cors,
Et l'*etcheco-jauna* aiguise ses flèches.

Ils viennent! ils viennent! quelle haie de lances!
Comme les bannières de toutes couleurs flottent au milieu d'eux!
Quels éclairs jaillissent au milieu de leurs armes!
Combien sont-ils? Enfant, compte-les bien.
Un, deux, trois, quatre, cinq, six, sept, huit, neuf, dix, onze, douze,
Treize, quatorze, quinze, seize, dix-sept, dix-huit, dix-neuf, vingt.

Vingt, et par milliers d'autres encore.
On perdrait son temps à les compter.
Unissons nos bras nerveux et souples, déracinons ces rochers,
Lançons-les du haut de la montagne en bas
Jusque sur leurs têtes;
Écrasons-les, frappons-les de mort.

Que voulaient-ils de nos montagnes, ces hommes du Nord?
Pourquoi sont-ils venus troubler notre paix?
Quand Dieu fit ces montagnes, il voulut que les hommes ne les franchissent pas.
Mais les rochers en tournoyant tombent, ils écrasent les troupes.
Le sang ruisselle, les débris de chairs palpitent.
Oh! combien d'os broyés! quelle mer de sang!

Escapa! escapa! indar eta zaldi dituzuenac.
Escapa hadi, Carlomano erreghe, hire luma beltzekin eta hire capa gorriarekin;
Hire iloba maitea, Errolan zangarra, hantchet hila dago;
Bere zangarrtassua beretaco ez du izan.
Eta orai, Escualdunac, utz ditzagun arroca horiec;
Jauts ghiten fite, igor ditzagun gure dardac escapatcen dircnen contra.

Badoadi! badoadi! non da bada lantzezco sasi hura?
Non dira heien erdian agherri ciren cer nahi colorezco bandera hec?
Ez da ghehiago simiztaric atheratcen heien arma odolez bethetaric.
Cembat dira? Haurra, condatzac onghi.
Hogoi, hemeretzi, hemezortzi, hamazazpi, hamasei, hamabortz, hamalaur, hamahirur,
Hamabi, hameca, hamar, bederatzi, zortzi, zazpi, sei, bortz, laur, hirur, biga, bat.

Bat! ez da bihiric agherteen gehiago.
Akhabo da. Etcheco jauna, joaiten ahalzira zure chacurrarekin,
Zure emaztearen eta zure haurren besarkatcera,
Zure darden garbitcera eta alchatcera zure tutekin, eta ghero heien gainean etzatera eta lo itera.
Gabaz, arranoac joanen dira haaghi pusca lehertu horien jatera,
Eta hezurr horiec oro churituco dira eternitatean.

Fuyez! fuyez! vous à qui il reste de la force et un cheval.
Fuis, roi Carloman, avec les plumes noires et ta cape rouge;
Ton neveu bien-aimé, Roland le robuste, est étendu mort là-bas.
Son courage ne lui a servi à rien pour lui.
Et maintenant, Basques, laissons ces rochers,
Descendons vite en lançant nos flèches à ceux qui fuient.

Ils fuient! ils fuient! où est donc la haie des lances!
Où sont ces bannières de toutes couleurs flottant au milieu d'eux?
Les éclairs ne jaillissent plus de leurs armes souillées de sang.
Combien sont-ils? Enfant, compte-les bien.
Vingt, dix-neuf, dix-huit, dix-sept, seize, quinze, quatorze, treize,
Douze, onze, dix, neuf, huit, sept, six, cinq, quatre, trois, deux, un.

Un! il n'en paraît pas un de plus.
C'est fini. *Etcheco-jauna*, vous pouvez rentrer avec votre chien,
Embrasser votre femme et vos enfants,
Nettoyer vos flèches, les serrer avec votre cor, et ensuite vous coucher et dormir dessus.
La nuit, les aigles viendront manger ces chairs écrasées,
Et tous ces os blanchiront dans l'éternité.

LA BATAILLE DE BEOTIBAR

ET AUTRES FRAGMENTS ANCIENS.

Argument.

Les six premiers vers qui suivent appartiennent à une vieille chanson qui remonte, selon toute apparence, à l'époque même de la bataille donnée le 19 septembre 1321, et gagnée par les Guipuzcoans sur les Biscayens. Publié pour la première fois par Estevan de Garibay, ce fragment a été répété depuis par Argote de Molina, le docteur de Isasti [1], et par bien d'autres [2].

Le début en est remarquable en ce qu'il se retrouve, ou peu s'en faut, dans une pièce que M. Chaho fait remonter jusqu'aux premiers siècles de l'ère chrétienne [3], et qu'il offre un tour et un ordre d'idées familiers aux poëtes modernes [4]. Une vieille chanson bretonne présente également quelque chose d'analogue :

Chaque chose a sa loi : — l'eau coule de la fontaine, — l'eau descend au creux du vallon, — le feu s'élève et monte au ciel.

(*Kroaz ann hent* [la Croix du chemin], dans le *Barzas-Breiz*, t. II, p. 288, 289.)

Peut-être aussi faut-il voir un début du même genre dans ces quatre vers par lesquels s'ouvre une vieille chanson russe, et qui portent l'empreinte de la rêverie qu'inspire le spectacle de la nature [5] :

---

[1] *Compendio historial de la M. N. y M. L. provincia de Guipuzcoa*, lib. II, cap. IV, sect. 12, p. 273.

[2] Voyez notre Introduction à la seconde édition des *Proverbes basques recueillis par Arnaud Oihenart*, p. lvj, en note. — Garibay a encore répété les deux premiers vers de ce morceau dans son recueil de proverbes basques. (*Memorial histórico español*, t. VII, p. 638, n° 25.)

[3] *Voyage en Navarre*, etc., chap. X, p. 338.

[4] Voyez, entre autres, la VII° harmonie de Lamartine *(Hymne de l'enfant à son réveil)*, st. VI et VII.

[5] Je retrouve le même cachet dans *La Fille au bord de la mer*, chanson serbe d'une simplicité et d'un charme extrêmes :

Assise toute seule sur le bord de la mer, une jeune fille se disait : « Mon Dieu, qu'y a-t-il de plus grand que la mer, de plus vaste que la plaine, de plus rapide que le coursier? Qu'y a-t-il de plus doux que le miel? Qu'y a-t-il de plus chéri qu'un frère? » Doucement, du

Haut est le ciel étoilé, — profond est l'abîme de l'Océan, — vastes sont les vallées dans toute la terre, — et forts sont les abîmes du Dnieper.

(*Solovei Budimirovitch*, par Kircha Danilov. — *Skuzaniia russkago raroda*, édit. de J. Sacharov. Pétersbourg, 1841, grand in-8º, t. I, liv. IV, p. 20. Cf. *Revue des Deux-Mondes*, sec. sér. de la nouv. pér., t. II, p. 1186, 1187.)

Sans remonter jusqu'à l'antiquité grecque [1], on trouve encore dans la poésie klephtique une espèce de lieu commun comparable au début de la chanson basque. Je veux parler de cette formule de prologue par lequel commencent fréquemment les pièces où il s'agit de célébrer un fait de guerre :

Τ'εἶν' ὁ ἀχὸς 'ποῦ γίνεται καὶ ταραχὴ μεγάλη;
Μήνα βουβάλια σφάζονται; μήνα θεριὰ μαλόνουν;
Κι' οὐδὲ βουβάλια σφάζονται, κι' οὐδὲ θεριὰ μαλόνουν [2].

Le distique suivant prête encore plus au rapprochement que nous voulons établir :

« La mer noircit; le flot revient au rivage : ah! comme il y a longtemps que je t'aime! »

« Soupir brûlant et mélancolique, dit l'éditeur, si naturel que, pour se graver dans la mémoire, il pourrait se passer de la rime! C'est une image, ajoute-t-il, une émotion subite, mises à côté l'une de l'autre sans raisonnement et sans connexité, comme ce quatrain répété en Suisse :

fond des eaux, un petit poisson lui répond : « Fillette naïve, le ciel est bien plus grand que la mer, la mer est bien plus vaste que la plaine, et le regard plus rapide que le coursier. Le sucre est plus doux que le miel, et l'amant plus doux qu'un frère. » *Dievoïka siedi krai mora*, etc., publ. par Vuk Stefanovitch Karadjitj. (*Rev. des Deux-Mondes*, seconde série de la nouv. pér., t. II, p. 1174.)

[1] Tout le monde connaît le début de la première olympique de Pindare :

Ἄριστον μὲν ὕδωρ; ὁ δὲ
χρυσὸς αἰθόμενον πῦρ
ἅτε διαπρέπει νυ-
κτὶ μεγάνορος ἔξοχα πλούτου, etc.

Ailleurs on lit (olymp. III, str. 9) :

Εἰ δ' ἀριστεύει μὲν ὕδωρ, κτεάνων
δὲ χρυσὸς αἰδοιέστατον, etc.

[2] Voyez *Chants populaires de la Grèce moderne*, t. I, nº II, p. 10, 12. T. II, p. 188, nº XXI, se trouve une formule de début usitée pour les chansons dont le sujet est triste.

« Le soleil luit sur le glacier; les étoiles sont au ciel. O toi! ma plus grande joie, combien je t'aime [1]! »

N'est-il pas aussi de l'essence de la ballade antique d'avoir pour refrain une vérité générale qui n'offre aucune espèce de rapport avec le sujet? C'est là, j'imagine, ce qu'a voulu renouveler Victor Hugo dans sa *Légende de la nonne*, dont tous les couplets se terminent ainsi :

> Enfants, voici des bœufs qui passent,
> Cachez vos rouges tabliers.

Dans la Moldavie, la plupart des chants populaires commencent par ces mots : *Feuille verte de noisetier*, ou *de chêne*, ou *de muguet*, ou *de sapin*, etc. Cette introduction, qui doit nous sembler étrange, cessera de nous étonner après avoir lu l'explication de M. Alexandri : « La fleur ou l'arbre, dont le poëte populaire arrache une feuille pour la mettre au front de son petit poëme, doit avoir quelque analogie symbolique avec le sujet même du chant; en sorte que, sous une forme allégorique, la feuille de telle ou telle fleur, de tel ou tel arbre, joue le même rôle que l'invocation des poëmes antiques, invocation qui sert d'explication du sujet. Ainsi, le poëte veut-il chanter un brave brigand? il choisira, parmi les arbres de la forêt, celui qui donnera le mieux l'idée de la force, et il commencera nécessairement par la feuille verte du *chêne;* plus loin, dans le cours même de la légende, le brigand arrive-t-il au terme de sa vie? le poëte fera figurer la feuille verte du *sapin*, l'arbre de la mort. S'agira-t-il, au contraire, d'une jeune fille? le chant commencera par la *feuille verte de la rose*, ou par la *feuille du muguet*, ou par la *feuille de la violette*, etc.

« Tel a été, dans le principe, ajoute M. Alexandri, le sens de cette allégorie poétique; mais, plus tard, les troubadours cigains qui parcourent le pays ont abusé de la formule et en ont fait une licence poétique, qu'ils ont poussée souvent jusqu'à l'extravagance [2]. »

---

[1] *Chants du peuple en Grèce*, t. II, p. 474, 481.
[2] *Ballades et chants populaires de la Roumanie*, recueillis et traduits par V. Alexandri. Paris, E. Dentu, 1855, p. 182, not. 19.

A la suite des six vers sur la bataille de Beotibar, j'ai cru à propos d'en donner quatre autres qui se rapportent à Domenjon Gonzalez de Andia, célèbre Guipuzcoan de la fin du XVe siècle, et une devise en trois vers qu'on lisait sur un tableau héraldique de Leyzaur, à Andoain, représentant une sorte de hibou; je les ai tirés du *Diccionario geográfico-histórico de España* [1].

L'Abrégé historique du Dr Lope Martinez de Isasti m'a fourni les deux derniers fragments [2], qui ne figurent ici qu'à titre de reliques littéraires. L'éditeur n'en ayant pas donné la traduction, il faut croire qu'elle n'est guère possible aujourd'hui, à moins d'un travail dont je ne me sens pas plus capable que lui. Je me bornerai à reproduire les lignes dont il les a fait précéder, afin d'indiquer les circonstances dans lesquelles ces vers ont été composés.

Dans la ville d'Oñate, il y avait, au milieu du XVe siècle, une grande chasse à laquelle se rendaient habituellement nombre de *cavalleros*. Parmi eux vint un frère du sire de Muxica y Butron, qui s'éprit d'une dame de la maison de Ugartezaval et en eut ce qu'il voulait. Le mari l'ayant su, prit son temps et tua le séducteur. A l'occasion de ce meurtre, Gomez Gonzalez de Butron fut inquiété; il vint à Mondragon avec toute la Biscaye contre Oñate, et se mit en état de défense. Pour le contraindre à sortir, les habitants de cette dernière ville employèrent le feu. Une sortie eut lieu, puis une bataille, qui se termina par la mort des combattants près de la Magdalena. Le fait est attesté par les cinq vers d'une chanson dont on n'a pas conservé le reste.

A la même époque, c'est-à-dire vers le milieu du XVe siècle, les *lacayos*, espèce de miquelets, venaient habituellement de tout le Pays Basque chercher un asile à Oñate, chez Sancho Garcia de Garibay. Au port de San Adrian, ayant demandé pour boire à un muletier de Hernani appelé *Juan Zaar*, sur son refus, ils lui prirent son argent. Plainte au corrégidor et à la junte provinciale, qui envoyèrent le *merino* major en force à Oñate. Avertis de ce qui se passait, Sancho et ses *lacayos* se réfugièrent dans la grotte

---

[1] Section I, t. I, p. 72, col. 1, art. Andoain; et t. II, p. 385, col. 1, art. *Tolosa*.
[2] *Compend. hist.*, etc., apendice, p. 25, 36.

CHANTS HISTORIQUES. 243

de Santa Ibia, et y furent mis en état de siége. La grotte avait, à une demi-lieue de là environ, une porte par laquelle ils recevaient de leurs amis ce qui leur était nécessaire, par un serviteur nommé *Zalagarda*, et c'est alors que fut composé le couplet où il figure.

Le Mendoza nommé dans le quatrième vers était le *merino major*. Sa provision de vin fut prise en route et portée aux assiégés de Santa Ibia. Toute la *hermandad* les tint bloqués pendant quelques jours. A la fin, voyant qu'ils ne voulaient pas se rendre, elle amoncela contre la porte des flèches de lard et y mit le feu, dans l'espoir de brûler ceux qu'elle protégeait; mais ils étaient bien en sûreté. Cette aventure donna lieu au chant qui termine cette série; comme ceux qui le précèdent, il est en dialecte guipuzcoan.

BEOTIBARRECO GUDUA.	LA BATAILLE DE BEOTIBAR.
Mila urte y garota	Depuis plus de mille ans
Ure vere videan.	L'eau va son chemin.
Guipuzcoarroc sartu dira	Les Guipuzcoans sont entrés
Gasteluco etchean;	Dans la maison du château fort;
Nafarrokin hartu dira	Avec les Navarrais ils se sont livrés
Beotibarre pelean, etc.	A Beotibar bataille, etc.

DOMENJON DE ANDIA.	DOMENJON DE ANDIA.
Sagárra eder, guezateá,	La belle pomme, la douceur,
Guerriyan ere espateá.	Au côté aussi l'épée.
Domenjon de Andiá,	Domenjon d'Andia,
Guipuzcoáco erreguiá.	Du Guipuzcoa le roi.

Jauna, guc zuri,	Seigneur, nous à vous,
Ez zuc guri.	Non vous à nous.
Leizarturrac ontzari.	La Frênaie au hibou.

Gomez andia canarren
Anzán Presebal bere
Bai Joanicori bere
Madalenaan ei danza
Viola, trompeta baguè.

Ala Zalagarda, Zalagarda mala,
Zalagarda gaisto, Oñaztarra ondaco.
Ardao zuri, ardao Madrigalgoa,
Ardao zuria Mendoza gana doa
Alabana sanda ili gogoa
Zalagarda zanda ilira doa.

Sanda iliac atrac ditu zizarrez
Nola zizarrez dá ala zendalez
Hermandadea arcandoa negarrez
Anso Garcia é gasteluori emunez
Ec invinda estiquicha esan ez.
  Lascavarroen y esataco lastorra
Lascavarro costatuan onela
Gavaz ere urtunica obela
Argui izarroc ditugula candela
Ostatuan guera diro igu emenda.

LE VICOMTE DE BELSUNCE.

Argument

Le morceau qu'on va lire est célèbre parmi les Basques, qui en ont fait comme leur chant national; toutefois, je ne puis me défendre de le trouver froid et décoloré. N'est-ce pas une de ces pièces où la faiblesse des idées est couverte par l'énergie et la vigueur du rhythme? Selon le mot de Figaro, cela se chante, mais ne s'écrit pas.

Entre tous les noms dont s'enorgueillit le Pays Basque, celui de Belsunce brille au premier rang. Originaires de la Navarre espagnole, les Belsunce s'établirent de bonne heure sur l'autre versant des Pyrénées, et déjà au XVe siècle l'un d'eux s'était rendu célèbre par son courage et son humanité. A lire le récit que nous fait M. Chaho du combat du jeune Gaston contre l'hydre d'Irubi [1], il nous semble voir la figure prophétique d'un autre Belsunce combattant la peste de Marseille, avec cette différence

---

[1] *Voyage en Navarre*, etc., chap. I, p. 29, 30.

que le guerrier roula dans la Nive avec le monstre, et que le prélat survécut au fléau de 1720.

Quelques années plus tard, le vicomte de Belsunce, colonel du régiment d'infanterie portant son nom, se distingua particulièrement dans la guerre dite *de Hanovre*, terminée par la paix de 1763. Il se fit remarquer notamment à Hastenbeck, le 20 juin 1757, journée si fatale aux armes du duc de Cumberland. Les affaires de Sonderhausen, de Bergen et de Corbach, la prise de Rhinberg, furent brillantes aussi pour lui, comme pour les Basques, dont son régiment était en grande partie composé. Ayant été détaché avec son corps du côté de Goettingen, son nom seul y devint un épouvantail pour l'ennemi. Enfin, remis de ses nombreuses blessures, il revint, vers 1764, jouir de quelque repos dans sa terre de Méharin, en basse Navarre.

La foule se pressait, enthousiaste et compacte, dans la cour carrée située au pied du perron du château, où se tenait le vicomte, entouré de tous les notables de Mixe, de Soule et d'Arberoue, composant sa juridiction. Au milieu des chaleureux *vivat* qui saluaient le retour du guerrier aimé et respecté, on vit un aveugle, appuyé sur un bâton, conduit par un enfant, monter lentement les marches du perron. La tête haute, il demande fièrement à être conduit devant le vicomte; celui-ci, l'ayant fait approcher, l'interroge avec bonté. Secouant alors ses cheveux blancs, la main étendue vers la foule, le barde inspiré entonne, pour toute réponse et au milieu d'un silence religieux, les couplets suivants, que tous reprenaient ensuite en chœur, selon l'usage. Recueillis sur le lieu même et séance tenante, ils nous ont été communiqués, ainsi que les détails qui précèdent, par M. le vicomte de Belsunce, petit-neveu du héros.

En éditeur exact et consciencieux, nous devons prévenir que notre improvisateur a confondu le vicomte Dominique de Belsunce avec son frère, nommé par Louis XV gouverneur de Saint-Domingue, après sa belle campagne du Canada, en 1756, où les Anglais furent vaincus.

BELZUNCE BIZCONDEA.   LE VICOMTE DE BELSUNCE.

(Baxa Nafartarra.)   (Basque de la basse Navarre.)

Nafartaren arraza   La race des Navarrais
Hila ala lo datza?   Est-elle morte ou endormie?
Ez dut endelgatcen.   Je n'y comprends rien.
Belzunce bizcondea,   Le vicomte de Belsunce,
Hain capitain handia,   Ce si grand capitaine,
Ez baitzaut mintzatzen;   On ne m'en parle pas;
Hori zaut gaitzitzen.   Cela me peine et me blesse.

Haurretic zerbitzura,   Dès l'enfance au service,
Eta ardura sura,   Et souvent au feu,
Gogotic joaten zen;   Il allait de tout cœur;
Hanitzetan colpatu,   Bien des fois blessé,
Eta bethi sendotu,   Et toujours guéri,
Hala behar baitzen.   Parce qu'il en devait être ainsi.
Hiltceco damu zen.   Il eût été dommage qu'il mourût.

Hanovreco partetic,   Des contrées du Hanovre,
Armadaren erditic   Du milieu de l'armée
Erreghec deitu du;   Le roi l'a appelé;
Itsassoz bertzaldeco,   De l'autre côté de la mer,
Undarren beiratzeco,   Pour conserver ce qui restait,
Hura hautatu du,   C'est lui qu'il a choisi,
Eta Anglesa icitu.   Et l'Anglais s'en est effrayé.

Heyen bolbora finac   De celui-ci la poudre fine
Eta libera esterlinac   Ni les livres sterling
Ez ziren askico   Ne pouvaient suffire
Belzuncen garaitceco,   Pour vaincre Belsunce,
Gutiago zalutceco;   Moins encore pour le séduire;
Fidel erregheren   Fidèle à son roi
Orai eta lehen.   A présent comme avant.

Hura joanez gheroztic,   Depuis qu'il en est parti,
Ez da harat Anglesic   Par là jamais l'Anglais
Batere hurrendu.   N'a nullement approché.
Eghin dute espantu,   Ils ont fait des forfanteries,
Bai, eta abiatu   Oui, ils se sont mis en marche
Nahiz atacatu;   Avec le projet d'attaquer;
Bainan ez menturatu.   Mais ils ne s'y sont pas hasardés.

Bere eghitecoac naski	Leurs affaires probablement
Eghin dituzte hobeki	Ils les ont faites mieux
Onduan Havanan.	Près de là à la Havane.
Cembait tiro tira eta	Après quelques coups de fusils tirés,
Sartu dira jauzteca	Ils sont entrés sautant
Hirian triunfan;	En triomphe dans la ville,
Belzunz ez baitzen han.	Parce que Belsunce n'était pas là.
Gotingoco partian	Dans la contrée de Goettingen
Entzuten zutenean :	Lorsqu'ils entendaient dire :
Belzunce heldu da!	Belsunce arrive!
Elgargana bil eta :	Se pressant les uns contre les autres :
Nun da ene bayoneta?	Où est ma baïonnette?
Oyhuz armetara!	Puis ils criaient aux armes!
Bainan oro ikhara.	Mais tous tremblaient.
Belzunceren icena	Le nom de Belsunce
Eta haren omena	Et sa renommée
Urrun-da hedatcen.	S'étendent au loin.
Erregheren gortetan,	A la cour du roi,
Iri eta campañetan,	A la ville et à la campagne,
Norc ez du entzuten	Qui donc n'entend pas
Belzuncez mintzatcen?	Parler de Belsunce [1]?
Zuhauren herritarec,	Vos propres concitoyens,
Bai eta Laphurtarrec,	Ainsi que les Labourdins,
Goraki diote :	Disent à haute voix :
Escualdunen lilia	Le fleuron des Basques
Eta ohoragailla,	Et leur orgueil,
Zu zira, Belzunce.	C'est vous, Belsunce, qui l'êtes.
Luzaz bici zite.	Vivez longuement.
Franciac ghero ere,	Plus tard aussi la France,
Hanitz dembora gabe,	Avant beaucoup de temps,
Etsaïc baituzke;	Peut avoir des ennemis;
Zure odoleticaco	Issus de votre sang
Aintcindari onghisco	D'assez nombreux chefs
Erreghec on duke :	Seraient nécessaires au roi :
Othoi, ezcont zite.	Nous vous en prions, mariez-vous.

[1] Les montagnards navarrais ont fait l'application de ce couplet à Zumala-Carreguy. Voyez le *Voyage en Navarre*, etc., chap. VI, p. 194, 195.

CHANT EN L'HONNEUR DU COMTE D'ESTAING.

Argument.

Nous ne dirons rien du comte d'Estaing : nous craindrions d'étendre sur ces pages la tristesse dont nous avons été saisi à la lecture de l'article de M. Beaulieu [1], moins peut-être en voyant la condamnation à mort du brave marin en 1794, qu'en lisant le détail de ses variations politiques, comme si notre siècle ne nous avait pas habitué à ces sortes d'apostasies, comme s'il n'avait pas suivi, sous ce rapport, le développement général.

Évidemment, le chant qu'on va lire a été calqué sur celui du vicomte de Belsunce, dont le brave curé a pris plusieurs idées principales, dont il suit la progression, dont, en un mot, il donne une pâle copie, paraphrasée en quelques endroits. Quoi qu'il en soit, la chanson du comte d'Estaing est loin de valoir son modèle pour la poésie, pour l'allure, pour la netteté des pensées et la pureté du langage.

Des rapprochements seraient faciles à faire et ne tourneraient point à l'avantage de l'héroïde dont nous donnons la traduction. L'avant-dernier couplet est embrouillé; il faut en deviner le sens. Il doit y avoir une erreur de copie dans les deux derniers vers : le sens du couplet l'indique. L'apostrophe qui le commence semble demander, dans la circonstance, non pas une menace pour l'avenir, mais un retour sur ce qui vient de se passer. On devrait donc dire : *Le roi de France t'a donné* et non *te donnera*, comme *tu en as payé* au lieu de *tu en paieras*, et lire dans le texte :

> Franciaco erreghec hau escolatu,
> Escola saria duc onghi pagatu.

La prosodie aussi serait plus satisfaite.

Pour que la justice le soit, je dois déclarer que je suis redevable de cette pièce à M. Andant, inspecteur primaire de l'arrondissement de Mont-de-Marsan, et à M. Fourcade, qui remplit les mêmes

---

[1] *Biographie universelle*, etc.; t. XIII. Paris, 1855, grand in-8°, p. 90, 91.

fonctions à Bayonne, et que c'est d'après ces deux copies que M. le vicomte de Belsunce a établi le texte avec l'orthographe qui lui est propre.

D'ESTAING JAUN CONTEAREN LAUDORIOAC,

J. LARREGUI, BASSUSSARRICO ERRETORAC, MOLDATUAC.

(Laphurtarra.)

Gure solasac baitez d'Estaing jaun conteaz,
Escadren aintzaindari pareric gabeaz;
Erresuma gucian bedi aipatua,
Ez bedi gutienic gutaz laudatua.

Zuc gherla ghizonetan, o d'Estaing noblea!
Daramazu, segur da, zuzenki lorea;
Ethorkiz zare jausten puruenetaric
Francian diren etche zaharenetaric.

Maiz zure arbasoac dire seinalatu,
Franciaco khoroa dute sustengatu.
Cembat ere odolac baïtzaitzu goratcen,
Zure bihotzac zaitu hobeki bistatcen.

CHANT EN L'HONNEUR DE M. LE COMTE D'ESTAING,

FAIT PAR J. LARREGUI, CURÉ DE BASSUSSARRY.

(Basque du Labourd.)

Que nos entretiens soient du comte d'Estaing,
Ce chef d'escadre sans rival;
Qu'il soit renommé dans tout le royaume,
Qu'il ne soit pas moins célébré par nous.

Sur tous les hommes de guerre, ô noble d'Estaing!
Vous l'emportez en gloire, à bon droit;
Par votre maison vous descendez d'une des plus pures
Parmi les plus anciennes maisons de France.

Souvent vos ancêtres se sont distingués,
Ils ont été les soutiens de la couronne de France.
Mais bien que votre origine vous donne un rang élevé,
Votre propre valeur vous met encore mieux en relief.

Beharric zaituela Louisec hautatu,
Aintzindaritasunaz, jauna, fagoratu.
Cer ez du irabazi zutaz condatceaz,
Bere intres miñenac zuri fidatceaz?

Cembat angles untze duzun escuratu,
Eman tiroca, sutan ere ondoratu?
Khar handirekin zare urez guducatcen,
Frances bandera duzu ohorez bethetcen.

Itxasoan bezala zare leihorrean
Supean seinalatcea premia dencan;
Gucietan gucia zare gucizcoa.
Oi! nun causi bertce bat zu bezalacoa?

Gure bazter urrunac tutzu indarztatu,
Etsaien escuetaric onghi beghiratu;
Ez da hortan gucia : conquesta berriac
Eghin izan dituzu progotchugarriac.

Granada duzu hartu gabaren minean,
Ceroni zinelaric tropen aintcinean :

Ce n'est pas sans besoin que Louis vous a choisi,
Et vous a favorisé, monsieur, du commandement.
Que n'a-t-il pas gagné à compter sur vous,
Et à vous confier ses intérêts les plus chers?

Combien de navires anglais n'avez-vous pas capturés,
Combattus et rasés par le feu?
Sur mer vous combattez avec une grande ardeur,
Vous couvrez d'honneur le drapeau français.

De même que sur mer, vous savez sur terre aussi
Vous distinguer au milieu du feu lorsqu'il le faut;
En toutes choses et partout vous êtes apte à tout.
Oh! où en trouver un autre pareil à vous?

Vous avez rendu fortes nos possessions lointaines,
Vous les avez bien préservées des mains de l'ennemi;
Mais ce n'est pas là tout : des conquêtes nouvelles
Et avantageuses ont été faites par vous.

Vous avez pris Grenade dans le plus épais de la nuit,
En mars vous-même à la tête des troupes :

Zu behar ahal zinen hola aghertceco,
Hambat alimurekin hartaz jabetceco.

Ez uzteco Granada Francesi hartcerat,
Biron da lehiatu haren laguntcerat.
Angles suhar huni cer zaïo ghertatu?
Bereac harturic da ihes abiatu.

Bironec eman dio usain granadari;
Ausikiric ez dio eman frutu horri,
Kharatxeghia zaïo naski iduritu,
Hala eztia baitu d'Estaignec aurkitu.

Anglesac dituzu ikharan sarthuac
Ikhusteaz Francesac hortaz nausituac.
Itxasoco erreghe cioten zirela;
Egun ikhas bezate mintzatzen bertzela.

Gherlata huntaz dire minki orhoituco,
Bere irla maiteac dituzte galduco;
Angleterraz beraz ez dut ihardesten,
Francesac, Espagnolac, han badire jausten.

Il fallait bien ainsi votre présence,
Pour qu'on l'emportât avec autant d'ardeur.

Pour ne pas laisser les Français s'emparer de Grenade,
Byron est accouru à son secours.
Que lui en est-il revenu, à cet Anglais ardent?
Après une rude leçon il est parti fuyant.

Byron a flairé l'odeur de la grenade;
Mais il n'a pas mordu dans ce fruit,
Qui sans doute lui a semblé trop amer;
Tandis que d'Estaing l'a trouvé si doux.

Les Anglais se sont mis à trembler
Lorsqu'ils ont vu tant de succès aux Français.
Ils se disaient les rois de la mer;
Qu'ils apprennent aujourd'hui à parler autrement.

Ils se rappelleront avec douleur cette guerre,
Ils perdront leurs îles aimées;
Je ne répondrais pas de l'Angleterre même,
Si les Français et les Espagnols y débarquaient.

O d'Estaing! erresuna izan da tristatu
Entzunic zintuztela bi tiroz colpatu.
Orai zu sendatceac gaitu consolatcen,
Fagore huntaz dugu cerua laudatcen.

Zure beharra badu oraino Franciac,
Ni ghisa mintzo dire Frances on guciac,
De profundisen orde gure elizetan,
Te Deum da erranen lekhu gucietan.

Natione superra, etxai mutiria,
Ez duc ceren cantatcen aurthen bictoria;
Franciaco erreghec hau escolatuco,
Escola saria duc onghi pagatuco.

———

O d'Estaing! tout le royaume s'est affligé
En apprenant que vous étiez blessé de deux coups de feu.
Maintenant votre guérison nous console,
Et nous devons louer le ciel de votre guérison.

Si la France a encore besoin de vous,
Tous les bons Français le disent avec moi,
Au lieu d'un *De profundis* dans nos églises,
C'est un *Te Deum* qui sera chanté en tous lieux.

Nation orgueilleuse, ennemi intraitable,
Tu n'as pas lieu cette année de chanter victoire;
Le roi de France te donnera une leçon,
Et tu en paieras chèrement le prix.

———

FÊTE NATIONALE.

Argument.

La Révolution française ne paraît point avoir été sympathique aux Basques, et, à vrai dire, il ne pouvait guère en être ainsi chez un peuple qui avait ce proverbe :

> Gauza sorta da erretate,
> Hura gaberic eninsate.

(La royauté est une chose pesante; néanmoins, je ne saurais vivre sans elle.)

pleinement convaincus de la vérité de la religion et de leur propre noblesse, ils étaient habitués à voir dans leurs seigneurs, non des supérieurs d'une caste différente, mais des égaux plus favorisés par la fortune, et dans leurs prêtres, des guides spirituels qui partageaient leur pauvreté. Interprète du sentiment populaire, le barde le traduit par la satire, prêt à franchir les Pyrénées sur les pas des proscrits, si ses vers sont pris en mauvaise part.

Il ne l'a point outrée en montrant un curé constitutionnel conduisant une ronde villageoise. Nous avons vu plus haut que, loin de réprouver les plaisirs populaires, le clergé basque d'autrefois en prenait volontiers sa part.

Reste la traduction et le sens du mot *truncoa* à expliquer. *Trunco* signifie proprement *tronçon épais, grosse bille de bois, masse*. Appliqué à l'homme, il peint un individu gros et lourd, et emporte toujours avec lui un cachet de dérision et de sarcasme. Il paraît qu'à l'époque, le curé de Saint-Pé était obèse et prêtait ainsi à la plaisanterie.

NACIONEACO BESTA.

(Laphurtarra.)

Samperen eghin dute besta bat handia ;
Declaratcera noha guciac gucardia :
Jaun errétorac ditu ora gomidatu,
Nacioneaco besta dute ohoratu.

Alxo zahar batçuec, onghi aphainduric,
Plazara bildu dira, elgar adituric.

FÊTE NATIONALE.

(Basque du Labourd.)

A Saint-Pé on a fait une grande fête ;
Je vais vous rapporter comment tout (se passa) :
Monsieur le curé invita tout le monde,
Ils ont noblement célébré la fête de la nation.

Quelques vieilles femmes bien parées
Se sont réunies vers la place, s'étant donné le mot.

Ik husi dutenean han etzela deusic,
Ostatura ygan ziren, bihotzac ilhunic.

Ostatuan sartcean etcheco jaunari
Atxoec erran diote : « Hots fite, Bettiri;
Gaur besta handi dugu, ighen jatera;
Joan behar dugu ghero guciec plazara. »

Bazcaiteco demboran batac bertzeari
Oihu eghiten zuten : « Hire graziari !
Bibe nacionea! zioten gogotic.
Gaztetan ez dun orai gu bezalacoric. »

Bazcaldu direnean atxo gaztetuac
Contrapasetan dire hasi zorotuac :
« Hots, beguira hutx eghin! zioten atxoec,
Daustatu behar dugu gaur hemen guciec. »

Danzatu direnean, arbasso zaharrac
Camporat ilki dira, husturic sakelac;
Plazan arribatcean, bisaiac gorriric,
Mundu gucia zagoen irriz zabalduric.

———

Ayant vu qu'il n'y avait rien là,
Elles furent à l'auberge, le cœur assombri.

En entrant à l'auberge, au maître de la maison
Les vieilles femmes dirent : « Allons vite, Pierre;
Ce soir nous avons grande fête, nous venons pour manger;
Il faut que nous aillons toutes ensuite à la place. »

Pendant le dîner l'une à l'autre
Faisant des appels : « A ta santé!
Vive la nation! disaient-elles de bon cœur.
Maintenant tu n'en as pas de comparable à nous parmi la
[jeunesse. »
Après avoir dîné, ces vieilles rajeunies
Commencèrent le saut basque, tout affolées :
« Allons, gare à se tromper! disaient les vieilles,
Il faut que nous nous divertissions ce soir toutes ici. »

Après avoir dansé, les vieilles aïeules
Sortirent dehors, les poches vidées;
A leur arrivée sur la place, les faces enluminées,
Tout le monde riait aux grands éclats.

Jaun erretora berriz, leihorat ethorri,
Hantic complimendaca : « Citzaye hassi;
Hots! ene haurrac, orai dantza gaitezte,
Ni ere zuyekilan abia nindaite. »

Atxoec errephusta jaun erretorari :
« Zu beharco zaitugu ororen ghidari. »
Emaiten du truncoa aintcinghidaritzat,
Atxo zahar gucien gobernazaletzat.

Hasi zenean beraz truncoa dantzatcen,
Gure atxo guciac irriz eman ziren,
Bere escu zimurrac emanic hanketan;
Oro beghira zauden besta handi hartan.

Gure atxo gaizoac ez ziren unhatcen,
Bere artzainarekin oro content ziren,
Ordean heyen senhar gaichoac etchean
Tupina hutxa zuten bathu (?) ilhuntcean.

Ghiza gaisoac ziren plazarat ethorri,
Bere emazten bilha, zoroac iduri.

Monsieur le curé aussi, venant à sa fenêtre,
Les complimenta de là : « Vous êtes repues;
Allons! mes enfants, dansez là maintenant,
Moi aussi j'irais pour peu avec vous. »

Les vieilles (dirent) en réponse à monsieur le curé :
« Nous aurons besoin de vous pour nous conduire toutes. »
Un gros tronc est donné pour chef
A toutes les vieilles pour les diriger.

Alors quand ce gros tronc eut commencé à danser,
Toutes nos vieilles se prirent à rire,
Leurs mains ridées plantées sur les hanches;
Tout le monde restait à regarder dans cette grande fête.

Nos pauvres vieilles ne boudaient pas,
Toutes étaient contentes avec leur pasteur.
Pendant ce temps leurs infortunés maris à la maison
Avaient leur pot au feu vide à la brune.

Ces pauvres diables étaient arrivés à la place,
Chercher leurs femmes, ressemblant à des imbéciles.

Jaun erretorac hori ikhusi orduco,
Oihu eghin zioten baken eghiteco.

« Zuc, Johannes, edazazu, zuc ere, Domingo,
Ene escuetaric cembait arno trago.
Bibe nacionea! eghizu, zuc, Pello;
Egun haserratceac deus ez du balio.

« Ghizon eta emazte, dugun oroc edan,
Basoa trinkaturic; umore onean
Zoazte elkarrekin guciac bakean. »
Besta akhabatu zen hola arratxean.

Dans le moment où monsieur le curé s'aperçut de cela,
Elles avaient appelé pour que la paix se fît.

« Vous, Jean, buvez, vous aussi, Dominique,
(Acceptez) de ma main quelques coups de vin.
Vive la nation! faites ce cri, vous, Pierre;
Aujourd'hui se mettre en colère ne vaut rien.

« Hommes et femmes, nous devons tous boire,
En choquant nos verres; de bonne humeur
Allez ensemble tous en paix. »
La fête s'était terminée ainsi le soir.

CHANSONS DE MUÑAGORRI.

Argument.

Qu'était ce Muñagorri? M. J. Duvoisin, de Saint-Jean-de-Luz, a bien voulu me l'apprendre dans une lettre dont j'extrais le passage suivant : « J'ai vu ce singulier personnage sans beaucoup le connaître. Il était notaire et de Tolosa, autant que je puis me le rappeler. Pauvre rêveur ou ambitieux vulgaire, il se crut capable de lever l'étendard des fueros, sans aucun moyen de se soutenir et sans autorité pour se faire suivre. La seule chose qui étonna, c'est que le gouvernement christino et ses alliés étrangers furent les dupes de cet aventurier. On lui confia une forte somme (on dit un million). Il attira à lui, non pas les carlistes, comme on l'avait espéré, mais les jeunes gens qui, s'étant enfuis d'Espagne, vivaient péniblement chez nous; il leur paya une solde sans les déplacer, et en fit ainsi ses partisans : aussi fallut-il, quelques mois après, user de ruse et les entourer d'un certain déploiement de forces pour leur faire passer la Bidassoa. L'armée carliste ne se débanda pas le moins du monde; les dupes se ravisèrent, quoiqu'un peu tard, et ordonnèrent à Muñagorri de licencier ses soldats, qui ne demandaient pas mieux. Muñagorri rentra dans ses foyers à la faveur du traité de Vergara. Lorsque l'Espagne commença à remuer contre le régent Espartero, il tenta de ressaisir son rôle politique. Obligé de fuir, il fut poursuivi par Elorrio, officier des Chapelgorris [1], qui l'atteignit et le tua sans pitié. Muñagorri n'était pas un méchant homme, à la différence de son meurtrier, qui était un homme de sang et de boue. Ce dernier fut placé dans les *carabineros* (douaniers), aida la fraude, fut révoqué, se fit contrebandier, trahit ses compagnons, et fut récompensé d'un coup de poignard par un de nos compatriotes qu'il avait ruiné. »

Basée sur une proclamation de Muñagorri, la longue chanson, ou plutôt la succession de chants qui va suivre nous semble un auxiliaire destiné à l'appuyer, à la graver dans la mémoire du peuple, et rien n'empêche de croire qu'il n'en soit l'auteur.

MUÑAGORRIEN CANTAC.

(Guipuzcoanoa.)

Muñagorric diona
Bere proclamian,

CHANSONS DE MUÑAGORRI.

(Dialecte du Guipuzcoa.)

Comme dit Muñagorri
Dans sa proclamation,

---

[1] Les Chapelgorris formaient une légion surtout composée de Biscayens et de Guipuzcoans. On les appelait aussi *peseteros*, à cause de la haute paie d'une *peseta* par jour qu'ils recevaient du gouvernement constitutionnel. On trouvera un petit article sur les *Chapelgorris* dans *the united Service Journal*, etc., 1835, part. III. London : Henry Colburn, in-8°, p. 241. L'écrivain dit que ce corps devait son nom à la coiffure rouge de ceux qui en faisaient partie; je ne le crois pas, et voici sur quoi je me fonde. Vers le milieu du XVIIe siècle, des troubles graves éclatèrent dans le Labourd à la suite d'une dispute entre les seigneurs d'Urtubie et de Saint-Pé, qui prétendaient tous deux à la nomination des baillis, et divisèrent les habitants en deux partis, connus sous le nom de *Sabel gorri* (ventre rouge) et *Sabel chouri* (ventre blanc). « Le souvenir de cette guerre, ajoute M. Boucher de Perthes, s'est conservé par tradition, et le nom de *Sabel gorri* est encore employé aujourd'hui comme une injure. » (*Souvenirs du Pays Basque*, etc., p. 124.)

Guerrac ondatzen gaitu	La guerre nous ruine
Bostgarren urtian;	Depuis cinq ans;
Ygaz jarrican Carlos	L'année dernière Carlos se mit
Madrileco vidian,	Sur le chemin de Madrid,
Bultza çuten atzera,	Il battit en retraite,
Guerra vere oñian.	Et la guerre continue encore.
Aguintari onenac	Les meilleurs chefs
Preso daduzcate;	Sont en prison;
Euscalduna içaitia	Être Basque
Du bacoitzac calte.	Est un tort pour chacun.
Tejeiro ta Maroto	Tejeiro et Maroto
Gucien alcate:	(Sont) chefs de tous :
Cer guiçon oyetatic	Que pouvons-nous
Espera guentzake?	Attendre de ces hommes?
Carlos aguertuez kero	Depuis que Carlos a paru
Provinci auyetan,	Dans ces provinces,
Beti vici guerade	Nous vivons toujours
Neke ta penetan.	Dans la fatigue et la peine.
Naiz kendu guc duguna,	Quoique l'on nous enlève notre bien,
Beñere ecer eman;	On ne nous donne jamais rien;
Bost negar eguiteco,	Essuyer bien des larmes,
Numbait jayo guiñan.	Voilà notre destinée.
Semiac soldadu ta	Les fils (sont) soldats et
Preso gurasuac,	Les parents en prison,
Eciñ pagaturican	Pour ne pouvoir pas
Contribuciuac.	Payer les contributions.
Trinchera lanetara	Aux travaux des tranchées
Gañera ausuac.	Les voisins (sont) appelés.
Dolorescoac dira	Douloureux sont
Gaur gure pausuac.	Aujourd'hui nos pas.
Cordois ingurutaric	Le cordon nous entoure
Costatic Ebrora,	De la côte à l'Èbre,
Trabas gaude josiric	Des entraves
Bera eta gora.	Nous contrarient partout.
Atzenican Franzesac	Au nord le Français
Ichi du frontera.	A fermé la frontière.
Guerrac ez dacar onic	La guerre n'a rien de bon
Iñundic iñora.	Nulle part pour personne.
Atiac ichil ta	Les portes sont silencieuses et
Oguia garesti;	Le pain est bien cher;

Artua ere arida	Le maïs aussi commence
Igozten poliki;	A enchérir joliment;
Dirua escutatzen da	L'argent devient
Egunero emendic.	De jour en jour plus rare.
Nola vici garen bada,	Comment nous vivons,
Arritutzen naiz ni.	Voilà ce qui m'étonne.
Bost urthe badijuaz	Il y a cinq années
Ta nekian bethi.	Que nous vivons avec peine.
Ya, bear ditugu	Bientôt il est temps
Beguiac idiki.	Que nous ouvrions les yeux.
Carlistac Ebros gora	Les Carlistes au-delà de l'Èbre
Motel ta guchi;	(Sont) muets et en petit nombre;
A! ajen esperantzetan	Dans l'espoir de leur réussite
Ez gaitezen vici.	Ne vivons pas.
Aimbeste odol-ichurtze,	Tant de sang répandu,
Ez da doloria?	N'est-ce pas douloureux?
Il da provinci autan	Morte est dans cette province
Gastien loria.	La fleur de la jeunesse.
Patria defenditzean	Défendre la patrie
Litzake honoria;	Serait un grand honneur;
Anaya anayen contra,	Mais frère contre frère,
Chit gauça tristia!	Que c'est triste!
Orañ sei eun urthe,	Il y a six cents ans,
Guchi gora bera,	Peu en plus ou en moins,
Gazteluco reinura	Autour du château
Unituac guera,	Nous nous étions réunis
Gaztelan cein burudan	(Pour y dire) de quelle façon
Ura guc artcera,	Nous entendions la chose,
Fueroac gordez kero,	Que puisque les fueros étaient convenus,
Eguintzan paperan.	Il fallait les mettre sur le papier.
Disputarican bada	S'il y a des disputes
Ceiñentzat corua,	(Pour savoir) à qui sera la couronne,
Erabaki bear da	Il faut faire trancher
Gaztelan pleitua.	Au château le procès.
Erregue do erreguiña,	Le roi ou la reine,
Gure derechua;	Notre droit;
Beti gorde digula	Nous avons observé toujours
Garbiro fuerua.	Notre fuero.
Certan zartu guerrara,	Pourquoi entrer dans la guerre,
Juez iñorentzat?	Si personne n'en est juge?

Madrillen da tronuba	Le trône est à Madrid
Gastelaubentzat.	Pour les châtelains.
An coronatzen dena	Celui que l'on couronne là
Gustion burutzat,	Pour être le chef de tous,
Fueroa gordez kero,	Si on conserve les fueros,
Ona da guretzat.	Il est bon pour nous.
Adiskide maiteac,	Mes chers amis,
Ora claro gauça :	Voilà la chose claire :
Bacarrican fueroac	Seuls les fueros
Dira gure causa,	Sont notre cause,
Ayec defenditzeco	Et de les défendre
Derechua dauca :	Nous avons le droit :
Provintzico semiac	Les fils de la province
Ori eciñ uca.	Ne peuvent nier cela.
Religio santuan	Dans la sainte religion
Guc elcar arturic,	Nous étant réunis,
Ez du gure artean	Cela parmi nous
Içango calteric,	Ne produira pas de mal,
Cen beçala eguiñican	(En) faisant comme avant
Gure funcioac,	Nos cérémonies,
Elicetan sermoiac	Dans les églises les sermons
Ta procesioac.	Et les processions.
Zori onez berentzat	Heureux mille fois
Gure aurrecoac!	Nos ancêtres!
Beti gorde cituzten	Ils observèrent toujours
Leyalki fueroac.	Loyalement les fueros.
Urthero mudaturican	Chaque année changeant
Diputacioac,	Les députés,
Juntan ematen ciran	En séance ils rendaient
Orduban contuac.	Alors leurs comptes.
Etzan lapur famaric	Alors il n'y avait pas de voleur
Diputacioan;	Parmi les députés;
Ez da beste soñuric	Il n'y a pas d'autre bruit
Oraingo demboran.	Au temps où nous sommes.
Deithu gabe juntaric,	Sans convoquer les juntes,
Illumpe moduban	En agissant dans l'obscurité,
Artu eman garbiric	De comptes clairs et nets
Ez oida munduvan.	Il ne peut exister dans ce monde.
Juntac eta apaiçac	La junte et les prêtres
Elcar artuez kero,	S'entendant,

Noren beldur gare gu	Qui devons-nous craindre
Ez orain ta ez guero?	Dans le présent et l'avenir?
Guerrac idiki ditu	La guerre a ouvert
Guztion beguiac	A tous les yeux
Unitzeco, ez bagaude	Pour se réunir, si nous n'avons
Burutic jausiac.	Perdu la tête.
Leguea auxiez kero,	Depuis que nous avons enfreint la loi,
Vici guera penaz :	Nous vivons avec peine :
Leguea osa deciagun	Rétablissons donc la loi entière,
Laster eta beraz;	Sans tarder;
Pakea ethorrico da,	La paix surviendra,
Ondorren chit erraz,	Et la suite en sera,
Muñagorric diona,	Comme dit Muñagorri,
Contentuz eta poçaz.	Satisfaction et joie.
Muñagorri, çu cera, çu,	Muñagorri, vous êtes, vous,
Çori onecua,	L'homme de bonheur,
Bandera altchatu deçu	Vous avez levé la bannière
Gure bakecua.	De notre paix.
Potenci onguilleac	Les bons chefs
Emanic besua,	Prêtant leurs bras,
Laister eguingo degu	Nous ferons vite
Bake dichosua.	La paix heureuse.
Provinciano gazte	Jeunes provinciaux
Honorez betiac,	Pleins d'honneur,
Bandera bakekora	Au drapeau de la paix
Guacen guciac.	Courons tous.
Soldadu, oficiale,	Soldats, officiers,
Orobat gefiac,	Ainsi que les chefs,
Danac izangoditu	Vous y obtiendrez
Gradu ta aguintiac.	Des grades et ce que l'on vous a promis.
Potenzi indarzubac	Ceux qui ont le pouvoir
Eman dute itza;	Ont donné parole;
Eguiteco bakiac	Pour faire la paix
Prestuac dabiltza.	Ils font de sages démarches.
Provinciaco bakean	Dans la paix de la province
Daduca vicitza.	Consiste notre vie.
Norc ez du bere amaren	Qui est-ce qui de sa mère
Sendatu nai gaitza?	Ne veut pas guérir le mal?

L'ARBRE DE GUERNICA.

Argument.

« Le chant national suivant, dit M. Cénac Moncaut, qui l'a reproduit, joint à une certaine valeur poétique l'intérêt historique que doit naturellement exciter l'arbre colossal et séculaire auquel il est dédié, et sous lequel la junte d'Alava tint ses réunions pendant plusieurs siècles, comme la bilzaar se réunissait sous le chêne d'Ustaritz [1]. » Nous le publions d'après un placard qui renferme une autre chanson patriotique, et qui se termine ainsi : *Tolosan : Andres Gorosabelen echean* 1856. Ces deux morceaux sont anonymes; mais s'il faut en croire ce qui nous a été dit, l'auteur de celui que nous donnons serait un certain Ipharaguirre.

GUERNICACO ARBOLA.	L'ARBRE DE GUERNICA.
(Guipuzcoanoa.)	(Dialecte guipuzcoan.)
Guernicaco arbola	L'arbre de Guernica
Da bedeincatua,	Est béni,
Euskeldunen artean	Parmi les Basques
Gustiz maitatua.	Aimé de tous.
Emanda zabalzazu	Propagez et étendez
Munduan frutua; *bis.*	Votre fruit dans le monde;
Adoratzen zaitugu,	Nous vous adorons,
Arbola santua.	Arbre saint.
Milla urte inguruda,	Environ mille ans
Esatendutela,	Il y a
Jaungoicoac aldazuan	Que Dieu avait planté
Guernicaco arbola.	L'arbre de Guernica.
Zaude bada zutican,	Restez donc debout,
Orain da dembora, *bis.*	C'est à présent le moment,
Eroritcen bacera,	Si vous tombez,
Arras galduac guera.	Nous sommes complètement per-[dus.
Ez cera erorico,	Vous ne tomberez pas,
Arbola maitea,	Arbre aimé,
Ongui portacen bada	Si se comporte bien
Vizcaico juntea;	La junte de Biscaye;

---

[1] *Histoire des Pyrénées,* etc., XIVe part., chap. VIII, t. V, p. 324, en note.

Laurac artuco degu		Nous prendrons un appui
Zurequin partea,	bis.	Avec vous,
Paquean bicidediñ		Pour que le peuple basque
Euscaldun gentea.		Vive en paix.
Betico bicidediñ		Qu'il vive à jamais,
Jaunari escatzeco,		(Et) pour (le) demander à Dieu,
Jarri gaitecen danoc		Mettons-nous
Laster belaunico;		Vite à genoux;
Eta biotz biotzetic		Et quand nous l'aurons demandé
Escatuez kero,	bis.	De tout notre cœur,
Arbola bicico da		L'arbre vivra
Orain eta kero.		A présent et dans l'avenir.

LA FIANCÉE DE TARDETS.

Argument.

Nous allons voir une véritable romance du vieux temps; malheureusement elle est incomplète.

Dans le premier couplet, qui sert d'introduction, le poëte nous montre deux jeunes filles sous l'emblème de deux citrons, dont l'un est promis. Le temps enfin a mûri le fruit, un Espagnol est là réclamant sa fiancée, qu'il va conduire de l'autre côté des monts. Celle-ci, au moment du départ, donne carrière à son désespoir, et s'adresse successivement à son père et à sa sœur de la façon la plus touchante; le vent de nord, s'il vient à souffler, est chargé de porter au bien-aimé les derniers adieux de son amante, qui ne survivra point au malheur d'être arrachée à celui qu'elle eût seul voulu pour époux : rôle poétique et semblable à celui que, dans le délicieux lai de la dame de Fayel, l'amante du châtelain de Coucy donne au vent du midi :

> E quant cele douce ore vente
> Qui vient de cel douz païs
> Où est cil qui m'atalente,
> Volentiers i tour mon vis :
> Adonc m'est vis que je l' sente
> Par desouz mon mantiau gris [1].

[1] A la même époque environ, Bernard de Ventadour disait :
> Quan la doss'aura venta
> Devos vostre païs,

Cette belle ballade, en dialecte souletin assez ancien, est très-goûtée dans le pays et répandue jusque dans le Labourd. M. de Quatrefages l'y a recueillie, ou plutôt une traduction lui en a été dictée par une vieille femme de Biarritz. On peut lire ce morceau dans les *Instructions relatives aux poésies populaires de la France* [1].

Encore un mot. Nous allons voir deux jeunes filles comparées à des citrons. Pareille assimilation n'est pas rare dans la poésie romaïque. Une chanson, publiée par M. de Marcellus, présente, après chacun des vers qui concourent à l'action, un refrain qui varie : tantôt, c'est πύργος θεμελιωμένος (ô ma petite rose rouge!); tantôt, νηράντζι μου γραμμένο (ô mon orange peinte!) ou νηράντζι καὶ λεμόνι (ô mon orange et mon citron!) [2]. Il n'y a point de doute que ces exclamations, dont l'une rappelle la touchante apostrophe de Laertes [3], ne s'adressent à une femme aimée et ne fassent allusion à la bonne odeur attribuée aux objets d'un culte. Dans un autre chant romaïque, une jeune fille est appelée ρόδον εὔοσμον, fleur odorante [4], et un poète arabe s'exprime ainsi : « Quand ces deux jeunes filles se levèrent, elles répandirent une agréable odeur, comme le zéphir lorsqu'il apporte le parfum des fleurs de l'Inde [5]. »

> M'es veiaire qu'ieu senta
> Odor de paradis,
> Per amor de la genta
> Ves cui ieu sui aclis, etc.
>
> (*Choix des poésies originales des troubadours*, t. III, p. 84.)

Citons encore ces vers d'un ancien *minnesinger*, le duc d'Anhalt :

> Sta bi! la mich den wint anweien
> Der kumt von mines herzen kiuniginne!

« Arrêtez que le vent souffle encore sur moi, qui vient de la reine de mon cœur! »

[1] Paris, Imprimerie impériale, M DCC LIII, in-8°, p. 5.
[2] *Chants du peuple en Grèce*, t. I, p. 342-345. Voyez encore t. II, p. 430.
[3]
> O rose of may!
> Dear maid, kind sister, sweet Ophelia!
>
> (*Hamlet*, act IV, sc. v.)

[4] *Chants du peuple en Grèce*, etc., t. II, p. 310, 311.
[5] *Poeseos asiaticæ Commentariorum Libri sex*, etc.; auct. Guilielmo Jones. Lipsiæ, MDCCLXX, in-8°, chap. III, p. 75. Voyez encore part. II, chap. VI, p. 137.

ATHARRATCECO EZCONGAIA.

(Suberotarra.)

Atharrats jaureguian bi citroin doratu,
Ongriagaray horrec bat du galdatu.
Errepostu içan du ez direla onthu,
Ontcen direnian batño izanen du.

— Aita, saldu nauçu miga bat beçala,
Bai eta desterratu, oi! Españara.
Ama bici içan banu, aita, çu beçala,
Ez nintçan ezconduren Atharrats Salara.

Ahispa, jantz eçaçu erroba pherdia,
Nic ere jantziren dut satina churia.
Ingoitic hor heldu da çure jaun[1] gueia.
Botzez guita çaçu çure sor etchia.

Aita, juanen guira oro elcarrequin;
Etcherat jinan cira changrin handirequin,
Bihotza cargatua, beguiac bustiric,
Eta çure alhaba tomban ehortciric.

LA FIANCÉE DE TARDETS.

(Dialecte souletin.)

Dans le manoir de Tardets deux citrons ont jauni,
Ongriagaray en a demandé un.
Réponse lui est faite qu'ils ne sont pas encore mûrs,
Mais que sitôt mûr l'un sera à lui.

— Mon père, vous m'avez vendue comme une génisse,
Oui, et exilée, hélas! en Espagne.
Si j'avais ma mère en vie, mon père, comme vous,
Je serais mariée à Salles de Tardets.

Sœur, revêtez la robe verte (de l'espérance),
Moi aussi je revêtirai la robe de satin blanc.
Déjà voilà qu'arrive aussi votre futur époux,
Vous quittez joyeuse votre maison natale.

Père, nous partirons tous ensemble;
Mais à la maison vous rentrerez avec de grands chagrins,
Le cœur chargé, les yeux noyés de larmes,
Et après avoir descendu votre fille dans la tombe.

---

[1] Ne faudrait-il pas plutôt *senhar?*

Ahizpa, çohaci orai Salaco leihora,
Ipharra ala hegua den emaçu guardia.
Ipharra balin bada, goraintci Salari
Ene gorphutzaren cherca jin dadila sarri.

— Atharratceco ezquilec bere motuz joten :
Andere Santa-Clara bihar da phartitcen.
Haren peco zaldia urhez da zelatcen ;
Hango chipi handiac beltchez dira beztitcen.

Sœur, maintenant allez vers la fenêtre de Salles,
Observez quel vent souffle du nord ou du sud.
Si c'est le vent de nord, mes compliments à Salles
Et que tantôt il vienne chercher mon corps inanimé.

— Les cloches de Tardets tintent d'elles-mêmes :
Mademoiselle de Sainte-Claire doit partir demain.
Le cheval qu'elle monte est sellé d'or ;
Mais grands et petits de là-bas s'habillent de noir.

L'AMANTE AU COUVENT.

Argument.

Dans le premier couplet, un homme fait connaître quelle est sa fortune et l'objet de son amour ; dans le second, il est invité à renoncer à sa poursuite, et dans le troisième, la jeune fille l'informe elle-même des mesures prises par ses parents pour l'y soustraire. Les plaintes de l'amant remplissent les deux derniers couplets.

Malgré sa concision et sa simplicité, cette pièce est claire et s'explique pour ainsi dire d'elle-même ; elle respire un parfum de vétusté qui nous en fait reporter la composition à deux siècles au moins de celui-ci. Le souhait par lequel elle se termine se rencontre fréquemment dans la poésie populaire. Un poëte écossais l'exprime ainsi dans une gracieuse ballade jacobite : « Si j'étais un bon oiseau, avec des ailes pour voler, alors je passerais la haute mer pour aller voir mes amours, et je dirais un conte joyeux à quelqu'un qui m'est bien cher, et je m'abattrais sur la fenêtre d'un roi pour y chanter ma mélodie [1]. »

« Je voudrais, dit l'auteur d'une chanson bretonne, je voudrais être petit pigeon blanc, sur le toit de Kéroulaz, pour entendre ce qui se trame entre sa mère et la mienne [2], » etc. « Si j'étais oiseau, s'écrie un poëte romaïque, reproduisant peut-être sans le savoir le tour d'une tirade de saint Grégoire de Nazianze [3], je volerais et j'irais à Missolonghi voir comment on joue du sabre, comment on décharge le fusil, et comment se battent ces vautours invincibles de la Roumélie [4]. » Il n'est pas rare d'entendre les échos de la Garonne répéter ce couplet, qui paraît avoir été apporté des côtes de Bretagne :

> Si j'étais hirondelle,
> Que je pusse voler,
> Sur votre sein, ma belle,
> J'irais me reposer.

Et c'est aussi le vœu renouvelé des chœurs tragiques : « Que ne suis-je un oiseau pour passer les montagnes et la mer ? » vœu si naturel, dit M. de Marcellus, qu'il a traversé sans effort les siècles pour se reproduire, dans toute sa naïveté, chez les fils de Sophocle et d'Euripide [5].

---

[1] *I hae nae kith*, etc. (*The Songs of Scotland*, etc. By Allan Cunningham. London : printed by John Taylor, 1835, in-8°, vol. III, p. 201.) — Tout le monde connaît ce couplet de Burns :
> O were my love yon lilac fair,
> Wi' purple blossoms to the spring,
> And I a bird to shelter there,
> When wearied on my little wing.

[2] *L'Héritière de Kéroulaz*, I. (*Barzas-Breiz*, t. II, p. 84. Voyez encore p. 86.) Rien de plus commun que la métaphore qui fait un pigeon d'un amant. Dans une pièce de Kircha Danilov, citée par M. Cyprien Robert (*Revue des Deux-Mondes*, 2° série de la nouv. période, t. II, p. 1180), on trouve ce début : « A une petite fenêtre ornée de gracieux dessins, sur un balcon en bois sculpté, une espèce de colombe, un pigeonneau gazouille, une jeune fille cause avec un garçon, » etc.

[3] *De hujus vitæ vanitate atque incertitudine*, v. 1. (*Sancti Gregorii Nazianzeni... Operum tomus secundus*. Lut. Paris. M. DCXI., in-fol., p. 75, C.)

[4] *Chants du peuple en Grèce*, t. I, p. 174, 175.

[5] *Ibid.*, t. II, p. 466. Cf. p. 374 ; et t. I, p. 8 et 9.

AMOROSA COMBENTUAN.

(Suberotarra.)

Çazpi eihera baditut erreca batian,
Çortcigarrena aldiz etche sahexian.
Hirur urtço dohaci carrosa batian,
Hetaric erdicua ene bihotzian.

— Etchia teilastatu,
Cambera peintratu;
Erdico urtço horren perilic ez duçu :
Horren empleguia auçuan badugu.

— Ene aitac eta amac çutenian jakin
Amodio handitan nintçala çurekin,
Enganioz ninduten plaçala idoki,
Hantic lagunbatekin combentian eçarri.

— Çure aita dea hain guiçon crudela
Combentuan baitcerauzca criminel bat beçala?
Çuria eta enia agueri ahal da,
Elgarrekilaco dohatiac guirela.

L'AMANTE AU COUVENT.

(Dialecte souletin.)

J'ai sept moulins dans une même gorge,
Et le huitième contre mon habitation.
Trois colombes roulent dans un carosse,
Celle du milieu (règne) dans mon cœur.

— Vous avez couvert à neuf votre maison,
Peint la chambre nuptiale;
Mais de la colombe du milieu n'ayez pas espoir :
Nous avons où la placer dans le voisinage.

— Mon père et ma mère, dès qu'ils eurent appris
Qu'en grand amour j'étais avec vous,
Par ruse me firent aller sur la place,
De là me firent conduire au couvent.

— Votre père est-il donc un homme assez cruel
Qu'il vous tienne au couvent enfermée comme un criminel?
Cependant de votre part et de la mienne il est évident
Qu'à vivre l'un pour l'autre destinés nous sommes.

Airera ahal banindadin ainhera beçala,
Ardura jin nindaite combentu leihora
Ene pena doloren çuri erraitera.

Si je pouvais m'envoler comme l'hirondelle,
Souvent j'irais me poser sur la fenêtre du couvent
Pour vous redire mes peines et mes chagrins.

LE CAGOT.

Argument.

Si vous parcourez jamais les Pyrénées occidentales, vous entendrez souvent répéter les mots de *Cagots*, d'*Agots*, de *Crestiaas*. Ici c'est la fontaine des Cagots, là une porte d'église appelée *la porte des Crestiaas*. Le Cagot, le Crestiaa, c'est ce Basque, ce Béarnais au teint blanc ou plutôt blafard, aux cheveux blonds, aux yeux bleus, au lobe de l'oreille enflé et arrondi, que vous voyez passer là-bas. Votre guide vous le signalera d'un mouvement de tête accompagné d'un sourire mystérieux, et vous dira tout bas : C'est un Cagot.

Que faut-il entendre par ce nom? Une race d'hommes autrefois proscrits par l'opinion publique et par les lois, et pour ainsi dire tenue en quarantaine dans les lieux qu'il lui était permis d'habiter. Ne demandez pas aux gens du pays la raison d'un préjugé aussi tenace, d'un traitement aussi barbare, vous n'obtiendriez que des réponses confuses, contradictoires et souvent absurdes[1]. Demandez-leur plutôt quelque anecdote relative à ces parias, quelque chanson destinée à les tympaniser. Mais il faut bien espérer qu'avant peu tous ces témoignages d'un passé déplorable seront effacés de la mémoire du peuple, et que l'odieux préjugé qui leur a donné naissance aura disparu des mœurs pour ne plus se retrouver que dans l'histoire.

---

[1] Le lecteur curieux de connaître les lamentables annales des Cagots, Capots, Agots, Crestians et Gahets, les trouvera dans notre *Histoire des races maudites de la France et de l'Espagne*, deux volumes in-8°, dont ces races occupent plus des trois quarts.

Des nombreuses chansons composées sur les Cagots, je n'en connais qu'une seule en basque. C'est un dialogue en dialecte souletin, recueilli de la bouche d'un octogénaire, qui affirmait l'avoir appris dès sa plus tendre enfance et ne l'avoir pas entendu chanter depuis plus d'un demi-siècle. Suivant une autre version, l'auteur serait un *coblacari* d'Aussurucq, mort en 1845, à l'âge de quatre-vingts ans, et qui en avait dix-huit quand il composa cette pièce : elle serait par conséquent de 1803. Ce qu'il y a de sûr, c'est qu'elle n'est pas sans mérite; aussi n'hésité-je point à la reproduire ici.

AGOTA.

(Suberotarra.)

ARÇAINA.

Argui ascorian ginic ene arresekila,
Bethi beha entçun nahiz nounbaitic çoure botça.
Ardiac noun utci tuçu ? Cerentaco errada
Nigarrez ikhousten deiçut çoure begui ederra ?

ARÇAINSA.

Ene aitaren ichilic gin nuçu çouregana,
Bihotça erdiaturic, cihauri eraitera
Cambiatu deitadela ardien alhaguia,
Seculacoz defendatu çoureki minçatcia.

LE CAGOT.

(Basque souletin.)

LE BERGER.

Dès l'aube du jour, (je suis) arrivé avec mon troupeau,
Toujours écoutant, désirant entendre de quelque côté votre voix.
Où avez-vous laissé les brebis ? D'où vient
Que je vois votre bel œil plein de larmes ?

LA BERGÈRE.

A l'insu de mon père je suis venue vers vous,
Le cœur brisé de douleur, pour vous dire à vous-même
Qu'il m'a changé le pâturage de mes brebis,
Défendu pour jamais de parler avec vous.

LÉGENDES POÉTIQUES.

ARÇAINA.

Gor niça, ala entçun dut? Eranditacia?
Seculacotz gin çaistala adio eraitera?
Etciradia orhitcen guc hitz eman dugula
Lurian bici guireno alcaren maitatcera?

ARÇAINSA.

Atço nourbait içan duçu ene aita ametara,
Guc alcar maite dugula aien avertitcera,
Huruntastez alcarganic fitez diten lehia,
Eta eztitian junta casta agotarekila.

ARÇAINA.

Agotac badiadila badiçut ençutia;
Çuc eraiten deitadaçu ni ere baniçala.
Egundaino ukhen banu demendren leinhuria,
Enunduçun ausarturen beguila soguitera.

ARÇAINSA.

Gentetan den ederrena umen duçu Agota :
Bilho hori, larru çouri eta begui nabarra.

LE BERGER.

Suis-je sourd, ou l'ai-je entendu? Me l'auriez-vous dit?
Que vous êtes venue me faire vos adieux pour toujours?
Ne vous souvient-il plus que nous nous sommes donné parole
D'aimer l'un l'autre tant que nous vivrions sur la terre?

LA BERGÈRE.

Quelqu'un est venu hier vers mon père et ma mère,
Pour les avertir que nous nous aimions vous et moi,
Qu'ils s'empressent au plus tôt de nous éloigner l'un de l'autre,
Et qu'ils ne s'allient point avec une caste cagote.

LE BERGER.

Oui, j'ai ouï dire qu'il y a des Cagots;
Vous me dites que moi aussi j'appartiens à cette race.
Si j'avais seulement une ombre de Cagot,
Je ne me serais point permis de lever les yeux jusqu'à vous.

LA BERGÈRE.

Parmi tous les gens, le Cagot est réputé pour être le plus beau :
Cheveu blond, peau blanche et les yeux bleus.

Nic ikhousi arçainetan çu cira ederrena :
Eder içateco, amens Agot içan beharda?

ARÇAINA.

Soiçu nuntic eçagutcen dien çoin den Agota :
Lehen soua eguiten çaio hari beharriala ;
Bata handiago diçu, eta aldiz bestia
Biribil eta orotaric bilhoz unguratia.

ARÇAINSA.

Hori hala balimbada, haietaric etcira ;
Eci çoure beharriac alcar uduri dira.
Agot denac chipiago badu beharri bata,
Aitari eranen diot biac bardin tuçula.

Vous êtes le plus beau des bergers que j'ai vus :
Pour être beau, faut-il au moins être Cagot?

LE BERGER.

Voici par où l'on reconnaît celui qui est Cagot :
On lui jette le premier regard sur l'oreille ;
Il en a une plus grande, et l'autre
Est ronde et de tout côté couverte d'un long duvet.

LA BERGÈRE.

Si cela est vrai, vous n'êtes point de ces gens-là ;
Car vos oreilles se ressemblent parfaitement.
Si celui qui est cagot a l'une des oreilles plus petites,
Je dirai à mon père que vous les avez toutes deux pareilles.

Chants funèbres des anciens Basques.

Depuis la publication du tome IX de la continuation du *Memorial literario*, et encore mieux depuis l'apparition des Mémoires d'Esteban de Garibay, récemment faite par l'Académie royale de l'histoire de Madrid, nous savons qu'au XVe siècle les chants funèbres étaient en usage chez les Basques, comme ils le sont encore aujourd'hui dans l'île de Corse, où les Cantabres passent pour s'être anciennement établis [1], comme ils l'étaient, il y a

---

[1] Senec., *de Consolat. ad Helviam matrem*, cap. VIII. Le P. Gabriel de Henao a discuté ce passage dans ses *Averiguaciones de las antiguedades de Cantabria*, etc., liv. I, chap. IV, p. 22. — Les chants funèbres des Corses portent, comme on sait, le nom de *voceri* ; on en

quelques années, dans les communes de Bielle et de Bedous, en Béarn, dans le département de la Haute-Garonne [1] et ailleurs [2]. En Guipuzcoa et en Biscaye, ils étaient appelés *eresiac*, c'est-à-dire *généalogies*, ou plutôt *histoires* [3], parce qu'on y exaltait l'origine du défunt et les hauts faits de ses ancêtres; ils avaient généralement pour auteurs des femmes, et pour interprètes des pleureuses louées [4]. Le nom d'*arirrajo*, par lequel on désignait les lamentations que l'on faisait entendre autour du mort, venait de l'accompagnement obligé de gestes violents usités en pareille occasion. En quelques endroits, les femmes assistant au convoi donnaient des coups à la veuve, sur le dos et les épaules, en criant d'une voix frénétique : *galdua iz, eta gal adi!* (péris, malheureuse, puisque tu as tout perdu!)

En 1464, un certain Martin Bañez de Artaçubiaga ayant été assassiné près d'Ibarreta, sur le chemin qui va de Mondragon à Çaragarça, en représailles de la mort de Gomez Gonzalez de Buytron, tué en la grande bataille de Mondragon l'an 1448, par les partisans de Martin, la veuve de celui-ci, doña Sancha Ochoa de Oçaeta, fit éclater sa douleur d'une manière fort usitée à l'épo-

---

a publié un certain nombre dans un recueil intitulé : *Canti popolari còrsi, con note.* Seconda edizione riveduta e ampliata. Bastia, tipografia di Cesare Fabiani, 1855, in-12, p. 17 (*Voceri ossia lamenti funebri di donne per congiunti o estranei morti d'infermità*), et p. 77 (*Voceri di donne per morte violenta di congiunti o estranei*). — On trouve encore deux *voceri*, avec traduction française, dans le livre que M. Jean de la Rocca vient de donner sous le titre de *la Corse et son avenir.* Paris, Henri Plon, 1857, in-8°, chap. III, p. 85-88. — La recherche des contrées où les chants funèbres ont été, sont encore en usage, m'aurait conduit trop loin; je me contenterai de citer les royaumes d'Angoya et de Chimfouka, en Afrique, où des pleureurs à gages témoignent de cette façon leurs regrets de commande. Voyez *Nouvelles Annales des Voyages*, etc., t. X. Paris, 1821, in-8°, p. 394.

[1] *Stat. gén. des départ. pyr.*, t. II, p. 370, 376.

[2] On est amené à le croire en lisant, dans une note du beau recueil de M. de Marcellus (*Chants du peuple en Grèce*, t. II, p. 52), un fragment d'élégie rimée en gascon, qui me semble une espèce de *vocero*.

[3] Dans l'appendice aux poésies d'Oihenart, p. 235, on lit un récit poétique intitulé : *Laür karbarien Eressia*, c'est-à-dire *Histoire des quatre macqueuses*. — « Le nom d'*eressiac*, dont ils (les Basques) se servent encore pour caractériser les chants populaires qui roulent sur quelque histoire vieille ou antique, a l'air d'être fort ancien dans la langue, bien que les pièces de poésie auxquelles il peut s'appliquer soient toutes assez modernes. » (Fauriel, *Hist. de la Gaule mérid. sous la domin. des conq. germ.*, t. II, p. 353, 354.)

[4] Le docteur de Isasti s'inscrit en faux, sur ce point, contre ce que dit le chroniqueur Garibay. Voy. *Compendio historial de la M. N. y M. L. provincia de Guipuzcoa*, cap. XVII (*De la costumbre de Guipuzcoa en sepultar los muertos, ritos y ceremonias, llantos, luto, oblaciones, y sufragios por las ánimas del Purgatorio*), n° 3, p. 202.

que, déplorant la mort de son mari, sa solitude et celle de ses enfants; elle chanta plusieurs vers, parmi lesquels quelques-uns, du temps de Garibay, se conservaient encore dans la mémoire des gens, entre autres ceux-ci :

Oñetaco lurrau jabilt icara,	La terre (au-dessous) des pieds tremble,
Lau araguroc verean verala,	Et de même les chairs des quatre membres,
Martin Bañes Ibarretan ildala.	Parce que Martin Bañez est mort en Ibarreta.
Artuco dot escubatean guecia,	Je prendrai d'une main le dard,
Bestean suci yraxegura;	Et dans l'autre un fagot de fougère allumé;
Errecodot Aramayo gustia [1].	Je brûlerai tout Aramayona.

Vers la même époque, la sœur d'une jeune femme morte en couches, doña Emilia de Lastur, ayant appris que le mari Pero Garcia de Oro songeait à se remarier avec doña Marina de Arraçóla, qu'il aimait auparavant, en ressentit beaucoup de chagrin; elle vint de Deva à Mondragon, et chanta les couplets suivants, chose très-usitée dans ce siècle, dit Garibay, qui les chantait dans sa jeunesse :

Cer ote da andra erdia? ençauria,
Sagar errea, eta ardoa gorria.
Ala baya, contrario da Milia;
Azpian lur oça, gañean arria.

Lasturera bear doçu, Milia,
Ayta jaunac eresten dau elia,
Ama andreac apaynquitan obia;
Ara bear doçu, andra Milia.

Jausi da cerurean arria,
Aurquitu dau Lasturen torre barria.
Edegui dio almene ari erdia;
Lasturera bear doçu, Milia.

Arren, ene andra Milia, Lasturco
Peru Garciac eguin deuscu laburto,
Eguin dau andra Marina Arraçolaco;
Ezcon bequio, bere idea dauco [2].

Dans ces vers, dit Garibay, que nous prendrons désormais pour guide au milieu de ces obscurités et de ces ruines [3], l'auteur s'entretenant avec sa sœur doña Emilia (en basque *Milia*) récemment

---

[1] *Memorial histórico español*, etc., t. VII, p. 46.
[2] *Ibid.*, p. 178, 179.
[3] Dans le doute où nous sommes du sens de certains mots, on comprend que nous ayons

décédée, donne à entendre qu'elle n'avait pas été bien traitée par son mari, qu'elle était déjà sous la terre froide, avec une pierre sépulcrale au-dessus, et qu'il était nécessaire de porter son corps à Lastur, car son père abattait une grande quantité de bétail pour ses funérailles, et sa mère préparait sa sépulture. Elle dit, en outre, dans les derniers vers, en se récriant beaucoup contre sa mort, que du ciel était tombée une pierre qui avait frappé juste dans la tour neuve de Lastur et enlevé la moitié des créneaux, qu'elle avait besoin d'y aller, et d'autres paroles exprimant le regret du mariage projeté avec ladite doña Marina de Arraçola.

hésité à modifier profondément le texte. Il est à regretter que les éditeurs ne l'aient point soumis, comme ils l'ont fait pour les proverbes, au savant qui a mérité d'être l'objet de la chanson suivante, imprimée sur le même placard que l'*Arbre de Guernica* :

Viva euskera.	*Vive le basque.*
Españan da guizon bat	Il y a en Espagne un homme
Beardeguna maita,	Que nous devons aimer,
Francisco Aizkibel jauna,	Monsieur François Aizkibel[*],
Euscaldunen aita.	Le père des Basques.
Chit da guizon prestua	C'est un homme très-probe
Eta jaquinsua :	Et plein de savoir :
Errespeta dezagun	Respectons en lui
Gura maisua.	Notre maître.
Ogueita aimbeste urtetan	Depuis plus de vingt ans
Bici da Toledon	Vit à Tolède
Izar-aizco semea.	Le fils d'Izaraizco.
Ezda beti lo egon;	Il n'a pas toujours dormi ;
Liburuen gañean	Sur les livres
Lancan gau ta egun	Il a travaillé nuit et jour
Gure euskera maitea	Pour que notre basque bien-aimé
Galdu ez dezagun.	Nous ne perdions pas.
Arabe ta ebreo	L'arabe et l'hébreu
Danac danac beera	Sont tous deux
Nere adiskideac.	Mes amis.
Viva, viva euskera !	Vive, vive le basque !
Biotzean gurutza,	La croix sur le cœur,
Escuan bandera,	Le drapeau à la main,
Esan lotsaric gabe :	Disons sans honte :
Euskaldunac guera.	Nous sommes Basques.
Pakean bicitzeco	Pour vivre en paix
Gure mendietan,	Sur nos montagnes,
Euzkera itzeguin bearda	Il faut parler basque
Batzarre danetan;	En tous les lieux ;
T'a Euscaldunen icena	Et le nom des Basques,
Gueroco eunkietan,	Aux jours à venir,
Famatua izangoda	Sera renommé
Alde guztietan.	Partout.

[*] Les éditeurs du *Memor. hist. esp.* (t. VII, p. 629, 647), l'appellent *D. José de Aizquivel*.

A ces vers, doña Sancha Hortiz, sœur de Pero Garcia de Oro, répondit par les suivants :

> Eç dauco Peru Garciac bearric
> Ain gachandia apucaduagatic,
> Ceruetaco mandatua içanic
> Andrarioc ala cumpli jasoric.

> Guiçon chipi sotil baten andraçan,
> Ate arte çabalean oy çan,
> Guilça porra andiaen jabe çan,
> Onrra andi asco cumplidu jacan [1].

Ces vers signifient, dit encore Garibay, que Pero Garcia de Oro non-seulement n'était pour rien, par sa faute, dans l'opposition qu'elle lui faisait, mais que c'était un ordre du ciel, et qu'elle avait vécu très-grandement femme d'un homme petit et bien fait. Doña Sancha dit de plus qu'elle avait l'habitude de vivre en large portail, c'est-à-dire dans une vaste maison, qu'elle avait été maîtresse d'un grand trousseau de clefs [2], entendant par là sa grande richesse, et tenue sur un pied très-honorable par son mari.

Garibay rapporte encore les vers suivants relatifs au même sujet, et pareillement chantés par la sœur de doña Emilia :

> Arren, ene andra Milia, Lasturco
> Mandatariac eguin deust gartoto.

> Cerurean jausi da abea,
> Jo dau Lasturco torre gorea;
> Eroan ditu ango jauna eta andrea
> Bala leen, guero bestea.
> Bidaldu dogu ceruetara cartea,
> Arren diguela gueure andrea.

> Monorgoeri artu deusat gorroto,
> Guipuç andraoc artu ditu gartoto,
> Iturrioç calean andra Maria Baldaco,
> Arte calean andra Ojanda Gabiolaco,
> Erribalean andra Milia Lasturco.

---

[1] *Memorial histórico español*, etc., t. VII, p. 179.

[2] Dans le *Rigs-Mal*, on voit une jeune mariée conduite au domicile conjugal avec des clefs :

Heim óku tha	Domum duxerunt
Hángin-luklu	Claves sonantes portantem,
Geita-kyrtlu, etc.	Pellibus caprinis indutam, virginem, etc.

Encore aujourd'hui, dans le Pays Basque, les servantes des curés sont appelées *clavières* (guclariac), mot que l'on trouve dans le 356e proverbe d'Oihenart.

Ces vers, s'adressant à doña Emilia, signifient, dit toujours Garibay, que le messager ne s'était pas bien acquitté de sa commission, qu'il était tombé du ciel un pilier qui avait donné en la tour élevée de Lastur, qu'on avait emporté comme morts le maître et la maîtresse de cette maison, l'un d'abord, l'autre ensuite, et qu'on avait envoyé une lettre au ciel pour la remettre à cette dame. L'auteur dit ensuite qu'elle était indignée contre Mondragon, parce qu'il avait mal pris les femmes de Guipuzcoa, et elle en nomme trois : dans la rue d'Iturrioz (ou de la Fontaine), doña Maria de Balda, femme de Rodrigo Ibañez d'Avendaño; dans la rue du Milieu, doña Ochanda de Gabiola, femme d'Ochoa Bañez d'Artaçubiaga, bourgeois de Mondragon; enfin, ladite doña Emilia de Lastur, dans le faubourg du bas de la ville.

« Ce sont, ajoute Garibay, des chants funèbres *(endechas)* de femmes, que j'ai voulu rapporter ici pour conserver ces reliques [1]. » Le même motif nous engage aussi à reproduire un autre fragment pareillement recueilli par Garibay. Il le donne dans la généalogie de don Juan Alonzo de Muxica y Buytron [2], comme faisant partie d'un chant où se trouve raconté le dessein d'une dame de Biscaye, appelée doña Juana, qui, vers 1448, avait résolu d'épouser Martin Ruiz de Gamboa, malgré qu'il fût du parti contraire et qu'il eût trempé dans la mort de Gomez Gonzalez, son père [3]. Répondant à sa mère, doña Juana lui dit :

Verba orren, verba gacia!	Combien cette parole est salée (sévère)!
Verba orrinaz ez daquiola valia;	Cette parole ne saurait lui servir de rien;
Dardoac eguin arren vercaldia,	Maintenant (que) le dard a eu son tour,
Olaso da ere egoteco aulquia.	Olaso est le lieu où je resterai.

A ces chants se joignait ordinairement une pantomime souvent si terrible, que le gouvernement, frappé des désordres qui se commettaient dans ces occasions, se vit obligé d'y remédier par une loi dont voici la substance : « Sur ce qu'il nous a été

---

[1] *Memorial histórico español*, etc., t. VII, p. 179, 180.
[2] *Compendio historial de España*, lib. XXI, t. III, f. 84. Voyez encore *Mem. hist. esp.*, t. VII, p. xv, xvi.
[3] Ces sortes de mariages, impossibles aujourd'hui, n'étaient point rares autrefois, surtout en Espagne. Pour nous en tenir au Guipuzcoa, nous en retrouvons un autre exemple dans le *Compendio historial* du Dr Isasti, liv. I, chap. IX, p. 81.

représenté qu'il est d'usage, en Biscaye, de pousser des cris de douleur immodérés à la mort d'une personne et de troubler par toutes sortes d'actions la cérémonie des funérailles, nous ordonnons et établissons pour loi qu'il sera désormais défendu, dans les villes et dans les campagnes, de faire entendre, à la mort d'une personne quelconque, des lamentations, de s'arracher les cheveux, de se meurtrir la chair, de se blesser à la tête, d'entonner des chants de mort et de prendre le deuil de bure, sous peine de mille maravédis pour chaque contrevenant [1]. » Malgré cette sage ordonnance, l'usage dont il s'agit n'était pas encore tout à fait aboli dans plusieurs parties de la Biscaye au commencement de ce siècle, surtout à l'enterrement d'une personne de distinction ; la veuve suivait le cercueil de son mari, accompagnée de toutes les femmes de l'endroit ou des environs. « Elle est couverte, ajoute la relation que nous copions, d'un manteau de gaze, tandis que les autres femmes portent une jupe de drap blanc avec beaucoup de plis, et une camisolle à larges manches ; elles mettent en outre autour du cou une *manta*, et ont la tête couverte d'une toile fine appelée *burucea*, qui serre les oreilles et couvre le front jusqu'à la racine du nez ; les deux pointes de cette toile flottent sur la tête en forme d'aigrette. Les demoiselles, revêtues de robes de deuil, ont les cheveux dénoués et épars sur le visage et les épaules. Toutes les femmes se lamentent, poussent de profonds soupirs et des cris plaintifs, adressent la parole, tantôt à la personne défunte, tantôt à elles-mêmes ; elles commencent leurs lamentations avec un ton de voix très-élevé, puis les continuent dans un ton grave, et prononcent de temps à autre le mot *ayené!* qui, en langue basque, signifie *hélas!*...Dans les montagnes de Burgos et de Santander, tous les parents et amis du défunt, hommes et femmes, accompagnent le cortége funèbre en pleurant et en criant. A la mort d'une personne de haut rang, on tend les appartements en noir ; le mort est placé sur une estrade, et dans chaque coin de la salle une pleureuse est assise à terre, et ne cesse

---

[1] *El Fuero, privilegios, franquezas, y libertades de los cavalleros hijos dalgo del Señorio de Vizcaya*, tit. XXXV, ley VI. (Ed. de Medina del Campo, M.D.LXXV., in-fol., folio 99 recto ; ed. de Bilbao, M.D.C.XXXXIII., in-fol., folio 105 verso.)

de se lamenter et de faire l'éloge du défunt que lorsque la cérémonie de l'enterrement est terminée [1]. »

Rien ne témoigne que les choses se soient jamais ainsi passées chez nos Basques, du moins en ce qui touche les chants funèbres; car nous savons qu'ils étaient dans l'usage, il n'y a pas encore longtemps, d'accompagner les morts à l'église avec des cris déchirants auxquels se mêlait le panégyrique du défunt. La femme d'un joueur de tambourin suivait ainsi tout en pleurs le convoi de son mari, dont elle exaltait les bonnes qualités : « Ah! disait-elle, mon bien-aimé, que de fois n'avez-vous pas gravi cette côte en jouant sur votre gracieux instrument des airs qui me transportaient; et aujourd'hui je pleure et je vous accompagne à votre dernière demeure. Combien j'étais ravie quand vous chantiez cet air.... » Elle se mettait à chanter, et tous les assistants de rire sans se laisser toucher par cette évocation du passé, qui, dans d'autres temps, appelait quelquefois la poésie à son aide.

Je ne veux pas me laisser aller sur une pente qui m'est familière, et rechercher dans la Bible et dans l'antiquité profane les traces de l'usage qui vient d'être signalé chez les Biscayens; mais je ne puis, en conscience, me dispenser de faire remarquer la ressemblance qu'ils ont, sous ce rapport, avec les Ecossais [2] et avec les Irlandais, que certains auteurs présentent comme descendants des Cantabres [3]. Déjà, au XIIe siècle, Silvestre Giraud, plus connu sous le nom de *Giraldus Cambrensis*, avait fait le même

---

[1] *Continuacion del Memorial literario*, tomo IX. Voyez encore *Histoire générale de l'Espagne*, etc., par G. B. Depping. Paris, 1811, in-8°, t. I, p. 152-154.

[2] Dans quelques parties du nord de l'Angleterre, il n'y a pas encore longtemps que l'on chantait aux funérailles des catholiques romains de la basse classe, pendant la veillée du corps, avant l'enterrement, une sorte d'élégie recueillie par Sir Walter Scott. Voyez *Minstrelsy of the Scottish Border*, etc. Edinburgh, 1812, in-8°, vol. II, p. 364-369.

[3] Voy. *Averiguaciones de las antiguedades de Cantabria*, etc., liv. I, chap. II, p 13-16 (*Pueblan los Cantabros en Irlanda*); et *Compendio historial de la... provincia de Guipuzcoa*, por el Dr. Lope Martinez de Isasti, p. 157, not. 31, etc. — Citons encore, pour l'agrément de ceux qui voient dans les Basques une tribu scythique, l'*Estat de l'empire de Russie et grande duché de Moscovie*, du capitaine Margeret, qui dit des Russes de la fin du XVIe siècle : « ...ils ont ordinairement un nombre de femmes pour pleurer leurs morts, lesquels l'interroguent pourquoy il est mort; s'il n'estoit favorisé de l'Empereur, s'il n'avoit assez de biens, s'il n'avoit assez d'enfans, une honneste femme : ou si c'est une femme, si elle n'avoit un bon mary, avec semblables follies. » (Edit. de M. Chevreul, à Paris, chez L. Potier, cIɔ Iɔ ccc LV, petit in-12, p. 20, 21.)

rapprochement [1]. Bien longtemps après, Thomas Pennant, qui avait visité l'Écosse en 1759, caractérisait en quelques mots le *coranich*, ou chant funèbre, dont l'usage y subsistait encore en quelques endroits : « Les chants, dit-il, sont généralement en l'honneur des défunts, ou un récit de leurs hauts faits ou de ceux de leurs ancêtres [2]. » En même temps, ou peu s'en faut, le docteur Campbell [3] et Joseph C. Walker [4] publiaient des détails sur le *caoine* des Irlandais, et William Beauford lisait, le 17 décembre 1791, à l'Académie royale irlandaise, un mémoire sur le même sujet [5]; mais rien ne me paraît aussi satisfaisant que les renseignements donnés par M. et Mrs. S. C. Hall, dans leur bel ouvrage sur l'Irlande [6]. Nous permettra-t-on d'en citer quelque chose? Les chants funèbres étant tombés en désuétude dans le Pays Basque, peut-être s'en fera-t-on plus facilement une idée en lisant le récit de ce qui se passe encore dans une contrée que l'on a présentée comme sa sœur par la langue.

Une famille irlandaise compte-t-elle parmi ses membres une amie ou une parente douée de la faculté poétique, on ne manque pas de l'appeler quand il y a un décès. Introduite dans la chambre mortuaire, elle donne toujours lieu à une scène plus facile à raconter qu'à peindre. L'obscurité de cette chambre, éclairée seulement par des chandelles qui projettent une pâle lueur sur le cadavre, la véhémence du poëte, qui tantôt loue, tantôt maudit, la répétition de ses paroles par les assistants à mesure que ses phrases se font jour, les signes d'assentiment qui se manifestent à la ronde, les sanglots profonds, bien qu'étouffés,

---

[1] « ... gens Hibernica et Hispanica, aliæque nationes nonnullæ inter lugubres funerum planctus, musicas efferunt lamentationes, » etc. *Topographia Hiberniæ*, pars III, cap. XII. (*Anglica, Hibernica, Normannica*, etc., ed. Guilielmo Camden. Francofurti, anno M.DCII., in-folio, p. 740, lig. 49.)

[2] *A Tour in Scotland;* MDCCLXIX. London, printed for Benj. White, MDCCXC, in-4°, vol. I, p. 115.

[3] *A philosophical Survey of the South of Ireland*, etc. London : printed for W. Strahan, etc. MDCCLXXVII, in-8°, letter XXIII, oct. 16, 1775, p. 206-210.

[4] *Historical Memoirs of the Irish Bards*, etc. London : printed for T. Payne and son, etc., MDCCLXXXVI, in-4°, p. 16-20.

[5] *The Transactions of the royal Irish Academy*, vol. IV. Dublin : printed by George Bonham, in-4°, Antiquities, p. 41-54.

[6] *Ireland : its Scenery, Character*, etc. London, MDCCCXLI-XLIII, grand in-8°, vol. I, p. 225-229.

des proches parents, et la douleur bruyante et sans frein de la veuve, ou de l'époux quand il est fait allusion aux vertus domestiques de la défunte, tout cela augmente l'effet du chant funèbre; mais en plein air, dans un sentier tournant autour de quelque montagne, quand un prêtre ou une personne grandement aimée et respectée est portée en terre, et que le *caoine*, gonflé d'un millier de voix, est répété par les échos, la scène est tout à fait magnifique.

A la fin de chaque couplet, le poëte fait entendre une lamentation [1], et les assistants font chorus avec lui. A ce cri succède un moment de silence, après lequel recommence le *caoine*, et ainsi de suite, chaque couplet se terminant par une lamentation.

Le *caoine* consiste habituellement en une adresse au défunt, à qui l'on demande pourquoi il est mort, etc., ou en une description de sa personne, de ses qualités, de ses richesses, en un mot de tout ce qui le distinguait. Ce chant est entièrement improvisé, et l'on est quelquefois surpris de la facilité avec laquelle l'auteur compose et adapte ses images poétiques à la circonstance; mais pour s'en faire une juste idée, il faut être versé dans la langue irlandaise.

Le chant funèbre n'est pas toujours du domaine exclusif du poëte attitré; se trouve-t-il parmi les assistants quelque personne douée de la faculté poétique, elle peut produire ses vers, et le cas se présente quelquefois. La nuit se passe ainsi dans une succession de lamentations et de silence, l'arrivée d'un ami ou d'un parent du défunt étant le signal d'une reprise du *caoine*.

L'auteur est presque invariablement une vieille femme, ou, si on ne peut l'appeler ainsi, les habitudes de sa vie la font paraître telle. « Nous nous rappelons, dit l'écrivain auquel nous empruntons ces observations, une de ces femmes, et nous n'oublierons jamais une scène dans laquelle elle jouait un grand rôle. Un jeune homme avait été tué en résistant à la police qui cherchait à l'arrêter; il appartenait à une famille aisée, et on lui faisait une belle veillée.

---

[1] Cette lamentation, appelée *gol* ou *ullaloo*, est ainsi donnée par W. Beauford :
Premier demi-chœur. Ulla-lulla-lulla-lulla lù lù uch o ong.
Second demi-chœur. O ong ulla-lulla-lulla-lulla-lulla-lulla-lulla lu ucht o ong.

Quand nous entrâmes dans la pièce, la femme était assise à côté du corps, sur un tabouret peu élevé. Ses longs cheveux noirs pendaient épars sur ses épaules ; ses yeux, d'une espèce particulière au pays, étaient enfoncés et gris, et capables d'exprimer depuis la haine la plus violente et la vengeance la plus terrible jusqu'à l'affection la plus tendre, la plus ardente. Son large manteau bleu lui montait jusqu'au cou, mais pas assez pour cacher le contour de sa figure, fine et maigre, surtout excessivement mobile. Quand elle se levait, comme par une inspiration subite, d'abord étendant ses mains sur le corps, puis les joignant convulsivement au-dessus de sa tête, elle continuait son chant d'un ton bas et monotone, coupé parfois par des accents vifs et animés ; et prenant toute espèce d'attitudes pour donner de la force à ses paroles et pour exalter les vertus et les bonnes qualités du défunt : « Leste et sûr était son pied, disait-elle, sur la montagne et dans la vallée. Son ombre frappait de terreur ses ennemis ; il pouvait regarder le soleil en face ainsi qu'un aigle ; le mouvement circulaire de son arme dans l'air était rapide et terrible comme l'éclair. Il y avait eu foule et abondance dans la maison de son père, et le voyageur ne la laissait jamais vide ; mais les siens étaient nombreux sur la montagne et dans la vallée, et ils vengeraient sa mort. » Alors, s'agenouillant, elle croisait ses mains et vomissait d'amères malédictions contre celui qui avait porté le coup fatal, malédictions qui n'éclairent que trop vivement la violence de la haine de l'Irlande : « Puisse la lumière disparaître de tes yeux, de façon à ne plus voir ce que tu aimes ! Puisse l'herbe croître à ta porte ! Puisses-tu être réduit à rien, comme la neige pendant l'été ! Puisse ton sang s'élever contre toi, et le plus doux des breuvages se changer pour toi en une coupe des plus amères ! Puisses-tu mourir sans l'assistance d'un prêtre ou du clergé ! » A chacune de ces malédictions les assistants répondaient *amen* d'une voix grave, la *ban caointhe* [1] s'arrêtait pour l'écouter, puis reprenait le cours de ses anathèmes. »

Nous ne suivrons pas plus loin M. et Mrs. Hall, dont l'ouvrage

---

[1] Sur le sens de ce mot et de *caoin*, voyez Hall, vol. I, p. 222, 223, en note.

est entre les mains de tout le monde; on y trouvera la traduction d'un *caoine* chanté en présence du corps de deux fils d'une pauvre veuve exécutés pour haute trahison, et l'on y verra qu'outre ces improvisations en face des morts, les paysans irlandais possèdent aussi des élégies écrites, ou *thirrios*, qui ont pour auteurs presque exclusivement des hommes, tandis que les *caoines* sont l'œuvre des femmes. Cette ressemblance avec les *eresiac* basques est à remarquer, aussi bien que le *ullaloe*, qui pourrait bien n'être autre chose que le *lelo il leloa* que nous avons vu plus haut dans le Chant des Cantabres, et que l'on retrouvera plus loin dans les poésies de Bernard d'Etchepare.

LA BIEN-AIMÉE.

Argument.

Je n'ai qu'un mot à dire sur la pièce suivante, non sur l'ensemble, dont je laisse l'appréciation au lecteur, mais sur le second couplet, où je suis tenté de voir une allusion à une pratique généralement usitée dans le midi de la France, particulièrement dans le Rouergue, et qui consiste à couper en biais des tiges de fougère pour en obtenir des figures. Sans doute, les paysans basques ne coupent pas de chêne pour si peu, même pour connaître l'avenir; mais rien n'empêche de croire qu'à une époque quelconque, ils aient pu avoir l'habitude d'interroger dans ce but le cœur d'un jeune chêne abattu, et parfois y trouver l'image dont parle le poëte.

La Bien-aimée a été publiée, pour la première fois, par M. Chaho, dans un journal de Bayonne [1]. A la suite de ce morceau s'en trouve un autre en français, intitulé *Orthographe basque.*

[1] *Ariel,* etc., n° du 16 mars 1845.

MAITENENA.	LA BIEN-AIMÉE.
(Subcrotarra.)	(Dialecte souletin.)
Celuco izarren bidia Nic baneki, Han nir'ene maite gaztia Chuchen kausi; Bena gaour jagoiti nic houra Ez ikhousi.	Si je savais le chemin des étoiles du ciel, c'est là que je rencontrerais sans faute ma jeune amante; mais à dater de ce soir, hélas! je ne la verrai plus.
Zuhain gazte bat nic aihotzaz Trencaturic, Uduri zait ene bihotza Colpaturic, Herrouac errorico zeitzola Eibarturic.	Un jeune chêne que j'aurais coupé avec la hache acérée, me donne l'image de mon cœur blessé, comme si ses racines devaient tomber bientôt desséchées.
Ceren beitzen lili ororen Eigerrena, Bai eta ene bihotzeco Maitenena, Haren izanen da ene azken Hasperena.	Parce qu'elle était de toutes les fleurs la plus jolie, et aussi la plus aimée de mon cœur, c'est pour elle que sera mon dernier soupir.

LE ROSSIGNOL.

Argument.

Le rossignol, dans cette pièce allégorique, est l'emblème d'un fiancé dont les visites à sa bien-aimée étaient sans doute moins fréquentes pendant les froides et sombres nuits de l'hiver. Le chant de cet oiseau exprime le langage passionné d'un amant que sa maîtresse trouve beau et séducteur parmi les hommes; elle fait encore allusion aux couplets que les jeunes montagnards sont dans l'usage, autrefois répandu chez nous comme ailleurs [1], de chanter sous la fenêtre de la bien-aimée. L'amant, à son tour,

---

[1] *Le Roman de la Rose*, édit. de Méon, t. II, p. 168, v. 7779. — Ballade des enfants sans souci, par Clément Marot (1512). — *La Fleur des chansons*, etc., sans lieu ni date, petit in-12, feuillet signé F iij, verso. — Un poëte romaïque s'exprime ainsi dans un fragment de chanson rapporté par M. de Marcellus (*Chants du peuple en Grèce*, t. II, p. 432): « L'étoile s'est abaissée, l'a dit à la mer; la mer l'a dit à la rame, la rame au matelot; et le matelot l'a chanté à la porte de sa belle. »

ayant entendu son oiselle, lui répond dans le troisième couplet; dans le quatrième, qui rappelle le conte si connu du Rossignol, il invite la jeune fille à une promenade dans les bois. « Il y a ici, dit M. Chaho, à qui est due la publication de cette pièce [1], un couplet intermédiaire, que nous avons omis, parce qu'il manque deux vers qu'il faudra rétablir dans le texte. » La jeune fille supplie le fiancé de ne pas l'entraîner, sous prétexte que cette pensée la réduit au désespoir et la conduira au tombeau; mais la promenade eut lieu, comme l'annonce le couplet suivant, que le barde met dans la bouche de la jeune fille.

La chanson finit par le mariage, qui est le dénouement de tous les romans montagnards; l'amant console sa belle affligée, en lui annonçant qu'il la conduira triomphalement à l'autel, à la barbe des rieurs et des jaloux.

Sans anticiper ici sur ce que nous avons à dire plus loin au sujet du rossignol, je ferai remarquer le rôle qu'il joue dans les aventures amoureuses. Dans une chanson romaïque, une jeune femme, sous l'allégorie d'un rossignol familier, se plaint des misères des vieillards [2]. Un ancien troubadour, Pierre d'Auvergne, prend pour interprète un rossignol, qui se rend auprès de sa belle, lui parle en son nom, et lui rapporte sa réponse [3]. Un trouvère fait ainsi parler cet oiseau :

> *Roxignolet* m'apele-l'on,
> Que heent li vilain felon;
> Mès cil qui d'amer ont corage,
> Font toz jors de moi lor message.
>
> Le Sort des dames, v. 15 (*Jongleurs et trouvères*, etc., publ. par A. Jubinal. Paris, 1835, in-8º, p. 182.)

Plusieurs aventures témoignent de cette haine des *vilains félons*, c'est-à-dire des jaloux, pour le rossignol. Dans le Lai du

---

[1] *Ariel*, nº du 2 mars 1845.
[2] *Chants du peuple en Grèce*, t. II, p. 334.
[3] *Choix des poésies originales des troubadours*, t. V, p. 292-296. — *Histoire littéraire des troubadours*, par l'abbé Millot, t. II, p. 16-18, etc. Ginguené (*Histoire littéraire d'Italie*, chap. V, sect. II, t. I, p. 293) fait observer que l'on pourrait reconnaître ici le goût oriental et l'imitation des poëtes arabes, qui, dit-il, eurent tant d'influence sur le génie des Provençaux.

Laustic, on voit un mari de cette espèce tordre impitoyablement le cou au pauvre oiseau, dont le chant est allégué, par une épouse coupable, comme un charme qui la retient toute la nuit à sa fenêtre [1]. C'est à peu près ce que disent ces deux couplets d'une vieille chanson normande :

> Le roussignol est soubs le houlx
> Qui ne pence qu'à ces esbatz.
> Le faulx jalloux se siet dessoubs
> Pour lui tirer son mathelas.
>
> La belle, qui faisoyt le guect,
>   Lui a dict par injure :
> Hellas ! que t'avoit-il meffaict,
>   Meschante creature [2] ?
>
> (*Vaux-de-Vire d'Olivier Basselin*, etc., publ. par M. Louis du Bois. A Caen, 1821, in-8°, p. 169.)

J'extrais du même recueil, page 194, cette charmante chanson, qui offre plus d'un point de contact avec la pièce basque :

> Il est venu le petit oyseillon,
> Ce moys de may, certainement,
> Chanter auprès de ma maison.
>   Le cueur de moy,
>   Hovoy !
>   S'en resjouyt soubvent.
>
> C'est le petit oyseillonet
> Qui chante au verd boscaige,
> Qui en son jolly chant disoyt,
> Vray amoureulx en son langaige.
>
> Je my levay par ung beau jour
> Pour aller voir ma doulce amye,
> Car je pretends avoir s'amour ;
> Mais j'en suys en melancholye, etc.

Dans notre ancienne poésie, les oiseaux sont représentés comme

---

[1] *Poésies de Marie de France*, publ. par B. de Roquefort. A Paris, chez Chassériau, 1820, in-8°, t. I, p. 514-527. Dans le Lai d'Ywenec, qui précède celui du Laustic, un amant prend la forme d'un autour pour pénétrer auprès de sa belle, dont le mari lui fait éprouver un sort pareil.

[2] Dans une vieille romance espagnole, un prisonnier déplore la mort d'un oiseau, dont le chant lui annonçait l'aurore, et maudit son meurtrier. Voyez *Romancero de romances doctrinales*, etc. Madrid, imprenta de D. L. Amarita, año 1829, in-8°, p. 157.

des émissaires de l'amour [1], et leur chant réveille les souvenirs les plus doux, la passion la plus tendre [2]. Aussi l'un des auteurs du *Roman de la Rose* se croit-il autorisé à dire :

> Molt a dur cuer qui en mai n'aime,
> Quant il ot chanter sus la raime
> As oisiaus les dous chans piteus.
>
> (Édit. de Méon, t. I, p. 6, v. 81.)

[1] Dans une nouvelle d'Arnaud de Carcassès, un perroquet arrive de loin pour saluer une dame de la part du fils d'un roi, et la prier de soulager le mal dont elle le fait languir; il plaide la cause de son maître et de l'amour aux dépens du mariage, se charge de rapporter au prince un anneau et un cordon tissu d'or, avec de tendres compliments; en un mot, se montre tout à fait son *ami*. Voyez *Choix des poésies originales des troubadours*, t. II, p. 275-282; *Histoire littéraire des troubadours*, t. II, p. 390-395. — Une ballade écossaise, publiée par Sir Walter Scott (*Minstrelsy of the Scottish Border*, etc. Edinburgh, 1812, in-8°, vol. II, p. 377-385), présente aussi un dialogue entre un chevalier et un faucon qu'il charge d'un message d'amour.

[2]
> A Biaucaire sous la tor
> Estoit Aucasins un jor...
> Voit les herbes et les flors,
> Oï canter les oisellons :
> Menbre-li de ses amors, etc.
>
> (*C'est d'Aucasin et de Nicolete*, dans les *Nouvelles françoises en prose du XIII° siècle*, p. 303.)

> Cil oiselon s'envoisent
> Et mainent grant baudor.
> Quant j'oi là leur joie,
> Por rien ne m'i tendroie
> D'amer bien amor.
>
> (*Les Poësies du roy de Navarre*, etc., édit. de M.DCC.XLII., t. II, p. 95.)

> En may, quant li orieux crie
> Et li aloete s'escrie
> Et prent contremont l'air à chanter
> Por les fins amanz enchanter...
> Claris en .j. vergier scoit, etc.
>
> (*Le Roumanz de Claris et de Lariz*, Ms. de la Bibl. imp. n° 7534⁵, fol. 68 recto, col. 1, v. 11.)

> Quant Claris entent les doz sons
> Et les douz chans des oisellons,
> De sa dame li resovint.
>
> (*Ibid.*, fol. 71 verso, col. 2, v. 12.)

En Espagne, c'est la même chose : un poëte nous montre les amoureux reprenant leur service en mai, en même temps que l'alouette et le rossignol reprennent leur dialogue. (*Romancero castellano*, etc. Leipsique : F. A. Brockhaus, 1844, in-12, t. I, p. 273.)

Un troubadour, Folquet de Marseille, exprime le désir que le chant des oiseaux soit réservé pour les amoureux :

> Ja no volgra qu'hom auzis

Il n'y a pas longtemps que sur la côte du Croisic, en Bretagne, les femmes et les filles qui attendaient le retour de leurs maris et de leurs galants, allaient danser autour d'un dolmen le jour de l'Assomption. Les plus légères, après avoir dansé, grimpaient au sommet, d'où elles criaient de toutes leurs forces en chantant :

> Goeland, goeland, goeland gris,
> Ramenez nos amants, ramenez nos maris [1].

ERRESIÑOULA.

(Suberotarra.)

LE ROSSIGNOL.

(Dialecte souletin.)

Tchori erresiñoula Udan da cantari; Ceren ordian beitu Campouan janhari; Neguian ezt'agheri, Balinban ezta eri : Udan jin baledi, Counsola nainte ni.	L'oiseau rossignol est chanteur pendant la belle saison, parce qu'il trouve alors pâture dans les champs. L'hiver, il ne paraît point; Dieu veuille qu'il ne soit pas malade! S'il revenait à l'été, je serais consolée, moi.
Tchori erresiñoula Ororen guehien;	Le rossignol est le premier entre tous les oiseaux, parce qu'il chante mieux que

> Los doutz chans dels auzellos,
> Mas cill qui son amoros.
> (*Choix des poésies originales des troubadours*,
> t. III, p. 155.)

Dans une chanson d'un ancien *minnesinger* allemand, Dietmar d'Ast, un oiseau perché sur un tilleul entonne la sienne, et le poëte sent son cœur lui revenir tout occupé d'amour. (*Lays of the Minnesingers*, etc. London, 1825, in-12, p. 160.)

Ce que chantent les oiseaux, le grand Lope de Vega nous l'apprendra ; c'est que la gloire ne vaut pas l'amour, et que la jalousie est le pire des supplices. (*Cancionero y romancero de coplas y canciones de arte menor*, etc., por D. Agustin Duran. Madrid : imprenta de D. Eusebio Aguado, 1829, in-18, p. 99, col. 1.) — C'est ainsi qu'au siècle dernier, l'un de nos chansonniers faisait dire à l'un de ses bergers :

> N'entends-tu pas le ramage
> Du rossignol amoureux?
> Il nous dit en son langage :
> « Aimez-vous pour être heureux. »
> (*Brunettes ou petits airs tendres*, etc. Paris, M.DCC.XXXVI,
> in-12, t. III, p. 60.)

[1] Lettre de Desforges-Maillard à Madame du Hallay, dans les *Nouveaux Amusemens du cœur et de l'esprit*, par Philippe, t. VII, A la Haye, chez Zacharie Chastelain, M.DCC.XL., in-8°, p. 37.

Bestec beno hobequi	les autres. C'est lui qui séduit et enchante
Harc beitu cantatcen :	le monde. Je ne le vois point lui-même;
Harec du inganatcen,	mais j'entends sa douce voix. »
Mundia bai troumpatcen.	
Ber'eztut ikhousten,	
Bai botça entzuten.	

Botz aren entçun nahiz,	Pour vouloir entendre cette voix, je
Erraturic nago,	suis errant. Plus je crois m'en approcher,
Ni ari uillant, eta	plus elle s'éloigne. Je la suivrais ainsi
Oura urrunago.	jusqu'à perdre la vie. Depuis bien long-
Jarraiqui ninkirio	temps c'est le désir que j'avais.
Bicia gal artino ;	
Aspaldi andian,	
Desir hori nian.	

Tchoria çonien eiger	Combien est joli l'oiseau qui chante
Cantuz oihenian!	dans la forêt! Moi-même je l'ai entendu
Nihaurec entçun diçut	la nuit dernière. Allons, ma bien-aimée,
Igaran gaian.	allons le voir tous les deux; si vous
Eia gouacen, maitia,	l'entendez, son chant vous ravira.
Bibiac ikhoustera;	
Ençuten baduçu,	
Charmaturen çutu.	

Amac utzi nindizun	Ma mère m'avait quittée à la fin du
Bedatz azkenian :	printemps : depuis lors je plane en liberté
Gherosti nabilazu	sur mes propres ailes. La nuit m'avait
Hegalez airian.	jetée au sein d'un petit bosquet. Là se
Gaiak aurthiki nindizun	trouvait un piége et mon malheur.
Sasiñobatetara ;	
Han zuzun tchedera,	
Oi ene molhurra!	

Bortiac churi dira	Les montagnes sont blanches quand la
Elhur dienian ;	neige les couvre; les buissons ont une
Sasiac ere ulhun	ombre épaisse quand ils ont leur verdure.
Osto dienian.	Infortunée que je suis! pourquoi étais-je
Ala ni malerusa!	entrée sous leur feuillage? Si j'avais passé
Ceren han sarthu nintçan?	en avant, je m'échappais.
Jouan banintz aintcina,	
Escapatcen nintçan.	

Tchoria, çaud'ichilic,	Oiseau, gardez le silence, ne versez
Ez eguin nigarric.	plus de larmes. Quel profit aurez-vous de
Cer profeitu dukeçu	vous désoler ainsi? C'est moi qui, après

19

Hol'afligituric?
Nic eramanen çutut,
Tchederá lachaturic,
Ohico bortutic
Ororen gagnetic.

avoir détaché votre lacet, vous conduirai du haut de la même montagne par dessus tout le monde.

LA PREMIÈRE FLEUR.

Argument

Nous avons reproduit, d'après l'*Ariel*, une vieille romance, histoire naïve d'une séduction réparée par un mariage en règle; la même source nous fournit encore une autre scène érotique, où les rôles sont changés et le dénouement différent [1]. Comme le fait remarquer M. Chaho, les chansons qui ont trait au genre d'intrigues dont celle-ci nous offre une mise en scène, brillent surtout par la finesse de l'ironie; elles peignent au naturel l'esprit du peuple basque, ainsi que le caractère et les mœurs de la jeunesse. La forme de la composition poétique est invariablement la même : c'est toujours un petit drame dialogué, dans lequel le barde fait parler les soupirants et les jeunes filles; quelquefois, il intervient lui-même comme narrateur ou moraliste. Quand nous disons le barde ou le poëte, ajoute M. Chaho, il faut entendre le héros du roman; car le don de l'improvisation est très-commun et populaire chez les Basques, et l'intimité des circonstances prouve que le plus souvent c'est l'amant lui-même qui célèbre son bonheur ou ses déplaisirs. Les chansons satiriques destinées à bafouer quelque scandale font seules exception à cet usage. Les jeunes filles ne se bornent pas à inspirer la verve de leurs adorateurs; fréquemment elles fournissent elles-mêmes les couplets qui les concernent, répondant par de tendres aveux ou par des refus exprimés avec une malignité spirituelle. Toutefois, c'est un talent dont les Basquaises ne se targuent pas en public, sans doute parce que la liberté de certains détails répugne à leur modestie et qu'elles ont besoin d'ombre et de mystère pour s'enhardir à improviser.

Passons maintenant le seuil du sujet. Le début est plus que

[1] Voyez le n° du 9 mars 1845.

cavalier, et ne promet rien de bon pour le soupirant qui s'attaque ainsi à la fierté du cœur féminin, si susceptible en ce qui touche à la modestie et à l'honneur. Néanmoins, la jeune fille riposte gaiement. Le galant, d'abord soupçonneux, ne manque pas d'ajouter foi à la vertu de sa belle, qu'il ne devait pas mettre en doute, et il fait connaître ses désirs. La jeune fille ne refuse point de s'y associer, mais elle ne veut avoir affaire qu'à un mari. Tel n'est pas le compte du Lovelace montagnard, qui reprend alors le ton de l'impertinence.

Ici la toile tombe, et quelque temps après les mêmes personnages reparaissent; mais ici les rôles sont changés. La jeune coquette a puni le fat, et, dans le cours d'une nuit, elle lui a fait subir le supplice de Tantale, pour attiser des feux qu'elle ne partage point. Transi, le pauvre amoureux cherche à nier qu'il l'ait jamais été de son bourreau; mais son caquet est tombé, à ce point qu'il ne trouve rien à dire quand la jeune fille le congédie en le raillant d'avoir fait le plongeon. A railleur, railleuse et demi.

L'emploi du mot *floria* dans cette romance a été critiqué comme constituant un barbarisme; mais M. Chaho a repoussé victorieusement cette accusation : « La vérité, dit-il, est que le mot *flore*, d'origine latine, est employé dans tous les dialectes basques, qui, eux-mêmes, avaient fourni au latin le mot *lili* (?), les deux langues restant quittes par cet échange. Quant au mot *flore*, ce mot est si ordinaire dans la poésie souletine, que nous citerions par douzaines les chansons où il remplace le mot *lili* :

Gaiaz ningouelaric, Pendant que j'étais la nuit à rêver dans
Lo eghinic ohian, mon lit, après un sommeil, je repassais
Igaraiten benian dans mon esprit que votre amour et le
Ene phensamentian mien est aujourd'hui dans sa fleur.
Zoure et'ene amourioua
Orai cela *florian*.

LEHEN FLORIA. LA PREMIÈRE FLEUR.
(Suberotarra.) (Texte souletin)

Eigerra cira, maitia, Ma bien-aimée, vous êtes jolie, je
Erraiten deizut eghia; vous le dis en vérité; je serais curieux

Nourc eraman othe deizu
Zure lehen floria?

— Eztizu eghin izotcic,
Ez eta ere kharrouñic,
Ene lehen floriari
Khalte eghin dienic.

— Landan eder iratze,
Behia ederrac aretche :
Zu bezalaco pollitetaric
Desir nuke bi seme.

— Horren maite banaizu,
Obrac eracats itzazu ;
Elizala eraman eta
Han espousa nezazu.

— Aphezac dira Españan,
Berretherrac Errouman.
Hourac hanti jin artino,
Ghitian tchosta khamberan.

— Aita dizut hil berri,
Amac eztizu ourth'erdi ;
Zurekilan libertitceco,
Dolia dizut barnegui.

— Oihaneco otsoua,
Dolu dereiat, gaichoua.
Anchiekin lo'ghin, eta
Zeren barouric beihoua.

— Enun ez ni otsoua,
Gutiago gaichoua.
Anchiekin lo'ghinic ere,
Countent gabez beinoua.

— Bortu goretan lanhape,
Hour bazterretan ahate :
Zu bezalaco falsietaric
Eztizut nahi deusere.

de savoir par qui votre première fleur a été cueillie.

— Il n'a point fait de gelée, nous n'avons point vu de glace ou de froidure qui ait pu endommager ma première fleur.

— La fougère embellit les landes solitaires, la génisse donne son fruit au laboureur : de celles qui sont belles comme vous, je voudrais qu'il me naquît deux fils.

— Puisque vous m'aimez à ce point, montrez-le par vos actions ; conduisez-moi à l'église et là épousez-moi.

— Les prêtres sont en Espagne, les clercs à Rome. En attendant qu'ils reviennent de ces pays-là, amusons-nous, ma belle, dans votre chambre.

— La mort de mon père est récente, celle de ma mère n'a pas une demi-année ; pour m'amuser avec vous, mon deuil est trop profond.

———

— Loup de la forêt, pauvret que tu es, je te plains en vérité. Tu as dormi avec l'agnelette blanche, pourquoi t'en retournes-tu à jeun ?

— Je ne suis pas un loup, moins encore suis-je un pauvret digne de pitié. J'ai dormi avec l'agnelette blanche, et je m'en vais à jeun parce qu'elle ne m'a point tenté.

— Le brouillard couronne les hautes montagnes, le canard barbotte et chante au bord des rivières : allez, je n'ai que faire des perfides qui vous ressemblent.

———

DÉCONVENUE.

Argument.

La chanson suivante fut composée pour garder le souvenir d'une petite mésaventure d'un certain seigneur de Sarri, bâtard de Tresville, qui, sous prétexte de chasser la palombe, s'était installé avec ses filets sur un coteau, où il guettait le passage d'une *etcheco-alhaba,* que la crainte des Anglais chassait vers l'extrême frontière. La pièce débute par un avis donné par le barde à la jeune fille, qui se met en marche. Cet avis se vérifie : déjà la pauvrette se voit seule et isolée en présence du chasseur, à qui elle demande grâce. M. de Sarri lui répond, et supplie à son tour, mais en vain ; et, à sa grande confusion, la malicieuse enfant lui échappe. A la fin de la chanson, le barde reprend la parole pour féliciter la jeune fille de sa vertu et de son adresse. Nous admirerons encore la noblesse de caractère indiquée dans le quatrième couplet, et la grâce qui règne dans toute cette petite composition.

TROMPATCIA.

(Basa nafartarra.)

Ene urçoñi gaichoa,
Ore bidian dahoa;
Khasu emac, mousse Sarri, ihislari çorrotz houra,
Haiduru duc; oi, gaiski Petiriñalat bahoa.

Urço gaichoac umilki
Erraiten mousse Sarriri

DÉCONVENUE.

(Dialecte de la basse Navarre.)

Ma pauvre petite colombe,
Tu te décides à partir;
Mais gare à toi ! M. de Sarri, le chasseur vigilant,
Te tend des piéges, oh ! que bien à tort tu t'achemines vers Beyrie

La pauvre colombe avec modestie
Dit à M. de Sarri

Nahibadu den utsian haren saretan erori,
Utz deçan igaraitera bere usatu bideti.

— Auher duc, auher, urçoa;
Juratu diat fedia.
Aurthen behin jin behar duc Phetiriñala;
Han nic emanen dereiat arthoz eta ciz asia.

— Arthoz hun duçu asia,
Denan libertatia.
Eni Orhico ezcurra janhari bat çait hobia :
Angleser ihetsitceco, uzten dut uzten Francia.

— Ago, urçoa, ichilic :
Francian ez duc Anglesic;
Agaramountec Baionan jinac oro erhaiten tic.
Eztuc Petiriñalaco çaragolla luze hetaric.

— Fida niz çure erraner,
Fidago noure hegaler.
Goraintzi erran iceçu jiten badira Angleser;
Halaber erranen diet Español papo gorrier.

Que quoiqu'imprudemment en ses filets tombée,
Il la laisse librement poursuivre sa course.

— Tu parles en vain, oui en vain, ma colombe;
J'en ai juré ma foi.
Cette année enfin tu viendras habiter Beyrie,
Là je te donnerai glands et maïs pour te rassasier.

— Abondance de maïs c'est heureux
Quand on s'en nourrit en liberté.
Pour moi, la faîne du mont Orhi m'est nourriture préférable :
Aussi j'y vole, quittant la France pour échapper aux Anglais.

— Colombe, rassure-toi :
L'Anglais ne pénétrera pas en France;
De Grammont les anéantit à mesure qu'ils abordent à Bayonne.
Non, aucun de ces hommes aux longues culottes n'arrivera jusqu'à
[Beyrie.

— J'ai confiance en vos paroles,
Mais plus encore dans mes ailes.
Aux Anglais, s'ils arrivent, faites mes compliments;
J'en dirai autant de votre part aux Espagnols gorges-rouges [1].

---

[1] C'est-à-dire décolletés et la gorge brûlée par le soleil.

— Meçuler naiça ni uzten?
Ene sariac hola hesten?
Enaic ez beste behin bortian hotz eraciren,
Ez ere hic beste ourthian hire irrigarri emanen.

Urço ederra, airian
Arhin bahoa bortian.
Jaun larru chouriac hiri mintzo auherrian,
Hire adin heiñeco gutic lumac garbi hen caloian.

— Me prend-on pour un commissionnaire?
Est-ce ainsi que tu romps mes filets?
Non, non, une autre fois tu ne me feras pas grelotter dans les montagnes,
Ni l'année prochaine je ne te serai point un objet de risée.

Belle colombe, dans les airs
Ton vol rapide passe les ports.
Les seigneurs à peau fine en vain te parlent,
Tu sais qu'oiseaux de ton âge et de ta naissance bien peu nombreux
[gardent pur leur plumage dans les colombiers.

AMOUR ET DEVOIR.

Argument.

Ce morceau a été publié par M. Chaho, qui fait précéder sa traduction des observations suivantes :

« La romance de la Bien-aimée nous a dit les regrets d'un amant qui pleure sa fiancée; celle de la première Fleur nous a offert le récit d'une séduction libertine gaiement et spirituellement dédaignée par une jeune fille; le chant plaintif du Rossignol nous a raconté les suites d'une première faute tardivement réparée au pied de l'autel. Nous allons continuer de parcourir les situations diverses de ce drame social, toujours le même et toujours attachant, qui a pour acteurs la jeunesse et la beauté, et que nous pourrions intituler : *Amour et Mariage*. Ce chapitre poétique, traité au moyen de la reproduction fidèle des improvisations populaires, occupera une des premières places dans le tableau des mœurs et du caractère de la nation basque. Le goût et le caprice des chanteurs, les exigences du rhythme et de la mesure, la vogue qui promène toutes les improvisations d'une province à l'autre, ont pour effet de mêler les dialectes : aussi la romance d'aujourd'hui est loin d'être irréprochable sous le rapport du texte ; mais nous défions que, dans toute l'Europe, on nous trouve, parmi les poésies populaires, les chants des paysans, une pièce qui lui soit comparable, pour la noble simplicité, la vérité des sentiments et des transitions, et le respect profond du devoir [1]. »

AMODIOA ETA DEVOIRRA.

(Baca nafartarr eta laphurtarra.)

Cantorebat berriric
Aphirilan emanic.
Tristeziac harturic nago
Bihotzaren erditic ;
Urzo churibat galduric,
Beguia nago illuni e.

Urzo churi ederra,
Hatxa douakec behera.
Jiten nitzauzu nere phenen
Zuri declaratzera.
Zu zira ene barbera :
Har nezazu sendatzera.

— Sinhets nezazu fedian,
Erraiten dauzudanian
Zu baizican bertze maiteric
Nic eztudala mundian ;
Zer probechu ordian ?
Ez dute nahi etchian.

— Etchecouen contra jouaitia
Ez nuke nahi, maitia.
Etzinukeia nahi oraino
Hobeki informatzia,
Hurrundanic jakitia
Zer duten borondatia ?

AMOUR ET DEVOIR.

(Dialecte navarro-labourdin.)

Cette chanson nouvelle a été donnée en avril. Je suis pris de tristesse par le fond du cœur. Mon œil est triste et sombre, car j'ai perdu de vue ma blanche colombe.

Belle colombe blanche, je soupire pour vous, je me meurs. Je viens vous révéler mes peines. Vous êtes mon médecin : prenez-moi pour me guérir.

— Croyez-en mon serment, quand je vous le répète, que je n'ai dans ce monde aucun autre bien-aimé que vous ; mais quel profit ? on s'y oppose dans notre maison.

— Je ne voudrais point, ma bien-aimée, combattre le vœu des parents. Ne voudriez-vous point encore les sonder de nouveau, rechercher adroitement de loin quelle est leur volonté ?

---

[1] *Ariel*, n° du 27 avril 1845.

— Zuc bezainbat phena seguric,
Sinhets nezazu, badu nic.
Guc alkhar maite izanagatic,
Zer probechu du hargatic;
Badugu bertze nausiric
Guc obeditu beharric.

— Oihanian eder arbola,
Ni ensiteke consola.
Bihotzetic echarzendizut
Nigarrarekin odola.
Ni ez naitake consola :
Hilic ere ezdut achola.

— Jaunaren graziarekin,
Orai badugu zer eghin.
Bihotzetic erraiten dauzut,
Phena handi batekin :
Espousatzecoz zurekin,
Samurra niz ene iendekin.

— Amodio berria,
Hainitz da trumpagarria !
Zuregatic utzi izandut
Nic leheneco maitia;
Orai orotaz gabia,
Desiratcen dut hilzia.

— Ene maitia, zu ere
Etzitela hasarre;
Eghia da eman nauzula
Neure buriaz bai fede :
Phena dut eta dolore
Ezin bertze eghin halere.

— Izanagatic mundia
Gutaz embrasatia,
Ezda cumbeni eri dakizun
Hortaz ezpiritua.
Jndazu sendimenduia,
Balin bazira fermia.

— Urzoa o eztia!
Mintzazale ederra!
Gu algarrekin acort baghira,
Nic ezdut bertzez achola.

— Croyez-moi, assurément mon chagrin égale le vôtre. Il ne nous sert de rien de nous aimer mutuellement; nous avons d'autres maîtres auxquels nous devons l'obéissance.

— L'arbre est beau dans la forêt; moi, je suis inconsolable. Mon cœur est meurtri, mon sang coule avec mes larmes. Je n'aurais aucun regret de mourir.

— Grâce au ciel, maintenant nous avons assez que faire. Hélas! je vous le dis du cœur, avec un chagrin amer : s'il faut que je vous épouse, je suis brouillée avec mes gens (ma famille).

— Amour nouveau, amour perfide et trompeur! Pour vous j'ai quitté ma fiancée d'autrefois; maintenant que j'ai tout perdu, j'appelle la mort.

— Mon bien-aimé, vous aussi n'allez pas vous tourner contre moi. Il est vrai que je vous avais donné ma foi, sur ma tête. Rien n'égale ma peine, ma douleur. Malgré cela, je ne puis faire autrement.

— Quoique le monde s'occupe de nous et nous contrarie, il ne faut pas cependant que votre âme en soit malade à ce point. Confirmez-moi seulement votre amour; répondez-moi de votre fermeté.

— Ramier plein de douceur, ô vous qui parlez si bien! si nous sommes bien d'accord, vous et moi, je n'ai peur de personne. Vous

Iducazu fedia,
Mundian pare gabia.

— Behar ghira beiratu,
Zein gure bider seghitu.
Zure eta ene izaitia
Jincouac oro acabatu.
Adioz beraz, barkhatu.

surtout soyez fidèle, amant parfait et sans rival au monde.

— Faisons attention à nos démarches, suivons chacun nos sentiers. C'est Dieu qui a permis ma destinée et la vôtre. Tout est dit, ici doit finir notre entretien. Adieu, ma belle, pardonnez-moi.

SÉRÉNADE,

PAR M. LE VICOMTE DE BELSUNCE.

Argument.

Pour être l'œuvre de l'un des gentilshommes les plus qualifiés du Pays Basque, la sérénade que l'on va lire n'en est pas moins populaire : la place qu'elle occupe ici n'est donc point usurpée. Sans doute cette pièce appartient à la poésie d'art; mais il suffit de la comparer avec nombre d'autres qui figurent dans notre recueil, pour voir qu'elle est tout-à-fait dans le goût du peuple pour lequel elle a été composée, et pour s'expliquer son succès.

GABAZCO CANTUA.

(Basa nafartarra.)

SÉRÉNADE.

(Bas navarrais.)

Ene izar maitea,
Ene charmagarria,
Ichilic zure ikhustera
Jiten nitzauzu leihora.
Coblatcen dudalaric,
Zaude lokharturic;
Gabazco ametxa bezala,
Ene cantua zautzula.

Mon étoile aimée,
Vous, enchanteresse,
En silence pour vous voir
Je viens sous votre fenêtre.
Pendant que je chante,
Restez endormie;
Pareil à l'astre des nuits,
Que mon chant soit doux pour vous.

Zuc ez nuzu ezagutcen,
Hori ere zaut gaitzitzen;
Ez duzu ene beharric,
Ez eta acholaric.
Hil edo bici nadin,

Vous, vous ne me connaissez pas,
Cela aussi me peine;
Vous n'avez de moi aucun besoin
Ni aucun souci.
Que je meure ou que je vive,

Zuretaco bardin;	C'est indifférent pour vous;
Zu aldiz, maite Maria,	Tandis que vous, Marie aimée,
Zu zare ene bicia.	Vous êtes ma vie.
Amodiozco phena cer cen,	Ce qu'était chagrin d'amour,
Oraino ez nakien;	Je ne le savais pas encore;
Orai ez nuzu bicico	Désormais je ne vivrai plus
Baizic zu maitatceco.	Que pour vous aimer.
Norat den ichurkia,	Par où est la pente,
Harat joaten da ura :	Là aussi s'en va l'eau :
Orobat ni, maitenena,	De même moi, ma plus aimée,
Jiten niz zuregana.	Je viens vers vous.

DEMANDES D'ENTRETIENS D'AMOUR.

Argument.

Chez les Basques, comme ailleurs, l'amour est la grande affaire de la jeunesse, et tous les efforts sont dirigés contre la porte ou la fenêtre qui leur fait obstacle :

> Me retinent vinclum formosæ vincla puellæ,
> Et sedeo duras janitor ante fores.
> (Tibull., eleg. I, v. 55.)

Quelquefois cette barrière cède à leurs suppliantes ardeurs; d'autres fois elle résiste, et l'amoureux en est pour ses pas et ses paroles, jurant de ne plus revenir, ce qui ne l'empêchera pas de les prodiguer encore à la première occasion :

> Magna loquor, sed magnifica mihi locuto
> Excutiunt clausæ fortia verba fores.
> Juravi quoties, rediturum ad limina nunquam?
> Cum bene juravi, pes tamen ipse redit.
> (Eleg. VI, v. 11.)

Tel est le sujet des chansons suivantes, choisies parmi un très-grand nombre d'autres composées sur un thème semblable.

AMODIOZCO SOLASA.

(Suberrotarra.)

Cailla cantuz oguipetic ustaril' agorriletau;
Maitiaganic etcheracuan ourthen entçun dut bostetan.
Amadioac ninderabilan, maitia, çure bortha leihuetan.

Amodioa, amodio nahi duienac har diro.
Nic batentçat hartu dut eta seculan ez dut utcico,
Ez seculan, tombaren barne sarthu artino.

Coucouiac umiac chilho chipian haritçaren gainian.
Ama, nic ere nahi ezcondu adinac ditudanian.
Ene lagunac eguinac dire juan den aspaldi handian.

Primaderian çoin den eder brioninaren loria!
Aspaldian ez dut ikhousi neure maitiaren beguia;
Balinba gaichua orhoit ahalda niri eman çautan fedia.

— Orhoitcen nuçu, orhoitcen, ez çautaçu ahanzten.
Magdalena batecheçan bat munduian dut sofritcen,
Jaten dudan oguia ere nigarrez dut trempatcen.

COLLOQUE AMOUREUX.

(Dialecte souletin.)

La caille chantait en juillet et en août dans les champs de froment;
Lorsque je retournais cette année de chez mon amie, je l'ai entendue
[avec plaisir cinq fois.
L'amour me poussait, amie, vers votre porte et votre croisée.

L'amour qui veut avoir de l'amour peut en avoir [1].
Je me suis épris d'amour pour une jeune fille, jamais je ne la quitterai,
Non, jamais, jusqu'à ce que je descende dans la tombe.

Le coucou met ses petits dans un petit trou sur la cime du chêne.
Mère, je veux aussi me marier quand j'aurai l'âge.
Mes camarades sont mariés il y a déjà longtemps.

Que la fleur de la violette est belle au printemps!
Il y a longtemps que je n'ai vu l'œil de ma bonne amie;
Peut-être la pauvre se souvient-elle de la foi qu'elle m'a jurée.

— Je m'en souviens, oui, je m'en souviens, je ne l'ai point oublié.
Je souffre dans le monde autant qu'une Madeleine peut souffrir,
Je mouille de mes larmes même le pain que je mange.

[1] Le 509ᵉ des proverbes recueillis par Oihenart est ainsi conçu :
   Maitazeac maitaze du barze. (L'amour se paie par l'amour.)

— Gaua ilhun, bidia luce, ez deia pena handia?
Çure ikhoustera jiten guira, izar charmagarria;
Bortha idecaguçu, çu tendreciaz bethia.

Gaua ilhun içanagatic argui mentsic ez dugu :
Izar charmagarri hura leihuan omen dagoçu;
Gu etchian sarthu artino, harc arguituren deraicu.

— La nuit est sombre, longue est la route, n'est-ce pas une grande
Nous venons vous voir, étoile charmante;   [peine?
Ouvrez-nous la porte, ô vous pleine de tendresse!

Quoique la nuit soit obscure, il ne nous manque pas de lumière :
Cette étoile charmante se tient, dit-on, à sa croisée;
Jusqu'à ce que nous soyons entrés dans la maison, elle nous éclairera.

SUJET BERA.

(Basa nafartarra.)

Zazpi urzo badohatci hamalaur hegalez,
Oihanian baitira haciren ezcurrez :
Ene bihotza da bethea dolorez
Çure begui eztiac ikhusi beharrez.

Mundu huntan bada nescato ederric;
Bainan ez dut ikhusten çuri pare denic.
Gaur çurekin egoiteco fortuna banu nic,
Bihotzeco doloren ez nuke beldurric.

— Cembat ere baitakic ederki mintçatcen,

MÊME SUJET.

(Dialecte de la basse Navarre.)

(Je vois) sept ramiers planant sur leurs quatorze ailes,
Dans la forêt allant se nourrir de glands :
Mon cœur accablé de chagrins (est aussi en proie)
Au besoin de voir vos doux yeux.

Sur mes pas j'ai rencontré de belles filles;
Mais je n'en vois point qui vous égalent.
Si pendant la soirée j'avais chance de vous entretenir,
Des chagrins du cœur je n'aurais plus souci.

— Malgré les accents flatteurs de ton beau langage,

Ez nuc ez, hic uste beçain aise, trompaturen;
Eguian mintça nadin, erraiten deraiat :
Orai logale bainiz, juan hadi etcherat.

— Logale ciradeia, maitea, logale :
Orai ezagutcen dut ez nuçula maite.
Çaharren erranetan eguia guerthatcen :
Placerrari changrina ez dela faltatcen.

Santa-Catalinaren ondoco igandean,
Maitia, orhoit cireia cer hitz eman cindautan?
Gau hotz terrible huntan çuganat nuçu jin :
Bortha idecadazu barnerat sar nadin.

— Ama dizu ohean, et'aita sukhaldean;
Heien bien artetic borthala ecin jin.
Ichilic egoiteco heia eguiçu cin,
Bortha idekiren dut placer bacina jin.

— Oihanean cein eder den iratce berdea!
Bi hitz eguiteco banuke lehia;
Ichilic egoitera ni ez naiz hunat jin :
Bortha idecadazu, barnerat sar nadin.

———

Non, non, aussi facilement que tu penses tu ne pourras pas me tromper;
Et même pour te parler avec franchise je te dis :
J'ai sommeil à présent, retire-toi dans ta demeure.

— Vous avez sommeil, amie, vous avez sommeil :
Maintenant je comprends que vous ne tenez plus à moi.
Des anciens le dicton se trouve vrai,
Qu'au plaisir le chagrin jamais ne manque.

Le dimanche suivant de Sainte-Catherine,
Amie, vous souvenez-vous quelle promesse vous m'aviez faite?
Dans cette nuit froide et cruelle vers vous je suis venu :
De grâce ouvrez-moi que dans votre maison j'entre.

— Ma mère, je l'ai au lit, et mon père au foyer;
Leur présence m'empêche d'aller jusqu'à la porte.
Jurez de rester sans parler,
Et la porte vous sera ouverte, s'il vous plaît d'accepter.

— Dans les bois combien me plaît la fougère verte!
Vous dire deux seuls mots me serait aussi agréable;
Mais pour rester en silence ici je ne suis pas venu :
La porte ouvrez-moi donc, que dans la maison j'entre.

SUJET BERA.

(Basa nafartarra.)

Arthizarra jalguiten da goicetan lehenic;
Hura dela diote ororen ederrenic;
Lurrian ikhusten dut bat ederchagoric,
Ceruan ere ez baitu harc bere pareric.

Izar ederra, cira charmaz betheric;
Ni ez naiteke bici çu ikhusigaberic :
Bortha idek'adaçu ene amoreagatic,
Etchecoac ohean baitira engoitic.

— Bortha idekiren dut çuri;
Bainan trompa neçaçun beldur niz hargatic :
Jaun gazte chapeldunetan confidatu denic,
Nic ez dizut ikhusten trompatu ez denic.

— Certaco mintço zira beraz eni hola?
Ez dakizua çuc guiçon galant bat naicela ?
Çuc ez dakizua bada galduco ez çaitudala,
Tromperiaric seculan phenxatu ez dudala?

MÊME SUJET.

(Dialecte bas navarrais.)

L'étoile du matin se lève à l'horizon la première;
Elle est, dit-on, de toutes la plus belle;
Mais sur la terre j'en vois une plus belle encore,
Qui au ciel n'a pas sa pareille.

Belle étoile, vous êtes pleine de charmes;
(Pour) moi, je ne pourrais plus vivre sans votre présence :
Ouvrez-moi donc la porte au nom de l'amour,
Puisque vos parents sans doute sont dans le sommeil.

— J'ouvrirai la porte au nom de l'amour;
Je crains cependant que vous ne me trompiez :
De celles qui ont eu confiance en de jeunes messieurs portant [chapeaux,
J'en vois peu qui n'aient pas été dupes.

— Pourquoi donc me parlez-vous sur ce ton?
Ne savez-vous donc point que je suis homme d'honneur?
Ne savez-vous pas que je ne veux point vous nuire,
Que je n'ai jamais conçu de fourberies dans mes pensées?

ENTRETIENS D'AMOUR.

Argument.

Les deux morceaux qui suivent ont été recueillis par M. Boucher de Perthes, qui les fait précéder de ce récit :

« Je me trouvais un jour à Espelette, gros village du pays de Labourt, à trois lieues de Bayonne, pendant le temps de la fête. La journée avait été des plus brillantes et des plus bruyantes. Aux cérémonies religieuses auxquelles les Basques ne manquent pas d'apporter toute la pompe et le recueillement possibles, avaient succédé la danse, la paume et tous les plaisirs d'usage. Les sauts basques et les contredanses avaient été suivis de la *farandole*, qui ne se danse que dans les grandes occasions. Une longue file de danseurs et de danseuses se tenant par le bout de leurs mouchoirs, avait parcouru les rues du village, précédée du *chiroula* et du tambourin. Celui qui conduisait la file (le roi de la tête) et le dernier de tous (le roi de la queue) faisaient tous les frais de la danse; de temps à autre le cortége s'arrêtait pour leur laisser le loisir de montrer leur savoir-faire, et alors ils s'évertuaient à qui mieux mieux, à la grande satisfaction de tous les assistants, qui les admiraient dans le même recueillement silencieux avec lequel ils avaient assisté au service divin et écouté les chants d'improvisation. Leur danse ne brillait pas beaucoup par la grâce et le fini des pas : un mouvement perpétuel de jambes et de pieds faisait le fonds de leur talent, qui, certes, devait bien peu de chose à l'art....

« La nuit avait mis fin à ces divertissements; la place et les rues, devenues presque désertes, n'étaient plus fréquentées que par quelques hommes qui sortaient des cabarets et se retiraient chez eux en poussant de temps à autre de ces gloussemens prolongés si familiers aux Basques, auxquels répondaient d'autres cris semblables qui partaient de l'intérieur des maisons, et attestaient que d'autres moins sobres se proposaient de fêter la bouteille une partie de la nuit. De retour à l'auberge, nous n'avions pas voulu nous retirer tout de suite, et nous étions restés sur la porte pour jouir encore quelque temps de la fraîcheur du soir et de la beauté de la nuit, lorsque notre attention fut attirée par des chants plus doux et d'un caractère tout autre que ceux que nous venions d'entendre. Ils partaient de l'extrémité de la rue. Nous nous y rendîmes, et nous vîmes un groupe nombreux de jeunes gens, au milieu desquels un individu chantait des stances qu'il paraissait adresser à une troupe de jeunes filles rassemblées sous cette espèce de vestibule extérieur que le paysan basque manque rarement de laisser au rez-de-chaussée de sa maison. La rue tout entière séparait les deux groupes, sans qu'aucun de ceux qui les composaient parût chercher à franchir cet intervalle et à se rapprocher. Les jeunes filles reprenaient à la fin de chaque stance, et chantaient en chœur une sorte de refrain. Pendant ce temps, le chanteur, rappelant ses idées, trouvait dans sa tête basque le sujet d'un autre couplet, auquel on répondait de la même manière. Combien je regrettai alors de ne pas comprendre assez la langue pour retenir quelqu'une de ces improvisations, car ces chants n'étaient pas plus préparés que ceux qui avaient été inspirés par la gaîté du repas. Je voulus en vain me procurer après coup de ces paroles. Les auteurs eux-mêmes les ont oubliées avant qu'ils aient cessé de chanter, et celles qu'ils pourraient vous donner ne seraient déjà plus les mêmes [1]. »

Après M. Boucher de Perthes, les deux mêmes chansons ont été publiées de nouveau par un Allemand, Wilh. von Lüdemann, qui les a sûrement puisées dans l'ouvrage de notre compatriote, quoiqu'il n'en dise rien. Loin de nous autoriser de cette omission pour traiter pareillement l'auteur du Voyage dans les montagnes et les vallées des Pyrénées, nous reviendrons sur lui, peut-être plus qu'il ne le voudrait lui-même. La seule grâce que nous lui ferons, sera de l'exécuter en note, assisté de M. de Belsunce [2].

---

[1] *Souvenirs du Pays Basque*, etc., p. 55-57.
[2] Lüdemann prouve, avant d'aborder les chants et l'article grammatical des Euscariens, qu'il a bien légèrement, bien superficiellement regardé ce qu'il a vu, écouté ce qu'il a entendu. Il dit, p. 282, en parlant d'eux : « Ce peuple se donne lui-même le nom de *Vask* (de *vasoc*, homme); les contrées environnantes le nomment *Basques* ou *Basquettes*. » Il peut se faire que *vasoc* signifie *homme* dans une langue connue de M. Lüdemann; mais les Basques ne se donnent pas ce nom, puisqu'ils s'intitulent *Escualdunac*, qui ne semble pas tirer son étymologie de *vasoc*. Quant aux voisins de ce peuple, on sait qu'ils n'appellent

Maintenant nous aurions bien quelque chose à dire sur les chansons dont on vient de lire la préface, nommément sur le nom d'*étoile* que le poëte donne à sa bien-aimée; mais nous avons été un peu long, et, suivant une recommandation, bien triviale sans doute, il ne faut pas s'amuser aux bagatelles de la porte. Nous remettons donc à plus tard un rapprochement que pourraient seuls faire les amis, trop rares, hélas! de notre ancienne poésie française.

AMODIOZCO SOLASA.
(Basa nafartarra.)

Izarr batec cerutic claritatez betheric
Gauaz arghitcen du ororen gainetic;
Dudatcen dut badujenetz mundu huntan parcric.

ENTRETIEN D'AMOUR.
(Bas navarrais.)

Une étoile pleine des clartés du ciel
La nuit brille par dessus toutes les autres;
Je doute qu'elle ait dans le monde sa pareille.

Basquettes que ses femmes, encore par une sorte de diminutif du nom plus rationnel et plus général de *Basquaises*. Et, malgré ces hérésies, l'auteur dit à la fin du même alinéa qu'il a vécu un certain laps de temps parmi les Basques. Quant aux prétendues tables de bronze placées à Hasparren par un proconsul romain et conservées naguère encore dans l'église, elles n'ont jamais existé que dans les rêves de quelques songe-creux. — Nous ne dirons pas la manière impitoyable dont Lüdemann écorche les noms de localités, beaucoup de mots de la langue et son orthographe; nous ferons remarquer seulement deux choses: la première, c'est qu'il donne *zangoa*, qu'il écrit *sangua*, pour la traduction de *pied*, tandis que ce terme signifie *la jambe*, et qu'il rend par ces derniers mots *astalla*, mieux écrit *aztala*, qui veut dire *le talon*. *Pied* se dit *oina*. Comment se fait-il ensuite qu'après avoir traduit *laeguindut* (je suis sa vicieuse orthographe) par *j'ai dormi*, et *lo-nago* par *je dors*, il puisse se résoudre à écrire *ni laeguindut nago* comme signifiant *j'ai dormi* ? Il dit plus loin *lau-eguinen-dut-nago*, après avoir dit avec raison, si ce n'est pour l'orthographe, *laeguinendut*, je dormirai; et, persistant dans son inexplicable erreur, il donne comme chose extrêmement remarquable dans la conjugaison *lau-eguinen-dut-nago*, ce qui est intraduisible et incompréhensible autrement qu'ainsi : *je dormirai, je reste*; de même que pour *lau-eguin-dut-nago*, j'ai dormi, je reste. On ne comprend pas qu'un homme, qui d'ailleurs écrit de bonnes choses et les narre bien, puisse admettre une conjugaison assez inqualifiable pour amalgamer, dans un même temps et une même signification, un indicatif présent avec un passé et un futur, et en faire le complément de ces deux temps. Le simple bon sens en dit l'incompatibilité. — Je suis bien certain aussi que la *Graziosa* dont il parle (p. 320), la fille de son hôte à Ustaritz, ne lui a jamais demandé : *ansta cira, jauna*? mais bien *nola*, ou encore *certan zira*? *Ansta* n'a aucune espèce de signification, tandis que, avec un des deux autres mots, cela devient : *Comment vous portez-vous*? — Enfin, p. 327, Lüdemann fait le maréchal Harizpe natif d'Ustaritz, tandis qu'il est de Saint-Jean-Pied-de-Port, ou plutôt du village de Lacarre, dont il acheta le château sous la restauration.

Izarr haren beguia hain da charmagarria,
Coloriac churi gorri perfectiones bethea,
Eria ere senda liro haren beguitarteac.

Urzo churia, errazu, norat joaten zira zu?
Espaniaco mendiac oro elhurez dituzu;
Gaurco zure ostatu gure etchean baituzu.

— Ez nu icitzen elhurrac, ez eta ere gau ilhunac;
Zuregatic pasa nitzaque gauac eta egunac,
Gauac eta egunac, desertuan oihanac.

— Urzoa eder airean, ederrago mahaian.
Zure parerican ez da Espania gucian,
Ez eta Francian, iguzkiaren azpian.

Eri nuzu bihotzez, erraiten dautzut bi hitzez;
Sukhar malinac harturic nago, ez zintuzkedan beldurrez.
Charmagarria, sendo nezazu, hil ez nadin dolorez.

L'œil de cette étoile est si plein de charmes,
Ses couleurs rose et blanche si pleines de perfection,
Qu'un de ses regards guérirait même un malade.

Blanche colombe, dites, où allez-vous?
Les montagnes d'Espagne sont couvertes de neige;
Ce soir votre hôtel est dans notre maison.

— Je ne crains ni la neige, ni l'obscurité des nuits;
Pour vous je traverserais nuit et jour,
Nuit et jour, les forêts les plus désertes.

— La colombe (est) belle dans l'air, plus belle sur la table.
Votre pareille n'existe pas dans toute l'Espagne,
Ni dans la France, ni sous le soleil.

J'ai le cœur malade, je vous le dis en deux mots;   [tenir.
Je suis en proie à une fièvre maligne, de peur de ne pas vous ob-
Ma charmante, guérissez-moi, afin que je ne meure pas de douleur.

SUIET BERA.   MÊME SUJET.

(Suberotarra.)   (Souletin.)

Urac harria boillatcen,   L'eau jaunit la pierre,
Urriac cilharra du doratcen: L'or dore l'argent:
Ni maitenenarenganat joaiten,   Moi, je cours vers mon aimée,

Neure penac hari erraiten,	Je lui dis mes peines,
Certarainocouan dudan sofritcen;	Jusqu'à quel point je souffre;
Guero barec bainu consolatcen.	Car ensuite elle me console [1].
— Ene maitia, orai nic	— Mon aimé, maintenant moi
Nahi nuke jakin çoure ganic	Je voudrais savoir de vous
Ceren cerabiltzan orela tristaturic.	Ce qui vous tient ainsi attristé.
Zure so eztiac oro galduric,	Ayant perdu tous vos doux regards,
Ala baduzun beldurcunduric,	Auriez-vous peut-être l'appréhension
Maitatia dudan zutaz besteric?	Que j'aimerais un autre que vous?
— Balimbanago tristeric,	— Si me voilà en tristesse,
Ez niagozu arrazoiñ gaberic.	Je n'y suis pas sans motif.
Lurrian sathorra biciric;	La taupe peut vivre sous la terre;
Beraz cer egunen deraut placeric,	Mais moi, quelle chose pourrait me plaire,
Galduz gueroztican bistatic	Depuis que je n'ai plus sous les yeux
Maite bat zoinac ezbaitu pareric?	Une aimée qui n'a pas sa pareille?
Arrosac eder ostua,	La rose a une belle feuille,
Lurraren barnian du errua;	Et sa racine est bien avant dans la terre;
Usaina gocho izanagatic,	Mais malgré la douceur de son parfum,
Mudatzen da gaichua.	La pauvrette est éphémère.
Jendiac ere nabi errenagatic,	Malgré les dires du monde,
Nic zourezat amodioa.	Moi pour vous (j'aurai toujours de la) tendresse.

LE REFUS.

Argument.

La pièce suivante, dont M. Chaho a donné l'analyse et des extraits [2], retrace un épisode d'amour; on y voit un prétendant éconduit par sa belle. Le rossignol dont il y est question est probablement un poëte de village, dont le jeune homme s'était pourvu pour plaider sa cause auprès de l'objet aimé et la gagner par le charme des vers.

ERREFUSA.	LE REFUS.
(Suberotarra.)	(Dialecte souletin.)
Chori, erresiñoula,	Oiseau, rossignol,
Hots, emac eneki	Allons, viens avec moi
Maitiaren etchera	A la maison de mon aimée

---

[1] Sous-entendu, *par le discours suivant.*
[2] *Voyage en Navarre*, etc., chap. IX, p. 356-358.

Biac algarreki.	Tous deux ensemble.
Guero duc erranen	Ensuite dis-lui
Botz eztiareki,	De ta voix douce,
Haren maitenen	Que de ceux qui l'aiment
Bat dela hireki.	Un est avec toi.
Heltu guinenian	Quand nous fûmes arrivés
Maitiaren etchera,	A la maison de l'aimée,
Horac hasi ceizkian	Les chiens commencèrent
Champhaz heiagora.	A aboyer avec ardeur.
Hantic nintzan joan	De là je courus
Bertan gordatcera,	Vite me cacher,
Erresiñoula igain	Et le rossignol se percha
Zuhaiñ baten gaira.	Sur un arbre.
Maitenac leihotic :	L'aimée de sa fenêtre (dit) :
« Nonco cirade, çu? »	« D'où êtes-vous, vous? »
— « Ez diçut etchondoric :	— « Je n'ai point de toit paternel :
Barca izadaçu.	Excusez-moi.
Hanitz egarrituric,	Pressé par une soif ardente,
Hebenti nabilaçu :	Par ici j'erre :
Uthuribat, othoitzturic,	De grâce, une source
Eracats zadaçu. »	Indiquez-moi. »
— « Egarri izanagatic,	— « Que la soif vous tourmente,
Ez da miracullu :	(Ce) n'est pas merveille :
Egunco egunetic	Pendant cette journée
Berosco eguin du.	La chaleur était grande.
Heben uthurri hunic	Dans les environs les bonnes sources
Hambatic ez dugu ;	Sont rares ;
Çuc galdatcen duçunic,	Et celle que vous demandez,
Gure behara dugu. »	Nous en avons besoin. »

LA SÉPARATION.

Argument.

Battu dans une partie de paume où se trouvaient engagés des paris considérables, le jeune Betiri quitte à bas bruit Sare, théâtre de sa défaite, et s'embarque pour les Antilles. Tout porte à croire qu'il s'appliqua à se faire oublier, il paraît même qu'il ne donna plus de ses nouvelles; mais un ami, qui connaissait le cœur de l'exilé et l'amour qu'il gardait pour la jeune Magna, se fit l'interprète des deux amants. Pour rendre les sentiments qu'ils devaient éprouver au moment de leur séparation, il imagina une dernière entrevue qui n'avait pas eu lieu, et composa un dialogue répandu aujourd'hui dans tout le Pays Basque. Si l'on fait attention à la grâce et au pathétique qui règnent dans cette petite scène, on verra qu'elle n'est point indigne d'un pareil honneur.

Je l'ai empruntée à un article de M. J. Duvoisin sur le jeu de paume, inséré dans l'*Album pyrénéen* [1]. S'il faut en croire l'écrivain, l'auteur des vers qui suivent était un certain Christoval d'Oyhanto, poëte en renom dans son pays. Ils ne seraient pas plus vieux que 1830.

BEREZCUNZA.
(Basa nafartarra.)

BETIRI.

Orai hasten naiz cantatcen, nere penen declaratcen.
Eztitasunez bethe lili bat aspaldi dut adoratcen;
Harenganican urruntceaz bihotza zait erdiratcen.

Adios, nere maitea, nere penen ithurria.
Zureganican urruntcea, iduritcen zait hiltcia.
Behin-bethicotzat jinen nuzu, galtcen ez badut bicia.

MAÑA.

Cer derautazu erraiten? Orai nauzula kitatcen?
Egunac urthe iduritcen zaizkit, nun etcitudan ikhusten.
Zu galduzgueroz guelditueren naiz, pena changrinez ihartcen.

LA SÉPARATION.
(Dialecte bas-navarrais.)

BETIRI.

J'entonne un chant, c'est le chant de mes douleurs. Depuis longtemps j'ai consacré mon amour à la plus douce des fleurs, et maintenant mon cœur se brise en s'éloignant d'elle.

Adieu, amante chérie, fontaine de mes douleurs. M'éloigner de vous m'est aussi cruel que de mourir; mais un jour, si je ne perds pas la vie, je reviendrai près de vous, et ce sera pour jamais.

MAGNA.

Oh! que me dites-vous? Que vous allez me quitter? Les jours que je ne vous vois pas me sont longs comme des années. Quand je vous

[1] 2me année. Pau, impr. et lithogr. de É. Vignancour, 1841, in-8°, p. 343, 344.

Sei urthe complitcen ditu cinitudala maitatu ;
Hamabortz urthe ez nituen, zuc hamazazpi complitu.
Guerostic hunat amodioac zure esclabo eguin nu.

BETIRI.

Ez da esclabotasunic nerea pasatcen duenic.
Amodioa etorri zait zuri bezala goizdanic ;
Mundu huntan ez dut izanen zu baicen berce maiteric.

MAÑA.

Urhe erreztun bat badut nic zure escutic izanic ;
Hura nigarrez mainhatu gabe ez dut pasatcen egunic.
Mundu huntan ez dut izanen bertce consolagarriric.

BETIRI.

Nic balinbanu ahalic, airean joateco hegalic,
Maitearengana joan nindaite, ixasoaren gainetic ;
Haren bi besoen erdira artio, nic ez baituket pausuric.

Ixasoaren erdian, ora memento gucian,
Zure othoitcen behar naiteke, elementaren azpian,
Maluric gabe arriba nadin salbamenduco portuan.

---

aurai perdu, je resterai en proie aux chagrins, à tous les maux ; je dessécherai sous leur souffle aride.

Il y a six printemps que je vous aimai ; alors encore je n'avais pas quinze ans, à peine en aviez-vous dix-sept. Dès ce jour l'amour me fit votre esclave.

BETIRI.

Il n'est point d'esclavage aussi poignant que celui que j'endure. Comme vous, j'aimai dès ma tendre jeunesse, et vous seule, en ce monde, serez l'objet de mon amour.

MAGNA.

Je porte à mon doigt un anneau d'or que je reçus de vous ; chaque jour, je le baigne de mes larmes. Vous seul, en ce monde, pourrez me consoler.

BETIRI.

Ah ! s'il m'était donné de fendre l'air comme l'hirondelle, je m'élancerais au-dessus des mers, vers ma bien-aimée ; il n'y aurait pour moi aucun repos que je ne l'eusse serrée dans mes bras.

Quand sur la mer, au sein de la tempête furieuse, le danger me pressera à toute heure, à tout instant du jour, ah ! priez, priez, afin que je puisse atteindre sain et sauf le port du salut.

PLAINTE AMOUREUSE.

Argument.

En proie au chagrin que lui cause l'absence de sa maîtresse, un amant appelle un oiseau qui semble avoir disparu avec elle. L'oiseau chante; mais ses accents, au lieu de calmer la douleur de l'infortuné, ne font que l'irriter davantage, et il l'exhale avec amertume.

Cette chanson, probablement incomplète et ancienne, moins cependant que l'annonce M. Chaho, qui la fait remonter jusqu'à l'antiquité [1], en rappelle une de Despourrins, dont voici le premier couplet :

> Roussignoulét qui cantes
> Sus la branque paüsat,
> Qué't plats et qué't encantes
> Aüprès dé ta mieytat.
> Et you plé dé tristesse,
> Lou cô tout enclabat,
> En quittan ma mestresse,
> Parti désesperat.

(*Chansons et airs populaires du Béarn*, recueillis par Frédéric Rivarès. Pau, E. Vignancour, sans date, grand in-8°, n° 24, p. 49.)

AMOROS BATEN AUHENA.	PLAINTE AMOUREUSE.
(Suberotarra.)	(Dialecte souletin.)
Chori, cantaçale ejerra,	Oiseau, chantre charmant,
Nun othe hiz cantatcen?	Où peux-tu être chantant?
Aspaldian hire botcic,	Depuis longtemps de tes accents,
Nic ez diat entçuten;	Moi, je n'en entends plus;
Ez orenic, ez mementic,	Ni heure ni moment
Ez diat igaraiten	Je ne passe
Hi gabe gogora.	Sans t'avoir présent à l'esprit.
Chori, cantari ejerra,	Oiseau, chanteur joli,
Canta ezac eztiki :	Chante à voix plus basse :
Mundiala malerousic	Au monde de malheureux

---

[1] Voyez ci-dessus, p. 220, en note. La version publiée par M. Chaho offre quelques variantes.

Ez duc sorthu ni baicic.	Il n'est point d'autre né que moi.
Erran gabe adio eni,	Sans me dire aucun adieu,
Phartitu hiz herriti :	Tu as quitté le pays :
Harc ditac bethi nigarra.	Depuis lors, je suis toujours dans les [larmes.

L'AMANT SUPPLIANT ET REPOUSSÉ.

Argument.

Je ne puis rien dire sur cette pièce, si ce n'est faire remarquer le nom d'*étoile* donné par l'amant à la maîtresse qu'il appelle dans la nuit. De même Aucassin, à la recherche de Nicolette, la compare à l'un de ces astres : « Et il garda parmi un trau de le loge, si vit les estoiles el ciel, s'en i vit une plus clere des autres, si commença à dire :

> Estoilete, je te voi
> Que la lune trait à soi ;
> Nicolete est avec toi,
> M'amiete o les blont poil.
> Je quid que Dix le veut avoir, etc.
>
> (*C'est d'Aucasin et de Nicolete*, parmi les *Nouvelles françoises en prose du XIIIe siècle*, p. 285.)

Cette comparaison d'une maîtresse avec une étoile, dont je ne connais pas d'autre exemple dans notre ancienne littérature, est un des lieux communs de la poésie basque; on la retrouve dans une aubade publiée en bas navarrais et en français par M. Cénac Moncaut [1].

AMOROSA OTHOITZILE ETA GUIBELATUA.

(Suberotarra.)

> Gabaz ilhun euria denian,
> Bai eta ilhun euria denian.

L'AMANT SUPPLIANT ET REPOUSSÉ.

(Dialecte souletin.)

> La nuit est sombre quand il pleut,
> Oui, et bien sombre par la pluie.

---

[1] *Histoire des Pyrénées*, etc., t. V, p. 325.

Ilhun içana gatic euria denian,
Gogua aleguera dut çureganat jitian.
Izarr charmagarria, oherat joan cireia?
Oherat ez bacira joan, so eguiçu leihora.
Çure mintçatceco nic dicit desira,
Aspaldi handian hemen bai nabila.

— Ez dicit idokitcen gabaz nic leihoric,
Ceren eta baitut anhitz ichterbegui;
Eta çu ere bertciac iduri :
Ni ez naiz fidatcen nehori.

— Izarr charmagarria, fida cite niri :
Ez derautçut eguin nahi nic obenic çuri;
Othoitz eguin neçake belhaunicaturic
Amodioa çuc enetaco harciagatic.

— Ez dicit idokitcen gabaz nic leihoric.
Othoitz eguinen duçu çuc, placer baduçu;
Bainan ene peguilic seculan ez duçu.
Berce cembeitendaco othoitzac eguinzkitçu.

———

Malgré les ténèbres et les pluies,
J'ai le cœur content quand je viens à vous.
O mon aimable étoile! êtes-vous couchée?
Si vous n'êtes pas dans votre lit, regardez à la fenêtre.
De vous parler je sens le désir,
Déjà depuis longtemps ici je rôde.

— Je n'ouvre point de nuit mes fenêtres,
Parce que j'ai beaucoup trop d'envieux;
Et vous aussi aux autres vous êtes semblable :
Moi, je ne puis avoir confiance en vous.

— Étoile charmante, ayez confiance en moi :
Je n'ai dessein de vous faire aucun tort;
Je vous supplierais volontiers à deux genoux
De vouloir bien concevoir quelque amour pour moi.

— Je n'ouvre point de nuit mes fenêtres.
Faites des supplications, si cela vous plaît;
Mais il n'y a pas de danger que vous m'ayez jamais.
Pour quelque autre allez adresser vos prières.

RÉCRIMINATIONS AMOUREUSES.

Argument.

Dans la première des deux chansons que nous avons réunies sous le même titre, une Basquaise, moins tendre que Juliette, avertit son Roméo de l'approche du jour et l'invite à se retirer. Ainsi renvoyé, l'amant exhale sa jalousie et donne cours à ses plaintes, qui ne tardent point à céder la place à une ardente supplication.

La comparaison qui remplit le troisième couplet est un exemple du sentiment poétique que l'on trouve à un si haut degré chez les Basques. Je suis tenté de la mettre en regard d'une autre comparaison que je trouve dans l'Histoire ecclésiastique de Bède, et qui est particulièrement belle. Lorsque Paulinus prêchait les doctrines du christianisme à la cour du roi Edwin, l'un de ses nobles se leva et dit : « Tu as vu, ô roi! lorsque le feu flambait, que la salle était chaude et que tu étais assis à la fête au milieu de tes nobles, pendant que la tempête de l'hiver rugissait au dehors et que la neige tombait, tu as vu le moineau solitaire passer en volant, et disparaître par une porte en même temps qu'il entrait par l'autre. Pendant qu'il est dans la salle, il ne sent pas la tempête; mais après l'espace d'un moment, il retourne d'où il est venu, tu ne le vois plus et tu ne sais pas où ni à quoi il est exposé. Telle, à ce qu'il me semble, est la vie de l'homme, et nous ne savons ni d'où nous venons ni où nous allons [1]. »

La deuxième chanson, dont le premier couplet paraît seul avoir quelque valeur poétique, débute par les plaintes d'une promise à son fiancé, qui, après s'être assuré de son cœur, la néglige. Les deux derniers couplets sont la réponse de l'accusé, qui commence par louer les charmes de sa belle, pour détruire ensuite ses soupçons. Il la compare au soleil plus formellement qu'elle ne l'avait fait elle-même en lui parlant, et la proclame la plus belle des fleurs, par des métaphores employées d'une façon si charmante dans une chanson serbe.

---

[1] *Eccles. Hist. gentis Anglorum*, lib. II, cap. XIII.

Un amant, ébloui de la beauté de sa fiancée, lui dit en la contemplant : « Jeune fille, ma rose vermeille, quand tu t'es épanouie, sur qui avais-tu les yeux fixés? As-tu grandi en regardant le mélèze, ou en regardant le svelte et haut sapin, ou bien en pensant à mon frère le plus jeune? » — « O mon brûlant soleil! je n'ai point grandi en regardant le mélèze, ni en considérant le svelte et haut sapin, ni en songeant à ton frère le plus jeune; mais j'ai grandi, ô mon fiancé! les yeux fixés sur toi [1]. »

AMOROS BATEN GAIZKIAC.

(Basa nafartarra.)

Arguia dela dioçu;
Gau erdi oraino ez duçu.
Enekilaco dembora luce iduritzen çaitçu;
Amodioric ez duçu, orai çaitut eçagutu.

Oficialetan duçu,
Çure sinheste gucia.
Aitac eta amac ere hala dute guticia.
Lehen bat eta orai bertcea : oi, hau penaren tristia!

Othea lili denean,
Choria haren gainean;

RÉCRIMINATIONS AMOUREUSES.

(Dialecte de la basse Navarre.)

Il est jour, dites-vous;
Il n'est pas encore minuit.
Le temps que vous passez avec moi vous paraît long;
Vous n'avez pas d'amour, maintenant je vous connais.

C'est dans les artisans
Que vous avez mis votre confiance.
Vos père et mère ont aussi le même désir.
Tantôt l'un, tantôt l'autre : oh! que c'est triste!

Lorsque l'ajonc est en fleur,
Les oiseaux se posent dessus;

---

[1] Chanson du recueil de Vuk Stephanovitch, traduite par M. Cyprien Robert. (*Revue des Deux-Mondes*, 1853, p. 1171.)

Hura joaitean airean, berac placer duenian :
Cure eta nere amodioa hala dabila mundian.

    Partitu nintzen herritic
    Bihotza alegueraric.
Arribatu nintzan herrian, nigarra nuen beguian.
Har neçazu sahetsian bici naiceno munduian.

———

Ils s'envolent quand ils veulent :
Il en est de même de notre amour.

Je partis de mon village
Le cœur plein de joie.
Quand j'arrivai ici, les larmes me vinrent aux yeux.
Prenez-moi donc à votre côté tant que je vivrai.

———

SUJET BERA.

(Basa nafartarra.)

Oi, crudela! erioraci naiçu,
    Ixueraci naiçu,
Ilhunpian eradukiten naiçu!
Arguituren dela erraiten dautadaçu;
Dembora da bethi pasatcen,
    Secula ez arguitcen.
Nitaz ez achol cirela detaicu marcatcen.

— Çu cira, çu, ekhiaren paria,
    Liliaren floria,

———

MÊME SUJET.

(Dialecte de la basse Navarre.)

O l'impitoyable! vous m'avez blessé,
    Vous m'avez aveuglé,
(Puis) vous me laissez dans les ténèbres!
Vous m'assurez que le jour se fera;
Mais voilà que le temps toujours passe,
    Jamais ne s'éclaircit.
Vous me prouvez que de moi n'avez nul souci.

— Vous êtes, vous, comparable au soleil,
    La fleur des fleurs,

Eta begui ecinago garbia.
Gozatcen dut çoure elhe eztia.
O maitia, entzun eçaçu arra,
　　Çutan dudan garra,
Hambat eni cirade guisa oroz ederra!

Sarthuz gueroz behin bihotzia barna,
　　Cerc dereiçu pena,
Charmagarri ecinago cirena?
Çuc diroçu nic dudala obena :
Erraçu beraz, guciac consideratcez,
　　Obenac peçatcez,
Aspaldian enizanetz çouria bihotcez.

———

Et l'œil on ne peut plus pur.
Je me délecte à votre douce parole.
O aimée, entendez-la encore,
　　L'ardeur que j'ai pour vous,
Tant vous êtes pour moi tout à fait belle!

Après avoir pénétré une fois dans le fond de mon cœur,
　　Qu'est-ce qui vous tracasse,
O vous qui êtes toute pleine de charmes?
Vous dites que je suis en faute :
Prononcez donc, après avoir examiné les faits,
　　Pesé mes méfaits,
Si dès longtemps je ne suis pas votre de cœur.

———

AMOUR CONTRARIÉ.

Argument.

Nous avons ici les plaintes de deux jeunes gens dont les parents contrarient le mariage, et qui attendent l'âge légal pour s'unir, en dépit de tous les obstacles.

Le petit oiseau, dont l'autorité est alléguée dans l'avant-dernier couplet, rappelle notre ancien Lai de l'Oiselet, dont le personnage emplumé débite trois maximes, pour sa rançon, au vilain qui l'avait fait prisonnier. Aucune des trois, il est vrai, ne se rapporte aux paroles que le *coblacari* basque prête à l'un de ses pareils; mais l'oiselet du trouvère débite *en son latin* un sermon destiné à exalter Amour et à le mettre sur le même pied que Dieu lui-même, dont il recommande d'observer la loi, surtout en allant à la messe [1].

AMODIO CONTRARISTATIA.

(Suberotarra.)

AMOUR CONTRARIÉ.

(Dialecte souletin.)

Nun cira, maitia, norat juan cira?	Où êtes-vous, ma bien-aimée? en quels lieux
Nic ez citut ikhousten,	Je ne vous vois plus [avez-vous fui?
Ez berriric jaquiten,	Ni n'entends de vos nouvelles.
Norat galdu cira?	Où avez-vous fui?
Naski cambiatu da çure ideia;	Sans doute que vos sentiments ont changé;
Hitz eman cineraitan,	Cependant vous m'aviez donné parole,
Ez behin, bai bietan,	Non une fois, mais deux,
Enia cinela.	Que vous étiez à moi.
— Ez, ez niz cambiatu;	— Non, je n'ai point changé;
Bainuien deliberatu,	J'avais agi avec réflexion,
Eta çu finki hartu,	Et vous avais choisi pour mon unique
Bihotzez maitatu;	Aimé de cœur;
Aita crudel batec nau huntaratu :	Mais un père cruel m'a réduite là :
Çurckin mintçatectic,	De parler avec vous,
Gutiago egoitetcic,	De vous fréquenter surtout,
Bainu defendatu.	Il m'a défendu.
— Aita jeloscorra,	— Père jaloux,
Duçu igorri combentura	Vous avez envoyé au couvent
Çure alhaba ederra :	Votre fille si belle :
Balinba ez ahal da	J'espère que peut-être
Sarthuren serora.	Elle n'y fera point de vœux.
Fede bedera dugu,	Nous n'avons qu'une foi,
Elgarri eman dugu,	Et que nous l'ayons jurée l'un à l'autre,
Hori segura da.	Cela est sûr.
Ez dakit jakitatez,	Je ne le sais pas de science certaine,
Bainan bai segur ustez,	Mais certainement par ouï-dire,
Erranic chori batec,	Dit par un petit oiseau,
Cerbeit suiet batez	Qu'en certaine matière
Bi presuna direnian agrados elgarrez,	Lorsque deux personnes se conviennent,
Ez dela probetchuric heier deusic erranez,	Il est inutile de les en dissuader,
Ez contra eguinen,	Ni de les contrarier,
Pietate hala direnez.	Mais pitié pour ceux (qui sont) ainsi éprouvés.

[1] *Fabliaux et contes*, édit. de Méon, t. III, p. 119, v. 138-173.

— Jin çaizquit ikhoustera	— Ah! venez me voir
Eta consolateera,	Et me consoler,
Aitaren ichilic.	A l'insu de mon père.
Hogoi eta laur baditut betheric	J'ai vingt-quatre ans accomplis
Urthe baten buruian :	Dans un an :
Nic ez duket orduien	Je n'aurai plus alors
Amaren acholic,	Ni souci de ma mère,
Aitaren beldurric.	Ni crainte de mon père.

L'AMANT CONSOLÉ.

Argument.

Un amant éconduit et se déclarant consolé, tels sont le sujet et l'auteur de la chanson qu'on va lire, petit drame dialogué dont le fond n'a rien de bien neuf, il est vrai, mais qui est piquant par sa forme leste et dégagée.

Dans le dernier couplet, le poëte s'annonce comme étant le personnage qui vient d'être congédié : rien de plus commun, dans la poésie populaire, que de finir par des détails sur l'auteur :

> Qui fît la chansonnette? un noble aventurier,
> Lequel est de Grenoble, du lieu de Dauphiné, etc.
>
> (*Chansons nouvellement composées sur divers chants tant de musique que de rustique*, etc. Paris, Bonfons, 1548, in-8°. — *Vaux-de-Vire d'Olivier Basselin*, Caen, 1821, in-8°, p. 202.)

> Celuy qui fist
> Ceste jolye chanson *(bis)*,
> Un cuisinier,
> Qui estoit de Lyon,
> Cuisinier en gallere,
> Et hallant l'aviron
> Tousjours en grand'misere,
> Hélas! tousjours en grand'misere.
>
> (*Ibid.*, pag. 204.)

> Qui fît la chansonnette? fut un gentil gallant,
> Venant de La Rochelle; n'avoit pas cinq cens francs,
> Pas dix escuz pour vivre. Par quoy, chantons trestous, etc.
>
> (*Ibid.*, p. 206.)

Qui a fait la chansonnette?
Un bon drosle pres Paris,
En promenant la fillette
Dans un fourmant au Mesnil.

(*Chanson nouvelle d'une nouvelle mariee*, etc. (*L'Eslite des chansons les plus belles du temps present.....* A Paris, chez Pierre Des-Hayes, M. DC. XXXI., in-12, p. 24.)

Tinodi, poète hongrois, qui vivait dans le XVIe siècle, termine ainsi une de ses pièces [1] :

« [Tinodi] a écrit ceci fort triste, dans une chambre froide, souvent il soufflait dans ses ongles, car il n'y avait pas d'argent dans sa poche [2]. »

AMOROS CONTSOLATIA.	L'AMANT CONSOLÉ.
(Baca nafartarra.)	(Dialecte de la basse Navarre.)

Gaztetasunac bainerabila	La jeunesse me mène
Airean anhara beçala;	En l'air comme l'hirondelle;
Gauac pasatcen ditut ardura	Je passe souvent les nuits
Eguna balire beçala,	Comme si elles étaient le jour,
Oi!	Oh!
Ardura nabila maitia gana.	Auprès de ma bien-aimée.
— Maite nauçula çuc erraiteaz,	— Vos paroles flatteuses
Ni ez naiz alegueratzen;	Ne me conviennent guère;
Baicican ere nere bihotza	Elles ne font que m'affliger
Arras duçu tristetzen.	Et m'inspirent de la pitié.
Oi!	Oh!
Ceren ez nauçun quitatzen?	Que ne m'abandonnez-vous?
— Amodioric nic badudala	— Que j'aie de l'amour pour vous
Ez ceratçuia bada iduri?	Ne vous semble-t-il pas?
Itsasoa pasa niro	Je passerais la mer
Çuregatic igueri,	A la nage pour vous,
Oi!	Oh!
Ceren çaren charmagarri.	Parce que vous êtes charmante.
— Charmagarri bañiça ere,	— Si je suis charmante,

---

[1] Fr. Toldy (*Handbuch der ungrischen Poesie*. Pesth und Wien, 1828, in-8°, t. I, p. 15) dit que Tinódy termine plusieurs de ses poésies par ces deux vers; je ne les ai trouvés qu'une seule fois.

[2] *Eronica Tinódi Sebestyén szörzése...* Colosvárba (Klausenburg), 1554, n° 3. v.

Ez naiteke içan çure.	Je ne puis pas être à vous.
Bada munduan bertzeric	Il y en a d'autres dans le monde
Nitaz agradatzen denic.	Qui sont épris de moi.
Oi!	Oh!
Urrun çaite niganic.	Éloignez-vous de moi.
Cantu hoien emaileac	L'auteur de ces chansons
Ez zuen escripularic;	N'avait pas de chagrin;
Caderan dago jarriric,	Il est assis sur sa chaise,
Segur alegueraric,	Certes bien joyeux,
Oi!	Oh!
Penaric gabe bat galduagatic.	Sans chagrin d'en avoir perdu une (amie).

LA JEUNE FILLE TROMPÉE.

Argument.

Rien de gracieux comme les quatre couplets dans lesquels une pauvre fille conte pudiquement sa mésaventure sous le voile de l'allégorie. Victime d'une séduction, elle envoie son enfant au citadin qui l'a trompée; mais celui-ci refuse de le recevoir et déclare n'avoir aucun souvenir de cette paternité. Que va dire la malheureuse mère? Elle va, sans doute, se répandre en plaintes et en reproches? Rien de tout cela. Elle rouvre ses bras à son enfant, lui prodigue les paroles les plus tendres, et promet de lui donner le nom de son père, seule vengeance qu'elle veuille tirer d'un ingrat.

Dans un dernier couplet, elle parle de sa tristesse, dont elle ne nous avait rien dit, et propose son exemple à ses jeunes compagnes en les engageant à ne pas le suivre. Ces deux nouveaux traits, joints à la qualité d'auteur qu'elle semble prendre en parlant à la première personne, complètent le portrait et achèvent la conquête de notre sympathie en faveur de l'original.

NESCATO GAZTIA TROMPATIA.

(Basa nafartarra.)

Arrosa bouqueta bat oxailan sorthuric
Igorri içan dacot jaun hari goraintci,
Landaria nuiela haren baratcetic;
Hura beguira deçan nitaz oroituric.

Jaun harec uste bainuien placer çukela
Bere landaretican içaitiaz bouqueta,
Guibelerat igorri du nahi ez duela,
Landareric emanic orhoitcen ez dela.

Bouqueta charmagarria, ongui ethorri cirela!
Nic ez zaitut utciren jaun harec beçala.
Frescoki çaitut haciren neure bulharrian,
Deithatcen çaitudalaric jaun haren icenian.

Ene gazte lagunac, liberti çaitezte;
Aspaldian ni hemen nagoçu triste.
Jaun gazte chapelduner ihes eguiçute :
Heien errecontruec ni galdu bainaute.

LA JEUNE FILLE TROMPÉE.

(Dialecte de la basse Navarre.)

Un bouquet de rose en février éclos
J'ai envoyé à ce monsieur en compliment,
(L'assurant que) j'en avais eu le plant de son jardin
(Et le priant) de le garder (le bouquet) en souvenir de moi.

Ce monsieur que j'aurais cru devoir être heureux
D'avoir de son plant un bouquet,
L'a renvoyé disant qu'il n'en veut point,
Que d'avoir donné un plant aucun souvenir ne lui reste.

Bouquet charmant, soyez le bien revenu!
Moi, je ne vous repousserai pas comme ce monsieur.
Fraîchement je vous nourrirai de mon sein,
Tout en vous dotant du nom de ce monsieur.

Vous, mes jeunes compagnes, livrez-vous à vos jeux;
Quant à moi, depuis longtemps je suis dans la tristesse.
Des jeunes messieurs qui portent des chapeaux fuyez l'approche :
Ce sont mes relations avec eux qui ont causé ma perte.

L'HEUREUSE CHASSE.

Argument.

Voici un épithalame dialogué entre deux bardes appelés dans un château, à la fin d'un dîner de noces, pour chanter le mariage du châtelain ; malheureusement il est incomplet, et ne présente, dans son état actuel, qu'un lieu commun populaire fort usité dans la poésie basque.

On le retrouve dans ce couplet d'une vieille chanson du Labourd, rapporté par M. Germond de Lavigne [1] :

Gouatçan lagun, gouatçan bada Biac Arthizanera. Urzo chouribat elkitcen baita Arthizaneco plaçala, Houra nahi nouke arrapi Neuren saretara.	Allons ensemble, allons donc tous deux à Arthizana. Une palombe blanche paraît sur la place d'Arthizana, et je voudrais la prendre dans mes filets.

Un autre chanson se termine ainsi :

Gare herrian bertsu berriac amodioaren gainian
Berri berriric emanac dire iragan ihautirian.
Urzo colomba pollit bat bainuen sarien barnian ;
Eta sariac urzoric gabe miratu nituenian,
Harritu nintçan joan othe cen hegalic gabe airian.

Ces vers nouveaux sur l'amour ont été faits
Nouvellement le carnaval dernier dans notre village.
J'avais une jolie colombe dans mon filet ;
Mais quand je vis mes filets sans tourterelle,
Je fus pétrifié et je me demandai si elle s'était envolée sans aile.

Il existe, à ma connaissance, une autre pièce qui se rapproche bien davantage de celle que nous allons voir : c'est une petite ydille romaïque qui finit comme l'autre commence, et qui (il faut bien l'avouer) lui est de beaucoup supérieure :

Καλῶς τῆνε τὴν πέρδικα,
Κι' ἂν ἔκαμε καὶ κόπον,
Ὅπου 'ρθε κ' ἐνοστίμησε
Τὸν ἔρημν τὸν τόπον.

---

[1] *Autour de Biarritz*, etc., chap. VII, p. 135.

Bien venue soit la perdrix! elle m'a donné de la peine; mais enfin elle est arrivée, et elle a embelli ce désert [1].

IHIZICO PARTIDA UROSA.

(Suberotarra.)

Jaun baroinac chedelac ountsa hedatu çutian,
Choribat hanitch ejerra hetan beharrez atçeman;
Orai harekin dago, nahituric aspaldian.

— Chedera baliz halaco mercatuetan saltceco,
Aitoren seme guciec eros litzazkete oro,
Choritto ejer holaco cembaiten atzemaiteco.

L'HEUREUSE CHASSE.

(Dialecte souletin.)

Monsieur le baron avait d'une main heureuse tendu ses lacets [2],
Un très-joli oiseau il désirait y prendre;
Maintenant il le possède, après l'avoir longtemps convoité.

Si lacets aussi avantageux se vendaient les jours de marché,
Tous les fils d'Aïtor [3] les achèteraient jusqu'au dernier,
Pour de si jolis oiseaux y prendre.

L'OISEAU DANS LA CAGE.

Argument.

Cet autre fragment, que le général Saint-Yon donne comme faisant partie d'une vieille chanson populaire sur les deux versants des Pyrénées [4], porte l'empreinte de la passion dominante de la population qui les habite [5], et rappelle ces vers charmants de Jean de Meung :

---

[1] *Chants du peuple en Grèce*, par M. de Marcellus, t. II, p. 358, 359.
[2] Petits piéges en crin pour prendre les oiseaux de passage.
[3] On désigne ainsi les nobles.
[4] *Les deux Mina*, etc. A Paris, chez Berquet et Pétion, 1840, trois volumes in-8°, t. I, p. 60.
[5] J'aurais pu dire de tous les montagnards. Victor Hugo a dit de ceux de la Grèce :
   Le klephte a pour tout bien l'air du ciel, l'eau des puits,

> Li oisillons du vert boscage,
> Quant il est pris et mis en cage,
> Norris moult ententivement
> Leans delicieusement,
> Et chante, tant cum sera vis,
> De cuer gai, ce vous est avis,
> Si desire-il les bois ramés,
> Qu'il a naturelment amés,
> Et vodroit sor les arbres estre,
> Jà si bien ne l' saura l'en pestre :
> Tous jors i pense, et s'estudie
> A recovrer sa franche vie, etc.
>
> (*Le Roman de la Rose*, édit. de Méon, tom. III,
> p. 6, v. 14147.)

Je me sens encore venir à la mémoire ces vers touchants de Théodore Lebreton, le pauvre ouvrier de Rouen. Sous l'image d'un oiseau que Dieu fait naître libre, mais qui, à peine éclos, se voit saisi par la main sévère de l'homme et privé pour toujours de la liberté, le poëte y fait allusion à son sort :

> Que je plains son destin ! il est captif... Sa cage
> Est pour lui l'univers : il ne verra jamais
> Tout l'éclat d'un ciel bleu, ni l'ombre du bocage,
> Les fleurs que le printemps jette sur son passage,
>   Ni l'arbre immense des forêts.
>
> Il ne s'unira point à la troupe joyeuse
> Des siens, que nous voyons s'élever dans les airs ;
> Et lorsqu'ils chanteront la nature amoureuse,
> Il ne mêlera pas sa voix mélodieuse
>   A leur délicieux concert.
>
> Il connaîtra bientôt sa funeste disgrâce ;
> Son aile faible encor commence à s'agiter :

Un bon fusil bronzé par la fumée, et puis
    La liberté sur la montagne.

Voyez dans le recueil de M. de Marcellus, t. 1, p. 280-285, un chant grec d'un jeune poëte civilisé, qui s'est peut-être inspiré de l'auteur des *Orientales*. — Un chansonnier parle ainsi des Écossais :

> The slave's spicy forests, and gold-bubbling fountains,
>   The brave Caledonian views wi' disdain :
> He wanders as free as the wind on his mountains,
>   Save love's willing fetters — the chains of his Jean.
>
> (*The Caledonian musical Repository*, etc. Edinburgh : printed
> by Oliver and Co. 1806, in-8°, p. 9.)

Il rêve ses accords, et chaque jour qui passe
Lui révèle que Dieu le jeta dans l'espace
Pour être libre et pour chanter.

L'oiseau prisonnier chante cependant; mais, comme on l'a remarqué ailleurs que dans le Pays Basque, c'est avec tristesse :

We think cag'd birds sing, when indeed they cry [1],

vieux vers que Sir Walter Scott paraphrase ainsi en deux :

Who shall say the bird in cage
Sing for joy, and not for rage?

CHORIA CAIOLAN.	L'OISEAU DANS LA CAGE.
(Basa nafartarra.)	(Dialecte de la basse Navarre.)
Choriñoac kaiolan	Le petit oiseau dans la cage
Tristeric du cantatcen,	Chante tristement,
Duelarican cer jan,	Quoiqu'il ait de quoi manger
Cer edan;	(Et) de quoi boire;
Campoa du desiratcen,	Mais il voudrait être dehors,
Ceren, ceren	Parce que, parce que
Libertatia hain eder den.	Rien n'est beau que la liberté.

VOYAGE A L'ERMITAGE DE SAINT-JOSEPH.

Argument.

Cette chanson, publiée par M. Chaho [2], et, d'après lui, par le baron de Reiffenberg [3], M. Mazure [4] et Miss Louisa Stuart Costello [5], est loin de briller par la clarté ; je soupçonne qu'il y manque quelque chose, ou qu'elle est formée de lambeaux d'autres pièces. Quoi qu'il en soit, elle est très-renommée dans tout le Pays Basque.

---

[1] *The White Devil : or, Vittoria Corombona*, act V. (*A Select Collection of old Plays*, etc. London : Septimus Prowett, M.DCCC.XXV., petit in-8°, vol. VI, p. 313.)
[2] *La France littéraire*, t. XIX. Paris, 1835, p. 319. — *Voyage en Navarre*, p. 39, 40.
[3] *Chronique rimée de Philippe Mouskès*, t. I, p. 310, not. au v. 7829.
[4] *Histoire du Béarn et du Pays Basque*, etc., p. 519.
[5] *Bearn and the Pyrenees*, etc. London : Richard Bentley, 1844, in-8°, vol. II, p. 240, 241. Le texte y est accompagné d'une version anglaise.

Dans le premier couplet, le poëte s'adresse à un petit oiseau : les chansonniers bretons procèdent souvent de même. Ainsi, dans la Croix du Chemin, le rimeur nous montre un petit oiseau qui chante au grand bois, et il lui adresse la parole [1].

Dans la belle ballade du baron de Jauioz, la jeune fille achetée à prix d'or et emmenée en France apostrophe également les oiseaux :

Bons petits oiseaux, dans votre vol, je vous en prie, écoutez ma voix. — Vous allez au village, et, moi, je n'y vais pas; vous êtes joyeux, moi, bien triste [2], etc.

Pareille interpellation termine un charmant *daïno*, ou chant d'amour lithuanien, intitulé *le Départ de la jeune fille* :

Oiseaux, n'élevez pas votre voix matinale, afin que je puisse rester ici plus longtemps, et adresser encore une parole à ma mère chérie.

Une ancienne ballade écossaise, rapportée par Sir Walter Scott [3], présente un dialogue entre une jeune fille et un rouge-gorge; dans une autre, un roitelet, exauçant le souhait d'une amante, porte un message à la mère de celle-ci [4]. Ailleurs, c'est un condamné à mort qui charge un rossignol d'une commission pour sa femme [5]. Enfin, deux autres chansons populaires, l'une catalane, l'autre flamande, présentent des entretiens entre une veuve et un rossignol [6], entre un petit oiseau et un amant qui en fait son messager [7].

Les chants populaires de la Grèce moderne offrent fréquemment des interpellations à des oiseaux. Dans l'une d'elles, les Parganiotes en questionnent un :

---

[1] *Barzas-Breiz*, etc. Paris, Charpentier, 1839, in-8°, t. II, p. 286, 287.

[2] *Ibid.*, t. I, p. 172. Voyez encore t. II, p. 160.

[3] *The Heart of Middle Lothian*, chap. XL. Voyez encore *Popular Rhymes of Scotland*, p. 196, 197.

[4] *Johnie of Breadislee*, st. XIX. (*Minstrelsy of the Scottish Border*, etc. Edinburgh, 1812, in-8°, vol. II, p. 346. Cf. *the Broomfield Hill*, st. 11 & 12 (*ibid.*, p. 248), *the twa Corbies* (*ibid.*, p. 216, 217) et *Lord William* (p. 242).

[5] *Vaux-de-Vire d'Olivier Basselin*, publ. par Louis du Bois. Caen, 1821, in-8°, p. 200.

[6] *Observaciones sobre la poesia popular, con muestras de romances catalanes inéditos*, por D. Manual Milá y Fontanals. Barcelona, imprenta de Narciso Ramirez, 1853, in-4° esp., p. 161, n° 58. (*El Estudiante de Vich.*)

[7] *Instructions relatives aux poésies populaires de la France*, p. 7.

D'où viens-tu, oiseau? Oiseau, où vas-tu?... Oiseau, dis-nous quelque chose, quelque bonne nouvelle[1].

Dans une autre pièce, le rhapsode, après avoir raconté la mort de deux braves, termine ainsi :

O vous, oiseaux, qui volez là-haut, dans les airs, allez le raconter dans le pays des Francs, dans les terres des Chrétiens [2], etc.

J'ai encore remarqué ce gracieux début :

Blanc oiseau, oiseau chéri, là où tu voudrais aller, aller passer l'hiver, il n'y a ni branchette, ni herbette [3].

Dans une autre pièce, on voit ces deux vers très-remarquables, qui se rencontrent également, avec une légère variante, dans la belle chanson du mont Olympe [4] :

Oiseau, bon oiseau, mange les épaules d'un brave, pour que ton aile devienne grande d'une aune, ta serre d'un empan [5], etc.

Au reste, pour le dire en passant, les oiseaux figurent fréquemment dans la poésie populaire des Hellènes, et même y parlent, comme l'aigle du songe de Pénélope dans l'Odyssée [6], un langage d'homme, ἀνθρώπινην λαλίτσαν [7], en général sur le ton de la plainte. Le plus souvent, trois oiseaux se posent sur une tour, une hauteur ou un pont, et le troisième, le meilleur, le plus petit ou le plus compatissant, se lamente et parle, μυριολογοῦσε κ'ἔλεγε [8].

Les oiseaux jouent à peu près le même rôle dans la poésie serbe. Tantôt ce sont deux rossignols qui chantent toute la nuit

---

[1] *Chants populaires de la Grèce moderne*, par M. Fauriel, t. I, n° IX, p. 300, 301. Voyez encore *Chants du peuple en Grèce*, t. I, p. 302; t. II, p. 78, 135. — T. I, p. 449, on lit l'interrogatoire d'un petit oiseau qui s'est échappé du monde d'en bas et qui en apporte des nouvelles.

[2] *Chants populaires de la Grèce moderne*, t. II, p. 52. — On trouve une interpellation analogue dans une pièce intitulée l'*Absence*, publiée par M. Vreto dans un article sur les contes et poëmes de la Grèce moderne. (*Le Correspondant*, etc., t. XXXVI. Paris, 1855, in-8°, p. 23.)

[3] *Chants populaires de la Grèce moderne*, t. II, n° XVIII, p. 170, 171.

[4] *Ibid.*, t. I, n° VII, p. 38.

[5] *Ibid.*, t. II, n° XXI, p. 190, 191. Cf. n° XXIII, p. 204, 205. — [6] Liv. XIX, v. 536.

[7] *Ibid.*, t. I, p. 44, 71; t. II, p. 4, 376. Cf. p. 236, 324; *Voyage dans le royaume de Grèce*, par Eugène Yemeniz. Paris, E. Dentu, 1854, in-8°, p. 196, 197; et *Chants du peuple en Grèce*, t. I, p. 89, 174, 240, 248.

[8] *Chants populaires de la Grèce moderne*, t. I, p. 126, 194, 288; t. II, p. 68, 344. Voyez encore *Chants du peuple en Grèce*, t. I, p. 110, 115, 301.

devant la fenêtre d'une jeune fiancée, et font la conversation avec elle [1] ; tantôt c'est l'un d'eux, qui, surpris par des chasseurs, leur demande la vie, puis déplore la perte de sa liberté [2]. C'est encore un faucon qui, balançant entre la veuve hyacinthe et l'odorante et virginale rose, se parle à lui-même, de façon à exciter le courroux de cette dernière [3], ou qui, interrogé par son maître, lui répond en sifflant [4]. Dans une autre pièce, une amante s'adresse à un rossignol pour l'inviter à ne pas troubler, par son chant, le sommeil de son bien-aimé [5] ; apostrophe pareille à celle qui termine un épicède musulman publié en français par M. Garcin de Tassy, dans un article intéressant sur les chants populaires de l'Inde [6].

Un des poëmes les plus gracieux de ce pays ne présente pas moins de douze appels de ce genre. C'est le *Dudzda mânsa*, ou *les Douze mois*, sorte de drame ou plutôt de monologue dramatique en douze chants, qui offre la série des discours qu'une femme passionnée pour son mari tient pendant sa longue absence [7]. Ignorant le lieu où il se trouve, et ne sachant comment lui faire parvenir un message, elle interpelle différents oiseaux, elle les conjure d'aller à la recherche de cet époux chéri et de lui en rapporter des nouvelles. Chaque mois, elle expédie ainsi un oiseau différent, après

---

[1] *Chants populaires des Serviens*, t. 1, p. 125. — [2] *Ibid.*, p. 149, 150. — [3] *Ibid.*, p. 126, 127. — [4] *Ibid.*, p. 193. — [5] *Ibid.*, p. 156.

[6] *Revue contemporaine*, livraison du 30 septembre 1854. — Dans un autre morceau, qui précède de très-peu celui-là, on lit : « O Hasrat, les rossignols tristes et plaintifs se reposent sur une branche, et ils chantent ces vers au milieu du jardin : « Hélas, ô saison « d'automne, toi qui dans un instant as produit une nouvelle apparence dans le jardin, tu « n'as pas trouvé la rose rassasiée de plaisir ! » Ailleurs, un autre poëte musulman de l'Inde commence un chant érotique en adressant une question au rossignol. — Je ne veux point profiter de l'occasion pour m'étendre sur les mille aventures des amours de cet oiseau avec la rose, sultane du rossignol, comme l'appelle lord Byron, aventures aussi répandues en Arabie, s'il faut en croire lady Montague, que les vers d'Ovide le sont parmi nous, et qui ont inspiré une chanson romaïque publiée par M. de Marcellus (*Chants du peuple en Grèce*, t. II, p. 270-275); mais je ferai observer que c'est probablement cette gracieuse fable de l'Orient qui a donné à nos poëtes populaires l'idée de placer presque toujours le rossignol sur des rosiers, sur des houx (voy. ci-dessus, p. 286) ou sur des aubépines; en un mot, « sur un arbre qui est d'espines plaine. » (*Le Chant du roussigneul*, Ms. de la Bibl. publ. d'Avranches, fol. 1.) Je renverrai encore au t. XX des Mémoires de la Société des Antiquaires de Normandie, où M. de Beaurepaire a exposé d'une manière fort savante les propriétés fabuleuses prêtées au rossignol par les écrivains du moyen âge.

[7] *Analyse d'un monologue dramatique indien*, par M. Garcin de Tassy. (*Journal asiatique*, 4e série, t. XVI. Paris, M DCCC L, in-8°, p. 510-528.)

lui avoir adressé un appel semblable à celui des femmes de Pornic, que nous avons rapporté ci-dessus dans notre argument de la pièce du Rossignol.

Ce dernier oiseau figure encore dans une ancienne ballade danoise pour annoncer, du haut d'une branche d'où son chant se fait entendre, la mort d'une femme aimée [1].

En parcourant les recueils de poésies des provinces danubiennes, je trouve dans les *Doïne, si lacrimiore, si souvenire*, de Basile Alexandri [2], un début parfaitement semblable à celui de la pièce qui nous occupe; c'est une allégorie où la Roumanie est personnifiée sous les traits d'un petit oiseau qui n'ose quitter le bord de son nid parce qu'il voit monter à l'horizon l'ombre d'un vautour *(de Russie)* dont la serre cruelle le menace :

LE PETIT OISEAU.

Petit oiseau blanc, pourquoi restes-tu solitaire auprès de ton nid ? Le ciel n'est-il pas pur ? L'eau de la source ne coule-t-elle pas limpide ?

Pourquoi pleurer amèrement ? Vois comme tes frères sont gais, comme ils voltigent et chantent joyeusement à l'ombre des bois.

Quelle douleur, dis-moi, quel regret tourmente ton pauvre cœur, pour que tu restes ainsi solitaire et que tu ne puisses plus chanter, cher petit oiseau ?

— L'eau est limpide, ô mon frère, la feuille frémit doucement dans le bois fleuri ; mais, hélas, mon nid s'écroule, car depuis longtemps il est rongé par un serpent affreux.

Frère, un immense vautour monte à l'horizon ; il fixe ses yeux, il allonge sa serre vers mon petit nid.

Plus près du Pays Basque, en Andalousie, nous voyons un poëte, Garci Ferrans de Gerena, dialoguer avec un rossignol, auquel il demande le sens de son chant mélancolique, et qui lui répond à peu près de la même façon que la colombe d'une chanson arabe qui se chante encore au Caire [3], à peu près comme dans une chanson populaire répandue en Angoumois et ailleurs :

---

[1] *Skiön Midel*, traduite dans les *Illustrations of Northern Antiquities*, etc. Edinburgh, 1814, in-4°, p. 379.

[2] Ce recueil a été traduit en français sous ce titre : *Littérature roumane. Les Doïnas*, etc., deuxième édition. Paris, Joël Cherbuliez, 1855, in-18. Le morceau que nous citons s'y trouve, p. 84, et dans un autre volume intitulé : *Ballades et chants populaires de la Roumanie*, recueillis et traduites par V. Alexandri, etc. Paris, E. Dentu, 1855, in-12, p. xxx.

[3] Gérard de Nerval, *Scènes de la vie orientale*. Paris, Lecou, 1855, in-8°, t. I, p. 112.

> Rossignolet sauvage,
> Rossignolet charmant,
> Apprends-moi ton langage,
> Ton langage d'amant [1].

Après ce que l'on vient de lire, comment croire que les croyances populaires sur la langue des oiseaux y furent répandues par l'influence scandinave ou teutonique [2] ?

Je n'ai rien à dire sur le second couplet de la chanson basque que l'on va lire, mais le troisième doit m'arrêter un moment. Le poëte adresse la parole à un soupir et l'envoie à sa bien-aimée. Il n'est pas rare de rencontrer, dans notre ancienne littérature, des exemples d'interpellations semblables, et le recueil de Laborde m'en fournit deux, l'un de Fraigne, poëte du XIV° siècle, l'autre de Philippe de Boulainvilliers, qui rimait au XV°. La première de ces deux pièces est charmante :

> Et où vas-tu, petit souspir,
> Que j'ai ouï si doulcement ?
> T'en vas-tu mettre à saquement
> Quelque povre amoureux martir ?
> Vien çà, dy-moy tost, sans mentir,
> Ce que tu as en pensement.
> Et où vas-tu, etc.
>
> Dieu te conduye à ton desir
> Et te ramene à sauvement ;
> Mais je te requiers humblement
> Que ne faces ame mourir.
> Et où vas-tu, etc.
>
> (*Essai sur la musique*, etc., tom. II, p. 264. Voyez encore p. 357.)

Ce morceau ne peut que gagner à être mis en parallèle avec

---

[1] On trouve d'autres versions de cette chanson, dite *de la mariée*, dans les *Instructions relatives aux poésies populaires de la France*, p. 49-52.

[2] *Histoire de la poésie scandinave*, prolégomènes, etc. Paris, Brockhaus et Avenarius, 1839, in-8°, p. 113, en note. — A un autre qu'à M. du Méril, je citerais ce que Philostrate dit du ciel d'or et d'azur qu'il y avait dans la salle du roi de Babylone ; on y voyait quatre petits oiseaux, appelés *langues des dieux*, qui chantaient ordinairement au prince ces paroles : « Prenez garde, sire, que la vengeance divine ne tombe sur vous, si vous ne faites justice. » — Je citerais encore le Lai de l'oiselet, qui dérive certainement d'une source orientale.

deux *cantiguas* de même sorte que l'on trouve dans le *Cancioneiro geral* de Garcia de Resende [1].

La poésie romaïque nous offre également des pièces que l'on peut mettre à côté du couplet basque. M. de Marcellus, qui en a publié deux, donne la palme à la seconde, attribuée au prince Jean Caradjea, ancien drogman de la Sublime-Porte [2].

Complète ou non, dans l'état où elle se trouve, la chanson basque ne laisse pas que de nous plaire. Ce petit oiseau, cette neige, ces pics élevés avec l'ermitage qui couronne l'un d'eux, ce pèlerinage amoureux vaguement indiqué, ce soupir appelé pour remplir le message d'un cœur épris, tout cela, quoi qu'en dise un écrivain considérable de nos jours, tout cela est poétique. En fidèle disciple de Boileau, M. Saint-Marc Girardin définit la belle et grande poésie, celle où le sentiment, la raison et l'imagination s'aident mutuellement et se font valoir l'une l'autre. « Quand l'imagination veut régner seule, ajoute l'éloquent professeur, elle ôte à la pensée le corps et la substance; elle en fait une ombre et un fantôme, fantôme brillant et lumineux, mais qui n'a ni trait ni forme, et qui s'évanouit dans son éclat même. Qu'un trait de sentiment, qu'une idée fine et juste soit accompagnée par une image vive et forte qui la répète en l'embellissant, je reconnais là le langage de la poésie; mais une succession d'images brillantes et fugitives, une rapide fantasmagorie de figures opposées, un kaléidoscope avec tous les caprices et tous les jeux de la lumière, est-ce là la poésie [3] ? » Je me garderai bien de répondre oui, contrairement au sentiment du spirituel académicien; mais, sans admettre le moins du monde dans la pièce que l'on va lire, morceau d'une naïveté touchante, l'absence complète de sentiment ou d'idée, je demanderai si l'on ne trouve pas plus de poésie dans les psaumes, dans les odes de Pindare, dans certaines productions de la littérature orientale et dans nombre d'effusions de la muse

---

[1] T. I. Stuttgart, 1846, in-8°, p. 19, 33.
[2] *Chants du peuple en Grèce*, t. II, p. 100-106.
[3] *Essais de littérature et de morale*. Paris, Charpentier, 1845, in-12; t. II, p. 495. — On trouve des choses excellentes et fort bien dites sur le travail nécessaire à l'inspiration poétique pour se produire avec avantage, dans *Passé et présent*, de M. de Rémusat, t. I, p. 234.

populaire, qui présentent les caractères condamnés par M. Saint-Marc Girardin, que dans les vers de Boileau et des autres versificateurs de son école.

BIDAIA SAN JOSEPHEN GUERNITARA.   VOYAGE A L'ERMITAGE DE SAINT-JOSEPH.

(Suberrotarra.)   (Dialecte souletin.)

Chorittoua, nourat houa,	Où vas-tu, petit oiseau
Bi hegalez airian?	En l'air sur tes deux ailes?
Españalat jouaiteco,	Pour aller en Espagne,
Elhurra duc bortean :	La neige couvre les montagnes :
Algarreki jouanen gutuc	Ensemble nous irons
Elhurra hourtzen denian.	Quand la neige fondra.
San Josefen ermita	L'ermitage de Saint-Joseph
Desertian gora da.	Est élevé dans le désert.
Españalat jouaiteco,	Pour aller en Espagne,
Han da goure pausada.	Là se trouve le lieu de notre halte.
Guibelerat so 'guin eta	Regardant en arrière,
Hasperrenac ardura.	Fréquents sont nos soupirs.
Hasperrena, habiloua	Soupir, va-t-en
Maitiaren borthala.	Jusqu'à la porte de ma bien-aimée.
Bihotzian sar hakio	Pénètre dans son cœur
Houra eni beçala,	Comme elle est dans le mien,
Eta guero erran izoc	Puis tu lui diras
Nic igorten haidala.	Que moi je t'envoie vers elle.

LA SIRÈNE.

Argument.

Ce fragment, donné par M. Chaho dans son *Voyage en Navarre* [1], a le tour de certains sonnets de Pétrarque et semble imité de ce charmant couplet d'une ancienne chanson française :

> Douce dame, comtesse chastelaine
> De tout vouloir, qui sevrance m'est griez,
> Si est de vous comme de la seraine,
> Qui par son chant a plusieurs engingniez.
>
> (Gilles le Viniers : *Aler m'estuet*, etc. (*Essai sur la musique ancienne et moderne*, de Laborde, t. II, p. 231.)

A cette époque, il n'est point rare de rencontrer chez nous des

---

[1] Chap. II, p. 41, 42.

allusions aux sirènes, dont Wace avait donné une description détaillée [1]. Dans la *Bataille de Loquifer*, un ancien trouvère en représente une à la chevelure éblouissante qui se met à chanter [2]. Guillaume de Lorris, voulant donner une haute idée de certains oiseaux, compare leur chant à celui de *seraines de mer*, qui, dit-il, doivent leur nom à la sérénité de leur voix [3]. C'est, en général, cette voix merveilleuse des sirènes que nos anciens auteurs s'accordent à louer [4]. Cependant, ils vantent aussi leur beauté [5] et la rapidité de leur marche [6].

Tout le monde connaît une apostrophe du Cid au roi Alphonse, dans laquelle il qualifie des paroles trompeuses de *chants de sirènes* [7]; mais les érudits seuls ont lu ce couplet de Juan de Mena, qui ressemble à celui du poëte basque :

> Solamente con cantar
> Diz que engaña la serena;
> Mas yo no puedo pensar
> Cuál manera de engañar
> A vos no vos venga buena.
>
> ¡ *Guay de aquel hombre que mira*, etc. (*Cancionero*, etc., publ. por D Agustin Duran. Madrid, imprenta de D. Eusebio Aguado, 1829, in-18, p. 10, col. 1. Cf. p. 3, col. 1; 99, col. 1; 181, col. 1.)

Dans le Pays Basque français, j'ai rencontré, sur la route de Bayonne à Irun, une sirène sculptée au-dessus d'une porte : c'étaient sans doute des armoiries pareilles au premier et au quatrième quartier des armes de Fontarabie [8] et à celles de la

---

[1] *Le Roman de Brut*, etc. Rouen, M DCCC XXXVI, in-8°, t. I, p. 37, v. 755 et suiv.
[2] Ms. de la Bibl. imp. n° 7535, fol. 296 recto.
[3] *Le Roman de la Rose*, édit. de Méon, t. I, p. 28. Voyez encore t. II, p. 200, v. 8511.
[4] Voyez encore la ballade de Villon, *des Dames du temps jadis*, couplet III; *l'Amant rendu cordelier à l'observance d'amours*, st. 1.
[5] *Roman de Blancandin*, Ms. de la Bibl. imp. n° 6987, fol. 257 recto, col. 2, v. 18. — *La Fleur des batailles Doolin de Mayence*, etc.
[6] Guillaume Guiart, *Branche des royaux lignages*, ann. 1204, v. 3601. (*Chron. nat. fr.*, édit. Verdière, t. VII, p. 460.)
[7] *Esc buen Cid Campeador*, etc. (*Romancero castellano*, etc. Leipsique, F.-A. Brockhaus, 1844, in-12, t. I, p. 197.)
[8] Au XIVe siècle, le sceau de la ville de Fontarabie représentait une barque dans laquelle se trouvent des pêcheurs qui harponnent une baleine. (Archives de l'Empire, série J, carton 615, pièce n° 9.) Autour de ce sceau on lit : *Sigillum concilii de Fonte Arabia*. Le contre-scel représente un château avec cet exergue remarquable : *France le protege*, qui

famille Vertiz, dont l'écu porte une sirène avec un miroir à la main [1], emblème national, que M. Cénac Moncaut a retrouvé sur neuf écussons du village d'Aparte. La reine Jeanne d'Évreux possédait une représentation semblable, ainsi indiquée dans le compte de l'exécution de son testament, en date de 1372 : « Item une damoiselle en façon d'une serainne d'argent doré, qui tient un miroir de cristail en sa main, pesant marc et demy, prisié xiij francs [2]. »

Navigateurs, les Basques des côtes de l'Océan ont dû prendre pour armes la représentation d'objets en rapport avec leurs courses lointaines et de nature à en consacrer le souvenir. Or, les sirènes passaient, au moyen âge, pour exister toujours dans la mer des Indes sous deux espèces : l'une, moitié femme et moitié poisson ; l'autre, moitié femme et moitié oiseau [3], et il n'était pas sans exemple qu'il s'en fût montré quelqu'une sur les côtes du Pays Basque, où on les désignait sous le nom de *lamiac* [4]. J'ouvre le *Compendio historial* du docteur de Isasti, et je lis, liv. Ier, chap. XII, sect. 19, p. 153, qu'au temps de cet écrivain une sirène fut portée par une vague sur un navire du Passage qui rentrait par une tourmente, qu'elle resta sur le pont, à la grande admiration des marins interdits qui cherchaient comment ils s'en pourraient rendre maîtres, et qu'à la faveur du roulis elle sauta à la mer et s'échappa. « Une personne digne de foi, ajoute le crédule docteur, m'a certifié le fait, et je le tiens pour certain [5]. »

---

vient à l'appui de ce que P. de Marca (*Histoire de Béarn*, liv. I, chap. IV, sect. V, p. 14) et le P. de Larramendi (*Diccionario trilingue*, prólogo, part. II, cap. V, t. I, p. LXXj) ont dit des anciennes limites de la France sur la frontière d'Espagne.

[1] *Nobiliario de el valle de la Valdorba*, etc. Su autor el D. D. Francisco de Elorza y Rada. En Pamplona : por Francisco Antonio de Neyra, año de 1714, in-4°, p. 544. M. de Cénac Moncaut donne à la vallée ou université de Vertissana, sur la Bidassoa, composée des bourgs de Narbarte, d'Olereguy et de Legassa, la sirène flottant sur ondes, tenant à la main le miroir et le flambeau. (*Histoire des Pyrénées*, etc., t. V, p. 428.)

[2] *Collection de dissertations, notices et traités particuliers relatifs à l'histoire de France*, etc., t. XIX, p. 134, 135.

[3] *Notice d'un atlas en langue catalane, manuscrit de l'an 1375*, etc. (*Notices et extraits des manuscrits de la Bibliothèque du Roi*, etc., t. XIV, 2e part., p. 158.)

[4] Voyez ci-dessus, chap. VIII, p. 153.

[5] On lit une histoire presque semblable d'un homme marin qui s'était montré dans la mer de Cadix, dans l'*Histoire naturelle* de Pline, liv. IX, chap. IV. — On trouvera sur les

On me dirait que la figure de pierre dont je parlais tout à l'heure est pour quelque chose dans les mentions de sirènes qui viennent de passer sous nos yeux, que je n'en serais que médiocrement étonné. Le chemin de Bayonne en Espagne était autrefois très-fréquenté par les pèlerins, qui charmaient les ennuis de la route à l'aide de la poésie et de la musique. L'un d'eux le dit expressément, mais hélas! de la façon la plus vulgaire :

> J'entens à chanter la chanson
> Du Pelerin sur la couronne,
> Que nous changeasmes à Baÿonne,
> Où chacun estoit beau garçon.
>
> (*Le Triquet de Piquemouche envoyé pour estrenes par Gueridon, à l'autheur de la plaincte apologetique, pour faire le voyage de S. Jaques.* M. DC. XXVI., in-8°, coupl. 125, p. 34.)

Il y a plus, les pèlerins de marque étaient dans l'usage de se faire suivre de jongleurs. Messire Jean de Chartres et Pierre de Montferrand, qualifiés dans un ancien document [1] de *chevaliers de Gascogne*, amenèrent, en 1361, trois de ces artistes à Saint-Jacques en Galice. La somme de seize florins d'or qu'ils reçurent, à leur retour, de l'infant de Navarre D. Luis, nous montre à quel point ces voyages étaient fructueux aux gens de leur espèce [2]. On le voit encore plus par la confession de Robert de Wourdreton, Anglais, valet de Walter, ménestrel anglais, qui avait accompli le même pèlerinage, et qui ne manquait jamais de s'arrêter dans les bonnes maisons, d'où il partait toujours avec un présent plus ou moins considérable [3]. Après cela, on s'expliquera peut-être plus facilement l'inféodation de la jonglerie de Mimizan au

---

sirènes, que je ne vois pas figurer dans *les Fées du moyen âge*, etc., de M. Alfred Maury, des détails dans les *Illustrations of Northern Antiquities*, etc., p. 287-292, *Notes on Lady Grimild's Wrack*. P. 319, l'auteur donne en note l'analyse de la légende allemande de Mélusine, la fée moitié femme moitié poisson; il avait là une excellente occasion de mentionner la légende racontée par Jean Bromton, d'une comtesse d'Anjou qui s'était envolée d'une église où elle était retenue. (*Historiæ Anglicanæ Scriptores X*, t. I, col. 1045, l. 40.)

[1] Archives de la Chambre des comptes, à Pampelune, cart. 14, n° 96.
[2] *Diccionario de antiguedades del reino de Navarra*, t. II, p. 706, 707, pal. *Peregrinos ó romeros*.
[3] *Mémoires pour servir à l'histoire de Charles II... surnommé le Mauvais*, etc., par Secousse, t. II, p. 494 et suiv.

XIII° siècle, c'est-à-dire le droit de percevoir certaines redevances sur les jongleurs qui passaient dans cette ville [1].

A cette époque, ce n'était pas chose facile que de passer les Pyrénées et d'arriver sain et sauf à Saint-Jacques, bien que des chanoines de Saint-Éloi de Compostelle eussent entrepris la police des chemins, « et de conduire et raconduire seurement les pelerins, venants le grand chemin François, qu'ils appellent encores à present, qui vient des Landes de Bordeaux à Leon [2]. »

Déjà, au XII° siècle, Richard Cœur-de-Lion avait été obligé d'employer la force pour obtenir des Basques et des Navarrais de laisser les pèlerins traverser paisiblement leur territoire, ou, comme on disait à l'époque, les ports [3].

De là le terme de *passeport*, employé dans le principe pour désigner le sauf-conduit dont avaient soin de se munir les pieux voyageurs. Au milieu du XIII° siècle, un bourgeois de Bordeaux en obtenait un du roi d'Angleterre [4]; et près de cent ans plus tard, Aimeri, vicomte de Narbonne, et Thibaut de Berone, s'étant

---

[1] *Notice d'un manuscrit de la bibliothèque de Wolfenbüttel*, etc., chap. VI, § IV. (*Notices et extraits des manuscrits*, etc., t. XIV, p. 572.) — Un passage des *Enfances Viviens*, que nous avons cité dans nos Recherches sur les étoffes de soie, etc., t. II, p. 63, not. 1, nous montre les jongleurs se rendant aux foires et amusant les marchands pendant une traversée; mais ils affluaient surtout aux pèlerinages. Guillaume de Saint-Pair les signale, au XII° siècle, accourant au Mont-Saint-Michel, en Normandie. (*Le Roman du Mont Saint-Michel*, v. 767.)

[2] André Favyn, *Histoire de Navarre*, etc., liv. IV, ann. M. CCIII., p. 221. — Tout le long de ce chemin, entre Bordeaux et Saint-Jacques, il existait des hospices destinés à ces pieux voyageurs, nommément à Barp, Belin, Saint-Esprit, Saint-Jean-de-Luz. (*Nouv. Chron. de Bayonne*, p. 25, 26; *Souven. du Pays Basque*, p. 35.) — Nous avons, dans le récit du voyage d'un évêque portugais, de Bayonne dans son pays, au XII° siècle, un tableau satisfaisant que nous demandons à présenter au lecteur sans y rien changer : « Après avoir déposé ses habits pontificaux, dit l'écrivain, après avoir pris avec lui deux serviteurs et un indigène qui connaissait à la fois la langue barbare des Basques et les chemins impraticables du pays, il entre dans les Pyrénées, traverse le Guipuzcoa, la Navarre, la Biscaye, les Asturies, et tantôt à pied, tantôt à cheval, longe la mer qui se brise contre les rochers des extrémités de l'Espagne. Dans ces montagnes reculées et dans ces lieux inaccessibles habitent des hommes farouches, parlant une langue inconnue, toujours prêts à tous les crimes; et ce n'est pas sans raison que les habitants d'une contrée si âpre et si riante passent pour un peuple sans frein et sans loi. Cette route infréquentée menait à travers des rochers, des broussailles et des déserts, » etc. *Historia Compostellana*, lib. II, cap. XX, A. D. 1120. (*España sagrada*, etc., t. XX, p. 298. — *Compendio historial de la provincia de Guipuzcoa*, p. 165. Cf. p. 157, not. 31.)

[3] *Rogeri de Hoveden Annalium pars posterior*, sub ann. 1177. (*Rerum Anglicarum Scriptores post Bedam præcipui*, ed. Henrico Savile. Francof. M.DCI, in-folio, p. 560, l. 38.)

[4] Th. Carte, *Catal. des rolles gascons*, etc., t. I, p. 6.

mis en route pour Saint-Jacques par la Navarre, reçurent de l'infant D. Luis, gouverneur du royaume, un ordre à tous les mérinos, bailes, prévôts, juges, amirantes, alcaides, alcades, villages, péagers, portiers et autres fonctionnaires, de laisser passer et voyager librement ses bons amis sire Aimeri, etc., qui allaient au seigneur saint Jacques de Galice, et leurs bêtes, monnaies d'or et autres biens quelconques.[1]

Ainsi recommandé, un pèlerin devait être encore plus exposé aux entreprises des voleurs qu'un pauvre jongleur souvent hors d'état de payer autrement qu'en monnaie de singe. Les gens avaient alors la faculté de se faire assurer, du moins ils l'avaient du temps de Cleirac, qui semble, il est vrai, n'avoir eu en vue que les pèlerinages de Jérusalem et d'outre-mer ; mais il nous autorise à croire que l'on en usait de même pour ceux de Saint-Jacques, quand il ajoute : « Ceux qui entreprenent voyages, ou vœux pour longtemps, ou un passage d'un pays en autre, se pourront faire asseurer pour leur rançon[2]. »

ZERENA.
(Basa nafartarra.)

Urandian umen bada
Cantasale eder bat
Zerena deitzenden bat.
Itsasoan inganatzen
Ditu hac pasaierac,
Hala nola, ni maitenac.

LA SIRÈNE.
(Dialecte bas navarrais.)

Il existe dans l'océan
Un beau chanteur
Que l'on appelle *sirène*.
C'est elle qui sur les mers
Enchante et séduit les passagers,
Comme ma bien-aimée moi.

CHANTS DE MONTEVIDEO.

Argument.

Ayant consacré la moitié d'un chapitre aux émigrations des Basques dans l'Amérique du Sud[3], nous ne reviendrons pas sur

---
[1] *Diccion. de antigued. del reino de Navarra*, t. II, p. 706, 707.
[2] *Us et coustumes de la mer*, etc., édit. de 1661, p. 527.
[3] Voyez ci-dessus, p. 192-198.

ce sujet, que nous sommes loin d'avoir épuisé [1]; nous ne parlerons que des morceaux de poésie composés presque tous en vue des prix fondés par M. Antoine d'Abbadie, morceaux dont nous donnons les meilleurs.

La première de ces pièces est fort belle et mériterait bien qu'on lui consacrât quelques lignes; c'est vraiment une composition, et l'art n'y a point fait disparaître la naïveté. En la lisant, on se rappelle le début d'une ballade écossaise recueillie par Sir Walter Scott [2], ou plutôt celle de Casimir Delavigne qui commence ainsi :

> La brigantine
> Qui va tourner
> Roule et s'incline
> Pour m'entraîner.
> O vierge Marie,
> Pour moi priez Dieu !
> Adieu, patrie !
> Provence, adieu !

La seconde pièce, qui a pour auteur un certain Martin Eguiateguy, et pour date, Montevideo, le 24 juin 1853, me paraît assez remarquable par la poésie du sentiment, sinon par celle des images. Elle doit nous intéresser aussi par l'élévation de son but moral. En la lisant, je me suis rappelé le Taitien de Bougainville, qui, dans le cours de son voyage en Europe, mettait en strophes cadencées tout ce qui le frappait, espèce de récitatif obligé qu'il improvisait [3].

La troisième pièce, ne faut-il pas le faire remarquer ? est du

---

[1] Par exemple, nous avons omis des détails intéressants sur la vie des Basques outre-mer, consignés dans une brochure intitulée : *La Plata au point de vue des intérêts commerciaux de la France*, par L. Tardy de Montravel, capitaine de frégate. Paris, imprimerie de Schiller aîné, 1851, in-8°, p. 6-18. Voyez encore *Buenos-Ayres, sa situation présente, ses lois libérales, sa population immigrante, ses progrès commerciaux et industriels*, par M. Balcarce (Paris, imprimerie d'Ad. Blondeau, 1857, grand in-8°, p. 13-17); *Buenos-Ayres et les provinces Argentines*, par M. Charles Chaubet (*Revue contemporaine et Athenæum français*, t. XXIX, Paris, 1856, in-8°, p. 246, 247); *Considérations sur l'émigration des Basques à Montevideo*, par F. Bric. Bayonne, de l'imprimerie de Lamaignère, 1841, in-8° de 31 pages, etc.

[2] *The gallant Grahams*, st. I. (*Minstrelsy of the Scottish Border*, etc. Edinburgh, 1812, in-8°, vol. II, p. 58.)

[3] *Voyage autour du monde*, etc. A Paris, M.DCC.LXXI., in-4°, seconde partie, chap. III, p. 231.

français traduit du basque. On entend de reste ce que je veux dire. Rien n'empêche un enfant des Pyrénées, qui a vécu vingt ans à Paris, de revenir faire des vers basques dans la Soule ou dans le Labourd; mais il n'y aura plus dans ces vers d'originalité véritable.

Aucun mérite poétique ne recommande la dernière pièce; c'est une complainte qui n'en a d'autre que d'achever le tableau des malheurs qu'entraîne l'émigration des Basques.

URRUNACO PHESTETAN.

Bigarren precioa,

GARAZTAR BATEC ERAMANA.

(Nafartarr eta laphurtarra.)

Nahi nuen cantatu,
Aleguera phartitu;
Bainan cer bihotz mina
Ene baithan da phiztu?
 Ene bihotça nola,
 Nola daite consola?

Norat hoa, untcia,
Norat utciz Francia?
Norat hola deramac
Orai nere bicia?
 Ene bihotça, etc.

Bagoaci tristeki,
Ameriquetan khausi
Ustez gure goçoa:
Esperantza çoroa!
 Ene bihotça, etc.

Cerec nau lilluratu,
Hola cerec enganatu?
Eguiazco onac utciric,
Itçala dut hautatu.
 Ene bihotça, etc.

Escual herrian sortcen,
Ameriquetan hiltcen,
Ai! cer çorte dorphea
Orai dutan bilhatcen!
 Ene bihotça, etc.

CONCOURS D'URRUGNE.

Deuxième prix,

REMPORTÉ PAR UN HABITANT DU PAYS DE CIZE.

(Dialecte navarro-labourdin.)

J'allais chanter,
Partir joyeux;
Mais quel mal de cœur
S'est allumé dans moi?
 Mon cœur comment,
 Comment sera-t-il consolé?

Où vas-tu, navire,
Où en quittant la France?
Où conduis-tu ainsi
Maintenant ma vie?
 Mon cœur, etc.

Nous partons tristement,
Croyant dans les Amériques
Trouver le bonheur:
Espoir insensé!
 Mon cœur, etc.

D'où m'est venue l'illusion,
Quelle chose m'a trompé ainsi?
En abandonnant les vrais biens,
J'en ai préféré l'ombre.
 Mon cœur, etc.

Naître dans les pays basques,
Mourir dans les Amériques,
Ah! quel triste sort
Maintenant je me fais!
 Mon cœur, etc.

Escual Herri maitea,	Pays Basque chéri,
Herri pare gabea,	Pays sans pareil,
Hiltcea da neretçat	C'est pour moi mourir
Hi gabe bicitcea!	Que de vivre loin de toi.
Ene bihotça, etc.	Mon cœur, etc.
Adios, ama maite,	Adieu, mère bien aimée,
Galtcen çaitut çu ere :	Je vous perds aussi :
Ni çu ganic urrunduz,	Me séparant de vous,
Cembat bicico çare?	Combien de temps allez-vous vivre?
Ene bihotça, etc.	Mon cœur, etc.
Eguin dutan botua	Le vœu que j'ai fait,
Baldin bethetcen bada,	S'il peut s'accomplir,
Laster itçulico naiz,	Vite je retournerai,
Ama ona, çure gana.	Ma bonne mère, auprès de vous.
Ene mina bertcela	Ma douleur autrement
Nola daite consola?	Comment sera-t-elle consolée?

ESCUALDUN
BATEN BIHOTZMINAC MONTEBIDEORAT YUANEZ [1].
(Laphurtarra.)

LE BASQUE
ÉMIGRÉ A MONTEVIDEO.
(Dialecte labourdin.)

Gazte nintcen oraiño,	J'étais bien jeune encore,
Aski errana da,	Et cet aveu suffit,
Adin hartan gutiño	A cet âge peu
Gauça phisatcen da :	La chose se pèse :
Aditu nuieneco	Dès que j'eus entendu
Montebiden fama,	De Montevideo la renommée,
Herriaren uzteco	De quitter mon pays
Lotcen-çaut su-lama.	Le désir ardent me pressa.
Ni airatceco becen	Autant que moi à m'envoler
Tratantec hartceco,	Les courtiers à m'enrôler (s'empressent),
Sareac prest çauzcaten.	Me tendent leurs filets.
Dena erraiteco,	Pour tout dire,
Jaun hekien mihian,	D'après ces messieurs,
Ez da dudatceco,	Désormais plus de doute
Onthasunen herdian	Qu'au milieu des trésors
Naiz behin bethico.	Je suis pour toujours.
Ederki lilluratu	Quand bel et bien ébloui

[1] Emprunté au *Messager de Bayonne*, etc., année 1853, n° 346, jeudi 6 octobre.

Nutenean elhez,	(Ils) m'eurent par leurs paroles,
Ninduten amarratu	Ils m'avaient enchaîné
Cinez eta leguez;	Par serments et par contrats;
Guero, atchikitceco,	Puis, pour y être fidèle,
Portuan auhenez,	Retenu soupirant au port,
Bicitcen ikhasteco	Et apprenant à vivre
Nituenac ianez.	Au prix de tout mon avoir.
Pasaiaco demboraz	Du temps de la traversée
Gaitcic erraiteco	Du mal à dire
Nihorc ez du menturaz,	Personne n'a peut-être,
Clarki mintçatceco :	A franchement parler :
Lur-sagar ustelasco,	Pommes de terre pourries,
Chardin begui gorri	Sardines aux yeux rouges
Han ciren iastatceco	Faisaient nos festins
Bihotz altchagarri.	Et nos ragoûts.
Hala guinduen ere	Ainsi avions-nous aussi
Sabela cimurric,	Le ventre moins tendu,
Içan gabe batere,	Sans courir nul danger,
Amenxen beldurric;	Des rêves (causés par la plénitude d'es-
Goiti-beiti agudo,	Les entrailles révoltées, [tomac);
Beguia ilhunic,	L'œil sombre,
Ikhusi Montebido,	(Nous avons) vu Montevideo,
Doi-doia biciric.	A peine respirant encore.
Biciaren erdia	La moitié de la vie
Baita esperantça,	Étant l'espérance,
Untcico miseria	Les misères de la navigation
Ahantciric datça,	Sont déjà oubliées,
Celacotz leihorrian,	Puisqu'en terre ferme,
Cioten, multçoca	Disait-on, par monceaux étaient
Urre, cilhar hirian	L'or et l'argent dans la ville
Biltceco ahurca.	A ramasser par poignées.
Bainan enganioa	Mais la tromperie,
Orai dut ikhusten,	Maintenant je la vois;
Ene erhokeria	Et ma folie
Ongui deithoratcen.	Bien je la déplore.
Amenx eder batetic	D'un magnifique rêve
Nola den ilkhitcen,	Comme on s'éveille,
Onthasunen erditic	Au milieu des richesses
Escal hux nintcen.	Je me trouvais en pleine indigence.
Urruneco eltcea	Dans les pays lointains jusqu'aux marmites
Errana da urrez.	Sont réputées d'or.

Ikhus beça etchea,	Que l'on s'y rende et les maisons sont vues
Aurkhitcen da hirrez.	Maçonnées de boue,
Cer erran guchiago	Qu'ajouter encore
Atceman gaichoez,	Concernant les pauvres dupes,
Oguian guchichago	Au moyen de, plus que de pain,
Gasnaki emanez?	Fromage donné [1]?
Alde gucietaric	De toutes parts
Hunat ethorriac	Ici accourus sont
Edo çoin motelaric	Et de tous les points
Guiçon galgarriac :	Les dupeurs d'hommes :
Irabaciac chuhur,	Peu de bénéfices
Ardura gastuac.	(Et) nombreuses dépenses.
Gaizki ez laizke segur,	Certes ils ne seraient pas mal placés,
Carcelan sarthuac.	Jetés dans les prisons.
Nonbait balu iendeac,	Si quelque part on trouvait,
Nonbait descansua!	Quelque part le repos !
Badire languileac,	Voilà les ouvriers ;
Non da sosegua?	Mais où les chantiers de travail?
Batean guerla eta	Tantôt la guerre et
Bertcean ohointça,	D'autres fois le pillage,
Nun nahi canibeta,	Partout les poignards,
Noiz nahi hil hotça.	Partout les meurtres.
Lur batetaric salto,	Sortir d'une province,
Ya bertcera curri,	Courir à l'autre,
Hemen gabiltça suelto	Tels nous sommes dans le dénûment
Nigar eguingarri.	Dignes de larmes.
Hain ongui nintakena	Moi qui pourrais être si bien
Nere sort-herrian,	Dans mon lieu natal,
Cer yan, edan nukena	Qui avais de quoi boire et manger
Aita amen aldian!	Auprès de mes père et mère !
Nun çarete gazteco,	Où êtes-vous, de mon jeune âge
Oi! lagun maiteac?	O compagnons aimés ?
Nun dire bestetaco	Où sont de nos fêtes
Gure iostatcenc?	Les amusements?
Cer arraitasun eta	Quels transports et
Cer alegrantcia!	Quelles allégresses !
Hala iraungui baita	C'est ainsi qu'il est passé,
Orduco bicia.	Le beau temps d'alors.
Aldiz hemen trumilca	Mais ici par troupeaux

[1] Proverbe équivalent au nôtre : *Plus de beurre que de pain.*

Gabiltça, tristeac!	Nous errons, malheureux!
Elgarrentçat beldurca.	Objets d'effroi les uns pour les autres.
Cer dohacabeac!	Quelle triste existence!
Ardurenic halere,	Le plus souvent vivant
Mairuac iduri,	Comme oiseaux de proie,
Eman gabe batere	Sans avoir nul souci
Condu arimari.	Du salut de notre âme.
Oraintche eçagutcen	Trop tard je reconnais
Dut cinez eguia,	Hautement la vérité,
Beranche auhendatcen	Trop tard je pleure
Ene haurkeria.	Mon enfantillage.
Batbederac hargatic	Que chacun néanmoins soit
Guerorat guardia,	A l'avenir mis en garde (par mon exemple),
Bederen casco dunic	Qu'aucun ayant bonne tête
Hunat ez abia.	Ne s'embarque pour ces pays.
Harçaçue exemplu,	Profitez de mon expérience,
Nere Escualdunac,	O mes Basques!
Ez ceren enganatu,	Que l'on ne trompe plus
Gazteco lagunac.	Mes compagnons de jeunesse.
Hor berean duçue	Là même vous possédez
Segur onthasuna,	Les biens solides,
Beiratcen baduçue	Si vous savez conserver
Iarraikitasuna.	Bonne conduite.
Hitzño bat çuretaco,	Un mot pour vous,
Arreba Cattalin.	Sœur Catherine.
Churiguciac oro	Tout ce qui paraît blanc
Ez dire, ez irin.	N'est pas fleur de farine.
Eçaitçu gaitcituco	Ne vous formalisez pas
Erraitearekin :	Si je vous dis
Presuna ohorezco,	Que des personnes tenant à leur honneur
Batño hunat ez yin.	Pas une ne doit aborder ici.
Batbederac deçala	Que chacun garde
Iaio-den herria	Le pays qu'il habite,
Preça, ama beçala,	Et chérisse comme une mère
Lur maitagarria,	Sa contrée de terre ferme,
Duelaric seguitcen	En y suivant toujours
Bicitce moldea :	Les droits sentiers de la vie :
Hortanche da aurkhitzen	Là on trouve facilement
Ceruco bidea.	Le chemin du ciel.

URRUNACO PHESTETAN.

Lehen precioa.

ERAMAN DUEN CANTUA : B. CELHABE BARDOZTARRAC EGUINA [1].

(Laphurtarra.)

Entçunic espantutan Indien berria,
Beldurtu ere gabe othe den eguia,
Montebidorat noha cembait urtherençat,
Aisia bildu nahiz azken egunentçat.

Ez naucan hainitz cela herritic ioaitea,
Guti nakien cer cen nigar eguitea.
Untcirat nohanean, orai dut sentitcen
Damuaren eztena bihotcean sartcen.

Bertce aldiz oihoazkigun irritan egunac,
Tristeric orai ditut aldean lagunac.
Adiotarat çaizkit nigarrez hurbiltcen,
Iduri naiotela bethicotçat hiltcen.

Sor lekhuan nituen esteca guciac;

CONCOURS D'URRUGNE.

Premier prix.

CHANT COMPOSÉ PAR B. CELHABE, DE BARDOS.

(Dialecte labourdin.)

Entendant vanter le renom des Indes,
Sans même douter de sa vérité,
Pour Montevideo je pars pour quelques années,
Voulant m'assurer du bien-être pour mes derniers jours.

J'ignorais combien c'est grande affaire de quitter son pays,
Je savais moins encore ce que c'est que pleurer.
Me rendant à mon vaisseau, maintenant je comprends
Que malheureux est qui ne sait rentrer en lui-même.

Autrefois mes jours s'écoulaient dans la joie,
Maintenant tristes à mes côtés sont mes compagnons.
Pour les adieux ils ne m'approchent que dans les larmes,
Il semble qu'ils me conduisent pour jamais à mon tombeau.

Au lieu de ma naissance j'avais tous mes liens;

[1] Extrait du *Messager de Bayonne*.

Ez dakit handic urrun cer daucan biciac.
Adios erratean herri maiteari,
Bihotça çaurthua, naiz eman nigarrari.

Diruaren goseac etchetic narama :
Utci behar dut aita, utci behar ama,
Segurantçaric gabe nihoiz bihurtceco,
Iragan atseguinac berriz cobratceco.

Lur atcean çuhaitça laster iraunguitcen,
Desterruan guizona gazterric çahartcen :
Han galdeturen bethi herria bihotçac,
Escasa ez betheco irabaci untçac.

Desterruan non causi herrico mendiac,
Aiten eguin ederren lekhuco handiac?
Ohitu ezquila ere ez dut adituren,
Bezcariorat ez nu bestetan deithuren.

Desterruco bidean erortcen denari
Lagun onic etçaio aguertcen sokhorri ;
Eritcean ez duke amaren artharic,
Hil daiteke inguruan nihor gabetaric.

Je ne sais loin de là quel sort m'est réservé.
En disant adieu à mon cher pays,
Le cœur brisé, je me prends à pleurer.

La soif de l'or m'entraîne loin de ma maison :
J'y laisse mon père, j'y laisse ma mère,
Sans certitude de les revoir jamais,
Et de compenser de nouveau les jours de l'exil.

L'arbre transplanté languit sur le sol étranger,
Dans l'exil l'homme vieillit à la fleur des ans :
Là lé cœur de réclamer toujours le pays,
Et ce vide, les onces d'or ne pourront le remplir.

A l'étranger où trouver nos montagnes,
Témoins fameux des exploits de nos pères?
Je n'entendrai pas la cloche connue de mon village,
Elle ne m'appellera plus aux joies, aux fêtes.

A qui succombe sur la terre étrangère
N'accourent point, pour le secourir, des amis dévoués ;
Malade, il n'aura point les soins d'une mère,
Mourant, personne pour recevoir son dernier soupir.

Adios Escual Herri, hambat onhetsia,
Hire cerua çaitac ezin ahantcia.
Uzten darozkitciat maite ditudanac,
Ethor-bahi, aita-amac, haurreco lagunac.

Noizbat ahantzen badut ene ama ona,
Beldur ez nadin ethor, nigarrez dagona,
Ahanzten badut aita, ahanzten herria,
Nihoiz ez bekit mugui ahoan mihia.

Urrun, Jauna, niganic, othoi, çorigaitça
Hustua causitceco aita-amen egoitea!
Aitcitic eguidaçu bihur nadin laster,
Eta goça ditçadan luçaki, çuri esker.

Adieu, Pays Basque, que j'appréciai trop peu,
Ton ciel, je ne saurais jamais l'oublier.
Je te laisse tous ceux que j'aime,
Mais à titre de retour, mon père, ma mère, mes amis d'enfance.

Ah! si jamais j'oublie ma bonne mère
Qui est dans les larmes, craignant de ne plus me voir,
Si j'oublie mon père, mes amis, mon pays,
Qu'à jamais ma langue reste immobile dans ma bouche.

Éloignez de moi, Seigneur, je vous prie, le malheur
De trouver vide la demeure de mes père et mère!
Accordez-moi prompt retour des pays étrangers,   [mes jours.
Afin que, grâces à vous, je jouisse longtemps encore des auteurs de

---

POULOUMPA.
(Baca nafartarra.)

Mila zortzi ehun eta berrogoi eta bigarrena,
Ustail hilabetearen hamaseigarren eguna,
Cantu berri charmagarri hauc eman içan nituiena,
Suiet bat errecontraturic citakeien ederrena.

LE NAUFRAGE.
(Bas navarrais.)

L'an mil huit cent quarante-deuxième,
Le seizième jour du mois de juillet,
J'avais composé ces magnifiques chants nouveaux,
Ayant rencontré un sujet le plus beau possible.

Suiet bat ederra cela gucia da eguia,
Impossible liçateke horren dissimulatcia.
Malur horrec harrituren tu España eta Francia
Horren bertce pasaierekin galdu içan den untcia.

Han ciren pena handiac erresusaric gabiac,
Herioa ikhusten eta ihesi ecinghiac.
Han baciren gure jendiac, ahaidiac, adiskidiac :
Miserabliac itho dira, heiec eguin dituzte Indiac.

Untci hartan haste hastetic, Baionatic pharthitcetic
Cer nahi sofritu dute pena gucien parthetic ;
Urrun bethi placerretic, Monte-Bideorat helcetic,
Nigar eta heiagoraz phartitu dira mundutic.

Senharra eta emaztia bere haurrekilan
Guerlan aritu içan dire heriorekilan ;
Azkenian itho dira oro elgarrekilan,
Itsasoaren colerac juan ditu berekilan.

Suietic aski badugu gure baithan sartceco,
Arima gaicho horien cerurat gomendatceco.

Que le sujet fût beau en entier, c'est une vérité,
Impossible il serait de le contester.
C'est un malheur qui épouvantera l'Espagne et la France,
Qu'avec tant de passagers perdu soit un navire.

Il y avait là des peines grandes et sans remède,
(De) voir la mort et de ne pouvoir tenter la fuite.
Là se trouvaient nos compatriotes, parents, amis :
Les malheureux ! ils se sont noyés, ils ont fait ainsi leurs Indes [1].

Dans ce navire, dès le commencement, de Bayonne depuis le départ
Tous ils ont subi des maux de toute espèce ;
Loin toujours de leurs vœux, de l'arrivée à Montevideo,
Au milieu des larmes et des cris ils sont partis de ce monde.

L'époux et l'épouse et leurs enfants
Étaient en lutte avec la mort ;
Enfin engloutis tous ensemble,
La fureur de la mer en a fait ses victimes.

Nous avons assez de motifs pour rentrer en nous-mêmes,
Pour recommander ces chères âmes au ciel.

[1] Leur fortune.

Cer malurra horien daco, exemplu bat guretaco,
Bihotcean sar balakigu, maiz Jaincoaz orhoitceco.

Ikhusi guinituienian Monte-Bideoco leihorrac,
Hanciren mundu huntaco placer gucien ondarrac :
Hantic goiti deihadarrac, nigarrac eta marrascac
Mila fritz eguin cituien ixasoaren indarrac.

Deusic ez da guiçona ez guiçonaren jakina,
Guciac garhaitcen ditu Jainco jaunaren dohainac :
Han itho dira guiçonac iguerica çakitenac;
Berce batçu escapatu batere ez çakitenac.

Capitainaz kestione mintço dira jendiac ;
Nic ez deçaket juja çoinec dioten eguia.
Ez da remedioric, engoitic hec juanac dira.
Afera hortan aucitarat nihor ez daite abia.

Untci haren capitaina cen guiçon jakina,
Ez cen cargu hartaraco içan ez balitz entçuna;
Hura ere gu beçala hiltcera mundura jina,
Han itho diren gucientçat hura içan azken orena.

Mundu huntan laur cantoin, bazter gucietan,

Quel désastre pour eux! Raison pour nous,   [Dieu.
Dans nos cœurs s'il se pouvait graver, de penser plus souvent à notre

Quand nous eûmes aperçu de Montevideo les plages,
Là furent de toutes les joies de ce monde les dernières :
Dès lors les cris d'alarmes, les pleurs et la voix des sanglots
Mille fois l'emportant couvrirent l(e bruit d)es efforts de la mer.

Rien n'est l'homme ni le savoir humain,
Les décrets du seigneur Dieu les dominent tous :
Là ont péri dans les flots des nageurs habiles ;
Quelques autres ont survécu, ne sachant nullement nager.

Contre le capitaine certaines personnes soulèvent une accusation ;
Mais je ne saurais juger lesquels disent la vérité.
Il n'y a plus de remède, déjà ils ont péri.
En pareilles circonstances nul n'oserait assurer une ressource.

De ce vaisseau le capitaine était expérimenté,
Il ne fût point parvenu à cet emploi s'il n'en eût été capable ;
Mais lui aussi comme nous pour mourir était venu,
Et pour tous ceux qui là ont péri, là devait être leur dernière heure.

Aux quatre coins du monde, de toutes parts,

Berri hau hedaturen, da ez da dudarican ;
Arribatcen denian hescualdun herrietan,
Aita amac urthuren dira nigarrez chagrinetan.

Berrehun eta hogoi eta hamabi presuna
Mement batez funditu dira, oi cer bihotz mina !
Cerurat eguiten cituzten marrasca, oihu saminac,
Othoizten cituztelaric Jaincoa eta Birjina.

Untci hartaco presuna gaichuen guidaria
Badakit nungo seme cen ; pasaierketaria,
Oficio miserablia çuien, ene idurian ;
Bere pasaier guciekin ceruan dago aguian.

Urricaltceco dira pasaierketariac :
Heldu çaizten urthiac baino juan direnac hobiac.
Lettra lettraren gainian igorri behar dira
Francian lurric duiena ez dadin hunat abia.

Franciatic jin guinen cer nahi den gostaric,
Guinituien erresoursa guciac chahuturic :
Monte-Bideon guira orai chagrinez aberasturic.

Hamaseigarren bersu huntan orai nuha sartcera :

———

Cette nouvelle se répandra, il n'y a point de doute ;
Lorsqu'elle (sera) arrivée dans les contrées basques,
Pères et mères fondront en larmes de douleur.

Deux cent trente-deux personnes
En un instant englouties, oh ! quel désastre navrant !
Vers le ciel tous élevaient leurs voix plaintives, leurs cris de détresse,
Adressant leurs supplications à Dieu et à la Vierge.

Des malheureux qui montaient ce vaisseau, le guide
Je sais d'où il était fils ; recruteur de passagers,
Un emploi misérable il avait, selon moi ;
Avec tous ses passagers, cependant, au ciel il est peut-être.

Ils sont à plaindre les recruteurs de passagers :
Les années passées étaient meilleures que celles qui se préparent.
Lettre sur lettre envoyer il faut
Afin qu'en France qui a des terres ne songe pas à venir ici.

De France nous étions venus avec d'énormes dépenses,
Nous avions des ressources telles quelles dissipé :
A Montevideo nous voici maintenant de chagrins enrichis.

Dans le seizième verset je vais entrer :

352 LE PAYS BASQUE.

Suieta frango banuke; bainan presatcen naiz finitcera.
Monte-Bideorat jin nintçan cantu hauien moldatcera :
O chala! juan banindadi Baionarat cantatcera!

Matière ample j'aurais encore ; mais je m'empresse de finir. [chants :
(Dans la ville) de Montevideo je me suis rendu pour composer ces
Plût à Dieu que je pusse aller à Bayonne les chanter!

MES MÉDITATIONS.

Argument.

Les vers qui suivent sont d'un jeune prêtre de Ciboure, nommé Camoussary; il les composa dans les dernières périodes d'une maladie de poitrine qui l'enleva, à la fleur de l'âge, à sa mère, veuve, et dont il était, à ce que l'on assure, l'unique soutien.

Cette pièce pourrait prêter à une notice littéraire étendue, pour peu que l'on voulût la comparer avec les élégies que Tibulle [1], Millevoye [2], Malfilâtre, Gilbert et d'autres poëtes de l'école mélancolique du XIXe siècle, ont composées sur un sujet semblable [3]. Il est fort douteux que le pauvre Camoussary en ait eu connaissance, et parfaitement sûr que c'est seulement par hasard qu'il s'est rencontré à son début avec un poëte romaïque, qui fait ainsi parler un infortuné :

« Voyez ce flot et l'autre comme ils vont d'un pas égal vers l'Océan, leur inévitable tombeau! Je vais comme eux moi-même. Je n'attends et n'espère qu'une tombe ouverte [4], » etc.

D'un prêtre, on devait s'attendre à un chant de délivrance et presque d'allégresse, et l'on observe avec étonnement dans ses vers ce caractère particulier de la poésie matérialiste, la préoccupation exclusive du jeune poëte à décrire sa maladie.

---

[1] *Élég.*, liv. III, élég. II. A côté de l'élégie de Tibulle, on peut placer une pièce charmante de Gœthe, intitulée *le Tombeau d'Anacréon*.

[2] *Élég.*, liv. I, *la Chute des feuilles*.

[3] Voyez encore une chanson écossaise en deux couplets, intitulée : *the Song of Death* qui se trouve dans *the Caledonian musical Repertory*, etc. Edinburgh : printed by Oliver & Co., 1806, in-12, p. 46, 47.

[4] *Chants du peuple en Grèce*, par M. de Marcellus, t. II, p. 125.

La fin est hors de proportion et même de vraisemblance; je serais tenté de la croire ajoutée.

ENE GOGUETAC.	MES MÉDITATIONS.
(Laphurtarra.)	(Dialecte du Labourd.)
Menditic nola doha	Telle que de nos montagnes s'en va
Ura ixasorat,	L'eau vers la mer,
Hala ni baniola,	Ainsi moi je marche,
Lasterra, tombarat.	Rapide, vers la tombe.
Acaboda acabo,	Il est passé, il est passé
Neretçat dembora;	Pour moi le temps (de la vie);
Banoa seculaco	Je vais pour jamais
Hilen herritara.	Dans le pays des morts.
Bildoxari otsoa	Comme le loup enlace
Nola çaio lotcen,	La jeune brebis,
Arranoac usoa	Comme le vautour
Nola baitu hartcen,	Saisit la colombe,
Hala nau herioac	Ainsi la mort
Crudelki sesitcen.	Cruellement m'étreint.
Oi! nere heiagorac	Hélas! mes cris déchirants
Ezdu ez unkitcen.	Ne peuvent pas la toucher.
Aspaldian fuñetan	Depuis longtemps dans mes os
Nacarken sartua	(Je porte un mal) pénétrant
Hilherrirat naraman,	Qui m'entraîne à la région des morts,
Min poçoatua.	Mal impitoyable.
Dolorezco ohean	Sur un lit de douleur
Orai itzatua,	Maintenant étendu,
Senditcen dut çañetan	Je sens dans mes veines
Odola hoztua.	Mon sang se glacer.
Sego nola baitu	Comme la cire se sent
Su gorriac urtcen,	Couler par la flamme,
Hala ene bicia du	Ainsi ma vie devient
Gaitçac iraunguitcen.	Consumée par la maladie.
Ezdut ez guehiago	Non, non, désormais
Senditcen biciric,	Je ne sens plus de vie,
Hil baino lehenago	Avant le trépas
Hila naiz ya danic.	Je suis déjà mort.
Trunco baten pareco,	Semblable à un tronc d'arbre,
Ohean etçarra,	Étendu sur sa couche,

Ene gorphutza dago	Mon corps se trouve
Gaitzac urren iana.	Presqu'entièrement miné par le mal.
Eniz ditazke highi	Je ne saurais plus mouvoir
Ene membro hotçac;	Mes membres glacés;
Mihia dut lodi,	Ma langue (aussi j'ai) épaisse,
Beguiac çorrotçac.	(Et) les yeux hagards.
Yadanic ecin adi	Déjà je n'entends plus
Mintço çaizkidenac,	Ceux qui me parlent,
Erdi ikhusten erdi	Je ne distingue qu'à demi
Nere maiterenac.	Ceux qui me sont les plus chers.
Hela! hil aintcineco,	Hélas! pronostic de mort présente,
Icerdi hormatuac	La sueur glaciale
Dauskit behin betico	M'a à jamais
Gogortu membroac.	Endurci les membres.
Orduan apheçari	Alors au prêtre
Oihu deihardaca,	Appels empressés,
Hiltcen naicela hari,	Que je me meurs
Har deçan lasterra,	Et qu'il se hâte.
Ama çaisco eman	Ma mère s'abandonne
Nigar marrascari :	Aux larmes en sanglottant :
Helas! etsimenean	Hélas! dans le désespoir
Nigarra socorri.	Les larmes sont un secours.
Eriaren othoitça	Les prières des mourants
Duela eguiten,	Me sont appliquées,
Daut asken laguntça	Et les derniers secours
Apheçac ematen :	Le prêtre me les administre :
« Arima guiristiño,	« Ame chrétienne,
Jaincoaren haurra,	Enfant du Seigneur,
Hoa, parti hadi, dio	Va, pars, dit-il,
Abramen soñera. »	Au sein d'Abraham. »
Dolamenekin guero,	Tristement ensuite,
Cerugo sainduac	Les saints du ciel
Neretçat bitarteco	Pour moi intercesseurs
Dire galdatuac.	Sont invoqués.
Iendeac belhaunico	Et le peuple à genoux
Ene ingurutan	(Est) autour de moi,
Halabitz errateco	Pour répondre *amen*
Nere ingurutan.	Autour de moi.
Bolsua çaut baratzen	Mon pouls s'arrête,
Chipitcen bihotça :	Mon cœur se resserre :
Ai! ecin diot, hartcen	Ah! je ne puis plus, prendre

Ecin diot hatsa.	Je ne puis ma respiration.
Har çaçu, o Jaincoa!	Recevez, ô Dieu!
Har ene arima.	Recevez mon âme.
Banoha, ah! banoha;	Je pars, ah! je pars;
Adio, ene ama.	Adieu, ma mère.
Ene arima ganda,	Mon âme s'est envolée,
Berce mundura gan,	Envolée vers l'autre monde,
Dohatsua hil bada	Heureuse si elle est morte
Jaunaren bakean.	Dans la paix du Seigneur.
Lurrean da guelditu	Dans la terre repose
Ene gorphutz hotça,	Mon corps glacé,
Harag'erdi usteldu,	Chair à moitié consumée,
Hiratu afrusa.	Affreuse pourriture.
Bertcec dautet çarratcen	D'autres ont fermé
Aho gogortua,	Ma bouche immobile,
Bertcec erriez hesten	D'autres de leurs doigts ont fermé
Begui ubeldua.	Mes yeux vitrés.
Mihise çahar baten	Dans un vieux linceuil
Barnean gordea,	Enveloppé et caché,
Naute cachan ematen.	On me place dans le cercueil.
Oi, nere sortea!	O ma destinée!
Oihu suiñez eskillac	Par ses lugubres plaintes la cloche
Meçutcen du yadan	Annonce déjà
Ghiçonbat herioc	Qu'un homme la mort
Duela eraman.	Vient d'enlever.
« Jaincoac dioela	« Que Dieu lui fasse
Misericordia! »	Miséricorde! »
Diote berehala,	Dit-on aussitôt,
Et' horra gucia.	Et tout est consommé.

L'EAU ET LE VIN.

Argument.

Nous avons tiré ce dialogue du journal l'*Ariel* [1], où M. Chaho l'a publié d'une façon incomplète, à dessein à ce que l'on assure. Tout ce que nous pouvons dire de cette pièce, c'est que le premier couplet n'est pas sans analogie avec ces vers d'une chanson de Bellman, que Gustave III appelait son Anacréon suédois :

---

[1] N° du 28 septembre 1845.

Gubben Noach var en hedersman :	Le père Noé était un brave homme
Når han gick ur arken;	Il sortit de l'arche,
Plantera han på marken	Planta la vigne dans la campagne
Mycket vin, ja, detta gjorde han, etc.	Oui, et il fit très-bien, etc.

(*Valda Skrifter af Carl Michael Bellman*. Stockholm, Henr. Gus Nordström, 1835-6, in-18, fjerde Delen, sid. 80.)

Je ferai remarquer encore que la chanson basque débute de même manière qu'une ballade et oraison de Villon pour le repo de « l'ame du bon feu maistre Jehan Cotard : »

Pere Noé, qui plantastes la vigne, etc.

(*OEuvres de maistre François Villon*, edit. de M. Prompsault p. 194.)

L'académicien Gonzalez Arnao nous apprend que le P. Doming Meagher, théologien et poëte de mérite qui florissait à Valladoli dans la seconde partie du siècle dernier, avait composé en *zorzico* ou octaves, un poëme badin sur les propriétés du vin, et il e cite cette strophe comme la meilleure :

Guizon bat ardobague	Un homme sans vin
Dago erdi illá,	Est à moitié mort,
Marmar dabilza tripac	Ses entrailles murmurent
Ardoaren billá;	Demandant du vin;
Baña edan ezquero	Mais après avoir bu
Ardoa chit ongui,	Du vin en abondance,
Guizonic chatarrinac	L'homme le plus chétif
Valiyo ditu bi [1].	En vaut deux.

URA ETA ARNOA.	L'EAU ET LE VIN.
(Laphurtarra.)	(Labourdin.)
Noe, leghe zaharreco	Noé, l'homme célèbre de la
Ghizon famatuia,	vieille loi, c'est par vous que fut
Zuc landatu zinuien	plantée la première vigne. Qui
Lehenic mahastia.	vous mit en tête de fixer dans la
Aihen balius hura,	terre ce cep précieux? C'est lui

---

[1] *Dicc. geogr.-hist. de España*, secc. I, t. II, p. 344, col. 2, art. *San Sebastian.*

Norc eman zauzun burura
Lurrian fincatzia?
Ghizona bere tristezian
Khausitzen den orenian
Harc dauca consolatuia. *(Bis.)*

qui rend l'homme consolé, à l'heure de sa tristesse.

ARNOA.

Arnoa nizen beçala
Ni naute ohoratzen,
Compagnia gucietan
Choilki nute maitatzen.
Francian, Italian,
Bai eta ere Españan
Nic oro charmatzen,
Erregheren gorthian,
Bethi mahain buruian
Ni naute ezartzen. *(Bis.)*

LE VIN.

C'est moi que l'on honore, comme le vin que je suis; c'est moi seul que l'on aime dans toutes les assemblées. En France, en Italie et aussi en Espagne, à la cour même des rois, c'est moi qui tiens partout le haut bout de la table.

URA.

Hire balenarua
Arras duc handia;
Ehiz bada funtsian
Hainitz maitagarria.
Ghizona desordrian
Hic ezartzen duc mundian,
Mendratzen osagarria;
Hiz eghin thatchen garbitzera,
Eta haien casatzera
Ni nauc obligatuia. *(Bis.)*

L'EAU.

Ta jactance est grande; mais au fond tu n'es pourtant pas si aimable. C'est toi qui, par le monde, entretiens les hommes dans la discorde; tu altères la santé, et les souillures que tu produis, c'est moi qui suis obligé de les laver, de les faire disparaître.

ARNOA.

Ghizona dagonian
Tristeziac harturic,
Zembait phena, dolores
Bihotza hunkituric,
Edan beza nitaric
Beiria arras betheric,
Ghupida gaberic:
Haren phena doloriac,
Changrin, pasioniac,
Casaturen tiat nic. *(Bis.)*

LE VIN.

Quand l'homme se trouve en proie à la mélancolie, le cœur touché de quelque peine, de quelque douleur, qu'il boive de moi à plein verre et sans scrupule: peines, douleur, chagrins, passions, je chasserai tout, moi.

URA.

Ene charmac ezdituc
Batere ghibelatzen.
Arnoan den ghizona

L'EAU.

Mes charmes ne le cèdent en rien aux tiens. L'homme noyé dans le vin ne songe point à moi;

Nitaz ezduc orhoitzen;
Hire nonchalantzian
Eta balenarian
Ezpiritia dic galtzen.
Gracia, constancia,
Ghisa berian berthutia,
Hic ezduc seghitzen. *(Bis.)*

dans ton indolence et ta vanité,
il perd l'esprit. La grâce, la
constance, et par là même la
vertu ne sont point l'objet de ton
culte.

ARNOA.

Bekhaisti haizela
Zaitac iduritzen,
Arrazouñikan gabe
Baihaut mintzatzen;
Horrenbertze erraiteco,
Hic hialere ez orano
Hire etsai ikhusten.
Ghizonac ala emaztiac,
Aphezac et' erreghiac
Nic oro adizkide. *(Bis.)*

LE VIN.

Il me semble que tu es envieux
et jaloux, puisque tu m'injuries
sans raison; et malgré tout ce
que tu peux dire, tu ne trouves
point encore en moi un ennemi.
J'ai pour amis hommes et femmes, les prêtres et les rois.

URA.

Ezduc ez hi baicic
Munduian bertzeric
Etchekico duenic
Desolaturic.
Ene edertazuna
Eta garbitazuna
Hic daucac ehortziric.
Hordian hor habila,
Hiraur idurien bilha,
Casic ez estaturic. *(Bis.)*

L'EAU.

Non, il n'y a pas dans l'univers un autre que toi, capable
d'y répandre ainsi la désolation.
Ma beauté, ma pureté, par toi
sont ensevelies. Tu vas errant
dans ton ivresse, cherchant qui
te ressemble, sans contenance
et hors de toi.

ARNOA.

Amorioa eta Ura
Zaudete ichilic,
Zoin zoñen termiñetan,
Deus erran gaberic.
Bacchus bere hoinian,
Barricaren gainian
Nitzaucaiat charmaturic;
Mundiaren ahoan
Mahainaren buruan
Harc naucac ezariric. *(Bis.)*

LE VIN.

L'Amour et l'Eau, restez en
silence, chacun dans vos limites,
sans rien répliquer. Bacchus en
joie sur son tonneau goûte mon
enchantement; c'est lui qui m'a
placé au bout de la table et sur
les lèvres de tous.

URA.

Eghiazco laudorioac

L'EAU.

C'est à moi que sont accordées

Nic ditiat izaiten.
Mundu gucico frutuiac
Nic ditiat frescatzen,
Huntziac itsasoan,
Bethi comercioan
Ditiat iribilazten,
Eta batheiu sainduan
Mesa sacrificiouan
Ni bainiz khausitzen. *(Bis.)*

les louanges véritables. Je rafraîchis les fruits de la terre entière, je promène sur les mers les navires toujours en commerce; j'ai ma place dans le saint baptême et dans le sacrifice de la messe.

ARNOA.

Ni ere khausitzen nuc
Mesa sainduan,
Hi beno lehenago
Sacrificiouan.
Hordan ezduc halere
Abantailic batere
Eramaiten mundian.
Hic bihotza tristetzen
Eta nic alagheratzen
Ghizonen artian. *(Bis.)*

LE VIN.

Moi aussi je me trouve à la sainte messe, et je suis du sacrifice avant toi. En cela du moins tu n'as sur moi aucun avantage. Tu attristes le cœur, et je le réjouis, entre hommes.

URA.

Hire alagrancia
Fite duc pasatzen,
Familietan descansuric
Hic ezduc emaiten;
Ghizona ostatuian,
Disputaren buruan,
Maiz duc ezarrarazten :
Hartaric nahigabiac,
Ardura heriotziac
Dituc eghinarazten. *(Bis.)*

L'EAU.

Ton allégresse passe rapidement, tu ne laisses aucun repos dans les familles, tu mets souvent ton homme chef de la dispute dans la taverne : par là tu occasionnes les déplaisirs, souvent les meurtres.

Ezduc emaiten
Arraposturic?
Ago beraz holache
Confundituric.
Ghizonac hi utziric
Eta ni maitaturic
Hobeki eghinen dic :
Bethi bake honian
Osagarri hobian,
Denbora pasaturen dic. *(Bis.)*

Ne fais-tu point à ceci quelque réponse? Reste de la sorte confondu. L'homme fera mieux de te haïr et de m'aimer : toujours dans une douce quiétude et dans une santé plus douce encore, il vivra de longs jours.

LABORARIA.

(Suberotarra.)

Ohore, amorio laborariari,
Gure haztiagatic necatzen denari!
Haren medioz lurrac cerbait du emaiten,
Hari eskerrac! oro guizade bizitcen.

   Ohore, amorio, etc.

Hazhaurrac amañoa amataco hartzen,
Hala baliz beçala bihotzez maitatcen :
Gure aitañori, loborariari,
Amorio dezogun eman hazordari.

Aski escarniatuz, izertuz, necatuz,
Bere osagarria milatan jocatuz,
Laborari gachoac mundia du hazten,
Eskerric nahi bada eztian ukheiten.

   Ohore, amorio, etc.

Ohian hiritarra dago ahatzeric,
Arrancura guziac lohan ehortziric :
Laboriac eztu arghi-lo eghiten,
Aztalac ihitzian goizictu ezarten.

   Ohore, amorio, etc.

Aroaren beldurrez ezta baratuco,
Hotzac, beroac, deuzec eztu lotsatuco :
Zombat ere beituke lana borthitzago,
Hambat hobeki zaio bulharrez lothuco.

   Ohore, amorio, etc.

Laborariac nekez guenhatu oguia,
Zuc gozatuco duzu hiritar naguia.
Nahi beçala zira bethi zu izanen,
Aski nekez hark beitu arthoa ukhenen.

   Ohore, amorio, etc.

Laboraria, jinen othe zaic eguna
Lehen erreguebatec hitzeman zciana?
Goiz edo berant othe haic ikhousiren,
Igant-oroz oilloa thupiñan ezarten?

   Ohore, amorio, etc.

LE LABOUREUR.

(Dialecte souletin.)

Honneur, amour au laboureur,
Pour nous nourrir à celui qui s'épuise!
Par lui la terre fournit ses fruits,
Grâces à lui, tous nous vivons.

   Honneur, amour, etc.

Le nourrisson adopte pour mère sa nourrice,
Et comme telle la chérit de tout son cœur :
A notre père nourricier, le laboureur,
Portons amour, c'est lui qui nous nourrit.

A force de travail, de sueurs, de fatigues,
En jouant mille fois sa santé,
Le pauvre laboureur nourrit les peuples,
Bien que reconnaissance il n'obtienne aucune.

   Honneur, amour, etc.

Au lit le citadin s'oublie et sommeille,
Ensevelissant tout souci dans le sommeil :
Le laboureur ne fait pas sommeil de jour,
Ses talons dans la rosée de bonne heure il plonge.

   Honneur, amour, etc.

Le changement de temps ne l'arrêtera pas,
Le froid, le chaud, rien ne l'épouvantera,
D'autant seront ses travaux plus rudes,
D'autant il les bravera d'un cœur plus mâle.

   Honneur, amour, etc.

Le froment péniblement récolté par le laboureur,
C'est vous qui le mangez, citadin indolent.
A votre gré vous aurez toujours vos aises,
Assez difficilement lui se nourrira même de maïs.

   Honneur, amour, etc.

O laboureur, t'arrivera-t-il jamais le jour
Que te promit jadis un bon roi?
Est-ce tôt ou tard que l'on te verra
Chaque dimanche mettre une poule au pot?

   Honneur, amour, etc.

CHANSONS MORALES.

COUNTREBANDISTAREN CANTUAC.   CHANSONS DU CONTREBANDIER..

(Basa nafartarra.)   (Dialecte bas navarrais.)

Cantore berri batzu,
Aire zaharrian,
Nahi ditut phazatu
Orai presentian.
Cer miseria dugun
Orai herrietan,
Indarric ezin eguin
Gure countrebandan!

Countrebandistac dira
Orai dolugarri,
Deusic erin athera
Gobernamenduari.
Guardas betheric daude
Sokhuac igueri;
Ezin confida gaude
Segretuz nehori.

Officio guis' oroz
Guizonen galceco,
Et' abiatuz gueroz
Neke den' uzteco.
Baldin fortuna banu
Auher bicitceco,
Chede on eguin nu
Seculan ez ioaiteco.

Sorthu izan banintz
Aitoren semia,
Edo, ezta beztainintz,
Arrandaz bethia,
Eznien phensatuco
Countrebandan hastia;
Bainan niz bethico
Gaicho eskeleria.

Eztut debocioneric
Ardura phensatcen,
Baici countrebandaric
Non aise pasatcen.
Bardin bekhatu badut

Quelques chants nouveaux,
Sur l'air ancien,
Je veux composer
A cette heure même.
Quelle détresse nous avons
Maintenant dans nos contrées,
Qu'il n'y a plus de ressource
Dans nos contrebandes!

Les contrebandiers sont
En ces temps bien à plaindre,
Ne pouvant rien arracher
Au gouvernement.
De douaniers sont remplis
Et débordent tous les recoins;
Nous ne saurions plus nous fier
Pour un secret à personne.

Ce métier en tout sens
Perte de l'homme,
Et une fois commencé
Est impossible à quitter.
Si j'avais assez de fortune
Pour vivre sans rien faire,
Je ferais bien serment
De ne jamais frauder.

Si j'étais né
De la race des nobles,
Ou, du moins,
Muni de bonnes rentes,
Je n'aurais point songé
A commencer de contrebande;
Mais pour toujours je suis
La pauvreté même.

Je n'ai pas de pensées dévotes
Souvent dans mon esprit,
Mais oui, les contrebandes
Où mieux je les puis passer.
Si par là je pèche

Horrela eguiten,	Me conduisant ainsi,
Jinco, jaunatan dut,	De Dieu, mon seigneur, j'aurai
Urricalmendu izanen.	Soulagement et pardon.
Countrebandistaren	Du contrebandier
Tristura handia,	Grande tristesse,
Ikhara lotsaren	De tremblement, de crainte
Bihotza hartia.	Son cœur sera chargé.
Gose eta egarrian	Dans la faim, dans la soif
Ardura izaitia,	Être souvent,
Hori mundu huntan	Telle est en ce bas monde
Ene bicitcia.	Mon existence.
Guardia horic ditugu	Nous avons ces douaniers
Etsai handiac.	Grands ennemis.
Bethi umen tugu	Toujours on nous les dit en quête
Non guiren galdiac,	Des lieux où nous errons,
Guaitiarrac ezarriz	Nous postant des espions
Emanez diruia,	Gagnés à prix d'argent,
Guezurrez igorriz	Ou trompant par leurs mensonges
Jente necatuia.	Le pauvre monde.
Gobernamenduac du,	Le gouvernement possède,
Oi, guizon fidelic,	Oui, des serviteurs fidèles,
Et' pagatcen ditu	Et il les paie
Ein gabe doluric.	Sans parcimonie.
Balaki nola diren	S'il savait cependant comment eux-mêmes
Cerbitchatcen lehenic,	Se servent les premiers,
Horietaz lio ezarriren	De tels hommes
Gazteluiac betheric.	Il ferait regorger les prisons.
Gazteluian hazteco,	Pour les nourrir en prison,
Ezlukete balio.	Ils n'en valent pas la dépense.
Guizon falsu, hastio,	Hommes faux, odieux,
Da hoietan sarthuco.	Seuls se trouvent parmi eux.
Zarthaina bezain gosiac	Gourmands comme des poëtes,
Dir' eguiaz mintzatzeco	Ils sont, pour dire le vrai,
Cernahira ekharriac	Prêts à se plier à tout
Bazcari baten taco.	Pour un dîner.
Countrebandistac balire	Si les contrebandiers étaient
Counsideraturic,	Appréciés à leur valeur,
Gachoac heta dire,	On trouverait dans ces pauvrets
Merechimendu handiric;	De grands mérites;
Bainan orotaz heinen,	Mais par tous ici,
Oi, mesperesaturic.	Hélas! méprisés ils sont.

Alta eztugu eguiten	Cependant nous ne faisons
Nehori gaizkiric.	A personne de tort.
Ukhacie, othoi, beraz	Ayez, de grâce, enfin
Gutaz compasione,	De nous compassion,
Bai et' eguin arduraz	Et faites aussi souvent
Oroc debocione.	Tous pour nous dévotion,
Gure bicia beita	Car notre vie est
Ecinago triste,	On ne peut plus triste.
Ez gure icena aipha	Ne prononcez nos noms
Othoitz' eguin gabe.	Qu'avec une prière.
Bersu hoc eguin ditut,	Ces vers j'ai composé
Cambera batian,	Dans la cachette
Ene gorputza emandut	Où j'ai introduit mon corps
Sasuien barnian,	En plongeant dans les ronces,
Nahiagoric içan	Plus désireux de me trouver
Etzanic hoian.	Couché dans un bon lit.
Nitaz dezala ukhan	Plaise à Dieu avoir de moi
Jaincoac urrical hiltcian!	Pitié à l'heure de ma mort!

SUIET BERA.

(Basa nafartarra.)

Uharte, Arnegui, guero Altabiscar,
Hortic Ibañarat, gaur nic guei nuke sar.
Guardiec eznaude, aise escuetan;
Ezcuñetic ezbada, ihes izkerrean.

Amac eni deraut : « Oi muthil erguela,
Cantuac dic algan traditcen iguela.

MÊME SUJET.

(Bas navarrais.)

Uhart, Arnéguy, puis Altabiscar,
Par là par Ibañeta, cette nuit j'aurais dessein d'entrer.
Les douaniers ne me tiennent pas de sitôt entre leurs mains;
Si ce n'est par la droite, par la gauche je les fuirai.

Ma mère (m'impose silence et) me dit : « Jeune étourdi,
(Sache) que son chant dans les joncs trahit la grenouille.

Orkhatzac menditan ezdioc canturic,
Artza ere badoha olhetan ichilic. »

— Orkhatzac balimba, buruan adarra,
Eni bidarrian sortcen zaut bizarra.
Artzainen beldurrez artza da ichiltcen ;
Nic guardia gatic ezdut botza galcen.

Urtzo saldoari Ozcachen sareac,
Guc ere menditan ditugu guardiac.
Zorro gaiço huen ez aise galtceco,
Chenda berri cembait dakigu bideco.

Satorra lur barnan, kurloa gorati,
Ahuntza caparrez, arraina urpeti.
Sator, ahuntz, arrain, behar orduz nago;
Besoz behar bada, deizten naiz Domingo.

Oihanean huntzac hasten bere arrama,
Orai banoaci ez beldurric, ama.
Jaincoac baguindu etchedun ezarri,
Gogotic nekeion aitzurraz lurrari.

L'izard des montagnes n'a point de chants,
L'ours parmi les troupeaux rôde silencieux.

— Si l'izard voit sa tête s'orner de cornes,
A moi sur mon menton commence à croître la barbe.
Par crainte du berger l'ours se tient en silence;
Moi, par crainte des douaniers je ne perds pas ma voix.

Aux nombreuses palombes Oskich dresse ses penthières,
Nous aussi sur la montagne avons les douaniers.
Pour ne pas lâcher facilement ce cher havresac,
Nous connaissons plus d'un sentier nouveau sur la route.

La taupe a le sein de la terre, la grue les hautes régions,
La chèvre perce les broussailles, le poisson vit dans l'eau.
Taupe, chèvre, poisson, au besoin je me fais ;
S'il faut jouer des bras, je m'appelle Domingo.

Dans les bois le hibou commence son ramage,
L'heure est venue, je pars, point de crainte, ma mère.
Si Dieu nous eût fait possesseurs de propriétés,
De grand cœur j'aurais consacré forces et sueurs à la terre.

Sorho, alhor dunac, larretan diraude;
Guarder khausitceco gu goregui gaude.
Mendin artho guti et' ogui gutigo,
Guarden hastitceco arrazoña frango.

Gau hun, ene ama, eguiçu auhari,
Lohun eguin deçan erroçu aitari,
Aitoren sem' ez naiz, bai aitaren seme,
Makil hunec dio çoinen nizan hume.

———

Possesseurs de prés et de champs sont dans les plaines;
(Nous) pour vivre en paix avec les douaniers nous sommes trop haut
La montagne donne peu de maïs, de froment moins encore, [placés.
Raisons grandement suffisantes pour détester la douane.

Bonne nuit, ma mère, soupez avec appétit,
Souhaitez pour moi bon sommeil à mon père.
Je ne suis pas fils de noble, mais fils digne de mon père,
Et ce bâton apprendra dans l'occasion de qui je suis issu.

———

GUARDEN BICIA.

Mes chers amis, commençons *bersuien cantatzen*,
Nous sommes bien ici *orai alagheratzen*;
D'être toujours ainsi *nuke desiratzen* :
Le bon vin toutes nos peines *tu ahatzerazten*.

Je dois donc vous annoncer, *oi ene lagunac!*
Qu'entièrement sont passés *guarden egun onac*;
Nous devons passer sur pied *gabac eta egunac* :
Ah! nous pourrons bien vendre *ohe ditugunac*.

———

LA VIE DES DOUANIERS.

Mes chers amis, commençons à chanter des vers,
Nous sommes bien ici maintenant nous réjouissant;
D'être toujours ainsi je désirerais :
Le bon vin toutes nos peines fait oublier.

Je dois donc vous annoncer, ô mes camarades!
Qu'entièrement sont passés les bons temps des douaniers;
Nous devons passer sur pied les nuits et les jours :
Ah! nous pouvons bien vendre les lits que nous avons.

Le service des gardes *arras da borthiztu*,
A tous pas presque nos chefs *ondotic ditugu.*
Quel temps qu'il fasse, dehors *egon behardugu*,
Trois fautes pour nous casser *aski baititugu.*

Mes camarades, encor *guardia eghizu*,
De fréquenter l'auberge *dute debecatu.*
Comment?... sans boire du vin *egon behardugu?*
Nos malheureuses gorges *behar dute idortu.*

Ces messieurs croient sans doute *bethi han gaudela,*
Pour y rester trop longtemps *diru badugula;*
Si l'on croit nos ressources *handiac direla,*
Eh bien! n'en doutons plus, *trompatu direla.*

Il en est parmi nous pourtant *zembait onghidenic,*
Quelques bons verres de vin *edaten dutenic :*
Ils ont cet avantage *Jainkoac emanic;*
Quant aux autres, nous restons *tzinzurrac idoric.*

Il est donc inutile *gouri erraitia,*
Dans la maison de Bacchus *seculan ez sartia.*

Le service des gardes est devenu tout à fait pénible,
A tous pas presque nos chefs sont après nous.
Quel temps qu'il fasse, dehors il faut que nous restions;
Trois fautes pour nous casser sont suffisantes.

Mes camarades, encore remarquez bien
Qu'on nous a défendu de fréquenter l'auberge.
Comment?... sans boire de vin nous devons rester?
Nos malheureuses gorges vont se dessécher.

Ces messieurs croient sans doute que nous y restons toujours,
Pour y rester trop longtemps que nous avons de l'argent;
Si l'on croit que nos ressources sont grandes,
Eh bien! n'en doutons plus, on s'est trompé.

Il en est parmi nous pourtant quelques-uns qui sont bien,
Qui boivent quelques bons verres de vin :
Ils ont cet avantage qui leur vient de Dieu;
Quant aux autres, nous restons les gorges à sec.

Il est donc inutile de vous le dire,
Dans la maison de Bacchus n'entrez jamais.

Nous avons trop de peine *ezin bizitzia :*
Plutôt que d'être ainsi, *hobeda hilzia.*

La divine Providence *nahidu araberez*
Que les douaniers soient *cargaturic haurrez.*
Bientôt nous faut aller *Algererat hourrez,*
Pour voir dans ce pays-là *deus ahal dugunez.*

Pour résister jour et nuit *oi manera hountan*
Pendant vingt-cinq ans *oraico mendetan,*
Il faut ce temps pour être admis *erretretan :*
Ah! qui pourra y parvenir *oraico guardetan ?*

———

Nous avons trop de peine à pouvoir vivre :
Plutôt que d'être ainsi, mieux vaut mourir.

La divine Providence veut sans aucun doute
Que les douaniers soient chargés d'enfants.
Bientôt nous faut aller à Alger par mer,
Pour voir dans ce pays-là si nous pouvons quelque chose.

Pour résister jour et nuit de cette façon
Pendant vingt-cinq ans dans le vasselage actuel,
Il faut ce temps pour être admis à la retraite ;
Ah! qui pourra y parvenir parmi les douaniers d'aujourd'hui?

———

DIALOGUE ENTRE UN PARESSEUX ET UN VIEUX GALANTIN.

Argument.

Dans la pièce que l'on va lire est retracée la rencontre d'un jeune désœuvré du village de Barcus avec un homme d'un âge mûr, de Moncayolle, qui poursuivait toujours les femmes. Le barde les met en scène pour arriver à cette conclusion, que la paresse, aussi bien que le libertinage, engendre la misère, personnifiée ici dans l'individu nommé *Petiri Santz.*

CONVERSACIONEA AFERBATEN ETA ÑAPHUR ZAHARBATEN
ARTIAN.

(Suberotarra.)

Idiarte ñaphurra
Aspaldian hala da,
Partidu bat nic banikee hiretaco aberaxa,
Mithikileco duc eta Petiri Santzen alhaba :
Hareki eguic escontza.

— Beñat, esker dereiat;
Doi-doia hitz eman diat.
Petiri Santzen alhabaric etcherat nahi eztiat;
Haren aitaren eçagutcera Barcocherat jin guei diat.
Hirekin duc, jakin diat.

— Idiart, hobe huke hic
Bilho lintzia utciric.
Nic perruca emanen dat, sagarroi larruz eguinic ;
Buru chourien gordatceco, harec kalitate badic ;
Halacobat behar duc hic.

— Beñat, esker dereiat,

DIALOGUE ENTRE UN PARESSEUX ET UN VIEUX GALANTIN.

(Souletin.)

Idiart le galantin
Et depuis longtemps le même,
J'aurais un riche parti à t'indiquer,
A Moncayolle, la fille de Petiri Santz :
Marie-toi avec elle.

— Bernard, je te rends grâces;
Je viens en effet d'engager ma foi.
De fille de Petiri Santz, je n'en veux pas autour de moi;
Mais je compte, cependant, aller le visiter lui-même à Barcus.
Il loge chez toi, je le sais.

— Idiart, il vaudrait mieux pour toi
Renoncer à tes vains efforts pour unir tes cheveux.
Je puis te faire don d'une perruque faite de peau de hérisson;
Pour cacher ta tête chauve elle a qualité;
Tu ne saurais t'en passer.

— Bernard, je te rends grâces,

SATIRES.

  Hirur calota batiat :
Hire sagorroi larruzcoaz beharric batere eztiat.
Ihauretaco beguira ezac, joaiteco ohiarat,
  Petiriekin lotcerat.

  Idiarte ñaphurrac
  Eta Beñat auherrac
Hola çutien algarri eguin caresa ederrac.
Gaztiac maite lan eguina, Petiri Santzen lagunac ;
  Khuñac gueiac nescatilac.

  Bai, jente hounec erri,
  Coblac beitira berri.
Airia eta eguitatiac çaharrac çaitzat iduri,
Auher edo nescatilekin Petiri Santzen askaci ;
  Hola bethi dut ikhoussi.

———

J'ai trois bonnets de nuit :
Le tien en peau de hérisson me serait inutile.
Réserve-le pour t'en coiffer le soir en te mettant au lit,
  Et pour dormir avec Petiri (Santz).

  Idiart le galantin
  Et Bernard le libertin
Ainsi mutuellement se faisaient de beaux compliments.
La jeunesse qui aime le travail fait, aura pour compagnon Petiri Santz ;
  Qui veut devenir gendre doit aimer les filles.

  Oui (et autour d'eux) les honnêtes gens de rire
  A cause de la nouveauté de cette poésie.
Quant à moi, le ton et la chanson me paraissent de longue date,
Les paresseux aussi bien que les amateurs de femmes parents de
  Ainsi toujours je l'ai vu.   [Petiri Santz;

———

LE PRÊTRE CHASSEUR.

Argument.

L'auteur, au début, expose son dessein, qui est, dit-il, de passer le temps ; il n'est pas moins sûr qu'il a voulu faire une satire des mœurs mondaines de certains prêtres de son époque. A ce compte, cette chanson ne serait pas ancienne.

En effet, au XVIIe siècle, nul, dans le Pays Basque, n'eût songé à faire un crime à son curé de son amour immodéré de la chasse, aujourd'hui interdite aux ecclésiastiques; ils étaient si fort respectés, dit Pierre de Lancre, que l'on ne se scandalisait de nulle de leurs actions. « Le cabaret, ajoute-t-il, la dance, les habits, le jeu de la bale par les rues, l'espee au costé, la demi-pique à la main, se promenant dans le village, ou allant aux festes des parroisses, ne leur sont en reproche. Aller aux vœux seuls, à Nostre-Dame d'Iron, et par tous autres lieux dans le païs, accompagnez de trois ou quatre belles filles, sont choses communes et aux prestres navarrois qui sont sur la frontiere, et aux nostres, comme nous avons veu plusieurs fois [1]. »

Le rimeur ne reproche pas tant de choses aux prêtres qu'il chansonne; il se borne à les représenter comme n'épargnant rien pour la satisfaction de leurs goûts. Parlant de la peine que se donne l'un d'eux à faire des filets, il lui lance un trait qui rappelle Marot et Molière.

On remarquera encore le dialogue que le barde engage avec les ramiers dont les chasseurs voudraient bien faire leurs victimes, et qui concourent avec lui à faire jouer ce rôle à leurs ennemis.

APHEZ IHIZTARIA.

(Suberotarra.)

LE PRÊTRE CHASSEUR.

(Dialecte souletin.)

Cantatceco,	Pour chanter,
Bi bertsu berri banituzke,	Deux vers nouveaux j'aurais,
Cantatceco,	Pour chanter,
Demboraren pasatceco,	Pour passer le temps,
Compaña huntan nehor baliz	S'il y avait quelqu'un dans cette com-
Placer duienic entcuiteco,	Qui eût plaisir à les entendre, [pagnie
Cantatceco *(bis)*,	Pour chanter *(bis)*,
Demboraren pasatceco.	Pour passer le temps.

[1] *Tableau de l'inconstance des mauvais anges*, etc., liv. VI, disc. II, p. 417. — Dans le portrait que fait de l'Ancre du prêtre basque de son temps, je retrouve un trait de la physionomie du Vascon du moyen âge, telle que la décrit l'Astronome limousin. Voyez ci-dessus, p. 205.

SATIRES.

Sorhamendin	A Sorhamendi [1]
Urçotegui batçu berriric,	Quelques pantières nouvelles,
Sorhamendin	A Sorhamendi
Jaun aphez batec ditu eguin,	Un monsieur prêtre a fait, [nant
Ihiztariac bilduric hartuz	Ayant réuni les chasseurs en les pre-
Eta hamabira luis pagatuz.	Et en les payant (chacun) douze écus.
Sorhamendin *(bis)*	A Sorhamendi *(bis)*
Nahi lukete fortun eguin.	Ils voudraient faire fortune.
Ihicira	A la chasse
Guacin oro elgarrekilan,	Allons tous ensemble,
Ihicira	A la chasse
Soramendico lephora.	Au col de Sorhamendi.
Han behar dugu errecreatu,	Là nous devons nous récréer,
Bai eta ere placer hartu	Ainsi que prendre plaisir
Aphezekin *(bis)*,	Avec les prêtres,
Salaberry jaunarekin.	Avec monsieur Salaberry.
Jaun apheza,	Monsieur le prêtre,
Çu cirade ororen guida,	C'est vous (qui êtes) le guide de tous,
Juan apheza,	Monsieur le prêtre,
Eta ororen forniça.	Et le fournisseur de tous.
Mila libera sare berrien,	Mille livres pour les nouveaux filets,
Aise bilduiac bai cinituien!	Comme vous les aviez facilement ra-
Jaun apheza *(bis)*	Monsieur le prêtre *(bis)*, [massées!
Ez othoi escandalisa.	Je vous prie, ne vous scandalisez pas.
Bordeletic	De Bordeaux
Ficelac ekharri omen tuçu,	Vous avez porté les ficelles,
Bordeletic,	De Bordeaux,
Bidegaraic hautaturic	Choisies par Bidegaray [2]
Marchandisa hoberenetic,	De la meilleure marchandise,
Ez bide da hortaz dudaric,	Il n'y a à cela aucun doute,
Bordeletic *(bis)*,	De Bordeaux *(bis)*,
Espres harat bilha içanic.	Y étant allé les chercher exprès.
Sar' eguiten	A faire des filets
Aphez guiçagaiço hori,	Ce bonhomme de prêtre,
Sar' eguiten	A faire des filets
Ez da gaizki akhitcen,	Ne se fatigue pas mal,
Cembait oilasco hegal yanez	Mangeant quelques ailes de poulet
Eta pusacafia edanez,	Et buvant le pousse-café,
Sar' eguiten *(bis)*	A faire des filets *(bis)*
Ez da gaiski akhitcen.	Ne se fatigue pas mal.

[1] Nom d'une montagne. — [2] C'était un prêtre.

Urço grisac,	Les gris ramiers,
Baçohaste oro airian;	Vous allez tous en l'air;
Urço grisac,	Les gris ramiers,
Azkartuçue hegalac.	Vous avez fortes les ailes.
—Trufatcen guituc çuien sarez,	— Nous nous moquons de vos filets,
Bai eta ere ihiztariez.	Aussi bien que des chasseurs.
Sorhamendin *(bis)*	A Sorhamendi *(bis)*
Pasaturen gaituc arhin.	Nous passerons légers.
Urço okher bat	Un ramier borgne
Harrapatu omen duçu,	On dit qu'on a attrapé,
Urço okher bat;	Un ramier borgne;
Ez dakit guicen cenez hambat.	Je ne sais s'il était bien gras.
Hamar ihiztari guardian,	Dix chasseurs en garde,
Beldurrez juan çadien airian,	Craignant qu'il ne s'envolât,
Urço okher bat *(bis)*;	Un ramier borgne *(bis)*;
Ez dakit guicen cenez hambat.	Je ne sais s'il était bien gras.
— Urçoac gu,	— Nous les ramiers,
Baguhatci orai aitcina,	Nous allons à présent en avant,
Urçoac gu.	Nous les ramiers.
Hunat juan gabetaric bat,	Ici avant que vous partiez,
Morde Salaberric baluke	Monsieur Salaberry aurait
Çuençat gambera eder bat,	Pour vous une belle chambre,
Urço grisac *(bis)*,	Les gris ramiers *(bis)*,
Hunat juan gabetaric bat.	Ici avant que vous partiez.
Aphezekin	Avec les prêtres
Gu ez gaituc lakhet gamberan,	Nous ne nous plaisons pas en chambre,
Aphezekin,	Avec les prêtres,
Jaun arropa belz horiekin.	Avec ces messieurs à robe noire.
Debecatu guitie Francian;	Il nous ont défendu en France;
Biciren gaituc oraino aguian	Nous espérons vivre encore
Españan *(bis)*	En Espagne *(bis)*
Heldu den bortz hilabeletan.	Les cinq prochains mois.
Coniuratcez	Par conjuration
Behar baidute hunat bildu,	Ils doivent venir ici,
Coniuratcez,	Par conjuration,
Nahi badute eta ez,	(Et) qu'ils veuillent ou non,
Saretan sarraraci fite	Les faire entrer vite aux filets
Jaun aphezaren hitcen berthutez,	Par la vertu des paroles du prêtre,
Coniuratcez *(bis)*,	Par conjuration *(bis)*,
Nahi badute eta ez.	Qu'ils veuillent ou non.

SATIRES.   373

CONSULTATION MATRIMONIALE.

Argument

Un célibataire consulte les gens mariés pour savoir s'il doit changer de position ; puis, après s'être répondu à lui-même, il s'amuse d'eux et se félicite de son état. Comme Jean de Meung, il est tenté de s'écrier :

> N'est nus qui marié se sente,
> S'il n'est fox, qui ne s'en repente [1],
> (*Le Roman de la Rose*, édit. de Méon, v. 8725 ; t. II, p. 209.)

ou plutôt comme le paysan vendéen :

> Kiélâé s'y trampant, qui trechant
> Ben âése en mariage.
> (*Mémoires de l'Académie celtique*, etc., t. III, p. 380.)

C'est, comme on voit, le même sujet sur lequel, après Théophraste [2], Juvénal [3] et Antonio Vinciguerra [4], Rabelais et Boileau se sont étendus si agréablement, sans parler de Beaumarchais, qui fait dire à Figaro que de toutes les choses sérieuses le mariage est la plus bouffonne. Cette plaisanterie, qui pouvait être vraie à l'époque et dans le monde où vivait son auteur, manque tout à fait de vérité dans une société où l'homme ne contracte mariage

---

[1] Un autre poëte contemporain fait dire à une femme :
> Prendre marit est chose à remenant,
> N'est pas marchiés qu'on laist quant se repent ;
> Tenir l'estuet, soit lait o avenant.
> (*Bele Amelot*, coupl. 7. — *Le Romancero françois*, etc., par M. Paulin Paris. Paris, Techener, 1833, in-12, p. 73.)

[2] Voyez une note de Lantin de Damerey au *Roman de la Rose*, édit. de Méon, t. II, p. 203-205.

[3] Sat. VI, vers 28 et suiv.

[4] *Liber utrum deceat sapientem ducere uxorem, aut in cœlibatu vivere*. Bononiæ, Plato de Benedictis, 1495, in-4°. De son côté, Poggio a composé un traité qu'il a intitulé : *An seni sit uxor ducenda*. Voyez les Dissertations de Vossius, t. I, p. 48, et l'*Histoire littéraire d'Italie* de Ginguené, t. III, 1re part., chap. XIX, p. 517. — Chez nous, on trouve des conseils sur le mariage adressés à un ami par Eustache Deschamps, dans le recueil de ses poésies publié par Crapelet, p. 96. Il existe encore un traité de J. Chaussé, sieur de la Terrière, de l'Excellence du mariage, où l'on fait l'apologie des femmes, etc. Paris, Martin Jouvenel, 1689, in-12.

que dans le but d'avoir un, ou plutôt des auxiliaires actifs, sobres et bien portants.

Une dernière observation : la fin du premier couplet n'est que le développement d'un ancien proverbe basque :

Eder, auher.
(La belle *est ordinairement* fainéante.)

Un autre proverbe constate cette vérité, qu'avec une belle femme on a la guerre au logis :

Andra ederra,
Etchean guerra.

Gardez-vous donc, dans le choix d'une épouse, de ne prendre conseil que de la passion qu'elle vous inspire :

Ezcontza amorezco,
Bici dolorezco.
(Mariage d'amour, vie de douleur.)

EZCONTZACO CONSULTACIONEA.

(Baca nafartarra.)

Ezcondiac, erradacie ezconduren niçanez.
Bazterretan ikhousten tut ezcondiac nigarrez.
Hutsic eguinen othe deit holahola egonez ?

Harteen badut ederra,
Hura duket auherra.

CONSULTATION MATRIMONIALE.

(Bas navarrais.)

Mariés, dites-moi si je dois me marier.
De tous côtés je vois les larmes dans les ménages.
Commettrai-je une faute en restant comme je suis ?

Si je prends une belle,
J'aurai celle-là paresseuse.

Hartcen badut gorria,
Hura duket hordia.

Hartcen badut chouria,
Hura beraz eria.

Ezcondiac, ezconduric egon çaizte nigarrez.
Sobera dut Jaincoari esker nic hola egonez.

Si je prends la rouge en couleur,
J'aurai celle-là buveuse.

Si je prends la pâle,
Je l'aurai maladive.

O mariés ! pleurez de vous être mariés.
J'ai trop à rendre grâces à Dieu d'être resté tel que je suis.

AUX MENTEURS.

Argument.

Ἀτρείδη, μὴ ψεύδε', ἐπιστάμενος σάφα εἰπεῖν.
Οὐ γὰρ ἐπὶ ψευδέσσι πατὴρ Ζεὺς ἔσσετ' ἀρωγός.
(Iliad., liv. IV, v. 404, 235.)

Ce qu'Homère dit avec la gravité dont il se départ si rarement, un *coblacari* basque le développe sur le ton de la satire. Il met en scène trois menteurs : le premier, Longue-langue, est un hâbleur qui semble cultiver gratuitement la fiction, à l'exemple du compère de la vieille chanson des Mariniers de la Meuse [1]; le second, Ventru, est un parasite qui fait sa cuisine en forgeant des histoires; Barbe-rouge, le troisième, donne des entorses à la vérité pour en donner à l'honneur des filles : c'est celui-là dont il faut davantage se garer.

---

[1] Elle a été rapportée par M. O. Delepierre, dans son *Macaronéana*, etc. Paris : MDCCCLII, in-8°, p. 24.

GUEÇURTARIER.

(Basa nafartarr eta lapburtarra.)

Gueçurtariac, oi, aditu :
Cantabat nahidut cantatu.
Aspaldin naucie asetu ;
Çuekin beraz behin gustu
Nic egun nahi nuke hartu.

Jaun Mihiluz, buru handia,
Çoure dut lehen ohoria :
Gueçuren ezduçu paria ;
Bestec beldur hura, suya,
Çoure gaitz bakharra da eguia.

Ala jaun ederra Tripero,
Sabelez nasai, ahoz bero !
Harc deraûzeat berriac frango.
Nic nekeac jan, edateco ;
Gueçurrac saltcez hi bicico.

Herrico nescacha gaztiac
Bizargorriz illusitiac.
Harc ikhusi ditu hiriac
Urhez, cilharrez pabatiac.
Hetan ditu eguin Indiac.

Mihiluz aditez irria ;
Triperoc ene gatic gosia.
Aita, aneice, Bizargorria
Çuen nescachatic athera,
Garbi nahi dukenac izena.

AUX MENTEURS.

(Texte navarro-labourdin.)

Menteurs, oui, écoutez :
Quelques couplets je veux chanter.
Depuis longtemps vous m'ennuyez ;
Une fois au moins quelque plaisir
En ce jour avec vous je veux prendre.

Seigneur Langue-longue, la grosse tête,
Pour vous les premiers honneurs :
Vous pour le mensonge n'avez pas de pareil ;
Que d'autres craignent l'eau, le feu,
L'unique fléau qui vous voie reculer c'est la vérité.

Qu'il est prodigieux ce monsieur Ventru,
Vaste de ventre, ardent du gosier !
Lui me fournit nouvelles à foison.
Moi, au prix de mille peines je calme la soif, la faim ;
Toi, quelques mensonges t'achètent des festins.

Les fillettes de l'endroit
Sont enchantées de Barbe-rouge.
Lui, en effet, a vu des villes
Pavées d'argent et d'or.
C'est là qu'il a fait ses Indes (sa fortune).

Langue-longue parfois m'égaie ;
Ventru, avec moi, mourrait de faim.
Pour ce qui est de Barbe-rouge, pères et frères,
Chassez-le loin des filles,
Celui du moins qui veut préserver son nom de tache.

LE CHARBONNIER ET SON MULET.

Argument.

Cette chanson, qui ne date que du mois d'août 1845, mais qui avait été précédée, à ce qu'il paraît, par une autre du même genre [1], est célèbre dans tout le Pays Basque ; elle témoigne du goût qui y règne pour la satire et la caricature.

[1] M. Chaho, parlant du *Mulet de la forge,* qu'il fait chanter à l'un de ses compagnons

SATIRES.

Outre le texte donné par l'*Ariel*[1], nous avons eu sous les yeux trois copies qui nous sont parvenues de divers points, et dont l'une, réduite aux six derniers couplets, nous porte à croire que la seconde partie pourrait bien être une chanson plus ancienne soudée aux treize premiers. Nous nous sommes arrêté à la copie qu'a bien voulu nous envoyer M. Archu, qui l'a accompagnée d'une traduction. C'est celle que l'on va lire. Nous y avons joint d'autres chansons composées sur des sujets analogues.

ICAZKETACO MANDOA.	LE MULET DU CHARBONNIER.
(Suberrotarra.)	(Dialecte souletin.)
Hau da icazketaco	Voici du charbonnage
Mandoaren traza :	Le portrait du mulet :
Lephoa mehe du eta	Maigre cou et
Itchura gaitza,	Triste mine,
Ilia latza.	Poil rude et hérissé.
Baztape guzitican	Sous le bât son dos n'est que
Sauriac balsa.	Horrible plaie.
Oi hura salsa!	O quelle sauce!
Cristauric eztaiteke	Il n'est pas un chrétien qui osât
Aldeti pasa.	Passer à son côté.
Lephoa mehe du eta	Il a le cou maigre et
Buruia handi,	La tête énorme,
Mathel ezurra seco,	La mâchoire décharnée,
Dena beharri,	Et (il est) tout oreille ;
Beguiac eri ;	Ses yeux sont malades,

de route, ajoute : « Sa grosse tête, son œil hagard, son poil au rebours, ses os saillants, ses jambes torses, sa mine piteuse et les infirmités qui affligent le pauvre animal, rien n'est oublié. » Il cite ensuite le couplet final :

Erregheren serbichura	Pour le service du roi
Mandoa trostan,	Le mulet (va) au trot,
Socac herrestan ;	Ses cordes traînant ;
Ehun coropillo eta,	Cent nœuds et
Berrehun puztan,	Deux cents bouts,
Azkena puntan ;	Le dernier (nœud) au bout ;
Epein, hobe lizate	Qu'elles, mieux vaudrait
Batere ez ukhan.	Aucune n'avoir.

(*Voyage en Navarre*, etc., chap. IX, p. 346, 347.)

[1] N° du 14 septembre 1845.

Bi sudur ziluetaric	De ses deux naseaux
Mukuia dari,	Suinte la morve,
Ezpañac larri;	Ses lèvres épaisses sont pendantes;
Hortzic izan badu ere,	Si jamais il eut des dents,
Eztic aigueri.	Il n'y en paraît plus.
Bi hitzez aizatzue	Écoutez en deux mots
Lau hatzen failac:	L'histoire de ses quatre aplombs:
Belhainac handi, eta	Ses genoux sont grands, et
Makhur ghidailac,	Son arrière-train tortu,
Lurrera zailac.	Et il fait des révérences.
Cortesia escatzen	Par manière de courtoisie
Belhaunez ari da,	Il fait des génuflexions,
Guero ezin ari da,	Puis il n'en peut mais.
Haurren mantenatzeco,	Pour élever des enfants,
Zer abantaila!	Quel gagne-pain!
Fantesiac asco badu	Il a une allure assez fantasque,
Mando lapurrac:	Ce fripon de mulet:
Lau zangoac trepel, eta	(Il est) boiteux des quatre jambes, et
Anca makurra,	(Il a) la hanche de travers,
Juntetan hourac,	Les jointures engorgées.
Ezpata bezain choroch	Aussi tranchant que le fil de l'épée
Bizcar ezurra,	Est l'os de son échine,
Ezduc ghezurra.	Je ne mens point. [précipite
Noiz larruturen zautan	Je tremble qu'à chaque instant il ne se
Ni naiz beldurra.	En laissant sa peau aux rochers.
Mando itsousi, zikin	Vilain mulet, sale
Lotsagarria,	Épouvantail,
Galzera bota didac	Tu me feras perdre
Osagarria.	La santé.
Okhagarria,	Provocateur de nausées,
Sartzen eztio utzi nahi	L'hôtelier ne veut pas
Ostalariac,	Le laisser prendre place à l'écurie,
Haren sartzian,	Disant qu'à son entrée
Urrintzen zaioteco	Il est capable d'empester
Etche guzia.	Toute la maison.
Buruco crapestuac	Du licol qui orne sa tête
Grandeza badu.	Il est grandement fier.
Erostunican balu,	S'il avait un acheteur,
Nahi luzke saldu,	Il voudrait se vendre
Ahal bezain zalhu;	Aussi lestement que possible; [de vin,
Chiki bat arnoren saria,	Qu'on lui donnât le prix d'un petit verre

Eguiten ahal balu,	A la réserve du caveçon,
Charranchac salbu,	J'estime qu'il ne perdrait pas
Tratu hortan hainitzic	Grand'chose
Ezliro galdu.	A ce marché.
Aitzineco petralaz	Il est tout émerveillé
Dago espantuz,	De sa bretelle de devant,
Cerendaco ta duien	Parce qu'elle est
Erdia espartuz,	Moitié de chanvre,
Bertze erdia trapuz,	Moitié de drap de chiffons,
Hatzeman pusca guciac	Ramassés un à un
Lurretic hartuz.	Çà et là à terre.
Ase niz tratuz	Je suis dégoûté d'acheter
Enfadaturic nago	Et il me répugne profondément
Botigan sartuz.	D'entrer dans la boutique d'un marchand.
Socac palupan, eta	Les cordes au galop, et
Lazua trostan,	La traversière au trot,
Errecari behera	Le long du torrent
Joan zazkit postan.	Sont parties en poste.
Ezpañac ozkan.	Il en grinçait des dents.
Ehun coropillo eta	On y comptait cent nœuds et
Berehun buztan	Deux cents bouts de queue
Bacotcharen puntan.	A chaque nœud.
Hec baino hobe likec	Autant eût valu n'en avoir point
Batere ez ukhan.	Que d'en avoir de telles.
Galzera bota dida	Il m'a perdu ainsi
Manta bat fina	Une belle mante
Atchunaren demboran	Au temps de mon bisaïeul
Cadiztic jina,	Venue de Cadix,
Betatchuz eguina,	Faite de toutes pièces,
Oro coropilo eta	Toute nœuds et
Zilo eta eskina.	Criblée de trous à jour.
Seculan etzait joanen	Jamais je ne me consolerai
Mantaren mina.	De la perte de mon manteau.
Sakerdi bat berria	Une frange neuve
Badu bereki,	Il a avec lui,
Beldurra dago ladronec	Il est dans la crainte que les voleurs de [grand chemin
Nombait edeki.	Ne la lui enlèvent quelque part.
Dabila ederki,	Il avance majestueusement,
Capusail zar pusca bat	Un vieux lambeau de burnous
Larrubateki	Avec une peau
Counpuntuz bethi,	Rajusta sans cesse,

Zirdina dariola	Les pelures lui traînant
Anketan baiti.	Le long des hanches.
Ene mandoac dian	De mon mulet
Zinghilar corda,	La corde des sangles,
Joan den zazpi urthian,	Depuis les sept dernières années,
Botigan zor da,	Est due à la boutique,
Dembora sobra!	Terme trop long en vérité!
Mercatariarekin	Avec le marchand
Erreitut bordac;	J'ai brûlé mes vaisseaux;
Testigu obrac,	Foi de témoin,
Nic ere hartzecoac	Moi non plus je ne puis parvenir
Etzaizket cobra.	A faire rentrer mes créances.
Euscaraz zinghila eta,	En euscara [1] sangle, et
Erdaraz chincha :	En erdera [2] chincha (c'est son nom):
Horren gainian ere	Là dessus aussi
Badut zer mintza,	J'ai assez à parler,
Bilouaren ghisa.	Aussi bien que sur le pelage de la bête.
Trinca dakidan beldurrez,	De peur qu'elle ne rompe,
Eztirot tinca,	Je n'ose serrer cette sangle,
Cargac eguin 'ta.	Quand j'ai fait ma charge.
Hortan ghezurric bada,	S'il y a du mensonge en cela,
Lephoa pica.	Qu'on me coupe le cou.
Nescacha banintz, eta	Si j'étais jeune fille, et
Majoa falta,	Pas d'amant,
Icazkinic ezcontzaz	Avec un charbonnier, de mariage
Ezniro trata;	Je ne traiterais pas;
Jincoac parca,	Parce que, Dieu me pardonne!
Miserable baita	Ce serait chose misérable
Icazkin hauta.	Que le choix d'un charbonnier.
Hare dabilan planta	Voyez comme il se démène
Petiri eztirola	Pour chasser Petiri [3]
Etchetic athera.	Hors de sa pauvre maison.
Icatza saldu eta,	Le charbon une fois vendu,
Ondoco traza :	Voici le résultat :
Gaitzuru bat arthoren	Il n'a pas l'argent nécessaire
Saria falta;	Pour acheter une mesure de maïs;
Etcherat joan 'ta,	Arrivé à la maison,

[1] Basque. — [2] Castillan.

[3] *Petiri*, Pierre, la misère. L'extrême dénûment se traduit en basque par *Petiri gutza gor i*, Pierre aux bas rouges.

Emaztiac nigar eta	Il trouve sa femme en pleurs et
Haurrec marraca,	Les enfants criant misère.
Eta ezin balaca,	Pas moyen de les consoler,
Talobaten gaic	Quand on ne trouve pas seulement
Eztaic harrapa.	De quoi faire une galette de maïs.
Abarcatic has nadin,	En commençant par la sandale,
Emeki, emeki,	Tout doux, tout doux,
Haraghi ustel urrin bat	Une odeur de chair faisandée
Badu bereki;	Elle a avec elle;
Halere, ederki	Malgré cela, joliment
Aztal eta behatza	Le talon et l'orteil
Campoan bethi.	Sont toujours à l'air.
Ziloa petic :	La semelle est un grand trou :
Zangoac erretzeco	Il n'y a pas de risque que le pied
Perilic eztic.	S'échauffe là dedans.
Galzazpien berriac	De ma chausse des nouvelles
Erranentut garbi.	Je donnerai naïvement.
Botoinac chipi, eta	Les boutons (sont) trop petits, et
Chilouac larri,	Les boutonnières trop fendues;
Tchotchac ezari,	Je les retiens avec des chevilles,
Berrehun lecutaric	Elles laissent voir ma peau
Larria agheri,	En deux cents endroits.
Braghetac irri.	La braguette baille en souriant.
Jincoa parte, picorric	Dieu m'est témoin que de ma culotte
Gabe nuc sarri.	Il ne m'en restera pas miette bientôt.
Barneco moch bat badut	J'ai un gilet de dessous
Ainitz ederra,	Superbe,
Urratuiaren hutsez	Que je ne puis prendre par suite
Eztirot cerra.	Des brèches et des déchirures.
Andre alferra,	Femme paresseuse,
Orratza duienian,	Quand elle tient l'aiguille,
Hariaz gherla.	Elle déclare la guerre au sujet du fil.
Apho fardala,	La pécore fainéante,
Sukhaldian lo dago	Elle s'endort au coin du feu,
Jeiki eta berla.	A peine levée.
Hara icazketaricc	Voilà des charbonniers
Duten jhiroua	Les splendeurs.
Bonetaren cascoan	Sur la crête de leur bonnet
Chuchen ziloua,	Il y a toujours un trou
Puntuz bildua;	Repris à points perdus;
Hirur, lau erhi trebesetan	Trois ou quatre pincées de cheveux

Chuti biloua. — Hérissés sortent de là en faisant la brosse.
Enemigoua! — Sort ennemi!
Nic eztakit zer eghiten — Je ne sais pas ce que ces gaillards
Tuzten dirouac! — Font de tout leur argent.

AMPLEREN ÇAMARIA.

(Suberotarra.)

LE CHEVAL D'AMPLÉ.

(Dialecte souletin.)

Ampleren çamaria — D'Amplé le cheval
Bilua urdintcen hasia, — Le poil à grisonner commence,
Çango besuac gogor, eta — (Il a) pieds et pattes raides, et
Biscarrian çauria, — Au dos la plaie,
Bai eta instant guciez — Et aussi à tout moment
Lurrerat eroria. — A terre il tombe.

Ample, saltçac çamaria, — Amplé, vends ton cheval,
Balin baduc eroslia. — Si tu as un acheteur.
Horrekin çorroca juaitia — Avec lui (témérairement) aller chercher
Ez dukec çuhurtcia. — Ne serait pas prudence. [des sacs
Arranuer emac guardia; — Aux aigles prends garde;
Horrençat die lehia. — De lui ils ont grand'envie.

Ampleren çaldi hori — D'Amplé le beau cheval
Establian charmagarri. — A l'étable (est) charmant.
Nic ja nahiago nikec — Moi, au moins, j'aimerais mieux
Ardura oinez ibili. — Souvent à pied marcher.
Çaldarez aseric ere, — Du picotin quoique rassasié,
Batere ezdaite igui. — Il ne peut pas du tout bouger.

Ez cioc cheha arthoric, — Il ne peut broyer le maïs,
Ahuan ez baitu harmaric, — A la bouche il n'a point d'armes,
Harendaco ez da giten — Pour lui (il) ne vient pas
Españatic oloric. — D'Espagne d'avoine.
Amplec hartuz guerostic, — Depuis qu'Amplé l'a pris,
Ez daki asiaren berriric. — Il ne sait pas de la satiété des nouvelles.

Amplec çaldia prestatu, — Amplé le beau cheval m'a prêté,
Niri hartcia dolutu. — Moi, de (le) prendre (je me suis) repenti.
Belec eta arranuec — Les corbeaux et les aigles
Bidian naute atacatu : — En route m'ont attaqué :
Jaincoac daki nola naicen — Dieu sait comment je me suis
Jaun hetaric libratu. — De ces messieurs délivré.

Ample, ez nindaite mintça, — Amplé, je ne parlerais pas,

SATIRES.

Çamariac balu bichta	Si le cheval avait la vue
Norat nahi juanic ere,	Par où il veut, quoiqu'il aille
Eroriz eta trumilca;	En tombant et en se roulant;
Aintcin guibelez ez couca.	De devant, de derrière il ne se cabre
Saltçac fite edo truca.	Vends-le vite ou troque-le. [pas.
— Ez diat nahi saldu	— Je ne veux pas vendre
Ez eta ere trucatu.	Ni non plus troquer.
Ene çamariac behar dic,	Mon cheval doit,
Uda, bortuian pasatu.	L'été, à la montagne passer.
Handic jin denian,	De là venu lorsqu'il (sera),
Nahi diat onxa trufatu.	Je veux bien me moquer de vous.
— Ample, ago ichilic,	— Amplé, sois en silence,
Ez duc eguinen trufaric :	Tu ne feras point de moqueries :
Hire çamariac ez dic janen	Ton cheval ne va pas manger
Udan, bortian belharric.	En été, à la montagne d'herbe.
Arte huntan eguinendie	Dans cet intervalle feront
Arranuec ase ederric.	Les aigles de beaux festins.
— Cauter batec Ampleri	— Un chaudronnier (a dit) à Amplé
Eihera borthan, berari,	A la porte du moulin, à lui-même,
Çamariaren hautatcen	Le cheval à choisir
Ez ducla ikhasi,	Qu'il n'a pas appris,
Emaztiari so eguin çacola,	Qu'à la femme regardé il avait
Hartu cienian, hobequi.	Mieux, lorsqu'il l'avait prise.
—Ample, othoi, barkhatu,	— Amplé, je vous prie, pardonnez,
Etçançu behar gaitcitu;	Il ne faut pas vous déplaire;
Alabaiçuna dela causa	A cause de la fille du premier lit
Coblatuac içan tuçu :	Ces couplets ont été faits :
Etcheco berriac campuan	Les nouvelles de la maison au dehors
Guciac salhatcen dauskitçu.	Toutes elle a divulgué.

Behor bat erosi dut, adin onecua,
Hortzetan marcatcen du sei urthecua;
Tatcha guciac ez ditu : lucedu lephua,
Bizcar heçurra çorrotz, bera da flacua.

J'ai acheté un coursier, il est dans son bel âge,
Ses dents le disent de six ans;
Ne lui donnez pas tous les défauts : son col est allongé,
Son dos scierait la pierre, ses jarrets sont peu solides.

Adinez orhoitu eta jarten da goguetan,
Munduan dabilala hogoi urthe huntan,
Guastu handiric ez du, zangoco ferretan,
Beldur da jan dezatin chacurrec errecan.

Parfois repassant ses années, les noirs soucis l'agitent,
Il songe que depuis longtemps il erre dans le monde,
Et vu le peu d'argent dépensé pour ses fers,
Il tremble de servir bientôt aux chiens son corps en curée.

ASTO ZAHAR BAT.
(Suberotarra.)

SUR UN PAUVRE VIEIL ANE.
(Dialecte souletin.)

Asto bat erosi dut Manuel traturi;	J'ai acheté un âne au maquignon Manuel;
Acienda on bat da, batla bedi.	C'est une bonne bête, qu'elle profite.
Gorphutz gucian ez du untza bat haragui,	Tout son corps n'a pas une once de chair,
Ile petic beguiac ez ditu agueri.	Ses yeux ne paraissent pas de dessous son poil.
Cer debru da hori?	Que diable est-ce?
Ekharria niri	Amené à moi
Arima galgarri,	Pour me faire perdre l'âme,
Errecan da sarri.	Bientôt il est dans la fosse.
Landan phara deçagun chori haiçagorri.	Mettons-le dans un champ pour chasser les oiseaux.
Lehen ere banuen asto horren fama:	Avant aussi je connaissais la renommée de cet âne:
Soumetie nola cen guecçur true içana;	Sa carcasse avait été vendue en échange de menson-
Lephua ere badu luce hirur khana,	Son cou aussi a trois cannes de longueur; [ges;
Heçur eta larruia, dena uliec iana.	Ses os et sa peau sont tous mangés par les mouches.
Cer da hire lana?	Quel est ton travail?
Arri[1]! Poco gana.	Marche! Gagne-petit.
Iuanduc hire fama,	Ta renommée n'est plus,
Lehen cerbait içana.	Toi qui fus quelque chose autrefois.
Testament eguitera io duca ni gana?	Es-tu venu chez moi pour faire ton testament?

[1] Ce mot, que l'on retrouve partout, en espagnol (*La picara Justina*, fol. 90. — *E postrer duelo de España*, jorn. 3, parmi *Las Comedias de D. Pedro Calderon de la Barca* édit. de Leipzig, t. II, p. 262, col. 2) comme en français (*Roman d'Eustache le Moine* v. 202, 206), a donné lieu à une note empruntée au *London literary Gazette* (n° du 3 mars 1827), et insérée, sous le titre d'*Origine orientale d'une exclamation du peuple e Espagne*, dans le *Bulletin des sciences historiques*, etc., publ. par le baron de Férussac t. XI, p. 158. — L'origine signalée par l'écrivain anglais l'avait déjà été par le P. Guadi et Diego de Urrea, cités par Covarruvias, qui dérive *harriero*, muletier, de l'interjectio *harre*, que ces sortes de gens ont continuellement à la bouche. (*Tesoro de la lengua cus tellana*, etc. Madrid, M. DC. XI., in-4°, fol. 463 recto, col. 1.)

CONTRE UN TAILLEUR.

Argument.

La chanson suivante, en guipuzcoan, est incomplète ; il faudrait recourir en Espagne pour se procurer les couplets qui manquent. En France, on n'en connaît que quatre. C'est de la bonne poésie, mais qui, séparée du chant, perd beaucoup de son intérêt.

Cette pièce, où l'on voit percer ce trait particulier du caractère basque, la vanité du costume, rappelle un peu l'usage des bardes euscariens, qui, lorsqu'ils se rencontrent, font assaut de talent et s'attaquent ordinairement l'un l'autre dans leurs défauts personnels, dans leurs habits, etc. Ces sortes d'improvisations et de dialogues chantés en face, ont pour but de provoquer l'hilarité des auditeurs aux dépens d'un adversaire qui ne peut espérer de triompher à son tour qu'en donnant plus ample matière encore à la malignité et à la bonne humeur des assistants.

Il me paraît certain que le rimeur a dû continuer l'historique du tailleur, probablement même que ces quatre vers ne sont qu'un exorde à la joûte poétique. On en voit souvent de pareilles en Bretagne, contrée qui offre plus d'un point de comparaison avec le Pays Basque, et où les meuniers et les tailleurs sont ennemis déclarés. Doués les uns et les autres de la faculté poétique, ils en usent pour se faire la guerre [1].

Les tailleurs ont également compté parmi eux des troubadours, soit en France, soit en Espagne. Durand, qui florissait au commencement du XIIIe siècle, était tailleur à Paernas, c'est-à-dire sans doute à Pernes, petite ville de l'ancien comtat venaissin [2].

D'un autre côté, vers l'époque des Rois Catholiques, il y avait en Espagne un poëte fameux, Anton de Montoro, de Cordoue, plus généralement connu sous le nom ou le sobriquet d'*el Ropero*, parce qu'il exerçait l'état de tailleur, ou plutôt de ravaudeur. M. le marquis de Pidal, qui s'est étendu assez longuement sur le pauvre troubadour dans son Essai sur la poésie castillanne pendant les

---

[1] *Barzas-Breiz*, t. II, p. 263. Voyez encore p. 245.
[2] *Histoire littéraire des troubadours*, etc., t. II, p. 226.

XIVᵉ et XVᵉ siècles [1], témoigne de la surprise qu'Anton, qui, de plus, était pauvre et juif de race, ait pu, dans une condition aussi ravalée, acquérir non-seulement un style facile et gracieux, mais le savoir et l'érudition que dénotent certaines de ses poésies. A coup sûr, de ces deux choses, une au moins, la dernière, est difficile à expliquer. Ce qui mérite encore d'être signalé, c'est le penchant qui porte les tailleurs poëtes vers la satire. Exerçant une profession qui laisse à leur esprit toute sa liberté, on comprend de reste qu'ils soient enclins à composer des vers et à chanter ; mais on ne démêle pas aussi aisément si cette humeur satirique est le résultat d'un sentiment d'envie auquel les conduit cette culture intellectuelle, ou tout simplement l'effet d'un tempérament irrité par la vie sédentaire.

SASTRE BATEN CONTRA.

(Basa nafartarra.)

Aspaldico demboretan penetan naiz bici,
Bi bertsu ecin pharatuz sastre okher bati.
Hobe nuke bada ez banintzan hasi ;
Nola phensatuco tudan, Jaungoicoac daki.

Ghito, muthur zikin, ahalgue gabia,
Norc uste duc duela hemen hire galdia?
Hi erruncales baino, ni sena finetan
Hobeki bezti niagoc, aldaia hunetan.

CONTRE UN TAILLEUR.

(Dialecte de la basse Navarre.)

Depuis très-longtemps je vis dans les soucis,
Ne pouvant pas façonner deux vers à l'adresse d'un tailleur borgne.
Peut-être aurais-je mieux fait de n'y jamais songer ;
Car comment je les composerai, Dieu le sait.

Bohémien, à la noire figure, homme effronté,
Qui crois-tu ici en peine de te voir?
Malgré ton luxe d'habits, (à côté de toi) je parais habillé de soie fine
Et mieux vêtu, en dépit des habits grossiers que je porte.

---

[1] *El Cancionero de Juan Alfonso de Baena*, etc. Madrid, imprenta de la Publicidad, 1851, grand in-8°, p. XXXIII-XXXVIII.

Sastriac eman omen du bertsu neretaco;
Arropa charrac dudala guizon prestutaco.
Ez die ez eguiten arropec guizona,
Bere baitharic ez badu fundamenta ona.

Iruñen nindagoelaric San Fermin eirian,
Fermin portalepian, Nafarrerian,
Sastre picaro hori han çagoen guardia,
Gogoan beitzerocan picarderia.

Le tailleur, dit-on, a fabriqué des rimes à mon adresse;
(Il prétend) que pour être honnête homme j'ai des habits trop misé-
(Apprends donc) non que les habits ne font pas l'homme,   [rables.
S'il n'a dans sa propre personne des mérites réels.

Me trouvant à Pampelune vers la fête de Saint-Firmin,
Sous la porte Saint-Firmin (à Pampelune), ville de Navarre,
(Je vis) ce perfide tailleur s'y tenant au guet et en sentinelle,
S'y tenant au guet et méditant quelque dessein perfide.

LA FAUSSE ACCUSATION.

Argument.

La chanson suivante a été composée pour punir un jeune homme et une vieille cuisinière qui avaient accusé, auprès de leurs maîtres, un pauvre barde d'avoir mangé le matou favori de la maison égaré depuis quelque temps. L'animal, par son retour, fit cesser tous ces bruits calomnieux.

On le sait, le poëte populaire s'élève assez rarement jusqu'aux idées générales : tout entier à l'action qu'il raconte ou au sentiment qu'il cherche à rendre, il songe peu à déterminer les lois qui les régissent. Il y a donc lieu de signaler les deux premiers vers du troisième couplet et la vérité morale qu'ils expriment.

ACCUSACIONE FALSIA.

(Basa nafartarra.)

Cantore berri horic batugu eguinic
Gathu ihescor batec lekhia emanic :
Herraturic egon da, galduric bidia;
Arte hortan ni aldiz gaizki jujatia.

Gathu, marrau-ederra, pare gabecoa,
Etcheco jaun anderen maite kholcocoa,
Ez, othoi, gal harçara etchenco herecha,
Ez tecen berriz erran ebatsi haidala.

Gueçurra, calumnia, bekhatu handia,
Guiçonen nahasteco debriac phistia.
Amourous, ibili his hire plazerila,
Eta eraiki die nic jan hundudala.

Herrian badiagu comis bat lealic,
Gobermanta bat ere aski mihi hounic,
Ezpeitic balimba, cin diat eguiten,
Cibetic jan dudala hain sarri erraiten.

LA FAUSSE ACCUSATION.

(Bas navarrais.)

Voici de nouvelles chansons composées
A l'occasion d'un chat déserteur :
Il est resté errant, ayant oublié son chemin ;
Et moi, dans l'intervalle, j'ai été mal jugé.

Chat, au beau miaulement et sans pareil,
Toi le chéri des messieurs et des dames du logis,
Je t'en conjure, ne perds plus les traces du retour,
Pour que de nouveau on ne m'accuse pas de t'avoir volé.

Le mensonge, la calomnie, grands péchés,
Pour brouiller le monde par le diable inventés.
Amoureux, tu courais à tes plaisirs,
Et l'on affirmait déjà que je t'avais mangé.

Sache qu'ici nous avons un commis loyal
Et une cuisinière assez bonne langue,
Qui de nouveau, cependant, je le jure,
Ne m'accuseront pas de sitôt d'aimer les civets.

Ala çu, jaun comisa, francesian barna!
Nountic idoki duçu *mange-chat* niçala?
Ala gobermantari khausitu beharrez
Honla beçara cira mintçatcen guecurrez?

Etcherat utçuliric, gathu maitia,
Goiz oroz, balaca çac gobernant-anderia;
Galtha eçoc noulache igaran dan gaia,
Ikhousi dinez louan bere senhargueia.

Hoguei bat urthe hountan gobermanta denac,
Ingoitic ezcontceco baditic adinac :
Duda gabe badila bere beguistatia,
Eta ez hire guisa bidin herratia.

Beztalde harekin dena ezconduren,
Nour bada, eztuc usu etcheric elkhiren.
Aski jeloscor lukec ez ountsa hartceco,
Badakita? beharbada ountsa olhatceco.

———

O vous, seigneur commis, si avant dans le français,
D'où avez-vous pu conclure que je suis mange-chat?
Ou est-ce le désir de plaire à la cuisinière
Qui vous a porté comme elle à parler faussement?

Rentré dans tes foyers, chat, mon ami,
Aie soin, chaque matin, de caresser mademoiselle la cuisinière;
Demande-lui comment elle a passé la nuit,   [choix.
Et si lui est apparue, dans le sommeil, l'image de l'époux de son

Femme qui depuis vingt ans fait la cuisine,
A dû déjà parvenir à l'âge nubile :
Sans doute que dans son cœur elle a son choix fait,
Et non parmi ceux qui, comme toi, seraient volages.

D'ailleurs, quel qu'il soit, devenu son époux,
Il ne lui sera pas permis souvent de quitter sa maison.
Elle serait assez jalouse pour n'y pas voir le bien,
Le sais-je? peut-être même pour recourir aux coups.

LA PRÉFÉRENCE.

Argument.

Le quatrain suivant est un épigramme à l'adresse d'un jeune montagnard qui s'était vu préférer un rival habitant de la plaine. A voir la grâce et le bon goût qui y règnent, on dirait une inspiration grecque telle que l'anthologie nous en a conservé.

PREFERENTZIA.	LA PRÉFÉRENCE.
(Suberotarra.)	(Dialecte souletin.)
Ihizlari gaztia, bilho hollia,	Jeune chasseur, à la chevelure blonde,
Gorache eguin duçu urçoteguia :	Vous avez placé trop haut votre colombier :
Urçoac ohil dirade lekhu goretan,	La colombe n'aime guère s'élever vers les hauteurs,
Laketago dira gune aphaletan.	Elle aime de préférence les bocages des plaines.

SATIRE DES DIFFÉRENTES PROFESSIONS.

Argument.

Voici quelques couplets choisis dans une infinité d'autres, que l'on chante pour critiquer, élever ou rabaisser les différentes professions. S'il faut en croire le poëte, les laboureurs sont des espèces de parias, les pasteurs des fainéants, les couturières unissent l'habitude de la médisance à la paresse, les fileuses ne livrent que de la mauvaise besogne, les gardes forestiers et les douaniers reçoivent de deux mains et trahissent les deux parties, les instituteurs sont des ivrognes et des gourmands; les vignerons, mécontents du travail de leurs confrères, n'en font qu'à leur tête, au grand détriment des maîtres qui en changent souvent; les marchands de laine s'enrichissent promptement en vendant à faux poids; enfin, les huissiers et les notaires sont des artisans de ruine.

Dans toutes les littératures, on trouve de pareilles philippiques sous une forme ou sous une autre, et je ne puis songer à les signaler toutes; mais je dirai un mot d'une composition pareille due à Folquet de Lunel, l'un de nos troubadours. C'est une satire générale des mœurs de tous les états, depuis l'empereur jusqu'aux aubergistes de village : « L'empereur, dit le poëte, exerce des injustices contre les rois, les rois contre les comtes; les comtes dépouillent les barons, ceux-ci leurs vassaux et leurs paysans. Les laboureurs, les bergers font à leur tour d'autres injustices. Les gens de journée ne gagnent point l'argent qu'ils exigent. Les médecins tuent au lieu de guérir, et ne s'en font pas moins payer. Les marchands, les artisans sont menteurs et voleurs [1], » etc.

Je citerai encore une jolie boutade romaïque publiée par M. de Marcellus, qui l'a intitulée *le Choix difficile* [2], et, revenant à la pièce basque, je ferai remarquer que finesse d'observation, énergie de style, tout se réunit dans ce morceau qui présente le ton de la bonne satire.

OFFICIO CENBAITEN CRITICA.

(Suberotarra.)

Oi laboraria, gachoa! hihaurec jathen arthoa,
Ogui et' ardo gueñhatcen auherren asetcecoa,
Halere haiñ haie maite noula artçaiñac otsoa.

Arçaiña bada beztitcen, josliac tu gomendatcen
Zaragoilen alderdi bat oihal hobez eçar decen,
Halere higaturen du aitcinia beno lehen.

SATIRE DES DIFFÉRENTES PROFESSIONS.

(Dialecte eouletin.)

O pauvre laboureur! tu te nourris de méture,
Tu récoltes le froment et le vin de quoi rassasier les vauriens,
Et encore on t'aime comme les bergers les loups.

Quand le pasteur s'habille de neuf, il recommande aux couturières
Qu'une moitié de ses culottes soit en étoffe plus forte, [tie antérieure.
Et (cette moitié), malgré ces précautions, sera plus vite usée que la par-

---

[1] *Histoire littéraire des troubadours*, t. II, p. 142-144. Voyez encore t. III, p. 78, 261, 262.
[2] *Chants du peuple en Grèce*, t. II, p. 320-323.

Dendaria berant jiten, arratsan goicic utçulcen;
Mundiaren jorratcen, arte hartan abusatcen :
Ezpeitu jaten diana hullantceco irabazten!

Orai uruliac oro idorrian nahiago ;
Hanitz aguertu beharrez, hari-oro chori-lepho;
Hallicatcen balinbada cehian laur oropilo.

Oihençainac eta gardac, contcenziazco guiçonac :
Guerac baçaitce farcitzen, ihesiren tie postac,
Laguner bardin har eraciren gaiço sinhescorrac.

Erregent bat hil dadila, eztu harc procesic eisten :
Hountarsunac dutu harec heiñ hounian eçarten;
Çuntçurrian countrolatu eta sabelin ipotecatcen.

Bigner batec bestiari estacuru eman nahi :
Coiñi bere copadura hobe betçaio iduri,
Aihen gabe nahi denac, houra usu beça berri.

La couturière se lève tard, et de bonne heure le soir se retire;
En attendant, elle emploie son temps à sarcler le monde :
Certes qu'elle est loin de gagner la nourriture qu'elle consomme!

Désormais les fileuses préfèrent le prix fait;   [d'oiseau;
Pour avoir trop hâté leur travail, tout leur fil (est) plein de gorges
Ensuite pour le dévider on devra par chaque empan faire quatre nœuds.

Gardes forestiers et douaniers (sont) gens de conscience :
Si on leur farcit le gosier, ils désertent leurs postes,   [crédules.
Sauf à faire également saisir par leurs compagnons les délinquants

Qu'un instituteur meure, après lui peu de procès :
De son vivant il a soin de bien colloquer son avoir;
Il le contrôle dans son gosier et l'hypothèque dans son ventre [1].

Un vigneron (est) toujours mécontent du travail de son confrère :
Chacun mettant sa manière de travailler au-dessus de toutes,
Que celui qui veut se voir sans vigne change souvent de vigneron.

---

[1] Dans une autre chanson, les instituteurs sont accusés de paresse :

Aphal crori cira, etcheco-alhaba.	Vous visez bien bas, fille de famille.
Phenxaketa jar eta estonatceco da.	Plus on y pense et plus on s'en étonne.
Fidel içan bacine, hitz eman beçala,	Fidèle à votre parole, comme vous l'aviez promis,
Zuc oçanen cinuien medicu senharra ;	Vous pourriez avoir un médecin pour époux ;
Anaiac erradio bere arrebari :	Mais en vain le frère a dit à sa sœur : [lesse?
« Errienta nahi duna hireza hargarri ?	« Tu préfères l'instituteur pour soutien de ta vieil-
Nic nahiago niken berceric nornahi.	Moi, je te voudrais tout autre époux.
Alferrac ditun eta untsa bici nahi. »	Les instituteurs furent toujours paresseux et amis [de la bonne chère. »

Aberasten ilhaguinac, arimac haiñ untsa galtcen :
Phecian bai contietan cer eztie hec ebasten?
Haiekila beharduke Jincoac aizina ukhen.

Sarjant eta notariac, oi arnes necesarriac !
Hen elhe ulhun, gueçurrec, nahasten gaiça chipienac,
Ezta lagun hobiagoric bertan husteco etchiac.

Les marchands de laine s'enrichissent vite, et avec égal succès perdent
Dans les poids et dans leurs chiffres que ne volent-ils pas ? [leurs âmes.
Avec eux, pour les juger, Dieu devra avoir du loisir.

Huissiers et notaires, ô outils nécessaires! [ples choses,
Leurs sentences obscures, mensongères, obscurcissant les plus sim-
Vous ne trouverez pas meilleurs aides pour promptement vider vos
[maisons.

VOYAGE DANS L'INTÉRIEUR DE L'ESPAGNE.

Argument.

Suivant qu'il vit sur le versant méridional ou septentrional des Pyrénées, le Basque reçoit des lois de Paris ou de Madrid ; mais il ne s'en considère pas moins comme faisant partie d'une nation distincte des deux peuples qui ont la prétention de l'absorber, et comme supérieur à ses voisins. La chanson suivante est un cri de ce patriotisme haineux ; je soupçonne l'auteur d'avoir, dans l'insecte dégoûtant dont il parle à la fin, voulu indiquer un Castillan, nom par lequel il est désigné dans le plus bas langage.

BIDAIA ESPAÑAN BARNIAN.

(Guipuzcoanoa.)

Biscai eta Araga, guero Castilla,
Diferentziarican ez dute milla.
Lecu circilla !

VOYAGE DANS L'INTÉRIEUR DE L'ESPAGNE.

(Guipuzcoan.)

Biscaye et Aragon, puis Castille,
De différence n'en ont pas mille.
Séjour misérable !

Nere aloiatzeco lasto char billa,
    Humil, humilla.
Han bici nahi derena itho dabilla.

Runcale aldetican Malmaçonera,
Hango iende gurbien bisitatzera,
    Içatugara.
Escutic hartu eta aloiatzera,
    Lecu onera!
Gure ahuntzac adarrac dauscan aldera.

Hanegon baicite urthe bathian,
Bat icus ainçaki çure bician,
    Kilua guerrian,
Nahis senharra luken laru gorrian
    Negu gucian.
Horra cer andre onac herdal herrian.

Nolaco emaztia, halaco senharra :
Berez alfer handia eta sancarra.
    Sikinsu çarra,
Salaco cilotican bere beharra

Pour me loger paille hachée,
Humble, oui humble couche.
Là qui désire vivre que plutôt il se noie.

Des environs de Roncal vers Malmaçon,
Pour visiter les habitants si propres de ce lieu,
Nous sommes allés.
Pris par la main on nous mène au gîte,
Beau gîte !
Du côté où se tournent les cornes de notre chèvre.

Là quand vous resteriez un an,
Vous ne pourriez de votre vie voir une femme,
La quenouille au côté,
Bien que son mari eût la peau nue
L'hiver entier.
Voilà quelles bonnes dames (il y a) dans les pays étrangers.

Telle épouse, tel mari :
D'où grand paresseux et vaurien.
Ignoblement sale,
Par l'ouverture du lit ses besoins naturels

Firrita tarra.
Ochala lertu balitz, puerco zarra!
Ikhusten bacinuke hango jauncia,
Pantalon char batzuco, camis hantzia,
　Çorri cafia.
Behatza beçain lodi haren haria,
　Lastairakia,
Iduri baitu çacu gaiski josia.

Hango sucal basterrac ikustecoac :
Laratzican baterez, falta hanscoac;
　Alki senduac
Hiru edo lau harri quintalecoa.
　Hango çocuac
Ezconduz gueroztican garbitzecoac.

Etchian sarthu eta hango gracia!
Arraio eta arnegu solaz gucia.
　Ai cer bicia!
Burrasoac thikitic iracutsia
　Philosophia ;
Apostu ez dakitela *Ave Maria*.

―――

Il satisfait en éclatant.
Que n'est-il crevé tout-à-fait, ce sale pourceau ?

Si vous voyez les costumes de ces lieux,
Pantalons en haillons, vestes en lambeaux,
Nids à poux.
(De ces vêtements) aussi gros que le pouce (est) le fil,
Vraie toile à matelas,
(Ils sont) semblables à des sacs mal cousus.

Là (il y a) des foyers bien remarquables :
Point de crémaillères, il manque le soufflet;
Pour siéges au coin du feu
(On voit) trois ou quatre blocs de pierre chacun d'un quintal.
Là les divers recoins
Depuis le jour du mariage sont à balayer.

Dans la maison une fois entré, là quel accueil!
(C'est un) concert uniquement de jurons et de blasphèmes.
Ah! quelle vie!
Leurs parents dès l'enfance leur ont appris
La philosophie;
Je parie qu'ils ne savent pas l'*Ave Maria*.

Nere lagun Manuel, berez Nafarra,
Egoitzas ez hangotic, Gorritiara.
    Ez muthil charra;
Ederki beçakien jotzen guitarra,
    Cirrita çarra;
Damuric cen harekin besoz echkerra.

Nere lagun hori da aski ikusia,
Lehen ere badaki cerden çorria,
    Casta naguia,
Behatzaz ukitu eta gueldi, gueldia,
    Falsu, çuria,
Malecia asco duen animalia.

Mon compagnon Manuel (était) Navarrais d'origine,
Mais non quant à son domicile, (qui est) à Gorritz.
Ce n'était pas un jeune homme de peu de valeur;
Très-bien il savait jouer de la guitare,
Grate ci, grate là;
Mais par malheur il était gaucher.

Ce mien compagnon a beaucoup vu,
Il sait depuis longtemps ce que vaut le pou,
Espèce lâche,
(Qui) pressé par le pouce (reste) immobile, en silence,
Rusé, sournois,
Animal consommé en fait d'astuce.

LA CHANSON DE PERKAIN.

Argument.

Nous avons dit plus haut, page 102, que le souvenir des Perkaïn, des Curutchet et des Azanza, qui furent les plus fameux joueurs de paume du siècle dernier, vivait encore dans la mémoire des Basques; il s'y conserve surtout par la chanson suivante, qui nous révèle une autre célébrité pareille à élever sur le même piédestal que Gascoña et Harriague dont nous avons déjà fait mention, et que Belchor, Detchepare, Camio, Hiribarren et Dihursubehere, les deux derniers prêtres, qui tous sont actuellement les rois de la place[1]. Nous devons la pièce consacrée à leurs devanciers à l'obligeance de M. Archu.

Les deux autres morceaux qui viennent ensuite sortent du même portefeuille. Le premier, qui est d'une date assez ancienne, serait mieux placé à côté de la légende de la Fiancée de Tardets qui a déjà passé sous nos yeux ; mais nous ne l'avons connue que postérieurement. Quant à la complainte de Borthagaray, ce que nous en publions n'est qu'un fragment, la pièce entière, à ce que donne à penser le dernier couplet, n'en comprenant pas moins de trois cent soixante-cinq.

PERKAINEN CANTUA.
(Basa nafartarra.)

Noat joaiten zira, adiskidia.
— Donapalena dut neure seghida ;
Urhe bat baderamat bertze baten billa,
Baldin Laphurtarrac jalkitzen badira.

LA CHANSON DE PERKAÏN.
(Dialecte bas navarrais.)

Où allez-vous, l'ami ?
— Je dirige mes pas vers Saint-Palais.
Une pièce d'or va à la recherche d'une autre,
Pourvu que les Labourdins sortent (sur la place).

---

[1] Mende guciec dut bere pilotari ;
Hobekien direnac mende huntan hari :
Gascoina, Harriague, Belchor, Detcheparc,
Camio, Iribarren, Dihursubehere.
Lehenac orotaric harza du iduri,
Bigarrenac gorphutzez ez zorric nihori,
Hirugarrenac ditu espalda hazcarrac,
Laugarrena beztitzen bisaia ederrac.
Bortz eta seigarrena, aphezac baitire,
Hekin dohain agueriz ichilduren gare.
Hoic guciec hadute gorphutzean indar.
Pilotari handiac zaintsu izan behar,
Edoceinec yo duke pilota puliki ;
Bainan flacoac ezdu iraunen luceki.

Tous les siècles ont leurs joueurs de paume ;
Les plus forts sont dans celui-ci :
Gascoina, Harriague, Belchor, Detchepare,
Camio, Hiribarren, Dihursubehere.
Le premier de tous ressemble à l'ours,
Le second n'a rien à envier à personne pour son [corps,
Le troisième a de fortes épaules,
Le quatrième présente une belle figure.
Comme le cinquième et le sixième sont prêtres,
Nous tairons leurs avantages extérieurs.
Tous ceux-là ont de la vigueur dans le corps.
Un grand joueur de paume doit être sain,
N'importe lequel poussera la balle joliment ;
Mais le faible ne tardera pas à se rendre.

(*Eskaldunac. — Iberia, Cantabria, Eskal-Herriac, Eskal-Herri bakhotcha eta hari darraicona.* Décembre 1853. — J.-M. Hiribarren. Bayonan. — Foré eta Lasserren, imprimerian, in-18, p. 212.)

Laphurtarrac jin ziren trebesac doblesca,
Abil Aderen phartez bazuten nobleza.
Galdu duien gaichoac considera beza
Ez dela egun oroz Laphurtarren phesta.

Azanzaco semia nic ezdut mendratzen,
Bere pareric ezdu pilota botatzen;
Baina Perkain hori etzuien loxaten,
Plaza guciarenzat bera aski baitzen.

Baduca corageric, Curutchet eskerra?
Eramanen duguia diruric etcherra?
Baldin entregu bahiz airetic joitera,
Nekez utziren diagu partida galzera.

Azanzaco jaun Pedro, abilla zirade;
Mañuiac hartu tutzu, bainan debalde;
Anzara chisterrac ere janican ere,
Leheneco pilotaz bethi prest ghirade.

Haiec zazpi jocu, gurec bederatzi;
Haxarian beçala trebesian bethi *(bis)*;
Urguluz nahi zuten partida irabazi.

Les Labourdins, les plus adroits, vinrent en foule,
Ader l'habile leur avait donné du reflet;
Que le pauvre diable qui a perdu songe
Qu'il n'est pas fête tous les jours pour les Labourdins,

Je ne rabaisse point le mérite de l'héritier d'Azance,
Il n'a pas son pareil pour lancer la paume;
Mais il n'intimidait point notre Perkaïn,
Qui suffisait seul pour occuper la place.

As-tu du courage, Curuchet le gaucher?
Emporterons-nous de l'argent à la maison?
Si tu es habitué à frapper la paume en l'air,
Difficilement nous laisserons perdre la partie.

Monsieur Pierre d'Azance, vous êtes habile;
Vous avez pris des bains, mais inutilement;
Bien que vous vous soyez nourri de cuisses d'oie,
Nous sommes toujours prêts avec la balle d'autrefois.

Ils avaient sept jeux, les nôtres neuf;
Leur adresse était aussi grande qu'au commencement *(bis)*;
Par amour-propre ils voulaient gagner la partie.

Guizon abillac dira, jaünac, Laphurdin.
Ezdute estimatzen trebesac bardin;
Captura hobiagoric ezbadute eghin,
Ardura ibilico dira sakelac arhin.

Orai duelaric bederatzi urthe,
Baigorrin irriño bat eghin zinaukuten.
Gure gazna sariac joan zindauzkuten;
Ordaiñac baitiaiu : hor conpon ziste.

Messieurs, il y a des hommes habiles en Labourd.
Ils n'apprécient pas à leur valeur les hommes adroits;
S'ils ne font pas de meilleure prise,
Dans leurs courses ils auront souvent les poches légères.

Il y a maintenant neuf années,
Vous nous adressâtes, à Baïgorry, un petit sourire (dédaigneux).
Vous nous emportiez le prix de nos fromages.
Nous avons la revanche : arrangez-vous maintenant.

ERESIA. — LÉGENDE.

(Suberotarra.) — (Souletin.)

Hauzeco anderia
Urrutian khorpitzez;
Hor du bere buria,
Campoan da bihotzez.

La demoiselle de Hauz
Est de corps au château de Ruthie;
Sa tête y est bien,
Mais son cœur est ailleurs.

— Nor du bere maitia?
Nahi nuke eghia.
Gincoac nohi badu,
Hilzia ukhenendu.

— Quel est donc son bien-aimé?
Je voudrais savoir la vérité à ce sujet.
Si Dieu le veut,
On lui arrachera la vie.

— Goure jaun Urrutia,
Khechian bethi zia;
Erradazu zertaco.
Ni enuzu campoco.

— Notre seigneur de Ruthie,
Vous êtes toujours en colère;
Dites-moi pourquoi.
Moi, je ne suis pas une étrangère.

— Hurrunt zite ni ganic,
Eztit zure beharric.
Bazoaza campora
Adar ene bilzera.

— Éloignez-vous de moi,
Je n'ai pas besoin de vous.
Vous courez au dehors
Pour me cueillir des cornes.

— Jauna, holaco lanac
Hauzeco anderiac

— Seigneur, un pareil métier,
La demoiselle de Hauz

Eztitizu ikasi;	L'ignore complétement;
Hen doazu ihesi. —	Elle cherche à les fuir. —

Elhe hoiec ahotic	Pendant que ces paroles
Jalkitzen zielaric,	Sortaient de sa bouche,
Urrutiac bilhoti	De Ruthie la saisissant par les cheveux
Therresta du ibili.	La traîne sur le pavé.

— Gincoa, zer bizia!	— Dieu, quelle vie!
Oi! jaun Urrutia,	Oh! seigneur de Ruthie,
Ni Hauzeco etchian	Dans le château de Hauz
Nunduzun bai bakian.	Je vivais, oui, en paix.

Hounat jin behar nizun,	Il fallait que je vinsse ici,
Ene zorthia zuzun,	Tel était mon sort,
Bihotz min ukheiteco,	Pour avoir des amertumes,
Zure khecherazteco.	Pour vous faire mettre en courroux.

Oghen gabe zu, bethi	Sans que j'aie le moindre tort, toujours
Minzo zitzaist gogorki.	Vous me parlez avec dureté.
Othoi, zure beghiac	De grâce, que vos yeux
Utz ditzala khechiac.	Abandonnent leur courroux.

Goizian goiz jaikiric,	Debout avant l'aube du jour,
Goiz ophilac eghinic,	Après avoir fait de bon matin des gâteaux [de pain,
Hauzeco anderia,	Demoiselle de Hauz,
Lehia dun handia.	Grande est ton activité.

Zareta bat burian,	Une corbeille sur la tête,
Camporat jalkitzian,	Au moment où elle sortait,
Mous d'Urrutiac zian	Monsieur de Ruthie
Baratu bai bidian.	L'arrêta, oui, sur son chemin.

— Noun zabiltza hain goizic,	— Où allez-vous si bon matin,
Jaureghia huxturic?	Abandonnant ainsi le château?
Galthatzen du Urrutic,	Demande de Ruthie,
Beghiac oldarturic.	Les yeux en fureur.

— Jauna, ikhousten duzu,	— Seigneur, vous voyez bien,
Nahi balin baduzu,	Si vous voulez vous en donner la peine,
Noat orai nabilan	Où je vais en ce moment
Zareta hau burian. —	Avec cette corbeille pleine sur la tête. —

Gente eskeliari	Des familles pauvres
Emaiteco sokhorri,	Pour leur porter des secours,
Madama Urrutiac	Madame de Ruthie
Hartu zutien bidiac.	Avait pris le chemin.

Ophilez zaria beitzen	De gâteaux de pain ce panier était

Betheric gente prauben.	Plein pour les familles pauvres.
Urrutiac zarian	De Ruthie dans le panier
Eskia ezarri zian.	Mit la main.
Ophilac ordu hartan	Les gâteaux de pain au même instant
Jin zirien haillicotan.	Se convertirent en pelotons de fil.
Urrutiac behala	De Ruthie sur-le-champ
Uste trompatu zela.	Croit qu'il s'est trompé.
— Ehuleco etchera	— Dans la maison du tisserand
Zoaza bilberaztera?	Vous allez faire ourdir de la toile?
— Jauna, ikhousten duzu...	— Seigneur, vous voyez...
Orai zuc badakizu....	Maintenant, vous savez....
— Parca izadazut arren,	— Pardonnez-moi donc,
Bekhaitz enuzu izanen :	Je ne serai plus jaloux ni avare :
Emazte houn zirela,	Que vous êtes une brave femme,
Orai badit nic proba.	J'ai maintenant la preuve.

HIL KECHUA.

(Basa nafartarra.)

Borthagaray Orzaizeco,
Borthagaray Ezpeltaco,
Hi Bordelen, ni Baionan,
Oi! zer ghizonac galduco.

Halzac eztu ekharten ezcurric,
Ez gastamberac ezurric :
Eznien ouste bazela
Ginco semetan ghezurric.

COMPLAINTE.

(Bas navarrais.)

Borthagaray d'Ossès,
Borthagaray d'Ezpelette,
Toi à Bordeaux, moi à Bayonne,
Ah! quels hommes vont perdre la vie!

Le vergne ne porte point de fruit,
Le mou fromage n'a point d'os :
Je n'eusse jamais cru
Que parmi les fils de Dieu il y eût des menteurs.

Chizpa nuen cargatu Urcaraico lephoan,
Bai eta ere descargatu
Hozta plaza erdian,
Aphez belcharen gainian.

Aphez belcharen arreba,
Ala nescacha adreta!
Ni galerazico, bainan
Etzaun pizturen anaia.

Ehun behi baditut
Bere zezenareki :
Nic guziac emanen ditut
Bizia ukhaitiareki.

Aita, zoazi etcherat,
Ene arropac harturic,
Eta haurrer emozkozute,
Bere neurrian josiric.

— Ez, ez nuc ez joanen,
Hire arropac harturic ;

Je chargeai mon fusil au col d'Urcuray,
Et je le déchargeai
Dans la place de Hosta,
Sur le prêtre à l'habit noir.

La sœur du prêtre à l'habit noir,
Quelle fille pleine d'adresse!
Tu causeras ma perte, mais
Tu ne feras pas ressusciter ton frère.

J'ai cent vaches
Avec leur taureau :
Moi, je les donnerais toutes
Pour conserver la vie.

Mon père, allez à la maison,
Emportez-y mes habits,
Et donnez-les à mes enfants,
Après les avoir fait coudre suivant leur taille.

— Non, non, je n'irai point,
Je n'emporterai point tes habits ;

Nic Baionan utziren diat
Arropac beno minagoric.

— Ene seme Erremoutto, aita ikhousi gabia,
Aita ikhousi gabia eta aita urkhatu semia,
Hargatic eztuc adituco
Aita ohoinaren semia.

Urtheac zembat egun tu?
Hemezortzitan hoghoi baditu.
Borthagaray gazte horrec
Hauc ditu conponditu.

Je laisserai, moi, à Bayonne,
Un objet plus précieux que les habits.

— Mon fils, mon petit Raymond, toi qui n'as pas vu ton père,
Toi qui n'as pas vu ton père et qui seras fils de père pendu,
Pour cela, tu ne t'entendras pas appeler
Fils de père voleur.

L'année combien a-t-elle de jours?
Elle en a dix-huit fois vingt.
Ce Borthagaray le jeune
A composé ces vers.

PROPOS DE BUVEURS.

Argument.

Cette chanson, espèce de dialogue tour à tour déclamé et chanté, a été improvisée dans une auberge. Chaque partie du dialogue a sa mesure et son air différent; c'est, en un mot, un pot-pourri, vrai caprice de buveurs qui veulent égayer Bacchus par les Muses, et que l'on peut, sans trop de hardiesse, interpréter ainsi:

L'un des acteurs commence à gorge déployée, un autre reprend, puis un troisième qui vient de vider son verre. Un barde de la compagnie, mis en verve par ces chants d'ivrognes attardés, leur adresse des remontrances interrompues par l'un d'eux: alors tous en chœur confessent leur faute et en énumèrent les conséquences; ils pensent à l'accueil de leurs femmes, que le barde allait leur rappeler. Le coupable leur confessera la vérité avec une audace semi-confidentielle. Fiers d'avoir trouvé le moyen de se tirer d'affaire, les ivrognes se remettent de plus belle à boire et à chanter.

Les trois vers qui terminent ce morceau méritent une observation. Imiter le chant du coq, faire la question *qui sommes-nous?* ainsi que la proclamation de la localité que l'on habite, sont choses très-communes dans le Pays Basque, principalement dans la Soule. C'est un cri de défi lancé à tous ennemis ou envieux; il tire son origine des dangers auxquels s'exposent les jeunes gens qui vont la nuit parler mariage à des filles d'autres villages, dangers qu'ils bravent et provoquent en indiquant par le chant du coq, à la jeunesse de l'endroit, l'objet de l'excursion nocturne et le nom de l'audacieux. Des rixes et des malheurs en sont fréquemment la suite.

EDALEN ELHEAC.
(Basa nafartarra.)

La, la, la, la, la, la, la, len!
Mementoño bat egon gaiten.
— La, la, la, la, la, la, la, lu!
Oraino untsa guituçu.

— Sarriño joanen guituçu.
— Johan behar eta ecin pharti,
Erori eta ecin chuti....
   — Chacurrac *haur*,
  Gathiac *gnaur*,
Arnoac huntala eman nu gaur.

Gaua çaucu pasatcen,
Arnoac gu trompatcen.
Campotic etchera ondoan,
   Andria ohian,
   Colera handian,
   Euscara burian,
   Latina golkhuan,
Francesez mintçatcen :
    « Guiçona,
    Hordia,
    Galdia,

PROPOS DE BUVEURS.
(Bas navarrais.)

La, la, la, la, la, la, la, len!
Restons un moment dans ces lieux.
— La, la, la, la, la, la, la, lu!
Jusqu'ici nous nous en trouvons bien.

— Nous songerons tantôt à partir.
— L'heure venue et ne pouvoir pas partir,
Tomber et ne savoir pas se relever....
   — Le chien aboie,
  Le chat miaule,
Et moi, le vin me réduit en l'état où je suis.

La nuit pour nous s'écoule,
Le vin nous trompe.
Une fois rentrés dans notre maison,
   La femme (se trouvera) au lit
   En grande colère,
   Le basque à la tête,
   Le latin à la gorge,
Parlant le français (elle nous dira) :
    « Homme,
    Ivrogne,
    Perdu,

Nou ago arren? »
— Icho... o! Arraila niagon gaur.
Icho... o, o, o! Arnoac buntala eman niu
[gaur.

    Roscalio cantoria
    Eta tristura gabia,
    Arno hunin daude :
    Aberats guirade,
    Tresor guciac
    Orai guriac.
Gaua çaucu pasatcen, etc.

Oillarrac joitian *cucurucu*,
Ordian etcheraco guira gu,
    Batciec hala,
    Bertciec houla,
Errana gatic acholaric eztugu.
    Cucurucu.
    Nor guira gu?
Landibartarrac guirade gu.

Gaua çaucu pasatcen, etc.

Qu'es-tu donc devenu [1]? »
— Chut! Accablé je me trouve ce soir.
Chut donc! Le vin en cet état m'a mis ce soir.

    Le chant de joie,
    Exempt de tristesse,
    Est dans le bon vin :
    Nous sommes riches,
    Tous les trésors
    (Sont) maintenant nôtres.
La nuit pour nous s'écoule, etc.

Quand le coq chantera *cucurucu*,
Alors vers nos demeures nous partirons,
    Les uns comme-ci,
    Les autres comme ça,
Sans nul souci du qu'en dira-t-on.
    Cucurucu.
    Qui sommes-nous?
Landibarriens nous sommes.

La nuit pour nous s'écoule, etc.

---

[1] Une autre chanson, dont nous nous garderions bien de donner la totalité, nous montre l'accueil fait à l'ivrogne par sa famille :

HORDI ETCHEA.	LA MAISON DE L'IVROGNE.
(Laphurtarra.)	*(Labourdin.)*
Ortzirale arratsian	Un vendredi soir
Garruzetic yin nindian;	J'arrivais de Garris;
Afaldu behar bidian,	Au lieu de souper,
Paluac hartu nitian.	J'attrapai des coups bien conditionnés.
Ondoco egun goician,	Le lendemain matin,
Zopicunac eltzian,	Devant déjeûner avec raison,
Gosaldu behar bidian,	Nous cassâmes le pot
Eltzia hautsi guindian.	Et répandîmes la méture liquide.
Ama semiac bilotic	La mère et le fils bellement
Lothu zaizkidan gogotic;	Me prirent par les cheveux;
Debri emaztiac ederki	La femme possédée du diable, joliment
Mahain azpirat arthiki.	Me jeta sous la table.
Emazte mila debruia,	Femme possédée de mille démons,
Utz dautan pacientcia,	Laisse-moi respirer,
Ala nahi nan naia	Ou veux-tu m'arracher
Arras ideki bicia?	Entièrement la vie?

LES BUVEUSES BASQUAISES.

Argument.

Un *coblacari* a conservé, dans les couplets que l'on va lire, le souvenir des prouesses de quatre buveuses. Le second en est surtout remarquable; on y retrouve un peu de la verve de notre Basselin.

Le vice de l'ivrognerie, heureusement peu commun parmi nos femmes, paraît l'être beaucoup plus chez les Basquaises, s'il faut en croire une autre chanson que je ne saurais mieux placer qu'après celle-ci. On y voit le récit d'une aventure assez plaisante, que la poésie, auxiliaire souvent infidèle de la morale, se chargea de répandre dans tout le pays.

EDALE ESCUALDUNAC.

(Basa nafartarra.)

Laur nescatoren nombra badugu herrian,
Ardura baitirade Chimounen etchian.
Barda arratxian, han igaraitian,
Ikhusi nituen basua eskian.

Lehen horrec dio : » Arnoaren goçua,
Horrec makhurtu deraut nir mothua. »
Bigarren horrec dio : « Ago ichilic.
Eniken acholic huntan ithuagatic. »

LES BUVEUSES BASQUAISES.

(Dialecte de la basse Navarre.)

Nous comptons quatre fillettes dans le village,
Qui souvent vont visiter l'auberge de Simon.
Hier, dans la soirée, passant auprès,
Je les vis le verre en main.

La première de s'écrier : « O douceur du vin,
Qui m'a occupée au point de déranger mon bonnet! »
La seconde ajoute : « Ne te plains pas de si peu.
Je n'aurais point de souci quand en si fameux vin je me noierais. »

CHANSONS DIVERSES. 407

Hirurgarren horrec : « Çauste ichilic,
Eguin ez deçaten gutaz irriric. »
Laugarren horrec ostalersa galda :
« Partida dohatza! dugun edan pinta. »

La troisième à son tour : « Faites silence,
Pour que le public ne se rie pas de nous. »
La quatrième appelle l'hôtesse (demande du vin et dit) :
« O l'heureuse réunion! ne songeons qu'à boire. »

LES BUVEUSES NAVARRAISES.

Argument.

Encore une autre scène de buveuses. Dans cette pièce, le chansonnier met dans la bouche d'une personne considérable du pays des paroles d'encouragement à l'ivrognerie, d'autant plus coupables qu'elles s'adressent à une enfant qui n'est point encore initiée à la débauche. Plus réservé à l'égard d'une autre de ses victimes, qu'il cloue au pilori, nous avons dû nous borner à donner l'initiale de son nom.

NAFARTARR EDALIAC.	LES BUVEUSES NAVARRAISES.
(Basa nafartarra.)	(Dialecte de la basse Navarre.)
Salbatore arratsaldian,	Le soir de l'Ascension,
Arneguin, etche batian,	A Arnéguy, dans une maison,
Bortz nechca gazte elgarekin,	Cinq jeunes filles réunies,
Andre ezcondu bat heiekin,	Une femme mariée avec elles,
Placer hartzen ilhunekin,	S'égayaient à la faveur des ténèbres,
Gathulu gorriarekin.	L'écuelle (de terre) rouge à la main.
Arnoa çuten Phauguenian,	Elles prenaient le vin chez Phaügue [1],
Auçoric hurbilenian.	Le voisin le plus proche.
Batec dio bertziari,	L'une des buveuses dit à l'autre,
Dominicac Mariari :	Dominica (en se tournant) vers Marie :
« Haurrac, çuen graciari!	« Enfants, à votre santé!
Janac behar din edari. »	La nourriture demande la boisson. »

[1] Maison espagnole située sur l'extrême limite et touchant Arnéguy.

Alhabac amari: « Ya, ya, ya,	La fille (répondit) à sa mère : « Assez,
Gathulua bethia da. »	L'écuelle déborde. » [assez,
Amac dio alhabari :	La mère dit à sa fille :
« Edançan, hurrupa hori.	« Bois, il n'y a qu'une gorgée.
Hire coloriac gorri,	Tes couleurs rouges,
Horrec behartin eçarri. »	Ce liquide seul te les rendra. »
Oiberreneco metresa,	La maîtresse d'Oyher,
Arno edale cortesa :	Élégante buveuse (dit) :
« Haurra, hareçan beiria.	« Enfant, prends le verre.
Oi, herresaren beltzuria!	O grimace de la rebelle!
Hartzan gathulu gorria,	Prends au moins l'écuelle rouge,
Hura dun hire neurria. »	Voilà qui te nourrira. »
X.... Maria	Marie X....
Nescato planta gabia,	Fille aux tristes façons,
Hortzez iduri siminua,	Avec tes dents de singe
Gorphutzez ere ñañua,	Et ton corps de nain,
Hic edaten dun arnua	Toi, tu bois du moins le vin
Dutchulu barricacua.	A la barrique et au robinet.

Edale honic bada nescato gaztetan
Eta particularzki igande phestetan,
Eguna phasatcen dute ostatu zokhuetan,
Guero etcherat abiatcen ilhun nabarretan.

Etcherat abiatcen dira aire handian,
Guero trempu chartoen bidiaren erdian.
Heien lagunec baçuten cer eguin orduian,
Ez jakin cer phentsa estremitatian.

Bi lagun abiatcen dira apheçaren bilha,

Bonnes buveuses se rencontrent parmi les jeunes filles
Et en particulier les dimanches et fêtes,
Qui passent le jour cachées dans les tavernes,
Puis pour la maison partent la nuit tombante.

Vers la maison elles partent avec un grand empressement,
Puis éprouvent des faiblesses au milieu du chemin.
Leurs compagnes avaient de grandes affaires alors,
Ne sachant que penser en telle extrémité.

Deux compagnes s'en vont en quête d'un prêtre,

Ustez guelditcen çaien mement berian hila :
« Jeiki , jeiki, jauna, presatuiac guira.
Gabazco hameca orenac joiten ari dira. »

Apheça abiatcen da diadurarekin ,
Bidiari gora bere lagunekin ,
Eria khausitcen du baforiekin ;
Laster çuien phenxatu cer behar çuen eguin.

« Etcheco anderia, pacientcia :
Ez dut oliatcen çure eria.
Oraino ez ahalda eçagutça galduia.
Edatera emoçu ur ephelduia. »

Persuadées qu'il est question sur ces lieux de mort prochaine :
« Levez-vous, levez-vous, monsieur (le curé), le temps presse.
De la nuit les onze heures nous sonnent. »

Le prêtre part avec les vases de l'extrême-onction ,
Il s'avance le long du chemin après ses guides ,
La malade il rencontre en proie aux vapeurs ;
Mais vite il comprit ce qui lui restait à faire.

« Maîtresse de maison, rassurez-vous (dit-il) :
Je n'administre pas votre malade.
Elle n'est pas encore sur le point de rendre l'âme.
A boire donnez-lui de l'eau tiède. »

FOURBERIE.

Argument.

Un berger ayant détourné un mouton et deux brebis du troupeau confié à sa garde, s'entend avec un muletier de passage pour en faire accroire à son père, et met cette disparition sur le compte des loups ; mais le bonhomme ne donne point dans le piége, et dit leur fait aux deux complices. Tel est le sujet de la chanson dialoguée que l'on va lire. Sans doute, c'est le récit d'une aventure véritable, et à ce titre elle peut entrer dans le tableau des mœurs d'un peuple de pasteurs plutôt que dans le trésor de ses richesses littéraires.

TROMPERIA.	FOURBERIE.
(Suberotarra.)	(Dialecte souletin.)

Aigu, mandoçaiña, behar naic lagundu;	Viens, muletier, tu vas m'aider;
Bice behar diagu guççur bat pentsatu;	Il nous faut ourdir un mensonge;
Bice pentsatu eta, hic declaratu	Nous l'imaginerons, et ce sera pour dire
Arresac deraiztala oxouc chahutu.	Que les loups ont dévoré mes brebis.
Aigu, mandoçaiña, goacin etchelat,	Viens, muletier, allons à la maison,
Bachena barretic Siberulat.	De la basse Navarre dans la Soule.
Arribatzen guirenian mendi Belchilat,	Lorsque nous arriverons à la montagne Noire,
Hi behar hiz ghelditu guibelilat.	Toi, tu resteras en arrière.
— Jaincoac egun houn diçula, aita maitia.	— Bonjour, mon bien-aimé père.
— Bai eta hiri ere, ene semia.	— De même à toi, mon fils.
Entçunic jiten hintzala mendi Beltchilat,	Ayant entendu que tu t'approchais,
Orai jiten ninducan hire laguntzela.	Je venais à ta rencontre.
Beguiec ceraitaic mens bat eguiten :	Mes yeux trouvent un manque :
Ahari Karetcha ez diat ikhousten.	Je n'aperçois pas le mouton Kareche.
— Oxouc jan deraitaçu, ahari Karetcha,	— Les loups me l'ont mangé, le mouton
Bai eta harekila beste bi arresa.	Ainsi que deux autres brebis. [Kareche,
— A le b....! fripun, cer deraitac erraiten?	— Ah le b....! fripon, que me dis-tu?
Oxouc jan tiala ez diat sinhesten.	Je ne croirai pas que les loups te l'ont mangé.
Habil bertan eta ecarritzac arresac,	Va à l'instant chercher mes brebis,
Edo beztenaz marca hounac eman itzac.	Ou donne-moi des détails certains.
— Agur, aita, eta agur, semia.	— Salut, père, et salut, fils.
Imour tchar ducie elkarren artian.	Vous avez quelques différends.
Jaun hau errecontratu dit Iratico aldian;	J'ai rencontré ce monsieur du côté d'Irati ;
Bost oxo bacitien arresen artian.	Il avait cinq loups au milieu de ses brebis.
— Bi beguiez dit orai ikhousten	— Maintenant je vois clairement
Biac hari ciraitela ene trompatzen.	Que tous deux vous voulez me tromper.
Ez nucie trompatzen, beua bai bortchatzen;	Vous ne me trompez pas, vous me forcez ;
Cien guçurretaric ez diat sinhesten.	De tous vos mensonges je ne crois pas un seul.

LES PASTEURS NÉGLIGENTS.

Argument.

La chanson suivante présente une allégorie à deux fins : la première est pour reprocher à deux pasteurs leur peu de soin à veiller sur leurs troupeaux; la seconde, un trait de satire contre

CHANSONS DIVERSES.   411

la femme du rimeur, qui l'avait quitté pour s'attacher à un autre homme. Cette pièce, où le caractère de la poésie pastorale est bien soutenu, marche avec grâce, et ne perd rien quand l'auteur, faisant un retour sur lui-même, parle d'un ton calme et résigné d'un abandon qui eût excité la bile d'un autre.

Un pareil abandon n'était point chose rare autrefois chez les Basques, pendant la cohabitation qui précédait d'ordinaire le sacrement. « De toutes leurs coutumes, dit un écrivain du milieu du XVIIe siècle, la plus loüable à mon gré, et la plus digne d'estre suivie de tout le monde, c'est qu'icy il y a noviciat dans le mariage aussi bien que parmy nos moines. Aprés avoir couché un an ensemble, si Jean ne plaist pas à Jeanne, ny Jeanne à Jean, ils sont libres de se quitter; et parmy les paysans on voit telle fille, qui a eu quatre ou cinq maris de cette maniere, sans que pour cela elle en soit deshonorée [1]. »

ARÇAÑE NEGLIENTAC.

(Suberotarra.)

Belhaudico bortian orgambidesc-olha,
Bere descantsiala han ardiac alha,
Goiçan igorten tic olhape behera,

LES PASTEURS NÉGLIGENTS.

(Dialecte souletin.)

Sur le mont Belhaudi (est) un chalet avec charrière [2],
Là tout à leur aise paissent les brebis,
Le matin lancées au-dessous du chalet,

---

[1] *Amitiez, amours, et amourettes*, par M[r]. le Pays. Amsterdam, 1693, petit in-12, lettre II, p. 5.
[2] Il est à regretter que l'Académie ait répudié ce mot, encore usité dans les provinces. Il faisait autrefois partie de notre langue :

Puis entra en une *charriere*,
Qui toz jors avant lou mena, etc.
(*Do Chevalier à l'espée*, v. 65. — *Nouveau Recueil de fabliaux et contes*, etc., t. Ier, p. 129.)

Et Gauvain l'a après feru...
Si durement, si con moi semble,

Bere artçan hora emanic guida,
Arresen utçulcia gomendaturic ountsa.

Artçan horac çutien ardiac trompatu;
Goiz batez joan eta arratsen ez sarthu.
Mercatçale cireiten hourac abiatu,
Ilhiac çutiela behar ingajatu
Eta jarraikile bat hounic acordatu.

Otsogorrin behara ardiec lasterca,
Çalhe igaran cien Gastambid' uhaitça;
Bide-handilaturic barachtu urhatsa,
Biden gainen bathuric Ardaneco tropa,
Han ciren artçaiñekin jarri mintçatcera.

Artçaiñec mehatchureki galtatu ardier,
Norat joaiten ciren ihesi nausier.
Haiec arrapostia, ezta hambat ejer :

Ayant leur chien de garde pour unique guide,
Et bien averties de rentrer vers la nuit tombante.

Mais ces brebis jouèrent un mauvais tour à leurs pasteurs;
Parties le matin, on ne les vit pas rentrer le soir.
Elles avaient pris leur route vers un marché,
Se promettant d'y vendre leur laine
Et de se procurer un bon gardien.

Sur la pente d'Otsogorri les brebis trottinent,
Prestes elles ont traversé le ruisseau de Gastambide;
Et arrivées sur la grande route, leur pas s'est ralenti,
Car elles ont fait rencontre du troupeau d'Ardan,
Avec les pasteurs duquel elles se mettent à causer.

Ces pasteurs avec courroux demandent aux brebis
Où elles se dirigent ainsi fuyant leurs maîtres.
Elles de répondre, et ce n'est pas très-joli :

> Que lui et lou cheval ensamble
> Abati en une *charriere*.
> (*Ibid.*, v. 1122. — *Ibid.*, p. 162.)
> Et cil qui ert en la *charriere*
> Monta, etc.
> (*Le Roumanz de Claris et de Laris*, Ms. de la Bibl. imp.
> n° 7534-5, fol. 142 recto, col. 2, v. 16. Cf. fol. 146
> recto, col. 1, v. 17.)

« Berrien irouaitera bagoatça pettarrer
Ahatceric guirela gure artçain jauner. »

Artçaiñec ceren erran joaitiareki
Eia etcienez bathu Felipe Arainti.
« Bai bathu ukhen dugu Pette Uharteki;
Biec igaraitera beicutie utci,
Ari beitcen euria, nahi gabez busti. »

Cantoren eguiliac eztu ez beldurric
Ez bortian, ez etchen, galdeçan ardiric.
Bat berbera beitcian, erras ñaphurturic,
Beste arçain bateki adiskideturic.
Orai phausian dago beraber utciric.

« Nous allons redire dans la vallée
A nos seigneurs pasteurs qu'ils nous ont trop longtemps oubliées. »

Les pasteurs en s'éloignant leur dirent
Si elles n'avaient pas pour les garder Philippe Arainty.
« Oui, et nous l'avons vu avec Pierre Uhart;
Mais tous les deux nous ont laissées passer,
Parce qu'il pleuvait et par crainte de se mouiller. »

L'auteur de ces chansons n'a pas à craindre
De perdre des brebis, ni dans sa maison, ni sur les montagnes.
Il en possédait une seule, qui, devenue volage,
S'est attachée à un autre pasteur.   [elle-même.
Désormais elle le suit en paix, depuis qu'elle se sent abandonnée à

LA DOT PERDUE.

Argument.

Je me trompe fort, ou les deux couplets suivants ne sont qu'une espèce de proverbe, chanté moins par les filles sans dot qu'aux malheureuses affligées de cette cruelle maladie appelée par Rabelais *faulte d'argent*. Déjà de son temps on disait : « En France, on épouse l'argent, non les femmes [1], » et depuis, la chose n'a fait que croître et enlaidir. Les Basques, sous ce rapport, ne sont point en arrière de la civilisation.

[1] *Traité des peines et amandes*, etc., par Jean Duret, fol. 57 recto.

DOTE GALDIA.	LA DOT PERDUE.
(Suberotarra.)	(Dialecte souletin.)

Aitac eman daut dotia,	Mon père m'a livrée ma dot,
Neuria, neuria, neuria :	Oui ma dot, oui ma dot, oui ma dot :
Urdeño bat bere cherriekin,	Une truie et ses petits,
Oilo corroca bere chituekin,	Une poule et ses poussins,
Tipula corda hayekin.	Le tout enrichi d'une tresse d'oignons.

Oxuac jan daut urdia,	Le loup m'a dévoré ma truie,
Neuria, neuria, neuria;	Oui ma truie, oui ma truie, oui ma truie;
Acheriac oilo coroca,	Le renard la poule et la couvée,
Garratoinac tipula corda :	Les rats ma chaîne d'oignons :
Adios ene dotia.	Adieu ma dot.

LA FAMINE.

Argument.

Cette chanson, qui roule sur une famine cruelle à diverses localités du Labourd, se recommande surtout par l'emploi continuel et heureux de l'allégorie et par des enseignements moraux d'un ton plus grave.

Le nom de *Petiri* (Pierre) donné au fléau, nom que nous avons déjà vu plus d'une fois [1], est sans doute le fruit d'une allusion au verset 11 du chapitre XI de l'Évangile selon saint Luc : « Qui est le père d'entre vous qui donne à son fils une pierre lorsqu'il lui demande du pain? » etc.

---

[1] La chanson politique suivante nous montre Petiri Santz dans le Guipuzcoa avec le même rôle :

Gure erreguina Doña Isabela	Notre reine Doña Isabelle, [raine.
Ezdute ecagutu nahi etcheco andre dela.	On ne veut pas la reconnaître comme souve-
Batzuec Carlos-Quinto erregue behar dela;	Les uns (disent) que Don Carlos pour roi il faut;
Gauça hori iduritzen çait benganza bat dela.	Cette chose me paraît un droit d'héritage.

Batçue erreguina, bestec Carlos-Quinto,	Les uns (demandent) la reine, les autres Charles V,
Ardos eta oguis ase, eta salto eta binco,	De pain et de vin se rassasier, puis sauter et bondir.
Legue hobeagoric ez dute izango,	De régime meilleur ils n'en trouveront pas,
Paper buztan batequin çor guciac quito.	Avec un morceau de papier toutes les dettes se-

| lendea ere content cen anitz harri garri | Le monde aussi était très-content [ront quittés. |
| Carlos-Quinto erregue behar cela yarri. | (Disant) que Charles V roi il fallait établir. |

GOSETHIA.

(Laphurtarra.)

Mila zortzi ehun eta hogoi eta zortzian,
Ezcont fama berri bat Uztarizco herrian :
Petiri Santz arribatu Arruntzeco aldian,
Emazte'bat behar duela chercatu han berian.

Ezcontze famac baditugu mundian aldizca,
Petiri Santzec Arrunze maite, han bicigo baita,
Arruntzco nescachec ez nahiz dabilate trumilca,
Heraitzerat casatu dute arrachina ukaldica.

Aruntzco nescachec : « Petiri, habil Heraitzerat.

LA FAMINE.

(Texte labourdin.)

L'an mil huit cent vingt-huit,
Un bruit de mariage (courut) dans la paroisse d'Ustarits :
Petiri Santz vient d'arriver aux environs d'Arrons,
Disant qu'il compte prendre femme en ces lieux.

Chacun à notre tour dans ce monde sommes signalés comme songeant au [mariage.
Petiri Santz aime mieux Arrons, c'est là qu'il veut s'établir ;
Mais les jeunes filles d'Arrons se démènent pour l'éconduire,
Elles l'ont enfin chassé vers Halsou à coups de bâtons de résine [1].

Les filles d'Arrons (lui avaient dit) : « Petiri, va à Halsou.

Gauça hori iduritzen çaut bastian beçain berri :	Cette chose me paraît aussi neuve qu'au commencement :
Petiri Sanz general içanen da sarri.	Petiri Santz général sera bientôt.
Musin Petiri Sanz aurthen aleguera	Monsieur Petiri Santz cette année (sera) content
Subasterrian dantzan Abendua gabe,	Au coin du feu de danser avant le carnaval,
Jaungoicoac esquerrac content niz halere,	Grâces à Dieu, je suis content néanmoins
Campoa baiteraucat maiatzian ere.	D'être sans domicile au mois de mai.
Hirur seme baditut, hirurac harmetan :	Trois fils j'ai, (tous) les trois dans les armées :
Gaichuec, ez haidute minican banquetan.	Les pauvres, ils n'ont pas mal aux reins.
Bata ekharri dantec eria baguetan,	L'un on me l'a apporté malade sur un brancard,
Balaz porroscaturic, dena odoletan.	Par une balle perdue, tout dans le sang.
Lau lagun juan guinen pitar edatera.	Quatre compagnons nous étions allés du cidre [boire.
Milagro handiagoric munduian othe da?	De miracle plus grand dans le monde est-il ?
Chapelchurric çaiscun sasitic athera,	Des *Chapelchurris* de la haie sortirent,
Decidatu gaituste odol ichurtzera.	Ils nous ont décidés à verser du sang.

[1] C'est-à-dire se sont mises à vendre de la résine pour conjurer la famine.

Emazteric behar baduc, han berian chercatzerat.
Etche batian ez badukec, entseia hadi bertzerat,
Cartier gucia gomitaçat hire ezteietarat.

Petiri Santz fierric Heraitzen arribatu eta;
Aditcia dolu garri cen hango itzainen combata.
Idi, behien uztartzera berehala lasterca,
Galtzian salduco badute ere Baionarat egurketa.

Petiri Santz fanfarrona, bruda emaile ausarta,
Itzaiñ egur martchantekin egun oroz guerla.
Baiona biderat atheraz, artzen haiz heiekin joca;
Egurra saltzian, saltzen die kentzeco hire ataca.

Petiri Santz fanfarrona, habila baratche;
Hiri behererat jin haiz, oi goiche soberoche.
Hiri lehenen batiago aberatsac cembait etche,
Salbatceco behar die gose direnac ase.

Aberatsec pochi onac nahi tuzte berentzat,
Arthua ere sobera gose diraunentzat;
Nombeitic bezte jincobat behar liteke heientzat,
Obra onic eguin gabe cerurat altchatcecozat.

S'il te faut une femme, cherche-la dans ce lieu.
Si tu ne la trouves pas dans une maison, essaie dans une autre,
Puis convoque tout le pays au repas des noces.

Petiri Santz avec fierté à Halsou est arrivé;
Mais aussitôt lamentable il était d'entendre les mouvements que se don-
 [naient les bouviers du lieu.
Vite ils s'empressent d'atteler au joug bœufs et vaches, [donne.
Ils vont à Bayonne vendre leur bois, n'importe le prix qu'on leur en

Petiri Santz le fanfaron, audacieux auteur d'alertes,
Avec les bouviers marchands de bois (est) chaque jour en querelle.
Les poursuivant jusque sur la route de Bayonne, il lutte contre eux;
Mais eux ayant vendu leur bois, ont acheté de quoi le chasser de leurs
 [demeures.
Petiri Santz le fanfaron, ralentis ta course;
Tu es descendu dans la plaine un peu trop tôt.
Là dans le village nous avons quelques riches maisons,
Qui pour faire leur salut doivent donner à manger aux affamés.

Les riches gardent pour eux les bons morceaux,
Ils trouvent même que c'est trop de donner la méture aux affamés;
De quelque part un autre dieu il faudrait pour eux,
Pour sans bonnes œuvres les recevoir au ciel.

Aberatser huntarsunec emaiten burian lanho;
Ignorantagoa direlaric necaitzaleac baino,
Petiri Santz nolacoa den ez dakite oraino,
Ez ere jakinen berec frogatu arteraino.

Aberatsac badu maina gorphutz hilcor harentzat;
Urhe, cilharrac ez sobera bere otxein galcorrentzat.
Hil onduan izanen dute lurra matalaszat.
Phala lur chichari çombeit gaineco estalguitzat.

Petiri Santz herrian dela Itsasuerrec aditu,
Asto cacolen biltcen berehala abiatu :
Bildos gasnaz, guereciz, behar dinagu cargatu,
Hec Baionan saldu eta Petiri Santz khasatu.

Petiri Santz, ene anaya, miseria deitzen hiz hi.
Aditu diat aspaldian Semperen haiçala bici,
Bai, eta hango jendiari borthiski sofrieraci,
Behar ezden egunetan barurac eguineraci.

La fortune aux riches procure brouillards au cerveau;
Plus ignorants encore que ceux qui vivent dans la misère,
Ils ne connaissent pas les vertus de Petiri Santz,
Ils ne les connaîtront pas même avant de les avoir éprouvées.

Le riche s'occupe à choyer son corps périssable;
L'or, l'argent, il n'épargne rien pour sa santé fragile.
A la mort, cependant, la terre sera leur couche.
Quelques pelletées de terre et de vers suffiront pour les couvrir.

Les habitants d'Itsatsou ont appris que Petiri Santz est dans le pays,
Sans retard ils réunissent leurs bidets et leurs cacolets :
Il nous faut charger nos fromages, nos cerises,
Les vendre à Bayonne et chasser Petiri Santz.

Petiri Santz, mon frère, tu n'es autre que la misère.
J'ai appris depuis longtemps que Saint-Pé est ta résidence,
Oui, et aussi qu'aux habitants tu y imposes maints tourments,
En multipliant leurs jeûnes au-delà des jours d'obligation.

UN ERMITE PRESSÉ PAR LA FAIM.

Argument.

Cette chanson est assez obscure, et il n'est pas aisé de comprendre ce que l'auteur a voulu dire. J'incline assez à penser qu'il faut y voir un pauvre ermite se forgeant une félicité diamétralement opposée à la détresse où il se trouve. A la fin de son rêve, paraît la mort, qui fait évanouir les fantômes d'une imagination exaltée par la faim, et le solitaire en parle en des termes comparables à ceux d'Horace et de Malherbe.

ERMITAU BATEC BERE GOSETIAN.

(Laphurtarra.)

UN ERMITE PRESSÉ PAR LA FAIM.

(Dialecte labourdin.)

Bestetacoz ongui nago
Arropaz garnituric,
Oinetican bururaino
Berriz pampinaturic.

Je suis bien pour les fêtes
Garni de vêtements,
Des pieds à la tête
Habillé tout à neuf.

Bethor nahi duen arrotza,
Badut cer iaterat eman :
Erre eta egosia franco,
Çopa ona lehenican.

Vienne l'étranger qui voudra,
J'ai de quoi donner à manger :
Beaucoup de bouilli et de rôti,
D'abord la bonne soupe.

Egosiaren ondoan
Emanen dut errea,
Norc certaric nahi duen,
Guicen edo mehea.

Après le bouilli
Je donnerai le rôti,
Ce que chacun désire,
Gras et maigre.

Orkhatz, bildots, herbi, uso,
Oilo, oilanda, oilasco,
Idi guicen eta cikiro,
Aratchekia franco.

Chèvre, agneau, lièvre, pigeon,
Poule, poulette, poulet,
Bœuf gras et mouton,
Beaucoup de veau.

Cerbeit, cerbeit ahantzi çait
Hucinako çocoan :
Gauça bilduen erdiric
Ez dut memorioan.

J'ai oublié quelque chose
Dans le coin de la cuisine :
La moitié des choses préparées
N'est pas dans ma mémoire.

Han utzi tut, orhoitzen naiz,
Indi oilo tipiac,

J'ai laissé là, je m'en souviens,
Les petites poules d'Inde,

Pecardina, lebrochta, eper	Bécassine, levreau, perdrix
Eta martutcha choriac.	Et les oiseaux de passage.
Ahanzter çaizkit pastiçac,	J'ai failli oublier les pâtisseries,
Turtierac, frikeciac,	Les tourtières, les friandises,
Ez baitire segur trimpoil	Qui ne sont pas certes
Bethe garri tipiac.	Peu rassasiantes.
Cahaguiac barrikekin	Les outres avec les barriques
Dagozcat iuntaturic,	Sont avec moi réunies,
Frantzia Españetaco	De France et d'Espagne
Puruac bilhaturic.	Les (vins les) plus purs y sont mis.
Urzat emplegaturen dut	Pour eau j'emploierai
Lehuntzaco churia;	Le blanc de Lahonce;
Cabretongoac eraguinen	Celui de Capbreton
Baitio calabria.	Fera faire du bruit.
Herioa hor heldu da	La mort vient
Beltzic eta ilhunic;	Noire et sombre;
Aberaxac ala pobreac,	Riches ou pauvres,
Bardinki tratatcen tic.	Elle les traite également.

LES PAUVRES VOYAGEURS.

Argument.

A l'approche d'une auberge, ne voyant personne sortir pour les recevoir, de pauvres diables font de tristes réflexions; ils entrent, et, s'adressant à la maîtresse, ils confessent franchement leur pénurie. A coup sûr, celle-ci devait répondre quelque chose; mais nous n'avons pas la suite de la pièce.

Le premier couplet est une paraphrase du proverbe basque : *Gabeac hatsa garats*, le pauvre a l'haleine puante [1], ou, si l'on aime mieux, de notre ancien dicton : *Faute d'argent, c'est douleur sans pareille*, qui a donné naissance à l'expression proverbiale de *quart d'heure*, ou plutôt de *cordeuil de Rabelais*.

[1] *Atsotizac, edo Refrauac, Proverbes, ou Adages basques*, recueillis par le sieur d'Oihenart. A Paris, M.DC.LVII., in-8°, p. 15, 57, prov. 173.

IBILDARI POBRIAC.	LES PAUVRES VOYAGEURS.
(Basa nafartarra.)	(Dialecte bas navarrais.)

Sendibalin balaucute diruric	Si l'on nous savait de l'argent
Seguric,	Assuré,
Baguin duke zerbitzari humilic,	Nous aurions serviteurs soumis,
Abilic.	Bien dressés;
Ez dugu diruric,	(Mais) nous n'avons point d'argent,
Ez uste creditic :	Point de crédit :
Egon behar dugu beguiac ilhunic,	Nous resterons l'œil morne,
Cintçurra idorric,	Le gosier sec,
Sabela cimurric.	Le ventre ridé.
Etcheco-andere gaztia zira çu :	Vous êtes la jeune maîtresse de
Beha çaçu.	Écoutez-nous. [maison :
Gu ere çure jendiac guitçu,	Nous sommes aussi vos clients,
Adi çaçu.	Croyez-nous. [nuit;
Gu gaur hemen guitçu;	Nous nous installons ici pour la
Çuc guti probetchu :	(Mais) vous en aurez peu de profit,
Gaurco gure escoten peguilic ezduçu.	(Car) notre écot de cette nuit ne
	[vous pèsera guère.
Bestenac baituçu,	Si d'autres vous paient mieux,
Beharturen çauçu.	Vous en aurez le bénéfice.

Arrêtons-nous ici, ce qui nous reste à dire sur la littérature des Basques nous en fait un devoir. Nous sommes loin cependant d'avoir épuisé leur poésie populaire et vidé nos cartons et les portefeuilles de nos amis. Peut-être même y reste-t-il des morceaux supérieurs à nombre de ceux qui figurent dans notre recueil; mais ces morceaux se sont fait attendre, et nous n'avons pu les admettre à leur place. Nous le regrettons, nommément pour trois chansons sur la guerre d'Espagne, dont l'une, relative à l'entrée des Français dans ce pays sous la République, respire un enthousiasme remarquable chez un prêtre :

> Laphurdi, basa Nafarre, Zuberoa gureki,
> Guerlarat joan behar guira guziac elgarreki

Labourd, basse Navarre, Soule avec nous,
Nous devons aller à la guerre tous ensemble

Madrilleco plazaraino guziac lerroz lerro,
Cantatzen dugularic : « Han bego Franzesa libro. »

Armadetan bestac handi, exaia danzan ari,
Franziaco nazionia ororen soñulari.
Pompac joiten atabala, artilleriac chirula :
Españolac eguinen du heiekin carmañola.

Franzesac eta Españolac egun eta bizian
Elgarreki componzian ukhanen die aski lan :
Guisa hortan, zer bizi modu izan behar ceruian?
Franzesac estikec nahico Español hilen artian.

Donibanen aphez batec cantu hauc emanditu,
Escual herrietan cantatzen behar ditugu aditu ;
Franciaco erregueren dire landorioetan,
Escualdunen ohoretan, Españolen laidoetan.

Jusqu'à la place de Madrid, tous formés en rang,
En chantant : « Laissez librement passer les Français. »

Pour nos armées c'est une grande fête de faire danser l'ennemi,
(Avec) la nation française pour ménétrier de tous.
Les bombes serviront de tambour, l'artillerie de flûte :
L'Espagnol dansera la carmagnole.

Aujourd'hui et à jamais le Français et l'Espagnol
Auront assez de peine à faire un traité :
De cette manière, quel genre de vie doit-on mener au ciel ?
Le Français ne voudra pas rester au milieu d'Espagnols morts.

Un prêtre de Saint-Jean a donné ces vers,
Qu'il faut que nous entendions chanter dans toutes les contrées eus-
Ils sont à la louange du roi de France,   [cariennes ;
A l'honneur des Basques, à la honte des Espagnols.

Voici le début de la seconde chanson, destinée à célébrer l'arrivée des Français à Madrid en 1808 :

Mila zortzi ehun eta zortzigarrenian,
Soldado sarthu guinen, oi ! enozenzian,
Zerbitzatu behar guinuela prinziaren guardian ;
Eguin ere badugu, behartu guirenian.

L'an mil huit cent huit,
Nous nous engageâmes, hélas ! dans notre simplicité,
Pour servir dans la garde du prince ;
Nous l'avons fait, quand le besoin s'est montré.

La dernière chanson se compose de cinq couplets, et commence par celui-ci :

Mila zortzi ehun da hamahirur urte,	L'an mil huit cent treize,
Bonapart Franzian emperadore,	Bonaparte (était) en France empereur,
Española ere luçatu gabe,	L'Espagnol aussi sans tarder,
Pariseco guilzequin juan laiteke.	De Paris avec les clefs s'en irait.

Le chant suivant, qui est en bas navarrais, servira à grossir, sinon à compléter cette petite iliade populaire :

Napoleon, Franzian emperadoria,	Napoléon, empereur des Français,
Europan eguin duzu anhitz balentia.	Vous avez fait des vaillantises en Europe.
Harizpe generala, Euscaldun garbia,	Le général Harizpe, basque pur sang,
Haren plazera baita guerlarat joaitia.	N'a de plaisir que quand il va guerroyer.
Harizpe generala jin da Españatic,	Le général Harizpe est venu d'Espagne,
Zaragozatic edo Balenzia ondotic.	De Saragosse ou des environs de Valence.
Colpatuia dagoela jaun houra badakit;	Je sais que ce seigneur est blessé ;
Bizia galdu nahidu Napoleone gatic.	Il veut perdre la vie pour la cause de Napoléon.
Anhitz aiphatuia da aurthen Saragoza,	Saragosse fait grand bruit cette année,
Guziac minzo dira herri haren contra.	Tout le monde parle contre cette ville.
Harizpe generala tranquil han egonda :	Le général Harispe y est resté sans inquiétude :
Brigantentaco diro eztela loxa.	Il n'a pas peur, dit-il, des brigands.
Cartiel bat deitzen da Franzian Baigorri :	Il est un pays en France qui a nom Baïgorry :
Etchauze hortan duzu sujet haudi hori.	Ce personnage remarquable habite Echauz.
Gende noble haienzat hori zen conbeni,	Pour cette noble famille il était sortable,
Harizpe generala Jaincoac igorri.	Dieu lui envoya le général Harizpe.
Anhitz barreatu da, Harizpe zure fama.	Beaucoup s'est répandue, Harizpe, votre renom-
Colpatzen zinuztela, bainan bethi senda.	On vous blessait, mais vous guérissiez. [mée.
Zuc eguin balentiac ezdaitezke conda,	Vos actions d'éclat ne sauraient se nombrer,
Zuc eguin balentiac ezdaitezke conda.	Vos actions d'éclat ne sauraient se nombrer.
Colpatuia zirela munduiac badaki ;	Le monde sait que vous avez été blessé ;
Jaincoac nahi eta balere arinki.	Grâce à Dieu vos blessures sont légères.
Hilzeco damu zira, behar zira bizi	Il serait dommage de vous voir mourir, vivez
Ehun urthez zure madamareki.	Cent années avec madame (votre épouse).

On ne manquera pas de remarquer que nous n'avons donné aucun cantique de piété, et que c'est à peine si l'on trouve dans notre recueil trace des complaintes destinées au peuple : la raison en est que les cantiques ne viennent pas de lui, et que les complaintes basques sont aussi plates que les nôtres. On en peut juger

CHANSONS DIVERSES.

par ce premier des trente-quatre couplets des *Paroles de l'Enfant prodigue et de son tendre père*.

O cristau errebela!	O chrétien rebelle!
Adi çac parabola :	Écoute la parabole :
Judutarrentzat beçala,	Comme pour les Juifs,
Hiretzat duc errana;	Elle est dite pour toi;
Adi çac Jaunaren hitza,	Écoute la parole du Seigneur,
Ez hadiela engana.	N'en abuse pas.

Cette complainte est en basque du Labourd ; mais les autres dialectes en possèdent qui ne valent pas mieux. Qu'on en juge par le début d'un morceau de ce genre composé en basque espagnol sur un miracle arrivé en Navarre, et attribué à Saint-Michel :

Nafarroaco erri,	Dans un village de la Navarre,
Huart-Araquillen,	A Huarte-Araquil,
San Miguela juateco	Pour aller à Saint-Michel
Allegatu guiñen,	Nous nous étions réunis,
Bisita eguiteco	De visiter ce saint
Deseo aundien.	Dans un grand désir.
Mendira igo gabe,	Sans aller à cette montagne,
Ez nuen jaquiñen	Je n'aurais pas su
Aingueru cein ederra	Combien beau était l'ange
Cegoen capillen.	Dans sa chapelle.

L'auteur se traîne ainsi en vingt-quatre couplets, ce qui ne l'empêche pas de donner son nom dans le dernier :

Maiz eguin bear degu	Nous devons donc faire souvent
Bertara bisita;	Là-bas des visites ;
Asco consolatcen da	Il se réjouit beaucoup
Gu an icusita.	De nous y voir.
Etchera badijoaz,	Nous nous en retournerons à la maison,
Graciaz biteta;	Pleins de grâces ;
Consolatuco guera,	Nous nous consolerons,
Ceruan sartuta.	Nous irons au ciel.
Cantaren eguille	L'auteur de ces chansons
Miguel Berroeta.	(Est) Miguel Berroeta.

Comme ailleurs, les complaintes composées dans le Pays Basque à l'occasion de crimes célèbres et du supplice de leurs auteurs sont en grand nombre. En voici un échantillon :

Choriñoec beçala cantatzen banaki,
Munduian penaric gabe alaguera bizi !
Cantatzen dizut, bena triste bihotzetic :
Carzelun naucate-burdinaz beteric.

Si je savais chanter comme le petit oiseau,
Si je pouvais vivre dans le monde exempt de chagrin !
Je chante bien, mais mon cœur est dans la tristesse :
On me retient dans la prison chargé de fers.

Cette complainte se rapporte à un Biscayen mis en prison à Bilbao, et menacé d'être pendu. Une autre pièce consacre ainsi le souvenir d'une mésaventure arrivée dans la Soule :

Hegaburu Eskioula, atzaman die Garaian.
Izan baliz guizon galant bere demboran,
Etzatekien ez etchezain gaztelian.

— Barkocheco burguian, beguiac nutien lurrian,
Acusatu nundien hanco cortian
Eia zer ebaxi nien il-herrian.

— Alo, guizonac, corage! Paubeac bebar duzie ;
Hanco justizierac haiduru daude,
Justo punizitzaden, oguen baduzie.

Zazpi haurren aita niz, eta niz gaztelian,
Oguen handi eguin beitut orori mundian.
Pharcamentu galtho nago Jaincoari, zelian.

———

On a arrêté Hegaburud Esquiule à Garay.
Si, dans son temps, il avait été galant homme,
Il ne serait pas locataire en prison.

— Au bourg de Barcus, je baissais les yeux,
On m'accusa en cour
D'avoir volé au cimetière.

— Allons, hommes, courage! vous devez aller à Pau ;
Les gens de justice vous attendent,
Pour vous punir justement, si vous êtes coupables.

— Je suis père de sept enfants, et je suis en prison,
Parce que j'ai fait grand tort à tous dans le monde.
J'en demande pardon à Dieu, au ciel.

Plus nombreuses encore sont les chansons composées dans le but de stigmatiser le vice et de flétrir le scandale. A celles que

CHANSONS DIVERSES.   425

j'ai données, j'aurais pu ajouter un dialogue qui a dû prendre naissance dans les environs de Saint-Jean-de-Luz. Il est relatif à la femme d'un marin, peu vertueuse à ce qu'il paraît, et commence ainsi :

> Andere ederra, gora zaude leihoan,
> Zure senharra behera dago Franzian;
> Houra handic jin dateken artian,
> Ezcutari nahi nuzia etchean ?

> Belle dame, vous vous tenez à la fenêtre la plus élevée de votre
> Votre mari est au fond de la France;   [maison,
> Jusqu'à ce qu'il en arrive,
> Voulez-vous me donner audience chez vous ?

Mais je n'ai privé personne en rejetant de mon recueil une satire qui débute ainsi :

> Malur bat guerthatu da Basaburian,
> Hobeki erraiteco, Santa-Gueracian.
> Prima ejer bat hartzac usiki Musepes aldian;
> Onxa irus içanduçu ian eztienian.

> Un malheur est arrivé à Bassaburu,
> Pour mieux dire, à Sainte-Engrace.
> Un ours a mordu une belle héritière près de Mussèpes;
> Elle a été bien heureuse de n'avoir pas été mangée.

Cette chanson est dirigée contre un prêtre. Nous en avons une autre d'un jeune ecclésiastique qui raconte son départ pour Dax, à la suite de quelque escapade faite sans doute au séminaire de Bayonne. Les sentiments qu'il exprime témoignent de son regret, et du désir ardent qu'il a d'être ordonné prêtre, de diacre qu'il est :

Ez ahal da mundian	Il n'est peut-être personne au monde
Ni bezalacoric,	Tel que moi,
Nic bezain bat dolore	Qui autant de douleur que moi
Sofritzen duenic.	Puisse souffrir.
Sotana badut, bainan	Je porte la soutane, mais
Eztut ordenaric.	Je n'ai point reçu les ordres.
Oro sofritzen ditut	Je souffre tout
Gincoaren gatic.	Pour l'amour de Dieu.

Je connais encore une satire dirigée contre un prêtre constitutionnel [1]. Dans le pays où on la chante, on s'en rappelle un qui, pendant la Révolution, fut fait prêtre pour deux moutons, et qui a vécu trente ans aux dépens de la crédulité publique. Il avait la réputation de conjurer les orages et de découvrir les mines d'or et d'argent dont les Pyrénées basques offrent quelques traces.

Je me trouve ainsi ramené aux chansons que j'ai publiées dans mon livre. Je profite de l'occasion pour faire remarquer qu'il n'en est presque aucune qui soit isolée, et que l'on pourrait former de petits cycles pour beaucoup d'entre elles. Je laisse de côté l'amour, au sujet duquel on est, on sera toujours intarissable ; je prends le vin, qui, chez nous, n'a plus de chantres que parmi les gens qui en vendent, et je vois, chez les Basques, nombre de chansons destinées à le célébrer ou à montrer ses tristes effets. Telle est celle dont voici le premier couplet :

Hoghoi bersu berriac horra Tolosatic,	(Voici) vingt vers nouveaux arrivant de Tolosa,
Ilhia ourdinturic, fabrica zaharretic,	Les cheveux grisonnants, de vieille fabrique ;
Imprentian daude, moldez paraturic,	Ils sont à l'imprimerie, placés dans le chassis,
Moscorren guelditzeco escarniotaturic.	S'efforçant d'arrêter les ivrognes.

La suivante est un véritable chant bachique :

Mila zortzi ehun eta hamalaniau,	En (l'an) mil huit cent quatorzième,
Urriarca bilaren bederatzian,	Le neuvième de la lune d'octobre,
Umore houna nuien hoien cantatzian :	J'avais bonne humeur en chantant ces vers :
Gazte eta alaguera, tranquil bihotzian.	J'étais jeune et joyeux, j'avais le cœur en paix.
Ontarsuna franco badut interesian,	J'ai beaucoup d'argent à l'intérêt,
Deusic ez etchian ;	Rien à la maison ;
Orai bezain aberax ninzan sortzian.	En naissant, j'étais tout aussi riche qu'aujourd'hui.

Le vin a encore fourni matière à une pièce en huit vers dont les premiers sont ainsi conçus :

Goure etchian lau ardi,	Dans notre maison (il y a) quatre brebis,
Lauec zortzi beharri, etc.	Les quatre ont huit oreilles, etc.

[1]
Eliça modacoa,	Église de nouvelle mode,
Ez eta lehenecoa,	Et non pas la première,
Iduria gatic.	Bien qu'elle en ait l'apparence.
Itchoura berac dire,	Les apparences sont les mêmes,
Zeremoniac ere ;	Les cérémonies aussi ;
Bainan ez aphezic,	Mais il n'y a point de prêtre
Podere douenic.	Qui ait du pouvoir.

Je citerai aussi la strophe suivante, également sur le vin :

> Atzo tonto, egun tonto, bethi tonto guituzu,
> Arno hounic den lecutic nekez joaiten guituzu ;
> Zuhur izan behar, eta bethi erho guituzu.

> Hier étourdis, aujourd'hui étourdis, toujours étourdis,
> Nous abandonnons difficilement le lieu du bon vin ;
> Nous devrions être sages, et nous sommes toujours fous.

On répète encore dans le pays trois autres morceaux, dont il suffira de citer le premier vers :

Ardo honaren gozoa! etc.	O douceur du bon vin! etc.
Etchec'andere noblia zira zu, Adizazu, etc.	Vous êtes noble maîtresse de maison, Écoutez-nous, etc.
Biba basa Nafarre, coucou, La-[phurdi!	Vive la basse Navarre, cache-toi, La-[bourd.

La verve des *coblacari* est surtout infatigable à la poursuite des buveuses. L'un d'eux en stigmatise dans la chanson de *lacricoun* :

Enun ez hounac gormantez jinac.	Je ne suis pas venue ici par gourmandise.
Iho nahi nin sahexeco minac,	Un mal de côté veut m'étrangler,
Lacricoun, la, re, ri, ra, re ;	Lacricoun, la, re, ri, ra, re ;
Aplaca liron arno hounac.	Un bon vin l'apaiserait.

Nous avons publié, page 397, une chanson sur une partie de paume, dont le héros est le célèbre Perkaïn ; on peut donner pour pendant à ce morceau une autre pièce en quatre couplets, espèce de chant de victoire dont voici le début :

Ahazpandarrac Baionarat joanac,	Les gens de Hasparren sont allés à Bayonne,
Pilota partida einic, lau hoberenac,	A une partie de paume, les quatre meilleurs,
Baionesen contra, nahiz plaza arrotza.	Contre les Bayonnais, sur une place inconnue.
Etziren ez lotsa.	Ils n'avaient point peur.
Irabazi dute diru eta fama ;	Ils ont gagné de l'argent et de la renommée ;
Ougui joan da lana.	Tout s'est parfaitement passé.

Enfin, il n'y a pas jusqu'à la légende de Ruthie, ou plutôt d'Urruty, qui n'ait pour compagne une autre romance que je crois également ancienne. Au reste, on en va juger :

Nous Urrutia leihotic, ni aldiz campoti.
Bihotza erdiratu zeitan so eztibateki :
Uduri ziren haren beguiec izar zirela zeluti.

— Ene charmagarria, huillan duzu eliza :
Zombait aldiz jinen zira harat meza enzutera;
Beguiz keiña eguinen dugu, ezin minzatcen baguira.

Españolaco bidia, ala, bide luzia!
Guibelialat so guin eta, hasperena ardura ;
Maitettoaz orhit eta nigarra beguiala.

Hortzac chouri, beguiac belch, ene maitia, zeren ez?
Mundu oroc diozie ni nizala traidore :
Orai aren erra dazu hala nizan, bai al' ez.

— Aristirico ekhiac zerena dizu erdia,
Zure eta ene amodioaz plañiduzu mundia,
Mundu ororen ichilic maite izan behar guia.

———

M. de Ruthie était à sa croisée, j'étais dehors.
D'un de ses doux regards il me fendit le cœur :
Ses yeux ressemblaient aux étoiles qui brillent du haut du ciel.

— Mon enchanteresse, l'église n'est pas loin :
Vous y viendrez quelquefois pour y entendre la messe;
Nous y échangerons des regards, si nous ne pouvons y parler.

Le chemin de l'Espagne, ah! quelle longue route!
En regardant derrière, je pousse souvent des soupirs ;
Le souvenir de la bien-aimée apporte des larmes à mes yeux [1].

Blanches dents, yeux noirs, ô ma bien-aimée! pourquoi non?
Avouez-le, tout le monde dit que je suis un traître :
Dites-moi si je suis traître, oui ou non.

— Le soleil de l'après-midi tamise à demi le serein,
Tout le monde jase sur votre amour et le mien ;
En cachette de tout le monde il faut nous aimer.

Trois chansons relatives aux contrebandiers basques et aux douaniers qui gardent la frontière, nous ont paru plus que suffisantes pour compléter notre chapitre VI [2]; mais la dernière [3]

---

[1] Comparez ce couplet avec le second du Voyage à l'ermitage de Saint-Joseph, ci-dessus, p. 334.
[2] P. 113-127.
[3] Le dernier couplet, que j'ai recouvré depuis peu, renferme la date de cette pièce:
L'an mil huit cent trente-deux, *marchoko ilhian* (au mois de mars),

présente une particularité sur laquelle nous voulons revenir ; nous entendons ce mélange de français et d'escuara qui caractérise assez bien les employés d'une administration recrutée dans toutes les parties de la France. Nous aurions pu signaler l'emploi de trois langues dans le cinquième couplet d'une chanson que nous avons citée, p. 426 [1]. Une autre nous offre un assemblage encore plus étrange de latin, de castillan, de béarnais, de français et de basque. Déjà remarquable à ce point de vue, elle l'est encore par son originalité, et peint admirablement l'esprit euscarien. Les acteurs sont un fonctionnaire public et un paysan. Il va sans dire que le beau rôle est du côté de ce dernier ; il le fallait bien, à moins de donner un démenti au proverbe qui a consacré la légèreté des Basques à la course. Vignau, le fonctionnaire, est à cheval ; le paysan, chaussé d'une énorme paire de sabots de bois de hêtre, arrive à Pau avant son concurrent :

Sed libera nos a malo. Sit nomen Domini.
Vamos á cantar un canto para diverti.
Jan dugunaz gueroz chabalki houneti
Eta edan ardoa Juranzounneti,
Chantons, chantons, mes chers amis, je suis content, pardi !
 Trinquam d'aquest boun bi,
Eta dezagun canta cantore berri.

Sed libera nos a malo. Sit nomen Domini.
Chantons une chanson pour nous divertir.
Puisque nous avons mangé de la bonne viande
Et bu du vin de Jurançon,
Chantons, chantons, mes chers amis, je suis content, pardi !
 Trinquons avec ce bon vin,
Et chantons une chanson nouvelle.

 Avons composé ces versets *dembora tcharrian* (dans un mauvais temps) :
 Espérons du soulagement, *oraino aguian* (peut-être encore) :
 Dieu veuille que nous les chantions *umore hounian* (de bonne humeur) !

[1]
Bamos á la cama, Constante Larragun.	Allons au lit, Constant Larragun.
Placer duçuc, jaunac, cobla dezagun,	Vous plaît-il, messieurs, que nous rimions
(Badeçaquegu) eta conbersa dezagun ?	(Nous le pouvons) et que nous devisions ?
Ez da propiago gue gal dezagun.	Il n'est pas plus convenable que nous perdions.
Prenez garde, garçon ; tournez les chaussons.	Prenez garde, garçon ; tournez les chaussons.
Ni tanpoco infantzum	Pas même un infançon
Ez die comprenditucen eer erran dugun.	Ne comprendra ce que nous avons dit.

Zer guerthatu zaicun Paubeco bidin,
Jaunac, erran nahi dit orai presentin.
Bigno eta Aihertze, biac aire gaitzin,
Nihaurec ikhousi tit Belereco heguin,
Hamarna lus eskin, jocatzen mementin
　　Zoin lehen joan bidin,
Aihertze houiñez eta Bigno zamari handin.

Joan ziradenin orenbaten bidin,
Bignoren zamariac ukho eguin beitzin :
Aihertzec aldiz ordin laster eguin zin,
Pagozco escalampouac handi beitzutin ;
Arrabos bat eguiten zin, Paubeco pabatin
　　Su jauz erazten zin.
Bigno gaizoac prozesa ere galdu zin.

Guero zutuzun lanac, Paubera ziradenin,
Procuradore, juge, abocatu haiekin !
Bigno zuzun triste, arrazo beitzin ;
Aihertze alaguera, diharu franco beitzin.
Aisa obtenitu zin tribunal zibilin,

Ce qui nous est arrivé sur la route de Pau,
Messieurs, je veux dire maintenant.
Vignau et Aihertze, tous deux en grande fougue,
Moi-même j'ai vu au col de Beler,
Dix écus chacun en main, pariant sur le moment
　　Qui des deux marcherait plus vite,
Aihertze à pied et Vignau sur un grand cheval.

Quand ils eurent fait une heure de chemin,
Le cheval de Vignau se rendit :
Aihertze alors prit la course,
Car il avait d'énormes sabots de hêtre ;
Il faisait grand bruit, sur le pavé de Pau
　　Il faisait jaillir du feu.
Le pauvre Vignau perdit aussi le procès (, suite du pari).

C'est après qu'il y avait du travail, quand ils arrivèrent à Pau,
Avec le procureur, les juges, les avocats !
Vignau était triste, parce qu'il avait raison ;
Aihertze était gai, parce qu'il avait beaucoup d'argent.
On lui rendit justice sans peine au tribunal civil,

Arrazoa hon beitzin.
Bigno gaizoac prozesa ere galdu zin.

Controlur horrec zer lana eguin zin?
Aihertzeri bilhouetaric lotha zeronin;
Harec ere bertan, perruca berria zin,
Bi behar ondotaric Aihertze ilhaguin.
Aisa pensatu zin, zer eguin behar zin :
    Mement hortan berin,
Paperac controlatu eta campoan ezarri zin.

Controlur horrec ez du pensatzen
Aihertzaren phasta zertzaz eguina den,
Khalamu hariz ala hidiki larruz den;
Bohamu casta dela hai opiniatzen.
Guero hitz emaiten eta zin eguiten,
Etzecola haboro bilhoti lothuren,
Ezi houra loxa dela basa guizonen.

    Parce que la cause était bonne.
Le pauvre Vignau perdit aussi le procès.

Que fit ce contrôleur?
Il se prit aux cheveux d'Aihertze;
Lui-même avait une perruque neuve,
Aihertze le prit aux deux oreilles et devint marchand de laine.
Il (le contrôleur) pensa facilement ce qu'il avait à faire :
    Au même instant,
Ayant contrôlé les pièces, il le mit à la porte.

Ce contrôleur ne sait pas
De quoi est faite la pâte d'Aihertze,
Si elle est en fil de chanvre ou en peau de bœuf;
Il opine qu'il est de la race des Bohémiens.
Ensuite il donne sa parole et fait serment
Qu'il ne se prendra plus à ses cheveux,
Car il craint les hommes sauvages.

Le dialecte de cette pièce est celui des environs de Tardets.
La collection de M. Archu renferme encore les deux légendes suivantes, qu'en conscience nous ne pouvons y laisser, la première surtout, qui est très-répandue dans tout le Pays Basque :

INCHAUSPECO DENDARIA.	LA COUTURIÈRE D'INCHAUSPE.
(Suberrotarra.)	(Dialecte souletin.)

Mundu hountan phena gaberic,
Izateco lanjerric ez tut nic [1].
Maitatu dut ukhenen eztudana,
Hare beiteraut bihotzian phena.

Dans ce monde sans peine,
D'être je risque peu [2].
J'ai aimé celui que je n'aurai pas,
Cela me fait mal au cœur.

— Maitatu duzia ukhenen eztuzuna,
Harec diauzia bihotzian phena ;
Maita zazu ukhen dezakezuna,
Eta kita ezin dukezuna.

— Vous avez aimé celui que vous n'aurez pas,
Cela vous fait mal au cœur ;
Aimez celui que vous pouvez avoir,
Et quittez celui que vous ne pouvez pas avoir.

Adios, ene maite poillita, adios,
Adios beraz orai seculacoz ;
Ezcontzaite plazer duzunareki,
Bainan beguira ene errecontruti !

Adieu, ma charmante bien-aimée, adieu,
Adieu donc maintenant pour toujours ;
Mariez-vous avec qui il vous plaira,
Mais gare que je ne vous rencontre !

— Zer othe da zoure errecontria ?
Zer ahal da zoure eguin ahala ?
Bardin deus arribatzen bada nitaz,
Sujet berri bat izanen da zutaz. —

— Quelle serait donc votre rencontre ?
Quel peut être votre pouvoir ?
S'il arrive quelque chose sur moi,
Il y aura un nouveau sujet sur vous. —

Inchauspeco alhaba dendaria
Goizian goiz jostera joailia,
Nigarretan pasatzen bidia,
Aprendiza consolazalia.

La couturière fille d'Inchauspe
Va coudre le matin de bonne heure,
Elle fait son chemin dans les pleurs,
Son apprentie la console.

— Zu eta ni, biac guinaudenian,
Acort guinen hitz batic barnian ;
Eta orai dembora joan denian,
Zu etzirade zoure erranian.

— Vous et moi, lorsque nous restions tous deux,
Nous étions d'accord à une parole près ;
Et maintenant que le temps est passé,
Vous, vous n'êtes pas (fidèle) à votre promesse.

Sorhouetaco plazala jalkituric,
Guizon gazte galzerdi chouriric
So eguin dut, ezin ikhousiric,
Pierreqni, zoure pareric.

Sortie à la place de Sorhoueta,
Bon nombre de jeunes gens aux bas blancs
J'ai regardé, et je n'ai pu voir,
Pierregni, aucun pareil à vous.

[1] VARIANTE : Merchicaren liliaren cigerra !
  Barnian du ezurra gogorra.

[2] VARIANTE : Que la fleur du pêcher est belle !
  C'est dedans qu'il (le fruit) a un noyau dur.

Ainsi que nous l'avons déjà dit, p. 239, rien de plus commun que de pareils débuts. Tel est celui d'une chanson souletine, où sont détaillés les plaisirs d'un épicurien basque :

Maiatzeco jilofreyac eder coloria.	La giroflée de mai a belle couleur.
Charmagarria, erradazu, othoi, eguia :	Enchanteresse, dites-moi, de grâce, la vérité
Badudanez probechuric zutan fidaturic ?	Aurai-je quelque profit à me fier à vous ?
Edo bestela kita nezazu arras bihotzetic.	Sinon, chassez-moi tout-à-fait de votre cœur
Beste baten tchereatzera iseiaturen nic,	J'essaîrai d'en trouver une autre,
Zure ganaco esparancha galduz guerosteric.	Dès que j'aurai perdu mon espoir en vous.

BESTACO ONDOREA.

(Suberotarra.)

Jondane Estebe Martina,
Goure herrico patroina,
Agorrilan guerthatzen da;
Ainharbiar saldo bat joan da
Aurthen besta hartara,
Ez escandal emaitera,
Bena bai libertizera.

Arrastiritan dansatu,
Bai ta ere plazer hartu,
Oro guinen libertitu;
Arraxa zenian abanzatu,
Etcherat abiatu.
Bi adichkide baratu,
Ocasione tchercatu :
Goure biziac han galdu.

Etchegoien eta Menta,
Ouste dut deitzen direla;
Desfortuna zen haiena;
Coki saldo bat guibeleti
Makila khalduca hasi,
Gu lurerat nahiz egotchi;
Gouri biziac ideki
Nahi ziren segurki.

Etchegoien eta Menta,
Ouste dut deitzen direla;
Desfortuna zen haiena.
Makila lurerat aurthiki,
Ganibetac ideki
Eta tchistacaz hasi;
Gouri sabelat iaurri,
Odolez igueri jarri.

Laster igorri berria
Donaphaleuco hirira,
Mousde Logier tcherkhara.
Ethorri zen jaun barbera
Laster goure lotzera.
— Erraguzu, jaun barbera,

SUITE D'UNE FÊTE.

(Souletin.)

La Saint-Estèbe Martina,
Patron de notre village,
Se trouve en août;
Une foule d'Ainharbiarrais sont allés
Cette année à cette fête,
Non pour y donner du scandale,
Mais bien pour s'amuser.

Nous avions dansé jusqu'à la nuit tom-[bante,
Et aussi nous avions pris du plaisir,
Nous nous étions tous divertis;
Quant la nuit avait avancé,
Nous partîmes pour la maison.
Deux amis s'arrêtèrent,
Cherchèrent quelque occasion :
Nous perdîmes là notre vie.

Etchegoyen et Menta,
Je crois qu'ils s'appellent;
Le malheur était leur (partage);
Une poignée de coquins par derrière
Commencèrent à nous donner des coups de bâton,
Voulant nous renverser à terre;
Nous enlever la vie
Ils voulaient certainement.

Etchegoyen et Menta,
Je crois qu'ils s'appellent;
Le malheur était leur (partage).
On jette à terre le bâton,
On prend les couteaux
Et on nous les enfonce;
Nos boyaux sont dehors,
Nous sommes baignés dans le sang.

Sur-le-champ on envoya la nouvelle
A la ville de Saint-Palais,
Pour chercher M. Logier.
Arriva M. le docteur
Vite pour nous panser.
— Dites-nous, M. le docteur,

28

Erraguzu eguia :	Dites-nous la vérité :
Sendoturen gutuzia?	Nous guérirez-vous?
— Izan niz armadetan,	— J'ai été dans les armées,
Hango ospitaletan,	Dans les hôpitaux,
Soldado blasatuietan;	(Soigner) des soldats blessés;
Egundaino eztut ikhousi,	Jamais je n'ai vu,
Hoi ! holaco lanican.	Hélas! une pareille affaire.
Coraie, jaunac, coraie	Courage, messieurs, courage
Oroc har zazie;	Maintenant prenez;
Sendoturen ziradie.	Vous guérirez.

Les premiers chants de ce recueil nous ont montré les Basques repoussant avec succès, surtout avec courage, les légions d'Auguste et les guerriers de Charlemagne; dans le dernier, qui date seulement de quelques années, les luttes gigantesques des anciens temps sont réduites aux proportions d'une rencontre entre quelques étourdis avinés, à la suite d'une fête de village. Ainsi passe, hélas! le monde et sa gloire; et ne dirait-on pas qu'en prenant une sirène pour emblème, les Basques ont voulu, par un triste pressentiment, marquer la fin de leur nationalité et de la littérature qui en était l'image?

Desinit in piscem mulier formosa superne.

XII

MUSIQUE BASQUE

Hors de proportion avec tous les autres, le chapitre qui précède n'a pris un développement aussi considérable que par suite des efforts que j'ai faits pour combattre une accusation de Borrow [1], ou plutôt pour mettre le lecteur en état de se former une opinion définitive au sujet des chansons de nos montagnards. Malgré tout, pourquoi le dissimuler? je crains bien qu'à d'autres elles ne paraissent plates et monotones, et qu'en les déclarant telles, on ne fasse tort aux Basques et à soi-même. Avant de prononcer, il faudrait, à mon sens, autre chose qu'une lecture et que la lecture d'une traduction qui n'est le plus souvent qu'un glossaire continu. En effet, comment apprécier d'une manière équitable, sans le secours de la musique, des ouvrages qui sont ensemble musique et poésie? Lisez, récitez une chanson, elle fera moins de sensation qu'une autre pièce de vers; joignez l'air aux paroles, et vous éprouverez, vous ferez éprouver une impression nette et vive. L'air rend le sens des paroles plus entraînant, comme les paroles rendent l'expression de l'air plus distincte [2].

On ne peut nommer la musique basque sans penser aussitôt à son expression la plus importante et la plus populaire : nous voulons parler de la danse nationale connue sous le nom de *saut basque*. La Soule, le Labourd, la basse Navarre, le Guipuzcoa nous offrent autant de versions propres à chacun de ces pays, sans que leurs différences empêchent ces airs de pouvoir être ramenés à un type commun. Pleine de couleur et d'un rhythme nerveux et ac-

---

[1] Voyez ci-dessus, p. 213.
[2] M. Ch. de Rémusat, *Passé et présent*, etc., t. I, p. 243.

centué, cette musique nous donne une image frappante de quelques traits distinctifs des Basques. Ceux de nos lecteurs qui n'ont pas eu l'occasion d'être les spectateurs de cette belle danse, dont l'exécution est éminemment pittoresque, sont privés de l'un des aspects les plus curieux où l'on puisse étudier la physionomie que nous essayons de faire connaître.

En abordant l'appréciation de la musique avec paroles, nous avons remarqué une cantilène qui nous paraît réunir toutes les qualités du genre. C'est le *Choria caiolan* (le petit Oiseau dans sa cage)[1]. On trouvera à la fin de ce volume cette mélodie pleine de fraîcheur et de sensibilité, qui suffirait à faire la réputation de son auteur, s'il n'était pas inconnu, comme tous les autres musiciens basques anciens.

Nous avons examiné une collection assez nombreuse de chants plus modernes, qui s'écartent sensiblement du type primitif, dont nous venons de faire connaître quelques modèles. Parmi eux, notre attention ne s'est arrêtée avec fruit que sur l'*Aitaric ez dut*, etc., que l'illustre chanteur Garat, basque lui-même, fit valoir à Paris, en y déployant tout le charme d'un talent qui a laissé de profonds souvenirs, et dont Pascal Lamazou n'est qu'en partie héritier.

Ici s'arrêtent les seuls airs que nos recherches personnelles nous aient permis de rassembler. Ceux du Guipuzcoa ont été recueillis par D. Juan Ignacio de Iztueta[2]. Voyons s'ils méritent l'éloge qu'en fait Borrow[3], car je ne doute pas que ce ne soit de ces airs que le missionnaire anglais n'ait voulu parler.

La collection en est devenue si rare que force m'a été de recourir aux archives de la province, à Tolosa, pour en obtenir, non un exemplaire, mais les moyens de faire tirer copie de l'un des trois qui restent. Cette copie, soumise à un jeune musicien d'avenir[4], a donné lieu aux appréciations suivantes :

Presque tous ces airs ont été évidemment mal notés. On y trouve de fréquents contre-sens de rhythme et de tons, dont les

---

[1] Voyez ci-dessus, p. 327, le texte et la traduction de ce morceau.
[2] J'en ai donné le titre tout au long, p. 65, en note.
[3] Voyez ci-dessus, p. 214.
[4] M. George Amé.

Basques n'ont pu s'accommoder, quelque inculte que l'on puisse supposer leur sens musical. Ceci, joint au défaut d'interprétation locale, ne permet que des appréciations bien insuffisantes, et, dans certains de ces chants, le vague et la bizarrerie sont tels que j'ai cru avoir devant les yeux de véritables énigmes.

On ne peut se dispenser d'établir pour ce recueil deux catégories bien distinctes : à la première, doivent se rapporter les airs qui possèdent une physionomie nationale bien caractérisée ; à la seconde catégorie, ceux qui, à n'en pas douter, ont pour auteurs des musiciens contemporains, musique française très-banale, qui a dû pénétrer depuis peu chez les Basques avec les danses qu'elle acccompagne.

Le plus grand nombre des airs de la première catégorie appartiennent au rhythme binaire (mesure à $\frac{2}{4}$).

Les deux morceaux qui ouvrent le recueil doivent conserver le premier rang par l'originalité du tour mélodique et la profondeur du sentiment. On doit les regarder comme les types nationaux les plus complets.

Le premier, intitulé *Cuarrentaco erreguela*, est touchant et coloré [1]. L'oreille est en même temps étonnée et charmée par une sorte d'étrangeté indéfinissable. La phrase *Aingueruchoa jarri*, etc., est particulièrement belle. Elle est empreinte d'une noble mélancolie.

Le deuxième chant, *San Sebastian*, est d'un autre style. Naïf et pittoresque, comme ces airs que l'on se souvient d'avoir entendu dans les montagnes, il est orné de nombreux échos placés avec un à-propos que l'art ne désavouerait pas [2].

---

[1] La danse que le *Cuarrentaco erreguela* est fait pour accompagner, se trouve décrite dans le *Guipuzcoaco Dantza*, etc., p. 109, 110. — Cet air n'est pas seulement répandu en Espagne ; je l'ai encore entendu chanter dans la Soule, avec ces paroles :

Cuarentu hatican nai nituske nic nere ichil gauzac arguitaratu,
Jaun Goicoa zuc eracustazu
Zer eguin,
Nola itz eguin,
Guin, etc.

[2] L'étendue de ces deux pièces ne nous a pas permis de donner suite à notre désir d'en publier la musique tout entière : nous n'avons reproduit que quelques phrases, choisies dans le *Cuarrentaco*. Nous pensons néanmoins que nos lecteurs pourront s'en former une idée suffisante. — Ceux qui seraient curieux de savoir comment on exécute la danse du *San Sebastian*, peuvent recourir au livre d'Iztueta, p. 110, 111.

Parmi les airs qui suivent, l'*Erreguela zarra* doit être cité, bien que sa valeur soit fort au-dessous du *Cuarrentaco* et du *San Sebastian*. L'*Erreguela zarra* est un air semi-badin, avec une certaine monotonie villageoise [1].

Le *Pordon Dantza* [2] nous offre des motifs tour à tour pleins d'une amoureuse langueur et d'une grande vivacité. Signalons encore *Upelatigui* [3], *Ondarrabia chiquia* [4], *Ormachulo* [5], *Espata Dantza* [6], *Procesioeo Soñua*, *Bucaera* et *Graciana* [7]. Tous ces airs sont remarquables à divers titres.

N'oublions pas les deux chants de *Chacolin* [8] et de *Mizpirotz* [9], qu'à leur belle simplicité et à la pureté de leur dessin mélodique, on croirait échappés de la plume de Haydn; ni le *Nescatti*, qui est un très-joli air de chasse. Quant à ceux dont il n'est pas fait mention ici, on croit pouvoir affirmer que le plus grand nombre a été ajouté au répertoire des chants véritablement basques par des musiciens médiocres.

Telle est l'idée, bien imparfaite sans doute, que je me suis faite du recueil de J. I. de Iztueta. Pour en avoir une connaissance plus intime et pour être en état d'aborder les considérations plus

---

[1] Voyez sur la manière de danser l'*Erreguela zarra*, le *Guipuzcoaco Dantza*, etc., p. 113-114.

[2] Le jour de Saint-Jean, patron de Tolosa, on y exécute cette danse avec des bâtons et des bourdons, en mémoire de la célèbre bataille de Béotibar. (*Dicc. geogr.-hist. de España*, t. I, p. 327, col. 1, art. *Guipuzcoa*.) La beauté de cet air basco-espagnol nous a décidé à en donner la musique. — On trouve une notice sur la danse dans le *Guipuzcoaco Dantza*, etc., p. 101-104.

[3] *Guipuzcoaco Dantza*, p. 116, 117. — [4] *Ibid.*, p. 116. — [5] *Ibid.*

[6] Cette autre danse, nommée dans un distique que nous avons rapporté p. 28, à la suite d'une anecdote empruntée au Dʳ de Isasti (*Compendio hist. de la M. N. y M. L. provincia de Guipuzcoa*, liv. I, chap. XIII, n° 13, p. 168), fut exécutée en 1660 par cent hommes, en présence de Philippe IV, à la procession du Saint Sacrement, à laquelle il assistait à Saint-Sébastien. (*Dicc. geogr.-hist. de Esp.*, t. I, p. 327, col. 1.) — On trouve la description de l'*Ezpata dantza* dans l'ouvrage d'Iztueta, p. 89-96.

[7] Voyez *Guipuzcoaco Dantza*, etc., p. 118. — [8] *Ibid.*, p. 117. — [9] *Ibid.*, p. 118. — On trouve la représentation d'une danse basque exécutée au clair de la lune, dans l'*Alfabeto de la lengua primitiva de España*, etc., de D. Juan Bautista de Erro. Voyez, à ce sujet, les Mémoires de l'Académie celtique, t. II, p. 311. — Dans le t. III des Mémoires de la Société des Antiquaires de France, qui en forment la suite, on lit des détails sur la danse antique appelée *pantalon*, usitée à Saint-Pé (Hautes-Pyrénées) : tout me porte à croire que c'est une danse empruntée aux Basques. La romance dont parle l'auteur du Mémoire et dans laquelle un rimeur bigourdan chante l'aventure de la fille d'un duc, me rappelle la prétendue romance souletine mentionnée par M. Mazure (*Hist. du Béarn*, etc., p. 518, en note), qui, ne sachant pas le basque, n'a pu l'entendre.

élevées de l'esthétique, à l'égard du caractère général des chants basques, il faudrait se familiariser lentement avec ces mélodies, ou mieux encore, aller chercher dans le pays même ce que la notation musicale est impuissante à communiquer. Chantée sur le bord de la mer, au pied des montagnes, une chanson, répétée par les échos de la forêt, accompagnée du bruit des clochettes d'un troupeau ou du murmure des ondes, ne trouvera personne insensible; mais si cette chanson rappelle la voix d'une personne aimée, une circonstance grave où elle s'est fait entendre, un âge écoulé où elle servait d'auxiliaire au sommeil, nul n'est si dur qui ne sente l'eau du cœur lui monter aux yeux, et qui ne rende ainsi un éclatant hommage à une poésie dédaignée par ceux auxquels le poëte n'avait point songé.

XIII

BERNARD D'ECHEPARE

Au milieu du XVI° siècle, il y avait, dans les environs de Saint-Jean-Pied-de-Port, un curé nommé Bernard d'Echepare, qui partageait son temps entre le culte du vrai Dieu et celui des Muses. Il avait bien aussi brûlé quelque peu d'encens sur l'autel de l'Amour; mais l'aveu qu'il nous en fait doit nous rendre indulgent pour un péché vraisemblablement de jeunesse; et plus généreux que le proverbe, qui assure que faute avouée est à moitié pardonnée, nous n'hésiterons point à donner l'absolution au prêtre qui publia sa confession dans l'idiome de son pays et sut la rendre profitable à tous.

L'ouvrage qui nous l'a conservée est intitulé : *Linguæ Vasconum Primitiæ per Bernardum Dechepare, rectorem Sancti Michaelis Veteris.* C'est un petit in-4° de vingt-huit feuillets, imprimé à Bordeaux en 1545 par François Morpain, qui travaillait entre cette année et 1563, époque à laquelle sa veuve publiait le *Gallia gemens* de Geoffroy Malvin. Répandu, selon toute apparence, dans la patrie de l'auteur au temps où il parut [1], ce petit livre est devenu si rare qu'il paraît avoir échappé à tous les bibliographes [2]; c'est

---

[1] Le D\` de Isasti, qui écrivait en 1625, en cite quatre stances, dont il donne la traduction. (*Compendio historial de la M. N. y M. L. provincia de Guipuzcoa*, lib. I, cap. XIII, n° 8, p. 165, 166.)

[2] Nodier se fait donc l'écho d'une erreur, lorsque, parlant du livre d'Andres de Poça, il écrit en note : « Ce livre date de 1587, et le premier, dit-on, où il est parlé de la langue basque, est aussi le premier qui soit sorti des presses de Bilbao. » (*Notions élémentaires de linguistique*, etc. Paris, Eugène Renduel, 1834, in-8°, chap. XIII, p. 249.) — Aujourd'hui encore, dix ans après la publication du travail de M. G. Brunet, on lit dans le *Catalogue des livres de feu M. Pressac* (Paris, François, 1857, in-8°, p. 74, n° 713), au-dessous du titre de l'ouvrage d'Andres de Poça : « Livre très-rare et considéré comme le premier publié sur la langue basque. »

à peine si l'on en connaît un seul exemplaire, inscrit sur le catalogue de la Bibliothèque impériale, sous la cote Y 6194 P.-A. Heureusement M. Gustave Brunet, auquel nous l'avions signalé, en a donné une notice et des extraits considérables dans les *Actes de l'Académie royale des Sciences, Belles-Lettres et Arts de Bordeaux* [1].

L'écrit de Bernard d'Echepare est composé de deux parties bien distinctes et d'un genre tout différent : la première roule sur des sujets de piété, la seconde se compose de poésies amoureuses, de vers dictés par une galanterie qui doit nous paraître assez étrange sous la plume d'un ecclésiastique. Peut-on douter qu'ils soient bien de lui? et ne faut-il pas croire plutôt que le digne pasteur, occupé du dessein de donner la meilleure idée de la poésie de son pays, aura joint à ses vers ceux qui, de son temps, y étaient en possession de la faveur publique? Pour peu qu'on lise attentivement l'épître dédicatoire de Bernard d'Echepare à Bernard Leheté, qu'il qualifie d'avocat du roi, illustre par sa noblesse, sa vertu et sa fortune; si ensuite on jette les yeux sur la pièce qui porte le titre d'*Amorosen Gaztiguya*, on ne pourra conserver la moindre incertitude sur la paternité de poésies qu'aucun ecclésiastique de nos jours ne voudrait signer.

« Les Basques, dit d'Echepare dans l'épître que je viens de citer, sont habiles, courageux et aimables; parmi eux, il existe des hommes profondément versés dans toutes les sciences. Et ce qui m'étonne, seigneur, c'est que pas un n'ait songé jusqu'ici à composer, à écrire un ouvrage en l'honneur de sa langue, afin d'apprendre à l'univers entier que le basque, comme les autres idiomes, se prête merveilleusement aux règles de l'art d'écrire. Cet oubli est la seule cause pour laquelle notre langue est sans réputation; et voilà pourquoi aussi les autres nations supposent qu'elle ne peut point se prêter, comme les leurs, au langage écrit. » Le recueil d'Echepare constitue donc les prémices de la littérature euscarienne.

Cet amour-propre national a poussé le digne curé à donner un exemple de ce que peut la poésie basque dans des genres différents;

[1] Neuvième année, premier trimestre, 1847, p. 77-158.

il le dit dans la suite de son épître, que je continue à transcrire en me servant de la traduction de M. Archu : « Mon seigneur et mon maître, vous estimez, vous honorez, vous glorifiez le basque, comme tout ce qui est noble et naturel ; daignez donc agréer ces quelques vers tombés d'une plume inexpérimentée, afin qu'après les avoir vus et corrigés, vous puissiez, seigneur, les faire imprimer, si vous le jugez à propos. Par là nous aurons tous la satisfaction grande de voir, grâce à votre obligeance, le basque imprimé pour la première fois. Nos neveux, imitant votre exemple, pourront continuer à donner de l'extension aux publications euscariennes, et les Basques auront, comme les autres peuples, un corps de doctrine écrit pour leur agrément, leurs conversations, leurs chants, un passe-temps, en un mot. Nos descendants y trouveront un stimulant pour perfectionner de pareils travaux. En les lisant, nous tous qui sommes obligés d'invoquer le Seigneur dans ce monde, nous y passerons heureusement notre vie pour obtenir le paradis dans l'autre. Amen. » On peut trouver dans ce qui précède une justification des poésies galantes de d'Echepare, en même temps que la preuve de leur originalité. Quant à la dernière phrase, on ne manquera pas d'en remarquer la bizarrerie après avoir lu ce qui va suivre.

La partie intitulée *Doctrina christiana* semble une série de lambeaux traduits des psaumes et des prières de l'Église. La morale en est pure, élevée, mais n'offre guère plus de poésie que les quatrains de M. de Pibrac. Il faut noter cependant ces passages qui viennent après la prière pour le dimanche :

> Anhiz gendez miraz nago neure buruyaz lehenic,
> Nola gauden mundu hunequi hain vorthizqui iossiric,
> Hanbat gende dacuscula hunec enganaturic!
> Oranocoac igorritu oro buluzcorriric,
> Eta eztute guerocoec hontic escapaceric.

Je m'étonne de la plupart des hommes, de moi-même le premier, en songeant à l'attachement que nous avons pour ce monde. Combien nous sommes qui nous laissons abuser par cet attachement! Et cependant le monde a renvoyé nus ceux qui ont vécu avant nous, et ceux qui viendront après nous n'échapperont pas à ce sort.

Person oro hildenian hirur çathi eguiten :
Gorphuz ori ustelcera lur hocian egoizten ;
Untharçuna ahaidiec vertan dute particen,
Arima gaixço dabilela norat ahaldaguien,
Hayn viage vortician compagnia faltacen.

Orhituqui igandian vehardugu pensatu
Cenbatetan eguin dugun aste artan beccatu ;
Orbit eta Jeincoari barqhamendu escatu
Atorra nola , arimere aste oroz garbitu.

Trois circonstances accompagnent la mort de tout individu : le corps est jeté à la pourriture dans une froide fosse, la fortune du mort est partagée bientôt entre les héritiers, pendant que la pauvre âme erre, comme elle peut et sans compagnon , dans son terrible voyage.

Le dimanche, nous ne devons pas omettre de rechercher combien de fois nous avons péché pendant la semaine ; et quand nous nous en sommes souvenus, nous devons demander pardon à Dieu, et blanchir notre âme chaque semaine comme nous blanchissons notre linge.

Un peu plus loin, toujours à la page 93 des extraits de M. Brunet., je remarque une comparaison empruntée à la vie pastorale, comme une autre que l'on trouve page 97. Là je suis frappé par le rapport que présente la poésie de d'Echepare avec certains vers du *Dies iræ*. Elle vient après ce passage qui rappelle quelques versets du *Stabat* :

Contemplatu vehardugu passione sainduia
Eta sendi vihocian haren pena handia :
Nola çagoen curucian oro çauriz bethia,
Huin escuiac içaturic eta vuluzcorria.

Ohoinequi urcaturic, nola gaizquiguilia,
Eta arhancez coroaturic mundu ororen iabia ;
Haren gorpuz preciosa eta delicatuia
Gaizqui escarniaturic eta çothicatuia.

Contemplons la sainte passion, ressentons-en les vives douleurs : représentons-nous le Seigneur suspendu au gibet, couvert de blessures, les mains percées de clous ; représentons-nous sa nudité.

Contemplons le Maître du monde pendu au milieu des larrons, comme un malfaiteur, et couronné d'épines ; contemplons les souffrances et les tortures de son corps précieux et délicat.

Elas! orduian nola çagoen haren arima tristia!
Haren ama maitia eta mundu ororen habia
Pena hetan ecusteaz bere seme maitia,
Eta hilcen veguietan mundu ororen vicia.

Viocian diraustaçu guertuz, ama eztia,
Çure orduco doloriac eta vihoz çauriac;
Beguiez nola cenacusan çure iabe handia
Orotaric lariola odol preciatuia :
Hec negatic ciradela arinaçu qhonduia.

Hélas! combien alors son âme était triste! combien était triste sa mère chérie, le refuge du monde entier, en voyant son cher fils au milieu de ces supplices, en le voyant mourir, lui, la vie de l'univers!

Gravez dans votre cœur, ô douce mère! les douleurs poignantes que vous éprouvâtes alors en voyant le sang ruisseler du corps précieux de votre grand Maître : ces douleurs, j'en ai la certitude, vous les souffrîtes à cause de moi.

D'Echepare adresse ensuite au pécheur ces terribles paroles, empruntées, ce me semble, au *Dies iræ :*

Orhit adi Jeincoaren justicia handiaz,
Nola oroc behardugun eman qhondu hersia,
Eguin oroz recebitu gure merexituia,
Erioa dauguinian vaita haren meçuia.

Ordu hartan alfer date hari apellacia
Hare ehori eztemaio oren vaten epphia
Ecetare estimacen chipia, ez handia ;
Bat vederac egarrico orduian vere haxia.

Orduian cer eguinen dut, gaixo beccataria?
Ararteconc faltaturen contra Juge handia ;
Abocacen eztaquique ehore haren gortian,
Oguen oro publicaqui aguerturen orduian.

Souviens-toi de la justice terrible de Dieu; nous devons tous lui rendre un compte rigoureux; nous devons en recevoir la récompense de nos actions, car la mort est son messager.

En vain lui demanderait-on du délai, il n'en accordera point. Le petit et le grand sont égaux à ses yeux : chacun portera son fardeau devant lui.

Que feras-tu alors, misérable pécheur? Tu n'auras point d'intercesseur auprès du grand Juge; nul ne saura plaider à sa cour, et toutes les fautes paraîtront aux yeux de tous.

Le morceau intitulé *Judicio generala* (le Jugement général) mériterait une appréciation détaillée. Il est plein de transport et de grandes images, remarquable par une inspiration réelle de l'Evangile et de l'Ancien-Testament. Le poëte s'écrie :

> Arma, arma mundu oro Judicio handira;
> Ceru eta lur ororen Creadore handia
> Munduiaren juiacera rigorosqui helduda.
> Nola gauden apphainduric bat bederac beguia.
>
> Manamundu igortendu mundu gucietaric
> Gende orobat daguion Josafaten vilduric;
> Ehonere ehorere escapatu gaberic.
> Ceru eta lur gucia daude ikharaturic.
>
> Erioa manacendu, ecein falta gaberic,
> Bilac oro datocela aicinera viciric.
> Hantic harat eztuquela vothereric jagoitic.
> Mundu oro iarrirenda bi lecutan hersiric.
> Glorian eta ifernuian ezta escapaceric.
>
> Manacendu ifernuia handi eta vortizqui,
> Han direnac igoriçan, luçamendu gaberic,
> Arima eta gorphucetan nahi tuxela icussi
> Eta emanen daraiela cer vaitute mereci.

Alerte, alerte! que le monde entier se dispose au grand Jugement. Le Créateur des cieux et de la terre vient dans sa sévérité juger l'univers. Que chacun de nous regarde de quels vêtements nous sommes couverts.

Il donne l'ordre aux hommes de toutes les régions du monde de se réunir dans la vallée de Josaphat, et que pas un ne manque à l'appel. Le ciel et la terre entière sont dans l'épouvante.

Il ordonne à la mort de ramener vivantes devant lui toutes ses victimes, en lui signifiant que désormais son pouvoir est détruit. L'univers entier s'assiéra des deux côtés de la vallée; bienheureux et damnés, ils y seront tous.

Il commande à l'enfer de vomir sur-le-champ tous ceux qu'il a engloutis; car il veut les voir en corps et en âme et leur donner ce qu'ils méritent.

Ici l'auteur interrompt son effrayante peinture pour se livrer à une excursion sur le terrain des considérations morales et pour exhorter ses lecteurs ; il reprend ensuite en ces termes :

> Juge jauna iraturic egonenda gainetic,
> Irestera apphainduric ifernuia azpitic ;
> Exai gaiça acusacen ezquerreco aldetic,
> Beccatuiac escuinetic minçaturen publiqui,
> Hire contra heben guituc ihaurrorec eguinic ;
> Gaizquienic contra date conciença varnetic.
>
> . . . .
>
> Nondirate, egun hartan, hebengo jaun erreguiac,
> Duque, conde, marques, çaldun eta verce jaun nobliac,
> Eta haien armadaco guiçon sendoen valentiac ?
> Ordu harten valiaco guti hain maliciac potenciac.

Le souverain Juge, plein de colère, sera assis sur les nuées ; l'enfer, à ses pieds, tiendra son gouffre béant ; à sa gauche sera l'ennemi accusateur ; à sa droite les péchés diront hautement : C'est toi qui nous as produits, nous nous élevons ici contre toi ; et pour comble de malheur, le remords rongera les cœurs.

. . . .

Où seront alors les rois de la terre, les ducs, les comtes, les marquis, les chevaliers et les autres seigneurs nobles ? Où seront les hauts faits des héros de leurs armées ? Leur puissance leur servira peu dans ce moment.

Le poëte continue en interpellant sévèrement juristes et théologiens, poëtes et docteurs, procureurs, avocats, juges et notaires, papes, cardinaux et prélats, et en les menaçant des rigueurs du souverain juge. Voici comment il annonce sa dernière venue :

> Seinaliac ginendira aicenetic tristeric ;
> Elementac ebiliren oro tribulaturic
> Iguzquia, ilharguia odoletan ecinic ;
> Ichasoa samurturic goitic eta veheiti ;
> Hango arrainac icituric ebiliren ialguiric.

Des signes précèderont ce triste événement : les éléments seront bouleversés, le soleil et la lune se couvriront de sang ; la mer, en colère, secouera ses vagues, et les poissons épouvantés fuiront de son sein.

Eta lurra icigarri oro iqharaturic;
Çuhamuiec dacartela odolezco icerdi;
Tenpestatez, igorciriz, aire oro samurric;
Mendi eta garri oro elgar çaticaturic,
Mundu oro iarridenta suiac arrasaturic.

La terre tremblera de frayeur; le marbre donnera une sueur de sang; l'air sera bouleversé par les tempêtes et par la foudre; les montagnes, les pierres se détruiront les unes les autres, et le monde entier sera rasé par le feu.

Je voudrais encore faire passer sous les yeux du lecteur quelques traits qui ne déparent en aucune façon le grand tableau entrepris par Bernard d'Echepare [1]; mais j'ai hâte d'arriver à des scènes moins terribles, et j'aborde la seconde partie de son œuvre.

---

[1] Comparez ce morceau avec un cantique basque du recueil de 1844, p. 20, intitulé *Juyamendu generalaz*, cantique dont voici le début :

> Aditcen da trompeta latzgarria,
> Ethorri da Jaunaren eguna,
> Egun triste, egun loxagarria,
> Bai egun gucien handiena.

Il existe sur le même sujet une vieille complainte, dont voici des fragments, que je dois à M. Etcheverry, instituteur public à Helette :

Berri miragarri hati,	Une nouvelle étonnante,
Norc berc intresa gati,	Chacun pour son intérêt,
Beha mundu gucia.	Que le monde écoute.
Laburki bilduren guira	Sous peu nous nous réunirons
Josafatec ordokira,	A la plaine de Josaphat,
Bidian da mecia.	L'ordre en est en route.
Mundiaren haxarriau,	Au commencement du monde,
Jujamendu divinoau,	Au jugement divin
Içau cen ordenatu	Il fut réglé
Lur hunec beharciala	Que cette terre devait
Erre ilhañec beçala	Être réduite en cendres
Eta hala finitu.	Et finir ainsi.
Egun hura beno lehen	Avant ce jour
Scinaliac dira ginen,	Des signes apparaîtront,
Bena ikharagarri.	Mais terribles.
Loxeriaren handiac	L'épouvante sera telle
Aiharturentu gendiac	Que les hommes sécheront
Egoiciren lurrari.	Et seront cousus à la terre.
Trompet oxez, ainguriac	Au son de la trompette, l'ange
Lur gucietac ilherriac	Les cimetières de toute la terre
Ditu inguratuco,	Entourera,
Hiler jaiki diticla,	Afin que les morts se lèvent,
Egun handia gin dela	Étant venu le grand jour
Khondu errendatceco.	(Où) l'on doit rendre les comptes.
Itchasoan hil direnac,	Ceux qui sont morts sur mer

La pièce *Amorosen Gaztiguya* (l'Antidote des Amoureux), outre la sainteté des idées et la grâce poétique, contient la clef des poésies amoureuses que notre bon curé n'a pas eu le courage de sacrifier avec les sentiments qui les avaient inspirées.

> Ni hauro ere uken ceibait ere amore,
> Bana hantic eztut uken provecharic batere :
> Anhiz pena, arima gal hanere eta neuriere
> Amoretan plazer baten mila dira dolore. (P. 116, 117.)

> Ni haur ere ebili niz anhicetan erhoric
> Gaoaz eta egunaz ere, hocic eta veroric,
> Loa galdu, pena asqui, bana ez arimagatic.
> Orai oro nahi nuque liren Jeincoagatic. (P. 121.)

Moi aussi j'ai eu des amours; mais voici le profit que j'en ai retiré : des peines infinies, la perte de l'âme, et mille chagrins pour un plaisir.

Moi-même j'ai eu cette folie (de me fier au monde), quand je courais la nuit et le jour, par le froid et le chaud, sans sommeil, entouré d'un cortége de peines. Aujourd'hui je voudrais les avoir supportées pour l'amour de Dieu.

Les poésies légères de Bernard d'Echepare sont charmantes ; elles n'ont rien qui doive étonner si l'on réfléchit à l'époque de leur composition, époque où le sentiment des bienséances était à peu près nul, et où Rabelais pouvait, sans que personne le trouvât étrange, dédier au cardinal de Châtillon un des livres du *Pantagruel ;* si l'on réfléchit encore à la facilité de mœurs du prêtre

Arrañec jan dutianac,	Et que les poissons ont mangés,
Eta saiec lurrian.	(Prendront) vite terre.
Nahiz ere direnere,	(D'autres,) quoiqu'ils aient été brûlés,
Aiçatu ilhañac ere,	Et que le vent ait dispersé leurs cendres,
Phizturen instantian.	Résusciteront à l'instant.
. . . .	. . . .
Han beccatu ixusiac	Là les crimes affreux
Eta alhalkez gordiac,	Cachés par honte,
Oro publicatuco.	Tout sera publié.
Ama benedicatia,	Mère bien-aimée,
Çu, gure abocatia,	Vous, notre avocate,
Behar ordu hartaco,	Dans ce besoin,
Çuc, othoi, laguntguitçaçu.	Vous, je vous prie, secourez-nous.
Sostengatcen baguituçu,	Si vous nous soutenez,
Ez gutuçu galduco.	Nous ne nous perdrons pas.

dans les contrées méridionales, et à cette propriété, si commune chez les artistes, de se dédoubler et de séparer complétement le personnage de l'homme.

L'éloge des femmes *(Emazten Favore)*, dont le texte se lit page 125, et la traduction page 143, est un morceau vraiment remarquable. La composition est nette et suivie, l'idée et le sentiment y règnent plus que la poésie; mais des traits comme ceux des strophes 3, 4, 5 et 6, méritent de n'être point oubliés. Le douzième couplet rappelle le prêtre :

Çuhur gutic, andre gatic, gaizqui erran diroite.
Haiez hongui erraitea onestago liçate.
Emazteac cerongatic gaiz erranendirate?
Handi eta chipi, oro haietaric guirade.

(Peu de sages parlent mal des femmes, car ils aiment l'honnête; et pourquoi médire d'elles? Grands et petits, tous nous en recevons le jour.)

Tombe aux pieds de ce sexe à qui tu dois ta mère,

a dit Legouvé en terminant son *Mérite des Femmes*. J'aime mieux le vers basque.

Après avoir énuméré tous les liens qui rattachent l'homme à la femme, d'Echepare s'écrie naïvement :

Parabiçuian nahi enuque, emazteric ez paliz.

(Pour moi, je ne voudrais pas aller en paradis s'il ne devait point y avoir de femmes.)

Avant de finir, notre poëte trace le tableau des charmes du beau sexe en termes trop vifs pour que son traducteur ait cru devoir les rendre dans notre langue. Nous imiterons sa réserve, et nous nous en tiendrons à la strophe qui termine ce morceau :

Nor da guiçon modorroa harçaz orhit eztena,
Eta guero halacoa gaiz erraten duiena?
Ez da guiçon naturazco hala eguiten duiena,
Ceren eztu eçagucen hala hongui eguina.

(Eh bien! quel est l'homme assez stupide pour oublier de tels agréments et pour dire du mal des femmes? Ce n'est qu'aux monstres de la nature à ignorer ce qui fait du bien.)

La pièce intitulée *Ezconduyen Coplac* (Couplets des Mariés) est certainement inspirée par un épisode de la vie de Bernard d'Echepare. La plaie saigne encore : on le reconnaît à la vérité des sentiments, à l'énergie du style. Ce morceau finit ainsi :

> Amoria ixu da eta eztaçagu çucena,
> Eztu uste berceric dela lecot maite duiena.
> Suiac vano gaizquiago erra diro guiçona,
> Ichasoac ez iraungui erachegui dadina.

(L'amour est un aveugle, un véritable despote qui s'attribue seul le droit d'aimer. Ses flammes peuvent consumer l'homme plus facilement que le feu; la mer entière ne saurait en arrêter les ravages.)

Ce dernier trait ne rappelle-t-il pas les paroles de Macbeth, assassin de Duncan, que Shakspeare semble avoir empruntées aux Bohémiens [1].

> Will all great Neptune's ocean wash this blood
> Clean from my hand? No, etc.
> (*Macbeth*, acte II, scène II.)

(Tout l'océan du grand Neptune fera-t-il disparaître ce sang de ma main? Non, etc.)

Je passe la pièce intitulée *Amoros secretuqui dona* (l'Amoureux secret), non qu'elle soit médiocre, mais parce que je ne puis tout citer, et j'arrive à la page 131, où je dois signaler dans l'Amoureux jaloux *(Amoros gelozia)*, petite élégie pleine de grâce et de passion, le trait suivant :

> Jangoicoa, edetaçu amoria gogotic,
> Eta haren irudia ene veguietaric.
> Harc ingana eztaduca unsa leialdateric;
> Ni ere eliçatureniz orai, hura gaberic,
> Saroiadu lohitu eta eztut haren veharric,
> Nahi badut uqenen dut orai ere berriric.

(Seigneur, ôtez de mon cœur le souvenir de cette femme; faites que ses traits disparaissent de devant mes yeux. Elle m'a trahi. Eh bien!

---

[1] Aunsos guilles — Y te chobes — En é fresiego — E Bombardo, — Nasti nicabás — E quichardila — Sos sar ménda — Te petró.
(Tu aurais beau aller te laver dans le golfe de Lyon, tu ne te débarrasseras pas de la tache que tu as gagnée avec moi.)   (*The Zincali*, vol. II, p. *47, art. *Fresiégo*.)

aujourd'hui, je deviendrai homme d'église et je me passerai d'elle, car elle a sali sa robe. Je trouverai encore bien d'autres maîtresses.)

Si cette idée, qui sent son XVIe siècle, paraît toute naturelle à d'Echepare, comment pourrait-il supposer l'ombre du crime dans les fictions poétiques, lui que la réalité n'effraie pas?

Ce n'était point dans de pareils sentiments que le vieux troubadour castillan, Juan Rodriguez del Padron, au moment d'entrer en religion, prenait congé de sa dame : « Vis en joie, si tu peux, lui disait-il, et ne souffre point à attendre ; car à la peine que j'éprouve, je n'espère pas que nous nous revoyions jamais ni l'un ni l'autre. — O douloureuse séparation pour le triste amant qui, comme moi, demande la permission de prendre congé de ta vue et de sa vie! Tu perdras ta peine à t'occuper davantage de moi ; car, à voir ma grande tristesse,... je n'entends pas que nous nous revoyions jamais l'un l'autre. — Comme vous fûtes la première dont je devins prisonnier, dès à présent je vous donne ma foi que vous serez la dernière[1]. »

La Demande du Baiser *(Potaren Galdacia)*, dont le texte se lit page 131, et la traduction page 149, présente quelque rapport avec l'*Oaristys* de Théocrite, imitée, comme on sait, par André Chénier. Que ne puis-je rapporter en entier l'idylle basque? On y verrait un petit drame animé, dont les personnages ne sont point de convention comme dans le poëte d'Alexandrie, mais parlent et se meuvent comme de gais, de spirituels montagnards, prompts en amour, lestes en paroles, tels que je me représente Bernard d'Echepare et la beauté qui lui a inspiré la Demande du Baiser, dont il y a toute apparence qu'il est aussi bien le héros que l'auteur.

Dans l'Amour brûlant *(Amorez erreguericia)*, on retrouve toute la grâce, toute la naïveté de l'églogue antique, avec quelques traits espagnols. Un amoureux fait connaître sa passion à la femme qui en est l'objet, et celle-ci feint pendant longtemps de ne pas comprendre. Au malheureux qui se plaint d'avoir été volé : « Je n'ai rien qui vous appartienne, dit-elle, et je suis toute craintive,

---

[1] *El Cancionero de Juan Alfonso de Baena*, etc., édit. de Madrid, p. 506, col. 1, n° 470.

je ne sais pourquoi. » Parle-t-il de ses peines, pour lesquelles il implore la pitié de l'inhumaine : « Si vos douleurs sont grandes, réplique-t-elle, il ne manque pas de médecins au village; vous guérirez bientôt, car votre peau n'a pas de blessure. » Et ainsi de suite, jusqu'à ce que le patient réclame un rendez-vous.

La Dispute des Amoureux (*Amorosen Disputa*, p. 133, 150) présente du naturel; je n'ai rien à dire de plus.

Sous le titre d'Histoire de Monsieur Bernard d'Echepare (*Mossen Bernat Echapareren Contuya*, p. 138, 163), notre curé poëte nous a conservé le récit d'une mésaventure qui lui arriva; mais il est à regretter qu'il se soit borné à nous parler de sa détention, sans en indiquer ni la cause, ni le lieu, ni l'époque. Ce qui ressort de ses vers, c'est qu'il fut incarcéré par ordre du roi de Navarre Jean II, ou Henri II, qui l'avait mandé auprès de lui en Béarn.

Nous terminerons en rapportant les deux pièces par lesquelles notre poëte finit son livre :

CONTRAPAS.	PAS DE DANSE.
Heuscara, Ialguiadi campora Garacico herrira. Benedica dadila Heuscarari emandioa Beharduien thornuia!	Escuara, sors dans le pays de Garacy. Béni soit celui qui a donné à l'escuara un essor convenable!
Heuscara, Ialguiadi plaçara. Berce gendec usteçaten Ecin scriba çaitela. Orai dute phorogatcen Enganatu cirela.	Escuara, montre-toi en public. Les autres nations pensaient qu'on ne pouvait te soumettre à l'art d'écrire. Qu'elles sachent maintenant combien grande était leur erreur.
Heuscara, Ialguiadi mundura. Lengoagetan omen inçan, Estimatze gutitan; Orai aldiz hic beharduc Ohoria orotan.	Escuara, parais dans le monde. Parmi les langues vivantes, tu occupais un rang inférieur; aujourd'hui l'honneur doit t'appartenir sur toutes les autres.
Heuscara, Habil mundu gucira. Berceac oroc içan dira	Escuara, va parcourir le monde entier. Toutes les langues ont atteint leur apogée;

Bere goihen gradora;
Orai hura iganen da
Berce ororen gainera.

 Heuscara,
Bascoac oroc preciatzen,
Heuscara ez iaquin harren;
Oroc iccasiren dute
Orai cerden heuscara.

 Heuscara,
Orai dano egon bahiz
Imprimitu bagueric,
Hi engoitic ebiliren
Mundu gucietaric.

 Heuscara,
Eccin ere lengoageric,
Ez francesa ez berceric,
Orai ezta erideiten
Heuscararen pareric.
 Heuscara,
Ialquiadi dançara.

aujourd'hui tu vas planer au-dessus d'elles.

Escuara, toutes les nations ont appris à respecter les Basques, quoiqu'elles ne connaissent pas leur langue; aujourd'hui elles sauront toutes ce qu'est l'escuara.

Escuara, jusqu'ici tu n'as pas été imprimée; eh bien! désormais tu vas parcourir le monde.

Escuara, il n'est point d'idiome, pas même l'idiome français, qui puisse t'égaler. Escuara, entre en danse.

SAUTRELA.

Heuscara da campora, eta goacen oro dançara.
O heuscara! laude ezac Garacico herria,
Ceren hantic uqhen baituc beharhuian thornuia.
Lehenago hi baitinçan lengoagetan azquena,
Orai aldiz içaneniz orotaco lehena.

Heuscaldunac mundu orotan preciatu ciraden;

PAS BALANCÉ.

L'escuara a vu le jour, allons tous à la danse. O escuara! rends grâces au pays de Garacy qui t'a donné un essor convenable. Jadis tu occupais le dernier rang parmi les idiomes, aujourd'hui le premier t'est réservé.

Les Escualdunac avaient l'estime du monde entier [1]; il n'en était

---

[1] Echepare l'a déjà dit, mais une fois ne lui suffit pas, il faut qu'il se répète. Après lui, le P. de Larramendi ira plus loin, quand, dédiant son *Diccionario trilingue* à la très-noble et très-loyale province de Guipuzcoa, il écrira : « .... de las heroicas qualidades de V. S. yà se sabe, que es panegyrista todo el orbe. »

Bana haien lengoagiaz berce oro burlatzen,
Ceren ecein scripturan eri deiten ez paitcen.
Orai dute iccasiren nola gauça honacen.

Heuscaldun den guiçon oroc alcha beça buruia,
Eci huien lengoagia içanen da floria.
Prince eta jaun handiec, oroc haren galdia
Scribatus halbatute iqhasteco desira.

Desir hura complitu du Garacico naturac,
Eta haren adisquide orai Bordelen denac.
Lehen imprimiçalia heuscararen hura da :
Basco oro obligatu iagoiticoz hargana.

Et'oi lelori, bai lelo, leloa çarai, leloa.
Heuscarada campora eta goacen oro dançara.

Debile principium melior fortuna sequatur.

---

pas de même de leur idiome, parce qu'il n'était pas écrit. On saura aujourd'hui combien est belle la langue des Escualdunac.

Que tout Escualdun lève la tête, car son langage est une fleur de parfum suave. Les princes et les grands seigneurs réclament qu'il soit écrit, afin qu'ils puissent l'apprendre.

Leurs désirs ont été accomplis par un originaire du pays de Garacy et par un de ses amis qui aujourd'hui habite Bordeaux. C'est cet ami qui, le premier, a fait imprimer l'escuara : que tout Basque lui conserve une reconnaissance éternelle.

Et cela à lelo, oui lelo, vous êtes lelo, lelo. L'escuara a vu le jour, allons tous à la danse.

Que ce faible commencement ait une meilleure fortune.

Tel est l'*exegi monumentum* du poëte. Il est aussi glorieux d'avoir écrit et fait imprimer du basque, qu'Horace pouvait l'être d'avoir le premier fait résonner aux oreilles latines la lyre de Lesbos. L'érudition et le souvenir du lyrique romain sont évidemment mêlés ici à l'inspiration originale. D'Echepare était savant : au séminaire, si ce n'est au dehors, il avait lu les classiques grecs et latins, et il lui en était resté quelque chose.

XIV

ARNAULD OIHENART

Arnauld Oihenart, bien plus connu comme historien que comme poëte, l'est bien peu dans sa vie privée. Tout ce qu'on sait de lui, c'est que né à Mauléon, il se fit recevoir avocat au parlement de Navarre, et mourut vers 1675[1], après avoir partagé son temps entre l'exercice de sa profession et l'étude des antiquités de son pays. Le fruit de ses recherches en ce genre est une description de la Navarre et de la Gascogne, qu'il publia à Paris, en 1638, in-4°, sous le titre de *Notitia utriusque Vasconiæ, tum Ibericæ tum Aquitanicæ*, titre qui fut renouvelé en 1656. Cet ouvrage est divisé en trois livres, dont le premier contient quatorze chapitres, le second dix-sept, et le troisième treize. Le premier livre, qui sert de préface à tout l'ouvrage, traite des anciens Vascons et des Cantabres, de la géographie de leur pays, de leurs mœurs, de leur langue et de celle des Basques. L'histoire ancienne de la Navarre et la généalogie de ses rois remplit en totalité le livre II, qui se termine par un catalogue des anciens comtes d'Aragon et de Biscaye. Enfin, le troisième livre, dans lequel, dit l'auteur, il s'agit spécialement des Vascons d'Aquitaine, est consacré à l'histoire de la Gascogne et des familles qui l'ont gouvernée. Écrit avec une grande lucidité et dans un très-bon style, ce livre est toujours recherché comme l'œuvre de l'un des

---

[1] Le P. Joseph de Moret, citant notre auteur, qu'il appelle *escritor diligente, y de muy exacta erudicion de nuestra edad*, ajoute qu'il vient d'apprendre sa mort, non sans une grande douleur. (*Annales del reyno de Navarra*, liv. III, chap. I, § IV, n° 15; édit. de MDCCLXVI, in-folio, t. I, p. 89, col. 1.) Or, comme la permission d'imprimer du R. P. provincial, rapportée à la suite de l'épître dédicatoire, est datée du mois de décembre 1676, il est à croire que la mort d'Oihenart ne précéda pas de beaucoup cette époque.

historiens les plus éclairés et les plus judicieux de son temps, et fait regretter que nous n'ayons pas son histoire de la maison de Grammont [1].

Poëte, Oihenart est loin, ce me semble, de mériter un éloge en rapport avec celui-là; mais peut-être un talent devait exclure l'autre. Publiées à Paris en 1657, sous le titre d'*O.^{ten} Gastaroa neurthizetan, La Jeunesse d'O. en vers basques*, ces poésies, qui forment comme l'appendice du recueil de proverbes basques rassemblés par le même écrivain, s'ouvrent par une espèce d'avant-propos destiné à montrer dans quel but il a publié les effusions de son adolescence : « Combien que les Basques, dit-il, ayent assés d'inclination à la poësie, si est-ce qu'ils ont fait si peu d'estat jusqu'ici d'en observer les regles, et mesme de les connoistre, qu'en tout ce que nous avons, soit d'imprimé ou de manuscrit de leurs ouvrages poëtiques, il y a fort peu de vers qui soient reguliers... C'est ce qui m'a obligé, apres avoir parlé de ces regles en un autre ouvrage [2], à souffrir que ce peu de vers, qui m'estoient échappez en mon jeune âge, voye le jour, afin qu'il apparoisse que la pratique de ces regles n'est pas si mal aisée en nostre langue, qu'aucuns se sont persuadez, et non point pour autre sujet; car, comme en les composant, je n'avois cherché que mon divertissement, aussi ne pretens-je pas, par la publication qui s'en fera, participer à l'honneur qui accompagne les ouvrages des bons poëtes. »

Cette déclaration est-elle bien sincère ? En songeant combien

[1] Oihenart, à ce qu'il paraît, s'en occupait en 1648, et fouillait les archives dans ce but. Ayant sollicité auprès du vice-roi de Navarre la permission de voir celles des Comptes, à Pampelune, cet officier demanda un rapport à son tribunal et refusa, se fondant sur ce que le véritable objet d'Oihenart était d'écrire contre l'occupation de la Navarre par les rois de Castille, et contre l'opinion qui attribuait les chaînes des armes du premier de ces royaumes à la bataille de las Navas de Tolosa. (*Adiciones al Diccionario de antiguedades de Navarra*, p. 238.) Il est de fait qu'Oihenart passe pour être l'auteur de deux traités de nature à justifier le refus du vice-roi : le premier, publié en 1625, in-4°, sous le titre de *Déclaration historique de l'injuste usurpation et retention de la Navarre par les Espagnols*; le second, inédit et intitulé : *Navarra injustè rea, etc., sive de Navarræ regno contra jus fasque occupato, expostulatio. A. O. M.* On en trouve un long extrait dans les *Memoires pour l'histoire de la Navarre et de Flandre*, etc., par Auguste Galland. A Paris, chez Mathieu Guillemot, M.DC.XLVIII., in-folio, aux preuves, p. 140.

[2] Nous ne savons de quel ouvrage Oihenart veut parler; il n'y a rien de pareil dans le *Notitia utriusque Vasconiæ*.

de fois il en a été fait de semblables, on est en droit d'en douter. Bon mari, comme nous le verrons plus tard, Oihenart dut être aussi bon père, et les fruits de ses efforts poétiques eurent sûrement part à sa tendresse. Voyons quelle place ils doivent occuper dans notre estime.

La plupart des poésies dont il s'agit sont des élégies amoureuses dont le fonds se retrouve partout, chez les anciens et chez les modernes, depuis Tibulle et Catulle jusqu'à Parny, mais avec moins de variété. Le poëte souletin, s'adressant à l'objet de sa passion, parle de la peine qu'il a prise pour se faire aimer, du contentement qu'il ressentait quand sa maîtresse attendait sa rencontre sur la route et qu'il pouvait lui adresser la parole. Il finit ainsi :

> Niri bai baten erraitera
> Esenthoske ehois ere?
> Orai, zure mines hilzera
> Nohela, ikhusiz berere?
>
> Ceren berhetus zurgorreti
> Baitaguidasu zure aldeti ?
> Ceren berhetus zurgorreti,
> Baitaguidasu horla beti?

(Ne pourriez-vous donc pas oser me dire un oui, en me voyant sur le point de mourir maintenant du mal que vous me faites souffrir ? — Mais pourquoi donc me regardez-vous avec hauteur? Pourquoi donc me regardez-vous toujours ainsi avec hauteur, de votre côté?)

Dans la pièce qui porte le n° 11, Oihenart se plaint à une certaine Marguerite des rigueurs dont elle paie son amour :

> Margarita,
> Badaidita
> Othe huts sin eguitez,
> Beguis ourdin
> Bezain gordin
> Zarela zure eguitez?

(Marguerite, se pourrait-il que, malgré vos vains serments, vos actes pour moi fussent aussi cruels que vos yeux bleus?)

Il lui rappelle qu'il l'a servie et courtisée pendant longtemps :

« Souvenez-vous, dit-il, combien j'ai été ferme et fidèle dans mon amour pour vous, combien j'ai toujours été empressé à exécuter vos ordres. »

   Cembat nizan
   Sutan izan
   Bethi tinc eta ekuru ;
   Cein, manura
   Ere, ardura
   Erne bethi et' aiduru.

Une pareille constance mérite bien d'être récompensée :

   Et' uztazu,
   Guticiazu
   Nizan hori berere
   Amerstera,
   Pot guitera,
   Dudan zuri both ere.
   Guero azquenic,
   Beharrenic
   Emadazu dudana,
   Margarita,
   Jin congita
   Gauan behin zugana.

(Laissez-moi, au moins, rêver ce que j'ai ambitionné le plus : le droit de vous donner des baisers. — Et enfin accordez-moi, Marguerite, ce dont j'ai le plus besoin : la liberté de venir auprès de vous une fois chaque nuit.)

Dans la pièce qu'il a intitulée *Arguia darizanari* (A celle qui fut la lumière), Oihenart montre, je ne dirai pas plus d'habileté comme versificateur, mais plus de sentiment poétique, peut-être aussi plus de passion :

« Sans toi, Arguia, les jours et les nuits ne sont rien pour moi, s'écrie-t-il au début; sans toi, je ne suis qu'un simple aveugle, car tu es ma lumière. »

   Gauic egunic,
   Estinat hounic,
   Hirequi ezpaniz, Arguia;
   Hirequi ezpaniz,
   Itsu hutsa niz,
   Ceren baihis ene arguia.

« De même que les aiguilles du cadran, conduites par un engrenage

acéré, vont, de leurs pointes effilées, indiquer juste l'heure de midi;
— de même aussi, entraîné par une force invincible, depuis que tu
m'as frappé au cœur, je t'appartiens irrévocablement de corps ou de
souvenir jusque dans mon sommeil. »

Cadran-orrazac,
Burdin-aiz lazac,
Hunqui eta bustan mehea,
Chuchen, han hara,
Eguerditara
Diaducan punta chehea.

Ni, hala hala,
Tiras beçala,
Hic ioz gueroz bihozean,
Hiri gorpizes,
Beti, ed' orhizes
Narain, bait' are lozean.

Le poëte finit par demander un rendez-vous dans un lieu
secret, afin que le monde ne jase point.

Protestations d'amour, plaintes sur l'indifférence qui les accueille, telle est la substance de l'élégie IV, qui commence ainsi:

Zutaz berzeric
Nehor maiteric
Eztudalaric herrian, etc.

La suivante mérite davantage l'attention; on y lit ces vers, qui
nous montrent à quel point l'auteur poussait la témérité dans sa
jeunesse:

Ganas, epaiscas, zur' echen sartuz,
Em' ibiliz, eme hat sartuz,
Eta hastazes, gambara bilan
Iraganic, beldur handitan,
Net hat sarturic, zur' oh' ondora
Banatorra, zuc heiagora
Eguiten duzu, ni hautzemanic,
Et' ordu hartan, gachoa nic,
Leihoti iauziz, ohoin' iduri,
Hilpenan behar dut izuri.

(La nuit si, comme un larron, je pénètre sous votre toit, et qu'en
marchant sur la pointe des pieds et retenant mon haleine je monte à
tâtons vers votre chambre, que j'arrive essoufflé et saisi de crainte

jusqu'auprès de votre lit, aussitôt vous poussez des cris d'alarme, en me surprenant dans votre appartement. Alors, que mon malheur est grand! je suis obligé de sauter par la fenêtre comme un voleur, et de fuir emportant avec moi un chagrin mortel.)

La maîtresse d'Oihenart lui échappe par son mariage avec un homme riche. Le poëte alors compose une complainte, dans laquelle il place tout ce que l'on peut dire en pareil cas.

« Plût à Dieu, s'écrie-t-il au milieu de la pièce, que jamais on n'eût introduit l'horrible mode d'accroître sa fortune aux dépens d'une fille! Plût à Dieu que cette mode eût été détruite dès son apparition! — Marier sa fille dans l'unique but d'avoir de la fortune, non, ce n'est pas la marier, c'est la vendre. L'acheteur, son mari, que mériterait-il? — Des cornes. »

>   Egundan' ez ailis iaio gachtaguina
>   Onaren ederza, nescato segui,
>   Edo iaio eta berhala
>   Hil ailiz, inhar beçala.
>
>   Onarsun-trucu hutz, alav' ezconzea,
>   Ezta hori ezconze, bana da faisea;
>   Haren erosle senarrac
>   Cer meresi luque? — Adarrac.

Avant de finir, Oihenart apostrophe ainsi l'objet de ses suppliantes ardeurs :

>   Gau egun, goiz arrats, edate iatean
>   Ebilte-gueldize, iakite-ezatean,
>   Zutaz dizut phensamendu,
>   Neure pere luzamendu.

(*Ma bien-aimée*, la nuit, le jour, le matin, le soir, dans mon boire, dans mon manger, dans mes courses, dans mes haltes, à mon lever, à mon coucher, je ne songe qu'à vous, à vous qui perpétuez mes peines.)

La pensée exprimée dans ce couplet n'a rien que de très-ordinaire; je n'aurais pas songé à la faire remarquer, si je n'eusse voulu montrer l'heureux parti qu'un autre poëte a su en tirer dans une pièce du même genre [1].

[1]
>   Baith day and night,
>   My fancy's flight

Jusqu'à présent nous avons vu des poésies qui semblent avoir été composées pour l'usage personnel de l'auteur; en voici maintenant qu'il a faites pour d'autres ou en vue de l'art. Ce sont les élégies VII et VIII, où il fait parler une femme. Dans la première, elle se plaint « d'un être sourd et cruel qui ne veut que sa perte; » puis, l'appelant *bien-aimé*, elle le prie de lui faire connaître ses intentions. Dans l'autre, il y a encore des plaintes et une apostrophe au bien-aimé; mais c'est pour lui recommander de ne point se laisser rebuter par la résistance de parents barbares. Les pièces X, XI, XII et XIII ne diffèrent du plus grand nombre de celles de ce recueil que par les portraits de beautés qui s'y trouvent. On s'arrête plus volontiers au morceau qui vient après, et qui n'est qu'une traduction de Marot [1] :

« L'hiver, par un temps neigeux, Lastana me frappa au nez d'une boule de neige... — ... la neige, quelque froide qu'elle soit, a mis le feu dans mon cœur. — ... Aujourd'hui, chose surprenante, le froid produit en moi le feu, et l'eau en ravive la flamme. — O Lastana! si je pouvais vous communiquer une partie de ce feu qui me dévore, il me semble que mon mal serait soulagé d'autant, etc. »

Voyons maintenant la pièce de Marot :

> Anne par jeu me jecta de la neige
> Que je cuydoys froide certainement;
> Mais c'estoit feu, l'experience en ay-je,
> Car embrasé je fuz soubdainement.

> Is ever with my Jean.
> I see her in the dewy flower,
> Sae lovely, sweet, and fair;
> I hear her voice in ilka bird,
> Wi' music charm the air:
> There's not a bonnie flow'r that springs,
> By fountain, shaw, or green,
> Not yet a bonnie bird that sings,
> But minds me o' my Jean.
> (*Lovely Jean*, in the *Caledonian musical Repertory*, etc.
> Edinburgh : printed by Oliver and Co., 1806, in-8°,
> p. 28, 29.)

[1] *D'Anne qui lui jecta de la neige*, épigr. CXLI (édit. de la Haye, 1731, t. III, p. 101), ou liv. III, épigr. XLIX (édit. de Paris, M.DCCC.XXIV., in-8°, t. II, p. 437). M. Achille Jubinal l'a publiée comme anonyme et inédite dans la *Revue du Midi*, 2ᵉ série, t. I (Montpellier, chez Gras, 1844, in-8°), p. 53, d'après un manuscrit de la Bibliothèque royale de la Haye, aux armes de René de Châlons, prince d'Orange.

> Puis que le feu loge secretement
> Dedans la neige, où trouveray-je place
> Pour n'ardre point? Anne, ta seule grace
> Estaindre peut le feu, que je sens bien,
> Non point par eau, par neige ne par glace,
> Mais par sentir un feu pareil au mien.

Mais Oihenart me rappelle, je m'empresse de revenir à lui.

Je pourrais encore citer une pièce que l'on croirait traduite de Pétrarque; mais j'ai hâte d'arriver à celle qu'Oihenart a intitulée *Escontidearen hil-kechua Museen contra*, et qui est véritablement la perle de son recueil. C'est une plainte contre les Muses, sur la perte de sa femme, composition à laquelle on est peut-être en droit de reprocher de la prolixité et un emploi surabondant de la mythologie et de l'allégorie, mais qui n'en offre pas moins des beautés réelles. Oihenart s'adresse ainsi aux neuf sœurs :

« Déesses, je me suis consacré à votre service, j'ai publié dans ces pays votre nom presque inconnu auparavant; j'ai tiré de l'obscurité, pour les mettre au grand jour, vos mœurs, vos habitudes, dont nous n'avions pas encore entendu parler. En les empruntant à une langue étrangère, je les ai appropriées à la nôtre et déposées dans les mains des versificateurs basques.

« Devenu votre partisan et votre esclave depuis longtemps, je pensais que, le malheur venant à me frapper, je trouverais en vous des protectrices et des soutiens, que vous seriez mes voisines et mon refuge... je m'abusais grandement; car à l'heure où je poussais mes cris de détresse, vous n'êtes point accourues à mon secours...

« Vous avez laissé mourir ma Joana, Joana venue du ciel sur la terre pour me rendre la vie légère, Joana, mon épouse chérie, mon cœur, l'objet de mes pensées.

. . . .

« Jadis le fardeau seul de mes affaires me paraissait un peu pesant. Au lieu d'un fardeau, j'en ai deux aujourd'hui : le sien et le mien. Comment ne pas succomber, mes épaules pliant, fuyant sous ce fardeau? Comment ne pas tomber la tête en bas ou la face contre terre? Comment ne pas me briser?

« Il y a longtemps que je serais descendu dans la tombe, que j'y serais devenu la pâture des vers, si elle n'eût pris soin de moi. Quand accablé sous le poids du mal, j'étais près de mourir, je l'ai toujours eue pour gardienne, elle n'a jamais bougé de mon côté; elle y est demeurée silencieuse, active et éveillée. Dès que j'entrai en convalescence, elle était là pour me donner le bras et pour m'empêcher de tomber.... Assise à mes pieds, elle modérait mes excès, apaisait mes colères. Tantôt elle enflammait mon cœur tiède pour les choses qui demandent de l'amour, tantôt elle le raffermissait dans le chemin du devoir. »

N'y aurait-il point ici une réminiscence de la cinquième élégie du livre Ier de Tibulle?

> Ille ego, cum tristi morbo defessa jacores,
> Te dicor votis eripuisse meis, etc.

« Renonçant à toutes mes occupations, m'arrivait-il, ô Muses, de songer à labourer dans vos plaines désertes? Elle corrigeait mes fautes, elle faisait ce que j'aurais dû faire, prenait la charrue, excitait les bœufs, semait, fauchait la moisson, faisait tout le travail imaginable, comme si elle n'eût pas été fille de gentilhomme, comme si elle eût dépouillé son existence de femme pour prendre celle d'un jeune ouvrier.

« Elle n'est pas morte de vieillesse ; elle s'est éteinte, contre son gré, de fatigue et de consomption, semblable aux giroflées qui, dans un jardin inculte, se flétrissent et meurent quand elles ne sont point arrosées au milieu des fortes chaleurs de l'été.

« Si elle eût eu pour médecin le dieu dont vous êtes les nymphes et que vous appelez *Phébus*, si ce dieu l'eût auscultée, touchée de ses mains, oh! certainement elle aurait recouvré la santé; mais vous ne l'avez pas prié de la guérir, ou, si vous l'avez fait, il ne s'est pas souvenu de votre prière, ou bien peu lui importait la vie ou la mort de Joana.

« Eh bien, puisque vous faites si peu de cas de moi, dès ce moment je renonce à votre service. Que personne désormais (je n'ai plus envie de versifier) ne vienne me demander des vers ou des chansons, qu'on ne me demande que des pleurs ou des lamentations; mon unique désir est d'aller rejoindre ma Joana, dans la fosse du cimetière, dans l'air ou dans le ciel, au lieu de son séjour. »

Indépendamment du sentiment dont ces vers sont pleins, ils révèlent une circonstance intéressante de la vie d'Oihenart : c'est que, non content de faire des vers pour lui, il en composait encore pour ceux qui venaient lui en demander. Il est à présumer que les élégies VII et VIII dont nous parlions tout à l'heure, ont été écrites pour les femmes qu'il y fait parler.

Ai-je dit que la plainte contre les Muses était une belle chose?

Je ne m'en dédis pas; mais à cette poésie où l'art contient le sentiment dans les règles recommandées par Batteux et Laharpe, je ne puis m'empêcher de préférer les accents naïfs et fervents d'un paysan souletin qui vient de perdre sa mère. Tout à sa douleur, il y associe la cloche de son village et le ciel, qui s'ouvre à sa piété filiale et à sa foi; la cloche, le ciel, versent des larmes; les fontaines tarissent; ses yeux, qui leur ressemblent, ne tariront jamais. Enfin, il n'est pas jusqu'au soleil auquel il ne s'adresse en des termes qui rappellent une éloquente apostrophe de Dante [1], dont n'a rien à craindre l'auteur inconnu de ce beau morceau [2], pas plus qu'il n'a à redouter l'accusation d'avoir copié le grand poëte

[1]
>La vostra nominanza è color d'erba,
>Che viene e va, e quei la discolora
>Per cui ell'esce della terra acerba.
>(*Purgatorio*, cant. XI, st. 39.)

[2] Voici le texte et la traduction; nous en sommes redevables à M. Archu, lui-même d'Aussurucq :

Alzurucuco zeinia	La cloche d'Aussurucq
Nigarrez arida;	Verse des larmes;
Goure ama houn, maitia,	Notre mère bonne, chérie,
Goiz hountan hil beita.	Est morte ce matin.
— Hamazortzi ehun eta hougueita bian,	En mil huit cent vingt-deux,
Agorrilaren hamazortziguerenian,	Le dix-huitième du mois d'août,
Ama hil beitzeicun aurhiden artian,	Notre mère expira au milieu de ses enfants,
Goiz goizanco hirurguerren orenian.	Sur les trois heures du matin.
— Agorrilan, uthurriac dirade agortzen,	En août, les fontaines tarissent,
Odeiee ezteielacoz houric ekharten.	Parce que les nuages ne leur portent pas d'eau.
Goure beguiac dirade uthurritzen	Nos yeux deviennent des fontaines;
Ezpeitirade seculan agortzen.	Ils ne tariront jamais.
— Agorrila egunac ala egun gaistoac!	Les jours d'août, quels terribles jours!
Gaitzcrazten beitutu arauz ekhi berouac.	Sans doute que le soleil ardent les rend mauvais.
Ekhia, gorda itzac hire leinhurac;	Soleil, cache tes rayons;
Bizia beitu galdu goure ama hounac.	Notre bonne mère a perdu la vie.
Gazteric hilzia bai, ala bilze tristia!	Mourir jeune, oh! quelle triste mort!
Ekhia, hire leinhurac uxaltzen die lilia.	Soleil, ton rayon flétrit la fleur.
Ekharten duea bai hirekin bizia,	Portes-tu donc avec toi la vie,
Biziarekilan orano hilzia?	Et avec la vie la mort encore?
Arima hounec dute bidian, umen, euri;	Les bonnes âmes, dit-on, ont sur leur route la
Lanzerra goizaz gueroz Alzurucum da ari.	Depuis ce matin il bruine à Aussurucq. [pluie]
Othoitze eguizie oroc Gincoari	Adressez tous des prières à Dieu
Batzarre eguin dizon gour' ama hounari.	Pour qu'il fasse bon accueil à notre bonne mère.
Zeliac zabalturic orai dutut ikhousten,	Je vois maintenant les cieux ouverts,
Ainguriac lehian oro dirade jarten.	Je vois tous les anges dans l'empressement.
Ainguru bat goiti harat da joaiten;	Un ange monte vers le ciel;
Gu tristeric guirade heben baratzen.	Nous, nous restons ici-bas dans l'affliction.

florentin, parce qu'il se trouve encore dans l'un de ses *canzoni* un passage qui présente une ressemblance frappante avec le couplet final du *galkhechia*, ou complainte basque [1].

Après l'élégie d'Oihenart, dont nous avons reproduit la plus grande partie, viennent des vers de dévotion, qui sont là parfaitement à leur place ; il est naturel de penser qu'ils furent le fruit du veuvage de l'auteur, au moins de son âge mûr. Ce sont les commandements de Dieu et de l'Église et un noël, dont il n'y a rien à dire autrement que pour louer le but pieux de cette sorte de poésies. Une traduction du cantique de Siméon et du *Vexilla Regis* ferme la marche de celles d'Oihenart, dans l'exemplaire de la Bibliothèque impériale, l'un des trois connus.

Celui de M. Balasque, dont nous avons fait usage pour notre édition [2], contient de plus douze pages de vers dont je suis fort embarrassé pour indiquer la paternité, le commencement et la fin de cette partie n'existant plus. Ce sont, comme dans celles que nous venons d'analyser, des déclarations d'amour et des plaintes contre les obstacles que les femmes de bien ne manquent jamais d'opposer aux galants qui les recherchent, espèce d'eau fade et dormante au milieu de laquelle on trouve un îlot plein de charme et de fraîcheur, c'est-à-dire, pour parler sans figure, une idylle dans le genre de celles de Théocrite. Il est seulement à regretter qu'elle ne finisse pas, et que l'aventure qu'elle laisse soupçonner ne soit pas un peu plus nettement indiquée.

Je n'ai plus à signaler que l'éloge de M. de Sauguis, conseiller

---

[1]   Mort' è la donna tua, ch'era si bella.
   Levava gli occhi miei bagnati in pianti ;
   E vedea, che parean pioggia di manna
   Gli angeli, che tornavan suso in cielo, etc.

   (*Sonetti e canzoni di Dante Alaghieri nela sua* Vita nuova, lib. I. (*Rime di diversi antichi autori toscani*, etc. Stampata in Vinegia per Io. Antonio, e Fratelli da Sabio. Nell' anno del Signore, M D XXXII, petit in-8°, fol. 10 recto, v. 22.)

[2] Il se trouve maintenant à la Bibliothèque publique de la ville de Bayonne. Quant au troisième exemplaire, il est conservé dans les Archives de la maison d'Arraing, à Mauléon, où celle d'Oihenart existe encore. Je me suis laissé dire qu'il y avait aussi une autre maison du même nom à Saint-Palais, dans la basse Navarre : aurait-elle appartenu à la famille d'Arnauld ?

du roi à la cour suprême de Pau [1], et l'épitaphe de M. Arrain, juge de la Soule [2]. L'épithète de *poëte basque* donnée au premier; et celle de *nourrisson des neuf sœurs* qui lui est commune avec le second, permettent d'ajouter deux noms à la liste qui s'ouvre par ceux d'Echepare et d'Oihenart.

---

[1] Bertrand de Sauguis est nommé, avec son titre de conseiller du roi en son royaume de Navarre, dans le procès-verbal par lequel se termine *L'Estil de la chancellerie de Navarre*. A Orthez, per Jacques Rouyer, imprimur ordinary deu Rey en Bear. 1645, in-8°, p. 66. — P. 69, est nommé « Me. Arnaud d'Oyhenard advocat en parlement, et sieur de Lasalle de Cibitz. »

[2] Il s'agit d'Arnaud d'Arraing, « quand vivoit, est-il dit dans une requête civile de 1641, juge en la cour de Lixarre en nostre pays de Soule, homme grandement authorisé dans le pays. » Il était fils de Xavier d'Arraing, bailli de Mauléon et lieutenant civil et criminel au gouvernement de Soule, et de demoiselle Marguerite d'Ohix de Mauléon; et il avait épousé demoiselle Marie de Sibas. (Archives de la maison d'Arraing, à Mauléon.)

XV

PIERRE D'AXULAR

En dehors des poésies fugitives et des pastorales, il n'y a guère, en basque français, que des traductions de l'Écriture Sainte et de l'Imitation de Jésus-Christ, et d'autres petits livres de piété. Les Basques espagnols sont plus riches sous ce rapport. On ne doit point cependant accuser ceux de France d'être plus ignorants ou moins soigneux : la pénurie d'ouvrages écrits en leur langue vient de ce que ceux qui la parlent sont à peine cent mille, partagés à peu près également en trois dialectes. Un livre composé dans l'un de ces dialectes, ne s'adresserait donc qu'à une population agricole d'environ trente mille âmes, parmi lesquelles on trouverait à peine cent amateurs de lecture, et ainsi l'écrivain perdrait son temps, sa peine et les frais d'impression. Il n'y a, en réalité, que les petits ouvrages de dévotion dont la vente puisse couvrir ces frais, sans rien de plus.

Il ne m'appartient pas de rechercher le mérite de cette sorte de livres, qui ne valent ni plus ni moins que ceux du même genre qui circulent dans nos campagnes ; mais je dois signaler un traité qui s'élève considérablement au-dessus de leur niveau, et qui donne la preuve sensible que ce qui a été dit de la richesse et des autres qualités de l'escuara n'a rien d'exagéré.

Le *Gueroco guero* d'Axular est un commencement de démonstration en ce sens. Cet ouvrage, composé en 1642 par un curé de Sare en Labourd, nous montre la langue basque parfaitement apte à se prêter à l'exactitude logique, à la clarté, aux développements soutenus de la morale philosophique et chrétienne. Les textes, soit grecs, soit latins, sacrés ou profanes, répandus avec une abondante profusion dans le cours de l'ouvrage, se sentent à l'aise et comme dans leur propre élément au milieu des commentaires basques qui relient leur traduction. C'est une noblesse de tours et d'expressions, un ensemble de sons pleins et nourris, une juste et limpide enveloppe des idées par les mots, qui jamais ne le cèdent au mérite, quel qu'il soit, des textes anciens cités ou traduits.

Dans une longue préface, Axular nous apprend les motifs qui l'ont engagé à écrire, le but qu'il se propose, les difficultés qu'il doit surmonter, et les moyens dont il fait choix pour les vaincre. Prêtre, chargé d'enseigner les peuples, il leur doit d'employer à leur avantage l'intelligence que Dieu lui a départie et les connaissances qu'il a pu acquérir par l'étude. Basque, il aime ses compatriotes, enfants du même sang; il sera heureux de consacrer ses loisirs à leur bien réel, au bien de leurs âmes, à leur bonheur éternel : c'est pourquoi son ouvrage sera écrit en escuara, en faveur de ceux qui ne peuvent pas jouir des livres composés en d'autres langues. Ce premier travail traitera de l'indifférence en matière de religion, des raisons d'un prompt retour à la vie chrétienne, des obstacles réels et dangereux qui s'opposent à la véritable conversion. Un deuxième ouvrage est annoncé, dont le *Gueroco guero* n'est à proprement parler que l'introduction ; il comprendra la pratique de la perfection chrétienne, avec la méditation des vertus propres à faire le bonheur de l'homme dans cette vie et dans l'autre.

Près d'entreprendre un ouvrage pensé et écrit en basque, l'auteur reconnaît les difficultés qui se présentent sur son passage : 1° il entre le premier dans la voie sans grammaire, sans règles littéraires propres et déjà établies ; 2° il se trouve en face de dialectes divers et peu étudiés ; 3° l'orthographe basque, tout à fait indéterminée, est diversement pratiquée dans les divers pays ou dialectes.

La première difficulté ne l'arrêtera pas ; il appliquera ses soins à se conformer en tout au génie de la langue basque ; si sa tentative n'est pas heureuse, il réclame l'indulgence, et prie les critiques d'essayer de faire mieux de leur côté dans l'intérêt de la langue. La seconde difficulté lui semble plus ardue ; il y obviera au moyen de notes explicatives, et surtout en mettant sous forme de synonymes, dans le courant du discours, les mots des divers dialectes répondant à la même idée différemment rendue en d'autres pays. La troisième difficulté sera levée en essayant de reproduire le mieux possible, avec l'alphabet moderne, les sons articulés de la parole.

Le *Gueroco guero* se compose de soixante chapitres, dont voici les sommaires en abrégé :

1° L'homme est né pour le travail et pour l'action. 2° Conséquences funestes de la paresse et comment elle engendre l'indifférence religieuse, ou le délai de la conversion. 3° Comment notre temps se perd en vains désirs, en illusions. 4° Incertitude de l'avenir. 5° Dans la vieillesse nouveaux renvois au lendemain, etc. — Dangers de l'avenir, etc. — Cependant le péché prend racine dans le cœur, chaque délai le rend plus difficile à corriger. — Dieu attend, il est miséricordieux; mais l'abus du temps et des grâces comble la mesure de nos iniquités. — Dieu est miséricordieux; mais il est juste, et sa miséricorde est réglée par la justice qui menace l'impie et obstiné prévaricateur. — Le temps perdu est irréparable; chaque jour écoulé rend notre avenir plus restreint. — Nous marchons à la rencontre de la mort, ou plutôt elle est toujours là à notre côté dès le berceau; notre vie lui appartient. Nous mourrons, c'est un fait certain, inévitable. — Quand arrivera notre mort? Peut-être demain, peut-être aujourd'hui même. — Que dire de notre aveuglement? Nous jouons sur un *peut-être* notre bonheur éternel. — Attendrons-nous pour revenir à Dieu le moment incertain de notre mort? — Moyens d'obtenir les grâces de la conversion : 1° Aumône ou charité chrétienne. 2° Bonnes œuvres faites sans retard et par soi-même personnellement, en commençant par celles d'obligation, de justice, des préceptes et même des conseils évangéliques.— Obstacles à faire disparaître : 1° Blasphèmes et habitude de ce péché. 2° Colère, inimitiés et vengeances. 3° Le moyen de vaincre les inimitiés et l'esprit de vengeance, c'est la vigilance sur soi-même. — Châtiments de l'enfer. — Peine de la damnation, peine des sens. — Les châtiments de l'enfer doivent nous inspirer de la crainte et hâter notre conversion. — Autres obstacles, passions charnelles. — Leurs remèdes. — Perversion de la volonté; conscience faussée, éteinte par l'habitude du péché. — Remèdes. — Orgueil, égoïsme, oubli de Dieu; on fait de soi son propre Dieu, etc. — Bonheur qui nous attend après cette vie. — Facilité de nous assurer ce bonheur. — Se purifier par la confession, unique moyen pour nous laver du péché. — Anges du ciel contristés par nos illusions mondaines et notre retard à servir Dieu. — Placés entre deux éternités, l'une bienheureuse au ciel, l'autre malheureuse à jamais en enfer, nous avons un choix à faire, des conditions à remplir, sans quoi notre perte est certaine. Qu'attendons-nous donc? Pourquoi hésiter et différer encore, et perdre ainsi notre éternité dans l'espoir d'un avenir qui en a trompé tant d'autres, et qui sera aussi pour nous plus abrégé peut-être que nous ne le croyons? — A l'œuvre donc! chrétien de nom et par le baptême, soyez-le de fait : là est la sagesse et le salut.

Axular attaque par tous les côtés l'indifférence religieuse; il la démasque, la poursuit dans ses derniers retranchements. L'indifférence, chez le Basque, n'est que le renvoi des pratiques religieuses à un autre temps. Ferme dans la foi, même au milieu de ses égarements, il ne met jamais la vérité sur la même ligne; mais trop souvent il agit dans la pratique comme si sa foi était faible ou perdue. Axular le presse sans lui laisser ni prétexte ni excuse; il répète, sous mille formes, les vérités que le chrétien négligent veut se cacher quelque temps pour satisfaire ses passions sans se gêner et à loisir. Après avoir bien établi les devoirs de l'homme, en appuyant chacun d'eux sur les textes les plus frappants des écrivains sacrés et profanes, il les explique, les confirme encore par le raisonnement, par les proverbes mêmes. Il démontre le néant et l'incertitude du temps, l'importance unique de l'éternité heureuse ou malheureuse, et revient encore à l'absurde et funeste erreur de différer d'un instant son retour à Dieu. Dès lors le lecteur est convaincu : Axular devient son médecin, son conseiller, son guide; il constate, en judicieux observateur, les diverses causes qui retiennent loin de Dieu : l'oisiveté, l'habitude du blasphème, trop d'attachement et d'oubli dans les préoccupations et les affaires de ce monde, la colère, l'esprit de vengeance, l'orgueil, la luxure. Le blasphème, la colère, la luxure surtout, sont, avec l'oisiveté, les questions sur lesquelles il insiste, à l'aide des moralistes chrétiens ou païens les plus marquants des divers siècles. Là, comme ailleurs, il fait preuve d'une vaste et judicieuse érudition ; on voit qu'il est familier avec les classiques autant qu'avec la théologie et les saintes lettres. Sage, modéré, toujours sûr de lui-même comme de son sujet, il procède plutôt par voie de raisonnement que par le pathétique, qu'il a l'air de négliger à dessein pour s'adresser seulement au bon sens du lecteur. Son ouvrage offre une suite de dissertations, et non de discours ; c'est la vérité rendue attrayante en elle-même, brillant de son propre éclat, et nourrissant l'esprit et le cœur sans le secours d'assaisonnements étrangers, sans artifices oratoires, sans fatigue pour l'attention. C'est une philosophie chrétienne complète mise à la portée de tous les esprits ; c'est, pour les prêtres administrateurs des paroisses, une mine à exploiter, tant pour les textes qui y sont agglomérés que pour l'enchaînement et la force du raisonnement, qui est accessible aux plus lourds campagnards ; c'est enfin un riche répertoire d'expressions basques très-pures.

Mais peut-être, en voulant faire l'éloge du *Gueroco guero*, n'ai-je réussi qu'à donner l'idée d'une composition ascétique, ennuyeuse à la lecture. Tel n'est point le livre d'Axular. Des traits d'une douce ironie et d'une sorte de simplicité antique y raniment fréquemment l'attention ; j'ajouterai que rien n'égale le charme naïf des descriptions, si propres à intéresser le lecteur et à laisser dans son âme des impressions durables et salutaires. Voici l'une de ces descriptions, accompagnée d'une traduction aussi littérale que possible :

CHINHAURRIA.

Zoaz, naguia, chinhaurria gana, eta consideraitzatzu haren bideac eta bidescac, joan-ethorriac eta itzulinguruac, nekeac eta trabailuac; eta ikhassico duzu zuc ere nola behar duzun aitzinerat eta

LA FOURMI.

Allez, paresseux, à la fourmi, et considérez ses chemins et ses sentiers, ses allées et ses venues, ses tours et détours, ses peines et ses travaux. Vous aprendrez comment vous devez, vous aussi, do-

bethiere bizi, ibili eta gobernatu. Harc, eracusleric eta guidariric gabe, berac bere buruz biltzen du udan, neguaren iragaiteco behar duen mantenua, bazca eta bihia. Eta bihi hura gordetzen du lurrean barna, berac eguinicaco gambaretan eta bihiteguietan. Eta hain da zuhur eta goithatu, ezen campoan deus ezin izanez, bere bildnetara bildu behar duenean, lehenic hozitu behar duen burutichasten baitzaico bihiari, zeren bihi hura bertzela sorliteque, buztanliteque, eta guero handic-harat, alfer lan guertha lequidicayo bere leheneco zuhurtzia guzia. — Areguehiago, hozidurac janez guero ere lurraren umidurac eta hezetasunac, gaineracoa ustel eztiacon, atheratzen du noizic behin camporat airatzera eta iguzkiztatzera (eta orduan denbora onaren seinalea diteke). Eta halatan eta hala iragaiten du chinhaurriac bere negua, eta eracusten dio bat bededari nola eta zer moldez behar duen mantenatu, gobernatu eta alferkeria guziac utziric, bere denboran trabailatu.

rénavant et toujours, vivre, marcher et vous conduire. Sans maître et sans guide, la fourmi elle-même, de son propre mouvement, recueille dans l'été les vivres, la nourriture et le grain dont elle a besoin pour passer l'hiver. Et elle cache ce grain bien avant sous la terre, dans des chambres et des greniers qu'elle-même a faits. Elle est, du reste, si prudente et si avisée, que, lorsque, ne trouvant rien au-dehors, elle est obligée de toucher à ses provisions, elle a soin d'entamer le grain par le bout qui doit se moisir le premier, parce qu'autrement ce grain germerait, et, devenu herbe et tige, rendrait inutile toute la prévoyance de la fourmi. — De plus, quand l'humidité a détruit une partie de sa récolte, pour que ce qui lui reste ne se gâte point, elle le tire de temps en temps au dehors, et lui fait prendre ainsi l'air et le soleil (c'est alors signe de beau temps); et c'est ainsi que la fourmi passe son hiver et montre à chacun de nous comment nous devons nous conduire et nous gouverner, laisser de côté la paresse et travailler pendant toute notre vie.

(*Gueroco guero*, etc., cap. I, § 3, p. 36.)

Ce commentaire d'un passage de la Bible connu de tous [1], donne en même temps une idée de la manière d'écrire du Plutarque basque, et d'un défaut de son livre résultant de l'excès même des efforts de l'auteur pour se mettre à la portée de tous les dialectes. Je veux parler de l'emploi simultané et en synonymes des différents

---

[1] *Vade ad formicam, o piger, et considera vias ejus et disce sapientiam; quæ cum non habeat ducem, nec præceptorem, parat in œstate cibum sibi.* (Proverb. 5.)

mots répondant à la même idée dans ces dialectes. De là naît parfois un certain embarras et un mélange un peu obscur de certaines phrases; de là encore une apparente naturalisation de mots français ou espagnols, dont cependant le basque peut se passer comme en ayant les équivalents dans quelqu'un de ses dialectes. De plus, les désinences verbales sont parfois aussi trop dures et compliquées, bien que l'escuara en possédât de plus simples et de plus harmonieuses. Enfin, il y aurait beaucoup à redire à l'orthographe du *Gueroco guero*, surtout à la négligence avec laquelle il est imprimé. Peut-être trouverait-on des Basques pour repousser la première partie de ces critiques comme mal fondée, et qui soutiendraient que l'emploi des synonymes se justifie par le sens gradué que l'on peut leur donner; mais les hommes instruits des trois dialectes que j'ai pu consulter, m'ont tous paru également embarrassés de ces synonymes et de l'orthographe d'Axular, tous d'accord sur la négligence avec laquelle l'impression a été faite. Cependant ces fautes de divers genre, assez nombreuses pour être remarquées, sont loin d'être assez graves pour déprécier l'ouvrage. On peut les signaler sans encourir le reproche de purisme; on peut passer outre sans être taxé de trop de complaisance.

Il est donc juste de rendre hommage à l'auteur du *Gueroco guero* pour avoir, le premier des Basques français, après d'Echepare, élevé sa vieille langue au niveau des autres, et recherché en elle les ressources littéraires nécessaires à un ouvrage de longue haleine en prose. Les *coblacari*, les auteurs de pastorales, semblent avoir précédé ces deux écrivains dans l'essai de compositions euscariennes; mais, outre que leurs productions n'étaient qu'en vers, il est essentiel de faire remarquer qu'étrangers pour la plupart aux lettres, ils n'ont mis dans leurs chansons et leurs pièces de théâtre que les expressions, tournures et locutions parlées par tous dans leurs dialectes et de leur temps: de là bien des incorrections, bien des mélanges de mots étrangers, de locutions *basquisées*, vice, disons-le en passant, qui règne dans presque toutes les traductions de livres de piété. Partout on rencontre le langage vulgaire; Axular seul a le mérite, toujours après d'Echepare, mais plus complétement que lui, d'avoir fait du basque une langue littéraire, en écartant autant que possible de son style toutes les locutions communes, toutes les expressions introduites par la négligence et par un aveugle esprit d'imitation et d'emprunt.

Axular ne se dissimulait point les obstacles qu'il avait à surmonter avant d'arriver au but. « J'aurais voulu, dit-il dans l'avis au lecteur, page 16, publier en même temps les deux parties de mon livre; mais ayant vu combien peu d'auteurs jusqu'ici ont osé écrire en notre langue, je me suis ravisé, et j'ai craint de rencontrer sur ma route quelque grand embarras ou quelque pierre qui me fît trébucher. J'aventure donc d'abord la moitié seulement de l'ouvrage, et je l'envoie, comme en éclaireur, pour savoir des nouvelles du public. Mon *Gueroco guero* m'apprendra ce qui s'y passe, quel accueil on lui aura fait, et ce que chacun aura dit de lui. Les avis qu'il me rapportera seront ensuite ma gouverne, et je saurai si je dois publier la suite ou la serrer soigneusement. »

Nous ignorons les raisons qui empêchèrent le docte curé de Sare de faire paraître cette seconde partie, car il est certain que la première fut universellement goûtée. L'auteur mérita d'être appelé *un homme d'un grand renom dans notre Cantabrie* [1], et la postérité a confirmé ce jugement. Le *Gueroco guero* est encore regardé de nos jours comme le meilleur livre de la modeste littérature de ce pays, pour le choix et la propriété des expressions, pour la vivacité des tournures et la noble simplicité du langage. Malheureusement on n'en a conservé que quelques rares exemplaires, et l'édition de 1642, la seule qui existe [2], est, comme

---

[1] *Viro magni nominis in nostrâ Cantabriâ.* (Approbation de Salvat de Dissaneche, p. 13.)

[2] En voici le titre au complet : *Gueroco guero, edo gueroco luçamendutan ibilleeac, eta arimaren eguitecoac guerocotz utzieac cembat calte eguiten duen. Escritura Saindutic, Eliçaco doctor-etaric, eta liburu devocionozcoetaric Axular, Saraco erretorac, vildua, eta arguitara emana. Bigarren edicionea corrigetua, eta emendatua. Bordelen, eguina G. Milanges, Erregueren imprimatçaillea, baithan 1642.* (*Après pour après, ou quel grand mal c'est de différer toujours et de laisser pour après les affaires de l'âme. Recueilli de la Sainte Écriture, des docteurs de l'Église et des livres de dévotion, et mis au jour par Axular, curé de Sare. Seconde édition corrigée et augmentée. Bordeaux, G. Millanges, imprimeur du roi, 1642.*) Petit in-8° de 625 pages, plus 8 pages pour la table. — Le seul

nous l'avons dit, défectueuse et remplie de fautes. Espérons que l'on en donnera une nouvelle. Ce sera à la fois rendre service au Pays Basque, dont la langue s'altère de plus en plus au contact des populations voisines, et relever un monument glorieux pour cette langue elle-même, dont l'ancienneté n'est plus contestée et dont l'originalité et le mérite n'auraient jamais dû l'être.

exemplaire de ce livre que j'aie vu passer en vente publique est celui de Silvestre de Sacy (Catal., t. I, p. 271, n° 1290); il fut vendu 28 francs 50 centimes. L'exemplaire décrit par Brunet (*Manuel du libraire*, t. 1, p. 225, col. 2) est maintenant en notre possession, par l'abandon qu'a bien voulu nous en faire notre si regrettable ami feu M. l'abbé Ségalas, directeur de l'institution de Saint-Palais. — Enfin nous avons vu un troisième exemplaire de l'ouvrage d'Axular, dans le cabinet de M. Pressac, bibliothécaire adjoint de la ville de Poitiers; il porte pour titre : *Guero bi partetan partitua berecia, lehenbicioan emaitenda aditcera, cenbat calte eguiten duen, luçamendutan ibillccac, eguitecoen gueroco uzteac. Bigarreneau guidatcenda, eta aitcinatcen, luçamenduac utciric, bere hala, bere eguin bideari lothu nahi çaicana. Escritura Saindutic, Eliçaco doctoretaric eta liburu debocionezcoetaric. Axular, Saraco erretorac, vildua,* etc. (*Après divisé en deux parties. Dans la première, on donne à comprendre combien il est nuisible de différer ses affaires ; dans la seconde, on avance que sans apporter le moindre délai, il faut tout de suite remplir ses obligations,* etc.) Bordelen, G. Milanges, Erregueren imprimaçaillea, baithan. M.DC.XLIII. Petit in-8° de 622 pages, plus huit pages non chiffrées pour la table. — M. Chaho, dans une petite notice sur Axular (*Voyage en Navarre*, etc., chap. VIII, p. 313), dit que le *Gueroco guero* fut publié en 1640; aurait-il vu la première édition ?

XVI

BIBLIOGRAPHIE BASQUE

Maintenant qu'on a une idée des deux principaux poëtes et du prosateur le plus original du Pays Basque, il ne reste plus qu'à connaître les autres écrivains qui ont employé l'escuara.

Après le recueil du curé de Saint-Michel-le-Vieux, le plus ancien livre basque connu jusqu'à ce jour [1], vient le Nouveau Testament, traduit par Jean de Leiçarraga, de Briscous, imprimé in-8°, à La Rochelle, en 1591, sous la mairie de Jean Huet, qui paraît avoir eu du goût pour la littérature euscarienne [2].

Ainsi que le font supposer la date, le lieu d'impression et la dédicace à Jeanne d'Albret [3], sans qu'il soit nécessaire de recourir au dictionnaire de Prosper Marchand ni à la *Biographie universelle* [4], cette traduction a été exécutée par un protestant dans un but de propagande religieuse, ce qui n'a pas peu contribué à

---

[1] A l'exception toutefois d'un calendrier basque (*Kalendera basco*. Rochelle, P. Haultin, 1571), dont Renouard avait un exemplaire, porté à son catalogue de 1819, t. IV, p. 26, et à celui de 1833, n° 2662, et qui, suivant Brunet (*Man. du libr.*, t. IV, p. 437, col. 2), devait se trouver chez le duc de la Vallière.

[2] On voit sa signature sur la garde d'un exemplaire de l'ouvrage d'Andres de Poça, qui faisait partie du cabinet de M. Pressac. Voyez son catalogue, p. 74, n° 713.

[3] C'est d'elle qu'Olhagaray disait, en l'année 1562 : « La royne de Navarre... rappela une vingtaine de ministres bearnois pour prescher en la langue du pays, et quelques Basques pour instruire la basse Navarre, » etc. (*Histoire des comptes de Foix, Bearn et Navarre*, etc. A Paris, M.DC.XXIX., in-4°, n° 16, p. 535.) Trente-quatre ans plus tard, la religion catholique y était rétablie. (Favyn, *Hist. de Navarre*, liv. XVII, ann. M.DXCVI., p. 1083.)

[4] Voyez t. XXIV, p. 441, 442, art. de M. Weiss. Le *Jesus Christ Gure Jaunaren Testamentu Berria* est longuement décrit dans le *Manuel de la langue basque* de M. Fleury Lécluse, 1re partie, § III, p. 19-23. Nous lui avons consacré un article dans notre introduction aux *Proverbes basques*, p. xxxviij, n° 11. — Le second des savants que nous venons de nommer a encore tiré de la traduction de Leiçarraga le texte de son *Sermon sur la montagne, en grec et en basque, précédé du paradigme de la conjugaison basque*. Toulouse, 1831, in-8° de 24 pages.

rendre le volume rare [1]. Montaigne fait allusion à cette traduction dans ses *Essais*, liv. Ier, chap. LVI.

Comme le fait remarquer avec raison M. l'abbé J.-M. Hiribarren [2], ce n'est que bien plus tard que les catholiques eurent aussi la leur, dont partie seulement a été publiée de nos jours par deux savants ecclésiastiques, MM. Harriet [3] et Dassance [4]. Le manuscrit

---

[1] Au siècle dernier, il s'est payé 52 livres chez Turgot, 37 chez la Vallière, en 1767 ; 50 chez Lambert, 40 chez Paris de Meyzieu. Enfin, en 1816, un exemplaire relié en maroquin fut poussé à 40 fr., à la vente Mac Carthy.

[2] Horco cen Lissarague, guizon arguitua, Delà (de Briscous) était Lissarague, homme éclairé,
Bainan Calvinen hitzaz sobera hartua ; Mais trop épris de la parole de Calvin ;
Eskaraz eman baitu Testament Berria, Il a mis en basque le nouveau Testament, [temps.
Aspaldico delacotz choilki ikusia. La seule traduction que l'on ait vue pendant long-
(*Eskaldunac*, etc., p. 149.)

[3] Voici en quels termes le curé de Bardos parle de cet homme distingué, après avoir consacré huit vers à son père et à son frère :

Haltsuco cen Harriet, yuic ohorezco, Il était de Halsou, Harriet, juge honorable,
Utzi duena ume bera idurico : Qui a laissé des rejetons qui lui ressemblent ;
Aphez arropa dute bioc garraiatzen, L'un et l'autre portent l'habit de prêtre ;
Izpiritu dutela guciec aithortzen. Chacun confesse qu'ils ont de l'esprit.
Ecin ukhatua da, badute mihia On ne peut en douter, ils ont une langue d'or
Urrezcoa duena hitzezco yaria ; Pour manier la parole ;
Bat eskola guidari Baionan bigatzen, L'un passe sa vie à la tête d'une école à Bayonne,
Omenic ederrenac duela beztitzen ; Revêtu de la plus belle considération ;
Semenarioan da bigarrena nausi, Le second est maître au séminaire,
Bere hegaletaco guti du ikusi, Il a peu vu de son plumage,
Hainitz gauzaz burua bethe du gaztetic, Il a meublé sa tête dès son jeune âge,
Ene ustez guti du bere parecoric, A mon avis, il a peu de pareils,
Yaincoac eman dio gaindiz izpiritu, Dieu lui a donné de l'esprit comble,
Laguntzen erc berac dohainac baditu ; Lui-même favorise ce précieux don ;
Gose da liburuen, ez huzcur lanceo, Il est affamé de livres, il ne craint pas le travail,
Nahi edo ez yakin behar da holaco. Il veut posséder toutes les connaissances.
(*Eskaldunac*, etc., p. 144.)

Déjà le même écrivain avait tracé de la manière suivante le portrait de M. l'abbé Dassance :
Dassancec herriari ohore ematen. Les Dassance font honneur à leur pays natal.
Premuac notalgoan zuhurki eguiten ; L'aîné exerce dignement le notariat ;
Nihor engañatzeco diruric ez hartzen, Pour ne tromper personne il ne prend point d'ar-
Irabacia gatic arima ez galtzen. Il ne perd pas son âme pour le gain. [gent,
Anaia, aphezetan delaric maitena, Son frère, le plus chéri des prêtres,
Izpirituz aguertzen gaindi dariona ; A de l'esprit par-dessus tout ;
Fransesen erdara du errotic ikhasi, Il a appris le français par principe,
Parisec berac hortan guti baren nausi. Paris lui-même a peu d'hommes qui le valent à cet
Eskaldunen picoa ikusten da hartan ; On voit en lui ce que valent les Basques ; [égard.
Eguiten du hirria lainhoki bidetan ; Il plaisante agréablement sur sa route ;
Bethez eguinbideac nihorc becen ungui, En accomplissant ses devoirs aussi bien que qui
Ezdu yendei eguiten hartzaren arpegui. Il ne fait pas aux gens mine d'ours. [que ce soit,
(*Eskaldunac*, etc., p. 111, 112.)

[4] *Iesu Christo Gure Iaunaren Testament Berria lehenago I. N. Haraneder, Done Ioane*

du travail entier est intitulé : *Iesu Christoren Evangelio saindua, Jaun Haraneder aphez Donibane Lohitsucoac escoararat itçulia.* M.DCC.XL. *Jaincoaren Graciaz.* Au-dessus du chiffre qui précède, dans un cercle et autour du monogramme IHS, on lit en deux lignes concentriques : *Joannes Robin apheçac iscribatua.* 1770. — *Gurutce huntaz içanen duçu garaya. Çaquizco bethi.* Je ne dirai rien de cet abbé Robin, qui est différent de l'approbateur du *Gudu izpirituala*, dont il sera question plus loin, si ce n'est que le premier était lui-même un auteur d'un vrai mérite, et que la littérature basque lui doit peut-être un traité en deux livres dont M. l'abbé Dassance possède un beau manuscrit [1]. Je ne rechercherai pas non plus quel lien de parenté pouvait unir le traducteur du saint livre au plus grand armateur dont Saint-Jean-de-Luz se glorifie [2] ; je parlerai du

Lohitsuco iaun aphez batec, escuararat itçulia ; orai, artha bercei batequin, garbiquiago, lehembicico aldicotçat aguer-aracia, Laphurtar bi iaun aphecec ; iaun Aphezpicuaren baimenarequin. Baionan, E. Lasserre, M.DCCC.LV, in-12 de XXIV-480 pages.

[1] Ce manuscrit, de 142 pages et d'une écriture moulée, porte, en tête de chaque livre, l'un des titres suivants, qui en fait connaître le contenu : *Lehenbicico Liburua. Arima penitent baten sentimenduac, Erregue-Profetaren berrogoi eta hamargarren psalmoaren gaiñean.* (Livre I. Sentiments d'une âme pénitente sur le psaume L du Roi-Prophète.) — *Bigarren Liburua, Jaincoaren ganat itçultcen den arima baten sentimenduac, Erregue-Profetaren ehun eta bigarren psalmoaren gaiñean.* (Liv. II. Sentiments d'une âme qui revient à Dieu, sur le psaume CII du Roi-Prophète.) — On lit dans le *Mercure de France*, du 8 mars 1785, p. 55-75, un article de Garat sur un *Nouveau Voyage dans l'Amérique septentrionale en l'année 1781, et Campagne de l'armée de M. de Rochambeau*, par M. l'abbé Robin, et, page 56, le premier dit avoir annoncé dans le même journal, environ deux ans auparavant, un autre ouvrage dans lequel le second cherchait à pénétrer les secrets des mystères de l'antiquité. Sans doute, le nom de *Robin* est des plus communs ; mais la qualité d'abbé de ce dernier, l'intérêt que semble lui porter le Labourdin Garat, ce voyage en Amérique onze ans après l'exécution du manuscrit de Haraneder, tout cela peut faire supposer que l'abbé Robin, auquel il est dû, et le voyageur de 1781, sont peut-être un seul et même personnage.

[2] Voyez sur Jean Perits de Haraneder, les détails donnés par M. Léonce Goyetche dans son *Saint-Jean-de-Luz*, etc., chap. IV, p. 129-151. — Dans un *Factum pour Joannes Dibaignete, gouverneur du Palais Royal à Paris*, etc., on voit, en 1704, l'intimé achetant pour le compte de marchands de Bordeaux, de Jean Perits de Haraneder, bourgeois de Cibourre, un vaisseau neuf avec ses apparaux, pour le prix de 24,500 livres ; on y voit aussi des achats de bâtiments, à Saint-Jean-de-Luz et ailleurs, par le même Haraneder et autres. (Bibl. publ. de la ville de Bordeaux, jurispr. n° 3076, t. 1, pièce n° 5, deux feuillets in-folio.) — Il est à croire que ce *Joannes Dibaignete* était fils du commandant de l'escadrille de Saint-Jean-de-Luz, qui joignit celle de Bayonne pour secourir l'île de Ré, bloquée par les Anglais. En souvenir de Joannes et des services qu'il avait rendus à son pays, on éleva la fontaine de la place, en 1723, quelques années après sa mort. (*Saint-Jean-de-Luz*, etc., p. 155.)

manuscrit précieux dont je viens de transcrire le titre. Ce volume, gros in-12, renferme la traduction de tout le Nouveau Testament, plus un prologue, *aitcin-solasa*. Les quatre Évangiles sont contenus en 461 pages et demie, les Actes des Apôtres, les Épîtres et l'Apocalypse, en 648 et demie, le tout d'une écriture propre, soignée et bien lisible. Le prologue, non paginé, se compose de quatre pages.

Dans ce prologue, Haraneder écrit que « déjà, dans un temps reculé, le Nouveau Testament a été traduit en basque par un prêtre ou curé de Briscous nommé *Jean Leiçarraga*; mais que comme ce malheureux ayant abandonné la religion catholique pour embrasser la secte empoisonnée de Calvin, n'avait pu faire moins que de glisser de son venin dans quelque endroit de sa traduction, l'évêque de Bayonne, pour le salut de ses ouailles, avait chargé plusieurs de ses prêtres d'une traduction nouvelle, fidèle et exacte; qu'en conséquence, tous les soins ont été portés pour la bonne exécution de celle-ci, en suivant le Maistre de Sacy et le P. Bouhours. » Haraneder fut le vrai rédacteur, s'aidant sans doute des conseils de quelques confrères. Pourquoi donc alors son œuvre n'a-t-elle pas été imprimée de son vivant? On ne saurait le dire au juste. Assurément, elle est supérieure à celle de Leiçarraga, et la traduction de 1825, également exécutée par un protestant, ne la vaut pas [1].

---

[1] *Jesus Christoren Evangelio saindua, S. Mathiuren araberá. Itçulia escuarara, lapurdico lenguayaz.* (Bayonan, Lamaignere Imprimerian) 1825. (*Évangile de J.-C. selon saint Mathieu, traduit en basque, dialecte labourdin.* A Bayonne, de l'imprimerie de Lamaignere, 1825), in-8° de 82 pages, plus un feuillet d'errata. « Traduction peu soignée, dit M. d'Abbadie, bien qu'elle soit calquée sur le travail de Leiçarraga. » Elle n'a point pris place, comme on pourrait le croire, dans la publication faite par le même imprimeur, en 1828, sous ce titre : *Jesus-Christo Gure Jaunaren Testament Berria. Lapurdico escuararat itçulia* (Le Nouveau Testament de Notre Seigneur Jésus-Christ, traduit en basque du Labourd), in-8° de 584 pages, plus trois feuillets de titres et de table, et trois pages d'errata. Comme le fait encore remarquer M. d'Abbadie, cette traduction n'a ni avant-propos ni désignation d'auteur. Le basque n'est pas pur, et le style offre plusieurs locutions patoises. Feu l'abbé de la Bouderie a tiré de ce volume la parabole de l'Enfant prodigue, qu'il a insérée dans ses *Mélanges sur les langues, dialectes et patois*, etc. Paris, 1831, in-8°, p. 71 et 92. Dix ans après la publication de Lamaignere, l'Évangile seul de saint Luc donna lieu à une autre publication protestante, intitulée : *Evangelioa san Lucasen guisan*, etc. Madrid : imprenta de la Compañia tipográfica, 1838, in-18 de 176 pages, plus un feuillet de titre. Voyez, sur cette publication et sur les tribulations qu'avec quelques autres elle valut à George Borrow, qui s'en fit l'éditeur pour le compte de la *British and Foreign*

Cette traduction, en labourdin, ne comprend que l'Évangile de saint Matthieu. Il a été rendu de nos jours dans un autre dialecte par un savant auquel son travail fait le plus grand honneur. Des deux titres de ce livre, voici le français : *Le saint Évangile de Jésus-Christ selon saint Matthieu, traduit en basque souletin par l'abbé Inchauspe, pour le prince Louis-Lucien Bonaparte.* Bayonne, imprimerie de veuve Lamaignere, née Teulières, 1856, grand in-8º de 171 pages. Le volume est terminé par XLVI pages renfermant des Notes grammaticales sur la langue basque, qui, elles-mêmes, se terminent par cette indication : « Cette traduction de l'Évangile de saint Matthieu, en dialecte basque souletin, a été imprimée aux frais du prince Louis-Lucien Bonaparte. — Je certifie que cet ouvrage a été tiré au nombre de douze exemplaires, dont dix numérotés portent le nom du destinataire, et deux autres non numérotés, dont l'un ayant les titres et les initiales imprimés à l'encre rouge, appartiennent à Son Altesse. — Veuve A. Lamaignere, née Teulières. »

Outre sa version complète des quatre Évangiles, Jean de Haraneder a donné une traduction d'un ouvrage bien connu de saint François de Sales, sous ce titre : *Philotea, edo devocioneraco bide erakusçaillea, S. Franses Salescoac, Genevaco aphezpicu eta princeac, Visitacioneco ordenaren fundatçailleac, eguina. M. Joannes de Haraneder, Donibaneco yaun appheçaco, berriro escararat itçulia.* Tolosan, Joannes-Franses Robert, liburu eguillearen, baitan, Peiroulieraco carrican. M.DCC.XLIX. Voilà le titre de la traduction basque de l'Introduction à la vie dévote, citée par M. d'Abbadie ; voilà aussi le nom d'un auteur des plus estimables, d'un Basque des plus habiles, et néanmoins généralement ignoré, même dans le pays ; ce qui vient de ce que le *Philotea* n'a eu qu'une édition, qu'il porte seul le nom de Haraneder, parmi ses ouvrages ; que presque toujours, dans un si vieux livre, la première page est perdue ; enfin que, dans l'appro-

---

Bible Society, l'ouvrage du même auteur intitulé *the Bible in Spain*, etc., London : John Murray, MDCCCXLIII, post 8vo, chap. XXXIX-XLII, p. 224-242. Le chap. XXXVII, qui s'étend de la p. 217 à la p. 220, porte ce sommaire : *Escarra — Basque not Irish — Sanscrit and Tartar Dialects — A Wowel Language — Popular Poetry — The Basques — Their Persons — Basque Women.*

bation épiscopale, le traducteur n'est point nommé. J'ajouterai que le *Philotea* est in-12, a 568 pages, y compris la table ; plus xiv pages, y compris le titre. A la suite de ce titre est un avis au lecteur en basque, la traduction en même langue d'une prière de saint François de Sales et de sa préface à l'Introduction, datée d'Annecy, jour de Sainte-Madeleine, 1608 ; enfin, l'approbation en français de Mgr Guillaume d'Arche, en date du 8 juin 1748.

Cette approbation, l'avis au lecteur du *Philotea* et celui du *Gudu izpirituala*, nous donnent des lumières précieuses sur un précédent traducteur en basque du premier de ces ouvrages, écrivain dont nous aurons plus loin à nous occuper : « Nous étant informés, est-il dit dans l'approbation, qu'il ne reste plus aucun exemplaire de l'Introduction de S. François de Sales, traduite autrefois en langue basque, permettons, » etc. L'avis du *Gudu* porte : « Ce livre a autrefois été traduit en langue basque, mais en un basque bizarre et sans correction, tel que le pouvait écrire un auteur qui n'était point Basque. » Enfin, on lit dans l'avis du *Philotea* : « Il est vrai qu'un prêtre venu à Bayonne du côté de Paris, avec un évêque de notre diocèse, a, pour rendre service aux Basques, traduit ce livre et d'autres, ayant appris la langue comme il put, et qu'il les a fait imprimer à Paris ; mais outre que le basque en était barbare, peu de ces ouvrages restent encore dans le pays, soit parce qu'en effet on en a peu répandu, soit pour tout autre cause. » Or, il n'y a réellement que Silvain Pouvreau qui ait traduit l'Introduction à la vie dévote et le Combat spirituel : il s'agit donc de lui dans les préfaces de Haraneder.

Ce même ecclésiastique est encore l'auteur du *Gudu izpirituala*, Toulouse, Jn Fr. Robert, 1750, petit in-12. Les initiales que porte la première page de cette édition sont Nᴸ. Iᴴ. Dᴿ. Il y a une faute ici : les approbations finales de Robin, curé de Villefranque, et de Daguerre, supérieur du petit séminaire de Laressore, portent J. N. D., qui signifient *Joannes Haraneder Doctor*. Cette édition renferme 355 pages, y compris celle du titre, un avis au lecteur, un autre avis sur l'orthographe employée dans l'ouvrage, et les prières pour la messe ; mais la table et les deux approbations qui suivent, ainsi que la permission de Guillaume d'Arche, sont en dehors de la pagination et occupent sept pages. L'édition de L. M. Cluzeau (Bayonne, 1827, in-24, de XL-372 pages) reproduit tout ce que contient l'édition de 1750 ; mais on y a ajouté les vêpres et complies du dimanche en latin, et, à la fin, les prières pour la confession et la communion. Elle est dans le commerce de la librairie, à Bayonne ; mais il n'en est pas de même de la première édition et du *Philotea*, qui disparaissent tous les jours et ne se retrouvent qu'avec peine.

Cette traduction du Combat spirituel, ainsi que le fait remarquer M. d'Abbadie, contrairement à l'assertion de la *Noticia de las obras vascongadas*, etc. [1], est fort soignée ; le dialecte est celui du pays de Labourd. Nous y apprenons, par l'approbation, qu'il existait alors une traduction plus ancienne, comprenant trente-cinq chapitres au lieu de soixante-six, et fort difficile à entendre. Il s'agit sans doute de celle de Silvain Pouvreau, publiée en 1665. Revenons à son auteur.

Le premier en date de ses ouvrages est intitulé : *Guiristinoaren Dotrina, Eminentissimo Jaun cardinal duke de Richelieuc eguina, Silvain Pouvreau apeçac escaraz emana* (Doctrine chrétienne composée par S. E. le cardinal duc de Richelieu, traduite en langue basque par Silvain Pouvreau, prêtre). *Parisen*, chez Jean Roger, M.DC.LVI., in-8°, de 307 pages, plus 8 feuillets de titre et de préliminaires, et cinq pages non chiffrées à la fin. La seconde traduction de Pouvreau a pour titre : *San Frances de Sales, Genevaco ipizpicauaren, Philothea, eta chapeletaren Andredena Mariaren ohoretan devocionerequin erraiteco Antcea. Silvain Pouvreau apeçac escaraz emana* (Philotée de François de Sales, évêque de Genève, et Manière de dire avec dévotion le chapelet en l'honneur de Marie qui est dame ; mis en basque par Silvain Pouvreau, prêtre). *Parisen*, chez Claude Audinet, 1664, in-8°, de 14 feuillets préliminaires, 557 pages, et 2 pour les approbations religieuses et civiles.

La dernière traduction de Pouvreau est mentionnée de la façon suivante dans le catalogue de Falconet, t. II, p. 74, n° 11735 :

---

[1] « Es de poco mérito su lenguage. » (P. 1, n° 5.)

Gudu espirituala il Lorenzo Scupoli, Sylvain Pouvreau apezac escaras emana (Combat spirituel de Laurent Scupoli, mis en basque par Silvain Pouvreau, prêtre). *Parisen,* 1665, in-12.

Il existe encore du même auteur un glossaire basque français conservé parmi les manuscrits de la Bibliothèque impériale, sous le n° 7700-4, *olim Colbertinus* 3105, petit in-folio sur papier, écriture du XVII° siècle. En tête du manuscrit est attachée l'ampliation sur parchemin d'un privilége accordé *à Silvain Pouvreau, prestre du diocèse de Bourges,* pour la publication d'une traduction en basque de l'Imitation de Jésus-Christ, sous le titre de *Jesusen Imitacionea,* « d'une grammaire basque et françoise avec quelques dialogues familiers pour le commerce des deux langues, et de plus un dictionnaire basque, françois, espagnol et latin. » Ce privilége, dont la date a été laissée en blanc, paraît être d'environ 1650. A la suite du dictionnaire se lisent diverses prières en basque et autres morceaux de piété; en tête se trouvent deux feuillets de grammaire et des observations assez étendues d'Oihenart sur le principal ouvrage de Pouvreau, avec la date « du 30 may 1665. » Le Dictionnaire commence au mot *çafarda,* non par suite d'une perte de manuscrit, mais par l'effet d'une transposition.

Après le Nouveau Testament, que nous avons pris pour point de départ, parlons de l'Imitation de Jésus-Christ, le plus beau livre qui soit sorti de la main des hommes, puisque l'Évangile n'en vient pas. Nous avons dit que Pouvreau la traduisit; il ne paraît pas que son travail ait jamais vu le jour. Celui qui a cours maintenant est de Michel Chourio, curé de Saint-Jean-de-Luz, et fut imprimé pour la première fois à Bordeaux, en 1720, sous ce titre : *Jesus-Christoren Imitacionea. M. Chourio, Donibaneco erretorac, escararat itçulia.* Bordelen, Guillaume Boudé Boé imprimatçaille, etc., in-8° de 426 pages, plus 2 feuillets contenant le titre et les approbations, et 6 feuillets renfermant une table des chapitres à la fin. Cette traduction, dont l'auteur était déjà mort quand son travail parut, a été réimprimée à Bayonne, chez Fauvet-Duhart, en 1769, in-8°, et dans la même ville par Cluzeau, en 1825, in-12. Cette édition, comme toutes les autres que l'on a pu faire de nos jours [1], est la reproduction d'une autre dont nous avons omis de parler dans notre introduction aux *Proverbes basques* : nous voulons parler de celle qui porte pour adresse *Bayonan , Trebos , liburu saltçaille baitan, Apoumaiouco carrican. M. DCC. LXXXVIII. Permissionarequin.* Elle est in-12 et renferme 506 pages et demie, y compris la table, l'approbation de 1787, signée *d'Iturbide, Vic. Gen.*, de plus un *gaude* latin et une prière basque à saint Léon pour les femmes enceintes. Au commencement et dans la partie paginée en romain se voient la messe, vêpres du dimanche, complies, *Te Deum* en latin, enfin les trois approbations de la première édition et la permission de l'évêque. L'édition de 1720 ne porte que ces quatre approbations et permission, avec le seul texte de la traduction de l'Imitation française ; tout le reste est une addition de l'édition de 1788. Ce qui lui a donné le pas sur la première, c'est qu'à la fin de chaque chapitre, il a été ajouté des prières et pratiques, également traduites de la même Imitation. Elles sont dues, comme le porte l'approbation finale de d'Iturbide , à un zélé missionnaire du diocèse, nommé *Etcheberry,* mort, il y a quelques années, curé d'Ustaritz.

Ce complément n'existe pas dans une traduction souletine de l'Imitation de Jésus-Christ, qui a été confondue bien à tort avec celle de Chourio [2], exécutée trente-six ans auparavant. La seconde en date est parfaitement écrite et c'est, après la traduction de l'Évangile de S. Matthieu par M. l'abbé Inchauspe, le meilleur modèle peut-être du dialecte souletin. La première édition est intitulée : *Jesu-Kristen Imitacionia çuberouaco uscarala, herri beraurtaco apheç batec, bere Jaun apheçcupiaren baimentouareki utçulia.* Pauben , G. Dugué eta J. Desbaratz , beithan mouldeçco leteretan eçarria. M. DCC. eta LVII. guerren ourthian ; in-12 de xxij-405 pages, plus le titre ci-dessus et cinq feuillets de table.

---

[1] Je n'en citerai qu'une seule, celle dont voici le titre : *Yesu-Christoren Imitacionea ; lehenagoco edicione bera, confesatececo eta communiatececo othoitz batçuez emendatua.* Tolosan, Privat, liburu saltçailearen baithan. 1850, in-18 de 592 pages.

[2] *Proverbes basques*, introduction, p. xlix. — Voyez encore le catalogue Wolters (Paris, 1839), n° 155.

La seconde édition, imprimée à Montbéliard chez Rod.-Henri Deckherr en 1828, est l'exacte reproduction de la première; c'est un in-12 de xxxij-405 pages, moins le titre, qui est ainsi conçu : *Jesus Christen Imitacionia, ciberouaco uscaralat utçuliric eta Olorouco aphezcupu cen batec approbatu cien nouldebaten arabera.* Arra imprima eraciric. Salduric içateco Oloroun. P. A. Vivent martchantaren etchen, Dona Mariaco kharrican, M.DCCCXXXVIII. (*Imitation de Jésus-Christ, traduite en basque souletin et conforme à un exemplaire approuvé par un évêque d'Oloron.* Nouvelle édition en vente à Oloron chez P. A. Vivent, marchand, place Sainte-Marie, 1838.) L'auteur anonyme a dédié sa traduction à l'illustrissime et révérendissime François de Revol, évêque d'Oloron; la dédicace est latine, avec le souletin en regard. L'approbation, donnée par Jaureguizahar, curé de Mauléon et vicaire général, porte la date de 1756; elle est en basque de la Soule. Suit un avis de l'auteur au lecteur, puis la table, enfin le texte, qui embrasse les quatre livres de l'Imitation.

En comparant la traduction de Chourio et la traduction souletine, on s'aperçoit aisément que l'auteur de celle-ci avait celle-là sous les yeux, et qu'en plusieurs endroits il a tendu à mieux faire; mais s'il a évité quelques néologismes ou termes étrangers, il est resté bien au-dessous de son modèle pour l'habile emploi de la conjugaison, surtout irrégulière.

Bien avant Chourio il avait paru une traduction basque d'une partie de l'Imitation de Jésus-Christ, sous ce titre : *Jesu Christoren Imitacionea, d'Arambillaga apheçac escaraz emana.* Hiru garren liburua. Bayonan, Antonio Fauvet... imprimatçaillea baithan eguiña. M. DC. LXXXIV. (*Imitation de Jésus-Christ, mise en basque par d'Arambillaga, prêtre. Troisième livre.* Bayonne, Antoine Fauvet, imprimeur... 1684.) Petit in-8°, de 7 feuillets préliminaires, 234 pages, 4 feuillets de table à la fin, et quatre grandes gravures en bois. D'Arambillaga était prêtre à Ciboure, en Labourd [1]. Parmi les approbateurs de sa traduction figure *Churio, Bayonaco Eliçaco Cathedralaco Iaun Erretor eta Theo-*

---

[1] Voyez sur lui la *Biographie universelle*, 1re édit., t. LXII, p. 12.

loyian Bacheliarac, sous la date de 1684. S'il faut en croire la *Noticia de las obras vascongadas*, etc., p. 1, n° 1, le basque de d'Arambillaga est sans mérite.

Il convient maintenant à tous égards de parler de l'Imitation de la Vierge, traduite et publiée en basque quatre ans après son apparition en français. Le volume a pour titre : *Andredena Mariaren Imitacionea, Jesus Christoren Imitacionearen gañean moldatua. Bayonaco diocezaco Yaun aphez batec francesse-tic, escuararat itçulia.* Bayonan, Piarres Fauvet... baitan, M.DCC. LXXVIII. Approbacionarequin. Ce volume, de format grand in-12, contient xxxvi-305 pages, y compris une laide image de la Vierge en regard du titre, celui-ci, et la table finale. La partie qui est paginée en chiffres romains renferme une épître dédicatoire à Jules Ferron de la Ferronays, évêque de Bayonne, une approbation de Daguerre, supérieur du petit séminaire de Laressore, en date du 12 avril 1777, l'approbation de l'évêque Jules, du 28 avril de la même année, un avis au lecteur, les prières de la messe basse, les vêpres du dimanche, le *Stabat ;* la dédicace, l'avis, la messe, sont seuls en basque, ainsi que le titre. La seconde pagination contient le texte de la traduction et la table.

L'auteur a imité l'anonyme de celui qu'il a traduit, et nous n'avons d'autre indication sur sa patrie que le dialecte lui-même, qui est du Labourd et de Saint-Jean-de-Luz ou de Ciboure. Du reste, c'est un livre bien écrit et estimé comme tel. Il y en a eu d'autres éditions, mais sans importance et en petit nombre.

Nous avons encore un ouvrage du même dialecte dans un livre de la plus grande rareté conservé à la Bibliothèque impériale sous la marque V. 2596-2. C'est une traduction des *Voyages avantu-reux du capitaine Martin de Hoyarsabal, habitant de Ciboure* [1], intitulée : *Liburu hau da ixasoco nabigacionecoa. Martin de Hoyarzabalec egiña francezes. Eta Pierres Detchaverry, edo Dorrec, escararat emana, eta cerbait guehiago abançatuba.*

---

[1] Bordeaux, Guillaume Millanges, 1633, in-8°, livre fort rare, dont un exemplaire figure au catalogue Louis-Philippe, n° 1571.

Bayonan, Duhart-Fauvet, M.DC.LXXVII., in-8°, de 164 pages, plus deux feuillets non chiffrés, à la fin.

Un pareil livre était surtout destiné aux marins tentés de suivre les traces du hardi navigateur de Ciboure : un religieux composa pour eux un ouvrage qui devait les guider dans la route plus difficile du salut. C'est un recueil contenant la Doctrine chrétienne, plusieurs oraisons et une espèce de Guide des Marins, en bon basque, tel qu'on le parlait à Sare en Labourd : « Ce qui est d'autant plus estimable, dit le P. de Larramendi, auquel nous devons la connaissance du volume, que l'auteur, n'étant pas Basque, apprit la langue dans la perfection. » Il se nommait le R. P. Fr. Étienne Materre, était de l'ordre séraphique de Saint-François de l'Observance, et avait été gardien du couvent de Bayonne. Parmi les approbations de son ouvrage se trouve celle de P. de Axular; en tête se lit une addition écrite d'un style moins agréable. Ce volume, qui est de format in-12, a été imprimé à Bayonne en 1616.

Le même cordelier publia, l'année suivante, à Bordeaux, chez Pierre de la Court, en un volume in-12 également, un catéchisme en escuara [1].

A neuf ans de là nous trouvons un autre livre basque imprimé à Pampelune, avec licence et approbation de Don Francisco de Mendoza, évêque de cette ville; c'est un petit volume in-12 dû à la plume de Don Juan de Beriain, abbé de l'église paroissiale d'Uterga. Il renferme la Doctrine chrétienne en castillan, d'abord en 83 feuillets, puis en basque, dans un nombre de feuillets à peu près égal : l'une et l'autre de ces rédactions sont bien écrites.

Le même P. de Larramendi, auquel nous devons cette notice, cite également les quatre ouvrages suivants :

1° *Manual devocionezcoa, edo ezperen, oren oro escuetan erabilltçeco liburutchoa. Escarazco versutan eguiña, eta guztia bi partetan berecia.... Bordelen, Guillen Millanges, erregueren imprimatçaillearenean.* M. DC.XXVII. (*Manuel de dévotion, ou le petit vade-mecum de tout le monde, fait en vers basques et*

---

[1] Voyez Wadding, *Scriptores ordinis Minorum*, Rome, 1650, in-folio, p. 320, col. 2.

divisé en deux parties.... Bordeaux, Guillaume Millanges, imprimeur du roi, 1627), in-8º de 138 pages [1].

La première partie de cet ouvrage, qui est de Jean d'Etcheberri, renferme, en vers de huit syllabes, les principaux mystères de la vie de Jésus-Christ; la seconde partie, également consacrée à des sujets de piété, est en grands vers de quatorze syllabes. Elle est intitulée : *Bigarren Liburüa guiristinoac erran behar lituzquen othoitcez*.... Bordelen, Guillen Millanges, M. DC. XXVII. (*Deuxième Livre des prières que le chrétien devrait lire*.... A Bordeaux, chez Guillaume Millanges, 1627), et se compose de 208 pages, le titre compris.

Quarante-deux ans plus tard, il parut une seconde édition de cet ouvrage, pareillement imprimée à Bordeaux, dans la même maison; on en trouvera le titre, p. xlvi, nº XVII, de notre introduction aux *Proverbes basques*.

IIº *Noelac eta berce canta espiritual berriac* (Noëls et autres cantiques spirituels nouveaux), du même Jean d'Etcheberri; Bayonne, 1630, in-12, de 250 pages. Le sujet de ce livre, tout en vers, qui a été réimprimé [2], est la vie de Jésus-Christ et ses principaux mystères, spécialement sa naissance; il renferme aussi des louanges de la Trinité, que l'auteur appelle heureusement *Hirurtasuna*, ainsi que des pièces en l'honneur des saints. L'un de ceux qui ont approuvé le livre, dit avec raison du basque de Jean d'Etcheberri :

> Escaldunac bel bequizquit,
> Haren ohoratçera,
> Ceren escara oman duen,
> Erdararen gañera.

(Que les Basques me viennent en aide, pour le glorifier de ce qu'il a mis l'*escuara* au-dessus de l'*erdara* (le basque au-dessus du français).

[1] Voyez, pour une plus ample description de ce volume, notre introduction aux *Proverbes basques*, p. xl, nº VII.

[2] L'une de ces éditions, que nous avons sous les yeux, porte au-dessous du titre que nous venons de donner : *Jesus Christoren biciaren misterio principalen gañean. Eta suinduen ohoretan besta buruetacotz. Ioannes Etcheberri Doctor Theologoac egniñac.* Baionan, Maffre Baitan, hors Cantognetan. (Touchant les principaux mystères de la vie de Jésus-Christ et en l'honneur des saints pour leurs fêtes. Composé par Jean Etcheberri, docteur en théologie. Bayonne, chez Maffre, aux cinq Cantons.) 1697, in-24, de 240 pages.

A la suite de ce morceau de poésie se trouve un acrostiche de vingt vers, signé *P. de Arganaratz, Prædicator*. Nul doute que ce ne soit le prêtre et prédicateur ordinaire de Ciboure, dont nous avons des sermons, en douze chapitres, imprimés à Bordeaux en 1641, en un volume in-12 de 572 pages.

Le quatrième ouvrage mentionné par le P. de Larramendi, aussi bien que par David Wilkins dans le recueil de Chamberlayne [1], est l'ouvrage du P. Jean Haramburu, intitulé : *Devocino escara Mirailla eta oracinoteguia* (Miroir et oraisons de la dévotion basque). Bordeaux, 1635. Cette édition, probablement imprimée par les Millanges, comme les ouvrages d'Etcheberri et autres, a disparu; on n'en trouve plus d'exemplaires; mais on en rencontre une deuxième de 1690, et M. l'abbé Harriet en a deux exemplaires, l'un assez complet, l'autre extrêmement maltraité. C'est un petit volume in-18 de plus de 500 pages. De quelle imprimerie est-il sorti? c'est ce que l'on ne peut dire, la première page manquant; mais c'est assurément le spécimen le plus achevé d'incorrection typographique qui se puisse voir, et pour y lire du basque, il faut être assez versé dans la connaissance de cet idiome. Du reste, tel qu'il est, l'ouvrage a un grand prix et comme rareté et comme monument ancien de la langue, d'autant plus que l'auteur y était fort habile.

Son livre est dédié à Mgr l'évêque de Tarbes, conseiller du roi en ses conseils privés, et abbé d'Artus. L'épître dédicatoire nous fait connaître que le P. Haramburu avait travaillé lui-même à une seconde édition : aurait-il donc surveillé celle de 1690, à cinquante-cinq ans de distance de la première? Cela paraîtrait fort, et il faudrait admettre que l'auteur était bien jeune à l'époque de la première. A la rigueur, il pourrait en être ainsi, et l'on expliquerait la chose par cette particularité, qu'il aurait pris pour collaborateur C. Harizmendi, l'auteur de l'Office de la Vierge, en vers : de fait, l'édition de 1690 porte, après la dédicace de Haramburu, un avis au lecteur par Harizmendi; peut-être aussi

---

[1] *Oratio dominica in diversas omnium fere gentium linguas versa*, etc. Amstelœdami, MDCCXV, in-4°, pref., fol. 18 verso. Pages 43, 44, on lit trois versions du *Pater* en langue basque.

ce dernier n'a-t-il donné son édition qu'après que l'auteur lui-même en avait publié deux; et puis, qui sait si la date de 1635 n'est pas fausse?

Quoi qu'il en soit, il est à remarquer que Harizmendi a transporté dans son Office de la Vierge la traduction en vers du *Te Deum* du P. Haramburu, qu'il s'est ainsi dispensé de faire lui-même. Dans mon introduction aux *Proverbes basques,* j'ai dit, d'après l'*Arte* [1] du P. de Larramendi, que le *Devocino escara* renfermait beaucoup de prières en vers basques; il n'y a, au contraire, de vers que la traduction des sept Psaumes de la pénitence, qui, pour le dire en passant, ne se trouvent point versifiés ailleurs, et celle du *Te Deum laudamus.* Tout le reste est en prose, sauf deux chants pour les marins, avant et après la pêche.

L'ouvrage a trois parties, dont il n'est pas important de spécifier les matières; elles sont semblables à celles des livres d'heures. La seule particularité que je veuille faire remarquer, c'est que l'on y trouve un directoire pour les marins, une dévotion pour les affiliés du tiers-ordre de Saint-François, et le rosaire très-développé. Le basque de l'ouvrage est le meilleur du Labourd, celui de Sare; le P. Haramburu et Harizmendi y étaient passés maîtres.

On en peut dire autant du P. Bernard de Gastelucar, dont le livre, aussi rare [2] qu'il est excellent, mérite une autre description que celle que nous avons tirée du prologue du P. de Larramendi [3].

---

[1] *El Impossible vencido. Arte de la lengua vascongada,* etc. En Salamanca : Por Antonio Joseph Villagordo Alcaráz. Año de 1729; petit in-8°, volume peu commun, vendu 12 fr. chez Anquetil Duperron, 24 fr. chez Langlès, 30 fr. chez Klaproth, et une livre sterling trois shillings chez Hibbert.

[2] En 1843, le libraire Colomb de Batines en a vendu un exemplaire, dont le titre figure tout au long dans le catalogue G., n° 178.

[3] *Diccionario trilingue,* proleg., p. xxxv. Voyez encore l'introduction aux *Proverbes basques,* p. xlviij. — Le Dictionnaire du P. de Larramendi, ou plutôt la préface que nous venons de citer, a donné lieu à un long et intéressant article du journal de Trévoux. (*Mémoires pour l'histoire des sciences et des beaux-arts,* octobre 1748, p. 2141.) — Un autre ouvrage du même jésuite, l'*El Impossible vencido,* dont nous avons donné le titre tout au long dans la première des notes de cette page, mérite de nous occuper un instant. Il renferme un chapitre consacré à la poésie basque, divisé en deux paragraphes. Dans le premier, qui est intitulé *De la Poesia bascongada, que está en uso,* et qui s'étend de la page 373 à la page 381, l'auteur rapporte deux noëls du Dr Jean d'Etcheberri et un fragment de son *Manual devocionezcoa,* ainsi que deux couplets de la traduction du *Te Deum,* par

C'est un volume in-12 de 479 pages, moins la table finale, qui n'est point paginée, et une dixaine de feuillets préliminaires pareillement non chiffrés. On y trouve : 1° le titre, ainsi conçu : *Eguia catholicac, salvamendu eternalaren eguiteco necessario direnac : Aita B. Gasteluçar Iesus-en Compaigniacoac composatuac*, etc. Pau, 1686, imprimerie de Jean Desbaratz ; 2° un calendrier ; 3° les prières latines avant et après l'office (la seule page de l'ouvrage en latin) ; 4° la permission de Mgr Gaspar de Priale, évêque de Bayonne, et du P. J. Pierre Case-Depaz, provincial de Guienne (les deux seules pièces qui soient en français) ; l'approbation du P. Basile, capucin d'Ossez, prédicateur et professeur de théologie ; 6° celle du P. Jacques d'Oihenart, jésuite, que je soupçonne d'être un fils, ou au moins un parent du poëte souletin, d'autant que cette approbation est écrite dans le dialecte de la Soule [1] ; 7° enfin, le *Veni creator*, en vers de même mesure que la prose latine, selon l'habitude de l'auteur pour la traduction des proses et hymnes.

L'ouvrage est divisé en sept parties. La première, qui va jusqu'à la page 84 inclusivement, traite des prières que le fidèle doit ou peut réciter chaque jour. C'est la partie qui renferme le plus de prose ; le reste n'en a guère. On y voit les prières du matin et du soir, celles de la messe, les sept Psaumes de la pénitence, les grandes litanies. A la page 1 commence la préface, à la page 11 un avis au lecteur. L'auteur y dit que, dans un temps où l'on a imprimé et composé beaucoup de livres en basque, il offre le sien principalement aux marins, afin qu'ils puissent en mer chanter les hymnes de l'Église sur les airs auxquels ils sont habitués. A cette déclaration, on reconnaît un Basque né sur les bords de l'Océan, un des membres de cette famille de Gasteluxar, de Ciboure,

le P. Jean Haramburu. Le paragraphe II *(De la Poesia de que es capaz el Bascuence),* qui termine le volume, renferme un nombre encore plus considérable de pièces basques, un *euscara* sur la mort du roi Louis Ier, avec traduction en vers latins et en vers espagnols, un dixain sur un pigeon bien accommodé, et quatre autres morceaux de différents mètres sur un trait de courage de Ferdinand V, vainqueur d'un taureau qui menaçait les jours de la reine.

[1] Dans l'église de Licharre, on trouve la tombe de Félicien Oyhenart, prêtre, avec la date de 1740 : rien n'empêche de croire que ce ne soit celle d'un fils d'Arnauld Oihenart ; mais il est plus sûr de n'y voir que l'un des membres de sa famille.

dont le nom figure sur une tombe du village d'Urdax, *merindad* de Pampelune, aux portes de la France.

La deuxième partie, qui va depuis la page 84 jusqu'à la page 183, contient des noëls en grand nombre, les mystères de la vie et de la mort de Jésus-Christ, et a pour titre : *Dévotion à Notre-Seigneur*. La troisième traite de la confession, de la communion et de la dévotion au saint sacrement, toujours en vers ; elle va jusqu'à la page 263. La quatrième partie roule sur les fêtes de la sainte Vierge, sur la dévotion à la Mère de Dieu et les prières à lui adresser ; la cinquième sur les quatre fins de l'homme. La sixième renferme des prières aux saints patrons. La septième contient des sujets de méditations pour tous les états : curés, prêtres, dévotes, médecins, pêcheurs, chasseurs, soldats, marchands, fils de famille noble, jeunes, vieux, mariés, etc. Elle se termine par une courte doctrine chrétienne, en vers.

La mesure des vers est généralement uniforme, excepté quand elle se modèle sur celle des hymnes et proses de l'Église ; elle est, dans le quatrain, de neuf syllabes au premier vers, de huit au deuxième, de neuf au troisième, de huit au quatrième. Il est à remarquer que le vers de huit syllabes doit être le vers rimant et de repos ; il est masculin. Celui de neuf syllabes ne rime pas, il est féminin. Au résumé, Bernard Gasteluçar est un fort bon poëte basque ; il rime bien et manie avec aisance et noblesse le dialecte labourdin. De son ouvrage, je ne connais que deux exemplaires ; il doit cependant y en avoir au moins un troisième dans le pays, puisque l'un de ceux que j'ai vus a quelques pages perdues que l'on a suppléées à la main ; elles sont d'une écriture récente, et n'ont pu être prises sur le second des deux exemplaires.

Mentionnons ici deux catéchismes publiés à Bayonne par Mgr Pierre-Guillaume de la Vieuxville [1]. Le premier, imprimé en

---

[1] Sûrement avant ces catéchismes il en existait d'autres ; mais aucun d'eux n'est arrivé jusqu'à nous. De Thou ayant rapporté qu'il vit en 1582, à la Bastide-Clairence, Jean Leiçarraga, ministre de l'église du lieu, ajoute qu'il y prêchait en sa langue, dans laquelle il avait, dit-il, traduit le catéchisme et le Nouveau Testament, par ordre de la reine Jeanne. (*Jac. Aug. Thuani de Vita sua*, lib. II, ad calcem Hist. sui temp., edit. Lond. Sam. Buckley, MDCCXXXIII, in-folio, p. 43.)

1731 [1], a été réimprimé dans la même ville en 1760, en 1788 [2] et en 1814 [3]; il ne contient que le texte, qui est en fort bon langage.

Ce catéchisme abrégé, le plus nécessaire, fut remplacé par le catéchisme de l'Empire [4], qui ne le vaut pas, et il fut encore réimprimé en 1814 pour prendre la place de celui-ci. Le mandement est signé *J.-J. Loison*, et porte interdiction de tout autre catéchisme.

Le second, le grand, que le peuple affectionne beaucoup, à cause de ses explications plus détaillées, et qu'il nomme *Catichima doblea* [5], n'a jamais eu qu'une édition, celle de Bayonne, 1733, in-12. Elle a 466 pages, y comprises les prières du matin et du soir, qui précèdent, de plus les litanies du nom de Jésus, celles de la Vierge, une instruction pour servir et répondre à la messe. Point de table; on y supplée par la division du livre en quatre parties, et la division de chaque partie en leçons. Chaque leçon est terminée par des pratiques correspondantes et par l'indication d'histoires et d'exemples pris, soit dans l'Ancien, soit dans le Nouveau Testament. Hors de pagination et au commencement, se trouve, en huit pages, le mandement basque de Mgr P. de la Vieuxville, daté du 14 mai 1732; puis, en huit autres pages, un avis pour bien faire le catéchisme.

Cet ouvrage, grandement estimé, très-méthodique, fort bien

---

[1] *Guiristinoen Doctrina laburra, haur gaztei irakhasteco, Pierres de la Vieuxville, Bayonaco Jaun aphezpicuaren manuz imprimatua; hau choilqui irakhatsia içaiteco Bayonaco diocesan.* Bayonan, Paul Fauvet, etc. (*Abrégé de la Doctrine chrétienne qu'on doit apprendre aux jeunes enfants, imprimé par ordre de Pierre de la Vieuxville, évêque de Bayonne, pour être enseigné dans le diocèse de Bayonne.* Bayonne, chez Paul Fauvet, etc., in-8° de 128 pages. Le mandement épiscopal qui le précède est du 20 juin 1731.

[2] A Bayonne, chez Paul Fauvet, etc., in-12 de 112 pages. Cette édition contient le mandement de Mgr de la Vieuxville, les prières du matin et du soir, et, à la fin, les litanies du saint nom de Jésus, de la sainte Vierge, et une méthode pour servir et répondre à la messe.

[3] In-12 de 117 pages. C'est cette édition qui a servi de base à celles de 1823, de 1852 et autres.

[4] *Francesen Imperadoaren Eremuetaraco Eliza gucietaracotz eguina dan Catichima.* Bayonne, Cluzeau frères, in-8°. (*Noticia de las obras vascongadas*, etc., p. 2, n° 9.)

[5] En voici le véritable titre: *Bayonaco diocesaco bi-garren Catichima, lehenbicico communionea eguitera preparatcen diren haurrençat.* Bayonan, Paul Fauvet, etc. M.DCC.XXXIII. (*Second Catéchisme du diocèse de Bayonne, pour préparer les enfants à recevoir la première communion.* Bayonne, Paul Fauvet, etc., 1733), in-12.

écrit, et dont une réimpression aurait certainement un abondant débit, se trouve difficilement, moins difficilement toutefois que le Catéchisme abrégé, en raison de ce que celui-ci n'a point été vendu relié ni remplacé obligatoirement par d'autres, tandis que le *Catichima doblea* était de nature à être mieux conservé et gardé avec soin comme livre de bibliothèque. C'est sans doute celui que P. Mascin attribue à l'évêque Guillaume d'Arche, dans son *Essai historique sur la ville de Bayonne* [1].

Ces deux catéchismes sont à l'usage de Bayonne; il en existe un autre, très-rare, à l'usage du diocèse d'Oloron, petit volume in-12 de viii-94 pages, intitulé : *Catechisma Oloroeco diocesaren cerbutchuco. Joseph de Revol hanco aphezcupiaz eguina, emendatia eta berriz imprimatia François de Revol, Oloroeco appezcupiarenmanuz.* Pauven, J.P.Vignancour... M.DCC.LXXXVIII. (*Catéchisme à l'usage du diocèse d'Oloron, fait par Joseph de Revol, évêque de ce diocèse, augmenté et réimprimé par ordre de François de Revol, évêque d'Oloron.* Pau, J.P. Vignancour... 1788). En effet, le mandement annexé à cette édition, et qui est de François de Revol, sans date, porte qu'il fit imprimer un catéchisme basque, « avec quelques retranchements et augmentations, sur le modèle d'un précédent qu'un de ses zélés prédécesseurs avait fait traduire en basque et en béarnais, pour ceux de ses fidèles qui n'entendaient pas le français. » C'est celui de Joseph de Revol. Il s'ensuit que ce prélat fut le premier évêque d'Oloron qui fit composer un catéchisme basque pour la Soule, et il dut paraître de 1705 à 1735, époque à laquelle Joseph de Revol gouvernait l'église d'Oloron. Cela est encore confirmé par un autre endroit du mandement de François de Revol, dans lequel on lit : « Je sais, mes très-chers frères, qu'un livre parfait et complet, *il y a trente ans*, n'a pas aujourd'hui, après le changement des temps, la même netteté, le même agrément, la même force qu'à l'époque de sa composition. » Or, François de Revol fut sacré en 1742, et les trente ans avant lui nous reportent à son avant-dernier prédécesseur, Joseph de Revol; mais comme

---

[1] Paris et Bayonne, 1792, in-8°, p. 85.

l'édition de 1788 n'est pas celle de François de Revol, c'est donc au moins une troisième édition. Ainsi, un seul catéchisme, avec quelques variantes, se perpétua depuis 1705 jusqu'à 1789, au diocèse d'Oloron. Ce petit volume n'a, outre le texte du catéchisme, que le mandement de François de Revol et le titre, puis, à la fin, les répons de la messe.

Outre ce catéchisme, il en a existé deux autres dans le dialecte souletin, et un seul peut-être a survécu. Tout donne à penser qu'il portait le titre suivant : *Catechima laburra eta Jesus-Christ. Goure Ginco Jaunaren eçagutcia, salvatu içateco,* etc. Pauvem. Jerôme Dupoux, imprimaçaliaz eguina, 1696, petit in-4°. La 1re partie se compose de 176 pages; la 2e, d'où nous avons tiré le titre ci-dessus, qui manque dans l'exemplaire de M. l'abbé Inchauspe, le seul connu, renferme 134 pages.

L'auteur de cet ouvrage est Athanase de Belapeyre, prêtre bachelier en théologie, curé de Cheraute et official de l'évêché d'Oloron au pays de Soule, province de Guienne, qui l'entreprit à la demande de maître Pierre de Chamalbide, prêtre curé d'Abense et substitut du promoteur au présent pays. Page 20 de la 1re partie, l'auteur fait mention en ces termes d'un autre catéchisme basque imprimé en 1686 :

« Eta amorecatic uscaraz onsa ecin minçatciaren penac guibel elciteen, ez herabezti : nola ere haboroec ezpaitucie hon ediren herri hontaco apez gazte gatec gutiz honat uscarala utçuli dian catechima (an 1686), eta espaitcireye hartçaz cerbutchatcen : segur ere baita, eçagutcen ezpagunu haren eguiliac teologian iakite cian beno guehiago, onsa eguin nahia ciala, justicia garratcian ediren gunukiala, haren lanaren bai doctrinan, bai uscarau hitz gogor, baita houx ouste gabian eguin dutian hanitz, çoin hontarçunez orai guhiego aipatu gabe uzten baitutugu, bere lanian bere icena gorde diana, damu gutiagoreki bara dadin. »

(Nous avons fait ce travail)... afin que la peine de ne pouvoir vous exprimer en langue basque ne vous rebute et ne vous rende paresseux dans l'enseignement de la religion, et parce qu'aussi la plupart d'entre vous n'ont pas goûté le catéchisme qu'un jeune prêtre de ce pays a traduit en basque (an. 1686) tout récemment, et que vous n'en faites point usage ; il est certain, du reste, que si nous ne savions que son auteur avait plus de bonne volonté de bien faire, qu'il n'avait de science théologique, nous aurions eu à exercer une justice sévère à son égard, pour les termes impropres que l'on trouve dans son travail et par rapport à la doctrine et par rapport à la langue basque, et aussi pour les nombreuses erreurs qu'il a involontairement commises, sur lesquelles nous ne voulons pas insister davantage par ménagement pour celui qui a caché son nom. Par ces motifs, nous vous offrons ce travail.)

La *Noticia de las obras vascongadas*, etc., p. 1, n° 2, nous fournit encore cette indication d'un catéchisme que nous n'avons jamais vu : « *Catechima Oloroeco diocesaren cerbuchuco*, in-8°, en basque souletin, assez pur et naturel, quoique difficile à entendre pour les autres dialectes, à cause de ses euphonies, de ses changements de voyelles et autres particularités. C'est une traduction du français par M. Jacques de Maytie, chanoine d'Oloron, imprimée à Pau, en 1706, par Jérôme Dupoin (Dupoux). »

Le diocèse de Dax avait aussi son catéchisme, dont nous ne connaissons qu'une édition ancienne. C'est celle qui porte pour titre : *Catichima, edo fediaren eta guiristino-eguien explicacione laburra. Luis-Maria de Suarez d'Aulan, Aquiceco Jaun aphezpiku ossoqui illustre eta ohoregarriaren manuz imprimatia choila haren diocesa gucian eracaxia içaiteco.* Aquicen, G. Roger Leclercq, liburu saldçaliaren imprimeriatic. (*Catéchisme, ou explication abrégée de la foi et des vérités chrétiennes, imprimé par ordre de Louis-Marie de Suarez d'Aulan, illustrissime et révérendissime évêque de Dax, pour être seul enseigné dans son diocèse.* A Dax, de l'imprimerie de G. Roger Leclercq, libraire), in-8° de 164 pages. Le mandement épiscopal par lequel s'ouvre le volume, est du 2 mars 1740, ce qui suffit pour faire croire à l'existence d'une édition plus ancienne. On en connaît une postérieure, Bayonne, Michel Cluzeau, 1815, 174 pages in-8°, avec un autre mandement de J.-J. Loison, évêque de cette ville, par lequel il interdit le catéchisme de l'Empire. Celui qui lui a succédé, remplacé à son tour par d'autres, devient rare, et néanmoins est d'un grand intérêt.

Je ne parle pas du catéchisme guipuzcoan de Villafranca ni du catéchisme biscayen de Ripalda par le licencié Capanaga, prêtre de Manaria en 1657; ils ne me sont connus que par ce qu'en dit un bibliographe anonyme [1], qui traite assez mal le premier, déclarant qu'il ne mérite aucune estime, à cause de son langage souverainement mauvais, et des barbarismes et des solécismes que l'on y trouve en plus grand nombre que les citations, qui cependant ne manquent pas.

A côté de ces catéchismes, il convient de placer : 1° les traductions en guipuzcoan et en biscayen de celui du P. Gaspar Astete, par les PP. Larramendi, Añibarro, Cardaveraz, Echeverria et par D. Juan Antonio de Moguel, imprimées à Burgos, à Pampelune [2], à Saint-Sébastien et ailleurs, dont l'une, je ne sais laquelle, l'a été en 1742, et une autre, si ce n'est la même, réimprimée à Tolosa, par D. Francisco de la Lama en 1822 [3], puis en 1832, en un volume in-16 de 72 pages ; 2° les deux catéchismes, en même langue, de D. Francisco Xavier de Lariz, dont le second a été imprimé in-8° à Madrid, par D. Antonio de Sancha, en 1774, avec une version castillane [4]. Le basque de Larramendi est parfait; celui d'Añibarro, comme celui de Cardaveraz, est bon, éloge que l'on ne peut en conscience donner à la traduction d'Irazuzta, recteur ou curé d'Ernialde, qui a cours aujourd'hui dans le Guipuzcoa, et dont un bibliographe rend un témoignage peu flatteur [5]. La traduction du P. Añibarro est en navarrais, comme l'ouvrage ainsi indiqué dans la *Noticia de las obras vascongadas*, etc., p. 2, n° 13 : « *Apecendaco doctrina cristiana uscaraz*. Doctrine chrétienne à l'usage des ecclésiastiques, par le P. Francisco de Elizalde, jésuite, imprimée à Pampelune en 1735, de même format qu'Astete, mais un peu plus fort. »

Le travail de D. Juan Antonio de Moguel, dont je n'ai rien

---

[1] *Noticia de las obras vascongadas que han salido á luz despues de las que cuenta el P. Larramendi.* San Sebastian, imprenta de Ignacio Ramon Baroja, 1856, in-4° esp., p. 5, n°⁵ 36, 38. Cette notice bibliographique est attribuée au P. Zabala.

[2] En basque *Iruñean*, nom que M. d'Abbadie a commis la faute de traduire par *Irun*. — Nous ne connaissons le volume portant cette indication que par ce qu'en ont dit M. Gustave Brunet (*Sur la littérature basque*, dans le *Bulletin du bibliophile*, n° 12. — 3° série, p. 545) et l'auteur de la *Noticia de las obras vascongadas*, etc., p. 2, n° 14.

[3] *Notitia de las obras vascongadas*, etc., p. 4, n° 33.

[4] *Diccionario geográfico-histórico de España*, sect. I, t. II, p. 345, col. 1, art. *San Sebastian*. — *Études grammaticales sur la langue euskarienne*, p. 44. — *Noticia de las obras vascongadas*, etc., p. 3, n° 25.

[5] *Noticia de las obras vascongadas*, etc., p. 4, n° 35.

dit, est intitulé *Cristanaubaren Jaquinvidea;* c'est une œuvre achevée et parfaite en son genre. Depuis, l'auteur l'a accommodée, sans la gâter, à la prononciation de la vicairie de Busturia, sous le titre de *Cristiñau Doctriñia*, variante du dialecte biscayen. On en trouve une troisième dans le nom d'un ouvrage de D. Bartolomé de Olaechea, aumônier de l'hôpital de Bilbao (*Cristauben Dotriñia*), un volume in-8º d'instructions chrétiennes et de diverses pratiques et exercices de piété, tirés des ouvrages du P. Cardaveraz, dont l'auteur conserve le beau style, mais en un basque qui n'est guère pur. Le travail de D. B. de Olaechea a été réimprimé plusieurs fois [1].

C'est ici [2] que nous croyons devoir indiquer un volume intitulé : *Exercicio spirituala. Bere salbamendua eguiteco desira duten guiristiñoençat lagunça handitacoa.* Bigarrena editionea. Bayonaco Gure Jaun ipizpicuaren permissionarequin. Bayonan, Paul Fauvet, erregueren imprimatçaillea baitan (*Exercice spirituel pour les chrétiens qui ont le désir de faire leur salut*. Seconde édition, avec la permission de Mgr l'évêque. A Bayonne, chez Paul Fauvet, imprimeur du roi), in-18, de 371 pages, plus sept feuillets liminaires, contenant le titre et le calendrier, et trois feuillets renfermant le privilége du roi et la table. Ce volume, mentionné par le P. de Larramendi dans la préface de son *Diccionario trilingue* [3], imprimé, comme on sait, en 1745, est bien écrit.

Un mot maintenant relativement à l'*Eucologia ttipia*, traduction exacte de l'Eucologe français, que l'évêque Guillaume d'Arche fit imprimer avec tous les bréviaires, diurnaux et autres livres

---

[1] *Noticia de las obras vascongadas*, etc., p. 5, 6, nos 41, 45.

[2] Ce qui nous fait croire que ce livre a été imprimé en 1741 ou 1742, c'est que dans la table du comput ecclésiastique qui se trouve derrière le titre, la seconde de ces deux années est la première indiquée. Nous possédons une autre édition du même ouvrage, de même format et avec un titre presque identique, où se trouvent de même les mots *Bigarrena editionea*, mais où les années indiquées dans la table placée à la deuxième page commencent en 1755. Notre exemplaire est très-défectueux, surtout à la fin; néanmoins il est facile de reconnaître qu'il appartient à une autre édition que la précédente, quoique sortie des mêmes presses. — Ce même ouvrage a été réimprimé par Cluzeau et Fauvet jeune, à Bayonne, en 1810, 1814, 1823, 1825, 1829, 1838 et 1840, in-18, in-24 et in-32. Dans l'une de ces éditions, la seule connue, à ce qu'il paraît, de l'auteur de la *Noticia de las obras vascongadas*, etc., on ne trouve pas la passion de Jésus-Christ selon saint Jean.

[3] Prólogo, t. I, p. XXXV, nº 6.

nécessaires aux besoins de son église. Il porte pour titre : *Eucologia ttipia, edo eliçaco liburua, Bayonaco diocesacotz, ceiñetan baitdire breviario eta missel berrien arabera cantatcen diren guciac.... Yaun aphezpicuaren manuz imprimatua.* Parisen, Piarres Alexandre Le-Prieur... baitan (*Petit Eucologe, ou livre d'église, pour le diocèse de Bayonne, dans lequel se trouve, d'après le nouveau missel et le nouveau bréviaire, tout ce qui se chante.... Imprimé par ordre de Mgr l'évêque.* A Paris, chez Pierre-Alexandre Le-Prieur), 1758, in-12. Le volume s'ouvre par un avertissement et un calendrier en basque, suivis de la prière pour la bénédiction de l'eau, du *Veni Creator* et de l'*Ave maris Stella,* tout cela sans pagination. Viennent ensuite, toujours en basque, de la page 1 à la page 58, les prières du matin et du soir, celles de la messe, de la communion et de la confession, l'avis de Tobie à son fils et le renouvellement des vœux du baptême. Puis commence une nouvelle pagination pour l'Eucologe proprement dit, où tout est latin, sauf de fréquentes explications intercalées pour l'intelligence et la direction de l'office, et, à la fin, une prière à saint Léon pour le temps de la grossesse. Deux lignes finales avertissent qu'il faut chercher les approbations et priviléges dans le livre d'heures français et dans le diurnal latin.

Après cette édition vient celle de 1817, comme semble l'annoncer l'approbation de Mgr Loison, et enfin celle de 1831, chez Michel Cluzeau et Vve Cluzeau. Ces deux éditions reproduisent celle de Paris, sauf la double pagination réduite à une seule; elles n'ont d'autre mérite que la correction de beaucoup de fautes et l'addition de nouvelles. Du reste, ce sont les seules éditions que l'on trouve, et le livre est fort recherché en raison de ce que les offices y sont tout du long pour l'année ecclésiastique. Les soixante pages qui s'y trouvent en basque sont bien écrites.

Après avoir passé le milieu du XVIII⁰ siècle, nous rencontrons un autre volume intitulé : *Jesusen bihotz sacratuaren aldareco Devocionea, meça sainduco exercicio izpiritual batequin M. G*** francesetic escuararat itçulia.* (Dévotion au sacré cœur de Jésus dans le saint sacrement de l'autel, avec un exercice spirituel pour la sainte messe, traduit du français en basque par

M. G***.) Toulouse, 1759, in-8°, de VIII-160 pages, y compris le titre. Au commencement est la traduction de la bulle de Clément XII, qui approuve la confrérie du Sacré-Cœur et lui accorde des indulgences, bulle en date du 2 mai 1732. Vient ensuite la publication de la bulle par l'autorité locale, avec l'indication des jours de fête des confréries, en basque, par Guillaume d'Arche, évêque de Bayonne, datée du 22 mai 1759. Ce livre, qui est bien écrit, avait déjà eu une édition en 1757, s'il faut en croire l'auteur de la *Noticia de las obras vascongadas*, etc., qui la décrit comme portant sur le frontispice les noms de *Bayonne* et de *François Trebos* au-dessus du millésime, et ceux de *Toulouse* et de *P. Robert* sur le dernier feuillet. Il est bien plus certain que ce livre a été réimprimé en 1831 à Bayonne, chez Cluzeau, en un volume in-24 de dix feuilles, 7/12, et qu'il a servi de base à la nouvelle Dévotion au Sacré-Cœur, publiée en un volume plus étendu par M. Jauretche.

L'auteur de la *Noticia de las obras vascongadas*, etc., cite encore, p. 2, n° 15, un ouvrage en guipuzcoan, mêlé de navarrais, *Jesusen biotz maitearen Devocioa*, du P. Sébastien de Mendiburu, de la compagnie de Jésus, un volume in-8°, imprimé à Pampelune. Ce doit être une traduction. Le bibliographe anonyme ajoute que le règlement de la confrérie a été imprimé séparément à Saint-Sébastien, par Bartolomé Riesgo Montero, en 1747. Le basque du R. P. est si bon, que le P. de Larramendi lui écrivit de Loyola, le 15 mars de la même année, une lettre dans la même langue, toute pleine d'enthousiasme et de plaisir de voir expliquées avec tant de pureté, de propriété et d'élégance, les matières de la religion chrétienne. Cette lettre se trouve habituellement en tête du livre.

A propos de la dévotion au Sacré-Cœur, il existe une petite brochure de 29 pages in-12, devenue introuvable. Elle est de l'année 1768, je ne sais de quel imprimeur, le premier feuillet manquant à l'exemplaire qui nous a été communiqué. Elle renferme : 1° la résolution prise, à la requête de la reine, dans l'assemblée générale de 1768, de propager la dévotion au Sacré-Cœur parmi les fidèles ; 2° le mandement fait à ce sujet, par

G., évêque de Bayonne, où il fixe la fête du Sacré-Cœur au dimanche après l'octave du saint sacrement; 3° des prières au Sacré-Cœur, au nombre de cinq (tout cela en basque); 4° l'office complet du Sacré-Cœur et ses litanies en deux parties et en latin. Le basque de ce petit livre est celui du Labourd; mais il y a ceci de remarquable, que l'auteur de la traduction, par une affectation de purisme, est tombé dans un néologisme condamnable, qui rend son travail difficile à lire.

Un peu après le milieu du XVIIIe siècle, un ouvrage basque plus important, surtout plus considérable, parut sous ce titre : *Jesusen amore-nequeci dagozten, cembait otoitz gai, Jesusen compañiaco A. Sebastian Mendiburuc eguiñac*, 1760. Behar bezala. Iruñeco, libru-guille Antonio Castilla-ren echean. (*Quelques sujets de prières et de méditations sur l'amour souffrant de Jésus, présentés par le P. Sébastien Mendiburu, de la compagnie de Jésus*, 1760. Avec autorisation. Chez Antonio Castilla, imprimeur à Pampelune), onze volumes in-12.

Ce livre, dont nous avons ailleurs donné une description détaillée [1], est en dialecte guipuzcoan et parfaitement écrit; il s'y trouve quelques cantiques d'une versification facile et naturelle. On lit au tome V de l'exemplaire appartenant autrefois à l'abbé Ségalas, de Saint-Palais, cette note écrite à la main sur une page blanche : « El autor de esta obra salio con el santo Christo, predicando por las calles, el dia 2 de abril del año de 1767. » C'était l'année même de l'expulsion des jésuites. Le R. P. aurait-il prêché la révolte?

Il existe, sous le même titre et la même date, une autre édition du même ouvrage en trois volumes in-4°; nous en avons également donné la description [2].

Je citerai ici, comme pareillement écrit dans le dialecte du Guipuzcoa, l'ouvrage qui a pour titre : *Aita san Ignacioren Egercicioen gañean afectoac, beren egemplo, eta dotrinaquin : edo Egercicioen IIen Partea : Jaincoaren ministro celosoai Jesusen compañaco aita Agustin Cardaberaz ec esquentcen, ta*

---

[1] *Proverbes basques*, introduction, p. lj, lij, n° XXX.
[2] *Ibid.*, p. lij, n° XXXI.

dedicatcendiena, 1761. Urtean. Bear dan bezala. Iruñean : libruguille Antonio Castilla-ren echean (*Aspirations et doctrines en deux parties, sur les Exercices du père saint Ignace, offertes et dédiées au ministre zélé de Dieu, par le P. Augustin Cardavera, de la compagnie de Jésus*. L'an 1761, avec permission. A Pampelune, chez Antonio Castilla, libraire), petit in-8°, de 392 pages, plus 2 feuillets de table et d'errata à la fin. Une seconde édition de cet ouvrage a été donnée dans la même ville en 1765, in-12, de 120 pages, et une troisième à Tolosa, en 1824, en un volume, conforme à celle de 1761, annoncée comme étant en quatre volumes in-8°, dans la *Noticia de las obras vascongadas*, etc., p. 3, n° 18.

Le P. Augustin de Cardaveraz, natif de Saint-Sébastien en Guipuzcoa, florissait au temps de l'expulsion de la compagnie de Jésus, c'est-à-dire en 1767. Outre les ouvrages dont nous venons de faire mention, il a publié une Vie de saint Isidore [1], un volume pour assister les agonisants [2], un manuel [3] et un livre de

---

[1] *Senar emazte santuac. S. Isidro Achurlari, labore emazte santa Mariaren Bicitza, virtutcac, eta milagroac.* Iruñean, 1766 (*Les saints Époux. Vie, vertus et miracles de saint Isidore le Laboureur, ainsi que de sainte Marie, son épouse*. Pampelune, 1766), in-8° esp.

[2] *Ondo illicen icusteco, eta ondo illicen lagunties Egercicioac. Ondo ill nai dutenai, ta ondo illicen lagundu nai duten Jaincoaren ministroai, Jesus-en compañiaco Aita Agustin Cardaberazec esquenteen dizienac*. 1787. urtean. Beardan bezala. Tolosan : libruguille Don Francisco de la Lama-ren echean (*Exercices pour assister les agonisants et les aider à bien mourir; offerts par le P. Augustin de Cardaveraz, de la compagnie de Jésus, aux prêtres qui veulent assister les agonisants et les aider à bien mourir*. Année 1787. Avec permission. Tolosa : chez D. Francisco de la Lama, libraire), in-8° esp. de quatre feuillets liminaires et de 110 pages. L'auteur de la *Noticia de las obras vascongadas*, etc., p. 3, n° 23, en cite une édition de 1765.

[3] *Escu Librua ceñean dauden cristabaren eguneroco egercicioac, mandamentu santuetatic esamiña eguileco, confesatzeco eta comulgatzeco prestaerac, guerozco oracioaquin. Meza santua. Calbarioa eta beste devocioac. Jesusen compañiaco Aita Agustin Cardaverazec animen oneraco ipiñac.* Tolosan : Mendizabalen alargunaren echean : 1840 garren urtean. (*Manuel dans lequel se trouvent les exercices journaliers du chrétien pour l'examen sur les saints commandements, pour la confession et la communion, les prières qui suivent, la sainte messe, le chemin de la croix et d'autres prières, composé pour le bien des âmes par le P. Augustin de Cardaveraz, de la compagnie de Jésus*. A Tolosa, chez la veuve de Mendizabal, 1840), in-18, de 237 pages. Avant cette édition, on en connaît une de 1832, in-16, de 240 pages, également imprimée à Tolosa. — L'auteur de la *Noticia de las obras vascongadas*, etc., p. 3, n° 24, dit qu'en 1826 on a imprimé dans la même ville, chez de la Lama, un livre de dévotion, in-12, présenté comme extrait des ouvrages du P. Cardaveraz, sous le titre d'*Esculibrua*. « Il aurait été à désirer, ajoute le bibliographe, qu'il eût été rédigé par une main plus basque. »

dévotion [1], qui ne sont peut-être qu'un seul et même volume. S'il faut s'en rapporter à D. Vicente Gonzalez Arnao, il est encore auteur d'un traité de la *Retórica vascongada*, imprimé à Pampelune en 1761, ouvrage dans lequel il fait voir les beautés de cette langue antique, et démontre avec des règles et des exemples ses avantages pour toute espèce d'éloquence [2]. Il faut croire qu'il était en état de fournir des modèles de son fonds, s'il est vrai qu'il fût un célèbre missionnaire autant qu'un homme de sainte vie. Son basque n'est pas très-pur, il est vrai, mais il abonde en expressions heureuses, et l'élégance de son style rend ses œuvres dignes d'être lues, surtout son *Cristauaren Vicitza* [3]. Quant à son *Ondo illtcen icusteco*, etc., il faut croire qu'il n'aura pas été jugé suffisant, puisqu'un autre religieux, déjà auteur d'une traduction libre de l'Introduction à la vie dévote de saint François de Sales, le P. Fr. José Cruz de Echevarria, missionnaire franciscain de Zarauz, publia en 1824, à Tolosa, chez D. Francisco de la Lama, un autre ouvrage sous le même titre [4], en un volume in-8°.

Nous arrivons maintenant aux *Cantica izpiritualac*, livre fort

[1] Tolosa, sans date, in-16 de 192 pages, plus 28 pages de cantiques.

[2] *Diccionario geográfico-histórico de España*, etc., sect. I, t. II, p. 344, col. 2, art. *San Sebastian*.—La Rhétorique basque est mentionnée, sous le titre d'*Eusqueraren berrionac*, par l'auteur de la *Noticia de las obras vascongadas*, etc., qui ajoute que ce volume fut imprimé en 1761, à Pampelune, chez Castilla, in-8°. Voyez p. 3, n° 19.

[3] C'est, dit l'auteur de la *Noticia de las obras vascongadas*, etc., p. 3, n° 17, une traduction de Dutari, en un petit volume in-16 imprimé à Pampelune par Castilla, en 1790. — Plus loin, le même bibliographe mentionne, sous les n°s 20 et 21, la Dévotion de Jésus, de Marie et de Joseph *(Jesus, Maria eta Joseren Devocioa)*, du même auteur, un volume in-12 ou in-16, selon les différentes éditions, de Pampelune, etc., en 1763; et les vies de saint Louis de Gonzague et de saint Stanislas Kotska *(Justuen ispillu Arguia)*, imprimées en 1764. Au n° 39, p. 5, l'auteur de la Notice des ouvrages basques signale en ces termes une rédaction biscayenne de l'un des volumes qui viennent d'être cités : « *Jesus Maria ta Joseren devociñoco liburuchotic alcuraricaco devociño batzuec*, par le P. Cardaveraz. C'est un abrégé du traité du même religieux en guipuzcoan; l'auteur a droit aux mêmes éloges, si ce n'est à plus, pour s'être risqué à écrire en biscayen, tout en étant natif de Saint-Sébastien, ce qui doit être pris en considération quand on voit les petits défauts dans lesquels il est tombé. En écrivant cet ouvrage, il n'a point fait usage du *j*, se conformant ainsi à la prononciation générale de la Biscaye (Voy. *Eusqueraren berrionac*, p. 24, où l'auteur assure que le *j* guttural n'appartient pas au basque, mais a été emprunté au castillan, et où il fait mention de l'usage de l'yota en Biscaye), quoiqu'il ne fût pas certain de l'emploi de l'*i* voyelle comme consonne. Ce livre forme un petit volume in-16, imprimé à Pampelune, chez Antonio Castilla, en 1764.

[4] *Noticia de las obras vascongadas*, etc., p. 4, n° 52. — La traduction de l'ouvrage de saint François mentionnée au numéro précédent sous le titre de *Devociozco vicitzaren Sarrera*, se trouve ainsi rangée parmi les livres en dialecte guipuzcoan.

intéressant de la littérature basque, mais dont les premières éditions doivent avoir complétement disparu, en raison de l'usage habituel que l'on en a fait, et parce que l'on s'en est toujours servi broché. La plus ancienne dont nous ayons connaissance, encore est-ce par les Prolégomènes de M. d'Abbadie [1], est celle de 1763, in-8°. Vient ensuite celle de 1775, de Bayonne, Pierre Fauvet, près des Carmes; elle fut précédée de quelques années (je ne puis dire de combien, la première page de cette édition a le millésime déchiré en deux, et l'on n'y distingue que C. L.) par une autre de Duhart-Fauvet, Pont-Mayou, à Bayonne. Ces deux éditions sont la reproduction textuelle l'une de l'autre, sauf la pagination et les caractères, uniformes dans la première, et de deux formes dans la seconde. L'édition de 1775 a sept pages in-12, y compris le titre et l'avis du commencement, et les actes principaux après la communion, à la fin.

Ces éditions, non-seulement sont conformes aux précédentes, mais, d'après l'avis, elles ne présentent que plus de soin dans l'impression, la correction du plus grand nombre de fautes, et des points et virgules mis avec exactitude. De plus, on y trouve « quelques cantiques nouveaux. » On peut donc conclure de ce qui précède, que les anciennes éditions ne contenaient rien que celles-ci n'aient reproduit.

Tous les cantiques basques furent dans la suite imprimés suivant l'édition de 1775, et, en raison de leur grand débit, les éditions en furent fréquentes. Vint 1815, où l'on renouvela aussi les catéchismes; on révisa les recueils de cantiques; l'auteur de la révision y trouva des défauts : « Certains cantiques, dit-il, ont toujours été imprimés avec les mêmes fautes, certains autres sont composés sans ordre ni bonne méthode, certains encore doivent d'avoir été imprimés à un zèle plutôt qu'à leur valeur littéraire. » Sur ces fondements, tout l'ancien recueil a été bouleversé; on a corrigé grand nombre de choses, transposé des couplets, fait disparaître bien des archaïsmes, retranché des cantiques entiers, inséré des morceaux. C'est un travail quelquefois heureux, souvent

---

[1] *Études grammaticales sur la langue euskarienne*, par A. Th. d'Abbadie et J. Augustin Chaho, de Navarre. Paris, Arthus Bertrand, 1836, in-8°, p. 43.

malheureux, et sans intelligence de la langue et du génie poétique. Il forme une brochure in-12 de 80 pages, y compris le titre, l'avis et la permission de Mˢʳ Loison, en date du 8 juillet 1815, et porte pour adresse chez Fauvet jeune, rue Pont-Mayou, n° 13, à Bayonne; on y trouve de plus, à la fin, une amende honorable au saint sacrement [1].

On prit goût, à ce qu'il paraît, à la composition poétique; car bientôt après le même Fauvet jeune imprimait, sans indication d'année, un autre recueil de cantiques tout nouveau. C'est une brochure in-12 de 56 pages, y compris le titre que voici : *Cantico izpiritualac, lehen eçagutuci hanitçac iratchiquiac, artha edo oharlçapeneguin cantatuz,* etc. Fauvet gaztea, Pon-Majouco carrican, n° 45, Bortz-Cantoinetan. Ce dernier recueil n'a rien du précédent.

On n'a plus imprimé que ces deux, et ce sont eux qui sont dans le commerce [2]. En 1824, Léon-Martin Cluzeau, libraire à Bayonne, les fit réimprimer chez Vignancour, à Pau. Sa veuve en a donné une dernière édition à Bayonne, en 1844; elle n'est remarquable que par un système déplaisant d'orthographe nouvelle. La première partie, qui se compose de 78 pages, renferme quarante-deux cantiques, treize noëls et d'autres vers de piété. Parmi les cantiques, il faut distinguer les suivants, qui méritent une attention particulière :

I CANTICA. — *Izpiritu Sainduaren lagunçac galdetceco.*

>   Çato Izpiritua,
>   Creatçaile saindua;
>   Bisita çatçu hotçac,
>   Othoi, gure bihotçac.

V CANTICA. — *Munduco gaucen esdeustasunaz.*

>   Mundu çoro tromperiaz bethea,
>   Iduki nauc, ondicoz! gathetan;

---

[1] On en trouvera le titre exact dans notre introduction aux *Proverbes basques*, p. lviij, n° LII. — Comparez notre jugement avec celui que porte l'auteur de la *Noticia de las obras vascongadas*, etc., p. 2, art. 11.

[2] Voyez, pour l'indication de ces éditions, notre introduction aux *Proverbes basques*, p. liij, n° XXXIII.

Lausengari, enganakor tristea,
Atceman nauc, eta cembatetan!

XXVIII CANTICA. — *Aldareco sacramendu sainduaren gainean.*

Oi! miraculu guciz espantagarria,
Oguiaren iduriz Yesus estalia!
Hura dut adoratcen aldare gainean,
Hura bera dut yaten communionean.

Parmi les noëls, le premier m'a paru véritablement digne d'attention :

O! Eguberri gaua,
Boscariozco gaua,
Alegueratcen duçu,
Bihotcean Christaua, etc.

Ce noël est du D. J. Etcheberri, comme le troisième, le onzième et le douzième. Le sixième, composé par le P. Gasteluçar, a été corrigé par Larreguy, curé de Bassussarry. En voici la première strophe :

Canta çagun guciec
Ahalic gorena;
Lauda çagun Maria
Andre handiena.
Yakin çuen cerutic
Cer cen guerthaturen,
Biryina guelditunic,
Cela amaturen.

Le huitième me semble encore fort beau :

Atçar gaiten, atçar lotaric,
Gau huntan da Yesus sortcen;
Amodioac garaituric
Gure gatic da ethortcen, etc.

La seconde partie de ce recueil de cantiques se compose de quatorze morceaux, parmi lesquels le suivant se fait distinguer :

Munduco gaucen funts-gabetasuna.

Ez da mundu huntan,
Ez hunen aguintcetan
Behinere aurkhitcen
Çorion falsoric baicen;

Bethi da gueçurti
Atcematen,
Halere bethi
Edireten
Ditu guiçonac,
Fidatu nahi çaizconac.

Pour terminer l'histoire des cantiques basques imprimés, j'ajouterai que Duhart-Fauvet, je ne sais quelle année, a encore imprimé cinq cantiques pour le temps de la mission, en 12 pages in-12.

J'allais omettre de dire qu'en 1826, quelques ecclésiastiques de la Soule ont accommodé au dialecte de leur pays le tout ou la plus grande partie des recueils ci-dessus de Fauvet jeune et de Duhart-Fauvet, en y ajoutant d'autres cantiques encore, qu'ils ont peut-être empruntés à quelque recueil ancien de cantiques souletins que je ne connaîtrais pas. Tout cela forme une brochure grand in-12, de 142 pages, y compris la table, mais non le titre et l'approbation de Mgr Lacroix, en date du 1er mai 1846, brochure intitulée : *Cantica espiritualac*. Bayonne, Foré et Lasserre, successeurs de Duhart-Fauvet. Se vend chez Roch Daguerre, à Mauléon.

Cette compilation est plus ou moins heureuse, mais néanmoins sert bien au pays de Soule. Les cantiques y sont divisés par ordre de matières en cinq parties, et chaque cantique porte en tête une lettre de l'alphabet, « pour aider les recherches des lecteurs qui ne connaissent pas les chiffres. »

En l'année 1751, dix ans après la grammaire de Harriet [1], le même imprimeur donnait un volume devenu excessivement rare, et on le comprend, puisque c'était un livre de circonstance; je veux parler d'un livre intitulé : *Urthe sainduco jubilaneco Othoitzac, Bayonaco Gure Yaun aphezpicuaz ordenatuac*. Bayonan, Fauveten alhargunaren eta Jean Fauvet, erregueren eta Jaun aphezpicuaren

---

[1] *Gramatica escuaraz eta francesez, composatua francez hitzcunça ikhasi nahi dutenen faboretan. M. M. Harriet, notari erreialac.* Bayonan, Fauvet, alarguna eta J. Fauvet, erregueren imprimadoriac baitan. M.D.C.C.XLI., in-8° de 512 pages, plus 2 feuillets contenant les approbations, etc. Cet ouvrage, qui s'est payé plusieurs fois 6 fr. (ventes Lerouge, Langlès, etc.), a été porté à 20 fr. 65, chez Boulard, et à 47 fr., chez Klaproth.

imprimadoreen imprimeriatic (*Prières de la sainte année du jubilé, ordonnées par M*gr *l'évêque de Bayonne. A Bayonne, de l'imprimerie de veuve Fauvet et Jean Fauvet, imprimeurs du roi et de M*gr *l'évêque*), M. DCC. LI. Cette instruction pour le jubilé, la plus ancienne que l'on connaisse, et qui a servi de modèle aux autres, est un in-12 de 44 pages, y compris le titre. Tout y est en basque, jusqu'aux psaumes; on y trouve la bulle de publication du jubilé universel de 1750, le mandement de l'évêque Guillaume d'Arche, daté de 1751; une doctrine, en forme de catéchisme, sur les indulgences et le jubilé, toutes les prières indiquées et ordonnées pour les diverses stations; enfin, le *Te Deum* en vers basques tiré de l'ouvrage de Haramburu.

Le jubilé de 1776 doit avoir donné lieu à une publication semblable; je n'ai pu la trouver.

Le jubilé de 1801 ne se fit chez nous qu'en 1805. Il se donna en forme de jubilé, à l'occasion de la paix qui fut rendue à l'église de France. La publication faite à cette occasion, à Bayonne, renferme : la lettre du cardinal Caprara, légat apostolique auprès du premier Consul, en date de 1803; le mandement de J.-J. Loison, évêque de Bayonne, qui porte celle de décembre 1804. Suit une instruction sur les indulgences et le jubilé, en forme de catéchisme; puis les prières pour les diverses stations; enfin, le *Te Deum* de Haramburu et divers actes. Ce petit volume, qui est in-12, se compose de 77 pages et demie, y compris le titre, qui est ainsi conçu : *Jubilan guisa ematen den perdunantça osoaren Crida edo publicacionea, aita saindu Pio, icen huntaco VII garrenac*, etc. *Eliça bisitetan eguin behar diren othoitzequin. Jaun Joseph-Jacobe Loison, Bayonaco yaun aphezpicuaren meçuz.* Bayonan, Cluzeau anayetan, etc. (*Proclamation et publication de l'indulgence plénière qui se donne les temps de jubilé, par le saint-père Pie VII*mo *de ce nom*, etc., *avec les prières qu'il faut faire dans les visites des églises. Par ordre de M*gr *Joseph-Jacques Loison, évêque de Bayonne.* Bayonne, chez Cluzeau frères, etc., 1805. Ce petit volume, qui est devenu rare, présente cette particularité, que les psaumes sont en vers. L'auteur avait de grandes prétentions à bien écrire le basque; il affecte trop de purisme, mais réussit bien d'ailleurs. Il termine son travail de traducteur par un quatrain, où il prie que l'on ne porte pas envie aux Labourdins de ce qu'il écrit en dialecte de la côte, son intention étant d'être utile à tous les Basques indifféremment.

Le dernier jubilé fut général et se célébra en 1826. Le livre qui en renferme les instructions est un in-12 de 92 pages, y compris le titre que voici : *Irakhaspena eta othoitzac, 1826, urthe sainduco jubilanecotçal*, etc. Bayonne, imprimerie de Duhart-Fauvet, se vendant chez Bonzom. Cette brochure, encore facile à trouver, renferme les mêmes matières que les précédentes, avec cette différence, que les prières latines, psaumes, hymnes et oraisons sont en latin, avec une traduction basque en regard, et qu'il y a à la fin cinq cantiques tirés du recueil de 1824. Elle a été publiée sous Mgr d'Astros, dont émane le mandement, et la bulle est de Léon XII.

Reprenons maintenant l'ordre chronologique, sans lequel il serait difficile de se retrouver dans l'inventaire de la littérature basque.

En 1775, elle reçut une notable addition par la publication du premier volume de l'Histoire de l'Ancien et du Nouveau Testament, sous ce titre : *Testament Çaharreco eta Berrico Historia, M. de Royaumontec eguin içan duenetic berriro escararat itçulia.... Lehenbicico liburua : Testament Çaharra*. Bayonan, Fauvet-Duharten imprimerian eguina. M.DCC.LXXV. (*Histoire de l'Ancien et du Nouveau Testament, nouvellement traduite en basque de celle qui a été composée par M. de Royaumont.... Livre premier : Ancien Testament*. Imprimé à Bayonne, chez Fauvet-Duhart, 1775), in-8° de xij-377 pages, plus trois feuillets de table.

Deux ans après parut le tome II, sous le même titre, sinon que la fin est ainsi conçue : *Bi-garren liburua : Testament Berria, cembeit sainduen bicitcearequin*. Bayonan, Fauvet-Duharten imprimerian eguina. M.DCC.LXXVII. (*Second Livre : Nouveau Testament, avec la vie de quelques saints*. Imprimé à Bayonne, chez Fauvet-Duhart, 1777), in-8° de 454 pages, plus deux feuillets de titre et de préliminaires, et trois feuillets de table. Il est presque inutile de dire que cette traduction est en basque du Labourd; elle a pour auteur B. Larreguy, curé de Bassussarry, auteur du chant en l'honneur du comte d'Estaing[1]. L'auteur de la *Noticia de las obras vascongadas*, etc., dit que le basque de cet ecclésiastique est assez bon; il eût mieux fait de dire excellent.

A côté de ce livre, il faudra placer celui qui a été publié de nos jours sous ce titre : *Testamentu Zarreco eta Berrico Condaira, edo munduaren asieratic Jesu-Christo-ren Evangelioa apostoluac eracutsi zuten arterañoco berri, Escritura santatic atera, eta euscaraz ipiñi diluenac apaiz D. Francisco Ignacio de Lardizabal, Zaldivia-co beneficiaduac*. Tolosa-n : 1855-garren urtean. Andrés Gorosabel liburuguillearen echean. (*Histoire de l'Ancien et du Nouveau Testament, ou nouvelles depuis le commencement du monde jusqu'au temps où les apôtres publièrent l'Évangile de Jésus-Christ, tirées de l'Écriture sainte et mises en basque par le prêtre Francisco Ignacio de Lardizabal*, beneficiado *de Zaldivia*. A Tolosa, 1855, chez André Gorosabel, libraire), in-4° esp. de 548 pages, plus deux feuillets de titre et d'avertissements, et, à la fin, neuf feuillets de table et d'errata. L'ouvrage est en guipuzcoan.

Nous avons maintenant du biscayen dans le petit volume dont voici le titre : *Jesu-Christo gure jaunaren Passioa, euscarazco versoetan Jesusaren beraren biotz mailetzuari, biotzarequin batera ofrendatzen aio : Aita san Ignacio Loyolacoren seme*. Bilbaon : 1777. garren urtean. (*La Passion de Notre Seigneur Jésus-Christ, en vers basques, et offerte au cœur aimant de Jésus lui-même par un fils du père saint Ignace de Loyola*. A Bilbao, l'an 1777me), in-32 d'une feuille, ou 27 pages, avec une gravure sur bois derrière le titre.

L'année suivante, 1778, Pierre Fauvet imprimait une brochure de 64 quatrains en vers de huit et de sept syllabes, précédés d'un prologue de huit vers, sur les miracles de la Vierge d'Aranzazu, célèbre pèlerinage en Guipuzcoa; c'est une traduction

---

[1] Voyez ci-dessus, p. 249.

d'un livre espagnol par un prêtre du Labourd. La poésie n'en est pas riche, mais assez bonne. Cette petite brochure n'est plus trouvable ; on l'a conservée en en tirant des copies manuscrites.

En 1780, on imprimait à Bilbao, sous le titre d'*Errosario edo Corea santua* (Rosaire ou Couronne sainte), un petit volume in-8°, anonyme comme un chemin de la croix, imprimé dans la même ville, sans date. L'un et l'autre sont dans un basque des plus mauvais, c'est-à-dire à placer sur la même ligne, ou peu s'en faut, que le livre de dévotion de D. Martin de Arzadun, heureusement remplacé par celui de D. Juan José de Moguel[1], curé de Marquina, cousin de D. Juan Antonio et frère de doña Vicenta Antonia, ouvrage dont le langage est très-bon, disons mieux, élégant. On ne doit que la première de ces deux épithètes au basque d'un petit traité en dialogue du même D. Juan José sur l'éducation des enfants, volume in-8° imprimé à Bilbao par D. Pedro Antonio de Apraiz, en 1816, avec les seules initiales de l'auteur.

Jusqu'ici nous n'avons vu que du labourdin, du souletin, du guipuzcoan et du biscayen ; vers la fin du XVIIIe siècle parut, en bas navarrais, le seul ouvrage qui, avec le catéchisme du diocèse de Dax, décrit ci-dessus, se trouve dans cet intéressant dialecte mixte. C'est une traduction de l'Abrégé de la perfection chrétienne, par le P. Alphonse Rodriguez, intitulée : *Alphonsa Rodriguez, Jesusen compagnhaco aitaren, guiristhinho perfeccioniaren praticaren pparte bat, heuzcarala itçulia, heuzcara becio eztakitenen daco. Avignhonen, Antonio Aubanel... beithan. M. DCC. LXXXII.*, un volume in-12 de 466 pages, y compris le titre, l'avis au lecteur en basque, les approbations en français et en basque de l'évêque Suarez d'Aulan et de M. d'Abense, curé de Juxue, vicaire général de Dax, datées de 1782, les permis d'imprimer du vicaire général d'Avignon et de l'inquisiteur général, en latin, enfin la table des matières. L'auteur a gardé l'anonyme ; on apprend seulement, par l'approbation de Suarez d'Aulan, ancien évêque de Dax, qu'il « entreprit et mit au jour son œuvre à la sollicitation du pré-

---

[1] *Egunoroco lan on, ta erregubac*, un volume in-8°, imprimé sans nom d'auteur à Bilbao, par José de Basozabal, en 1820.

lat, » et qu'il était « un des plus respectables curés du diocèse de Dax. »

Nous rentrons dans le dialecte du Labourd par un volume qui a pour titre : *Guiristinoki biciceco eta hilceco Moldea,* etc. (Manière de vivre et de mourir en chrétien), publié par André Baratciart. Bayonne, chez Fauvet-Duhart, 1787, in-18 de 310 pages, y compris le titre, et moins la table, qui est d'une page. Ce volume, que l'on désigne généralement aujourd'hui sous le titre de petites Méditations, *Meditacione ttipiac,* est rare; il a été réimprimé à Bayonne en 1838, en un volume in-32, dont nous avons donné la description, p. lxv, n° LXXVIII, de notre introduction aux *Proverbes basques.* Avant cette édition, il en avait été publié une autre, en 1816, à Toulouse, par J.-M. Corne, se vendant chez Léon-Martin Cluzeau, à Bayonne. J.-J. Loison avait accordé cette année un permis d'imprimer à Michel Cluzeau : Martin en profita et s'adressa à un typographe de Toulouse. Outre cette permission, cette édition porte : 1° l'approbation primitive de Daguerre, supérieur du petit séminaire de Larressore, et du vicaire général official Hureaux, en date de 1784; 2° l'avis de Baratciart au lecteur ; 3° ce qui se trouve dans l'édition de 1838. Celle de 1816 est in-18, et se compose de 272 pages, tout compris, titre et table.

L'éditeur de ce très-bon livre, Baratciart, né en 1742, mourut en 1829 prêtre habitué à Ustaritz, après avoir été secrétaire de l'évêché. L'auteur est un « prêtre, ancien curé, aussi saint homme que savant esprit et pur Basque, » comme le dit Baratciart dans son avis. Natif de Ciboure ou de Saint-Jean-de-Luz, il en parlait parfaitement le dialecte. Baratciart usa de son manuscrit et ne fit que l'abréger, le copiant du reste mot à mot avec peu de variantes. Le manuscrit, la propriété d'un ecclésiastique du diocèse de Bayonne, qui en a fait l'emplette à Saint-Jean-de-Luz en 1846, a deux méditations qui n'ont point été imprimées : l'une, la 14ᵉ, *du besoin de la pénitence;* l'autre, la 32ᵉ, *du bon emploi du temps;* il renferme, de plus, une préface, et, après, une autre méditation *pour l'entrée en retraite.* Ce manuscrit, fort bien exécuté, porte la date de M.DCC.LXXXII.; il a pour titre : *Meditacione cerurat heltceco baïtez padacoac*, et pour épigraphe : *Desolacionez da desolatua lurra : ceren nihor ez baïda sartcen bere barnera. Jeremiassce dio; cap. 12, vers. XI.* C'est un fort volume in-12 de 592 pages, non compris la table, qui en remplit deux et demie. L'avis a xvii pages; la méditation pour l'entrée en retraite en occupe quinze sans pagination.

La raison qui a fait donner à cet ouvrage le nom de *petites Méditations*, c'est qu'il y en a un autre que l'on désigne sous le titre de grandes Méditations de Duhalde, *Duhalderen Meditacione handiac*. Le voici tel que le porte le volume : *Meditacioneac gei premiatsuenen gainean, cembait abisuekin, othoitcekin eta bicitceco erregela batekin. Arima Jaincotiarren oneraco Bayonaco diocesaco Eliza-gizon batec eginac.* Bayonan, Cluzeau anayen baithan, Jaun aphezpicuaren imprimatçailleac. (*Méditations sur les besoins de la vie, avec quelques avis, quelques prières et une règle de conduite pour les bonnes âmes qui aiment Dieu, composées par un ecclésiastique du diocèse de Bayonne.* A Bayonne, chez Cluzeau frères, imprimeurs de Mgr l'évêque), 1809, in-8° de 582 pages, plus quatre feuillets de titres et préliminaires, et un feuillet d'errata. Ce livre, dont la première partie se compose de trente et une méditations traduites du français, et la seconde, de vingt méditations originales, est remarquable sous le rapport de l'énergie des pensées et du style. Le basque, dit l'auteur de la *Noticia de las obras vascongadas*, etc., p. 1, n° 7, en est très-beau, au moins depuis la page 45, ce qui précède, dû à une autre main, étant visiblement inférieur au reste.

Reprenons notre revue chronologique.

En 1785, il parut à Tolosa un petit livre en dialecte guipuzcoan sous le titre de *Christau Doctriñ berri-ecarlea christauari dagozcan eguia sinis-beharren-berria dacarrena. Jaun Claudio Fleuri abadeac arquitara atera zuanetic. Fray Juan Antonio Ubilloscoac eusquerara itzulia. Bi parte, edo zatitan berecia, ta erdiratua. Lendavicicò zatiac dacar, Jaincoarèn legue zarrean, ta berrian guertaturicaco gauzen berri laburra : Bigarrenac Christavac jaquin, ta sinistu beharditzan, eguien eracustea, ta icas-videà.* Behar bezala. Tolosan : libruguille Francisco de la

Lama-rèn echean, 1785. Urtean. (*Doctrine chrétienne portant les vérités que doit croire le chrétien, composée et mise au jour par l'abbé Claude Fleury, et traduite en basque par le frère Juan Antonio Ubillosco; divisée en deux parties : la première partie est relative aux événements qui ont eu lieu sous l'ancienne et nouvelle loi de Dieu; la seconde comprend ce que le chrétien doit savoir et croire, enseigner et apprendre :* la vérité. Avec permission. A Tolosa, chez Francisco de la Lama, imprimeur, l'an 1785), petit in-8º de 224 pages, plus trois feuillets de table et d'errata. Le basque de cet ouvrage est, sous tous les rapports, fort estimé.

On n'en saurait dire autant du style d'un autre ouvrage sorti des mêmes presses l'année suivante, et indiqué par l'auteur de la *Noticia de las obras vascongadas*, etc., p. 4, nº 37, comme étant le Sermon de saint Antoine, abbé, par D. Miguel Ignacio de Zavaleta. A s'en rapporter au bibliographe anonyme, le basque de cet auteur, qui a écrit en guipuzcoan, est légèrement affecté et peu naturel.

Mentionnons encore un petit volume imprimé à Bayonne, sans date ni nom d'auteur, contenant des exercices spirituels, des oraisons en prose et en vers, enfin la Passion de Notre Seigneur par saint Mathieu et saint Jean, le tout en bon style. Comme cet ouvrage est cité par le P. de Larramendi, qui écrivait dans la première moitié du XVIIIº siècle, il faut en conclure qu'il avait paru antérieurement.

En 1789, Paul Fauvet imprima, en huit pages in-folio, le *Cahier des vœux et des instructions des Basques français du Labourt, pour leurs députés aux États généraux de la nation*. Cette impression est à deux colonnes, l'une en français, l'autre en basque; le français et le basque occupent alternativement la colonne de droite et celle de gauche.

Paul Fauvet imprima de même le Cahier des remontrances que le clergé du bailliage du Labourd remit à son député pour le présenter au roi, dans l'assemblée des États généraux du royaume, à Versailles. Je ne sais s'il en fut fait une traduction en basque; je ne trouve ce cahier qu'en français.

Durant la Révolution de 1789, il parut, sans nom d'imprimeur ni date, une petite brochure in-12, d'une trentaine de pages, pour la direction des chrétiens fidèles en ce temps de persécution, *Persecucionezco dembora huntan christaü leyalec itchiqui behar duten bicimoldea*.

A la même époque, sans doute, parut encore une petite brochure in-18 de 24 pages, signée *Beaumont*, qui est probablement un pseudonyme; elle est sans indication d'imprimerie ni d'année, et porte ce titre : *Instructionea gazteriarentçat* (Instruction pour la jeunesse). C'est une espèce de catéchisme; les interlocuteurs sont l'empereur Adrien et un enfant de six ans, son petit neveu. A la page 13 commence et continue jusqu'à la fin un deuxième dialogue sur les choses qu'un jeune enfant doit savoir. Il y a, dans ce second dialogue, cette question, qui fait seule soupçonner le temps de l'impression du livre : *La France fut-elle toujours en république?* Le basque de ce petit volume est bon; mais bien des demandes et des réponses y sont singulières, comme aussi le désordre dans lequel elles sont mêlées.

Je placerai là, comme devant probablement appartenir au XVIIIe siècle et à sa fin, un cantique de dix-huit couplets, de mesure 9-8, imprimé en quatre pages in-12, à Bayonne, sans indication d'imprimeur ni date, et en dialecte des environs de cette ville. C'est une *Invitation à la conversion pour les jeunes gens, faite à Saint-Pierre d'Irube par un jeune homme*. L'auteur y a usé de la faculté des chanteurs basques d'augmenter ou de diminuer les vers de quelques syllabes, en les prononçant plus ou moins vite dans le chant, et il a écrit en conséquence. C'est, du reste, régulièrement rimé.

Le premier ouvrage basque qui, à ma connaissance, ait été imprimé en ce siècle, est sorti des presses de la veuve Ezquerro, à Pampelune, l'an 1800, en un volume in-4° espagnol. Ce sont des instructions sur la confession et la communion [1], par D. Juan Antonio de Moguel, Biscayen, curé de Marquina, ce qui explique

---

[1] *Confesio ta comunioco sacramentuen gañean eracusteac*, etc. (*Noticia de las obras vascongadas*, etc., p. 3, n° 27.)

certaines incorrections que l'on trouve dans son basque, qui d'ailleurs est bon. C'est du guipuzcoan, comme le dialecte d'un autre traité écrit en fort bon langage par D. Juan Bautista de Aguirre, *beneficiado* d'Asteazu, qui le publia en 1803, sous le même titre ou à peu près, à Tolosa, chez D. Francisco de la Lama, en un volume in-8°. Son fils D. Juan Manuel en a donné une réimpression.

Deux ans plus tard, en 1802, D. J. A. de Moguel donna encore à Tolosa, chez le même imprimeur, en un petit volume in-4° selon la *Noticia* [1], in-12 suivant M. d'Abbadie [2], des traductions basques de diverses harangues et discours choisis des meilleurs auteurs latins, tels que les harangues d'Alexandre-le-Grand, celles de Catilina et de Germanicus à ses soldats, les exordes des deux Catilinaires de Cicéron, et trois anecdotes de Scipion, de Denis et de Camille. S'il faut en croire M. d'Abbadie, ces traductions furent faites en biscayen à la prière de Guillaume de Humboldt. L'auteur de la *Noticia*, au contraire, range ce petit volume parmi les livres écrits en guipuzcoan.

Le même ecclésiastique, que je soupçonne d'être l'auteur d'un traité rapporté d'Espagne par le Dr Heine de Berlin [3], publia l'année suivante, c'est-à-dire en 1803, son *Confesina ona*, ou *bonne Confession*. « Cet ouvrage, dit M. d'Abbadie, auquel nous avons emprunté cet article, cet ouvrage est en biscayen; il est l'abrégé d'un travail plus considérable du même auteur, contenant des instructions générales pour faire une bonne confession. C'est un volume in-8° de 3 à 400 pages, et qui est écrit dans le dialecte guipuzcoan, que l'auteur possédait aussi fort bien. La date est un peu antérieure à 1803 [4]. »

La même année, le P. Fr. Pedro Antonio Añibarro, que nous avons déjà eu l'occasion de nommer, publia à Tolosa, chez D.

---

[1] P. 4, n° 28.

[2] *Études grammaticales*, etc., p. 44.

[3] « Tratado del cura Miguel sobre la lengua bascongada, sec. XVIII. » (*Serapeum*, Leipzig, 1847, p. 80.) Cf. *Proverbes basques*, introduct., p. xxxiij, n° XVII.

[4] *Études grammaticales sur la langue euskarienne*, etc., p. 44. L'auteur de la *Notitia de las obras vascongadas*, etc., p. 6, n° 44, range au contraire cet ouvrage parmi les livres écrits dans le dialecte biscayen. « C'est, dit-il, un volume in-8°, imprimé à Vitoria par D. Firmin de Larumbe, en 1803. »

Francisco de la Lama, en un volume in-8º intitulé *Lora sorta espirituala*, une traduction biscayenne du *Ramillete de flores y propósitos* du P. Palacios, comme lui missionnaire de Zarauz; mais ce n'est qu'après avoir donné en 1802, en un volume in-12, imprimé dans la même maison, un *esculiburua* ou manuel d'exercices de dévotion, réimprimé en 1821 et 1827 avec quelques additions et corrections dans le langage, comme dans la mesure et la nature des vers. Le basque est remarquable par une grande abondance d'expressions propres au centre de la Biscaye; quant aux vers, on y trouve à chaque instant trace du goût de cette langue pour les diérèses et les élisions [1]. Enfin, ce livre présente une orthographe qui ne plaît pas à tout le monde, comme il arrive toujours pour ce qui est inusité.

A l'année suivante, nous trouvons un livre de piété en vasco-souletin, intitulé : *Uscara Libria*, in-12 de 196 pages. Il a été réimprimé en 1824, chez Chapoulaud, à Limoges, en un volume in-18 de six feuilles deux tiers, et en 1825, à Bayonne, chez Cluzeau, petit in-12. L'*Uscara Libru berria*, imprimé en 1839, en un volume in-18 de sept feuilles, avec l'indication de *Lehen editionia*, n'est peut-être pas la même chose. La plus grande partie de ce livre est en latin. Il faut aussi distinguer soigneusement l'*Uscaldunaren Laguna, edo escuco libria* (le Compagnon, ou Manuel du Basque), excellent petit livre écrit en souletin, et dû à M. l'abbé Inchauspe, aumônier de l'hôpital de Saint-Léon de Bayonne. Nous en parlerons avec quelque détail.

Il parut pour la première fois sous le titre de *Jincoac guiçonareki eguin patoac, edo eguiazco religionia*, etc. Bayonan,

---

[1] A Marquina et dans une grande partie de la Biscaye, comme aussi dans les cinq villes de la Navarre et dans les villages de leur ressort, on altère ainsi, dans un but d'euphonie, les quatre voyelles finales en contact avec les autres. L'*e*, rencontrant l'*a*, l'*o*, l'*i*, l'*u*, se change en *i*; à l'*i* se joint un *j* prononcé comme dans le latin, à l'*u* un *b*, et l'*o* se transforme en *u* devant l'*a* et l'*e*. Ainsi de *beste*, de *bestia*, on fait *bestientzal*, *bestioc*; de *gari*, *garija*, *garijentzal*, *garijoc*; de *buru*, *buruba*, *burubentzat*, *buruboc*; et d'*arlo*, *arlua*, *arluentzal*, *arluoc*. On dit par euphonie : *Zubec sonecuari escubagaz eutsijagaiti, aishiac eruango deutsube*, quand on devrait dire en prononçant naturellement : *Zubec soñecuari escuagaz eutsiagaiti, aisheac eruango deutsue*. — Tous les livres biscayens sont imprimés conformément à la prononciation de Marquina, à l'exception de ceux des PP. Añibarro et Cardaveraz, du petit *Doctrinario* de D. Martin de Arzadum, et de la Doctrine chrétienne d'Astete, traduite pour la vicairie de Busturia par D. Juan Antonio de Moguel.

Foré eta Lasserre, 1851, in-24, de 147 pages. C'est une démonstration de la vérité de la religion chrétienne, par l'exposé historique et doctrinal des révélations divines faites à l'homme depuis Adam jusqu'à Jésus-Christ. Pour donner une idée du plan et de la nature de l'ouvrage, nous ne pouvons mieux faire que d'indiquer les titres des chapitres qui le composent. Les voici dans leur ordre :

Dieu. — La Création. — La Chute de l'homme ou le Péché. — La Promesse de la Rédemption. — La Dépravation des hommes et le Déluge. — L'idolatrie. — La Vocation d'Abraham et le Choix d'un peuple qui conserve le dépôt de la vérité. — Moïse. — La Loi écrite. — Les Prophètes. — Les Prophéties qui concernent le Messie. — L'Incarnation du fils de Dieu. — La Naissance de Jésus-Christ et sa Vie cachée. — La Vie publique de Jésus-Christ, ses prédications et ses miracles. — Les vérités qu'il nous a enseignées, et les moyens de salut qu'il nous a donnés. — La Constitution divine de l'Église et la communion des saints. — La Mort et la Résurrection de Jésus-Christ. — L'Établissement merveilleux de la religion chrétienne sur les ruines du paganisme. — Les Ennemis de l'Église. — Les Miracles. — Conclusion.

A la suite de l'exposition de la vraie religion, on a mis les maximes de l'Évangile qui n'ont pas trouvé leur place dans le corps de l'ouvrage, et un recueil des sentences des livres sapientiaux, traduites en forme de proverbes, et disposées sous quatorze titres différents.

Tel est le détail du petit livre mentionné plus haut. Il est écrit en excellent souletin, bien que l'on puisse y signaler quelques expressions impropres [1]; mais le moyen d'être parfait, surtout dans une langue qui n'est point fixée? D'ailleurs, s'il y a faute, il serait plus juste d'accuser l'imprimeur qu'un écrivain considéré comme un maître.

Deux éditions ont été faites de son ouvrage, celle que nous venons de décrire et celle qui porte le titre d'*Uscaldunaren Laguna*, etc. Cette dernière est augmentée des prières des

[1] Par exemple, p. 8, au lieu d'*ispiritian*, il faudrait peut-être *espiritian*; p. 9, *espiritu*, au lieu de *spiritu*; p. 12, *originala* pour *originela*; p. 13, *eguinez*, au lieu de *complitus*; p. 14, *cuberatu*, au lieu d'*arracuperatu*; p. 15, *uharra* pour *bouillada*, *handitzez* pour *handitzen*; p. 17, *uxumentian* pour *ixumentian*, et *ulhumpian* pour *ilhumpian*, etc.

agonisants, du chemin de la croix, des prières pendant la messe, des vêpres du dimanche et de quelques hymnes. Imprimée pour la première fois par Foré et Lasserre en 1852, en un volume in-24 de 259 pages, elle a été réimprimée en 1856 par la même maison, en 321 pages, même format.

Reprenant l'ordre chronologique, nous trouverons maintenant un Abécédaire fait pour ceux qui veulent apprendre à lire en basque *(Abecedea escuaraz iracurten ikhasi nahi dutenenzat)*, Bayonne, 1805, in-12, de 56 pages, y compris des prières et instructions religieuses.

Un ouvrage plus important nous rappelle à présent de l'autre côté des Pyrénées; je veux parler du recueil de sermons en biscayen d'un frère du célèbre auteur de l'*Apologia de la lengua bascongada* [1]. Le premier volume est intitulé : *Urteco domeca gustijetaraco verbaldi icasbidecuac, ceinzubetan azalduten dan erromaco catecismua... componduba Aita Fr. Pedro Astarloa S. Franciscubaren seme*, etc. Lenengo liburuba. Bilbon : Eusebio Larumbe, Vizcaico Señorijoco moldatzailienian (*Pratique de tous les dimanches de l'année, dans laquelle on enseigne le catéchisme romain... composée par le P. Fr.-Pierre Astarloa, de l'ordre de Saint-François*, etc. Premier livre. A Bilbao, chez Eusèbe Larumbe, imprimeur de la Seigneurie de Biscaye), 1816, in-8º de LXII-275 pages, plus quatre feuillets de préliminaires, et cinq pages de table.

Le second volume porte, à la suite du titre : *Bigarren liburuba*. Bilbon : D. Pedro Apraiz-en moldateguian (*Deuxième livre. A Bilbao : chez D. Pedro Apraiz, imprimeur*), 1818, etc., et

---

[1] Voyez dans notre introduction aux *Proverbes basques*, p. xj, nº XIV, le titre complet de ce volume, qui n'est pas commun. On l'a payé 9 fr. 50 centimes en 1836, et 19 fr. à la vente J. L. D. Parmi les traités emphatiques mis au jour par des Basques sur leur langue, celui-ci n'est pas un des moins ridicules; l'auteur la fait remonter aux temps qui ont précédé le déluge. On trouve pourtant dans ce livre des recherches curieuses; mais elles sont mêlées aux rêveries les plus excentriques. Par exemple, Astarloa fait contenir au vocabulaire 4,426,554,929 mots, indépendamment de ceux qui sont composés de plus de trois syllabes; quant aux flexions, il se contente d'en admettre 39,952. — Outre cet ouvrage, le studieux curé de Durango a laissé une grammaire sous le titre de *Plan de lenguas, ò Gramatica bascongada en el dialecto vizcaino*, 2 vol. in-4º, et des papiers dont M. de Humboldt, qui en a eu communication, a fait de nombreux extraits. On croit que les manuscrits d'Astarloa sont entre les mains de M. Erro, autrefois ministre universel de D. Carlos, à Bourges.

renferme 290 pages, plus xv de préliminaires, un feuillet d'errata et xlviii pages à la fin. Le basque de cet écrivain est assez bon; mais le grand nombre de mots castillans qu'il y introduit sans nécessité sous prétexte de clarté, à l'aide de la disjonctive *edo* (ou), coupe le fil du discours et en rend la lecture pénible.

On rencontre encore, à la même époque : 1° des instructions sur les cinq premiers Commandements de Dieu, par le P. Fr. Barthélemi de Santa Teresa, prédicateur des Carmes de Marquina [1], qui publia l'année suivante des Instructions sur les cinq derniers Commandements [2], de façon à former un traité complet sur le Décalogue ; et, en 1819, des Instructions sur les sept Sacrements de l'Église [3], dissertation sur le catéchisme qui sert à aider le prédicateur au prône; 2° un ouvrage sur les danses du Guipuzcoa, que nous avons déjà cité. A cette publication, augmentée de celle des airs de danse promis par le titre, on fera bien d'ajouter un traité du P. Barthélemi de Santa Teresa contre celles du Pays Basque [4], deux feuillets petit in-folio, contenant l'explication des figures de l'ancienne danse, connue dans le Pays Basque sous le nom de *broquel dantza* [5], et deux autres chansons d'Iztueta, dont l'une a été imprimée in-folio, en 1844 ou auparavant, par Ignacio

---

[1] *Jaungoicoaren amar aguindubeetaco lelengo bosteen icasiquizunac, Aita fraï Bartolomé Santa Teresa, Marquinaco Carmen ortozeco predicadoriac ateraac.* Pampelune, 1816, in-8° de 278 pages.

[2] *Jaungoicoaren amar aguindubeetaco asqueneco bosteen Icasiquizunac*, in-8° de 300 pages.

[3] *Eleisaco zazpi sacramentuben Icasiquizunac, III salya*, in-8° de 376 pages. — Il est probable que c'est de ces trois ouvrages que l'auteur de la *Noticia de las obras vascongadas*, etc., p. 6, art. 47, parle, comme d'un seul, en ces termes : « *Jaungoicuaren amar mandamentubetaco icasbidiac*, trois volumes in-4° d'instructions sur les commandements et les sacrements, par le P. Fr. Barthélemi de Santa Teresa, carme déchaussé. Si nous passons à l'auteur quelques mots qui ne sont pas basques, mots pour lesquels il a sacrifié au peuple de son pays des équivalents corrects que l'on entend bien en Biscaye; si nous lui pardonnons de ne pas avoir fait usage des conjugaisons de la seconde personne du pluriel (voy. *El verbo regular vascongado del dialecto vizcaino*, por D. Juan Mateo de Zavala. San Sebastian, imprenta de Ignacio Ramon Baroja, 1848, in-4°, p. 5, 6, 34, 35, etc.), et d'être tombé dans quelques autres fautes qu'il aurait pu corriger d'un trait de plume, nous ne pouvons moins faire que de confesser que son basque a de la propriété dans les termes, qu'il est naturel, abondant, nourri; en un mot, comparable à celui des meilleurs écrivains, non-seulement du dialecte, mais encore d'autres. Ces instructions sont imprimées à Pampelune, chez Rada, en 1816. »

[4] *Euscal-errijetaco olgueta ta dantzen neurrizco gatz ozpinduba*, un petit volume in-8°, imprimé à Pampelune par Joaquin Domingo, en 1816.

[5] Voyez Iztueta, *Guipuzcoaco Dantza gogoangarrien Condaira*, etc., p. 97-101.

Ramon Baroja, frère de Pio. Elle se compose de dix couplets, occupe une page à deux colonnes, et porte pour titre : *Iztuetac bere emazte conceciri biac ezcongai ceudela ifinitaco itz neurtuac* (Couplets adressés par Iztueta à sa femme, à l'époque où ils allaient se marier). L'autre chanson, également de dix couplets, occupe aussi une page in-folio à deux colonnes. Elle est sans date ni indication de lieu d'impression, et porte ce titre : *Paquea pozcarriaren atseguin leloac zortcicoan* (Refrains joyeux sur le zorcico [1]).

Après une courte Instruction sur le chemin de la croix *(Curutcearen Bidearen gaineco Instruccione laburra)*, petit in-8° d'une feuille, imprimé par Fauvet, à Bayonne, en 1825, nous avons une traduction de la *bonne Journée*, par M. Haramboure, aujourd'hui vicaire général du diocèse; elle est intitulée : *Egun ona, edo egunaren sanctificatceco moldea languile, nekhacale eta bazterretcharrençat liburu presuna suerthe gucientzat progotchosa, orai francesetic escuarat itzulia eta asco gaucez emendatua Bayonaco diocesaco eliça guiçon batez.* Saltcen da Bayonan Cluzeau, etc. (*La bonne Journée, ou modèle pour sanctifier la journée, livre avantageux pour les travailleurs, les gens de peine et toute sorte de personnes, traduit en basque et augmenté de plusieurs choses utiles, par un ecclésiastique du diocèse de Bayonne.* Se vend à Bayonne, chez Cluzeau, etc.), 1829, in-8° de 192 pages.

La même année, il paraissait de l'autre côté des Pyrénées un petit volume in-18 de 43 pages, plus un feuillet contenant sur son verso le titre suivant : *Carta de D. Juan Ignacio Iztueta al presbitero D. Juan José Moguel, sobre un folleto titulado* Plauto bascongado *escrito por el R. P. Fr. Bartolomé de Santa Teresa, y publicado por el mismo Sr. Moguel* [2]. Con licencia. En San Sebastian, en la imprenta de Ignacio Ramon Baroja. Año

---

[1] Air sur lequel se chantent les vers de huit syllabes.
[2] En voici le titre plus exactement : *Plauto bascongado, ó el bascuence de Plauto en su comedia Pœnulo*, por J. J. Moguel, 1828, petit in-8°. Il existe une autre brochure, publiée à Tolosa en 1828, in-12, sous ce titre : *Plauto poligloto, ó sea hablando hebreo, cantabro, celtico, irlandes, hungaro,* etc., seguida de una respuesta á la impugnacion del Manual de la lengua basca, por Lor. Urhersiagaria.

de 1829. Le texte espagnol, écrit par D. Augustin Pasqual Iturriaga, *beneficiado* de Hernani, est accompagnée d'une traduction, due à D. J. I. Iztueta.

On a tout lieu de s'étonner d'une pareille collaboration, quand on sait que l'auteur de cette lettre est Guipuzcoan et qu'on voit la manière dont il manie la langue de son pays. Il s'y est montré passé maître dans le recueil qu'il a publié sous le titre de *Fabulas y otras composiciones en verso vascongado, dialecto guipuzcoano, con un diccionario vasco-castellano de las voces que son diferentes en los diversos dialectos*. San Sebastian, en la imprenta de Ignacio Ramon Baroja. Año 1842, in-8º esp. de III-199 pages, plus un feuillet contenant le titre ci-dessus.

Chez nous, un Basque, célèbre parmi ses compatriotes [1], a pareillement abordé le genre dont La Fontaine tient le sceptre; il a traduit en vers souletins un certain nombre des fables du grand poëte, et a fait imprimer son travail dans une petite ville du département de la Gironde [2]. Les connaisseurs s'accordent à placer très-haut cette traduction, tout en regrettant que l'auteur, au lieu de s'en tenir à l'ancienne orthographe et au dialecte souletin, ait cru devoir puiser dans les autres et employer une façon d'écrire bizarre.

Le même reproche s'adresse à quatre chansons patriotiques, prix: deux sous *(Kantu patriotikak, — Precioa: bi sos [3])*, que le même écrivain, ou plutôt un mendiant auquel il les avait données pour les chanter, a publiées en avril 1848. Ce sont des traductions du Chant du Départ *(Phartitzeko Kantua)* et de la Marseillaise, et deux chants originaux, l'un intitulé *Uskaldunen Kantua* (Chant des Basques), l'autre *Kantu republikanoa* (Chant républicain).

---

[1] Eskaldunen lorea, Archu Chuberoco, Fleur des Basques, Archu de la Soule, Luma eta bihotzez lehena lerroco, etc. Au premier rang par la plume et par le cœur, etc.
(J. M. Hiribarren, *Eskaldunac*, etc., p. 156.)

[2] *La Fontainaren, Aleghia-berheziak, neurt-hitzez Francesetik uskarara itzuliak, J.-B. Archu, scolazaliak*. La Réolen, Pasquieren, moldeteghian (*Choix de fables de La Fontaine, traduites en vers basques, par J.-B. Archu, instituteur*. La Réole, imprimerie de Pasquier), 1848, in-8º de 316 pages. Les fables, avec la traduction en regard, sont au nombre de 49, et précédées d'une grammaire qui va de la page 16 à la page 72.

[3] *Bayonan Imprimatua, Foré eta Lasserre baithan, aphirilan* 1848.an *Eta saltzen de J. P. Harambourouen etchean, Port-neufcko kharrikan, n.* 56.an, in-12 de 4 feuillets.

Jaloux de voir les Fables de La Fontaine traduites en guipuzcoan et en souletin, un ecclésiastique de Bayonne entreprit de les rendre en labourdin, de façon cependant à être goûté en Espagne. Son travail, imprimé dans cette ville, parut sous ce titre : *Fableac edo aleguiac Lafontenetaric berechiz hartuac, eta Goyhetche apheçac franxesetic escoarara berxutan itçuliac*. Bayonan, Forec eta Lasserrec imprimatuac (*Fables ou allégories choisies de La Fontaine et traduites du français en vers basques, par Goyhetche, prêtre*. Imprimé à Bayonne, par Foré et Lasserre), 1852, in-18, de XII-344 pages. L'auteur ne s'est pas attaché à traduire littéralement La Fontaine ; il lui fallait pour la versification un peu de liberté, et il l'a prise. Généralement il a amplifié le texte français avec grâce et simplicité dans l'expression comme dans la pensée ; mais le plus souvent la naïveté et le piquant des fables du bonhomme ont disparu dans l'imitation basque ; souvent aussi la simplicité du langage descend jusqu'à la trivialité. Pour donner une idée de la manière de M. Goyhetche, nous traduirons aussi littéralement que possible la plus courte de ses premières fables, la quatrième, *la Grenouille qui veut égaler le bœuf* :

> Une grenouille s'arrêta un jour à considérer un bœuf, parce qu'elle admirait beaucoup sa belle taille : « Oh ! quelle créature élégante *(galant)* et superbe ! et moi qui suis aussi courte et aussi petite qu'un œuf ! Regardez-moi bien, ma sœur ; je veux essayer de devenir de quelque manière aussi grande que cet animal ; car, à dire vrai, la jalousie m'emporte. » Elle ferme la bouche, et la voilà qui commence à s'enfler, à s'enfler. « Y suis-je ? — Pas encore. — A présent ? — Ni encore non plus. — Cependant je puis y être à présent. — Vous êtes loin de la mesure. » A la fin, cette imbécile s'enfle tellement que l'haleine l'étouffe et qu'elle crève. (Je ne traduis pas la moralité, qui est très-longue.)

La Fontaine ne fait pas dire à l'orgueilleuse grenouille elle-même qu'elle n'est pas plus grosse qu'un œuf, et c'est naturel ; il ne lui fait point avouer que la jalousie la tourmente, c'est contre nature : la jalousie est la passion que l'on avoue le plus difficilement.

Pour ce qui concerne le style, il est assez pur ; mais le langage de l'auteur a le défaut de n'être ni labourdin ni guipuzcoan. M. Goyhetche montre de la prédilection pour les formes contractées des verbes usitées en Espagne; il les emploie souvent. Il fait usage aussi de beaucoup de termes qui ne sont pas connus en Labourd, ce qui rend parfois l'intelligence de sa pensée difficile même pour un labourdin. Évidemment l'auteur a voulu que son livre fût aussi bien accueilli en Espagne qu'en France, et c'est ce qui lui aura fait adopter ce dialecte mixte. Quoi qu'il en soit, le recueil de M. l'abbé Goyetche est un bon livre basque.

Les Biscayens ont aussi leur recueil de fables, sous le titre d'*Ipui onac*, que j'emprunte à la *Noticia de las obras vascongadas*, etc., p. 4, n° 29. Elles sont au nombre de cinquante, en prose, tirées de celles d'Ésope par Doña Vicenta Moguel, et suivies de sept en vers, de D. Juan Antonio. On peut appliquer au basque de la nièce le jugement porté sur celui de l'oncle, à cela près qu'il est moins élégant. Ce recueil a été imprimé à Saint-Sébastien par Antonio Undiano en 1804, in-8°.

On doit à un autre Basque de la Soule un petit ouvrage écrit dans le dialecte de cette province, et intitulé : *Azti-Beguia. Agosti Chaho Bassaburutarrak, Ziberou herri maïtiari, Pariserik igorririk, beste hanitchen aïtzindari, arguibidian, goizizarra* (Œil de devin, envoyé de Paris par Augustin Chaho, du canton de Tardets, à son cher pays de Soule, comme gage précurseur de nouveaux ouvrages auxquels il servira d'étoile matinière). Paris, librairie orientale de Prosper Dondey-Dupré, 1834, in-8° de quatorze pages.

Je n'ai plus à citer maintenant qu'un recueil de sermons paru en 1847, bien que le titre porte 1846. Il est ainsi conçu : *Urteco igande guztietaraco platicac, edo itzaldiac nafarroan, elcano deritzan errian, berlaco vicario jaun Don Joaquin Lizarragac compondu eta predicatuac. Donostian, Ignacio Ramon Baroja-ren moldizteguian.* (*Sujets de méditations, ou sermons pour tous les dimanches de l'année, composés et prêchés par monsieur Don Joaquin Lizarraga, doyen de la Navarre et vicaire du même pays. A Saint-Sébastien, imprimerie d'Ignacio Ramon Baroja*), 1846, in-8° de 447 pages, plus deux feuillets contenant le titre, un avis en latin signé D. J. L. E. V., et les dix Commandements de Dieu en vers basques. On a commencé l'impression du livre par ces deux feuillets : ce qui explique pourquoi il porte la date de 1846, tandis que la publication n'en a eu lieu qu'en 1847, par les soins de D. Agustin Pasqual Iturriaga.

Cette même année vit paraître au même endroit un ouvrage plus important, sous ce titre : *Guipuzcoaco provinciaren Condaira edo Historia ceñetan jarritzen diraden arguiro beraren asieratic orain-arte dagozquion barri gogoangarriac.* Eguin eta zucendu cebana D. Juan Ygnacio de Yztueta, Guipuzcoaco dantza anciñacoen Condaira-ren eguillea, eta bertaco Soñu zarrac bildu ta arguitaratu cituenac. Donostian, Ignacio Ramon Baroja-ren moldizteguian, 1847 garren urtean eguiña (*Le Récit ou l'Histoire de la province de Guipuzcoa, dans laquelle sont clairement exposés, depuis le commencement jusqu'à nos jours, tous les faits mémorables relatifs à cette province.* Fait et mis en ordre par D. Juan Ignacio de Iztueta, auteur de l'Histoire des vieilles danses du Guipuzcoa et du Recueil des anciens airs du même pays. A Saint-Sébastien, imprimerie d'Ignacio Ramon Baroja, en l'année 1847me), in-8° de x-519 pages, plus deux feuillets de table. Cet ouvrage est divisé en trois parties, dont les deux premières sont relatives à la statistique topographique, à l'agriculture et aux produits de la province. La deuxième est consacrée à la description des mœurs guipuzcoanes, à la relation des faits mémorables dont la province a été le théâtre depuis Tubal, le père putatif des Basques, jusqu'à nos jours. Le livre se termine par la biographie des hommes célèbres du pays et par la nomenclature des villages qui les ont vu naître. Le style en est simple, coulant, concis et facile, en un mot, tout ce que l'on peut demander à un homme illétré tel que l'était Iztueta, bourrelier de son état.

Plus d'élégance recommande le petit livre que nos Basques peuvent opposer à celui-là, et qui de plus est en vers; je veux parler du volume dont j'ai donné un extrait, p. 397, et le titre, que je vais répéter ici en français : *Les Basques, l'Ibérie, la Cantabrie, les communes basques, le Pays Basque seul et ce qui y est relatif.* Décembre 1853. A Bayonne, Foré et Lasserre, imprimeurs, in-18 de 238 pages, plus deux feuillets de préliminaires et un feuillet de table à la fin. L'auteur, M. J.-M. Hiribarren, curé de Bardos, qui se nomme sur le titre, à la suite d'un épigraphe, s'est attaché à décrire son pays ; il saisit au vol les faits dont il a été le théâtre, et peint à grands traits les personnages qui l'ont illustré dans les temps anciens, comme ceux qui lui font honneur aujourd'hui dans les lettres, les sciences, les armes, la finance et le clergé. Cette revue des vivants n'est pas la moins curieuse par son originalité : des paragraphes spéciaux sont consacrés aux jeunes gens, aux instituteurs et aux institutrices, aux jeunes filles, aux coquettes, aux hommes, aux fonctionnaires, aux maires, aux juges, aux curés, aux religieuses, aux médecins, aux notaires, au jeu de paume, aux courses de taureaux, aux Agots, à la richesse locale.

Je retrouve la même disposition de titre, avec la signature *J. M. H.* sous l'épigraphe et à la fin, dans une brochure de 43 pages pareillement sortie des presses de Foré et Lasserre et portant la date du 20 mai 1853. Elle est intitulée *Montebideoco Berriac*, c'est-à-dire *Nouvelles de Montevideo*, et renferme un poëme en onze chants relatif aux émigrations des Basques dans l'Amérique du Sud. En voici les titres :

I. *Eskaldunac airean*. (Folie des Basques.)
II. *Enganatzaileac*. (Les trompeurs.)
III. *Eskal herritan Indiac*. (Les Indes dans les pays basques.)
IV. *Itsasoco lehen besta*. (Première fête de mer.)
V. *Itsasoco bigarren besta*. (Deuxième fête de mer.)
VI. *Itsasoco hirugarren besta*. (Troisième fête de mer.)
VII. *Montebideo*. (Montevideo.)
VIII. *Eskalduna Montebiden soldadu*. (Le Basque soldat à Montevideo.)
IX. *Eskaldun negocioa Montebideon*. (Le commerce basque à Montevideo.)
X. *Montebideco nescatchac*. (Les filles de Montevideo.)
XI. *Eskaldunac Montebiden pagano*. (Les Basques païens à Montevideo.)

Les vers de ce petit poëme, qui est en dialecte labourdin, sont de dix syllabes, disposés en quatrains. Sa forme matérielle, aussi bien que la liste placée au verso du premier feuillet, des « noms des souscripteurs auxquels est due cette publication, » tout porte à croire qu'elle a été faite pour être distribuée dans les campagnes du Pays Basque, et y porter remède à la fureur d'émigration qui depuis quelque temps semble s'être emparée de la population.

Si nous prétendions ne rien omettre, prétention que nous n'avons nullement, nous indiquerions encore la traduction basque d'un poëme latin sur l'avènement au trône du roi Charles IV, qui commence par *Magnanimum Vizcaya parens fœcunda virorum* (en basque, *Vizcai guraso sendo*), traduction publiée par Chr. Gottl. von Arndt dans un livre que nous avons déjà cité [1]; mais auparavant nous ferions mention d'une pièce de quarante vers basques sur la mort de Philippe IV, roi d'Espagne, intitulée : *Gure erregue Philipe andiaren Heriotzean. Euscarazco coplac*, chanson qui se lit aux pages 51 et 52 d'un volume ou plutôt d'une brochure qui a pour titre : *Honores funebres que hizo el real consexo de Navarra á la piadosa memoria del rey N. S. Philippe IV el Grande*, etc. [2] Nous enregistrerions encore, sous le titre d'*Iruñeco Bestac*, une longue relation en vers et en dialecte labourdin des fêtes données à Pampelune, en 1845, à LL. AA. RR. Mgr le duc et Mme la duchesse de Nemours et Mgr le duc d'Aumale. La publication dans le journal de Bayonne l'*Ariel, courrier des Pyrénées*, en commença n° 53, 5 octobre 1845. Elle avait été précédée par celle d'un *zorcico* basque de trente-deux vers, rapporté à la suite de la relation des fêtes du 4 septembre dans le *Courrier de la Gironde*, n° du lundi 8 septembre de la même année.

L'année suivante, l'*Adour*, autre journal qui paraît à Bayonne, publia dans son numéro du 30 octobre 1846 une cantate sur le mariage du duc de Montpensier. Cette pièce est de M. Larralde, dit *Bordachouri*, de Hasparren; elle a neuf strophes. On en compte huit dans un *zorcico* publié deux ans après à Saint-Sébastien [3], et dix-sept dans une complainte basque sur un crime,

---

[1] Voyez ci-dessus, p. 11, not. 2.

[2] En Pamplona, por Gaspar Martinez, impressor del Reyno : Año 1666, in-4°.

[3] *Zorcico compuesto para las corridas de toros del carnaval del año 1848, por Manuel Delgado, poesia de D. Vicente Echagaray*. San Sebastian, se halla de venta en la Administracion de Loterias de esta ciudad. 2 feuillets in-folio, avec musique.

sortie en 1849 de l'imprimerie de Lespès, à Bayonne, et signée *i Topet Echaoun*, qui est sans doute le nom de l'auteur d'un autre morceau imprimé dans la même maison, en deux feuillets in-4°, et signé *Pierre Topet dit Etchaoun*. C'est une chanson nouvelle *(khantore berric)* en vingt couplets de trois vers chacun.

Nous avons encore à enregistrer un épithalame improvisé aux noces du baron de Garro par un employé des douanes nommé **Oxalde**. M. H.-P. Hiden, en publiant dans le *Messager de Bayonne* [1] la relation des fêtes données à cette occasion, a joint à sa lettre les vers du douanier poëte, qui forment dix-huit quatrains. En voici le dernier :

Gazteriac bersulari eçarri du Oxalde,
Bera ere ez ahal cen amodioric gabe.
Leheneco yaun baronac eguin cion fagore :
Guarda plaçatu baitçuen zazpi egun yuan habe.

La jeunesse a désigné Ohalde comme poëte,
Lui-même n'était pas sans amour (pour les époux).
Monsieur le baron défunt lui avait fait des faveurs :
Il l'avait fait entrer dans les douanes en moins de sept jours [2].

[1] Supplément au n° du 9 mai 1857.

[2] Remarquons en passant que les vers de cette sorte forment une classe très-nombreuse dans la poésie basque. On a conservé ceux qui furent faits sur le mariage d'un comte de Montréal ; ils sont sur le même modèle :

Ziberoco pharte da Basaburia,   Bassaburu est dans le pays de Soule,
Franzes-uscaldunen cre goien cartiela. C'est le dernier quartier même des Basques fran-
Cantabren seme zombait han bizitzenda, Là vivent quelques fils des Cantabres,   [çais.
Generoski agitzen coragiakila.   Ils se conduisent avec courage et générosité.

La pièce a sept strophes ; en voici la dernière :

Cantore hontzalia da Atharratzeco,   L'auteur de ces chansons est de Tardets,
Escola gabe eta fortuna chipico,   Sans savoir et de peu de fortune,
Boronthatzez aberats onxa eguiteco,   Riche en bonne volonté,
Jaun conde Monrealen bethi zerbutchuco. Toujours au service du comte de Montréal.

Je connais encore un autre épithalame ainsi conçu :

Barcocheric horra niz egun Sorhouetara Je suis venu aujourd'hui de Barcus à Sorhouete
Ene herritaren felizitatzera,   Féliciter mes concitoyens,
Ezaguturic ezi merechi dutela   [etc. Ayant reconnu que des personnes aussi nobles
Holaco sujet noblec mahaiñera bi copla, Méritaient bien deux couplets sur la table.

La poésie basque que nous venons de voir si empressée à souhaiter toutes sortes de prospérités à de nouveaux époux, ne se fait pas faute néanmoins de les tympaniser lorsque l'un d'eux prête le flanc à la satire. C'est ce qui arriva dans une circonstance dont une chanson souletine a conservé le souvenir :

Cantóren cantatzeco bada sujet berri. Il y a sujet nouveau pour chanter des chansons.
Ourdiñarben diela huillant ukhen chagri : A Ordiarp on a presque été abreuvé de chagrins :

BIBLIOGRAPHIE.

Une communication obligeante dont a bien voulu nous honorer S. A. le prince Louis-Lucien Bonaparte, relativement aux publications en langue basque qui lui sont dues ou en cours d'exécution, vient heureusement nous mettre en état d'ajouter à notre bibliographie une partie dont l'absence eût été vraiment à regretter, plus encore qu'une lettre [1] qui a cessé de nous sembler malencontreuse depuis que nous lui devons celle de S. A [2].

Nous avons décrit la première de ces publications, celle de l'Évangile selon saint Matthieu, traduit en souletin par M. l'abbé Inchauspe [3], auquel les amis de la littérature basque (et personne plus que nous) ont tant d'obligations.

Prima batec crosi fouus bat berriric;	Une héritière acheta un fonds tout neuf;
Creauzier zaharrec abauzu ideki.	Les vieilles créancières ont failli le lui enlever.
Omize gaineti Ourdiñarbera	D'Abense-de-Haut à Ordiarp
Jaun gazte bat joan da esposatzera;	Un jeune monsieur est allé épouser;
Chalanda zahar bat oposatzera;	Une vieille pratique de s'opposer.
Berac eraman dizu sacolan papera.	Lui-même a emporté l'opposition dans la poche.
Espos horrec lettera jaun erretorari :	Cet époux de remettre la lettre à M. le curé :
Mousde Behiagoitic hau deizu igorri.	Monsieur Behiagoity vous envoie ceci.
— Haren arrapostia hountan da agueri,	— Sa réponse paraît clairement ici,
Zoure esposatzia etzeitala sori. —	Il ne m'est pas permis de célébrer votre mariage.
Espos horrec behala, sujetzian beçala,	Cet époux sur-le-champ, il avait raison,
Jaun erretorac ziela traditu guisala;	De riposter que sans doute M. le curé l'avait trahi;
Jakin balu zer eman zion sacolala,	Que s'il eût su ce qu'il lui avait mis dans la poche,
Ourthikiren zirela uhaitzian behera.	Il se serait empressé de le jeter au fond de la [rivière.
Espos hori behala zaldiz hiriz hiri	Cet époux aussitôt de courir à cheval de ville en [ville
Arranju eguitera andre zaharreki ;	Pour faire des arrangements avec ses vieilles [maîtresses;
Diru frango bazizun sacolan irouski.	Heureusement qu'il avait de l'argent en abon-[dance dans la poche.
Prima contentatu; bainan dihariac utzi.	Il satisfit l'héritière ; mais il laissa ses écus en [route.
Prima horrec bazizun ordian bihotz min,	Cette héritière avait alors des angoisses, [cris.
Haren marrasketaric aisa dugu jakin.	Nous l'avons facilement connu à ses soupirs, à ses
Bi hoghei etzeiliar jarriric mahainian,	Deux vingts convives (étaient) assis à table,
Eta harrec araxen senharric ez ohian.	Mais point d'époux le soir couché à son côté.
Basile Olivero, enzun dit batzare	Basile Olivier, j'ai ouï dire naguère
Zuc baduzula bost pasei amore.	Que vous avez cinq ou six maîtresses.
Ni edireiten nuzu batere bat gabe :	Moi je me trouve sans en avoir une :
Bat eman eradazu cantore jorhale.	Donnez-m'en une pour prix de ma chanson.

[1] Voyez La Gironde, journal de Bordeaux, n° du samedi 11 juillet 1857, p. 2, col. 4. La rectification de l'erreur contenue dans cette lettre a paru le vendredi 17 juillet, p. 2, col. 5.

[2] Londres, 16 juillet 1857.

[3] Voyez ci-dessus, p. 480.

Vient ensuite le même Évangile mis en basque bas navarrais, d'après la traduction française de le Maistre de Sacy, par M. Salaberry (d'Ibarolle). Bayonne, Lamaignère, 1856, in-8° de 188 pages; édition tirée à douze exemplaires, dont un seul sur grand-raisin vélin.

Le haut navarrais figure également parmi les publications de S. A. sous ce titre : *El Evangelio segun san Mateo, traducido al vascuence, dialecto navarro,* por Don Bruno Etchenique, de Elizondo, para el Príncipe Luis-Luciano Bonaparte. Londres, 1857, in-8° de 122 pages; édition tirée à dix exemplaires, dont un seul « has the title printed in red and black inks with a border. » Le certificat, en anglais, est émané de W. H. Billing, imprimeur de S. A. C'est le premier ouvrage qui soit sorti de la presse de Westbourne-Grove West.

Ces trois traductions basques ne se trouvent réunies, en France, qu'à la Bibliothèque impériale, aux Archives de la ville de Bayonne et chez M. Antoine d'Abbadie, à Urrugne.

La quatrième s'ouvre par ce titre : *El Evangelio segun san Mateo, traducido al vascuence, dialecto vizcaino,* por el P. Fr. José Antonio de Uriarte, para el Príncipe Luis-Luciano Bonaparte. Londres, 1857, in-8° de 154 pages. La dernière porte un certificat « that the number impressed amounted to eleven copies, only one of which is printed on larger and stouter paper. » Un exemplaire a été déjà déposé au Musée Britannique, et dans le courant du mois d'octobre, les Archives de Bayonne auront le leur.

La quatrième traduction est intitulée : *El Evangelio,* etc., *dialecto guipuzcoano* (sans nom de traducteur) ; l'édition en a été interrompue à la page 34, comme il résulte du certificat, en anglais, de l'imprimeur Billing ; elle est in-8°, tirée à neuf exemplaires, dont un seul en grand papier.

Cette version en guipuzcoan, le premier sans contredit des dialectes basques, sera remplacée par une autre due au savant et modeste traducteur de l'Évangile biscayen, le P. Uriarte. Cette édition, encore sous presse, ne sera achevée que vers le mois de novembre, et ne sera tirée qu'à neuf ou dix exemplaires, dont un seul en grand papier.

Outre ce volume, S. A. a également sous presse chez elle :

I. L'Apocalipse traduite en biscayen par le P. Uriarte; un volume in-16 d'environ 150 pages, dont un seul en papier épais.

II. *Prodromus Evangelii Matthæi octupli, seu Oratio Dominica, Hispanice, Gallice et omnibus Vasconicæ linguæ dialectis reddita, nec non orthographiæ in Evangelio adhibitæ accommodata.* Londini, 1857, in-4° de trois pages. Il a été tiré de cet opuscule une centaine d'exemplaires, dont un seul en grand papier épais.

III. *Parabola de seminatore LXXII linguis versa.* Londini, avec certificat de l'imprimeur Billing, en anglais; édition tirée à deux cent cinquante exemplaires, dont un seul en très-grand papier et avec une bordure en encre rouge pour chaque traduction. « J'en parle, ajoute S. A., à cause des six premières traductions de cette parabole, qui sont dans les six dialectes basques. La traduction labourdine est la seule qui fût connue du public. Les quatre autres dialectes ont été fournis par les traductions que j'ai fait imprimer; mais la guipuzcoanne n'avait jamais paru auparavant. Elle est due au P. Larroca, dominicain, demeurant à Loyola, tout près de Saint-Sébastien. »

IV. *Diálogos guipuzcoanos y vizcaínos. Dialogues labourdins et souletins.* Un volume in-8° oblong de 240 pages. La partie espagnole, guipuzcoane et biscayenne, est déjà imprimée; la partie française, labourdine et souletine, à laquelle travaillent M. le capitaine Duvoisin et M. l'abbé Inchauspe, le sera, suivant les calculs de S. A., dans six semaines ou deux mois.

Tel est l'inventaire de la littérature basque, si l'on peut donner un nom aussi ambitieux à l'ensemble des productions d'une langue qui n'a jamais été que celle d'une peuplade, et qui, par cela même, a manqué d'air pour se développer et d'hommes de génie pour la mettre en rapport. Peut-être, dans un travail présenté comme une nomenclature bibliographique, et non comme une histoire littéraire, aurait-on désiré trouver l'indication de tout ce qui a été écrit sur la langue basque, et la liste des dictionnaires et grammaires que l'on en a faits; mais outre que nous avons disséminé la plupart de ces indications dans le cours de notre livre, nous n'avons pas cru devoir reproduire la totalité de notre introduction aux *Proverbes basques* recueillis par Arnauld Oihenart. C'est là qu'il faudra recourir quand on voudra connaître ce qui a été écrit sur l'origine, l'antiquité, l'excellence et l'universalité de la langue basque [1], les grammaires et dictionnaires auxquels elle a donné lieu [2]. Sans doute, nous ne sommes pas complet; d'ailleurs, depuis 1847, date de notre publication, il a paru de nouveaux ouvrages, de nouvelles éditions, des révélations de manuscrits ignorés [3]; mais que dit le poëte?

> En esperant de mieulx avoir,
> Nous fault le temps dissimuler.

Prenons donc patience, dans l'attente que S. A. le prince Louis-Lucien Bonaparte voudra bien nous donner quelque jour le catalogue des livres basques qu'il a recueillis dans son récent voyage aux Pyrénées, et qu'il complétera ainsi notre livre, s'il ne le remplace pas.

---

[1] P. V. — [2] P. XXV.
[3] Par exemple, *la Gramática vascongada escrita por D. Francisco Ignacio de Lardizabal, beneficiado de la iglesia parroquial de Zaldivia en la provincia de Guipuzcoa*. San Sebastian, imprenta de Ignacio Ramon Baroja, 1856, in-4°; le *Vocabulaire de mots basques bas-navarrais traduits en langue française*, par M. Salaberry (d'Ibarrolle), etc. Bayonne, imprimerie de veuve Lamaignère née Teulières, 1857, in-12; le *Dictionnaire basque, français, espagnol et latin*, etc., par Augustin Chaho, dont la publication, commencée en 1855, continue; et le Vocabulaire celto-breton, basque et patois d'Auvergne, par F. R. de Murat, Ms. in-folio mentionné par Gonod, dans son *Catalogue des ouvrages imprimés et manuscrits concernant l'Auvergne*. Clermont, 1849, in-8°, p. 188.

XVII

CONCLUSION

J'avais entrepris de faire connaître, mieux qu'on ne l'avait fait jusqu'à présent, le Pays Basque, sa population, sa langue, ses mœurs et sa littérature. J'ai rempli ma tâche ; mais, à ce qu'il paraît, ce n'est pas assez : on voudrait savoir à quoi s'en tenir sur l'origine des Escualdunac. Ici l'entreprise devient bien plus considérable, et j'hésite même à prendre l'engagement d'étudier jamais cette ténébreuse question. « Ne t'occupe pas, dit Hafiz, des secrets des choses du temps ; car nul, quelque intelligent qu'il puisse être, n'a découvert et ne découvrira jamais ces obscurités [1]. » Certes, si conseil est bon à suivre, c'est celui-ci, quand il s'agit de questions qui nous reportent à une époque reculée privée de témoignages historiques et de monuments. Malgré tout, il ne se passe guère d'année sans que quelque savant, plus ou moins digne de ce nom, ne ramène sur le tapis le problème de l'origine des Basques, et ne propose une solution plus ou moins nouvelle, plus ou moins imprévue. Il y a environ un siècle, un militaire que son nom annonce comme étant du pays, publiait sur ce sujet un volume dont M. de Humboldt parle en termes peu élogieux [2]. De

---

[1] Od. VIII, v. 5. (Edit. de Hermann Brockhaus, t. I, p. 46.)

[2] *Origen de la Nacion Bascongada y de su Lengua, de que han dimanado las Monarquias Española, y Francesa, y la Republica de Venecia, que existen al presente.* Compuesto por el coronel don Juan de Perochegui, etc. En Pamplona, en la imprenta de los Herederos de Martinez. Año 1760, petit in-8° ; volume rare qui s'est vendu 17 fr. 50 cent. chez Klaproth, et 30 fr. 50 cent. en 1837. — L'abbé Hiribarren parle en ces termes de l'auteur :

Izan da Perochegui, capitain hautua,	Perochegui a été un capitaine d'élite,
Nafarroan erreguec berekin lothua ;	Que le roi s'attacha dans la Navarre ; [la guerre,
Etzen choilki yakina guerlaco lanctan,	Il n'était pas seulement entendu dans les travaux de
Bazuen yakitate zahar eguinetan.	Il était encore versé dans la connaissance des faits [passés.

(*Eskaldunac*, etc., p. 139.)

nos jours, un membre de notre Université a présenté à la Société des Antiquaires de France un travail qu'elle ne paraît point avoir accueilli avec faveur [1], tandis que le monde entier de l'érudition a salué par d'unanimes acclamations un livre sur les origines ibériennes dû aux veilles d'un savant qui habite la même ville [2]. C'est que, le premier en France, M. Boudard a établi sur des bases solides la parenté du basque avec la langue ibérienne, en appliquant les procédés de la philologie comparée à l'étude de cette langue, dont il a recherché les vestiges non-seulement dans l'escuara, mais sur les monnaies et dans les noms de lieux ; c'est qu'il a achevé, par ce moyen, de démontrer que l'ibère était parlé dans la Bétique et la Lusitanie, aussi bien que dans l'Ibérie, c'est-à-dire dans toute la péninsule hispanique, et que le basque est le dernier débris de cette langue [3]. Ainsi se trouve confirmée la théorie du P. de Larramendi [4], et ruinée sans retour celle de M. Pierquin de Gembloux, dont j'ai eu l'occasion de parler en des termes qu'il ne lui serait point agréable de retrouver ici [5]. Que le basque, réduit à ce qui lui appartient en propre, annonce

---

[1] On lit dans le procès-verbal de la séance du 9 mai 1853 : « M. Vincent commence ensuite la lecture d'un Mémoire de M. Lejosne, professeur d'histoire au collège de Béziers. Dans ce travail, qui a pour titre : *Essai historique sur l'origine des Basques*, l'auteur partageant l'opinion de M. G. de Humboldt en ce qui concerne l'assimilation que ce savant établit entre les Basques et les Ibères, examine plusieurs questions relatives à ces derniers. Il admet que les Basques sont identiques avec les Osques d'Italie, qu'il regarde eux-mêmes comme des Pélasges, et en tire diverses inductions sur la formation de la langue espagnole moderne. » (*Annuaire de la Société impériale des Antiquaires de France pour* 1854, p. 120.) — 9 juillet. — « La Commission des impressions exprime le regret de ne pouvoir proposer à la Société d'insérer dans ses Mémoires le travail que M. Lejosne lui a soumis sur l'origine des Basques. » (P. 147.)

[2] *Études sur l'alphabet ibérien et sur quelques monnaies autonomes d'Espagne*, par P. A. Boudard, secrétaire de la Société archéologique de Béziers. Paris, chez Leleux, 1852, in-8°. (*Bulletin de la Société archéologique de Béziers*, 18e livraison.) — Le même auteur publie en ce moment dans la même librairie, sous le titre de *Numismatique ibérienne*, un autre ouvrage non moins intéressant, annoncé comme devant former huit fascicules in-4°. Les deux premiers, que nous avons sous les yeux, renferment nombre d'indications qui se rapportent à la langue basque.

[3] Voyez un article de M. A. Maury, intitulé *la Philologie comparée, ses principes et ses applications nouvelles*, dans la *Revue des Deux-Mondes*, livraison du 15 avril 1857, p. 921. — M. Léonce Goyetche a publié une longue et intelligente appréciation de l'ouvrage de M. Boudard, dans le *Messager de Bayonne*, etc., n° du jeudi 9 avril 1857.

[4] *De la Antiguedad, y universalidad del bascuenze en España*, etc. En Salamanca : por Eugenio Garcia de Honorato, año de 1728, petit in-8°. Voyez notre introduction aux *Proverbes basques*, p. viij, n° VI.

[5] Introduction aux *Proverbes basques*, p. xxj, n° XLI.

une civilisation fort primitive chez les peuples qui le parlaient, ou, si l'on aime mieux, qu'il présente partout des traces de nombreuses et de profondes infiltrations des langues voisines, je le crois avec tous ceux qui auront pris la peine de jeter les yeux sur un texte euscarien; mais vouloir ramener la formation de l'escuara à l'époque où naquirent tous les autres patois romans, au X° ou XI° siècle, c'est là une idée qui ne pouvait germer que dans la tête qui l'a conçue.

Est-ce à dire pour cela qu'il n'y ait rien à faire d'analogue au travail de M. Pierquin? Bien au contraire; ce qui est à faire, c'est, comme on dirait en chimie, le départ, ou, pour mieux parler, la séparation de l'élément véritablement basque et de l'alliage avec lequel il se trouve amalgamé. Une pareille opération, pratiquée avec discernement, avec critique, surtout avec une connaissance étendue de l'escuara, du latin et des langues néolatines, donnerait, non pas le résultat obtenu par un manipulateur maladroit, mais la mesure exacte du fonds primitif de la langue basque et de la civilisation dont elle était le signe. Il y aurait toutefois à tenir compte des pertes de mots et de leur remplacement par d'autres d'origine romane.

En dépit de ces accidents, qui se renouvellent tous les jours, l'escuara vit encore et vivra encore longtemps, alors que les mœurs actuelles du peuple basque auront complètement disparu. Sans doute il faudra leur donner des regrets, comme à des témoins d'un passé intéressant à plus d'un titre, mais ces regrets ne sauraient porter sur l'altération d'une physionomie qui n'a plus rien de particulier que la langue. En effet, on a pu déjà le remarquer, les superstitions, les représentations dramatiques, les mascarades et les danses, que l'on serait tenté d'attribuer aux Basques, pour ne plus se retrouver ailleurs, n'en ont pas moins existé, non-seulement dans d'autres parties de la France, souvent assez éloignées, mais dans des contrées étrangères. Ainsi, pour ne parler que des Pyrénées, les représentations scéniques y sont usitées dans toute l'étendue de la chaîne, et M. Cénac Moncaut a donné l'analyse d'un ouvrage représenté dans le Roussillon, ouvrage intitulé *le Martyre de sainte Basilisse*. Quatre-vingts acteurs de tout âge, mais seulement du sexe masculin, se distribuent les rôles de cette pièce immense, dont la représentation ne dure pas moins de dix heures [1].

Traversons toute la France, nous verrons dans l'ancienne Flandre [2] et en Normandie, mais au XVIᵉ siècle, des amusements pareils à ceux que nous avons décrits comme ayant encore lieu de nos jours dans le Pays Basque. « Une fois, dit l'historien de Caen, Charles de Bourgueville, sieur de Bras, je vis dancer les petits chevaux qui estoyent de toiles paintes, et sembloit que ceux qui dançoyent fussent dessus, et avoyent des mouvemens par bonne industrie. Autres fois, les dix vers cas qui estoyent dix accoustrez de verd, testieres, pates et queuës de chats : des faucheurs qui vouloyent couper, de leurs faux, les fausses langues qu'ils faisoyent conduire paintes et pourtraites devant eux ; ce qu'ils ne pouvoyent faire, et en dançant faisoyent une pause, disans et chantans : Fausses langues nous faucherons ; et s'efforçoyent les faucher, et encores disoyent : Par le corbieu, nous ne pourrons, les racines en sont trop fortes. Puis, à quelques autres années, je y vis représenter les triomphes de Cesar, avecques une morisque devant luy, dont les accoustremens estoyent bleuz, semez de paillettes d'etain, et y avoit plus de cent personnes masquees... qu'on appelloit lors faux visages, portans chacun quelque triomphe. Je y vis une autre fois courir les personnes qui faisoyent de folles entreprises, et portoyent de petites enseignes où elles estoyent paintes, avecques des escriteaux : l'un vouloit manger les charettes ferrees, un autre toucher la lune avecques le doigt, un qui regardoit le soleil sans ciller l'œil, l'autre qui vouloit rompre l'anguille avecques le genouil, un qui taschoit à estouper les quatre vents, autre qui vouloit monter au ciel tout chaussé et tout vestu, un autre porter une meule de moulin, autre qui entreprenoit faire taire les femmes qui lavent la buee, et un grand nombre de telles

---

[1] *Histoire des Pyrénées*, etc., t. V, p. 328-337, en note.
[2] Voyez *Études sur les mystères*, etc., par Onésime le Roy. A Paris, chez L. Hachette, 1837, in-8°, p. 155. — On y lit qu'aux environs de Lille, à Lincelle, on jouait, même après 1760, une pièce intitulée *le Baptême de Clovis*; ne serait-ce point celle du manuscrit de la Bibliothèque impériale n° 7208, dont le même auteur donne l'analyse, p. 47-67?

entreprises.... L'on jouoit aussy fort souvent des mysteres des sainctes et sainctes, comme de sainct Sebastien, saincte Honorine, de Abraham et Isaac, et autres histoires [1]. »

Voilà donc les moresques que M. Duvoisin présente comme réservées aux fêtes nationales du Pays Basque [2], voilà ses pastorales, ses mascarades, et jusqu'à sa danse du chevalet. Celle-ci, encore en usage à Montpellier et à Béziers [3], ne paraît point l'avoir été en deçà, c'est-à-dire entre Béziers et Toulouse. Si elle fût venue du Pays Basque en Languedoc, il y aurait eu solution de continuité. Ce qu'il y a de bien certain, c'est que les anciens Grecs connaissaient et pratiquaient cette danse. M. Boudard, dont je parlais il n'y a qu'un instant, possède un petit vase venu d'Athènes, mais trouvé à Délos, qui représente le chevalet, c'est-à-dire un homme avec un cheval de bois, tel qu'on le voit à Béziers les jours de fête, et dans les mascarades de la Soule.

Au moment d'en finir avec un pays qui a donné lieu à tant d'appréciations si différentes, je dois payer un tribut de reconnaissance aux hommes dévoués dont le concours m'a permis d'accomplir ma tâche. En premier lieu, je nommerai M. l'abbé Bordachar, de Mauléon, dont je renonce à louer dignement l'esprit, le savoir, et surtout l'inépuisable obligeance : c'est à cet homme d'élite que je dois une grande partie des renseignements que j'ai mis en œuvre, plusieurs chansons souletines et la traduction de nombre d'autres. Je ne suis pas moins obligé à M. le vicomte de Belsunce, qui, de plus, a bien voulu m'assister dans la lecture d'une partie des épreuves des textes, pour lesquels je réclame néanmoins toute l'indulgence du lecteur. Pour le reste, M. Michel Laphitzondo, de Saint-Jean-le-Vieux, jeune maître répétiteur au Lycée de Bordeaux, m'a puissamment aidé avec un

---

[1] *Les Recherches et antiquitez de la province de Neustrie*, etc. Caen, de l'imprimerie de T. Chalopin, 1833, grand in-8°, p. 121, 122.

[2] Voyez ci-dessus, p. 60, en note.

[3] Voyez ci-dessus, p. 63, en note, et surtout l'*Histoire de la commune de Montpellier*, etc., par M. A. Germain, t. I, p. 248 ; t. II, p. 23, et t. III, p. 199, 200.

zèle et une patience qui ne se sont jamais démentis. J'en puis dire autant de M. Archu, qui, non content de mettre à ma disposition la collection de chants populaires basques qu'il a rassemblée, s'est toujours montré prêt à éclairer mes doutes, à dissiper mes incertitudes.

Après ces noms, je dois encore mentionner celui de M. l'abbé Harriet, aujourd'hui curé de Saint-Louis-des-Français, à Madrid, et celui de M. le curé de Bardos, non que j'aie eu la bonne fortune d'être directement en rapport avec ces savants ecclésiastiques, mais M. l'abbé Fourcade, inspecteur primaire à Bayonne, et M. Gustave Brunet, de Bordeaux, ont bien voulu me fournir, l'un d'importantes observations du premier sur mon introduction aux proverbes et aux poésies basques d'Oihenart, l'autre, un recueil de proverbes et de chansons formé par M. l'abbé Hiribarren. A vrai dire, j'ai très-peu usé de ce recueil, ayant déjà par devers moi ce qu'il contenait; mais je n'en dois pas moins mentionner une communication qui autrement m'eût été précieuse.

Professeur depuis bientôt vingt ans dans une ville où, quoi qu'on en dise, on peut trouver à parler de littérature, j'ai puisé dans mes conversations avec mon excellent collègue M. Dabas, doyen de l'une de nos Facultés, et avec M. Auguste Noël, professeur de rhétorique au Lycée, des indications et des aperçus dont j'ai fait mon profit pendant le cours de mon travail. Inscrire le nom de ces hommes distingués sur le drapeau qui annonce la conclusion de mon œuvre, est moins un honneur pour eux que pour moi, malgré les efforts que j'ai faits pour que, sous ce rapport, nos obligations fussent réciproques.

ADDITIONS ET CORRECTIONS.

P. 15. Un auteur américain rappelle en ces termes l'analogie que des savants ont trouvée entre le basque et les langues de l'Amérique et du Congo :

« It deserves notice, » says M. Gallatin, « that Vater could point out but two languages that, on account of the multiplicity of their forms, had a character, if not similar, at least analogous to those of America. These were the Congo and the Basque. The first spoken by a barbarous nation of Africa, the other now universally admitted to be a remarkable relic of a most ancient and primitive language found in the most early ages of the world. » Vid. Trans. of Am. Antiquarian Soc., II, 203. (*Smithsonian Contributions to Knowledge*, vol. VIII. City of Washington: published by the Smithsonian Institution, MDCCCLVI, in-folio, p. 54.)

P. 30, ligne 8. M. Chaho a commencé à publier dans le *Messager de Bayonne* (n° du samedi 30 mai 1857) ce supplément de proverbes, que l'un de MM. les conservateurs de la Bibliothèque impériale, les seuls qui puissent faire des découvertes dans cet immense dépôt, voulut bien me montrer, et dont je signalai l'existence à M. Gustave Brunet, qui en fit prendre copie après moi.

P. 31, prov. 2. Oihenart écrit *iaten'tu* (p. 7, n° 35).

P. 32, prov. 2. Le même écrit (p. 79, n° 78) : *Xasco ep'aslea*, employant ainsi, pour marquer une aspiration, l'esprit rude des Grecs. Nous n'avons pas cru devoir insérer ce signe étranger parmi des lettres latines. — Déjà, p. 45, n° 275, Oihenart avait écrit *Ik'us nesan orraz-ohoina asolaturic*, etc.

P. 33, prov. 4. Il se trouve ici une grosse faute : la traduction ne correspond point avec le texte, par suite d'une omission du compositeur, que je n'ai pu réparer à temps. Il faut lire ainsi :

> Nesca harzen ari dena saldu doa,
> Galdazen ari dena da galdua.

(Fille qui prend, elle se vend ; fille qui demande est perdue.)

> Nic hora mana,
> Horac bere bustana.

(J'ai commandé au chien de faire cela, et le chien l'a commandé à sa queue.)

P. 130. Cette caste, à laquelle il y a peut-être justice à faire honneur de l'introduction du tambour de basque chez nous, est l'objet d'un article des Fors du royaume de Navarre, qu'il nous semble bon de rapporter avec celui qui le précède :

« *Artigle LXI*. — Mendicans valides sinon que sien ronnos, ou pelerins non fictes, si son apprehendutz seran condamnatz a esta fustigatz per l'executoò de la haute justicy et bannits, et seran autrement punitz à l'arbi- (sic) deu judge competent. — *Artigle LXII*. — Et pareillement los Bohemis, autrement apperatz Egyptiens et bagabonts. » *Los Fors et costumas deu royaume de Navarre deca ports*, etc. A Orthez per Jacques Rovyer, imprimur deu Rey, 1645, in-8°, p. 103. (*De penas et emendas*, rubrica XXVIII.)

P. 148. Il faut encore voir une allusion aux sorcières dans cet autre proverbe recueilli par Oihenart :

> Guison bisar peituti,
> Eta emaste bisarsuti,
> Ihes-eguic nola co'suti.

(Donne-toy de garde d'une femme barbuë, et d'un homme qui n'a point de barbe, comme de la peste.)

P. 149, note 1. Les Norvégiens, à ce qu'il paraît, regardent comme du plus funeste augure de rencontrer une femme le matin d'un jour de chasse. Voyez *la Norvège*, par M. Louis Enault, chap. VI. (*La Revue contemporaine*, t. XXIII, Paris, 1855, p. 312.)

P. 206, en note, lig. 3, ajoutez : p. 35.

P. 213, v. 1. Lisez *andi* ou *aundi*, conformément à l'orthographe guipuzcoane.

P. 327. Au lieu de *Choriñoac kaiolan*, lisez *Choriñoac caiolan*.

P. 346. Voici en quels termes M. le curé de Bardos parle de l'auteur de cette chanson, l'un de ses paroissiens :

Hoikintzat iloba da Celhabe gaztea,	Celhabe le jeune est le neveu de Heiqus,
Izpirituco lanez duena hastea :	Il a commencé des travaux d'esprit :
Haren koplen precioa eraman Urriñan,	Il a remporté à Urrugne le prix de vers,
Nahiac cerauzcala hertze asco griñan.	Que bien d'autres désiraient ardemment.

(*Eskaldunac*, etc., p. 152, 153.)

P. 347, lig. 9. Il vaudrait mieux lire *gasterie*, avec un seul *r*.

P. 361, lig. 11. Au lieu d'*erin athera*, lisez *ezin athera*.

P. 380, not. 2, lig. 2. Lisez *gori* en un seul mot.

P. 388, lig. 11. Au lieu d'*ibili his*, lisez *ibili hiz*.

P. 397. Il manque un point d'interrogation après *adiskidia*. — Lisez *Donapaleua*, ou avec un signe d'aspiration, un *h*, comme p. 433, dernier couplet.

P. 412, lig. 3. Au lieu d'*artçan horac*, lisez *artçan houra*.

P. 424, lig. 24. Au lieu de *Hegaburud Esquiule*, lisez *Hegaburu d'Esquiule*.

P. 436. On trouve de la musique basque dans un ouvrage que nous avons cité dans notre introduction aux *Proverbes basques*, et qui est intitulé : *Sketches of Scenery in the Basque Provinces of Spain, with a Selection of national Music*, etc. By Henry Wilkinson.... London : published by Ackermann and Co. 1838, in-folio.

P. 493, not. 4. Ayant pu me procurer depuis peu un exemplaire de ce catéchisme, qui est d'une extrême rareté, même dans le Pays Basque, j'en donnerai ici le titre exact et la description :

Francesen Imperadorearen eremuetaco eliça gucietacotz eguina-den Catichima. J. J. Loison, Bayonaco Jaun Aphezpicuaren manuz imprimatua. Haren Diocesan bakharric iracatsia içateco. Bayonan, Cluzeau anayen baithan, Jaun Aphezpicuaren imprimatçaileac, Orbeco carrican, sans date, in-12 de 96 pages. Après le titre, on trouve une lettre en latin du cardinal Caprara (30 mars 1806), pour recommander l'emploi du nouveau catéchisme à l'usage de toutes les églises de l'Empire français. Vient ensuite, en basque, un mandement de Joseph-Jacques Loison, en date du 16 janvier 1807 ; un décret impérial, également en basque, en date du 4 avril 1806 ; des prières (*othoitcen Moldea*), parmi lesquelles le *Confiteor*, le *Pater*, l'*Ave Maria* et le *Credo* sont seuls en latin ; un cantique en quatre couplets, intitulé : *Catichima aitcineco Othoitça* ; un Abrégé d'histoire sainte *(Historio saindua laburzqui Eçarria)* en huit chapitres, suivi de demandes et de réponses ; enfin, le catéchisme en deux parties, dont l'une renferme seize leçons, et la seconde vingt-cinq.

Ce catéchisme, qui a eu deux éditions, l'une en 1807, l'autre en 1812, n'a pas joui d'une grande faveur. La traduction avait été faite par un bas Navarrais, M. Etcheberry ou Etcheverry, curé d'Ustarits, dont nous avons parlé ci-dessus, p. 484 ; et les Labourdins, qui regardent leur dialecte comme supérieur à tous les autres, dédaignaient cet ouvrage parce qu'ils y rencontraient des termes et des locutions qui ne leur étaient point familiers.

SAUT BASQUE.
(Voyez p. 435, 436.

CUARRENTACO ERREGUELA.

(Voyez p. 437.)

III. Andante.

Cuar-ren-te — ta- ti- can nai-ni-tuz-
que nic ne-re i-xil gau-zac ar-gui-ta-ra-
tu Ne — re Jangoi- co- a, zuc e-ra cus-ta-
zu Cer e — guin No- la it- ze-guin, guin.
Ain- gue-ru — cho- a, Jar — ri ci-
ña- den bi- otz ne — re- an be- ti-
co A — la de-rit- zat ne-re-qui-
co Es- pe- ran- za da- du- cat nic mai- te- a

544 CUARRENTACO ERREGUELA (suite).

CHORIA CAIOLAN.

(Voyez p. 327, 436.)

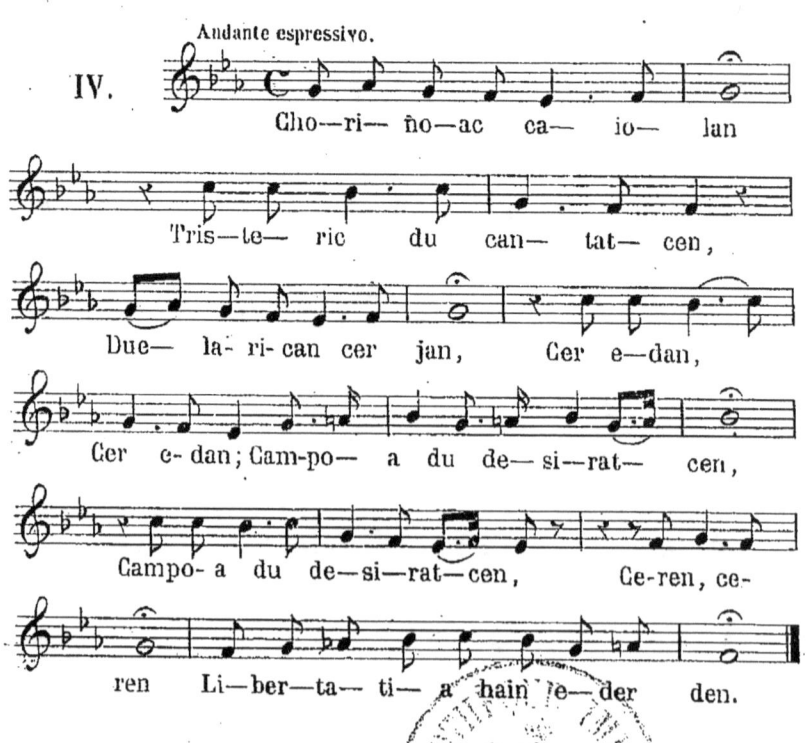

TABLE DES MATIÈRES.

 I. Le Pays Basque.................................... 1
 II. L'escuara, ou la langue basque..................... 7
 III. Les proverbes basques............................. 29
 IV. Représentations dramatiques chez les Basques......... 43

  Pastorales, ou tragédies, 43. — Tobera-mustrac, ou comédies, 55. — Clovis, tragédie, 66. — Marie de Navarre, tragédie, 75. — Napoléon empereur; les quatre fils d'Aimon, tragédies, 86.

 V. Les amusements du peuple basque...................... 93

  Le Jeu de paume, 101. — Courses de taureaux, 108.

 VI. Les contrebandiers basques......................... 113
 VII. Les Bohémiens du Pays Basque...................... 128
 VIII. Superstitions du Pays Basque..................... 147

  État présent et passé de la sorcellerie dans cette contrée, 147. — Note sur les eaux minérales du Pays Basque, 181.

 IX. Pêches et découvertes des Basques dans les mers du Nord; émigrations de ce peuple dans l'Amérique du Sud..... 187
 X. Mœurs, usages, costumes des Basques................. 199
 XI. Poésies populaires des Basques..................... 209

  Introduction, 209. — Le chant des Cantabres, 228. — Le chant d'Altabiscar (Altabiscarraco cantua), 233. — La bataille de Beotibar (Beotibarreco gudua), 239. — Domenjon d'Andia (Domenjon de Andia), 243. — Le vicomte de Belsunce (Belzunce bizcondea), 244. — Chant en l'honneur de M. le comte d'Estaing (D'Estaing jaun contcaren laudorioac), 248. — Fête nationale (Nacioneaco besta), 252. — Chansons de Muñagorri (Muñagorrien cantac), 256. — L'arbre de Guernica (Guernicaco arbola), 262. — La fiancée de Tardets (Atharratcceco czeongaia), 265. — L'amante au couvent (Amorosa combentuan), 266. — Le cagot (Agota), 269. — Chants funèbres des anciens Basques, 272. — La bien-aimée (Maitenena), 283. — Le rossignol (Erresiñoula), 284. — La première fleur (Lehen floria), 290. — Déconvenue (Trompateia), 293. — Amour et devoir (Amodioa eta devoirra), 295. — Sérénade (Gabazco cantua), 298. — Colloque amoureux (Amodiozco solasa), 300. — Même sujet, 301. — Idem, 303. — Entretiens d'amour (Amodiozco solasac), 304. — Même sujet, 307. — Le refus (Errefusa), 308. — La séparation (Berezcunza), 309. — Plainte amoureuse (Amoros baten aühena), 312. — L'amant suppliant et repoussé (Amorosa othoitzile eta guibelatua), 513. — Récriminations amoureuses (Amoros baten gaizkiac), 315. — Même sujet, 317. — Amour contrarié (Amodio contraristatia), 318. — L'amant consolé (Amoros contsolatia), 320. — La jeune fille trompée (Nescato gaztia trompatia), 322. — L'heureuse chasse (Ihizico partida urosa), 324. — L'oiseau dans la cage (Choria caiolan), 325. — Voyage à l'ermitage de Saint-Joseph (Bidaia San Josephen guernitara), 327. — La sirène (Zerena), 334. — Chants de Montevideo, 339. — Concours d'Urrugne, deuxième prix (Urrunaco phestetan, bigarren precioa), 341. — Le Basque émigré à Montevideo (Escualdun baten bihotzminac Montebideorat yuanez), 342. — Concours d'Urrugne, premier prix (Urrunaco phestetan, lehen precioa), 346. — Le naufrage (Pouloumpa), 348. — Mes Méditations (Ene goguetac), 352. — L'eau et le vin (Ura eta arnoa), 355. — Le laboureur (Laboraria), 560. — Chansons du contrebandier (Countrebandistaren cantuac), 361. — Même sujet, 363. — La vie des douaniers (Guarden bicia), 365. — Dialogue entre un paresseux et un vieux galantin (Conversacionea afer baten eta fiaphur zahar baten artian), 368. — Le prêtre chasseur (Aphez ihiztaria), 569. — Consultation matrimoniale (Ezcontzaco consultacionea), 573. — Aux menteurs (Guecurtarier), 575. — Le mulet du charbonnier (Icazketaco mandoa), 376. — Le cheval d'Amplé (Ampleren çamaria), 382. — Sur un pauvre vieil âne (Asto zahar bat), 384. — Contre un tailleur (Sastre baten contra), 385. — La fausse accusation (Accusacione falsia), 387. — La préférence (Preferentzia), 390. — Satire des différentes professions (Officio cenbaiten critica), *Ibid.* — Voyage dans l'intérieur de l'Espagne (Bidaia Españan barnian), 595. — La chanson de Perkaïn (Perkainen cantua), 596. — Légende (Eresia), 399. — Complainte (Hil kechua), 401. — Propos de buveurs (Edalen elheac), 405. — Les buveuses basquaises (Edale escualdunac), 406. — Les buveuses navarraises (Nafarlarr edaliac), 407. — Fourberie (Tromperia), 409. — Les pasteurs négligents (Arçaïñe neglientac), 410. — La dot perdue (Dote galdia), 413. — La famine (Gosethia), 414. — Un ermite pressé par la faim (Ermitau batec bere goselian), 418. — Les pauvres voyageurs (Ibildari pobriac), 419. — Fragments divers, 420. — La couturière d'Inchauspe (Inchauspeco dendaria), 432. — Suite d'une fête (Bestaco ondorea), 433.

XII. Musique basque... 435
XIII. Bernard d'Echepare... 440
XIV. Arnauld Oihenart... 455
XV. Pierre d'Axular.. 467
XVI. Bibliographie basque.. 476

Le Nouveau Testament de Jean Leiçarraga de Briscous et de Jean de Haraneder; l'abbé Robin. — Version souletine de l'Évangile selon S. Matthieu, par M. l'abbé Inchauspe. — Traductions basques de l'Introduction à la vie dévote et du Combat spirituel, par Jean de Haraneder et Silvain Pouvreau. — Autres travaux de celui-ci. — Traductions de l'Imitation de J.-C. en labourdin et en souletin, par Chourio, d'Arambillaga et un anonyme. — Imitation de la Vierge. — Voyages aventureux du capitaine Martin de Hoyarsabal. — Ouvrages d'Étienne Materre. — Traduction basque de la Doctrine chrétienne de D. Juan de Beriain. — Ouvrages de Jean d'Etcheberri, du P. Haramburu et du P. Bernard de Gasteluçar. — Catéchismes basques. — *Exercicio spirituala*, etc. — *Eucologia ttipia*. — Traités de piété publiés vers le milieu du siècle dernier, par les PP. Mendiburu, Cardaveraz et autres. — *Canticu izpiritualac* en labourdin et en souletin. —

Jubilés. — Traduction de l'Histoire de l'Ancien et du Nouveau Testament de Royaumont. — Histoire de l'Ancien et du Nouveau Testament de D. F. I. de Lardizabal. — La Passion de J.-C. en vers biscayens. — Poëme sur les miracles de la Vierge d'Aranzazu. — *Errosario edo Corea santua* et autres livres de piété publiés à Bilbao à la fin du siècle dernier et au commencement de celui-ci. — Traduction de l'Abrégé de la perfection chrétienne, de Rodriguez. — André Baratciart. — Grandes Méditations de Dubalde. — Doctrine chrétienne de l'abbé Fleury, traduite par Fr. Antonio Ubillosco. — Sermons de S. Antoine, par D. Miguel Ignacio de Zavaleta. — Exercices spirituels, etc., imprimés à Bayonne. — Cahiers des Basques français du Labourd. — Livres de piété en basque imprimés pendant la Révolution de 1789. — Invitation à la conversion pour les jeunes gens, cantique. — Ouvrages basques de D. Juan Antonio de Moguel, de D. Juan Bautista de Aguirre, et du P. Pedro Antonio Añibarro. — *Uscara Libria, Uscara Libru berria, Euscaldunaren Laguna*. — Abécédaire basque. — Sermons en biscayen, de Fr. Pedro Astarloa. — Ouvrages de Fr. Barthélemi de Santa Teresa et de D. Juan Ignacio de Iztueta. — Instruction sur le chemin de la croix, bonne Journée. — Lettre d'Iztueta à D. Juan José Moguel. — Fables de D. Pasqual Iturriaga et de M. J.-B. Archu. — Chansons patriotiques de ce dernier. — Traduction des fables de La Fontaine, par M. l'abbé Goyhetche. — Fables en prose biscayenne, par Doña Vicenta Moguel. — *Azti-Beguia*, de M. Augustin Chaho. — Sermons de D. Joaquin Lizarraga. — Histoire du Guipuzcoa, de D. Juan Ignacio de Iztueta; *les Basques* (Eskaldunac, etc.), de J.-M. Hiribarren. — *Montebideoco Berriac*, poëme relatif aux émigrations des Basques dans l'Amérique du Sud. — Traduction d'un poëme latin sur l'avénement au trône du roi Charles IV. — Petits poëmes et chansons de circonstance de M. Larralde, dit *Bordachouri*, de Pierre Topet, dit *Etchaoun*, et d'autres. — Publications basques de S. A. le prince Louis-Lucien Bonaparte.

XVII. Conclusion 533
Additions et corrections 539
Quatre pièces de musique 541

www.ingramcontent.com/pod-product-compliance
Lightning Source LLC
Chambersburg PA
CBHW070838230426
43667CB00011B/1846